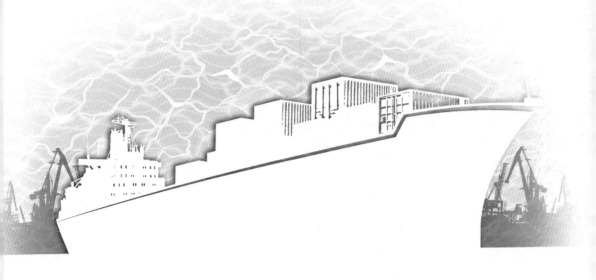

Maritime Law

海商法論

饒瑞正　著

三民書局

國家圖書館出版品預行編目資料

海商法論／饒瑞正著.－－初版一刷.－－臺北市：
三民，2018
面；　公分

ISBN 978–957–14–6388–9　（平裝）
1.海商法

587.6　　　　　　　　　　　　　　　　107000993

© 海商法論

著 作 人	饒瑞正
責任編輯	陳韻筑
美術設計	黃愛平
發 行 人	劉振強
著作財產權人	三民書局股份有限公司
發 行 所	三民書局股份有限公司
	地址　臺北市復興北路386號
	電話　(02)25006600
	郵撥帳號　0009998–5
門 市 部	(復北店) 臺北市復興北路386號
	(重南店) 臺北市重慶南路一段61號
出版日期	初版一刷　2018年4月
編　　號	S 586310

行政院新聞局登記證局版臺業字第○二○○號

ISBN　978-957-14-6388-9　（平裝）

http://www.sanmin.com.tw　三民網路書店
※本書如有缺頁、破損或裝訂錯誤，請寄回本公司更換。

序言 〜〜〜

　　福爾摩沙，美麗之島。臺灣是個海島國家，沒有國際貿易，就沒有今日臺灣之國際現勢地位，沒有國際貿易，就沒有海洋產業，更沒有為海洋產業服務之海商法。海商法係為國際貿易之海洋臺灣而存在。臺灣經濟的發展，居於國內市場規模有限，主要靠國際貿易，而成就全球第 17 大貿易國之地位。同時，自 2007 年開始，國人所經營之貨櫃船隊（含權宜船）的運能已居世界第四位，次於德國、日本及丹麥，而散裝乾貨船隊亦居世界第七位，次於日本、希臘、中國、南韓、香港及德國。如僅限國籍輪，2014 年我國籍船舶運送業運能占全球 2.62%，位居希臘、日本、中國、德國、新加坡、南韓、香港、美國、英國及挪威之後，為全球第 11 位。海洋臺灣所形塑的海洋產業與國際貿易需求，提供海商法教學、研究、發展與立法及司法實踐之優越環境。

　　海商法暨其法源具有國際性特質。海商法法源國際性、海上風險具國際共通性、海商法使用者之國際化、船舶流動國際化、海運產業國際化、海上經濟活動國際化、造船、航海、船舶運營、航運管理技術國際化、海上經濟活動利益團體之國際化、海商法實務學術不分國籍、法系使用相同的國際法律術語、概念與原則、海事管轄與仲裁國際化等。就法源言，海商法的法源來自相關國際硬 (hard law)、軟法 (soft law)：一、源自國際法而非內國羅馬法之陸上法 (land law)，而是來自希臘羅得島的海法 (sea law) 之羅得海法 (Rhodian Law)。二、源自海運商業習慣 (lex maritima)：自羅得海法以降，均系出海運商業習慣；又現代居於海事仲裁之普遍，由主要國際仲裁庭執行並確認海運商業習慣。三、源自國際公約與其國際同

1

化 (international unification)。四、源自國際定型化契約和定型化條款。五、源自國際模範法。六、源自特定內國法之國際性。

臺灣的海商法制度，相對於主要海洋國家的海商法制發展，若無創新之立法政策而苟且因循舊制，將逐漸喪失優勢。主因之一，是我國自 1971 年聯合國大會議決通過的第 2758 號決議案以來，已超過 45 年近半世紀，既不能參與制定海商法國際規範的國際組織，如 UNCTAD, UNCITRAL, IMO 及 CMI，欠缺海商法國際公約的國際立法及司法實踐經驗，也沒有一套內國立法機制讓國內海商法制跟進國際規範的發展。海商法國際規範，不僅反映當代的海運實務作業與習慣，也預告未來全球海商法律與秩序的走向。我國若能融入海商法國際規範的制定與國際並駕齊驅，必能提昇我國國家法律地位、國家經貿地位，以及海洋產業、法律服務業的全球競爭力。

準此，海商法之教學、研究、發展及其立法、司法政策，應思考海商法之國際性，重視其國際法本質，以全新之國際法、國家海洋政策視野，重新評價海商法，不受海商法為民事特別法、傳統商事法及民商合一之立、司法框架之傳統體例及見解束縛，引領海商法學術思潮之創新，開展海商法之國際化。例如，海牙威士比規則以降之各式貨物、旅客運送公約之「喜瑪拉雅條款」及「一體適用原則」，打破民法契約與侵權之界線；各式海商法國際公約如海牙威士比、漢堡、鹿特丹規則、雅典公約等貨物、旅客運送公約、1910 年船舶碰撞公約、各版本海事優先權公約、海難救助公約、約克安特衛普理算規則等明文規定之權利行使期間，係類如民事、刑事、行政程序法上「法定期間」，其期間經過則權利人失權之「起訴期間」，既

非民法消滅時效，亦非除斥期間；船舶假扣押公約，法定列舉之海事債權，方得假扣押船舶所有人之海事資產船舶，而與陸上一般民事債權，得以債務人陸上資產為假扣押標的有別；海事優先權公約，列舉之海事債權，原為海洋法系得以對物訴訟之債權，而生以船舶為擔保，無須登記或占有而不具公示性之隱藏性擔保物權，而與民法擔保物權制度有差；各式海商法國際公約，諸如漢堡規則、鹿特丹規則、雅典公約等貨物、旅客運送公約、1910 年船舶碰撞公約、海事優先權公約等所定之涉外法律適用與國際管轄條文，以強行法（即刻適用法）及法定專屬管轄，突破一般涉外民事案件之選法規則與國際管轄分配規則；海牙威士比規則、船舶所有人限責公約、碰撞公約之責任主體制度，打破民法債務人、侵權行為人責任主體定性及確認之既有規則；海上保險特有之論程保險制度、相互保險制度、定值保險制度、海上保險單移轉制度、開口保險制度、擔保制度、適航性制度、委付制度等，均與一般保險法有異。海商法涉及國際法及國內法，債權及物權，實體及程序，財產及身分（船員法），相較其他商事三法公司法、票據法、保險法，海商法具多元特性而體系繁複，並非單純之商事法或民事特別法。誠如先輩柯澤東教授於其名著「海商法──新世紀幾何觀海商法學」第 12 頁所訓：「海商法雖體例上為民法之特別法，但實為與陸上民法並立獨特之海上私權義關係大法，有其完整之體系，亦包括身分、契約、債權及財產物權之海上法律，異於其他三商事法。」第 14 頁：「十數世紀以來，海商法延續國際同化固有特性，世界沿岸國家及人民乃以海商法與民法之共存關係，以獨立而平行之法制，推展物質之交流，文明之傳播。現代民商法分立之國家如此，民商法合一之國家亦然。」

作者於海商法的學習路上，接受國內、英國師長之授課與指導、自其著作、國際組織文獻自學、受業界業師之薰陶，有幸徜徉於浩瀚之海商學海，衷心感謝諸多先進們之教導。海商學海無涯，個人能力及時間有限，如傾終身之力，亦恐無法完全透析多元海商法之各種議題。本書疏漏之處，至盼先進宏達指正。

　　本書論述之法律及實務，以 2018 年 3 月 1 日為基準。

饒瑞正

jcjao@ntou.edu.tw

序於臺灣海洋大學

海洋法律研究所研究室

2018 年 3 月 1 日

4

目錄

第四章　海上保險法與共同海損

附　錄

第一章 海商法導論

第一節　國家海洋政策、國際經貿與海商法❶

臺灣四面環海，對於海洋資源、經貿發展、國家權益與國家安全，必須仰賴海洋利用海洋，而與海洋有緊密之依存與利害關係。因此，政府於 2001 年公布「海洋白皮書」，宣示我國為海洋國家。隨後，於 2004 年訂定「國家海洋政策綱領」，作為海洋國家的施政方向；更於 2006 年將「國家海洋政策綱領」具體化，訂定「海洋政策白皮書」，規劃「海洋權益」、「海洋環保」、「海上安全」、「海洋產業」、「海洋文化」、「海洋人才」等海洋政策，進一步落實海洋立國的理念❷。教育部依此，亦於 2007 年公布「海洋教育政策白皮書」，訂定推動全民海洋教育與培育海洋產業人才之目標與具體策略。2008 年政府之「海洋政策」，亦主張積極推動「藍色革命，海洋興國」，並提出「掌握臺灣優勢，邁向海洋大國」之政策綱領。因此，對於發展海洋利用海洋，是國家發展共識。

一　航運對我國經濟發展的重要性

臺灣經貿的發展，主要靠國際貿易，而成就全球第 17 大貿易國之地位❸。臺灣缺乏天然資源，因此必須仰賴大宗原物料的進口，經過各個產業供應鍊的垂直或平行分工下製造或加工，再以成品或半成品出口。大宗原物料之運送，因為裝卸模式、物料的特性、與原產地之關聯，主要以散裝船運為主。而成品或半成品的出口，不外海運或空運，特別是海運承擔

---

❶ 饒瑞正，海商法的發展策略及其立法模式探討，臺灣海洋法學報，第 23 期，2015 年 12 月，頁 85–116。

❷ 行政院海洋事務推動委員會編著，海洋政策白皮書，行政院研究發展考核委員會出版，2006 年，頁 2。

❸ 國際貿易局對國際貿易值的統計：http://cus93.trade.gov.tw/，最後瀏覽日：2017.9.25。

98% 以上的對外運送❹，其中又以貨櫃船運為主要。因而海上運送係維繫臺灣經貿發展之命脈，係臺灣海上生命線。

二　航運面臨的挑戰與契機

隨著製造成本的提高，臺灣製造產業的升級，以及低階的勞力密集傳統產業外移，承擔高科技產品運送的空運比重逐年提昇，而海運出口則逐年降低。只是，缺乏原物料天然資源的我國，仍需仰賴進口散裝船運。同時，近年我國整體產業結構，製造業的比例逐年降低。國內產業結構自1993 年至 2009 年，服務業所占比例 66.57% 至 69.16% 不等，而於 2016 年服務業占國內生產毛額 GDP (GDP, Gross Domestic Product) 比重達63.15%，占總就業人數比重達 59.17%❺，顯示服務業已為我國經濟活動之主體，亦為創造就業主要來源，與先進已開發國家產業結構相當，因此臺灣自發性出口貨物數量減少，乃是必然。

然而，全球化、自由化與區域分工體系之成形，亞太地區港口貨運量大幅成長，其中，2014 年世界十大貨櫃港，包括上海、新加坡、深圳、香港、寧波、釜山、廣州、青島、杜拜、天津，全數位於亞洲，而亞太地區又占了 9 個，特別是被稱為世界工廠的中國，隨著海運出口貨量的激增，擴建其沿海商港與完善設施。因此，我國海運業隨著國內整體產業結構與世界趨勢，亦放眼於中國之布局。海運業，是國際性的產業，國內航商早已國際化，對我國產業結構與出口貨物數量的降低，所帶來的衝擊，對航運業影響應為有限。因此，臺灣港埠與貨櫃集散場發展的退卻，在西、南有大陸優勢港口如香港、深圳、寧波、上海，北有釜山之競逐下，是無可

---

❹ 交通部運輸研究所，重大研究計畫，智慧型航行與監測系統之研究，http://www.ihmt.gov.tw/periodical/pdf/B0993760.pdf，最後瀏覽日：2017.10.16。

❺ 詳參：國家發展委員會綜合規劃處，Taiwan Statistical Data Book 2016，國家發展委員會出版。

避免的命運，例如我國最大的高雄港從全球前三大貨櫃港，排名逐年下降至 2007 年第八，而於 2008 年跌出前十大，排名全球第十二，下降至 2014 年的第十三名❻，而企圖以「自由貿易港區」、「轉運中心」、「自由經濟示範區」，來轉型為物流港，如倫敦金屬交易所 (London Metal Exchange) 於 2011 年 10 月於高雄港區，成立該交易所在亞洲第四大的倉儲物流中心。惟我國在 2014 年全球 80 個開發中國家，所轄港口貨櫃吞吐量為 16,430,542 TEU 排名第七❼，仍有一搏之空間。

三 海商法與海洋發展之關聯與必要

依「國家海洋政策綱領」，確認我國係海洋國家。因此，在海洋產業、海上安全、海洋環保、海洋人才之發展策略上，政府已於「海洋政策白皮書」作強力宣示，以作為施政之方針。海洋產業包括造船業、海運業、物流倉儲業、港埠業、漁業等，是整個海洋產業的結構，亦是海洋產業分工體系下的供應鍊關係。船舶運送器的取得，包括造船、租船、買賣，涉及建造（承攬）、租賃 (demise charter/bareboat charter)、買賣、融資等契約之債的法律關係，及所有權、抵押權等物權關係。船舶的海上經濟活動，有旅客運送、貨物運送、船舶拖帶等契約法律問題。航行中所生的海上事故，亦有船舶碰撞、海事優先權、船舶所有人責任限制、海難救助、海洋環境污染、共同海損等議題。海上風險管理則有船舶、貨物、責任等海上保險問題。對於這些海商糾紛的救濟，亦涉海事仲裁、訴訟與管轄等。

我國對外經貿的海上生命線，有賴海上航行安全的維護，牽涉包括海上交通、避碰、海難救助、船舶與港口設施保安等法律議題之研究。就海洋環保言，以「阿瑪斯號」案為例。希臘籍貨輪「阿瑪斯號」於 2001 年 1 月 14 日在鵝鑾鼻東方約一公里海域擱淺，貨輪上燃油隨後大量外洩，造成

---

❻ UNCTAD, Review of Maritime Transport 2015, United Nations, 2015, p. 69。

❼ 前揭註6，p. 67。

鵝鑾鼻、龍坑，至香蕉灣一帶生態保護區海域嚴重污染，所耗費的清除人力、物力與生態之損失非常可觀。因此，對於海洋環境污染之防阻與損失善後之損害賠償、保險等，亦是重要之法律議題。僅此言，在海洋產業、海上安全、海洋環保上無一不涉及海商法制，我國在強勢發展這些重點海洋領域的同時，亦可帶動「海商法律服務業」，支撐海洋產業、海上安全、海洋環保之發展。沒有國際貿易即無海商法，沒有國際貿易即無臺灣，海商法係為國際貿易之臺灣而服務而存在。

四　海商法律服務業產業化之國際趨勢及國內障礙

㈠國際趨勢

　　海商法與海洋產業之發展，具有高度之關連與必要。觀察英國、新加坡、中國對於專業海商法院與海事爭端處理中心之布局，海商法已從國家發展國際貿易，發達國家經濟之輔助角色，轉而思考海商法律服務之產業化，轉型為經濟發展之主角，對國家經濟發展作出貢獻。海商法律服務業，為「與實踐海商法有關的服務業如海商法律師業、海事顧問業、海上保險業、海事公證業、海損理算業、海洋產業內部海商法務人員、海商法記者等私部門，以及海事法院專責海商案件之法官、書記官，交通部航港局主管、執行海商法之公務員等公部門。」

　　我國在經濟快速發展的歷史過程當中，建立世界一流的海洋產業。就造船產業而言，全球造船工業重心主要集中在亞洲地區，由中、韓、日三國領導，並持有市場大部分訂單，占約全球市占率 80% 左右，臺灣則排名第四，例如臺灣國際造船公司 2016 年貨櫃輪手持訂單排名全球第十四位，以國家排名則排於第四位❽。在遊艇製造部分，更享有遊艇王國的美譽。我國國際商港貨櫃裝卸量排名，仍居開發中國家之第七位❾。航運公司的

---

❽ 詳參：台灣國際造船股份有限公司，105 年報，台灣國際造船股份有限公司出版，2017.5.20 刊印，頁 91。

成就，更是有目共睹，自 2007 年開始，國人所經營之貨櫃船隊（含權宜船）的運能已居世界第四位，次於德國、日本及丹麥，而散裝乾貨船隊亦居世界第七位，次於日本、希臘、中國、南韓、香港及德國❿。2014 年我國籍船舶運送業運能占全球 2.62%，位居希臘、日本、中國、德國、新加坡、南韓、香港、美國、英國及挪威之後，為全球第十一位⓫。漁業產業而言，臺灣為全球六大公海捕魚國之一，總作業船隻約 2,000 多艘，並與 25 個以上沿岸國家長期進行雙邊漁業合作。臺灣鮪魚業居全球第二名，魷魚業居全球第三，為世界遠洋漁業要角，其中超低溫鮪魚漁獲更是世界第一，傲視全球⓬。2014 年漁業總產量達 140 萬公噸，其中遠洋漁業產量近 90 萬公噸，魷魚產量達 23 萬公噸；秋刀魚年產量 21 萬公噸，蟬聯世界第一⓭。

在成功的海洋產業基礎下，亦孕育出數優秀專業而具國際競爭力的海洋產業高級技術人才，從造船、航海、輪機、航運管理、海事公證、海上保險，這些海洋產業人力資源與所累積的航運知識，得以支撐「國際性」、「技術性」、「跨領域」的海商法律服務業如海商法律師業、海事顧問業、海上保險業、海事公證業、海損理算業等的發展。進而，藉海商法律服務業，維護貿易與海上航運秩序，相輔相成的支持整個海洋產業的發展，也維護國家主權，更能享受知識經濟所帶來的高經濟效益。

我國對外貿易主要仰賴海運，因此必然衍生海商法律議題，提供一個海商法研究發展與實踐的良好環境。例如，英國於 18 世紀基於活絡海上貿易而發展出的國際海事司法、仲裁、調解中心，歷久而不衰。中國對於海

---

❾ 前揭註 6，p. 67。

❿ ISL, Shipping Statistics and Market Review, 2008.

⓫ 前揭註 6，p. 36。

⓬ 周信佑，漁業署南遷　漁民權益獲得改善？國政評論，2007 年 12 月。

⓭ 漁業署新聞稿：http://www.fa.gov.tw/cht/NewsPaper，最後瀏覽日：2017.09.25。

商法律服務業的計畫性建構，早於改革開放未久後的 1984 年 6 月，在對外貿易量大幅增加的基礎下，成立海事法院❹，誓言建立「亞太地區海事司法中心」。新加坡為了進一步鞏固其東南亞海運樞紐港的地位，同時基於全球超過 40% 載重噸位的商船，為由亞洲企業所有或掌控，而重新構思國家經濟發展政策，於 2002 年 2 月 4 日建立海事法院❺，並隨後於 2004 年 11 月創立新加坡海事仲裁協會 (Singapore Chamber of Maritime Arbitration, SCMA)，並於 2009 年 5 月因應海事案件的特殊性與新加坡國際仲裁中心 (Singapore International Arbitration Centre, SIAC) 完全分離，引入國際海事仲裁人，跨入國際海事仲裁圈，為積極邁向「國際海事中心 (International Maritime Centre, IMC)」而努力。反觀我國，在成功發展海洋產業的同時，應急起直追，趁勢發展海商法律服務業，鞏固我國亞太航運、物流中心之地位，並因應「自由貿易港區」擴大為「自由經濟示範區」之國家經貿發展政策。

(二)國內障礙

1.海商法制、司法實務見解與國際規範容有差異

海洋產業係國際性的產業，所面臨的是國際性的競爭市場。隨著我國航運業者的全球化布局，在海商法專業人才之需求，愈顯殷切，如近年來國籍航商均建置或擴大法務、保險、風險管理專業部門與專業人力之量與質。我國海商法制與國際公約、國際商業習慣等國際趨勢容有差異，再加上海商法的多元性格──國內法、國際法（國際公約與慣例）、外國法、實

---

❹ 中華人民共和國全國人民代表大會常務委員會第六屆八次會議通過的關於在沿海港口城市設立海事法院的決定；UK Defence Club, The Maritime Court System in China, Oct, 2010.

❺ Setting up of Specialist Commercial Courts—The New Admiralty Court, The Supreme Court of Singapore，見 http://app.supremecourt.gov.sg/default.aspx?pgid=435，最後瀏覽日：2017.07.20。

體法與程序法、債法、物權法、國際私法，與對於航運實務與航海技術之事實問題的專業性要求，致司法人員對於海商法之專業性不一，導致判決結果時有背離國際情勢及應得之判決，產生業界難以預測之經營風險與不信任。舉一顯例，國籍定期輪航商在運送契約的管轄法院的選擇，多以倫敦高等法院❶、紐約地方法院❶、或新加坡❶法院為管轄，而以法院所在地的英國法 (English law)、美國法或新加坡法為準據而迴避此一窘態。他國籍定期線航商則多以運送人的主事務所所在地法院為管轄，法院地法為準據，如日本 K-Line❶、波羅地國際海事協會 (BIMCO) 所建議之準據法與管轄權條款❷。從而，減少我國司法實務人員實踐我國法之機會與歷練，並對執業律師進入海商法律服務業構成案量少的利基障礙，對裁判品質的提昇與我國海商法學的發展產生惡性循環。

2. 航運業對外籍船舶所有人相互保險組織 (P&I Club) 的依賴

P&I Club 是屬於非營利的相互保險組織，自 1855 年以來先後成立於英國、瑞典、挪威、日本與美國，13 個組織（不包括 China P&I）承保全球超過 90% 的海船噸位，並組成國際 P&I 再保團體 (International Group of P&I Clubs)。P&I Club 主要承保船舶所有人或營運人的航運責任危險，包括對船員與旅客的人身傷害、貨損、海洋油污、船舶殘骸移除、碰撞等責任以及船舶保險、訴訟費用保險 (Freight, Demurrage and Defense, FD&D) 等，並對於加入的會員提供多樣性的法律諮詢與服務如損害防阻建議，再加上責任保險人地位具有的「參與權」。對於會員船舶所有人所涉的海商爭訟，具有強勢的主宰與高度參與，形成類如「法律顧問」的角色。因此，

---

❶ 長榮海運載貨證券條款，cl. 29；陽明海運載貨證券條款，cl. 26。

❶ 長榮海運載貨證券條款，cl. 29。

❶ 萬海航運載貨證券條款，cl. 28。

❶ K-Line Bill of Lading terms, cl. 2.

❷ BIMCO: CONLINEBILL 2000, cl. 4.

我國航商對於 P&I Club 相當倚賴，再加上人事成本的考量，也導致多數航商漠視內部法律人員 (in-house lawyer) 之進用與養成或減少本土執業律師的使用。如此，又造成我國海商法就業市場的萎縮，對於海商法學的教育與研發造成惡性的環境。中國，早於 1984 年建立海事法院的同時，有計畫的成立中國船舶所有人互保協會 (China P&I Club)，因應誓為「亞太地區海事司法中心」之企圖，但並未獲允加入國際 P&I 再保團體 (International Group of P&I Clubs)。南韓亦已於 1999 年 2 月立法通過並施行 1999 年船舶所有人相互保險組織法 (Ship-Owners' Mutual Protection & Indemnity Association Act 1999)，並於 2000 年 1 月成立韓國船舶所有人互保組織 (Korea P&I)。

3. 海商法人力資源不足

「海洋政策白皮書」明白揭示包括海商法專業之海洋法政人才之不足。教育部歷次於「大學院校增設調整院系所學位學程及招生名額總量提報作業說明」，基於相關政府部門之建議（如海洋事務推動委員會），鼓勵增設海洋法政跨領域人才之培育。又如教育部 2007 年「海洋教育政策白皮書」統計資料顯示，94 學年度海洋類型院校在「海洋法律學」的在學學生數碩士班為 117 人，博士班為 7 人，碩士班畢業人數為 20 人。其中又有多少專攻海洋私法？投入海商法相關產業的人數又有多少？值得觀察。

我國海商法於高等教育之教學與研究，分布於各大學法律相關、航運等系所。多數系所於大學部規劃兩個學分之基礎海商法必修課程，搭配相關選修。進階課程則於研究所規劃海商法專題研究。環顧我國海商法專業人才之高等教育培育現況，是否能切合實務需求，還有相當的進步空間。考選部於民國 103 年將「海商法與海洋法」列為律師高考二試選試科目，並於 104 年施行，可舒緩此現象。

五 海商法的發展策略

㈠國家海洋政策應正視海商法對於海洋國家發展的重要性

海商法與「海洋政策白皮書」所規劃的「海洋權益」、「海洋環保」、「海上安全」、「海洋產業」、「海洋人才」等海洋發展策略，具有緊密的關聯性。又如海洋產業之發展與海商法律服務業，乃相輔相成，已如前揭。因此，我國在國家海洋政策的規劃策略上，應正視海商法之重要性，並將「海商法律服務業」，訂入「海洋產業」的發展政策內，擬定發展海商法律服務產業之具體策略，輔助我國既有的航運產業發展，或者又應如新加坡般，建構臺灣成為「亞太海事爭端處理中心 (Asian-Pacific Maritime Disputes Resolution Centre)」為目標，與中國上海、新加坡、香港、韓國等海運中心競逐。

㈡結合產官學資源加入「國際海事會議 (Commité Maritime International, CMI)」

國際海事會議 (CMI) 對於國際海商法的統一與發展具有相當高的重要性。CMI 係於 1897 年設立於比利時安特衛普的非政府國際組織 (NGO)，為僅次於國際法協會 (International Law Association, ILA) 歷史最悠久的國際性法學學術組織。主要在於促使國際海商法、海事慣例和實務的統一，並促進各國海商法學會的成立，而與其他具有相同宗旨的國際性組織進行合作。CMI 制定的國際公約與規範包括海牙、海牙威士比規則、海上貨運單統一規則 (Uniform Rules for Sea Waybills)、電子載貨證券規則 (Rules for Electronic Bills of Lading)、里斯本規則 (Lisbon Rules)。此外，受聯合國下轄 IMO、UNCTAD、UNCITRAL 委託草擬相關海事公約眾多，舉凡鹿特丹規則、限責公約、海難救助公約、船舶假扣押公約、油品污染民事責任公約、燃油污染民事責任公約、船骸移除公約、海事優先權與抵押權公約等，均為 CMI 所草擬。因此，CMI 為國際海商法變革與統一的重要智庫。

　　我國基於國際政治情勢使然，雖然無緣參與聯合國暨其下轄的 IMO (International Maritime Organization)、UNCTAD (United Nations Conference on Trade and Development)、UNCITRAL (United Nations Commission on International Trade Law) 等制定相關國際海商法公約之組織，而迷失在海商法學的研究發展上，並造成國家海商法發展的障礙。然而，對於引領國際海商法的統一與發展具重要地位的 CMI，則是可以期待參與的 NGO。CMI 的會員資格必須是以研究海商法為旨的各國或多國的 Maritime Law Association[21]。社團法人臺灣海商法學會已於 2013 年成立，可以進一步結合產官學資源，積極參與國際海商法活動，申請成為 CMI 的會員，而能與國際海商法的制定和發展趨勢銜接，維護國家海權權益與海洋產業的競爭力。我國（臺灣海商法學會）加入 CMI，即是取得我國與國際海商法、海事行政法發展接軌之入場券 (a ticket to the world of maritime law)。

㈢成立海事法院或海事專業法庭，維護國家海權利益

　　實證統計結果顯示[22]，有接近 76% 的海商法案件，係屬於法律爭議案件，顯見當事人對於 1999 年大修法後的海商法，存在相當大的歧異看法。又上訴至第三審案件的比例高達 8%，此亦彰顯最終不信服度非常高。若使用司法院統計數據與其他商事法案件如公司法比較之，公司法案件上訴至第三審者僅為 2%，而海商法案件上訴至第三審則為 11%，海商事件最終不信服度、困難度、複雜度為公司法案件的 5 倍之多。顯見，海商法學的立法發展與司法裁判品質的提昇，有待投入更多的資源，海商法立法與海商案件的審理應與國際公約、國際商業習慣和國際主流價值接軌。海商事件應仿先進國家體例，成立海事專業法庭，集中審理海商案件，培養法曹海商專業，進一步則能如中國或新加坡般，發達海商法律服務業。相關

---

[21] CMI Constitution, art. 3.

[22] 饒瑞正，海商法判決實證量化分析，臺灣海洋法學報，第 10 卷第 2 期，2013 年 12 月，頁 35–74。

配套的法規，如「海事法院組織法」、「海事訴訟程序法」等，應予以研究規劃。

㈣我國航運業建立自主的 P&I Club，催生海商法服務產業

P&I 的功能與強勢已如前述。經過數十年海運產業的發展，我國籍航商所有或經營管理的船噸數量與累積的資力，與整體海洋產業從業人員如航海、輪機、船級檢驗、海上保險、海事公證之充分高級人力資源之支撐，應有能力成立我國航商自主的 Taiwan P&I Club，藉此進一步發展我國海商與保險產業。試想，China P&I 於 1984 年成立時，僅有 3 家會員航商與 47 萬噸船舶的承保，到 20 多年後的今日超過 1,700 萬噸，居於全球優勢地位的我國籍航商是否還要猶豫？

㈤海商法的解釋與適用應與國際主流價值接軌，並作成司法判例

按司法院釋字第 329 號解釋意旨，依憲法第 63 條規定締結之條約，其位階等同於法律。鑑於我國國際處境特殊，例如雖簽署國際海事會議 (CMI, Comité Maritime International) 制定之海牙規則❷❸，惟尚未完成程序而成為締約國；我國亦非聯合國會員，對於聯合國所制定之國際公約如漢堡規則❷❹、鹿特丹規則❷❺，亦有參與之困難。基於海商法之國際性特質，海商法的解釋與適用應回應國際規範之立法意旨，參照締約國司法解釋，做出容於國際主流價值之司法判例。

---

❷❸ 1924 年載貨證券統一規章國際公約 (International Convention for the Unification of Certain Rules of Law Relating to Bills of Lading, signed at Brussels on 25th August, 1924)。

❷❹ 1978 年聯合國海上貨物運送公約 (United Nations Convention on the Carriage of Goods by Sea, Hamburg, 1978)。

❷❺ 2009 年聯合國國際海上全程或部分貨物運送契約公約 (United Nations Convention on Contracts for the International Carriage of Goods Wholly or Partly by Sea, A/RES/63/122)。

第二節　海商法的國際性特質、法源及其補充法

一　海商法國際性特質及其法源

海商法具國際性特質如下，而與一般民、商法有別。因此於立法層次之立法模式及技術，應考量其國際性特質，如同締約國般，將彰顯國際主流價值之相關國際規範完整內國法化，實質參與國際規範，跟進國際主流價值，突破國家於國際政治環境之現實障礙，促使我國海商法制之正常發展與運作，輔助國家航運及經貿之發展，解決並矯正我國囿於國際處境，致海商法國際規範之立法、司法實踐長期以來與國際脫節，而與我國航運、經貿實力不對等之劣勢。

㈠海商法法源國際性

海商法的法源具有國際性，來自相關國際硬法 (hard law)❷⑥、軟法 (soft law)❷⑦，包括：

1.源自國際法

源自國際法但非內國羅馬法之陸上法 (land law)，而是來自希臘羅得島的海法 (sea law)（羅得海法 (Rhodian Law)），誠如羅馬帝國安東尼大帝❷⑧所稱：「我才是世界之主（世界歸我制定的羅馬法管轄），惟羅得海法是海洋之主，海上事物歸它統管❷⑨」。

2.源自海運商業習慣 (lex maritima)

---

❷⑥ 直接具法的效力，稱硬法。

❷⑦ 有待國家援參為內國立修法或有待當事人選擇適用，則稱軟法。

❷⑧ Emperor Antoninus, 138–161 A.D.

❷⑨ Digest of Justinian, Book XIV, Title 2, art. 9, "I, indeed, am Lord of the world, but the law is lord of the sea. Let it be Judged by Rhodian Law, prescribed concerning nautical matters."

自羅得海法以降,均係出海運商業習慣;又現代居於海事仲裁之普遍,由主要國際仲裁庭如倫敦、紐約及巴黎執行並確認海運商業習慣。

3.源自國際公約與其國際同化 (international unification)

海商法上之國際公約,自聯合國成立前,係由 CMI 制定,而自聯合國成立後,係分由其下轄之三個專門機構,包括國際貿易法委員會 (United Nations Commission on International Trade Law, UNCITRAL)、國際貿易暨發展委員會 (United Nations Conference on Trade and Development, UNCTAD)、國際海事組織 (International Maritime Organization, IMO) 等制定,CMI 轉換腳色為聯合國周邊幕僚組織,經常受到上揭聯合國下轄機構委託,企劃、草擬國際公約,並交由聯合國下轄機構制定。

4.源自國際定型化契約和定型化條款

海運相關國際組織,擬制定型化契約及條款,將海運商業習慣重申或使之明文化。顯例如各國傭船市場實務普遍使用國際商業團體所擬制的定型化契約,如波羅地國際海事協會 (The Baltic and International Maritime Council, BIMCO) 的 Gencon 格式論程傭船契約、美國船舶經紀人協會 (Association of Ship Brokers and Agents, USA) 擬制的紐約農產品交易所 (New York Produce Exchange, NYPE) 格式的論時傭船契約,又當事人通常擇定以英格蘭法 (English law) 為準據法,亦以國際航運慣行之模式,達到統一法的目的。

5.源自國際模範法

模範法係當事人權利義務合理分配之模範,並無法之效力,僅具有示範功能,有待當事人選擇適用為契約之條款、準據法或國家援參為內國立修法之法源。國際組織於制定國際公約的國際同化過程中遭遇阻礙,制定模範法亦可間接達到相同之法統一目的,顯例如國際通用於共同海損理算之約克安特衛普規則 (York-Antwerp Rules),CMI 自 1860 年於英國格拉斯哥會議決議制定開始,隨著海運型態之變遷而修訂,最新修訂於 2016 年,

歷經百年風華而不移。

6.源自特定內國法之國際性

　　例如英國 1906 年海上保險法 (Marine Insurance Act 1906) 被許多國家援參立法。又基於各國海保市場慣常使用英國保險商業組織所擬制以英格蘭法及其習慣為準據法的定型化契約及條款如協會貨物條款 (Institute Cargo Clauses 82/2009)、協會船舶條款 (Institute Time Clauses-Hull 83/95、Institute Voyage Clauses-Hull 83/95)、國際船舶條款 (International Hull Clauses 2003)，亦透過此國際海保商業習慣，影響世界各國法院實務。終致聯合國國際貿易暨發展委員會,受到貿易國家之提案檢討英國實務條款，而制定海上船舶及貨物保險示範條款 (UNCTAD Model Clauses on Marine Hull and Cargo Insurance 1989)。英國國內商業團體所擬制的定型化契約、條款及其以之為準據法的英格蘭法，受到官方國際組織之檢討，英格蘭法對國際海上保險法的影響力可見一斑。

㈡海上風險具國際共通性

　　不論船籍、當事人國籍、居住所、語言、文化之差異，當事人間爭端在相似之海洋情境下發生，而發展出源自海運商業習慣之海事法一般性原則，以資解決海事爭端。

㈢海商法使用者之國際性

1.船舶流動國際化

　　船籍、權宜船、停靠港等的國際化安排。

2.海運產業國際化

　　運送業在各國攬貨、設立分公司、營運港口和碼頭。

3.海上經濟活動國際化

　　船舶所有人、運送人、傭船人、光船承租人、託運人、受貨人、海員、旅客、保險人、海事公證人、造船業、貨運承攬業、碼頭裝卸業、港埠經營業，不同國籍者從事或促成共同之海上經濟活動。

4.造船、航海、船舶運營、航運管理技術國際化

從事海上經濟活動者使用相同的英文語言和科學技術。

5.海上經濟活動利益團體之國際化

船舶所有人、傭船人、保險人、造船業、貨運承攬業、海員、海損理算師（海事公證人）、託運人、船級協會等參與或組織國際性的商業團體。

6.海商法實務、學術使用相同的法律術語、概念與原則

不分國籍、法系使用相同的國際性法律術語、概念與原則。

㈣海事管轄與仲裁國際性

海事管轄權、海事仲裁地得以與當事人國籍、居住所、船籍等分離。例如：1952 年海船假扣押公約和 1999 年船舶假扣押公約之目的，除藉船舶假扣押保全程序取得擔保，尚藉此創設本案國際管轄權。因此，兩公約特設第 7 條明文，解決本案國際管轄之衝突或競合問題。就我國法言，強制執行法第 7 條標的所在法院有保全程序管轄，依民事訴訟法第 524 條第 1 項，本案管轄法院亦當然具有保全程序管轄，惟並非假扣押法院皆取得本案管轄，而是在民事訴訟法第 15 條第 2 項和海商法第 101 條，船舶碰撞或其他海上事故加害船舶被扣押地法院，取得本案管轄。

二 海商法的法源[30]

依國際法院規約第 38 條第 1 項 (Statute of the International Court of Justice, art. 38)，包括國際公約 (international conventions)、國際慣例 (international customs)、文明國家承認之法律一般原則，並以各國司法判決和國際法專家 (qualified publicists) 之教學資料作為判斷法律原則之輔助。海商法的法源依此得以區分如下：

㈠硬法 (Hard law)

---

[30] 饒瑞正，海商法法源與其補充法——以請求權競合理論與一體適用原則之競比為例，台灣法學雜誌，259 期，2014 年 11 月，頁 132–141。

1.國際公約

　　國際海事會議 (Committee Maritime International, CMI)、聯合國國際貿易法委員會 (United Nations Commission on International Trade Law, UNCITRAL)、聯合國國際貿易暨發展委員會 (United Nations Conference on Trade and Development, UNCTAD)、國際海事組織 (International Maritime Organization, IMO)、歐峰會 (European Council, EC) 和海牙國際私法會議 (Hague Conference on Private International Law, HCCH) 等國際相關組織所制定之國際公約，編整現況如下簡表（至 2017 年 9 月 25 日止）：

國際規範 / International Regimes				
中文	英文	制定日期	生效日期	締約國數
A. CMI				
(A)船舶碰撞				
1910 年統一船舶碰撞責任規定國際公約	Collision Convention 1910	1910/09/23	1913/03/01	83
1952 年船舶碰撞民事管轄公約	Civil Jurisdiction in Collision 1952	1952/05/10	1955/09/14	64
(B)海難救助				
1910 年海難救助公約	Salvage Conventions 1910	1910/09/23	1913/03/01	78
1910 年海難救助公約其 1967 年修正議定書	The 1967 Protocol to Amend the Salvage Conventions 1910	1967/05/27	1977/08/15	9
(C)海上貨物運送				
1924 年海牙規則	Hague Rules 1924	1923/08/25	1931/06/02	72
1968 年威士比規則及 1979 年特別提款權議定書（1924 年海牙規則經 1968 年及 1979 年兩次議定書修正,簡稱海牙威士比規則）	Visby Rules 1968 and 1979 SDR Protocol	1968/02/23	1977/06/23	29
(D)海上旅客運送				

1961 年國際海上旅客運送公約	Carriage of Passengers by Sea 1961	1961/04/29	1965/06/04	11
1967 年海上旅客行李運送公約	Carriage of Passengers' Luggage by Sea 1967	1967/05/27	尚未生效	2
(E)海事優先權和船舶抵押權				
1926 年海事優先權及抵押權公約	Maritime Liens and Mortgages Convention 1926	1926/04/10	1931/06/02	24
1967 年海事優先權及抵押權公約	Maritime Liens and Mortgages Convention 1967	1967/05/27	尚未生效	6
(F)船舶所有人總額限責				
1924 年船舶所有人總額限責公約	1924 International Convention for the Unification of Certain Rules Relating to the Limitation of the Liability of Owners of Seagoing Vessels	1924/08/25	1931/06/02	8
1957 年船舶所有人總額限責公約	1957 International Convention for the Unification of Certain Rules Relating to the Limitation of the Liability of Owners of Seagoing Vessels	1957/10/10	1968/05/31	75
(G)船舶假扣押				
1952 年船舶假扣押公約	Arrest of Seagoing Ships Convention 1952	1952/05/10	1956/02/24	73
(H)外國法院船舶拍賣承認				
2014 年外國司法出售船舶及其承認的國際公約草案	Draft International Convention on Recognition of Foreign Judicial Sale of Ships 2014	草案	Not available, N/A	N/A
B. UNCITRAL				
(A)海上貨物運送				
1978 年漢堡規則	Hamburg Rules 1978	1978/03/31	1992/11/01	34
2008 年鹿特丹規則	Rotterdam Rules 2008	2008/12/11	尚未生效	3
(B)多式運送				
1980 年多式運送公約	Multimodal Convention 1980	1980/05/24	尚未生效	11

2008 年鹿特丹規則	Rotterdam Rules 2008	2008/12/11	尚未生效	3
(C)運送場站				
運送場站經營人賠償責任公約	Terminal Operators Convention 1991	1991/04/19	尚未生效	4
(D)仲裁				
國際商會仲裁規則	ICC Rules for Arbitration	2002/06/24	N/A	N/A
1985 年聯合國國際貿易法委員會國際商務仲裁模範法	UNCITRAL Model Law on International Commercial Arbitration 1985	1985/06/21	N/A	N/A
2006 年聯合國國際貿易法委員會國際商務仲裁模範法	UNCITRAL Model Law on International Commercial Arbitration 2006	2006/07/07	N/A	N/A
(E)電子商務				
2005 年國際契約使用電子通訊公約	Convention on the Use of Electronic Communications in International Contracts 2005	2005/11/23	2013/03/01	7
C. UNCTAD				
(A)海事優先權和船舶抵押權				
1993 年海事優先權及抵押權國際公約	Maritime Liens and Mortgages Convention 1993	1993/05/06	2004/09/05	17
(B)船舶假扣押				
1999 年船舶假扣押公約	Arrest Convention 1999	1999/03/12	2011/09/14	10
D. IMO				
(A)船舶油貨污染				
1969 年船舶油貨污染民事責任公約	CLC Convention 1969	1969/11/29	1975/06/19	34
1969 年船舶油貨污染民事責任公約其1976 年修正議定書	CLC Convention 1969 and Protocol 1976	1976/11/19	1981/04/08	53
1969 年船舶油貨污染民事責任公約其1992 年修正議定書	CLC Convention 1969 and Protocol 1992	1992/11/27	1996/05/30	137
(B)船舶油貨污染基金				

1971 年油貨污染損害基金公約	International Convention on the Establishment of an International Fund for Compensation for Oil Pollution Damage, 1971 (Fund 1971)	1971/12/18	1978/10/16	14
1971 年油貨污染損害基金公約其 1976 年修正議定書	Protocol of 1976 to the International Convention on the Establishment of an International Fund for Compensation for Oil Pollution Damage (FUND PROT 1976)	1976/11/19	1994/11/22	31
1971 年油貨污染損害基金公約其 1992 年修正議定書	Protocol of 1992 to the International Convention on the Establishment of an International Fund for Compensation for Oil Pollution Damage (FUND PROT 1992)	1992/11/27	1996/05/30	115
1971 年油貨污染損害基金公約其 2000 年修正議定書	Protocol of 2000 to the International Convention on the Establishment of an International Fund for Compensation for Oil Pollution Damage (FUND PROT 2000)	2000/09/27	2001/06/27	0
1971 年油貨污染損害基金公約其 2003 年修正議定書	Protocol of 2003 to the International Convention on the Establishment of an International Fund for Compensation for Oil Pollution Damage (FUND PROT 2003)	2003/05/16	2005/03/03	31
(C)船舶燃油污染				
2001 年燃油污染損害賠償民事責任國際公約	International Convention on Civil Liability for Bunker Oil Pollution Damage 2001	2001/03/23	2008/11/21	86
(D)核能船污				

1962 年核子船舶營運人責任公約	Convention on Liability of Operators of Nuclear Ships 1962	1962/05/25	尚未生效	7
(E)核子貨污				
1971 年海上運送核子物質民事責任公約	Maritime Carriage of Nuclear Material 1971	1971/12/17	1975/07/15	17
(F)毒性化學貨污				
1996 年海上運送有毒有害物質損害責任及補償公約	HNS Convention 1996	1996/05/03	尚未生效	14
1996 年海上運送有毒有害物質損害責任及補償公約其2010 年修正議定書	2010 Protocol to Amend the HNS Convention 1996	2010/04/30	尚未生效	1
(G)船舶所有人總額限責				
1976 年海事求償限責公約	Convention on Limitation of Liability for Maritime Claims, 1976 (LLMC 1976)	1976/11/19	1986/12/01	54
1976 年海事求償限責公約其 1996 年修正議定書	Protocol of 1996 to amend the Convention on Limitation of Liability for Maritime Claims, 1976 (LLMC PROT 1996)	1996/05/02	2004/05/13	53
2012 年對 1996 年議定書之修正	2012 Amendments to 1996 Protocol	2012/04/19	2015/06/08	53
(H)旅客運送				
1974 年雅典旅客暨其行李運送公約	Athens Convention Relating to the Carriage of Passengers and Their Luggage by Sea, 1974 (Pal 1974)	1974/12/13	1987/04/28	25
1974 年雅典旅客暨其行李運送公約其1976 年修正議定書	The 1976 Protocol to Amend the Athens Convention Relating to the Carriage of Passengers and Their Luggage by Sea, 1974 (PAL PROT 1976)	1976/11/19	1989/04/30	17

1974 年雅典旅客暨其行李運送公約其 1990 年修正議定書	The 1990 Protocol to Amend the Athens Convention Relating to the Carriage of Passengers and Their Luggage by Sea, 1974 (PAL PROT 1990)	1990/03/29	尚未生效	3
1974 年雅典旅客暨其行李運送公約其 2002 年修正議定書	The 2002 Protocol to Amend the Athens Convention Relating to the Carriage of Passengers and Their Luggage by Sea, 1974 (PAL PROT 2002)	2002/11/01	2014/04/23	28
(I)海難救助				
1989 年海難救助國際公約	Salvage Convention 1989	1989/04/28	1996/07/14	70
(J)船骸移除				
奈洛比船骸移除公約	Nairobi International Convention on the Removal of Wrecks, 2007 (NAIROBI WRC 2007)	2007/05/18	2015/04/14	37
E. EC				
國際管轄				
2007 年盧加洛公約	Lugano Convention 2007	2007/10/30	2010/01/01	31
F. HCCH				
國際管轄				
2005 年海牙法院選擇協議公約	Hague Convention on Choice of Court Agreements 2005	2005/06/30	尚未生效	3

2.海運商業習慣 (lex maritima)

例如居於傭船實務普遍使用國際性商業團體所擬制的定型化契約，如波羅地國際海事協會 (Baltic and International Maritime Council, BIMCO) 的 Gencon 格式論程傭船契約、美國船舶經紀人暨代理人協會 (The Association of Ship Brokers and Agents, USA) 的紐約農產品交易所 (New York Produce Exchange, NYPE) 格式論時傭船契約，以英格蘭法 (English law) 或美國法為準據法，復以倫敦或紐約為仲裁地，亦以定型化契約彰顯國際傭船運送

慣行，藉由倫敦或紐約仲裁庭執行並確認國際傭船運送習慣，來達到國際同化的目的，而非以國際公約的方式達成。

㈡軟法 (Soft law)

1.模範法

⑴船舶碰撞：Lisbon Rules 1987

⑵運送單據：CMI Uniform Rules for Electronic Bills of Lading 1990, CMI Uniform Rules for Sea Waybills 1990

⑶共同海損：York-Antwerp Rules 2016 與較早版本

⑷船舶檢驗：Principles of Conduct for Classification Societies 1998

⑸傭船運送：Voyage Charterparty Laytime Interpretation Rules 1993

⑹信用狀：UCP 600 與較早版本

⑺多式運送：UNCTAD/ICC Rules for Multimodal Transport Documents 1992, ICC Uniform Rules for a Combined Transport Document 1975

⑻仲裁：ICC Rules for Arbitration; UNCITRAL Model Law on International Commercial Arbitration 1985/2006

⑼電子商務：The Model Law on Electronic Signatures 1996/2001

2.定型化契約

⑴傭船、光船租賃：Barecon 89, NYPE 1946/93, Gencon 1976/1994

⑵託運單、載貨證券：Conlinebooking, Conlinebill, Congenbill

⑶海難救助：Lloyd's Open Form 2000/2011

⑷船舶買賣：Norwegian Saleform 1993/2012

⑸拖帶：Towcon, Towhire, UKSTC 1986

⑹海上保險：Lloyd's Marine Form

3.定型化條款

⑴海上保險：UNCTAD Model Clauses on Marine Hull and Cargo Insurance 1989; ITCH 83/95, IVCH 83/95, IHC 2002/2003, ICC 82/2009

(2)載貨證券：both-to-blame collision clause, paramount clause, New Jason clause, general average clause, identity of carrier clause

(3)國際買賣：Incoterms 2010 與較早版本

(4)海難救助：SCOPIC

(5)仲裁：UNCITRAL Arbitration Rules 1976/2010/2013

4. 國際聲譽卓越國家上層法院之海商事件判決

英國於 18 世紀基於活絡海上貿易而發展出的國際海事司法與仲裁中心，歷久而不衰，其判例、判決受到各國商人的肯認。新加坡為了進一步鞏固其東南亞海運樞紐港的地位，於 2002 年建立海事法院，並隨後於 2004 年 11 月創立新加坡海事仲裁協會 (Singapore Chamber of Maritime Arbitration, SCMA)，跨入國際海事仲裁圈，為積極邁向「國際海事中心 (International Maritime Centre, IMC)」而努力。

5. 海商法國際權威之著作

諸如 Carver on Bills of Lading, Scrutton on Charterparties, Schmitthoff's Export Trade, Arnould's Law of Marine Insurance and Average, Kennedy & Rose on Law of Salvage, Berlingieri on Arrest of Ships, Marsden on Collisions at Sea 等海商法國際權威著作，其中不乏百年前初版，而後續編輯者歷經十數版次之權威著作。

三 海商法的補充法

現行海商法第 5 條規定：「海商事件，依本法之規定，本法無規定者，適用其他法律之規定。」「其他法律之規定」，係指向國內民、商事法，以及上揭國際硬、軟法國際規範。惟國內法與國際規範兩者間何者優先適用？

1. 海商法的國際性考量

海商法法源國際性、海上風險具國際共通性、海商法使用者之國際化、船舶流動國際化、海運產業國際化、海上經濟活動國際化、造船、航海、

船舶運營、航運管理技術國際化、海上經濟活動利益團體之國際化、海商法實務學術不分國籍、法系使用相同的國際法律術語、概念與原則、海事管轄與仲裁國際化等。同時，觀察國際海商法公約的制定與修訂，除因應海運實務的變動、填補法漏洞、防止海上運送活動脫序外，尚藉由統一法的運動消除各國法律的衝突與法律障礙，而能促進國際貿易的進行。此外，國際公約的變革，亦有關國家與國家的海權競爭、內國產業的保護、國際貿易的主導地位、法系間的競合、國際政治環境的影響。因此，強權國家政治力的高度介入，以取得國際公約的立法主導權，維護本國的經濟利益，亦是國際公約變革的主要原因之一。同時，在海商法各章節相關條文之草擬，有其援參之國際硬、軟法，因此，在海商法第 5 條補充法的解釋上、設計上，宜考量上揭國際性因素。

2.國家法律地位、經貿地位的提昇

臺灣的海商法制度，相對於全球海商法制的發展已嚴重落後。落後主因之一，是我國既不能參與海商法國際公約的立法，也沒有一套機制讓國內海商法制去跟進國際規範的發展。海商法國際公約與規範，不僅反映當代的海運實務作業與習慣，也預告未來全球海商法律與秩序的走向。沒有國際貿易，就沒有臺灣，沒有國際貿易，就沒有海商法。我國若能融入海商法國際公約的制定與國際接軌，必能提昇我國國家法律地位、國家經貿地位，以及海洋產業、法律服務業的全球競爭力。現行海商法第 5 條在補充法的設計上並無以民法為海商法之優先補充法。但是在傳統民商一體的既有思維下，法院仍優先以民法為海商法之補充法，致使我國部分判決見解與國際規範有所歧異，而自外於國際主流價值。綜上論，補充法的順序：第一位次：為海商法各章節被援參修法的國際硬、軟法規範；第二位次：展現於國際定型化契約、定型化條款、國際海事仲裁判斷的海商習慣；第三位次：海商法文明國家所承認的或國、內外海商法權威推演論證而得的海商法理（學說）❸❶；第四位次：民法或國內其他法律。

3. 以請求權競合與一體適用原則之競比為例

「廣大機械」與運送人「長綠海運」，締結海上件貨運送契約。海程期間茲因船副操船不慎致重櫃（裝有貨物之貨櫃稱之）落海而滅失。「廣大機械」於一年後，依民法請求權競合理論，向被告「長綠海運」同時提起運送契約債務不履行以及侵權行為損害賠償之訴。「長綠海運」依海牙威士比規則第 4 條之 1 第 1 項「一體適用原則」，主張原告無論係基於契約或侵權之請求權基礎，運送人責任均應依海商法第 56 條第 2 項一年期間經過而免除。試問原告「廣大機械」與被告「長綠海運」，何人為有理由？

(1)民法學說與實務

民法學說與民事實務見解，對於侵權行為責任與契約責任，就歸責原則、舉證責任、抵銷與時效互有不同。因此，同一行為構成侵權行為與契約債務不履行責任，債權人究竟得以依侵權或契約請求損害賠償，計有法條競合說、請求權競合說與請求權規範競合說。我國早期實務最高法院 43 年臺上字第 752 號判例採法條競合說，但爾後實務受學者通說影響，最高法院 77 年 11 月 1 日第 19 次民事庭會議決議，採「請求權競合說」，債權人原則上得自由選擇侵權行為或契約債務不履行損害賠償請求權。因而，民法第 227 條之 1 債務人債務不履行致債權人人格權受侵害，得準用侵權行為第 192 條至第 195 條、第 197 條之規定請求損害賠償，為請求權競合說的落實。

因此，我國運送法實務，不論運送方式為單式運送 (uni-modal) 之海上，亦不論是多式運送 (multimodal)，對於運送契約債務不履行與侵權行為的損害賠償責任，亦受民法學說與民事實務之影響，採請求權競合見解，

---

❸ 國際法法源，依國際法院規約第 38 條第 1 項 (Statute of the International Court of Justice, art. 38)：國際公約 (international conventions)、國際慣例 (international customs)、文明國家承認之法律原則，並以各國司法判決和國際法專家 (qualified publicists) 之教學資料作為判斷法律原則之輔助。

而與上揭國際公約歧異。

(2)國際規範: 喜馬拉雅條款與一體適用原則❸

　　為避免請求權人以侵權為訴因請求損害賠償，間接侵害運送人法定或約定權利，又為保護弱勢海上勞動者，海牙威士比規則於 1968 年將喜馬拉雅條款❸法制化❸，運送人之從屬履行輔助人船長及海員也得以行使公約賦予運送人之法定抗辯權，並同時增訂「一體適用原則」❸以為配套，對於運送人無論基於契約或侵權之訴，本規則一體適用。避免請求權人以侵權為訴因，向舷到舷海上運送期間的侵權行為人船長、船員等從屬履行輔助人請求損害賠償，運送人因代負責任之外部連帶債務關係（共同被告）或因僱傭契約之內部求償關係（受害人以船長、船員為被告之情形），而需負擔終局損害賠償責任。請求權基礎無論基於契約、侵權或其他事由，公約採一體適用的立場，藉此排除債權人以其他非契約之訴因為基礎來脫離公約的規範，以達到法的統一與安定性。

　　漢堡規則❸對侵權責任採取與海牙威士比規則相同立場❸，只是漢堡

---

❸ 饒瑞正，喜馬拉雅條款與一體適用原則——評臺灣高等法院九十二年度海商上字第一二號民事判決，月旦裁判時報，第 13 期，2012 年 02 月，頁 57-65。

❸ 基於英國判例 Adler v. Dickson, The Himalaya, [1955] 1 Lloyd's Rep. 315，本條款由來請參本書: 喜馬拉雅條款之國際法制化背景與趨勢。

❸ Art. 4 bis, para. 2.

❸ Art. 4 bis, para. 1: "The defences and limits of liability provided for in these Rules shall apply in any action against the carrier in respect of loss or damage to goods covered by a contract of carriage whether the action be founded in contract or in tort." 作者自譯:「本規則規範的抗辯與責任限制，適用於不論居於契約或侵權而對運送人提起關於運送契約下之貨物毀損滅失之訴」。

❸ 1978 年聯合國海上貨物運送公約 (United Nations Convention on the Carriage of Goods by Sea, Hamburg, 1978)。

❸ Art. 7, paras. 1 & 2.

規則因適用於港到港期間，所以未如海牙威士比規則般將獨立履行輔助人（independent contractor，如碼頭裝卸業）自喜馬拉雅條款明文排除。鹿特丹規則❸亦再次重申「一體適用原則」與喜馬拉雅條款，惟鹿特丹規則未課以船長、船員、運送人的受僱人、獨立海運履行輔助人 (maritime performing party) 的受僱人對請求權人的侵權行為損害賠償責任❸，將喜馬拉雅條款適用的主體排除從屬履行輔助人，亦是排除以這些弱勢從屬履行輔助人為被告的可能。貨損發生在非海運期間只能以運送人為被告，向其請求損害賠償，如貨損在港到港的海運期間，則得以運送人和獨立的海運履行輔助人為共同被告。

鹿特丹規則對於責任主體的規範，完全打破民法上債的相對性原則(契約當事人原則) 之傳統契約法上概念，同時對於侵權責任與契約責任明文不予區分，亦無須依侵權行為法上概念來理解其相關條文。

在 1924 年海牙規則❹制定時之海運實務背景，運送人不負責貨物之裝卸 (Free in and free out)，而是貨方（託運人、受貨人）所負責，因此海牙以迄 1968 年海牙威士比規則規定僅適用於裝後、卸前（舷到舷）之海上運送期間，其喜馬拉雅條款適用之主體因此明文排除裝、卸之獨立履行輔助人。漢堡規則於 1978 年因應海運實務作業，擴大運送人責任期間至港到港，因此獨立暨從屬履行輔助人均為其喜馬拉雅條款之適用主體。

1980 年多式運送公約第 20 條第 1 項、1956 年公路運送公約 (CMR) 經

---

❸ 2009 年聯合國國際海上全程或部分貨物運送契約公約 (United Nations Convention on Contracts for the International Carriage of Goods Wholly or Partly by Sea, A/RES/63/122)。

❸ Art. 19, para. 4.

❹ 1924 年載貨證券統一規章國際公約 (International Convention for the Unification of Certain Rules of Law Relating to Bills of Lading, signed at Brussels on 25th August, 1924)。

1978 年議定書修正第 28 條、1999 年鐵路運送公約 (COTIF-CIM) 第 41 條、2000 年內河貨運公約 (CMNI) 第 22 條、規範航空運送的華沙公約體系 (Warsaw system) 第 24 條與 1999 年蒙特婁公約 (Montreal Convention) 第 29 條、2002 年雅典公約第 14 條，均採相同之一體適用原則規定，顯見一體適用原則為國際運送法之基本原則規範。

　　從上言，我國海商法第 76 條第 1 項援參海牙威士比規則第 4 條之 1 第 2 項，將喜馬拉雅條款法制化之同時，並未明訂如海牙威士比規則第 4 條之 1 第 1 項規定的一體適用原則。又海商案件在傳統民商一體觀點下，而採與民事案件相同之請求權競合理論，運送人之僱用人侵權責任適用民法，而契約責任適用海商法，造成運送人責任之分割。相關公約之締約國法院實務❹，也排除當事人以內國侵權行為法對運送人追究其侵權責任，以免違背國際公約欲達到統一法與國際同化之目的❷。因此，運送人契約責任與侵權責任之準據法，均應一體適用海商法，以國際公約海牙威士比規則第 4 條之 1 第 1 項「一體適用原則」為海商法之補充法。如為涉外之運送案件，亦不應依行為地內國侵權法追究運送人侵權責任，而係當事人合意該國家準據法之海商法、運送法或強制適用之相關國際公約。

(3)海上件貨運送事件應採一體適用原則，請求權競合說與國際運送規範衝突

　　我國學說與實務對於同一行為構成侵權行為與契約債務不履行責任，債權人究竟得以依侵權或契約請求損害賠償，係採請求權競合說，是民法學術與實務的共識，經過數十年的磨合與發展。本文無意對於發展成熟的國內民法學說與民事實務提出批判或修正建議，而是居於觀察相關國際公

---

❹ Re Air Disaster at Lockerbie, Scotland on December 21, 1988 928 F 2d 1267 (2nd Cir. 1991); Abnett v. British Airways plc [1997] AC 430.

❷ Guenter Treitel and FMB Reynolds, Carver on Bills of Lading, 2nd edition, Sweet & Maxwell, 2005, at pp. 650–651.

約條文與締約國的司法實踐的發現，認為應採一體適用原則，亦即對於運送人無論基於契約、侵權或其他請求權基礎之損害賠償，均以適用海商法（件貨運送規定）為唯一，而與一般民事案件區分。在海商法第76條未修法增訂一體適用原則之前，得以海牙威士比規則第4條之1第1項為海商法第5條之其他法律來補充。因此，案例中原告無論係基於契約或侵權之請求權基礎，被告運送人責任均應依海商法第56條第2項一年期間經過而免除。

第三節　海商法的立法模式及選項：以貨物運送公約為例

一　目前海商法修法模式：海牙威士比規則外加模式 (Hague-Visby Rules plus)

規範固定航線貨物運送契約的國際公約有四，分別是海牙規則、海牙威士比規則❸、漢堡規則、鹿特丹規則，其中僅鹿特丹尚未生效。漢堡規則雖已於1992年生效，但它的締約國為北非與中南美洲國家。歐盟、日本、韓國、新加坡、英國，都是海牙威士比規則的締約國。海牙威士比規則為文明國家所採行之國際主流價值。

現行海商法固定航線貨物運送相關條文，包括運送人責任基礎、單位限責權、免責權等都是來自於海牙威士比規則，而採用大陸法系間接適用的方式，以為立法。目前進行中的海商法修正條文草案，將海牙威士比規則11條的實質條文規範在海商法草案的第三章。至於海牙威士比規則未規

---

❸ 海牙規則經1968年議定書和1979年特別提款權議定書修正 (The 1968 Protocol and 1979 SDR Protocol to amend the International Convention for the Unification of Certain Rules of Law Relating to Bills of Lading, signed at Brussels on 25th August, 1924)。

定事項，則為締約國不受拘束的內國立法空間，因此在周邊議題上去援參漢堡規則、鹿特丹規則的部分條文，解決海運實務於後海牙威士比時代所衍生之法律問題，而採取海牙威士比規則外加模式 (Hague-Visby Rules plus)，如同締約國般，擬將海牙威士比規則的 11 條實質條文完整內國法化，至於海牙威士比規則未規範者，本為締約國不受拘束的內國立法空間。申言之，在不影響運送人責任基礎、免責權、限責權等抗辯權利，周邊議題上酌參漢堡規則（如實際運送人、締約運送人連帶責任之規定）和鹿特丹規則（如運送術語定義、無單放貨、批量契約、起訴期間不得停止或中斷之、延遲交付定義與其單位限責、危險貨申報和標籤義務之規定等）部分條文為輔，解決實務迫切急需解決之難題，既不加重運送人負擔，又跟進國際主流價值，為船方、貨方解決現行實務難題。修法後，國人可以向世界宣告，我國雖不是海牙威士比規則締約國，但亦是海牙威士比規則國家，藉此提高國家航運、經貿與法律之國際地位。唯有如此，我們才能跟世界宣告說我們是海牙威士比規則國家，因此我國籍船公司載貨證券背後的準據法條款不需要再使用英國法、美國法、新加坡法、香港法。

二　因應鹿特丹規則生效之立法模式選項[44]

1996 年聯合國國際貿易法委員會 (United Nations Conference on International Trade and Law, UNCITRAL)，委託國際海事會議 (Committee Maritime International, CMI)，整理既存已生效規範國際海上貨物運送的國際公約，包括海牙規則、海牙威士比規則、漢堡規則與國際航運習慣，以為針對國際海上貨物運送法不足之處，建構統一的規範。CMI 初期發現載貨證券與海上貨運單 (seaway bills) 的功能、買賣契約當事人對於運送單據的權利義務，以及憑恃載貨證券而提供融資者的法律地位等議題，存在重

---

[44] 關於鹿特丹規則的評論，請參：饒瑞正，國際海上貨物運送人責任的變革與趨勢：從海牙到鹿特丹，臺灣海洋法學報，10 卷 1 期，2011 年 6 月，頁 1-42。

大漏洞。CMI 遂於 1998 年建立運送法國際工作小組，對其世界各國海商法學會會員，提出問卷調查。調查結果顯示，會員們普遍認為應將運送人責任的議題列入研究，因此 CMI 遂將運送人責任的規範納入研究範圍，並為因應海運實務作業之變革，再次確認研究議題為：碼頭裝卸業與港區倉儲業責任、戶到戶的物流、滯留重櫃、運送人責任之調整、運送契約權義之移轉、無紙化的電子運送紀錄、批量契約 (volume contract)、運送人之辨識、無單放貨、託運人責任、國際裁判管轄權等 ❹⑤。CMI 於 2001 年提交 UNCITRL 海上全程或部分貨物運送契約公約草案 ❹⑥，歷經八年的折衝，聯合國大會於 2008 年 12 月 11 日通過海上全程或部分貨物運送契約公約，並於 2009 年 9 月 23 日於鹿特丹舉行公約簽署儀式，而稱鹿特丹規則。

截至 2017 年 9 月 25 日，計 25 個聯合國會員國，包括美國、法國、荷蘭、瑞典、丹麥、挪威、西班牙、瑞士等主要國貿國家簽署鹿特丹規則，代表全球 25% 的國際貿易值，其中西班牙、剛果、多哥等 3 個國家批准，公約法定 20 個締約國之生效要件，還有一段距離。超過全球 50% 國際貿易值的歐盟、美國、中國對於公約的態度為重要指標，特別是美國，係鹿特丹規則倡議國與其國際影響力。美國參議院正在審查前總統歐巴馬尋求諮議的批准文件，行使美國憲法賦予的條約同意權，一旦超過 2/3 的參議員通過，即同意並建請總統批准公約，屆時可以預見國際社會在美國批准後的骨牌效應。屆時國際海上貨物運送法，將展開全新的歷史階段。

基於我國國際政治地位之現實，產生難以參與政府間國際組織之困境，

---

❹⑤ CMI Draft Instrument, CMI Draft Instrument on Transport Law, 2001 CMI Yearbook 532.

❹⑥ 八位主要起草人：A. Francesco Berlingieri, Philippe Delebecque, Tomotaka Fujita, Rafael Illescas, Michael Sturley, Gertjan Van Der Ziel, Alexander Von Ziegler, Stefano Zunarelli, The Rotterdam Rules an Attempt to Clarify Certain Concerns that Have Emerged, LMCLQ, 5 August, 2009。

更遑論在政府間國際組織下締結國際公約。惟國際公約內國法化方式，仍可能有五個選項，以解決此困境：

㈠以條約締結法，解決條約未能完成存放程序致效力受質疑的問題

　　我國並非制定鹿特丹規則的聯合國會員國，欠缺聯合國國際組織的簽署法人格。即使簽署鹿特丹規則，也可能如同人權兩公約般❹，產生無法存放批准文件於聯合國國際貿易法委員會的困境，終使簽署國際公約淪為政治口號。

㈡制定「聯合國海上全程或部分貨物運送契約公約施行法」，直接賦予相關貨物運送公約具有國內法之效力

　　民國 98 年我國制定、通過並施行「公民與政治權利國際公約及經濟社會文化權利國際公約施行法」（兩公約施行法），使兩公約自施行日起具有國內法的效力，也為國際處境特殊的我國，將國際公約完整內國法化之方式，提供一個適當之捷徑。海商法之修法模式，應也可以採取相同做法制定公約施行法，完整引入、適用海商法國際規範。雖然我國基於國際政治現實，而無緣參與國際海商公約，仍然得以參考或制定公約施行法的方式將其作為我國法制增修之依據，而無須自外於國際主流價值，創造出我國的獨特法制❹，必須堅持其涉外的國際性。就算將我國自視為締約國，將國際公約一字不漏的內國法化，才不致因刪減而造成法律漏洞。

㈢將相關貨物運送公約制定為我國單行專法後施行

　　這個方式普遍為海洋法系締約國所採行,如美國的 1936 年海上貨物運送法 (Carriage of Goods by Sea Act 1936) 將海牙規則內國法化，英國的

---

❹ 公民與政治權利國際公約 (International Convention on Civil and Political Rights) 和經濟社會文化權利國際公約 (International Convention on Economics, Social, and Cultural Rights)。

❹ 顯例如現行海商法第 76 條和第 77 條。

1971 年海上貨物運送法 (Carriage of Goods by Sea Act 1971) 將海牙威士比規則內國法化。

㈣將鹿特丹規則的實質內容，規範在海商法貨物運送章

此一方式，普遍為大陸法系國家所採行，如德國、南韓將海牙威士比規則的實質內容規範於商法典、我國海商法件貨運送條文援參部分海牙威士比規則而立修法。但近來大陸法系國家有採行英美方式，將公約制定為國內單行專法的趨勢，如日本「國際海上物品運送法」❹、南韓的修法意向❺。

㈤於海商法中授權海商法主管機關交通部採用鹿特丹規則

以法規命令方式將鹿特丹規則內國法化,產生是否符合法律保留原則、授權明確性和容許性之要求，實在令人質疑。

本文建議，宜採第二種或第三種方式，制定「海上全程或部分貨物運送契約公約 (鹿特丹規則) 施行法」，直接賦予鹿特丹規則具有國內法之效力，或將鹿特丹規則實體條文，以全部條文方式，制定為我國單行專法，理由於下：

1. 鹿特丹規則全文共 18 章，計 96 條，其中實質條文 87 條體系非常龐大。
2. 如果採行我國海商法原有立修法模式，僅將公約實質內容訂入海商法貨物運送，而非訂入所有條文，可能產生某些條文未訂入、翻譯用語不明確或海商法條文間彼此矛盾之窘況。
3. 海商事件中，以貨物運送案件量排名第一占 55%，單行專法使用上具有便利性。

---

❹ 制定：昭和 32 年 6 月 13 日法律第 172 号。最後改正：平成 4 年 6 月 3 日法律第 69 号。

❺ 崔埈睿，韓國商法的教育內容和方法，泰山學術論壇研討會，民商法學專題論文集，2011 年 10 月 21–23 日，頁 295。南韓除海上貨物運送外，目前也正在討論將商法典中的航空運送、公司法、保險法分離出商法典而成數個單行法典。

4. 海上運送法的單行法化為一國際趨勢與潮流，同時符合國際海商法下國際公約單行化的立法模式。

5. 以單行專法將鹿特丹規則全部訂入，立法效率較高，節省修法時間與人物力資源的耗費。

6. 鹿特丹規則中，除選擇性 (opt-in clause) 的國際管轄權條文仲裁條文外，全文訂入，即是「全有或全無」的選擇，可避免船貨雙方之爭議或利益團體的運作，影響增修條文內容，避免當事人權義失衡，或最重要的是因此而避免牴觸國際立法意旨的情形。

7. 臺灣的海商法制度，相對於全球海商法主流國家的發展仍有發展之空間。主因之一，是我國既不能參與海商法國際公約的立法，也沒有一套機制讓國內海商法制去跟進國際規範的發展。

　　海商法國際公約與規範，不僅反映當代的海運實務作業與習慣，也預告未來全球海商法律與秩序的走向。沒有國際貿易，就沒有臺灣，沒有國際貿易，就沒有海商法。我國若能融入海商法國際公約的制定與國際接軌，必能提昇我國國家法律地位、國家經貿地位，以及海洋產業、法律服務業的全球競爭力。「聯合國海上全程或部分貨物運送契約公約施行法」或單行專法「國際海上貨物運送法」，可以解決現行我國海商法國際困境，建立海商法國際公約之內國法化機制，直接與國際接軌。

第四節　海商判決實證量化統計分析[51]

一　實證分析之重要性

　　法律經立法部門立法後，必須交由法院透過活生案情的實戰場合檢驗之。法律適用於真實的案情，就像理工科學家般，提出理論基礎後，仍須

---

[51] 饒瑞正，海商法判決實證量化分析，臺灣海洋法學報，第 10 卷第 2 期，2012 年 12 月，頁 35-74。

在實驗室或真實情境下實證之，藉此修正理論或檢驗理論的可行性。因此，法理論與法實務兩者間所蘊含落差之產生，應可預見。在法創造的層次上，判例法雖是實戰下的產物，判例法國家在理論的研發上，卻又往往受限於判例法，而自縛手腳怯於研發，等到新的議題發生後，才交由法院解決。所以，法實證與法理論，並非是零合，而是分進合擊的相輔相成。

法學研究者，長期以來是以論理 (reasoning) 為研究的主要方法，而產生法學者各說各話的各家學說。真實的世界與活生生的案情，對於法學研究者，就是一個實戰的場合，藉此檢驗理論的妥適性。現代資訊科技的進步，促成法院判決的數位化，對於法學的實證研究提供一個良好的環境。實證研究者，可以輕易而有效率的擷取判決全文，並作出統計而予以質化與量化分析。因此，本文對於我國海商法判決實證所為統計，在於客觀呈現並確認海商法各次領域，依案件數量與爭議類型，所彰顯的重要性。再依此重要性，作為海商法學的研究資源、教育資源暨立法資源分配之參考依據。例如得以將研究的人、物力資源投入於案量較多或高度爭議的海商議題的評析；在海商法學的教育上或國家考試海商法試題，對於實務案件多或高度爭議的議題，即投入較多教學時間與分配較多的考試試題；此外，對於案量多或爭議多的議題，則需投入更多修法上的關注。

二 實證研究方式

(一)研究範圍與限制

1.以 1999 年至 2010 年為調查期間 ❺❷

1999 年 7 月 14 日修正公布海商法全文 153 條與 2000 年 1 月 26 日修正公布第 76 條條文，並自公布日起算至第三日起發生效力 ❺❸。對於已發生

---

❺❷ 本章研究已累積足夠之樣本，分析之數據仍具客觀與代表性，亦符合 2017 年近十年內之趨勢。

❺❸ 中央法規標準法第 13 條。

的事實，基於法的安定性，法律的新定或變更不應溯及既往❺。本文係對於海商法修正施行後訴訟案件統計而對於修正後海商法的妥適性做實證分析，因而調查的判決以適用修正後海商法為限，2010 年的判決則調查至 2月底，以增加統計的樣本數，確保統計的客觀性。

2.以判決為調查標的

法律爭端的解決，除經由訴訟外，尚得以透過其他替代爭端解決方式如和解、調解與仲裁。訴訟外、訴訟中或仲裁中和解、調解或仲裁案件，並無公開的管道得以取得案件資訊，因此本文調查的訴訟案件並不包括上述其他替代爭端解決方式所涉的案件。此外，我國法院對於船舶強制執行聲請的裁定，考量當事人執行利益，除被強制對象抗告的案件外，並不公開。這些先天上的限制，對於本文所做的統計造成調查範圍限制，讀者在做統計結果的閱讀上，為免不當解讀數據，宜了解此侷限。

3.以涉及海商法條文者為調查標的

海事案件個案判決爭點，因為海事案件的國際性與跨領域特性，往往為橫跨數個法律學門的跨法際案件，如涉及國際買賣法、國際貿易習慣、保險法、國際私法、國際海洋法、海事行政法等，為完整蒐集本文需要的資訊，只要爭點係與海商法條文的解釋與適用有關的民事案件，均在調查範圍之內。因此，本文以海商法條次，如「海商法第一條」為判決檢索的關鍵字。

4.調查資源不以「司法院法學資料檢索系統」為限

司法院所建置的法學資料檢索系統❺，將各級法院判決數位化公開，讓法學實證研究者可以輕易而有效率的擷取所需判決資訊，本文並以此為主要的調查資源，惟為避免過度仰賴單一系統資源，本文尚以法源法律網之裁判書查詢系統❺，為判決資料的交叉查詢與比對，以避免裁判缺漏而

---

❺ 大法官釋字第 574、577 號解釋文參照。

❺ http://jirs.judicial.gov.tw/Index.htm，最後瀏覽日 2012.7.20。

導致統計結果失真。

(二)執行方法

　　作者透過司法院法學資料檢索系統與法源法律網之裁判書查詢之介面，分別以法院、年份、判決與關鍵字做搜索。在做關鍵字搜索時，以「海商法條次」，如「海商法第一條」作為關鍵字做初步之搜尋，其次依各年度各法院之案件分案之案號，採計有「海商」案號字別之案件作標準，惟最高法院係以「台上字」標示，故最高法院案件以該案件的二審或一審是海商分案為篩選標準。

　　雖然民事案件繫屬於法院時，係由各級審判機關（審查庭）依「民刑事件編號計數分案報結實施要點」及「最高法院民刑事案件編號計數分案報結要點」之規定分案並立有卷宗號數，如海商事件者則冠以「海商」字別。惟案件擇定之標準上揭要點並未詳加說明，全由一或二審法院依職權做案件篩選，作者往往亦發現「國貿」、「保險」字別的案件爭點，亦涉海商法條文的解釋與適用，此亦與海商法的跨法際性格有關，因此調整搜尋方式，而不以海商字別的案件為限。

(三)分類標準的說明

1.以年度、法院層級與各級法院做區分

　　本文以案件之年度、法院層級（第一審、第二審、第三審）與各級審理法院做區分，藉以觀察與我國進出口貿易值、我國港口吞吐量的對照、各法院的對於海商事件的實際審理能量或分布情況之分析。

2.以事實爭議和法律爭議類型做區分

　　海商法具跨領域的特性，牽涉船舶構造、航海、船藝、輪機、航運管理、海事公證、海上保險等技術性之事實問題，海上證據的調查、收集與證明方法等又與陸上事件有別，因此將事實爭議與法律爭議區分之。又此一區分，有利作者後續研究聚焦於具重大法律爭議判決評析之目的。

---

❺ http://fyjud.lawbank.com.tw/index.aspx?login=0，最後瀏覽日 2012.7.20。

3.以爭議議題做區分

　　為解析判決所涉議題與日後調查英、美等主流國家判例之便，本文採英美體例，將海商法予以區分為：海商法適用範圍 (application of the Maritime Code) ❺⓻、海上運送法 (law of carriage)、海事法 (maritime and admiralty law)❺⓼、海上保險法 (law of marine insurance) 與共同海損 (general average) 五個子領域或子學門。再將此五個子領域，細分其中所涉議題如下：

⑴海商法適用範圍：適用的船舶、適用的水域、準據法、管轄權。

⑵海上運送法：載貨證券或其他運送單據、運送契約。運送契約再分為貨物運送與旅客運送。貨物運送契約類別又分為件貨運送、傭船運送、承攬運送、艙位傭船 (slot charter)、光船租賃 ❺⓽。

⑶海事法：船舶所有權、船舶抵押權、海事優先權、船舶碰撞、船舶拖帶、海難救助、船舶所有人責任限制、船舶之強制執行、船舶油污染之民事責任。

⑷海上保險法：分保險契約種類、爭議類型。

⑸共同海損：分構成要件、共同海損犧牲之計算、共同海損費用之計算、共同海損分擔方式、共同海損之委棄、共同海損擔保、利害關係人過失之求償。

---

❺⓻ 包括：適用之船舶 (海商法第 1 條、第 3 條)、貨物運送節於商港區域的適用 (海商法第 76 條第 2 項)、貨物運送節的強制適用 (海商法第 77 條)、船舶碰撞章的強制適用 (海商法第 94 條)、海上保險章對陸上、內河風險的擴大適用 (海商法第 127 條)。

❺⓼ 依英美法體例分類之，包括船舶所有權、船舶抵押權、海事優先權、船舶碰撞、船舶拖帶、海難救助、船舶所有人責任限制、船舶之強制執行、船舶油污染民事責任。

❺⓽ 光船租賃 (demise or bareboat charter)，性質屬租賃契約而非傭船契約，作者將其排列於此，僅供便利觀察。

上揭議題並進一步細分子議題，為閱讀之便利，茲以圖示如下：

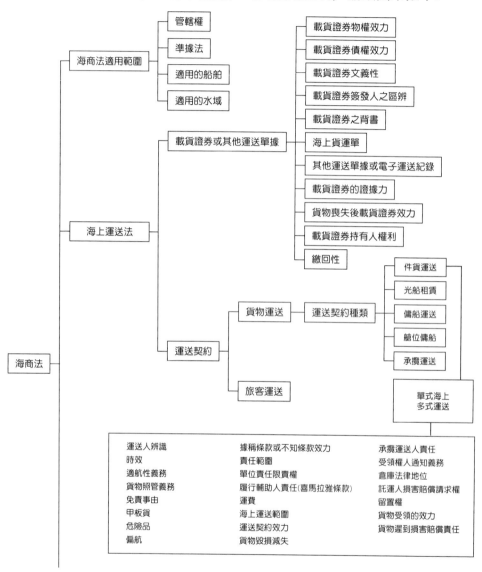

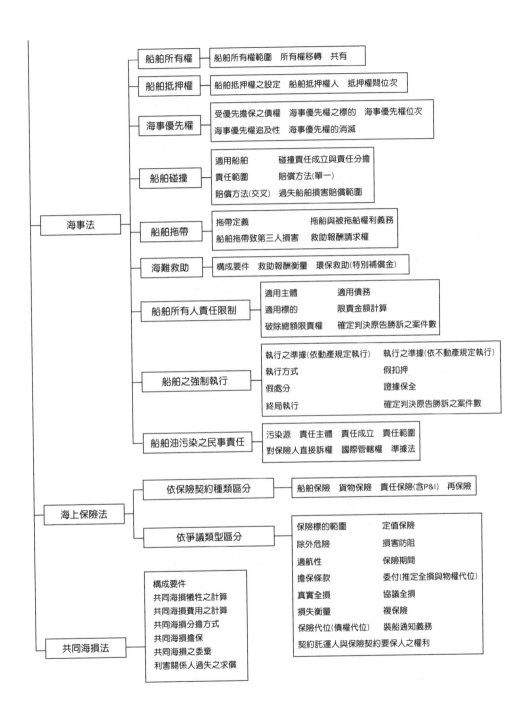

船舶所有權 ── 船舶所有權範圍　所有權移轉　共有

船舶抵押權 ── 船舶抵押權之設定　船舶抵押權人　抵押權間位次

海事優先權 ── 受優先擔保之債權　海事優先權之標的　海事優先權位次
　　　　　　　海事優先權追及性　海事優先權的消滅

船舶碰撞 ── 適用船舶　　碰撞責任成立與責任分擔
　　　　　　責任範圍　　賠償方法(單一)
　　　　　　賠償方法(交叉)　過失船舶損害賠償範圍

船舶拖帶 ── 拖帶定義　　　　　　拖船與被拖船權利義務
　　　　　　船舶拖帶致第三人損害　救助報酬請求權

海難救助 ── 構成要件　救助報酬衡量　環保救助(特別補償金)

船舶所有人責任限制 ── 適用主體　　　適用債務
　　　　　　　　　　　適用標的　　　限責金額計算
　　　　　　　　　　　破除總額限責權　確定判決原告勝訴之案件數

船舶之強制執行 ── 執行之準據(依動產規定執行)　執行之準據(依不動產規定執行)
　　　　　　　　　執行方式　　　　　　　假扣押
　　　　　　　　　假處分　　　　　　　　證據保全
　　　　　　　　　終局執行　　　　　　　確定判決原告勝訴之案件數

船舶油污染之民事責任 ── 污染源　責任主體　責任成立　責任範圍
　　　　　　　　　　　　對保險人直接訴權　國際管轄權　準據法

海事法

依保險契約種類區分 ── 船舶保險　貨物保險　責任保險(含P&I)　再保險

海上保險法

依爭議類型區分 ── 保險標的範圍　　定值保險
　　　　　　　　　除外危險　　　　損害防阻
　　　　　　　　　適航性　　　　　保險期間
　　　　　　　　　擔保條款　　　　委付(推定全損與物權代位)
　　　　　　　　　真實全損　　　　協議全損
　　　　　　　　　損失衡量　　　　複保險
　　　　　　　　　保險代位(債權代位)　裝船通知義務
　　　　　　　　　契約託運人與保險契約要保人之權利

共同海損法 ── 構成要件
　　　　　　　共同海損犧牲之計算
　　　　　　　共同海損費用之計算
　　　　　　　共同海損分擔方式
　　　　　　　共同海損擔保
　　　　　　　共同海損之委棄
　　　　　　　利害關係人過失之求償

4.以訴訟當事人國籍做區分

依海商事件的涉外性、海商法第 77 條與第 78 條件貨運送契約準據法與國際管轄權之考量,以當事人國籍做區分,再細分為當事人全為我國籍與任一方為外國籍。

5.以判決是否適用相關國際公約或國際商業習慣做區分

我國海商法於 1929 年公布,1931 年施行,第一次修正於 1962 年。交通部於 1985 年委託中華海運研究協會研擬海商法修正草案,並成立「海商法修正委員會」,仿效或承襲當時存在之約十個國際公約與外國立法例。及至 1999 年 7 月 14 日修正公布海商法全文 153 條與 2000 年 1 月 26 日修正公布第 76 條條文,歷時約 14 年。現行海商法之修訂,係以當時生效國際公約、國際慣例或外國立法例為模範,惟因修法時間相當長,且又經科技、經濟、社會之變動,被援參的國際公約、慣例或外國立法例等多所變革,國際公約者依年序如 2009 年聯合國鹿特丹規則 ⑩、2007 年奈洛比殘骸移除國際公約 ⑪、2002 年雅典公約議定書修正 ⑫、2001 年國際燃油污染損害責任公約 ⑬、油品污染損害民事責任公約 2000 年修正 ⑭、1999 年船舶假扣押國際公約 ⑮之制定,國際慣例者如共同海損之 2016 年約克安特衛普規則,英國保險商業團體對於協會條款之 2003 年國際船體條款修正與 2009 年貨物條款修正,又如與海商法緊密關聯的 2000 年國貿條規 ⑯、信用狀統

---

⑩ United Nations Convention on Contracts for the International Carriage of Goods Wholly or Partly by Sea, signed at Rotterdam on 23 Sep., 2009.

⑪ Nairobi International Convention on the Removal of Wrecks, 2007.

⑫ Protocol of 2002 to the Athens Convention Relating to the Carriage of Passengers and Their Luggage by Sea (PAL), 1974.

⑬ International Convention on Civil Liability for Bunker Oil Pollution Damage, 2001.

⑭ The 2000 Amendments to the International Convention on Civil Liability for Oil Pollution Damage.

⑮ International Convention on Arrest of Ships 1999.

一慣例 2007 年修正❻❼等。彰顯海商法具有高度國際性，法源的國際化為主要特色。

　　因此，本文考量海商法法源之國際性，將判決是否適用或以相關國際公約、國際商業習慣為補充法做區分。

三　分類統計的結果與量化分析

(一)與司法院統計年報之差異

　　迄至 2010 年 2 月底，作者以司法院法學資料檢索系統和法源法律網所檢索出的各年度適用修正後海商法的判決數量，合計共 461 件，而依司法院統計年報數據顯示，自 1999 年至 2008 年審理終結的海商案件達 1,652 件，兩者之間具有顯著差異。司法院統計年報，係以各審「終結件數」做統計，目的在取得案件審理的時間資訊，因而第二審和第三審終結件數，已涵蓋歷審判決，而與作者聚焦的「案件數」有別，而產生數據上的重大差異。此外，現行司法院統計處，在統計資料發布之部分，區分為列管與非列管之資料，其中關於非列管資料民事事件之統計，係由各審級法院之統計室自行登錄統計，最後交由司法院彙整作圖表公開資訊❻❽，故對於海

---

❻❻ International Commercial Terms 2000.

❻❼ Uniform Customs and Practice for Documentary Credits, UCP 600.

❻❽ 司法院統計處係綜理全國司法統計業務，由司法院所屬各機關分設統計室（司法院組織法第 19 條之 1、法院組織法第 25 條第 1 項、第 41 條、第 55 條），辦理各該機關司法業務之統計，其中行政法院及福建高等法院金門分院受限於組織編制，統計業務分由行政法院會計室與司法院統計處兼辦，此一由上而下建構完整之全國司法統計體系，除具有全面性與關聯性之特性，並因審級之不同具業務差異之特殊性，因而司法統計資訊系統包括：1.司法院統計系統 2.最高法院統計系統 3.行政法院統計系統 4.公務員懲戒委員會統計系統 5.高等法院與地方法院（一、二審）統計系統。其統計方法係由司法院暨所屬機關司法統計資料，經由各級法院之統計人員輸入後，每月產生報表，並將資料及報表傳輸至臺灣高等法院及司法

商案件之內容全依各級法院分案之職權與標準為之，統計年報對於實際數據的篩選標準或機制並未詳加說明，存在不確定性。此外，統計年報僅做終結案件數的統計，欠缺本文所需資訊（請參前揭分類標準的說明），單純從統計年報所顯示數據，無從就相關資訊，進行有意義的分析。作者聚焦海商案件，在案件之篩選上必須有著一定的標準以適合本文所需（請參前揭執行方法）如限於適用修正後海商法、爭點必須涉及海商法條文等。因此案件統計分析，係以作者自行統計的數據為樣本，不得不割捨司法院所做年度統計。

㈡依「年度」統計結果

統計數據的結果，先以圖示呈現一整體輪廓，再以文字分析說明之(以下統計結果採同一體例)。

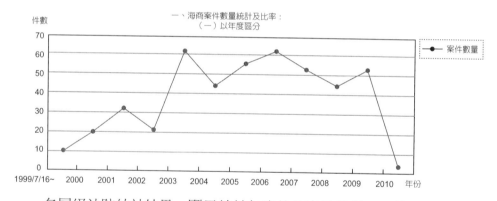

各層級法院統計結果，顯示統計年度的總案件數僅 461 件。透過經濟

院統計室作彙編及發布。目前僅福建連江地方法院、福建高等法院金門分院及最高行政法院等三家法院未設置統計室，採兼辦方式外，各級法院均設有統計室，並配置一名統計主任及書記官數名，負責各項司法統計資料之登錄、報送、提供及分析（參司法院統計處網頁資料，http://www.judicial.gov.tw/juds/index1.htm，最後瀏覽日：2012.07.20）。各法院設置案件資料庫，依裁判書原本，採一案一卡常川登錄於統計系統卡片畫面，經整理、檢核、轉檔及編製完成後，地方法院及高分院公務統計報表資料檔傳送至臺灣高等法院統計室分別編製彙編報表，最高法院公務統計報表資料檔則傳送至司法院統計處。

部國際貿易局資料庫檢索我國進出口貿易總值，自 1998 年以來，除 1998 年、2001 年與 2009 年貿易總值為衰退外，其他年度均為增長的現象，而以 2008 年達到近 5 千億美元的十年高峰，與 1998 年比較，增加約 2.4 倍。此外，依經濟部統計處資料，我國 2009 年出口貿易金額逾 2,037 億美元，為全球排名第十七。進口金額，於 2007 年為 2,193 億美元，2008 年為 2,404 億美元，2009 年為 1,747 億美元，三年均為全球排名第 18。交通部運輸研究所「貨物運輸總覽」統計數據亦顯示：我國港埠吞吐量自 1999 年的 192,865 千公噸，增加至 2008 年的 281,258 千公噸，10 年間增加 45%。因此，我國為國際貿易主要國家的地位仍未動搖，而透過我國港埠的進出口海上貨運亦非常活躍。461 個訴訟案件數與對外貿易進出口量或港埠吞吐量相比較，顯見案件數極低，而於 2000 年至 2009 年間中華民國仲裁協會所統計的海事仲裁案件也只有 26 件。

　　交叉比對海上貨物運送案件占總體爭議類型的 57%，當事人全為我國籍的海商案件占 55%，任一方為外籍者（任一方為我國籍）占 45%，可以導出以下解讀的可能性：當事人選擇不將爭端於我國法院進行訴訟，如前揭外籍航商於運送契約管轄權條款的設計以所設籍外國的主事務所所在地法院為管轄，我國籍航商普遍以倫敦、紐約或新加坡法院為管轄法院，除非當事人依海商法第 78 條件貨運送管轄權的規定，於我國法院起訴或主張之。我國航商之做法與他國籍航商之做法迥異，亦異於商務契約管轄權條款通常擇定以供應商主事務所所在地法院為爭端管轄法院之習慣做法。我國籍航商對於我國法院判決之不確定性與不信任的主觀感覺可見一斑。顯見，在我國港口吞吐量與進出口貿易值均逐年提昇的情況下，卻有著「有量沒有案」的矛盾現象。例如，國籍定期輪航商在運送契約的管轄法院的選擇，多以倫敦高等法院❻❾、紐約地方法院❼⓿、或新加坡❼❶法院為管轄，

---

❻❾ 長榮海運載貨證券條款，cl. 29；陽明海運載貨證券條款，cl. 26。

❼⓿ 長榮海運載貨證券條款，cl. 29。

而以法院所在地的英國法 (English law)、美國法或新加坡法為準據而迴避此一窘態。他國籍定期線航商則多以運送人的主事務所所在地法院為管轄，法院地法為準據，如日本 K-Line❼❷、波羅地國際海事協會 (The Baltic and International Maritime Council, BIMCO) 所建議之準據法與管轄權條款❼❸。從而，減少我國司法實務人員實踐我國法之機會與歷練，並對執業律師進入海商法產業構成案量少的利基障礙，對裁判品質的提昇與我國海商法學的發展產生惡性循環。海商法與國際主流價值接軌，得以為船貨雙方營造穩定而可預測的法律環境，讓國籍公司在規劃運送條款的管轄權與準據法條款時，能將我國法院與我國法考量在內，或許又有利於外籍船、貨方將爭端選擇在我國處理，否則「有量沒有案」的窘況難以矯正，錯失發達海商法產業的良機，如此又如何落實國家海洋政策？

㈢依「法院層級」與「事實爭議和法律爭議」的統計結果

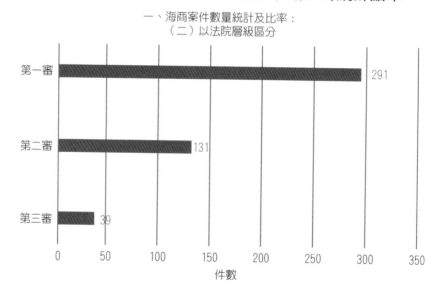

一、海商案件數量統計及比率：
（二）以法院層級區分

第一審　291
第二審　131
第三審　39

件數

---

❼❶ 萬海航運載貨證券條款，cl. 28。

❼❷ K-Line Bill of Lading Terms, cl. 2.

❼❸ BIMCO: CONLINEBILL 2000, cl. 4.

二、海商案件爭議類型統計：

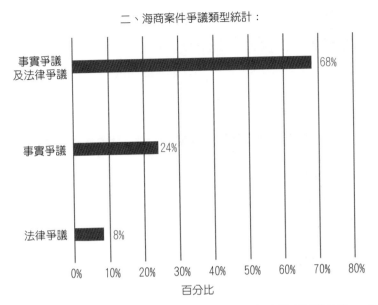

所統計年度的案件總數 461 件，其中 8% 為法律爭議案件，68% 為事實爭議和法律爭議併存案件，亦即有 76% 的案件係為解決海商法上爭議問題，可見當事人間對現行海商法條文的解釋與適用具相當大的歧異看法，這是修法後所必須經歷的檢驗。此外，這個現象亦顯示，1999 年大修後海商法的穩定性與可預測性，令人質疑。

第三審案件係涉及重大法律問題的法律審❼❹案件，計 39 件，占總案件數的 8.5%，顯示當事人間的歧異多數於第一、二審為法院所說服，惟最終不信服度仍達 8.5%。此外，本文以我國蓬勃的公司法制的發展為對照組，因為本文未自行統計公司法案件，又為使比較基準能一致，因此選擇使用司法院統計數據。1999 年至 2008 年間，公司法第三審終結件數為 441 件，海商法則為 135 件；公司法第一審終結件數為 21,981 件，海商法為 1,217 件。公司法案件上訴至第三審者僅為 2%，最終不信服度為 2%，而海商法案件上訴至第三審則為 11%，最終不信服度比公司法案件高出許多。此亦顯示，海商法上法律重大爭議或法律的理解困難度、複雜度較公司法為高，

❼❹ 民事訴訟法第 467 條至第 469 條之 1。

對此特性，外國立法例係以海事專業法庭來解決此議題。

㈣依各「地方法院」區分的統計結果

一、海商案件數量統計及比率：
（三）以法院區分
1. 各級地方法院

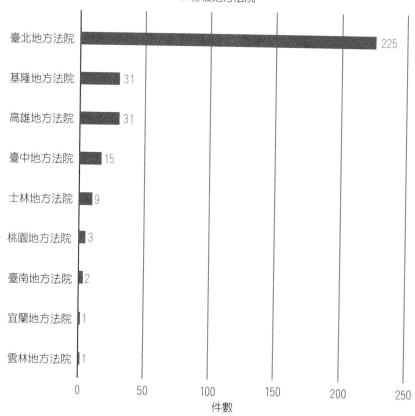

件數

一、海商案件數量統計及比率：
（三）以法院區分
1. 各級地方法院

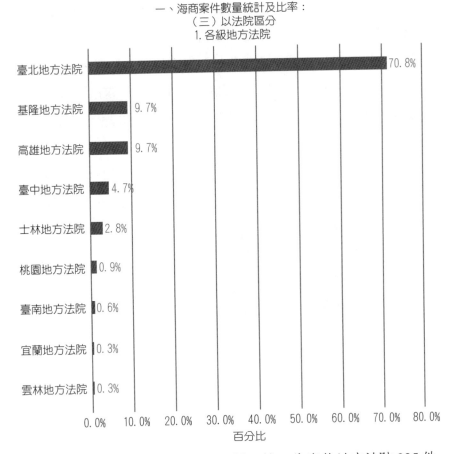

各地方法院所審理的案件數和比例，第一為臺北地方法院 225 件，占 70.8%，第二為高雄地方法院和基隆地方法院各 31 件，各占 9.7%，第三為 臺中地方法院 15 件，占 4.7%。

海商案件之管轄法院，因為船舶流動特性而與陸上案件不同，可依被 告住居所❼❺、被告主事務所或主營業所❼❻、侵權行為地❼❼、船籍港所在 地❼❽、船舶所在地❼❾、船舶最初到達地❽⓿、船舶被扣押地❽❶、裝卸貨港❽❷

---

❼❺ 民事訴訟法第 1 條。

❼❻ 民事訴訟法第 2 條第 2 項、海商法第 101 條。

❼❼ 民事訴訟法第 15 條第 1 項、海商法第 101 條。

或當事人合意❽等來定管轄，往往亦有管轄競合❽或選擇管轄❽之議題。臺北市為我國政治暨經濟中心，為我國首善之區，我國籍航商與保險公司多在臺北設立登記並以之為主要營業地，又高雄港、基隆港、臺北港和臺中港為我國貨物進出口主要國際港與船舶登記港（船籍港），臺北地方法院、高雄地方法院、基隆地方法院和臺中地方法院審理案件量分居前三位之統計結果，並不讓人意外。

位居首位的臺北地方法院審理案件量遠遠超過第二的高雄地方法院和基隆地方法院，臺北可謂為我國的海事司法中心，可以依此自然集中的能量順勢考量海商專股、海商專業法庭等之設立或甚至發展海事法院之可能性，集中審理海事案件，培養海事案件的審理專業，解決上揭所指不信服度、海商案件的複雜度問題。

㈤依「海商爭議議題」區分之結果

---

❼⑧ 民事訴訟法第 7 條、第 15 條第 2 項、海商法第 101 條。

❼⑨ 民事訴訟法第 8 條。

❽⓪ 民事訴訟法第 15 條第 2 項、第 16 條。

❽① 民事訴訟法第 15 條第 2 項、海商法第 101 條。

❽② 海商法第 78 條。

❽③ 民事訴訟法第 24 條、第 25 條、海商法第 101 條。

❽④ 民事訴訟法第 21 條。

❽⑤ 民事訴訟法第 22 條。

三、海商案件爭議議題統計：
（一）海商爭議議題

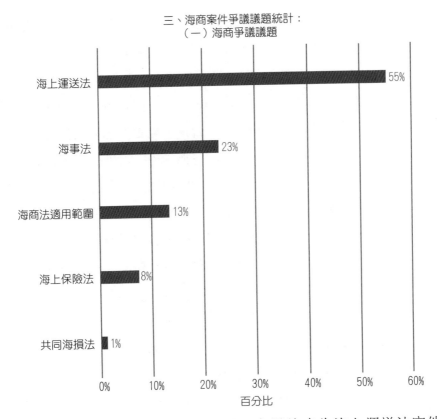

百分比

　　依海商爭議議題區分的統計結果，案量依序為海上運送法案件占 55%，海事法占 23%，海商法適用範圍占 13%，海上保險法占 8%，共同海損法占 1%。海上運送法議題比例最高，符合通常認為海上運送案件為多的學術印象。

　　海上保險法占 8%：我國海險實務，因與英國倫敦再保險市場之依附、商業習慣與其國際性質的考量，除部分漁船保險使用以我國法為準據法與我國法院為管轄法院的中文定型化保險契約條款外⑧⑥，保險公司通常採用由英國保險商業團體所制定而以英國法⑧⑦為準據法，倫敦高等法院為管轄

---

⑧⑥ 例：漁船船舶保險條款。

⑧⑦ 聯合王國 (United Kingdom) 下轄三大法域：英格蘭與威爾斯、蘇格蘭、北愛爾蘭。此稱英國法係指英格蘭法 (English law)，惟考慮我國習慣用語，全文仍以英國法稱

法院的定型化條款，如 1983 年、1995 年協會定期船舶險條款 (Institute Time Clauses-Hull 1983/1995, ITCH 83/95)、2003 年國際船舶險條款 (International Hull Clauses 2003, IHC 03)、1982 年、2009 年協會貨物險條款 (Institute Cargo Clauses (A)、(B)、(C) , ICC (A)、(B)、(C))。因而，我國法院審理的海保案件僅 68 件，除非當事人合意變更定型化管轄權條款而以我國法院為管轄。又如由我國法院管轄，在無涉外因素使用英式條款之海險契約，當事人均為我國籍，於我國締約並履約。為避免適用英國法而產生證明或調查英國法所生不必要的負擔，我國法院雖原則上承認該等英國準據法約款的效力，但是當事人於訴訟程序未主張適用意定的英國法或未為反對適用我國法，法院通常就直接適用我國法審理，其實意同當事人變更英國準據法約款為我國法。如此，反而減少我國當事人、律師與法官等實務操作英國法之機會，而與我國商業習慣背離。

共同海損法僅占 1%：共同海損與海上保險同為損失分攤的制度，而其建立遠早於海上保險。同一航程的船舶所有權人、貨物所有權人、燃油所有權人等組成危險共同團體，在危及全體財產之危險發生時，船舶所有權人為保全全體財產免於損害，而故意及合理犧牲全體財產的一部（共同海損犧牲）或因而發生費用（共同海損費用），由此危險共同團體依財產價值比例分攤。惟共同海損理算時間冗長，理算費用遠比保險制度的保費為高，可以完全由同屬風險分攤制度的保險所替代。此外，船舶保險實務亦發展出「共同海損吸收條款」(G. A. Absorption Clause) 或俗稱「小額共同海損條款」(Small G. A. Clause)，在約定一定金額範圍內的共同海損，完全由船舶保險人補償不宣告共同海損的被保險人（船舶所有權人），而不向分攤義務人請求。基於海保實務當事人約定使用「小額共同海損條款」的普遍性，亦能解釋此低占率。

之（以下同）。

1.海上運送

三、海商案件爭議議題統計：
　（二）爭議類型分析
　　1、海上運送法
　　（1)運送契約
　　　1.貨物運送
　　　a.運送契約種類

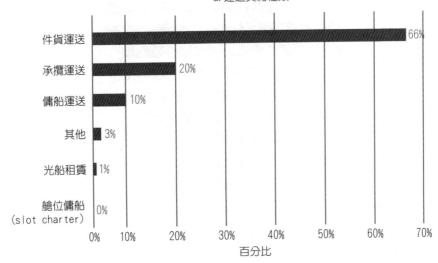

三、海商案件爭議議題統計：
　（二）爭議類型分析
　　1、海上運送法
　　（1)運送契約
　　　1.貨物運送
　　　b.件貨運送

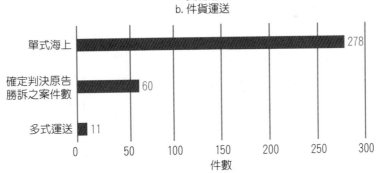

三、海商案件爭議議題統計：
（二）爭議類型分析
1、海上運送法
（1）運送契約
2. 運送契約爭議類型

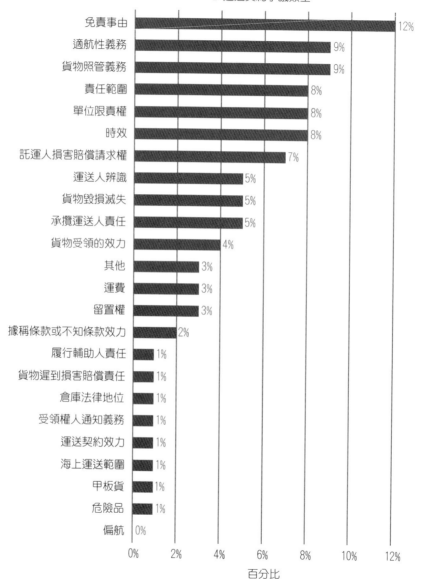

爭議類型	百分比
免責事由	12%
適航性義務	9%
貨物照管義務	9%
責任範圍	8%
單位限責權	8%
時效	8%
託運人損害賠償請求權	7%
運送人辨識	5%
貨物毀損滅失	5%
承攬運送人責任	5%
貨物受領的效力	4%
其他	3%
運費	3%
留置權	3%
據稱條款或不知條款效力	2%
履行輔助人責任	1%
貨物遲到損害賠償責任	1%
倉庫法律地位	1%
受領權人通知義務	1%
運送契約效力	1%
海上運送範圍	1%
甲板貨	1%
危險品	1%
偏航	0%

百分比

　　海上運送案件中，無客運案件，全部為貨運。貨物運送以件貨運送所占比例最多，高達 86% (20% + 66%)❽，傭船運送則占 10%。基於國內傭船實務，採國際商業習慣，普遍使用外國商業團體所擬制的定型化契約條款，如 BIMCO 的 Gencon 格式航程傭船條款、NYPE 格式的定期傭船條款，常以倫敦或紐約為仲裁地而以仲裁地的英國法或美國法為準據法，亦以國際航運慣行，達到統一法的目的，而與上揭海上保險的分析相同。

　　件貨運送案件爭議議題，主要涉及運送契約債務不履行的貨物損害賠償請求，因而與貨物的損害賠償責任的成立暨責任範圍有關：如適航性義務占 9%，貨物照管義務 9%，免責事由 12%，責任範圍 8%，單位限責權 8%。

　　特別針對件貨運送所做的「確定判決原告勝訴 (含一部勝訴)」的案件數為 60 件，所占比例為 22.3%❾。海商法件貨運送的相關規定，除第 76 條第 2 項港區裝卸業責任條文、第 73 條甲板貨條文、第 78 條管轄權條文外，主要援參海牙威士比規則。多數貨方國家認海牙威士比規則有利運送人方，僅為臨時之權宜之計，而要求重新評估運送人責任之呼聲日益高漲，遂有漢堡規則的制定，以及統整海牙規則、海牙威士比規則與漢堡規則的 2009 年鹿特丹規則❿。22.3% 的低勝訴率，也印證「海牙威士比規則對貨

---

❽ 依民法第 663 條，承攬運送人如自行運送貨物，權利義務同運送人；依民法第 664 條，承攬運送當事人就運送全部約定價額或承攬運送人填發提單於委託人者視為承攬人自己運送，亦即在承攬運送人自己運送件貨之情形，視為件貨運送。

❾ (60/329 − 60) × 100% = 22.3%

❿ 1996 年聯合國國際貿易法委員會 (UNCITRAL)，委託國際海事會議 (CMI)，整理既存已生效規範國際海上貨物運送的國際公約包括海牙規則、海牙威士比規則、漢堡規則與國際航運習慣，以為針對國際海上貨物運送法不足之處，建構統一的規範。CMI 初期發現載貨證券與海上貨運單 (seaway bills) 的功能、買賣契約當事

方較為不利」的觀察與國際海上件貨運送公約的發展，趨向加重船方義務
之衡平做法 **❾**。

人對於運送單據的權利義務，以及依載貨證券提供融資者的法律地位等議題，存
在重大漏洞。CMI 遂於 1998 年建立運送法國際工作小組，對其世界各國海商法學
會會員，提出問卷調查。調查結果，會員普遍認為應將運送人責任的議題列入研
究，因此 CMI 遂將運送人責任的規範納入研究範圍，並為因應海運實務作業之變
革，再次確認研究議題為：碼頭裝卸業與港區倉儲業責任、戶到戶的物流、滯留
重櫃、運送人責任之調整、運送契約權義之移轉、無紙化的電子運送紀錄、批量
契約 (volume contract)、運送人之辨識、無單放貨、託運人責任、國際裁判管轄權
等。CMI 於 2001 年提交 UNCITRAL 海上全程或部分貨物運送契約公約草案，歷
經 8 年的折衝，聯合國大會於 2008 年 12 月 11 日通過海上全程或部分貨物運送契
約公約 (United Nations Convention on Contracts for the International Carriage of
Goods Wholly or Partly by Sea, A/RES/63/122)，並於 2009 年 9 月 23 日於鹿特丹舉
行公約簽署儀式，簡稱鹿特丹規則。

❾ 請參：饒瑞正，國際海上貨物運送人責任的變革與趨勢：從海牙到鹿特丹，臺灣
海洋法學報，第 10 卷第 1 期，2011 年 6 月，頁 1–42。

2.載貨證券

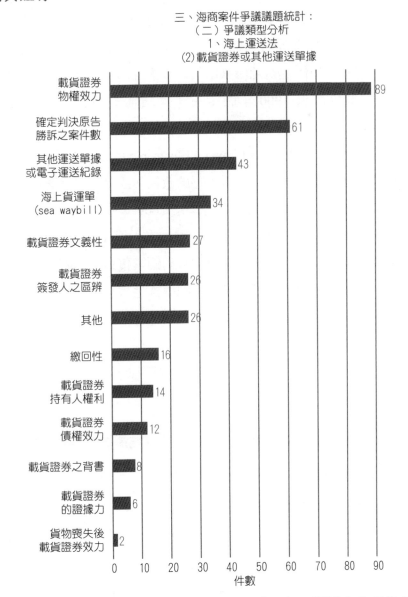

三、海商案件爭議議題統計：
（二）爭議類型分析
1、海上運送法
(2)載貨證券或其他運送單據

載貨證券的爭議圍繞在其三大功能：物權效力、運送人收受貨物的收據和件貨運送契約的證明。其中有關物權效力的爭議最多，包括交付載貨證券其效力究竟是移轉所表彰貨物的所有權或僅是交付貨物，繼而衍生是

否必須履行民法動產物權讓與之方式而以運送人占有貨物為前提。

　　電子運送紀錄或其他非屬載貨證券的運送單據之爭議類型合計占21%，特別是背書移轉議題和對第三人信賴利益之保護（文義效力）。海運實務使用無紙化的電子運送紀錄來取代載貨證券的情況非常普遍。有基於此，國際海事會議於 1990 年制定電子載貨證券規則 (CMI Rules for Electronic Bills of Lading)。聯合國國際貿易法委員會亦於 1996 年制定電子商務示範法 (UNCITRAL Model Law on Electronic Commerce)，規範電子簽章等議題。為達到通關無紙化、電子化的政策與國際貿易趨勢，財政部連同民間企業於 1996 年成立關貿網路公司。2009 年鹿特丹規則進一步將電子運送紀錄的規範法制化❷。此 21% 的高占率，顯示僅規範傳統實體載貨證券的現行海商法、民法❸等相關條文，明顯落後現代國際貿易實務的發展與潮流，也導致當事人對於電子運送紀錄或他種運送單據的認知的巨大差異，我國對於電子運送紀錄的法制面尚須建置。

3. 船舶所有權

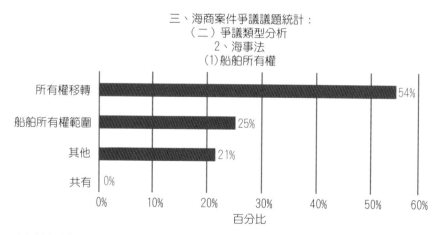

三、海商案件爭議議題統計：
（二）爭議類型分析
2、海事法
(1)船舶所有權

以所有權移轉議題占 54% 最多，特別是海商法上船舶係屬動產❹又具

---

❷ Rotterdam Rules, art. 8.

❸ 依海商法第 60 條第 1 項，準用民法第 627 條至第 630 條。

❹ 海商法第 6 條。

不動產性，因此而與民法所有權的規範有所差異，如所有權移轉之登記對抗主義❾❺與民法之登記生效主義❾❻有所不同，因此而產生當事人對於海商法與民法相關條文適用上的認知差異、混淆與緊張關係。排名次之為所有權範圍占 25%，涉及海商法第 7 條船舶所有權範圍之擬制議題。

4.海事優先權

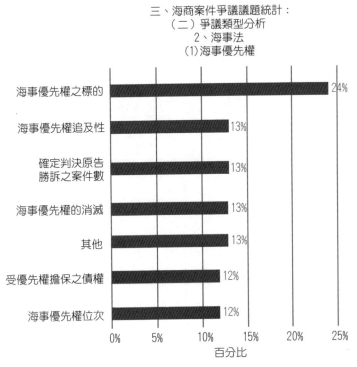

三、海商案件爭議議題統計：
（二）爭議類型分析
2、海事法
(1)海事優先權

海事優先權案件數極少，其中則以有關海事優先權標的之爭議占 24% 最多，第二為海事優先權追及性占 13%，海事優先權位次和受優先權擔保之債權分占 12%，並列第三。

受到海事優先權擔保的債權，其債權人得以在訴訟中主張優於一般債權、抵押權和留置權，而優先受償❾❼。英美法下，基於船舶流動之特性、

---

❾❺ 海商法第 9 條。

❾❻ 民法第 758 條。

❾❼ 海商法第 24 條、第 25 條。

海商事業之國際性與海上企業經營形態複雜責任主體難以調查確認，遂衍生海事優先權制度。海事優先權指因一定海事責任或債權而生之對「物」請求權 (a claim against the res)，權利行使之對象為「物」，得以對物訴訟 (action in rem) 行使權利，於對物訴訟前，該權利為未完成 (inchoate)，因僅得以對物訴訟方式行使，遂又俗稱對物訴訟之權利 (a right in rem)，故對船訴訟在海洋法系實務是非常普遍的訴訟方式。而大陸法系國家如我國者，優先權功能限縮至依優先權主張權利優先之位次，因而案件相對為少。

5.船舶碰撞

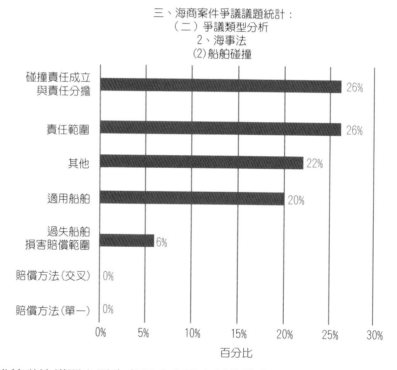

三、海商案件爭議議題統計：
（二）爭議類型分析
2、海事法
(2)船舶碰撞

船舶碰撞議題主要為責任成立與責任分擔占 26%，責任範圍 26% 和適用的船舶 20%。船舶碰撞屬海上侵權行為。海商法規定船舶碰撞因共同過失所致者，對物之損害，各依過失程度比例各自負責❾❽，而對人之死傷，基於對人格權之尊重，行為人負連帶責任❾❾，而與民法共同侵權行為，行

---

❾❽ 海商法第 97 條第 1 項。

為人對於死傷或財損一律負連帶責任之規定不同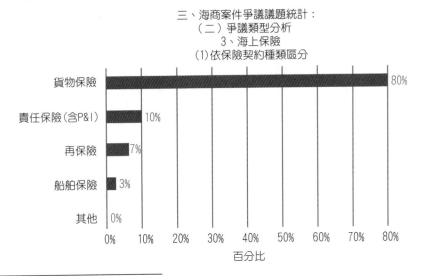，顯見有利海上企業。海商法船舶碰撞相關條文，亦擴及非海商法上船舶，因此加害人為適用有利於己之海商法上碰撞條文規定，自會主張優先適用海商法，此又引致適用船舶的爭議。

6. 海難救助

海難救助案件數為零。海商法法定之海難救助報酬，施救人得請求之報酬最高以救助標的之價值為限。因此海運實務通常做法為船舶所有人或被救助標的所有人在儘可能的情形下和施救人締結「救助契約」，約定總額 (lump sum) 報酬或計日報酬 (daily hire)，藉此排除法定高額海難救助報酬之可能，而與海商法法定典型的海難救助有別，性質屬承攬或委任契約，而排除海商法的適用。

7. 海上保險

三、海商案件爭議議題統計：
（二）爭議類型分析
3、海上保險
(1)依保險契約種類區分

- 貨物保險 80%
- 責任保險(含P&I) 10%
- 再保險 7%
- 船舶保險 3%
- 其他 0%

0%　10%　20%　30%　40%　50%　60%　70%　80%

百分比

---

⑨⑨ 海商法第 97 條第 2 項。

⑩⑩ 民法第 185 條第 1 項。

⑩① 海商法第 3 條。

⑩② 1989 海難救助公約第 13 條第 3 項。

⑩③ 1989 海難救助公約第 6 條第 1 項。

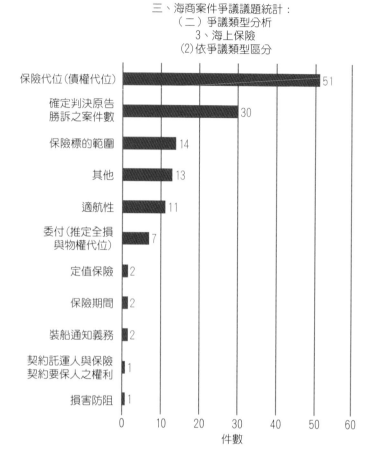

三、海商案件爭議議題統計：
（二）爭議類型分析
3、海上保險
(2)依爭議類型區分

海上保險契約種類爭議，以貨物保險所占比例最高占 80%。依爭議類型區分，最多為保險代位議題，但因保險代位為海商法未規定事項，遂以保險法為補充法❿，因此實為保險法上議題，可以排除統計之外。其他依數量次序為保險標的範圍、適航性和委付。

---

❿ 海商法第 126 條；保險法第 84 條。

8.訴訟當事人國籍

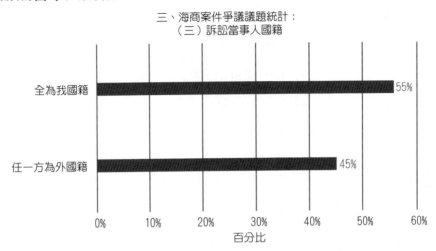

三、海商案件爭議議題統計：
（三）訴訟當事人國籍

　　統計的案件當事人全為我國籍者占 55%，任一方為外籍者占 45%，就此當事人國籍之差異統計，顯現海商事件為具高度涉外的國際性事件，符合學者所為的一般性觀察。此外，此高度涉外性亦顯示國際私法於海商事件具有極大的適用空間，因而又形成我國法與外國法或國際公約適用之衝突議題。

9.是否適用相關國際公約或商業習慣

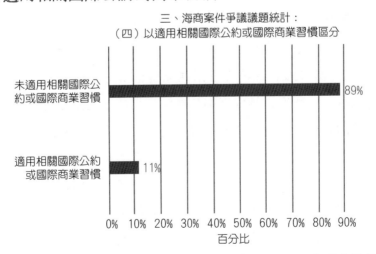

三、海商案件爭議議題統計：
（四）以適用相關國際公約或國際商業習慣區分

　　海商法立修法主要參考國際公約或國際商業習慣，酌選公約部分條文

為立修法，因此海商法未規定事項，即有學者主張基於海商法的國際性應直接將國際公約或商業習慣作為海商法的補充法⑩，或有學者建議用類推為民法第 1 條法理的方式來補充。此外，海商法條文的解釋與適用，如有疑慮，亦須參酌居於法源地位的相關國際公約或國際商業習慣。本項統計顯示僅有 11% 的案件採取此方式來解決海商法未規定事項，顯見我國法院過度拘泥於海商法第 5 條文義，未認清海商法法源的國際性，在法條的操作上稍嫌保守。

10.船舶抵押權、船舶拖帶、船舶所有人責任限制、船舶的強制執行、船舶油污染民事責任、共同海損

　　對此項目，均因為樣本數為零或個位數，樣本數太低，不具分析實益，所以對於所占比例分析略之，不無遺憾。

四　結論與建議

㈠立法與司法層面

　　本文的實證統計結果顯示，有接近 76% 的海商法案件，係屬於法律爭議案件，顯見當事人對於 1999 年大修法後的海商法，存在相當大的歧異看法。又上訴至第三審案件的比例高達 8%，此亦彰顯最終不信服度非常高。若使用司法院統計數據與其他商事法案件如公司法比較之，公司法案件上訴至第三審者僅為 2%，而海商法案件上訴至第三審則為 11%，海商事件最終不信服度、困難度、複雜度為公司法案件的 5 倍之多。顯見，海商法學的立法發展與司法裁判品質的提昇，有待投入更多的資源，海商法立法與海商案件的審理應與國際公約、國際商業習慣和國際主流價值接軌。海商事件應仿先進國家體例，成立海事專業法庭，集中審理海商案件，培養法曹海商專業，進一步則能如中國大陸或新加坡般，發達海商法產業。

　　海商事件中，以貨物運送案件排名第一占 55%，海事法占 23%，海商

---

⑩ 海商法第 5 條。

法適用範圍占 13%，海上保險法占 8%，共同海損法占 1%。因此在有限的立法資源下，首應聚焦於貨物運送相關條文，特別是美國倡議下的鹿特丹規則，在美國的強力影響下，對於公約法定需達到 20 個締約國的生效限制❿，極有可能在二至八年中達成⓫。屆時國際海上貨物運送法，將展開全新的歷史階段。

㈡研究與教學層面

法理論與法實證，並非是零合，而是相輔相成。本文提出的客觀實證數據，彰顯或印證海商法各子領域於實務所衍生的爭議問題或其重要性，而產生「本土熱門議題」(hot native issues)⓬。於海商法學研究資源的分配上，則得以聚焦此等熱門議題，研發創新法理論解決此等實務上所生的熱門議題，將法理論的研發務實化，理論與實務兩者相互交流與回饋，讓研究更趨實益價值。就教學層面言，為使法學教育貼近實務，案例式教學方法，在我國近年來被大力提倡，如教育部顧問室的「法學教育教學研究創新計畫」，著重理論與實務結合之案例式教學、對話式教學之創新。因此，在案例式教學的判決（案例）議題類型選擇上，則得根據實務案件量較多

---

❿ Art. 94, para. 1, Rotterdam Rules.

⓫ 美國為國際貿易進出口金額最大的國際貿易大國，為代表性的貨方國家，同時亦為國際政治社會的意見領袖。鹿特丹規則截至 2009 年 10 月 26 日，計有 21 個簽署國包括美國、荷蘭、挪威、法國、丹麥、希臘、西班牙、瑞士等主要國際貿易國家或海運大國，其中美國、法國、荷蘭為全球前十大貿易國家，2009 年進出口貿易值占世界 18%。若加上全球排名第二的中國大陸，則躍昇至 27%，超過全球四分之一。我國國際貿易進出口值全球排名第 17，係全球主要貿易國家，與眾多貿易國家因此而產生經貿關係，特別是與我國貿易往來排名前兩名的美國與中國大陸。在 2010 年 6 月兩岸簽署 ECFA 後，兩岸經貿關係勢必更加緊密。美國與中國大陸對於鹿特丹規則的態度，對我國影響不可小覷。

⓬ 本文實證統計侷限於本國判決，因此僅對本土議題之教學與研究具可參性，惟並不影響海商法國際議題教學與研究之選擇。

的議題來酌選適當判決。

　　本文將統計結果所彰顯的熱門本土議題摘略於下：

1. 海商法法源。
2. 海事專業法庭。
3. 海商法適用範圍：國際管轄權、準據法。
4. 載貨證券：物權效力、債權效力、文義性、海上貨運單、電子運送紀錄。
5. 件貨運送：適航性義務、貨物照管義務、免責事由、責任範圍、單位限
　　　責權。
6. 船舶所有權：所有權範圍、所有權移轉。
7. 海事優先權：優先權位次、追及性。
8. 船舶碰撞：責任成立與分擔、責任範圍。
9. 海上保險：貨物保險、適航性、保險代位、委付、保險標的範圍、船舶
　　　所有人相互保險組織的設立。

㈢國家考試層面

　　為免法學教育與實務的應用產生落差或脫節,本文所彰顯的統計數據，得以作為相關國家考試海商法試題、命題大綱或命題時各個子領域出題比例之參酌。此外，本土熱門議題的提出，亦可避免冷僻或艱奧之命題方向與內容。同時，對於情境式實例題或申論題之文字敘述，藉由實務判決個案事實之參酌，亦可避免不符海運實務或國貿商業習慣之情境事實。

第五節　海商法的適用範圍

一　從海洋國家觀點

　　在海洋產業、海上安全、海洋環保等議題上，無一不涉及海商法制，本書前已論及，茲簡要區分如下：

■船舶運送器的取得：造船、租船、買賣、傭船：建造（承攬）、租賃

(demise charter/bareboat charter)、買賣、融資、抵押、傭船契約；亦包括所有權、抵押權等物權關係。

■船舶的海上經濟活動：旅客運送、貨物運送、船舶拖帶等契約。

■海上事故：船舶碰撞、海事優先權、船舶所有人責任限制、海難救助、海洋環境污染、共同海損。

■海上風險管理：船舶及海上財產、貨物、運費、責任等海上保險。

■海商糾紛的救濟：海事仲裁、訴訟與管轄。

二　從法律學術及實務觀點

海商法得以區分為：海上運送法 (law of carriage)、海事法 (maritime and admiralty law)、海上保險法 (law of marine insurance) 與共同海損 (general average) 四個子學門。再將此四個子學門，細分其中所涉子議題如下，範圍多元，涉及實體法及程序法，債法及物權法，國內法及國際法：

■海上運送法：載貨證券或其他運送單據、運送契約。運送契約再分為貨物運送與旅客運送。貨物運送區分為件貨運送及傭船運送。

■海事法：船舶所有權、船舶抵押權、海事優先權、船舶租賃、船舶碰撞、船舶拖帶、海難救助、船舶所有人責任限制、船舶之強制執行、船舶油污染、化學污染、核能污染等民事責任、涉外的準據法、國際仲裁、國際管轄。

■海上保險法：海上保險契約總論及船舶保險、貨物保險、運費保險、責任保險等之各論。

■共同海損：構成要件、共同海損犧牲之計算、共同海損費用之計算、共同海損分擔方式、共同海損委棄、共同海損擔保、利害關係人過失之求償等。

三 現行條文所涉之適用範圍議題

(一)適用之船舶

1.與海相通水域或水中

海商法第 1 條規定:「本法稱船舶者,謂在海上航行,或在與海相通之水面或水中航行之船舶。」係指向與海相通水域航行之海船,基於國際性、涉外性之考量,如船舶僅航行於內國之內河、封閉型湖泊(如日月潭、澄清湖)所發生之海商糾紛,為該國內國事務,國際公約不介入規範之,換句言,亦是欠缺法律衝突 (conflict of laws) 之情形。如 1910 年船舶碰撞統一規章公約第 1 條規定適用之船舶僅限海船。又如海牙規則、海牙威士比規則❿、漢堡規則⓫、鹿特丹規則⓬等運送公約亦僅適用於國際運送。

2.船舶定義

海商法所規範之法律議題,從船舶運送器之取得,取得船舶後之海上經濟活動、遭逢海上事故、海上風險管理及海商糾紛救濟之方式,均圍繞船舶,而為海商法最重要之適用客體,甚至在英美法能成為訴訟主體之民事被告,而有對船訴訟之制度 (action in rem)⓭。

何謂船舶? ship 與 vessel 如何區分? ship 與 vessel 一般均中譯為船舶。Vessel 係「運送財物或乘客至目的地之交通工具 (transportation for property or passengers to destination)」,側重其運送之經濟功能,而 ship 係「使用於

---

❾ 民國 21 年 10 月 19 日司法院院字第 807 號解釋,僅能航行內河之船舶,其總頓數雖超過海商法第 2 條第 1 款所示之限制,因其與第 1 條規定船舶之性質不同,自不適用。司法院解釋彙編第 2 冊 705 頁。

❿ 第 10 條。

⓫ 第 2 條。

⓬ 第 5 條。

⓭ 船舶、航空器、貨物及運費,均得為對物訴訟之被告。

航行非以櫓槳推進之 vessel (a vessel, not being propelled by oars, used in navigation)」，側重航行之使用目的❶，亦即 Ship 係「供航行使用而非以櫓槳推進以運送貨物或乘客者」。惟是否有法律上區分之實益，令人懷疑，而實務上分類也非易事，故現行英國法對 ship 與 vessel 不予區分❶。又英國現行法對 ship 已不再限於「非以櫓槳推進者（動力船舶）」，而定義為：「各式使用於航行之船舶❶」，亦即所有使用於「海航」者均得為船舶，強調其海上航行功能，而以「是否使用於水面航行？」為論證之客觀性測試。依此客觀性測試法而推證出之船舶及非船舶之案例如下：

◆係船舶者：為拖船拖帶之無動力駁船 (barges)❶、為拖船拖帶之無動力挖泥船 (hopper barge)❶、尚未完工而無動力之建造中船舶下水典禮後之下水時❶、平底漁舢舨 (coble)❶。

◆非船舶者：水上摩托車 (water ski)❶、水上起重機 (floating crane)❶、用於航行定位無線電標竿載臺之燃氣船塢 (gas float)❶、飛行用之飛艇 (flying boat)❶。

　　諸如阿瑪斯號❶之擱淺船舶、沉船或其殘骸之如何定性？是否仍係「船

---

❶ Merchant Shipping Act 1894, s. 742 與 Steedman v. Scofield [1992] 2 Lloyd's Rep. 163。

❶ Merchant Shipping Act 1995.

❶ Merchant Shipping Act 1995, s. 313, Every description of vessel used in navigation.

❶ The Harlow [1922] P 175.

❶ The Mudlark [1911] P 116.

❶ The St. Machar [1939] 65 Ll. L. Rep. 119.

❶ Ex Parte Ferguson v. Hutchinson [1871] LR 6 QB 280.

❶ Steedman v. Scofield [1992] 2 Lloyd's Rep. 163.

❶ The Titan [1923] 14 Lloyd's Rep. 484.

❶ The Gas Float Whitton No. 2 [1987] AC 337.

❶ Polpen Shipping v. Commercial Union Assurance [1943] 1 KB 161.

舶」？在法律經濟分析的效率原則觀點下，只要船況依經濟成本考量，仍有施行救助與修復作業之效益，亦即打撈與修復之費用小於修復後之船舶市價，具救助價值，則仍為船舶❿。

由上揭案例，分析船舶之要件，摘要於下：

A.先天條件上必須具以航行於水面或水中為目的之設計

B.先天條件上必須是可以自由移動，而非永久固定

C.若係具前述 A、B 二條件之船舶殘骸則必須具救助價值

依上揭要件，固定於航道之浮標 (buoy) 及其載臺（雖可能具船形）、海上鑽油平臺 (drilling rigs)、燈船 (lighthouse) 等，均非船舶。而設計為於天空飛航之水上飛機 (sea plane)，雖於起、降一時航行於水上，惟非專為水面航行之用，應非船舶。

3.船舶之內涵

海商法第 7 條規定：「除給養品外，凡於航行上或營業上必需之一切設備及屬具，皆視為船舶之一部。」就船舶所有權，透過法律擬制，將航行上或營業上必需之一切設備及屬具視為船舶之一部分，藉以維持船舶之航行上或營業上之交通或經濟功能。本條文雖是所有權規定，得以參考其隱含邏輯。是故，使用於航行之配備，如錨、錨鏈，因是航行上必需之設備，係船舶之一部，因此與海上錨泊中船舶之錨鏈發生碰撞，等同於與船舶之一部碰撞，即是與船舶碰撞❿。

船舶法列舉之船舶設備❿，包括「海上運送之貨櫃及其固定設備」，係

---

❿ 希臘籍貨輪「阿瑪斯號」(The Amorgos) 於 2001 年 1 月 14 日在鵝鑾鼻東方約一公里海域擱淺，貨輪上燃油隨後大量外洩，造成鵝鑾鼻、龍坑，至香蕉灣一帶海域嚴重污染。

❿ Pelton Steamship Company v. North of England P&I Association [1925] 22 Ll.L.Rep. 510.

❿ Re Margetts v. Ocean Accident [1901] 2 KB 792.

用於船舶及其設備之監管，維護海上航行安全，有其公法上監理目的。惟就海商事件之私法上關係言，海運用貨櫃是否為船舶之設備或船舶之一部分？

貨櫃雖不必為航行之必需，但至少應為營業上之必需，因為貨櫃船為將貨艙經特殊格子化設計，以載運內部裝填貨物之貨櫃之船舶，因此，貨櫃船一旦缺少貨櫃之配置，即產生海上貨櫃運送營業之困難，亦即失去其為船舶之意義。但是依主物與從物之規定探討，民法第 68 條規定之從物，應以有輔助主物之經濟目的，與之相依為用，客觀上具恆久之功能性關聯，而居於從屬關係者，始足當之；倘僅具暫時輔助他物之經濟目的，或縱與之分離亦不致喪失他物之利用價值或減損其經濟效用者，均難認為係該物之從物❷。依此詮釋，貨櫃雖有輔助貨櫃船之海上運送目的，與貨櫃船相依為用，但僅為暫時輔助貨櫃船之用，每一個別貨櫃客觀上並無特別隸屬某艘貨櫃船之恆久關聯，顯而易見，貨櫃並非為貨櫃船之從物。況且根據第 68 條但書，交易上有特別習慣者依其習慣。依商業習慣，貨櫃並不被視為「貨櫃船」之設備，而得以單獨為買賣、租賃、建造、融資與保險。因此，就海商事件之私法上關係言，海運用貨櫃並非為船舶之設備或船舶之一部分。

4.除外船舶

除碰撞外，本法第 3 條，將船舶法所稱小船、軍事艦艇、公務船舶及本法第 1 條非在與海相通水面或水中航行之船舶排除，不適用本法之規定。

(1)小船

船舶法所稱小船，為動力船舶總噸位 20 噸以下，非動力船舶總噸位 50 噸以下❸之船舶，此稱總噸位係指容積噸（體積）。

---

❷ 船舶法第 23 條及第 24 條。

❷ 最高法院 81 年臺上字第 72 號判決。

❸ 船舶法第 1 條。

海商法無論於國際法或國內法，賦予海上企業諸多法律上特權
(privilege)，諸如便利融資的船舶抵押權制度、船舶所有人總額限責權、貨物運送人免責權、單位限責權等，係考量海上風險與陸上風險相對較高，藉以鼓勵資本家投入資本經營海上企業，進行國際貿易，發達國家經濟，戰時尚得以徵用國籍船舶❶，為國家軍民用物資之後勤補給，使成海權國家。但就國際公約之觀察，海事優先權暨抵押權公約、貨物運送公約、船舶碰撞公約、海難救助公約、船舶所有人限責公約等，並無將小船排除之例，顯見小船之排除適用，係牴觸公約之規定，不符國際主流價值，如為締約國則違反公約之遵循義務❷。就海上保險言，小船為法律上可保之保險標的，如沿岸、近海作業之漁船或「小船經營業」所使用之小船，既未違法，也無違反公序良俗之虞，應無排除適用之理。

就憲法層次之觀察，憲法第23條規定，除基於公共利益外，人民權利不得任意設限。為扶植特定海運產業之發展，給予非小船所有人、經營者諸多法律上特權而相對限制小船所有人、經營者權利，是否違憲？依上揭，係存在「發達國家經濟，戰時為國家軍民用物資之後勤補給，使成海權國家」之公益，應無違憲之虞。惟限制、排除或許可特定船舶經營「船舶運送業」或「小船經營業」係行政法上議題，非海商法之問題，況且我國澎湖縣及連江縣離島間使用未滿20噸動力小船經營客貨運之「小船經營業」，係屬常態。鼓勵海上企業使用較大型船舶而將小船排除本法適用範圍，雖有其政策上考量，然牴觸相關公約且與我國小船營運現況不符；再者，扶植特定產業之發展，尚有其他政策工具如租稅優惠、融資優惠等可資運用。綜上，將小船與大型船舶所有人、經營者之權利於海商法上做區分，是否妥適，容有討論之空間。

---

❶ 全民防衛動員準備法第20條第3項。

❷ Vienna Convention on the law of treaties, concluded at Vienna on 23 May 1969, art. 26.

⑵軍事艦艇及公務船舶

　　軍事艦艇及公務船舶，係執行國家權力，而享有主權豁免 (sovereign immunity)，豁免於外國管轄，1926 年國有船舶主權豁免公約第 3 條第 1 項訂有明文❸，惟從事商業行為之國有船舶其權利義務與私有商船同❹。國有船舶涉入船舶碰撞、海難救助、共同海損、船舶修理及供應契約（補給品供應契約 contract of supplies）之爭議，得豁免外國管轄，而以該國有船舶本國為管轄。因此，在 1926 年國有船舶主權豁免公約下，國有船舶雖基於主權而豁免於外國管轄，惟不影響其如同私有船舶得主張之任何抗辯、時效及責任限制之權利❺。國際公約一貫之立場，如 1910 年碰撞公約第 11 條、1989 年海難救助公約第 4 條第 1 項重申此主權豁免原則。主權豁免，僅是豁免外國管轄或國際公約對本國法之干涉，至於國有船舶如軍事艦艇及公務船舶，「如涉海商事件之私法上爭議，除本國法有特別規定外」，權利義務應與私有商船同。此外，個案當事人間是否成立或存在本法規範之貨物運送契約係事實問題，如海軍使用軍事艦艇收取運費協助運補外、離島民用物資之情形亦同。綜上，本法第 3 條將軍事艦艇及公務船舶除外，容有討論之空間。

⑶非在與海相通水域

　　請參前揭三、㈠、1.與海相通水域或水中之論述。

㈡貨物運送條文擴大適用於商港區域及其爭議❻

❸ The provisions of the two preceding Articles shall not apply to ships of war, State owned yachts, patrol vessels, hospital ships, fleet auxiliaries, supply ships and other vessels owned or operated by a State and employed exclusively at the time when the cause of action arises on Government and non-commercial service, and such ships shall not be subject to seizure, arrest or detention by any legal process, nor to any proceedings in rem.

❹ 1926 年國有船舶主權豁免公約第 1 條及第 2 條。

❺ 1926 年國有船舶主權豁免公約第 4 條。

　　商港區域，依商港法第 3 條第 4 款，係指劃定商港界限以內之水域與為商港建設、開發及營運所必需之陸上地區，國際商港及國內商港之商港區域之劃定，由主管機關交通部會商內政部及有關機關後，報請行政院核定之[137]。例如 1993 年行政院核定之基隆國際商港商港區域範圍（粗黑界線部分）如下[138]：

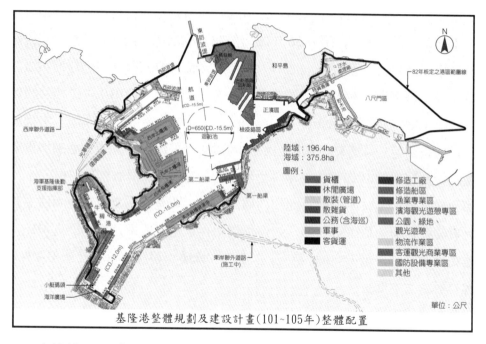

基隆港整體規劃及建設計畫(101~105年)整體配置

　　本法於 1999 年 7 月 14 日和 2000 年 1 月 26 日分別修正增訂第 76 條第 1 項和第 2 項。第 1 項援參海牙威士比規則[139]，將喜馬拉雅條款 (the

---

[136] 饒瑞正，海上件貨運送人就港區發生之貨損得否主張海商法法定抗辯權——最高法院一〇四年度臺上字第四二六號民事判決，月旦裁判時報，第 42 期，2015 年 12 月，頁 56–65。

[137] 商港法第 4 條。

[138] 行政院 82 年 7 月 14 日臺 82 交字第 24045 號函；臺灣港務股份有限公司基隆港務分公司網頁：http://kl.twport.com.tw/chinese/cp.aspx?n=2883405E97DCC350，最後瀏覽日：2016 年 11 月 19 日。

Himalaya clause) 法制化，運送人之代理人或受僱人亦得主張同等運送人之法定抗辯權。第 2 項則將第 1 項適用主體與期間，擴大於商港區域內從事裝卸、搬運、保管、看守、儲存、理貨、穩固、墊艙者。學說與實務因此產生運送人本人對於商港區域所發生之貨損得否主張法定各式抗辯權？亦即運送人之強制責任期間是否因此而擴大至商港區域，而得主張法定各式抗辯權？

案例：最高法院 104 年度臺上字第 426 號民事判決

　　貨櫃化貨載一批，經碼頭裝卸業之拖車自臺中港內貨櫃場拖往船邊碼頭以便裝船時，拖車在貨櫃場內爆胎導致貨櫃傾覆而發生貨損。本件上訴人貨損請求權人甲主張全額的損害賠償。被上訴人之一海上件貨運送人乙依海商法第 69 條主張免責，亦依第 70 條第 2 項主張單位限責。

1.海上貨物運送人強制責任期間❿

⑴「海上運送部分」之釐清

　　本法並未明確定義運送人責任期間。然而，本法為因應現代貨櫃運送提倡所謂戶到戶運送服務，運送全程由多種運送工具完成運送之情形，於 1999 年 7 月 14 日增訂第 75 條，建立多式運送法制「網狀責任制」⓭，同

---

❿ 海牙規則經 1968 年議定書和 1979 年特別提款權議定書修正 (The 1968 Protocol and 1979 SDR Protocol to amend the International Convention for the Unification of Certain Rules of Law Relating to Bills of Lading, signed at Brussels on 25th August, 1924)。

❿ 饒瑞正，海上件貨運送人強制責任期間之辨識，台灣法學，第 219 期，2013 年 3 月，頁 161–166。

⓭ 聯合國制定 1980 年多式運送公約 (United Nations Convention on International Multimodal Transport of Goods, Geneva, 1980) 立法說明資料，將多式運送經營人責任制度，主要概分 1.網狀責任制 (Network Liability System) 如實務複合運送載貨證券慣用。2.綜合網狀責任制 (Comprehensive Network Liability System) 如國際商會之 1975 年國際商會複合運送單據統一規則 (Uniform Rules for a Combined

時參考海牙規則⑭、海牙威士比規則，於同條第 1 項明確界定本法件貨運

Transport Document 1975)，與 3. 修正網狀責任制 (Modified Network Liability System) 如 1980 年多式運送公約。託運人與多式運送經營人訂立多式運送契約，貨物發生毀損滅失時由多式運送經營人就運送全程負責，至於其所負責任與賠償方法，則依貨物毀損滅失之發生時間能否確定而定，亦即須視於何運送模式發生而定，毀損滅失之運送階段可以確定者，稱「非隱藏性毀損 (non-concealed damage or localized damage)」，反之則稱「隱藏性毀損 (concealed damage or non-localized damage)」。網狀責任制：非隱藏性毀損，適用該運送階段之國際單式運送公約，而隱藏性毀損則適用當事人締結之多式運送契約就隱藏性損失特別約定之國際單式運送公約或其他法律規定如國內法。綜合網狀責任制：非隱藏性毀損，適用該運送階段之國際單式運送公約或國內法；隱藏性毀損適用國際商會複合運送單據統一規則之統一責任制或 1980 年多式運送公約之統一責任制。修正網狀責任制：非隱藏性毀損，原則依 1980 年多式運送公約之統一責任制，而若適用該毀損滅失發生之運送階段之國際單式公約或適用強制國內法之賠償限額高於多式運送公約，則依該國際單式公約或該強制國內法；隱藏性毀損則依 1980 年多式運送公約之統一責任制。聯合國 2008 年鹿特丹規則 (United Nations Convention on Contracts for the International Carriage of Goods Wholly or Partly by Sea, A/RES/63/122)，規範內含海運的多式運送，以統一責任制為主、網狀責任制為輔之混合制，原則依鹿特丹規則之統一責任，例外情形如貨物毀損、滅失或延遲在裝船前或卸船後（非海運）的運送人責任期間，而如 1. 運送契約當事人對於裝船前卸船後的運送階段分立契約，2. 該運送階段存在已生效而應適用的國際公約或文書，如公路運送的 CMR、鐵路運送的 CIM、航空運送的華沙公約體系和蒙特婁公約，3. 該公約或文書規定運送人的責任、責任限制、時效規定不得依約減免或侵害託運人權益。以上三要件符合，則應適用的國際單式運送公約或文書對於運送人責任、責任限制和時效規定，應優先適用。請詳參：本書第二章第二節「貨櫃運送與多式運送」。

⑭ 1924 年載貨證券統一規章國際公約 (International Convention for the Unification of Certain Rules of Law Relating to Bills of Lading, signed at Brussels on 25th August, 1924)。

76

送規定之適用範圍僅限於海上運送部分❸，並為因應多式運送，將規範載貨證券應記載事項之第 54 條第 1 項第 4 款原「目的港」，修改為「卸貨港」，再次確認海商法之適用以海上運送為限。惟第 75 條並未進一步定義何謂「海上運送部分」。按被援參立法之海牙威士比規則第 1 條第 a 款對運送契約和第 e 款對貨物運送之定義，海牙威士比規則所適用的海上貨物運送契約期間，指貨物裝載至船上開始直到貨物卸載離船結束 (the period from the time when the goods are loaded on to the time they are discharged from the ship)，締約國通常將此解釋為舷到舷期間 (ship's rail to rail period)❹或鉤到鉤期間 (tackle to tackle period)❺，於此期間為運送人責任期間。在此法定責任期間，亦因海牙威士比規則第 3 條第 8 項不公平條款控制規定，當事人不得以約款排除公約對運送人之法定義務與責任，遂稱為「強制責任期間」，防阻居於優勢談判地位之運送人，運用契約自由減免法定責任而超越此一衡平界線，藉此保護談判能量相對弱勢之託運人，本法第 61 條援參以為立法，限制運送人契約自由權。於此鉤舷期間外，則為契約當事人契約自由範圍❻。因此，海牙威士比規則適用期間、運送人責任期間、運送人強制責任期間，均應係指向舷到舷期間或鉤到鉤期間。按本法立法說明係參考海牙威士比規則，以為界定本法之適用以海上運送部分為限，因此按立法意旨解釋，本法「海上運送部分」文義（運送人責任期間、強制責任期間），應同海牙威士比規則係指舷到舷期間或鉤到鉤期間。

(2)「舷到舷規則」與「鉤到鉤規則」之採擇

---

❸ 立法院第三屆第三會期第四次會議議案關係文書，立法院公報，第 83 卷，第 48 期（下），1994 年 7 月 9 日。

❹ 船舷為甲板上之欄杆或圍籬，以防阻人員或貨物自甲板跌落海裡。

❺ Pyrene v. Scindia Navigation Co. [1954] 1 Lloyd's Rep. 321.

❻ Hague-Visby Rules, art. 7.

海牙規則規定運送人之貨物照管義務包括貨物之裝載與卸載[147]，因此產生運送人強制責任期間是否包括貨物裝載和卸載之疑義或爭執，亦即運送人是否得以將裝、卸船貨損責任或風險排除或減免。於 1924 年海牙規則制定時之海運實務背景，契約當事人通常約定運送人不負擔貨物之裝船與卸船作業 (free in and free out)，而是貨方自行負擔，由託運人裝船、受貨人卸船，而成一商業習慣[148]。因此海牙規則締約國司法實踐上[149]，將公約規定的海上貨物運送契約期間（運送人責任期間、運送人強制責任期間），解為舷到舷期間，貨物於裝貨港裝船越過船舷交託於運送人開始，結束於卸貨港貨物卸船越過船舷結束，此海運慣例也影響國際買賣契約當事人所約定使用於海上運送之貿易條件 (trade terms) 之解釋，如 FOB (Free On Board)、CFR (Cost And Freight)、CIF (Cost, Insurance and Freight)，以船舷為買賣契約當事人貨物交付（危險分擔）之時間和成本分擔之界線。

隨著機械化裝卸船作業之進展，與運送實務將裝、卸作業約定由運送人擔負之演變，機械化裝卸船較傳統人力作業，不易區分貨物何時越過船舷，以鉤到鉤規則取代舷到舷規則，相對易於在託運人和運送人間分配裝、卸風險，運送人強制責任期間自貨物起重機於裝貨港抓住貨物開始，而結束於卸貨港起重機釋放貨物時結束，運送人於此期間，係依海商法負海上運送人責任。國際商會最新修正之 2010 年國貿條規 (Incoterms 2010)[150]，

---

[147] Hague Rules, art. 3, para. 2.

[148] Argonaut Navigation Co v. Ministry of Food [1949] 1 K.B. 572.

[149] Pyrene v. Scindia Navigation Co. [1954] 1 Lloyd's Rep. 321.

[150] 國際商會 (International Chamber of Commerce, ICC) 對於貿易條件解釋之 2010 年版 (International Commercial Terms 2010, Incoterms 2010)，將貿易條件區分為使用於海上與內河運送：FAS (Free Alongside Ship)、FOB (Free On Board)、CFR (Cost And Freight)、CIF (Cost, Insurance and Freight) 和使用於它種運送模式者：EXW (Ex Works)、FCA (Free Carrier)、CPT (Carriage Paid To)、CIP (Carriage And Insurance Paid To)、DAT (Delivered At Terminal)、DAP (Delivered At Place)、DDP

對於 CIF、FOB 和 CFR 之解釋，亦捨棄船舷的用法，而改用置放貨物於船上 (placing the cargo onboard)，亦即以完成貨物裝船為貨物之交付時間。

因而本案裝船作業前於船邊櫃場發生貨損，不在本法貨物運送適用範圍，自然排除海商法之適用，亦非海上件貨運送人法定強制責任期間。

2. 喜馬拉雅條款擴大適用於商港區域，是否一併擴大運送人強制責任期間？

(1)喜馬拉雅條款之國際法制化背景與趨勢

A.喜馬拉雅案

喜馬拉雅條款源自英國判例 Adler v. Dickson & Others, The Himalaya**⑮**。本案原告 Mrs. Alder 與運送人 P&O 輪船公司締結旅客運送契約乘坐喜馬拉雅號遊輪，從英國至地中海遊玩，在當時時空背景之英國法下，並無消費者保護之定型化契約不公平條款之規制，因此運送人充分利用契約自由權，在客票背面印刷的運送條款寫入免責條款：「運送人對於旅客在船期間不論基於任何原因之人身傷亡，一概不予負責」**⑯**。原告在義大利 Trieste 港下船觀光而於再登船時，因為船員繫纜方式不當，瞬間強風下致船舶被推離碼頭而登船梯傾斜，原告跌落碼頭摔斷大腿。原告回英後，以運送人違約（契約債務不履行）請求損害賠償。基於契約之免責條款，原告敗訴。原告復依侵權行為起訴管理船舶與船員之船長和監督水手繫纜之水手長。基於契約當事人原則 (privity of contract)，被告船長和水手長均非免責條款適用主體，因此不得主張之，而判決原告勝訴。

此判決一出，隨即在海上旅客運送業與海上貨物運送業間產生迴響，

(Delivered Duty Paid)。兩大類，計 11 個貿易條件。

⑮ [1955] 1 Lloyd's Rep. 315.

⑯ "The company will not be responsible and shall be exempt from all liability in respect of any injury whatsoever of or to the person or any passenger onboard and during voyage of the ship."

運送業紛紛在運送條款印上「運送人的受僱人和代理人，亦得行使運送人依法或依約得以行使之抗辯權。」，以矯正喜馬拉雅案所生之窘境，而稱喜馬拉雅條款。因為運送人因僱用人代負責任 (vicarious liable) 之外部連帶責任關係而為共同被告，或因僱傭契約之內部求償關係，在船長、船員對受害人損害賠償後，透過僱傭契約向僱用人請求補償，運送人（如以自有船舶、光船租賃船舶而為運送之情形）而需負擔終局損害賠償責任。於 The Eurymedon❸案英國法院首次肯認其效力。

B.國際公約之規範：喜馬拉雅條款的法制化與一體適用原則

　　為避免請求權人以侵權為訴因請求損害賠償，間接侵害運送人法定或約定權利，又為保護弱勢海上勞動者，海牙威士比規則於 1968 年將喜馬拉雅條款❹法制化❺，並同時增訂「一體適用原則」❻以為配套，對於運送人無論基於契約或侵權之訴，本規則一體適用。避免請求權人以侵權為訴因，向舷到舷海上運送期間的侵權行為人船長、船員等從屬履行輔助人請求損害賠償，運送人因代負責任之外部連帶債務關係（共同被告）或因僱傭契約之內部求償關係（受害人以船長、船員為被告之情形），而需負擔終局損害賠償責任。請求權基礎無論基於契約、侵權或其他，公約採一體適用的立場，藉此排除債權人以其他非契約之訴因為基礎來脫離公約的規範，以達到法的統一與安定性。

　　漢堡規則❼對侵權責任採取與海牙威士比規則相同立場❽，只是漢堡

---

❸ [1974] 1 Lloyd's Rep. 534.

❹ 基於英國判例 Adler v. Dickson, The Himalaya [1955] 1 Lloyd's Rep. 315。

❺ Art. 4 bis, para. 2.

❻ Art. 4, bis para. 1: "The defences and limits of liability provided for in these Rules shall apply in any action against the carrier in respect of loss or damage to goods covered by a contract of carriage whether the action be founded in contract or in tort." 作者自譯：「本規則規範的抗辯與責任限制，適用於不論基於契約或侵權而對運送人提起關於運送契約下之貨物毀損滅失之訴」。

規則因適用於港到港期間，所以未如海牙威士比規則般將獨立履行輔助人（independent contractor，如碼頭裝卸業）自喜馬拉雅條款明文排除。鹿特丹規則亦再次重申「一體適用原則」與喜馬拉雅條款，惟鹿特丹規則未科以船長、船員、運送人的受僱人、獨立海運履行輔助人 (maritime performing party) 的受僱人對請求權人的侵權行為損害賠償責任❺，將喜馬拉雅條款適用的主體排除從屬履行輔助人，亦是排除以這些弱勢從屬履行輔助人為被告的可能。貨損發生在非海運期間只能以運送人為被告，向其請求損害賠償，如貨損在港到港的海運期間，則得以運送人和獨立的海運履行輔助人為共同被告。

鹿特丹規則對於責任主體的規範，完全打破民法上債的相對性原則(契約當事人原則) 之傳統契約法上概念，同時對於侵權責任與契約責任明文不予區分，亦無須依侵權行為法上概念來理解其相關條文。

1924 年海牙規則制定時之海運實務背景，運送人通常不負責貨物之裝卸 (Free in and free out)，而是貨方（託運人、受貨人）所負責，因此海牙以迄 1968 年海牙威士比規則均規定僅適用於裝後、卸前（舷到舷）之海上運送期間，其喜馬拉雅條款適用之主體因此明文排除裝、卸之獨立履行輔助人。漢堡規則於 1978 年因應海運實務作業，擴大運送人責任期間至港到港，因此獨立暨從屬履行輔助人均為漢堡規則下喜馬拉雅條款之適用主體。

1980 年多式運送公約第 20 條第 1 項、1956 年公路運送公約 (CMR) 經 1978 年議定書修正第 28 條、1999 年鐵路運送公約 (COTIF-CIM) 第 41 條、2000 年內河貨運公約 (CMNI) 第 22 條、規範航空運送的華沙公約體系 (Warsaw system) 第 24 條與 1999 年蒙特婁公約 (Montreal Convention) 第

---

❺ 1978 年聯合國海上貨物運送公約 (United Nations Convention on the Carriage of Goods by Sea, Hamburg, 1978)。

❺ Art. 7, paras. 1 & 2.

❺ Art. 19, para. 4.

29 條、2002 年雅典公約第 14 條，均採相同之一體適用原則規定，顯見一體適用原則為國際運送法之基本原則規範。

C.喜馬拉雅條款於商港區域之適用

海商法第 76 條第 2 項，將第 1 項適用期間，擴大於商港區域內從事裝卸、搬運、保管、看守、儲存、理貨、穩固、墊艙者。立法理由謂海上運送已非運送人可獨立完成，尚需其他人之協力❿（獨立履行輔助人），並保護弱勢之碼頭裝卸工人❻（獨立履行輔助人之受僱人）。從邏輯上言，獨立履行輔助人得於商港區域主張同等於運送人之法定抗辯權，則反推之，運送人本人於商港區域似可主張法定抗辯權。惟從上揭立法理由觀之，保護的對象係碼頭裝卸業及碼頭裝卸工人，顯見運送人並非第 76 條第 2 項適用主體。驗證法律之生命，不在於邏輯而在於經驗。

此外，海商法第 76 條第 2 項則將適用期間擴大至商港區域，應有再思量之空間，理由於下：

(1)海商法件貨運送人責任期間，為舷到舷之海上運送期間❻，因此件貨運送相關條文僅適用於該舷到舷期間。

(2)被援參之海牙威士比規則亦僅規範舷到舷期間，並因此於喜馬拉雅條款將獨立履行輔助人明文排除，如上說明。

(3)被援參之海牙威士比規則因僅適用於舷到舷之海上運送期間，海牙威士比規則在制定的時候係考量「海上風險」，海上運送風險的分配，所以它只規範鉤到鉤舷到舷之海上運送期間，並沒有規範商港區域，就運送風險之分配上是著眼於海上風險，如適航性義務❻、貨物照管義務❻、各

---

❿ 立法院第三屆第三會期第四次會議議案關係文書，立法院公報，83 卷 48 期（下），1994 年 7 月 9 日。

❻ 立法院第四屆第二會期司法、交通、財政、經濟及能源委員會審查海商法修正草案第一次聯席會議紀錄，立法院公報，83 卷 69 期，2000 年 1 月 15 日。

❻ 海商法第 75 條、第 54 條第 1 項第 4 款。

式法定免責事由❶❻❺等，而與商港區域陸上風險無關。

⑷商港區域的風險相較於海上運送的風險來得低，可預測性比較高，在商港區域裡面是否得以享有諸多的海商法免責權或是單位限責權，亦值思考。

3.擴大適用於商港區域之省思

⑴海上件貨運送人強制責任期間

本法第 61 條限制海上件貨運送人之契約自由權，為契約內容不公平條款控制規範。意謂本法法定件貨運送人之義務與責任，為一最低程度之標準，防阻居於優勢談判地位之運送人，運用契約自由減免法定責任而超越此一衡平界線，藉此保護談判能量相對弱勢之託運人，此一法定的運送人義務與責任之適用期間，遂又稱為「強制責任期間」。本法第 75 條第 1 項「海上運送部分」文義，復經第 54 條第 1 項第 4 款之修法確認，係指「舷到舷或鉤到鉤期間」，此期間亦為海上件貨運送人強制責任期間。裝卸船作業採機械非人力裝、卸而運送人又擔負此裝、卸，應採「鉤到鉤規則」。第 75 條所揭櫫之多式運送人責任法制，係採網狀責任制。本案貨損發生於待裝船期間，並非本法規定的海上件貨運送人「舷到舷、鉤到鉤強制責任期間」，非以海商法為準據法解決於此期間發生之貨損，而係依第 75 條所揭櫫的多式運送網狀責任制，適用民法物品運送之規定追究損害賠償責任。

海運業對於件貨運送服務，從初始的「舷到舷」、「鉤到鉤」、「港到港」而發展至「戶到戶」的物流服務，國際海上運送公約因此相對呼應而產生強制責任期間之變革：從海牙規則、海牙威士比規則的「舷到舷、鉤到鉤期間」，漢堡規則的「港到港期間」，至鹿特丹規則的「收到交期間」。鹿特丹規則適用的國際運送，係以收貨地和交付地分屬兩個不同國家，以因應

---

❶❻❸ 同我國海商法第 62 條。

❶❻❹ 同我國海商法第 63 條。

❶❻❺ 同我國海商法第 69 條。

戶到戶的國際多式運送；裝貨地和卸貨地分屬兩個不同國家，以因應港到港的國際單式海運❶❻❻。除貨物於收貨地或交付地必須交予相關行政部門外（例如中南美洲國家必須先寄存在海關倉庫），運送人的運送責任期間，自收受貨物照管貨物開始以迄交付貨物為止❶❻❼，於此期間則為強制責任期間❶❻❽。此外，依聯合國國際貿易法委員會 (United Nations Conference on International Trade and Law, UNCITRAL) 文獻揭露❶❻❾，2002 年經由海運的貨櫃運送，約有 50% 係採戶到戶運送。實證顯示，經由海上的戶到戶貨櫃運送係國際貿易貨物運送方式的主流與國貿實務界的強烈需求。據此，UNCITRAL 在政策上即決定聚焦於單式海運而契約當事人又約定將運送契約期間擴展於海運前後的運送模式，因而除單式海運外，僅規範內含海運的多式運送❶❼❶。上揭規定，同時解決單式海上鉤到鉤運送、單式海上港到港運送與內含海運之多式運送契約之適用議題與運送人強制責任期間之爭議。鹿特丹規則的「收到交期間」規定，切合現行海運實務之物流化服務，也同時解決強制責任期間之爭議，為爾後之海商法修訂，提供一個思考的方向與選項。

⑵喜馬拉雅條款擴大適用於商港區域，並未同時擴大運送人強制責任期間

由第 76 條第 2 項文義、立法意旨、本法第 75 條第 1 項「海上運送部分」文義，第 54 條第 1 項第 4 款立法意旨和國際公約之規定，運送人確非第 76 條第 2 項適用主體，也未擴大運送人強制責任期間。因此，如貨損發生於商港區域內，運送人不得主張海商法法定抗辯權，換句言，運送人抗辯權並未因第 76 條第 2 項而從舷到舷延伸至商港區域。

---

❶❻❻ Rotterdam Rules, art. 5.

❶❻❼ Rotterdam Rules, art. 12.

❶❻❽ Rotterdam Rules, art. 79.

❶❻❾ A/CN.9/WG.III/WP.29 at para. 25.

❶❼❶ Rotterdam Rules, art. 1, para. 1, sub-para. 1.

4.轉船港貨物待轉時之適用疑義

因海上貨櫃運送之經營特性,為便利船期、航線之安排與船舶之調度,幾乎所有貨櫃運送人均於載貨證券等運送契約證明,訂定運送人得以於除了載貨證券所示之裝貨港或卸貨港外之中間港口,轉運貨櫃至其他非載貨證券所示之原始承載船舶,一般稱之為「自由轉船條款」。海上公共運送人主給付義務,係經由船舶將貨物由裝貨港運送至卸貨港,並於卸貨港原物原狀返還,並無船舶名稱或轉船港口之特定或限制,因此並未減輕或免除運送人法定義務而牴觸第 61 條規定。若貨物於轉船港待裝船時滅失或毀損,不論涉外準據法之爭議,是否海商法仍適用之?載貨證券涵蓋自裝貨港至卸貨港之海上運送全程,則運送人對該毀損滅失之責任應依海商法之規定。本例雖於中間港口轉船,全程仍為海上運送,仍為僅牽涉到海上運送之部分**❼**。

㈢海商法之強制適用

1.本法第 77 條強制適用條文

⑴國際公約藉強制適用條文啟動公約,以達國際同化目的

國際公約為能達成國際同化之目的,均規定公約於一定情形下,應予適用公約之條文,亦即適用範圍 (scope of application) 之強制規定,使公約有被適用之機會,並進一步排除優勢談判地位之一方,迫使他方接受對其有利之內國法為準據法。

例如海牙規則第 10 條規定,公約條文應適用於任何締約國發給之所有載貨證券,又載貨證券通常在出口地發給,因此實質係採「出口原則」。美國 1936 年海上貨物運送法**⓲**第 13 條,將公約適用範圍擴大至進口美國之貨載,但書並且規定此等載貨證券其上應有本單據應適用本法之明示記載,

---

❼ 參考英國判例 Mayhew Foods v. O.C.L [1984] 1 Lloyd's Rep. 317。

⓲ Carriage of Goods by Sea Act Apr. 16, 1936, ch. 229, 49 Stat. 1207, as amended by Pub. L. 97–31, §12(146), Aug. 6, 1981, 95 Stat. 166.

以具警示作用，其效力優先於載貨證券上之任何運送條款，而稱至上條款 (paramount clause)。載貨證券或運送單據有無記載至上條款，並不影響海牙規則之強制適用，但書僅係訓示規定❸。海牙威士比規則第 10 條採「出口原則」，國際海上運送之載貨證券於締約國發給、貨物於締約國出口、包含運送契約或以之為證之載貨證券規定本公約或任何使本公約具法律效力之內國法為準據法（亦即當事人約定以公約或任何使本公約具法律效力之內國法為準據法），不論船舶、運送人、託運人、受貨人或任何利害關係之國籍為何，即應強制用公約或該內國法，此為公約之啟動機制，為達國際同化之目的，透過政策作為，排除衝突法之選法規則，亦屬「即刻適用法」 (immediate applicable law) 類型或係屬英美法所稱之強行法 (mandatory law)，同時也否定當事人對於準據法選擇之契約自由權，亦是考量當事人談判地位不對等之衡平做法，保護相對弱勢之貨方。漢堡規則第 2 條採取「進出口原則」，適用範圍擴及卸貨港為締約國之情形。鹿特丹規則適用的國際運送，係以收貨地和交付地分屬兩個不同國家，以因應戶到戶的多式運送；裝貨地和卸貨地分屬兩個不同國家，以因應港到港的單式海運；而至少收、裝、卸、交任一地位處締約國，則該國際運送即應強制適用鹿特丹規則❹，亦是採「進出口原則」。

⑵本法第 77 條背離公約規定

　　按本法第 77 條，原則為我國載貨證券所載裝、卸貨港為我國港口，載貨證券所生法律關係依涉外民事法律適用法（國際私法原則）。於例外情形，依本節（第三章第一節）我國受貨人或託運人保護較優，則強制適用本節，亦即載貨證券上之準據法相對本節對我國籍貨方較不利者，無效。1999 年行政院版本草案，原採即刻適用法原則，使案件當事人有依本節裁

---

❸ 美國判決 Shackman v. Cunard White Star Ltd 31 F. Supp. 948 (S.D.N.Y. 1940)；英國判例 Vita Food Products Inc. v. Unus Shipping Co. Ltd [1939] UKPC 7。

❹ Rotterdam Rules, art. 5.

判之機會，此為公約政策性考量及衡平做法，前已述及。惟於立法院審議過程，改採衝突法選法規則（涉外民事法律適用法），另加上保護我國籍貨方之但書。條文偏離公約之規定，與諸多締約國內國法化方法不同。我國對國際公約內國法化或援參之技術與品質，實有提昇之空間。原本在公約條文之設計下即可達到國際同化及保護貨方之衡平之雙重目的，無須多此一舉。

　　本條文係專指第三章運送第一節貨物運送或包括本法其他章節條文規定保護較優？按文義係指向本法所有章節所有條文，惟依立法意旨及援參之國際公約、英國 1971 年海上貨物運送法及美國 1936 年海上貨物運送法，係指向第三章運送第一節貨物運送。

2.本法第 94 條船舶碰撞章之強制適用

⑴司法院第三期司法業務研究會見解

　　對於船舶碰撞侵權行為之準據法，依涉外民事法律適用法規定，係採侵權行為地法與法庭地法之併用主義，若侵權行為地在陸地，選擇其應適用之準據法，固無問題。惟若發生於海上，如甲船碰撞乙船，致乙船沉沒。應如何選擇其應適用之法律？

甲說：船舶碰撞，係指船舶衝突，致一方或雙方發生損害而言，亦屬民法上侵權行為之一種，唯我國海商法第六章（此為原文，現行法章次為第四章，以下同），對船舶碰撞責任之成立及損害賠償之請求，另設特別規定，依 §134 及 §140（此為原文，現行法條次為第 94 條）之規定，「船舶之碰撞，不論發生於何地，皆依本章之規定處理之」，不因其在他國領海或公海而有所不同。

乙說：船舶碰撞，係指船舶衝突，致一方或雙方發生損害而言，其性質屬於侵權行為之問題，可直接適用涉外民事法律適用法 §9（此為原文，現行法條次為第 25 條）之規定。我國海商法 §134（此為原文，現行法條次為第 94 條）之規定從文義上解釋似謂凡除我國有管轄權

之船舶碰撞案外，其他船舶之碰撞無論發生在公海或一國領海上，也不論是否有我國之船舶在內，亦應一律適用該條之規定，此對我國在此案件適用上，固較簡便，但此係違反我對涉外案件所採一貫之立場，故適用上應解釋從嚴，即船舶碰撞發生在公海上，船旗國相同時，依其共同之船旗國法，船旗國不同時，適用法庭地法。發生在領海上時，依領海國法。

研討結論：採乙說。

司法院第一廳研究意見：同意研討結論。

(2)本文見解

現行法第94條：「船舶之碰撞，不論發生於何地，皆依本章之規定處理之。」係參照1910年船舶碰撞統一規章公約第一條規定❿，不論發生於任何水域之海船碰撞所生之損害賠償，皆依公約之規定。公約為能達成國際同化之目的，船舶碰撞，不論發生於沿海國領海或公海，應強制適用公約之條文，排除衝突法之選法規則，使公約有被適用之機會，係政策考量之「即刻適用法」或「強行法」類型，無須依衝突法決定涉外的法律適用。司法院第三期司法業務研究會見解，違反條文立法意旨，如個案依此判決者，顯係違法判決。詳細討論，請見本書第三章第二節「船舶碰撞之法律適用」單元。

(四)擴大海上保險章對陸上、內河、湖泊或內陸水道危險之適用：海上風險外加模式 (maritime plus)

我國保險法以保險標的是否為財產，區分為財產保險及人身保險。財產保險下，再依風險種類，區分為火災、海上、陸空、責任、保證等有名

---

❿ Where a collision occurs between sea-going vessels or between sea-going vessels and vessels of inland navigation, the compensation due for damages caused to the vessels, or to any things or persons on board thereof, shall be settled in accordance with the following provisions, in whatever waters the collision takes place.

財產保險和無名之其他財產保險。海上保險契約，原僅係承保海上風險之保險契約❻，為因應海陸複合運送實務，本法第 127 條第 2 項規定，當事人間得自由約定延展加保至陸上及內河之危險，援參英國 1906 年海上保險法第 2 條，同時亦反映貨物保險實務之「保險期間條款 (transit clause)」❼，保險期間自出口地倉庫以迄進口地倉庫，包括海程期間之海上風險及裝、卸貨港至倉庫期間之陸上風險，以避免分別訂立數個陸上、海上貨物保險契約，以節省締約、履約成本。同時，防阻風險間隙 (covering gap)，亦即數個保險契約之始期和終期必須緊密接續，否則產生風險間隙，則位於風險間隙期間之保險事故，因非在保險期間發生，保險人無須負責。本法第 127 條第 2 項，採取海上風險外加模式 (maritime plus)，必須內含海程之海上風險，雖承保海、陸混合風險，仍定性為海上保險契約，就契約當事人權義，應優先適用海商法海上保險章。

---

❻ 保險法第 85 條；海商法第 127 條第 1 項；MIA 1906, s. 1.

❼ MIA 1906, s. 2; ICC (A), (B) or (C) 1982, cl. 8; ICC (A), (B) or (C) 2009, cl. 8.

第二章 海上運送法

第一節　貨物運送契約與運送單據及電子運送紀錄

一　海上貨物運送契約之定性及區分方法❶

　　海上貨物運送契約，依海商法第 38 條，得區分為以件貨運送為目的之件貨運送契約 (contracts of carriage) 和以船舶全部或一部供運送為目的之傭船契約 (charter parties ❷)。何謂件貨運送？何謂傭船運送？本條文雖將海上貨物運送契約區分為兩大類，惟在定義上未臻詳盡，因此產生適用之困難。

　　海上貨物運送契約 (contracts of affreightment)，基於其本質、當事人間談判地位、權利義務等之差異，得以區分為以運送單據或電子運送紀錄為證者 (carriage of goods by sea)，以及體現於傭船契約 (charter parties) 者兩類。

　　前者為件貨運送、公共運送、固定航線運送，後者為散裝運送、傭船運送、私運送、非固定航線運送。此外，前者之法源來自國際公約如海牙規則、海牙威士比規則、漢堡規則及鹿特丹規則，後者之法源係基於傭船商業習慣，如波羅地國際海事協會 (BIMCO) 所擬制之 Gencon 格式論程傭船定型化契約或美國船舶經紀人協會擬制之 NYPE 格式論時傭船定型化契約，所重申之國際傭船商業習慣。因此，兩者宜區分並建立體系，避免

---

❶ 饒瑞正，海上貨物運送契約之分類與其重要性，月旦法學教室，第 169 期，2016 年 10 月，頁 57–65。

❷ Charter party，係中世紀拉丁文 carta partita 之演繹，意旨「分離的單據 (divided document)」。當事人在羊皮紙上左、右各書寫一式契約條款，而於中間不規則的撕離，雙方各執一份，如兩份可以兜攏、完全吻合，則為真正，以防阻偽造文書；參見 Sir Bernard Eder and others, Scrutton on Charterparties, Sweet & Maxwell, 22nd edition, 2013, p. 3。我國海運實務使用傭船運送用語與日本相同。

條文適用錯誤。現行法未將規範兩類型契約之條文，未進一步分項，容易混同誤用。

本文援參決定債之關係類型之主給付義務來定性。件貨運送人之主給付義務❸係將當事人合意之運送標的從合意之出發地，搬運至合意之目的地，將運送標的原物原狀返還予託運人指定之受貨人或載貨證券持有人，以此為對價交換託運人之主給付義務支付運費，契約目的在於運送貨物。傭船運送人之主給付義務，係提供特定船舶之船艙，以此為對價交換託運人之主給付義務支付運費，契約目的係使用特定船舶的船艙以為運送，係中 (14) 世紀發源於義大利，而蓬勃於英格蘭之海上貨物運送類型，雖與典型大陸法系之貨物運送有別，在英美法及國際傭船習慣下仍定性為運送契約，船舶所有人為運送人，傭船人為託運人，在普通法下係以運送契約法來解決當事人間爭議。傭船運送，依使用船艙運送之方式，得以進區分為論程傭船 (voyage charter)、論時傭船 (time charter)。至於移轉船舶占有予傭船人之光船租賃 (bareboat charter) 或除移轉占有外尚附帶船員之整船租賃 (demise charter)，性質屬租賃契約。論程傭船為使用船舶一個航次、往返航次或數個航次，按照貨物重量或體積計算運費，如每噸 3,000 美元；論時傭船為使用船舶一定期間如 1 個月、6 個月、1 年等，依使用時間計算運費，如每日 20,000 美元。惟盛行於策略聯盟的貨櫃航商間的艙位傭船 (slot charter)，僅為航商間對航線中各所屬船舶間彼此艙位交換或使用之契約，而非運送法之適用範圍❹。

國際趨勢與潮流以固定航線 (liner transportation) 及非固定航線 (non-liner transportation) 做區分，以因應海運實務之變動，「件貨運送」用詞，已無法因應海運實務變化。如海牙威士比規則的文件式方法

---

❸ 漢堡規則第 1 條第 6 項及鹿特丹規則第 1 條第 1 項，對運送契約定義與本文同。

❹ 饒瑞正，海上貨櫃運送策略聯盟合約下法律關係之研究，月旦法學雜誌，第 66 期，2000 年 11 月，頁 157–169。

(documentary approach)：公約適用於以載貨證券或類似之權利證券為證之運送契約，漢堡規則的契約式方法 (contractual approach)：公約適用於海上貨物運送契約，或是學理的商業式方法 (trade approach)：公約應適用於固定航線貨物運送，以上三者都無法因應海運實務所生的新類型貨物運送，而產生適用範圍之解釋爭議。鹿特丹規則整合這三種方法，以契約式方法為主，文件式方法及商業式方法兩者為輔，分別明定於鹿特丹規則第 1 條第 1 項及第 5 條至第 7 條，排除固定航線 (liner transportation) 之傭船契約、使用船舶或船艙之艙位傭船 (slot or space charter)、非固定航線 (non-liner transportation) 下之貨物運送及傭船契約、超大型機具之「重件運送」(heavy lift contracts)。

二　海上貨物運送契約分類之實益

海上貨物運送契約 (contracts of affreightment)，得以區分為以運送單據或電子運送紀錄為證者 (英文文義係指 contracts of carriage of goods by sea)，以及體現於傭船契約 (charter parties) 者兩類，已如前揭。

前者為件貨運送、公共運送、固定航線運送，後者為散裝運送、傭船運送、私運送、非固定航線運送。此外，前者之法源來自國際公約如海牙規則、海牙威士比規則、漢堡規則及鹿特丹規則，後者之法源係基於傭船商業習慣，如波羅地國際海事協會 (Baltic and International Maritime Council, BIMCO) 所擬制之 Gencon 格式論程傭船定型化契約或美國船舶經紀人協會 (The Association of Ship Brokers and Agents, USA) 擬制之 NYPE (New York Produce Exchange, NYPE) 格式論時傭船定型化契約，所重申之國際傭船商業習慣。因此，兩者宜區分並建立體系，避免條文適用錯誤。現行法將規範兩類型契約之條文，未進一步分項，容易混同誤用。

(一)公共運送（固定航線運送）v. 私運送（非固定航線運送）

原物料之國際買賣，買賣標的為數量龐大的原物料，與原產地有密切

之關聯，而使用傭船之方式來載運貨物，交付貨物予買受人。此種傭船運送契約，通常由傭船人委任傭船經紀人 (chartering brokers) 代為洽訂傭船契約，並無如同具有固定航線、船期之件貨運送人公開航線承擔運送之特質，而異於公共運送 (common carriage)，稱為私運送 (private carriage)。公共運送人則如同公用事業 (utilities) 般，於英美普通法上具三個義務如下❺：

1. 只要有艙位，無選擇相對人之契約自由；
2. 運費應合理，因此公共運送之運費為行政管制的標的❻；
3. 除不可抗力外，對運送物的毀損、滅失應負損害賠償責任，惟本項已因國際海上件貨運送法自 1924 年海牙規則的立法變革而僅適用於內國運送。

㈡契約自由的限制 v. 契約自由

運送實務通常是一連串的多層次傭船契約、件貨運送契約的組合：如 A 船舶所有人與 B 傭船人締結論時傭船（第一層），B 再與 C 締結論程傭船（第二層），或 B 復與 C 締結件貨運送契約（第二層）；B 為第一層運送契約之傭船人（託運人），而 B 又為第二層運送契約之運送人，稱準船舶所有人 (disponent owner)。因此，傭船契約當事人雙方均為海上運送業，為常見之態樣。此外，傭船運送之標的通常為量大之原物料如穀物、礦砂、煤炭、油料……等。傭船人通常亦為原物料之買賣契約當事人，而慣常為進出口大貿易商或大企業。因此，傭船契約當事人間專業能力、經濟能力

---

❺ See Young F. Chiang, Characterization of a Vessel as a Common or Private Carrier, (1973–1974), 48 Tulan LR 299.

❻ 我國法為航業法第 22 條、第 23 條、第 34 條及第 35 條；船舶運送業管理規則第 18 條規定：「船舶運送業經營固定航線船舶之客、貨運價表，應報請航政機關備查。前項運價表應包括各種附加費、計費方式、運輸條件及運輸章則。參加運費同盟或聯營組織之船舶運送業，其運價表得由該運費同盟或聯營組織或其在中華民國境內之機構集體申報。」

相當而彰顯出對等的談判能力，除違反公序良俗外，應完全尊重當事人之契約自由。國際海上貨物運送法亦已將此原則明文化，而自 1924 年海牙規則起以迄 2008 年鹿特丹規則，均將傭船契約或不定期運送排除不適用公約的規定❼，而能豁免不公平條款之立法上控制❽。

㈢國際貨物運送公約 v. 國際傭船習慣

基於傭船實務普遍使用國際性商業團體所擬制的定型化契約，如波羅地國際海事協會的 Gencon 格式論程傭船契約、美國船舶經紀人暨代理人協會的紐約農產品交易所格式論時傭船契約，以英國法或美國法為準據法，復以倫敦或紐約為仲裁地，亦以定型化契約彰顯國際傭船運送慣行，藉由倫敦或紐約仲裁庭執行並確認國際傭船運送習慣，來達到國際同化的目的，而非以國際公約達到國際同化。

㈣運送船舶名稱不特定 v. 運送船舶名稱特定

海上件貨運送人主給付義務在於透過海路運送貨物，並於目的地返還原物，已如前揭。因此並無運送船舶之限定，是以件貨運送契約普遍存在自由轉船條款 (liberty transshipment clause) 來重申件貨運送人得以使用任一船舶載貨貨物。傭船運送人主給付義務在於提供特定船舶之船艙以為運送，具船舶名稱之限定，係傭船人考量該特定船舶適合裝卸港海象、碼頭裝卸設備、貨載種類、航路等，而透過傭船經紀人於傭船市場尋覓適合船型與船舶之結果。因此，傭船契約條款包括船舶名稱之船舶描述條款 (description of vessel)❾，並與契約目的之達成緊密相關，而為英美判例法認定為條件條款 (condition)❿，如船舶所有人違約而未提供約定之船舶，

---

❼ Hague/Hague-Visby Rules, art. 5; Hamburg Rules, art. 3; Rotterdam Rules, art. 6.

❽ 海商法第 61 條；Hague/Hague-Visby Rules, art. 3, para. 8; Hamburg Rules, art. 23; Rotterdam Rules, arts. 79–81.

❾ 例如 NYPE 93, lines 10–20; Gencon 94, boxes 5–7。

❿ 契約義務條款可以分為四類：1.重大條款 (fundamental terms)：為契約重要性最強

即使他船舶規格相同，仍不得以他船舶替代，傭船人得拒絕履約併同請求損害賠償❶。海商法第 40 條第 2 款，則以船名和船舶之說明（船舶規格）為傭船契約應記載事項之一，重申傭船契約船舶名稱之特定。

㈤適航性注意義務暨十七個免責事由 v. 適航性無名義務暨四個免責事由

美國的 1893 年哈特法❷，係對於當時在英國主宰下的國際運送普通法予以變革的濫觴，促成 CMI 援參美國哈特法制定海牙規則，同時將哈特法之 10 個免責事由擴大為 17 個，以為軟化航運大國反對國際同化之立場。自此，運送法分枝為 1.不成文判例法：規範傭船運送和內國件貨運送，如英國； 2.來自海上件貨運送公約的成文法：規範國際件貨運送，如相關公約的締約國； 3.內國成文法：規範內國運送，如美國。

20 世紀中期，傭船運送人之適航性擔保義務，依 Hong Kong Fir Shipping Co. Ltd. v. Kawasaki Kisen Kaisha Ltd❸案判例，已從擔保義務性質變更為「無名條款 (innominate terms)」，違反之效果依個案違反之事實對契約目的達成之重要性，可為如同違反條件條款 (condition) 的法律效果，相對方得以拒絕履約併同損害賠償，或為違反擔保 (warranty) 之法律效果，相對方僅得以請求損害賠償，因為性質與效果未定，所以稱為「無名條款 (innominate terms)」。因此，傭船運送人的責任基礎，除契約當事人另有約

之條款，違反者產生失權之效果。 2.條件 (condition) 條款：為契約重要性次強之主要條款，居於對契約目的達成之重要性，違反條件者，相對人得拒絕履行契約（終止契約）併同損害賠償。 3.擔保 (warranty) 條款：違反擔保僅生損害賠償。 4.無名條款 (innominate term)：由個案法院視其違反對契約影響之強弱定其違約效果，強者則如違反條件般賦予契約終止權併同損害賠償，弱者則賦予如違反擔保之效果，依此中間性質，遂又被稱之為中間條款 (intermediate term)。

❶ The Diana Prosperity [1976] 2 Lloyd's Rep. 621.

❷ Harter Act 1893.

❸ [1962] 2 QB 26.

定，仍依適航性無名義務與判例法定四個免責事由。

(六)單位限額賠償 v. 完全賠償

　　單位限額賠償，係針對運送契約責任，依貨物的件數或重量限制責任範圍，或對每一乘客人身傷亡遲延交付、行李毀損遲延交付等限制責任範圍。以海上企業為例，船舶所有人總額限責權的概念可以追溯自 16 世紀，其目的係為鼓勵資本家投資經營海上事業，使其精確預見因海上冒險所致之債務責任範圍，而能投保適足的責任保險，進而降低海上事業經營風險的不確定性與經營成本。同樣地，後起的運送人單位限責權概念，除具前揭功能外，經由法律所建構的最高單位賠償額的標準，運送人免於遭受未申報高價值貨物之風險，無須因運送物種類之不同或價值的高低而個別計算運費，簡化運費計算程序而降低經營成本，進而提供貨方低廉而一致的運費費率，亦有利於貨方，係船方與貨方雙贏的航運政策，係自海牙規則以降規範公共運送之國際海上貨物運送公約之準則❶，傭船運送，除當事人另有約定，或其下發給之運送單據移轉予第三人外❶，仍依完全賠償原則。

三　海上貨物運送契約

(一)海上貨物運送法的國際同化：從海牙到鹿特丹❶

1. 前鹿特丹規則時代 (Pre-Rotterdam Rules)

　　觀察國際海上貨物運送公約的制定與修訂，除因應海運實務的變動、

---

❶ 海牙威士比規則第 4 條第 5 項；漢堡規則第 6 條；鹿特丹規則第 59 條至第 61 條；海商法第 70 條第 2 項。

❶ 海牙威士比規則第 1 條第 2 項後段、漢堡規則第 2 條第 3 項、鹿特丹規則第 7 條，將傭船契約下所簽發運送單據或電子運送記錄者，運送人與託運人以外持有人間之關係，依公約之規定，以保護第三人，便利運送單據之流通，促進國際貿易之進行；比較海商法第 60 條第 2 項之差異規範。

❶ 饒瑞正，國際海上貨物運送人責任的變革與趨勢：從海牙到鹿特丹，臺灣海洋法學報，第 10 卷第 1 期，2011 年 6 月，頁 1–42。

填補法漏洞、防止海上運送活動脫序外，尚藉由統一法的運動消除各國法律的衝突與法律障礙，而能促進國際貿易的進行。此外，國際公約的變革，亦有關國家與國家的海權競爭、內國產業的保護、國際貿易的主導地位、法系間的競合、國際政治環境的影響。因此，強權國家政治力的高度介入，以取得國際公約的立法主導權，維護本國的經濟利益，亦是國際公約變革的主要原因之一。

美國的 1893 年哈特法，係對於當時在英國主宰下的國際運送普通法予以變革的濫觴。18 世紀末期以英國船方為主的運送人居於強勢的談判地位，濫用契約自由，於運送契約置入各式免責條款，一旦發生貨損，居於免責條款的拘束力，運送人均能依約免除責任，即使運送人的法定責任相當嚴格：適航性擔保義務與天災 (act of God)、固有瑕疵 (inherent vice)、公敵行為 (Queen's/King's enemies) 三大免責事由。直至 19 世紀後期，免責條款的濫用達到高峰，致使保險公司不願承保貨物險，銀行不願接受匯兌，載貨證券在市場上無法流通，國際貿易與運送秩序，陷入極度混亂的局面，嚴重阻礙國際貿易國家的經濟發展。美國為了保護本國貨方與國貿的經濟利益，於 1893 年制定哈特法，將運送人的適航性擔保義務調整為注意義務，擴大三大免責事由至十個，以為交換並限制運送人的契約自由，澳大利亞、紐西蘭、加拿大並隨後跟進參酌哈特法為國內立法。第一次世界大戰後，由於全球性的經濟大蕭條，更激化貨方與船方的衝突，經濟更難以復甦，英國為保持其航運大國的地位，於是軟化其尊崇契約自由的立場而加入制定國際公約的法統一運動❶。美國居於大戰後興起的強權地位，促成 CMI 援參美國哈特法制定海牙規則。

海上貨物運送於 1960 年代初期產生重大之貨櫃化運送 (containerization) ❶變革，為解決海上貨櫃運送而生之單位責任限制

---

❶ See generally: Malcolm Clarke, Aspects of the Hague Rules, Martinus Nijhoff, 1976, pp. 3–5.

(package limitation) 之法律爭議與便利載貨證券之流通，而於 1968 年修正海牙規則❶，增訂貨櫃條款❷與載貨證券文義效力規定❸。此外，為免求

---

❽ 貨櫃 (freight containers) 無疑是近四十年來貨運界最成功的革新發明。因其藉由標準化、堅固耐久、可重複使用之貨櫃而能便利操作、裝船、儲載、運送、卸船、移動和用機械方式同時轉移大量的包裹而能減低人工處理各個包裹之成本與風險，進而產生龐大之經濟效應，目前已為國際貿易海上貨物運送之主要運送型態，甚至連傳統以散裝船運的大宗物質，也開始嘗試貨櫃化運送。國際標準組織 (International Organization for Standardization)，爾後簡稱 ISO；ISO 自 1961 年開始從事貨櫃之研究。到目前為止，已完成開發 20 個國際標準，包括一般貨櫃和空用、地表（複式運送）通用貨櫃之術語 (terminology)、分類 (classification)、尺寸 (dimensions)、規格 (specification) 和檢驗方法。這些標準尚包含船上貨櫃的操作、固定、編碼、識別、標示等的資訊以及貨櫃資料交換 (container equipment data exchange, CEDEX) 等。ISO 的主要目的，大部分是在商業方面，使貨櫃尺寸標準化而能促進貨櫃在不同機器間操作使用，以及簡易貨櫃在不同運送工具間之轉換。ISO cl. 3.1 貨櫃術語，定義貨櫃為運送設備之器具但不包括貨車或傳統上的包裝：
 1.屬耐久的特性而因此足夠堅固地適合重複使用；
 2.特別地設計來促進貨物由一或多種運送方式的載運，而無須於運送過程中重新裝填貨物；
 3.配備適合簡易操作之裝置，特別是不同運送方式間的轉運；
 4.易於裝填和拆空之設計；
 5.內容積為 1 立方公尺（35.3 立方英尺）或以上。
詳參 International Organization for Standardization, Freight Containers, ISO Standards Handbook, 1992。其他相關重要貨櫃公約有 1972 年國際安全貨櫃公約 (International Convention for Safe Containers, 1972) 和國際海關貨櫃公約 (International Customs Convention on Containers) 讀者可參考之。財政部「海關管理貨櫃辦法」第 2 條定義貨櫃：「本辦法所稱貨櫃，指供進出口貨物或轉口貨物特備之容器，其構造與規格及應有之標誌與號碼，悉依國際貨櫃報關公約之規定。」
❾ 1968 年海牙規則議定書，簡稱威士比規則 (The 1968 Protocol to amend the International Convention for the Unification of Certain Rules of Law Relating to Bills

償人以侵權為訴因請求損害賠償，間接侵害運送人公約法定權利與保護弱勢海上勞動者，將喜馬拉雅條款❷❷法制化❷❸，並同時增訂「一體適用原則」❷❹以為配套❷❺。

　　為解決單位限責計算單位金法郎之通貨膨脹所致的幣值劇烈變動之不當影響，繼海牙威士比規則將英鎊改為金法郎後，於 1979 年再將金法郎變更為特別提款權❷❻之記帳單位❷❼。

---

of Lading, signed at Brussels on 25th August, 1924)。

❷⓿ Art. 4, para. 5(c), Hague-Visby Rules.

❷❶ Art. 3, para. 4, Hague-Visby Rules.

❷❷ 基於英國判例 Adler v. Dickson, The Himalaya [1955] 1 Lloyd's Rep. 315。

❷❸ Art. 4 bis, para. 2, Hague-Visby Rules.

❷❹ Art. 4 bis, para. 1, Hague-Visby Rules.

❷❺ 我國民法學說與實務見解，對於同一行為構成侵權行為與契約債務不履行責任，債權人究竟得以侵權亦或契約請求損害賠償，係採請求權競合說。在民法學說和實務見解之影響下，海商案件貨損債權人為其最佳利益考量，均同時以契約和侵權為請求權基礎，請求損害賠償，已成實務辦案之常態。我國海商法於 1999 年、2000 年增修第 76 條時，未增訂一體適用原則。欠缺此原則，對於海商法第 76 條之解釋與適用範圍有何影響？又如何填補未規範之漏洞？作者已另行為文論證，對此提出解決方案，見：饒瑞正，喜馬拉雅條款與一體適用原則——評臺灣高等法院 92 年度海商上字第 12 號民事判決，月旦裁判時報，2012 年 2 月，頁 57–65。

❷❻ 1969 年由國際貨幣基金會 (International Monetary Fund) 所創置的國際儲備資產 (international reserve asset)，藉以補充黃金儲備或美元儲備制度。現行（2016 年 10 月 1 日後）特別提款權是由美元 41.73%、歐元 30.93%、人民幣 10.92%、日圓 8.33% 和英鎊 8.09% 組成。參見 http://www.imf.org/external/np/sec/pr/2000/pr0087.htm，最後瀏覽日：2017.01.12。

❷❼ 1979 年海牙規則議定書 (The 1979 Protocol to amend the International Convention for the Unification of Certain Rules of Law Relating to Bills of Lading, signed at Brussels on 25th August, 1924)，稱 SDR 議定書 (Special Drawing Right Protocol)。

歷經兩次修訂之海牙威士比規則並未受到全球性之肯定，尤其多數貨方國家認為海牙威士比規則，僅為臨時的權宜之計，而要求重新評估運送人責任以制定兼顧海上貨物運送契約之呼聲日益高漲，遂催生由聯合國貿易暨發展會 (United Nations Conference on Trade and Development, UNCTAD) 制定漢堡規則 ❷❽。

　　基於海運實務作業的變動，海牙威士比規則不再能反映海運實務現況，漢堡規則對此做出因應如下：適用的契約不再侷限於以載貨證券為證的運送契約，回歸到件貨運送契約的本質 ❷❾；運送人責任期間以「港到港」❸❶取代「鉤到鉤」，同時喜馬拉雅條款適用主體不排除獨立的履行輔助人 ❸❶；有條件的肯認甲板貨為正常貨物之儲載 ❸❷；適用於活體動物 ❸❸並規範運送人對活體動物之責任 ❸❹；創設實際運送人的概念 ❸❺而與運送人（締約運送人）並列為責任主體 ❸❻；對於危險貨的特別規定 ❸❼。

---

❷❽ 1978 年聯合國海上貨物運送公約 (United Nations Convention on the Carriage of Goods by Sea, Hamburg, 1978)。

❷❾ Art. 1, para. 6, Hamburg Rules.

❸❶ Art. 4, para. 1 & 2, Hamburg Rules.

❸❶ Art. 7, para. 2, Hamburg Rules.

❸❷ Art. 9; Cf: Hague-Visby Rules, art. 1, para. c；長久以來，甲板運送於英美法均構成運送人違反契約之基礎 (fundamental breach of contract) 或稱其為重大違約，不論違約是否造成貨損，運送人即被剝奪任何契約抗辯和免責權。海運實務解決方式為於運送契約增訂「自由儲載條款 (liberty stowage clause)」，載明運送人有選擇權儲載貨櫃於甲板上，參考 Svensa Traktor v. Maritime Agencies [1953] 2 QB 295。

❸❸ Art. 1, para. 5, Hamburg Rules.

❸❹ Art. 5, para. 5, Hamburg Rules.

❸❺ Art. 1, para. 2, Hamburg Rules.

❸❻ Art. 10, Hamburg Rules.

❸❼ Art. 13, Hamburg Rules.

　　至於貨方國家強烈要求重新評估的運送人責任：規範海牙威士比規則未規範的延遲責任❸；採推定過失責任❹，同時援用英美普通法 (common law) 下之公共運送人運送期間嚴格責任 (strict liability)❹，除非運送人能證明其本人、受僱人或代理人已採取所有合理的必要方法，以避免毀損、滅失與延遲之發生與其結果（亦即是證明無過失），運送人對貨物照管期間之毀損、滅失與延遲即應負責，摒棄英國普通法長久建立而海牙威士比規則援用之運送人適航性義務之機制；將海牙威士比規則賦予運送人之免責事由縮減至無可歸責於運送人之失火❹。這些變革，較能反映開發中國家要求加強對貨方利益之保障。

　　至於單位限責範圍，漢堡規則將海牙威士比規則下運送人對運送物之毀損滅失得限責至每一包裝單位 666.67 SDR 或每公斤 2 SDR❷提高至每一包裝單位 835 SDR 或每公斤 2.5 SDR❸，以高者為準，反映運送物平均價值的提高；至於延遲所致的經濟上損失，海牙威士比規則未規範遲延交付責任，因此自無遲延交付之限責權規定，漢堡規則為運送物運費之 2.5 倍，惟不得超過運送契約之總運費❹，而貨物毀損滅失與延遲所致經濟損失之總和，以貨物全損之單位限責範圍為限❺。

2.鹿特丹規則❻

---

❸ Art. 5, para. 1, 2 & 3, Hamburg Rules.

❹ Art. 5, para. 1, Hamburg Rules.

❹ Art. 4, Hamburg Rules.

❹ Art. 5, para. 4(a) , Hamburg Rules.

❷ Art. 4, para. 5, Hamburg Rules.

❸ Art. 6, para. 1(a), Hamburg Rules.

❹ Art. 6, para. 1(b), Hamburg Rules.

❺ Art. 6, para. 1(c), Hamburg Rules.

❻ 詳參，饒瑞正，國際海上貨物運送人責任的變革與趨勢：從海牙到鹿特丹，臺灣海洋法學報，第 10 卷第 1 期，2011 年 06 月，頁 1–42。

⑴制定背景：美國的倡議

美國為海牙規則締約國，至於海牙威士比規則與漢堡規則，美國均非締約國。美國海商法學會在 1996 年 UNCITRAL 委託 CMI 為研究時，即已完成海上貨物運送法草案，這當然不是偶然，這正是美國以強權之姿介入的結果❹。該草案在 1999 年經參議院二讀後至 2000 年歷經六次修改，隨即在 UNCITRAL 確認制定新的國際公約重整海上運送法次序的政策後，即無疾而終，更驗證美國的立法只是一種對國際社會壓力的政治動作與反映國際政治環境的現實面。美國 1999 年草案對於鹿特丹規則的影響，顯例如批量契約 (volume contract/service contract/tonnage agreement) 的引入、全程或部分海上運送的適用議題、航海過失免責事由的排除、運送人對應負終局責任之人追償的時效規定、合意管轄的規定等均是。美國在 1893 年對於國際海上貨物運送法制的重大變革開了第一槍，在百年之後亦如是。

⑵主要變革

包括適用範圍、運送人責任期間、運送人辨識、運送人義務、免責事由、舉證責任、甲板貨、偏航、活體動物、單位限責權、起訴期間、批量契約、運送契約債權移轉及債務承擔、運送單據及電子運送紀錄、履行輔助人等，請詳參拙著論文。

㈡海上貨物運送契約之定性

海上貨物運送契約 (contract of carriage of goods by sea) 係指運送人收取運費，承諾將貨物自一地經由海運運送至另一地之契約。運送人之主給付義務❹係將當事人合意之運送標的從合意之出發地，透過海路搬運至合意之目的地，將運送標的原物原狀返還予託運人指定之受貨人或運送單據持有人，以此為對價交換託運人之主給付義務支付運費。當事人一方託運

---

❹ D. Thomas, And then there were the Rotterdam Rules, 14 Journal of International Maritime Law, pp. 189–202, 2008.

❹ 漢堡規則第 1 條第 6 項及鹿特丹規則第 1 條第 1 項，對運送契約定義與本文同。

人，通常透過訂艙單 (shipping order) 向運送人為要約之意思表示，運送人給予訂艙單流水號，而為承諾之意思表示，而具雙務、有償、諾成之特質。

(三)運送單據及電子運送紀錄 (transport documents and electronic transport records)

海上貨物運送契約 (contract of carriage of goods by sea)，基於諾成之特質，係依運送單據或電子運送紀錄為證者。運送單據係指運送人依運送契約簽發之單據；電子運送紀錄係指運送人依運送契約，以電子通信方式發出之訊息，包括與電子運送紀錄有邏輯關係之附件上資訊，或其他與電子運送紀錄發出當時或其後關聯之訊息，而成為電子運送紀錄之一部。載貨證券 (bills of lading)，係古老而廣泛使用之海上運送單據，亦透過載貨證券之法律效力而進行國際貿易之貨物買賣或買賣價金之支付。海運實務尚發展出其他類型之運送單據如海上貨運單 (sea waybills) 和電子運送紀錄，容下說明。

1.載貨證券之種類

(1)已裝船載貨證券 (shipped bills of lading)

依海牙威士比規則第 1 條第 b 款、漢堡規則第 1 條第 7 款及鹿特丹規則第 1 條第 14 款、第 18 款，運送單據應涵蓋運送全程，因運送單據是運送人收受貨物之收據與運送契約之證明 (一部)，此為國際海上貨物運送法之基本原則。本法法定運送人責任期間，係裝後、卸前之海上運送期間，亦是舷到舷、鉤到鉤期間，於第一章第五節「海商法適用範圍」已論。因此，本法第 38 條規定貨物裝船後，因託運人之請求，所發給之載貨證券，稱「已裝船載貨證券 (shipped bills of lading)」❹。

(2)備裝船載貨證券 (received for shipment bills of lading)

海運實務之變動，當事人約定運送期間擴展至「港到港」或「收到交」，運送人於裝貨港區或內陸收貨地收受貨物後，即發給載貨證券，以為

---

❹ 同海牙威士比規則第 3 條第 7 項。

運送人收貨之證明，稱「備裝船載貨證券 (received for shipment bills of lading)」，居於押匯銀行並不接受備裝船載貨證券❺⓪，海牙威士比規則第 3 條第 7 項規定，託運人於貨物裝船後，得請運送人於單據上載明船舶名稱及裝船日或返還原單據換取已裝船載貨證券，以便押匯。

⑶多式運送載貨證券 (multi-modal transport bills of lading)

又如運送全程有兩種以上之不同運送模式之多式運送❺❶，運送人發給之運送單據稱「多式運送載貨證券 (multi-modal transport bills of lading)」或「複合運送載貨證券 (combined transport bills of lading)」。

⑷連續運送載貨證券 (through bills of lading)

整個運送全程由數個運送人接續運送完成，而由訂約運送人發給載貨證券涵蓋運送全程❺❷，或貨物於航程中轉口港轉船，而運送人發給之載貨證券仍涵蓋海上運送全程，稱「連續運送載貨證券 (through bills of lading)」或「一貫運送載貨證券」。

⑸承攬運送載貨證券 (house bills of lading or forwarder's bills of lading)

民法第 660 條規定：「稱承攬運送人者，謂以自己之名義，為他人之計算，使運送人運送物品而受報酬為營業之人。承攬運送，除本節有規定外，準用關於行紀之規定」。就外部關係言，承攬運送人係代託運人與運送人訂定契約之代理人。如承攬運送人自為運送、收取運費（非代收代付）或發給自己名義運送單據，則擬制視為運送人，權利義務與運送人同，民法第 663 條和第 664 條訂有明文。即從承攬運送人之身分轉換、擬制為運送人，類如美國之無船公共運送人 (Non-Vessel Operating Common Carrier, NVOCC)。從承攬運送人擬制為一般運送人關係，在國際承攬運送人協會 (International Federation of Freight Forwarders Associations, FIATA) 所制定

---

❺⓪ UCP 600, arts. 19–27.

❺❶ 海商法第 75 條。

❺❷ 海商法第 74 條。

的提單條款均有所規定❸，以重申國際承攬運送商業習慣。因此，如以單式海上模式履行運送，則視為海上運送人，權利義務與單式海上貨物運送人相同，應適用海商法貨物運送規定；如以單式航空模式履行運送，則視為航空運送人，應適用民用航空法相關規定；如以包含海運之多式模式履行運送，則應依現行法第 75 條決定法律適用。承攬運送人所發給之載貨證券稱承攬運送載貨證券 (house bills of lading or forwarder's bills of lading)。承攬運送人以自己為託運人身分向運送人訂定契約而獲運送人發給之載貨證券則相對稱之為「主提單或主載貨證券 (master bills of lading)」。

2. 海運單 (sea waybills)、大副清單 (Mate's receipt) 及提貨單 (ship's delivery order) 等運送單據

如託運人並不需利用得移轉之載貨證券之效力，以為單據買賣或押匯，而要求運送人發給不得移轉之運送單據，海運實務作成海運單 (sea waybills)，如同空運單 (air waybills)，僅為運送人收受貨物之收據及運送契約之證明，而不具任何權利證券性質之債權效力、物權效力，因此受貨人不需出示、返還海運單，只要證明身分即可提貨❹。

大副 (chief officer) 為商船航海部門高級船員之一，職位僅次於船長，又稱之為副船長。大副職責，除每日 4 至 8 時於駕駛臺航行當值，尚須於停靠港期間監督貨物裝、卸船。大副清單係貨物順利裝船後，大副發給託運人之收貨單據，以作為載貨證券發給前之臨時措施，其並非權利證券。

運送人為保全其運費及其他費用得受清償之必要，按其比例，對於運送物，有留置權❺。因此，貨物運抵卸貨港倉庫或櫃場後，載貨證券持有人或受貨人向運送人出示並返還載貨證券，運送人遂發給提貨單（這個程序俗稱「換單」），其上記載受貨人名稱及尚未清償之運費及相關費用，藉

---

❸ FIATA Negitable Multi-modal transport Bills of Lading, cl. 2.1.

❹ CMI Uniform Rules for Sea Waybills 1990, rule 7.

❺ 民法第 647 條第 1 項。

以指示櫃場或倉庫於受貨人清償費用後，交付貨物給其上記載之人。提貨單又俗稱「小提單」，其並非權利證券，受貨人不需出示、返還提貨單，只要證明身分即可提貨。

3.電子運送紀錄

電子運送紀錄，指運送人依運送契約，以電子通信方式發出之訊息，包括與電子運送紀錄有邏輯關係之附件上資訊，或其他與電子運送紀錄發出當時或其後關聯之訊息，而成為電子運送紀錄之一部，為運送人已依運送契約收受貨物之收據，且為運送契約之證明或運送契約之一部分❺❻。無紙化運送單據，係國際趨勢。根據波羅地交易所 (BALTIC Exchange)❺❼統計，截至 2015 年第一季，全球 44% 油輪船隊、18% 散裝貨輪船隊及 22% 固定航線貨輪船隊使用電子運送紀錄,而全球有 65 個國家已上線使用或在測試電子運送紀錄。International Group of P&I，代表承保全球 93% 船噸的 13 個 P&I Club、承保 Freight Forwarder 的 TT Club 以及承保船務代理和第三方驗船師、保險公證人的 ITIC (The International Transport Intermediaries Club) 等，均已將電子運送紀錄的三大系統 BOLERO、CargoDocs 和 e-SYSTEM 納入承保。鹿特丹規則，已將電子運送紀錄納入規範，又如日本使用逐增並已推動相關立法，日本法務省於平成 26 年（2014 年）籌組法制審議會商法部會，即將電子運送紀錄，作為未來商法修正時，必須新增之法律規範，我國亦宜與時俱進，不應只考量我國本土市場，於案件以我國法為準據法或應適用我國法之情形，我國海商法如欠缺電子運送紀錄之規範，我國法即無法處理。

得轉讓之電子運送紀錄，僅作成之方式與紙本載貨證券不同，其移轉方式、債權效力、物權效力、貨物之交付等，係以實體之運送單據為類比。

---

❺❻ 鹿特丹規則第 1 條第 18 項。

❺❼ http://thebalticbriefing.com/2015/03/04/electronic-bills-of-lading-why-its-different-this-time/，最後瀏覽日：2017.01.10。

因此，應得類推載貨證券移轉方式、債權效力、物權效力、貨物之交付等明文規定，解決電子運送紀錄實體法律地位，至於防阻電子犯罪 (eCrime)、電子失能 (eFailure) 程序規定、安全 (security) 規定等適用我國電子簽章法。

4.載貨證券、運送單據債權效力❸

⑴貨物運送契約之證明與運送人收貨之收據

運送契約與其他債權契約相同，係遵循不要式法律行為原則，除法律明文規定或當事人約定外，運送契約原則上係不要式契約，只要當事人意思表示一致契約即成立，屬諾成契約。在我國運送法制體系下，不論運送方式為海上、航空、公路、鐵路單式運送或多式運送，亦不論運送標的係貨物或為旅客運送，除傭船契約係屬書面要式契約外❺❾，均為諾成契約。惟目前國際傭船習慣，並不以作成書面為必要。

海運貨運實務，託運人藉由託運單 (shipping order) 申報貨物之名稱、數量、包裝之種類、個數及標誌等明細❻⓿，貨物於裝船❻❶或為運送人收受後❻❷，運送人將此內容記載於載貨證券❻❸並發給予託運人❻❹，以作為運送人收受貨物之收據與運送契約之證明❻❺。最高法院 64 年度臺抗字第 239 號判例及 67 年 4 月 25 日最高法院第四次民事庭庭推總會決議之見解，認為

---

❺❽ 饒瑞正，載貨證券於鹿特丹規則下之效力弱化與減損，收錄於法學的實踐與創新，承法數位文化有限公司，2013 年 9 月，頁 609–632。

❺❾ 海商法第 39 條。

❻⓿ 海商法第 55 條第 1 項。

❻❶ 海商法第 53 條裝船載貨證券 (shipped bills of lading)，為鉤到鉤、舷到舷海上運送期間之彰顯。

❻❷ 備裝載貨證券 (received for shipment bills of lading)。

❻❸ 海商法第 54 條第 1 項第 3 款。

❻❹ 海商法第 53 條。

❻❺ 海商法第 54 條第 3 項；see also Hague-Visby Rules, art. 3, para. 4; Hamburg Rules, art. 1, para. 7; Rotterdam Rules, art. 1, para. 14, sub-para. a.

載貨證券背面仲裁條款，僅是運送人單方面之意思表示，並不構成運送契約之一部。最高法院 2017 年 5 月 16 日，106 年度第 8 次民事庭會議決定不再援用，其依據為仲裁法已修正❻。惟本書基於以下分析，認為海商法自前次 1999 年修法，即是肯定運送單據背面條款之效力。依海商法第 61 條載貨證券不公平條款之控制、第 78 條第 2 項載貨證券仲裁條款之效力、涉外民事法律適用法第 43 條第 1 項載貨證券準據法之規定等觀之，均肯定載貨證券背面條款之效力。鹿特丹規則❻、漢堡規則❻對於運送契約下發給之運送單據或載貨證券，亦認為內含運送契約或證明運送契約之存在，並未否定背面條款之效力。此外，鹿特丹規則亦肯定載貨證券背面條款之效力，一旦載貨證券持有人行使運送契約下之權利，即應承擔依附於運送單據或電子運送紀錄之運送契約責任❻，而受到載貨證券背面條款之拘束。

因此，不論載貨證券正面法定❼或約定應記載事項，亦或其背面條款，

---

❻ 公布日期：106 年 6 月 16 日

發文字號：台資字第 1060000491 號

主旨：最高法院民國 106 年 5 月 16 日，106 年度第 8 次民事庭會議決定不再援用民事判例 1 則

依據：本院判例選編及變更實施要點第 6 點規定不再援用民事判例 1 則：64 年臺抗字第 239 號判例要旨商務仲裁條例第 3 條雖明定：「仲裁契約如一造不遵守而另行提起訴訟時，他造得據以請求法院駁回原告之訴」，惟必須先以書面依商務仲裁條例訂立仲裁契約由當事人簽名，始為相當，否則不生效力。載貨證券係由運送人或船長簽名之證券，難謂係當事人雙方簽訂書面之商務仲裁契約，自無依該證券之記載而主張適用商務仲裁條例第 3 條之餘地。相關法條：仲裁法第 1 條、第 4 條（修正前：商務仲裁條例第 1 條、第 3 條）。不再援用理由：仲裁法已修正。

❻ Rotterdam Rules, art. 1, para. 14, sub-para. b.

❻ Hamburg Rules, art. 1, para. 7.

❻ Rotterdam Rules, art. 58, paras. 1 and 2.

❼ 海商法第 54 條第 1 項；Hague-Visby Rules, art. 3, para. 3; Hamburg Rules, art. 15, para. 1; Rotterdam Rules, art. 36.

均僅為運送契約之證明，在託運人與運送人等契約當事人間僅具推定證據力之效果。有價證券者，謂權利之發生應作成證券，權利的移轉應移轉證券，權利的行使應出示證券並返還證券。載貨證券係以運送契約之存在為前提，僅為運送契約之證明，是以載貨證券不可獨立於運送契約而存在，並非設權證券，是謂不完全有價證券。

(2)運送契約債權移轉和債務承擔

民法第 642 條規定提單持有人得以行使對運送人之貨物指示權，諸如中止運送、返還運送物或為其他之處置如變更受貨人，貨物之指示權係從屬於運送契約債權，係因運送契約而生，可見持有人於受讓載貨證券後❼，受讓運送契約債權。如未發給載貨證券或發給不得背書移轉之載貨證券或海上貨運單 (seaway bill)，受貨人受領貨物後，取得運送契約債權❼。基於民法第 642 條橋接，載貨證券持有人或受貨人，對於貨物之毀損、滅失或遲延交付，得以運送契約為訴因或請求權基礎，起訴運送人請求損害賠償。

海牙、海牙威士比規則、漢堡規則未規範運送契約債權移轉或債務承擔議題，而此為締約國內國法之適用空間。例如海牙威士比規則締約國英國，於其 1992 年海上貨物運送法 (Carriage of Goods by Sea Act 1992, COGSA 1992) 第 2 條第 1 項規定，載貨證券持有人、海運單和提貨單 (delivery order，小提單) 之受貨人，受讓運送契約之訴權 (right of suit)。同法第 3 條第 1 項亦規定，此等人自運送人受領貨物、向運送人請求交付貨物或依運送契約向運送人請求損害賠償，而受讓運送契約之債務，惟不影響原契約當事人之責任❼，係併存之債務承擔。

基於對運送標的貨物有利益之人，應對運送人具有貨物指示權或與運送人變更契約之正當地位，例如於運送航程中購買貨物之買受人，而且考

---

❼ 依海商法第 5 條適用民法第 642 條，或類推適用民法第 642 條。

❼ 民法第 644 條。

❼ COGSA 1992, s. 3, sub-s. 3.

量運送人必須明瞭何人對其具有指示權，鹿特丹規則提出運送契約控制權 (right of control)、控制權人 (controlling party)、控制權移轉之制度❼。控制權，謂運送契約下給予運送人關係貨物之指示權❼，包括未涉及變更契約（意指不需運送人同意）與貨物有關之指示或修改指示之權利、貨物受領權利、變更受貨人權利❼等運送契約債權。與貨物有關之指示或修改指示之權利，意指給予關於運送人履行對貨物照管或保存義務之指示，例如於指示運送人貨物應保存於一定溫度或濕度。此外，控制權人為唯一有權與運送人協議變更契約之人❼，至於控制權人是否因此成為契約當事人，如應履行支付運費之主給付義務，有待締約國內國法決之❼。

具有與運送人變更指示之權利貨物受領權利、變更受貨人權利則涉及運送契約之變更，係屬運送物之處置權，在貨物買受人未清償或給付買賣價金時，指示運送人將貨物交付予其他人、自己或中止運送，或於其他買賣糾紛之情形，指示運送人於其他港口或目的地交付貨物，以防阻買受人於原卸貨港聲請強制執行扣押貨物之風險。原則上契約當事人地位之託運人為控制權人❼而託運人於契約締結時得指定其他第三人為控制權人如受貨人、單據託運人❽（名義託運人，documentary shipper）等。控制權人得

---

❼ Rotterdam Rules, art. 1, paras. 12, 13 and chapter 10.

❼ Rotterdam Rules, art. 1, para. 12.

❼ Rotterdam Rules, art. 50, para. 1.

❼ Rotterdam Rules, art. 54, para. 1.

❼ G. J. van der Ziel, Delivery of the Goods, Rights of the Controlling Party and Transfer of Rights, The Journal of International Maritime Law 14 (2008): 597–607, at p. 603.

❼ Rotterdam Rules, art. 51, para. 1, sub-para. a.

❽ 除託運人外，同意載明其名稱於運送單據或電子運送紀錄為託運人之人，Rotterdam Rules, art. 1, para. 9. 如國際買賣於 FOB 貿易條件下，雖由買受人締結運送契約，但是通常列名出賣人為載貨證券之託運人（名義託運人），以便於裝貨港代實質託運人（買受人）向運送人請求發起載貨證券，此為英美法「隱名代理」

以移轉控制權予他人，而於通知運送人後發生移轉之效力❽。如運送單據為不得背書移轉而又需返還予運送人者，例如直交載貨證券（straight bills of lading，或海運實務稱直交提單），託運人得藉由交付全部直交載貨證券正本予列名其上之受貨人，以移轉控制權。如係得背書移轉之運送單據❷或電子運送紀錄❸，例如未註明不得背書移轉之紙本或電子載貨證券，則載貨證券持有人為控制權人，並得透過移轉載貨證券或電子運送紀錄來移轉控制權❹。

　　鹿特丹規則在運送法工作小組之審議過程，曾經提到依載貨證券而提供融資者的法律地位，如押匯銀行、開狀銀行等，而認為押匯銀行、開狀銀行於受讓載貨證券之情形，居於國際貿易習慣係「動產質權設定」❺，就債權效力言，係受讓運送契約之債權，與其他買受人、受貨人之地位相同❻。因此，就移轉載貨證券予融資者，並無「證券債權質權設定」之效果❼。是故，載貨證券雖係債權證券，就債權效力言，移轉載貨證券，僅係移轉運送契約之債權，不論受讓人身分係買受人、受貨人或提供融資之銀行。

　　債務承擔，可以區分為法定❽及約定債務承擔❾。另可區分為，免責

概念。

❽ Rotterdam Rules, art. 51, para. 1, sub-para. b 相當我國民法第 297 條第 1 項債權讓與對債務人之通知。

❷ Rotterdam Rules, art. 51, para. 3.

❸ Rotterdam Rules, art. 51, para. 4.

❹ Rotterdam Rules, art. 57.

❺ 詳見以下「載貨證券之物權效力」。

❻ UN DOC. No. a/56/17, 2001.

❼ 就我國法言，即為不適用民法權利質權之規定。

❽ 民法第 305 條及第 306 條；公司法第 315 條以下。

❾ 民法第 300 條及第 301 條。

的債務承擔及併存的債務承擔，前者於契約生效後，原債務人脫離債務關係，即民法第 300 條所規定之情形，後者為第三人加入債務關係與原債務人併負同一之債務，而原債務人並未脫離債務關係。運送契約債務承擔現行法未規定。本法第 55 條第 2 項違反擔保義務之損害賠償責任，仍由託運人負責，除第三人約定承擔債務外，運送人不得以之對抗第三人。鹿特丹規則第 58 條第 2 項及第 3 項，參考英國 1992 年海上貨物運送法，訂定運送契約債務承擔之規定：依公約受讓運送契約債權者，除請求替換運送單據或電子運送紀錄或藉此移轉運送契約債權外，倘有行使其他運送契約權利者，應承擔運送契約規定之任何責任，但此責任以載明於運送單據、電子運送紀錄，或得自其確認者為限。此稱債務承擔係免責的債務承擔，運送單據持有人並未僅因受讓運送單據而應承擔契約債務，惟除要求置換運送單據、電子運送紀錄或藉此憑證移轉運送契約債權外，一旦行使運送契約下之權利，即應承擔依附於運送單據或電子運送紀錄之運送契約責任，而受到運送單據或電子運送紀錄其上條款之拘束，亦是肯定載貨證券背面條款為運送契約之一部。受貨人或運送單據持有人一旦行使運送契約債權，如請求運送人返還運送物，即應承擔契約債務，使運送人得以對抗具貨物所有權資產之受貨人。

(3)文義證據力

　　海上貨物運送於 1960 年代初期產生重大之貨櫃化運送 (containerization) 變革，而促進國際貿易大量透過貨櫃運送的方式來進行。因此為便利載貨證券之流通，而於 1968 年修正海牙規則（稱威士比規則）❾⓿，增訂載貨證券文義效力規定❾①。載貨證券上之法定應記載事項，

---

❾⓿ 1968 年海牙規則議定書 (The 1968 Protocol to amend the International Convention for the Unification of Certain Rules of Law Relating to Bills of Lading, signed at Brussels on 25th August, 1924)。

❾① Hague-Visby Rules, art. 3, para. 4.

包括貨物件數、重量、外表情狀等貨物之描述，運送人收受如是貨物之表面證據，在託運人與運送人間僅具推定證據力，惟載貨證券一旦移轉於善意第三人，此貨物描述即在運送人與持有人間具不可推翻之終局證據力，以茲對應持有人對載貨證券貨物描述之信賴利益保護，因為載貨證券受讓人，信賴此貨物描述為真而受讓之，例如押匯銀行接受出賣人設定質權而代開狀銀行給付價金履行擔保承諾、買受人給付買賣價金自開狀銀行贖單、透過單據買賣之買受人買受載貨證券等，藉此保護交易之安全。漢堡規則[92]、鹿特丹規則[93]亦採相當規定，惟鹿特丹規則下此文義證據力，僅對運送人單方面拘束，載貨證券持有人得舉證推翻，進一步保障持有人之信賴利益，益增載貨證券流通性。

　　我國民法第 627 條[94]亦規定載貨證券於填發後，運送人與載貨證券持有人間，關於運送事項，依其載貨證券之記載，亦即運送人對於依海商法第 54 條第 1 項載貨證券應記載事項，特別是第 3 款貨物名稱、件數、重量、標誌之描述 (description of cargo)，對持有人負文義責任，需於卸貨港按載貨證券所載貨物之描述原物返還之，而不得以任何證據推翻此貨物描述。

5.載貨證券等運送單據之物權效力[95]

(1)持有得移轉之載貨證券視為占有貨物

　　國際海上貨物運送公約，對於載貨證券之物權效力，因其為物權法上議題，而公約係規範契約法（債法），無論海牙、海牙威士比規則、漢堡規

---

[92] Hamburg Rules, art. 16, para. 3.

[93] Rotterdam Rules, art. 41.

[94] 海商法第 60 條第 1 項。

[95] 饒瑞正，載貨證券物權效力──絕對性效力 vs. 相對性效力，臺灣法學雜誌，第 226 期，2013 年 06 月，頁 142-147；饒瑞正，載貨證券物權效力，月旦法學教室，第 159 期，2016 年 1 月，頁 33-35。

則或鹿特丹規則，均未規範，而是依締約國內國法規範之空間。

18世紀載貨證券隨著郵輪遞送郵件之卸貨港之速度，遠比承運貨物之貨船要來得快，往往有載貨證券寄達卸貨港買受人而貨物尚未到達之情形，為便利買受人於海程期間及早處分貨物，因此衍生不成文之國際貿易商業習慣，持有載貨證券為占有貨物之象徵 (symbolic possession)，移轉載貨證券視為移轉證券所載貨物之占有 (construction possession of the cargo) ❾❻，而得以移轉載貨證券所表彰之貨物財產權 ❾❼。惟移轉載貨證券並非當然移轉貨物之所有權，應視當事人之主觀意思而定 ❾❽。貨物於海程中，即可透過載貨證券之移轉或買賣而為貨物之買賣（單據買賣），出賣人藉此履行交付貨物並移轉貨物所有權之義務，或得以之設定動產質權向銀行質押借款 ❾❾。因此，載貨證券得以作為出賣人對於買受人支付價金之擔保，僅於買受人支付價金時移轉載貨證券（同時履行之抗辯），若買受人未支付價金，出賣人即得轉賣貨物於其他人，是故於買受人無資力或破產之情形，因出賣人留置載貨證券，貨物因而並不構成買受人資產之一部。又如載貨證券可作為開狀銀行之擔保，若買受人未支付信用狀款而贖單，開狀銀行得以居於質權人之地位拍賣質物或受讓所有權救濟之。

據中央銀行外匯局統計資訊，臺灣出口結匯以信用狀押匯付款比例逐年降低，近年來均低於10%，如2017年8月僅占出口外匯總額8.0%，而以匯款比率最高占91.0%，銀行託收為1%，顯見信用狀之付款模式已非國際貿易出口外匯之主流，大幅降低信用狀交易於國際貿易支付方式之影響力。

---

❾❻ Liekbarrow v. Mason (1793) 2 H.B. 1.

❾❼ Benjamin, Sale of Goods, 6th edition, Sweet & Maxwell, 2002, para. 18–005.

❾❽ Cahn v. Pockett's Bristol Channel Steam Packet Co., Ltd [1899] 1 Q.B. 643.

❾❾ Lloyd's Bank v. Bank of America National Trust and Saving Association [1938] 2 K.B. 147.

⑵絕對性效力與相對性效力之對抗與拉扯

　　我國民法第 618 條規定，倉單所載貨物之所有權，得經由倉單持有人之背書移轉並經倉庫營業人簽名，而發生貨物所有權移轉之效力⑩，文義甚明。惟按民法第 629 條⑪，交付載貨證券於有受領物品權利之人時，其交付就物品所有權移轉之關係，與物品之交付有同一之效力。我國學說與實務，對於交付載貨證券其效力究竟是移轉所表彰貨物的所有權或僅是交付貨物（移轉占有），繼而衍生是否必須踐行民法動產物權讓與之方式而以運送人占有貨物為前提之爭議，容有三說⑫：

A.嚴正相對性：認為運送人為直接占有，載貨證券持有人乃屬間接占有，載貨證券僅表彰抽象之間接占有權利，故運送物所有權之移轉，除交付載貨證券外，仍須符合民法第 761 條第 3 項所定動產讓與之規定，載貨證券始具物權效力。

B.單純相對性⑬：本說認為載貨證券物權效力之發生，以運送人直接或間接占有運送物為前提要件，但對於運送物之處分，除移轉載貨證券外，並不需符合民法第 761 條第 3 項「讓與動產物權，如其動產由第三人占有時，讓與人得以對於第三人之返還請求權，讓與於受讓人，以代交付。」所定動產讓與所規定物權變動之要件，間接占有亦構成合法之移轉；但如運送物於運送途中不在運送人直接占有時，如運送物遺失或被盜，則縱使移轉載貨證券於他人，亦不發生物權移轉之效力，僅發生損害賠償債權之讓與。最高法院 76 年臺上字第 771 號判例、最高法院 93 年臺上字第 1896 號判決肯定此說。

---

⑩ 最高法院 51 年臺上字第 3197 號判決。

⑪ 海商法第 60 條第 1 項準用之。

⑫ 張特生，有關載貨證券物權效力問題，法學叢刊，1988 年 4 月，頁 1–5。

⑬ 梁宇賢，海商法精義，2007 年修訂版，頁 177–179；張新平，海商法，二版，2005 年，頁 257–260；劉宗榮，新海商法，2007 年，頁 272。

C.絕對性❿：認為交付載貨證券於有受領物品權利之人，其交付發生物權移轉之效力，貨物是否在運送人占有中，並非所問；故縱運送人喪失對貨物之占有，交付載貨證券於有受領權利之人時，與貨物之交付仍有同一之效力而移轉貨物所有權。

從上所揭，載貨證券之物權效力源自國際貿易習慣，持有載貨證券，視為占有貨物，移轉載貨證券視為移轉貨物之占有，至於發生何等之物權效力，應視當事人之主觀意思而定。同時，載貨證券為使用於國際貿易之單據，在此國際貿易習慣下，即可藉由移轉載貨證券來達到所表彰物權之移轉，載貨證券取代貨物而為貨物之表徵，占有載貨證券視為占有貨物，證券本身即證明持有人有權向運送人請求回復占有，並無需以民法第761條第3項所定動產讓與之占有規定來補充或踐行之，否則豈非否定載貨證券存在國際貿易之物權效力功能？否定藉此衍生之單據買賣（買賣載貨證券）國貿實務與其效力？而自外於國際主流價值？因此，民法第629條，係民法第761條第3項之特別規定。國際貿易出賣人有交付貨物並移轉貨物所有權予買受人之義務❺，買受人給付價金而有受領貨物之義務❻和受讓買賣標的所有權之權利。同時，買受人為國際貿易貨物買賣之終端，出賣人於買受人支付買賣價金後移轉載貨證券予買受人，當事人主觀意思當為藉由移轉載貨證券來移轉貨物所有權,履行買賣契約之義務和行使權利；而如係開狀銀行於買受人支付信用狀款後（贖單），移轉載貨證券予買受人，即僅係移轉貨物之占有而返還質物於所有權人（買受人）❼。因此民

---

❿ 張特生，海商法實務問題專論，1998年；楊仁壽，最新海商法論，2000年修訂版，頁397。

❺ 民法第348條第1項；United Nations Convention on Contracts for the International Sale of Goods, Vienna, 1980, hereinafter termed as CISG; CISG, art. 30.

❻ CISG, arts. 53 & 60.

❼ 民法第896條。

法第629條所稱「有受領物品權利之人」即為指向買受人或受貨人，本條文僅規範「主觀意思為所有權移轉」之情形，至於其他情形如出賣人持載貨證券移轉於押匯銀行而移轉表彰貨物占有之載貨證券而「設定動產質權」之情形，並未在民法第629條之適用範圍內，係民法第629條漏未規範。

至於載貨證券之物權效力，是否以運送人占有貨物為前提？運送物遺失或被盜，運送物不在運送人占有下或占有無可回復，移轉載貨證券於他人，是否發生物權移轉之效力？託運人交託貨物予運送人而移轉貨物之占有，運送人為「直接占有人」，託運人居於運送契約債權人之地位而得指示運送人返還運送物或其指定之第三人，而為「間接占有人」。運送人發給載貨證券於託運人後，託運人為載貨證券持有人，間接占有之事實已為載貨證券之「象徵占有、擬制占有」所取代，因此託運人得以移轉載貨證券，使其發生進一步之物權效力而促成買賣契約下所有權之移轉、單據買賣或融資。載貨證券受讓人得以居此間接占有或基於受讓載貨證券運送契約債權而請求運送人返還貨物之占有或交付運送物(108)。貨物毀損或滅失（如被偷、被盜），無疑，載貨證券持有人自得以受讓運送契約債權之債權人地位向運送人請求損害賠償。物權具有對世性，是故動產物權之移轉需透過交付動產或移轉動產之占有，使其具有明顯之權利外觀，以保障交易之安全。於國際貿易，買賣標的物權之移轉係透過載貨證券之擬制占有來進行，因而權利之外觀係持有載貨證券之事實，買受人、受貨人、融資銀行等，將其信賴投射在載貨證券持有人占有載貨證券之事實，而願意受讓載貨證券進行商業交易，因此對載貨證券受讓人信賴利益必須善加保護，除衍生出載貨證券文義效力外（詳如上揭），若載貨證券之物權效力必須以運送人占有貨物為前提，則完全無視載貨證券受讓人之信賴利益保護，更遑論交易安全之維持。運送人無論在我國法或國際公約下，並無貨損即時通知義務，託運人、受讓運送契約債權之載貨證券持有人於移轉或受讓載貨證券時，

(108) 海商法第58條；民法第630條。

無從判斷或得知運送物是否仍在運送人直接占有中，第三人僅能觀察移轉人是否持有載貨證券之事實，而愈加信賴此一事實。此外，載貨證券持有人對於運送人是否占有貨物，居於資訊取得之不易或劣勢，必須耗費相當之調查成本，而這個成本必須反映在交易價格中，進而墊高交易價格而反映在下一層買賣契約之對價，如此循環之結果，成本最終為由終端之消費性買受人負擔，對消費者益發不利。是故，若要求載貨證券之物權效力，必須以運送人占有貨物為前提，整體買賣鏈下之額外成本耗費，勢必非常可觀。反之，直接藉由持有載貨證券之外觀即得發生物權移轉之效力成本較低，才符合經濟學上之效益原則。同樣之情形亦發生在載貨證券之文義效力，若缺少文義效力之功能，必須由買受人調查載貨證券其上所述貨物種類、品名、性質、數量、重量、標誌之真實性，徒增額外成本，賦予載貨證券文義效力，實為符合效率原則之舉。載貨證券之擬制占有，應具相同之思考方向。

因此，載貨證券之物權效力，無需以運送人占有貨物為前提，以回歸載貨證券「視為占有、象徵占有」之貨物表徵在於促進載貨證券流通之本質，以及強化對載貨證券持有人信賴利益之保護。當然，如載貨證券受讓人知情貨物被偷、被盜而不在運送人直接占有下而受讓載貨證券，並無信賴利益保護可言，而不發生物權移轉之效力。惟運送人需擔負貨物被偷、盜而喪失占有、其他失去占有或與占有分離之風險，因為一旦載貨證券持有人出示載貨證券而運送人無法依此交付貨物，持有人即得以運送契約債權人之地位，主張運送契約債務不履行，請求運送人損害賠償。

6.運送物之交付與載貨證券等運送單據之繳回

⑴載貨證券持有人之區辨及移轉方式

載貨證券得以區分為流通載貨證券 (negotiable) 和非流通載貨證券 (non-negotiable)。國際貿易，以流通載貨證券為常態。流通者，得依背書或交付轉讓，如指示式載貨證券受貨人欄填寫待託運人 (to order/to the order of the shipper) 或特定人指示 (to the order of the consignee or specified person)，則有待指示者託運人、受貨人或特定人背書移轉載貨證券，則持有人得為託運人、受貨人、該特定人或被背書人。如為空白背書或不記名載貨證券 (bearer form)，經交付載貨證券即生移轉之效力，持有人為該受讓載貨證券者。非流通者，如載貨證券上有禁止或轉讓之限制記載。記名式載貨證券 (nominative bill of lading)，係於受貨人欄記載特定人名稱，除有禁止背書之記載外，依民法第 628 條，仍得以背書方式移轉；而於英美法下，記名載貨證券係不得背書移轉，因此又稱為直交載貨證券 (straight bill of lading)；直交載貨證券，因不具流通性，載貨證券持有人之概念與不可流通之載貨證券無關。因此如同海運單 (sea waybills) 被英美普通法定性為非權利證券 (not a document of title)[109]，除直交載貨證券上明示應繳回外[110]，無須繳回運送人。記名載貨證券，依本法第 61 條，準用民法第 628 條，仍得以背書方式移轉，而具流通性，係與國際貿易商業習慣牴觸。

(2)繳回載貨證券之必要性

　　載貨證券之繳回，具有保護載貨證券持有人和運送人之雙重功能。一則保護持有人受領貨物之權利，運送人僅能憑藉收回載貨證券而交付貨物予持有人，而持有人得以自證券得知自己是否為有權受領貨物；二則一旦運送人於合意之卸貨港交付貨物予持有人，運送契約期間即結束，契約目的已達成，而無需再履行契約上之任何義務。

　　運送人為履行交付貨物之義務，居於載貨證券之流通性，僅能藉由辨識何人為載貨證券之持有人，來確認具有受領貨物之權利人，因此持有人向運送人請求交付貨物，行使配屬於運送契約債權之運送物返還請求權，或居於物權效力，向占有貨物之運送人（占有人），請求返還所有物或回復占有，必須出示並繳回載貨證券[111]。不可流通之載貨證券，受領貨物之權

---

[109] Kum v. Wah Tat Bank Ltd [1971] 1 Lloyd's Rep. 439.

[110] The Rafaela S. [2005] 1 Lloyd's Rep. 347.

121

利人（受貨人）自作成載貨證券起，自始確定，受貨人僅需向運送人證明身分，即可受領貨物而無須繳回載貨證券。

英國法下，載貨證券繳回之必要與否，係普通法之規範。如運送人發給可流通之載貨證券，運送人應憑藉該等載貨證券交付貨物❶，除非無單放貨為特定貨載之商業習慣❶、運送契約或載貨證券明示不需出示、繳回載貨證券❶，否則即是違約。直交載貨證券，如同海上貨運單 (seaway bill) 被普通法定性為非權利證券 (not a document of title)❶，除其上明示應繳回外❶，無須繳回運送人。

(3)載貨證券等運送單據之流通性及交付貨物之憑藉

A.流通性

記名載貨證券 (named bills of lading)，在有些國家如我國、荷蘭（當地稱 recta bills of lading）具有流通性，而仍得以背書移轉而需繳回，於北歐國家不具有流通性但需繳回❶，於英、美稱直交載貨證券 (straight bill of lading)，不具流通性亦無須繳回。因此記名載貨證券在各法域下，具有流通與不流通之混合性質或產生區辨流通與否之困難與灰色地帶，國際同化運動在鹿特丹規則草擬與審議的過程遭遇阻礙與挫折。最後，運送單據和電子運送紀錄在鹿特丹規則下雖區分為流通與不流通兩類❶，公約仍將記名載貨證券定性為不可流通之運送單據❶，但於貨物交付或控制權移轉之

---

❶ 海商法第 58 條；民法第 630 條；最高法院 67 年臺上字第 1129 號判例。

❶ Sze Hai Tong v. Rambler Cycle [1959] A.C. 576.

❶ The Sagona [1984] 1 Lloyd's Rep. 144.

❶ Chilewich Partners v. MV Alligator Fortune [1994] 2 Lloyd's Rep. 314.

❶ Kum v. Wah Tat Bank Ltd [1971] 1 Lloyd's Rep. 439.

❶ The Rafaela S. [2005] 1 Lloyd's Rep. 347.

❶ UN DOC no. A/CN.9/WG.III/WP.68, 2006；此當地之商業習慣，惟如前揭主文理由，並無法律上的必要性。

❶ Rotterdam Rules, art. 1, paras. 15, 16, 19 and 20.

議題採取彈性做法，而有「不可流通運送單據載明應繳回單據」情形下，貨物交付⑫與控制權移轉規定⑫之折衷做法。因此記名載貨證券於做成時，運送人如需收回藉以交付貨物，即應於運送單據載明。不可流通之運送單據下，控制權人為託運人或由託運人指定，控制權之移轉於控制權人通知運送人後生效，而於行使控制權時應證明身分⑫。不可流通運送單據但載明應繳回單據者，控制權人為託運人，得以不經背書而藉由交付單據予受貨人來移轉控制權，而於行使控制權時應一併出示單據和證明身分⑫。可流通之運送單據下，單據持有人為控制權人，得以背書移轉控制權，而於行使控制權時應出示此流通運送單據並證明身分，如為空白背書或不記名單據，則僅需出示單據⑫。控制權人取得控制權後即可行使包括請求交付貨物之控制權⑫。因此，運送人發給之運送單據和電子運送紀錄屬不可流通者和不可流通但載明應繳回單據者，運送人交付貨物之對象均係受貨人⑫。如係發給可流通之運送單據或紀錄，則運送人應交付貨物予單據持有人⑫。

B.憑券交貨

　　海牙、海牙威士比規則對於貨物之交付或依載貨證券請求運送人交付貨物之方式，雖均未規定，係交由締約國內國法規範之，惟對於運送契約

---

⑲ 記名運送單據，並未在可流通單據之定義範圍內，see Rotterdam Rules, art. 1, paras. 15 and 19。

⑳ Rotterdam Rules, art. 46.

㉑ Rotterdam Rules, art. 51, para. 2, sub-para. a.

㉒ Rotterdam Rules, art. 51, para. 1.

㉓ Rotterdam Rules, art. 51, para. 2.

㉔ Rotterdam Rules, art. 51, para. 3.

㉕ Rotterdam Rules, art. 50, para. 1, sub-para. b.

㉖ Rotterdam Rules, arts. 45 and 46.

㉗ Rotterdam Rules, art. 47.

之定義，將載貨證券與權利證券並列 (a bill of lading or any similar document of title)，亦是將載貨證券定性為權利證券❿，持有人請求運送人交付貨物，自應依據有價證券之性質，出示並返還予運送人。漢堡規則如海牙、海牙威士比規則般，雖亦未專注於貨物之交付議題，於定義載貨證券之條文內，規定載貨證券係運送人依其返還而交付貨物之單據❿(deliver the goods against surrender of the document)，認為運送人於發給載貨證券作為運送單據之情形，交付貨物應繳回載貨證券，肯定載貨證券具有價證券繳回性之特質。英國為海牙威士比規則締約國，其判例法認為，基於載貨證券作為權利證券之性質，除非繳回載貨證券正本，運送人有權拒絕交付貨物，因而運送人收回正本載貨證券而放貨予繳回載貨證券之持有人，運送人之契約責任已解除❿，從大陸法系觀點係主給付義務已履行。因而，若運送人失去占有或與占有分離而不能交付貨物予載貨證券持有人，則應自負風險，對載貨證券持有人（亦是運送契約債權人）負損害賠償責任。

海商法第 58 條規定，運送人應憑券交貨。此稱載貨證券，係指得移轉之正本 (original) 載貨證券。海運實務，運送人發給之正本載貨證券通常為一式三份，副本 (copy) 三份。每一份正本效力均相同，因此於卸貨港僅憑一份正本，運送人即應交貨。那為何要發給三份？早期出口地及進口地海關均會留執一份正本，因此持有人最終僅持有一份正本，而依此出示、返還予運送人。現代文明國家海關，不再留執一份正本，載貨證券受讓人應留意受讓全數三份正本。因此於目的港以外之地請求交付貨物，須返還運送人全數正本。

又二人以上持有之情形：如同時請求，產生合法持有人辨識之困難，

---

❿ Hague and Hague-Visby Rules, art. 1, para. b.

❿ Hamburg Rules, art. 1, para. 7.

❿ The Stettin (1889) 14 P.D. 142; Barclays Bank Ltd. v. Commissioners of Customs and Excise [1963] 1 Lloyd's Rep. 81.

為免錯交貨物，運送人因此依第 51 條之規定寄存倉庫，以進一步確認合法持有人，藉以完成交付貨物，終了運送責任。如一人先於他人受貨物之交付，他持有人之載貨證券對運送人失效；如尚未交付貨物，持有先受發送或交付之載貨證券持有人，得優先行使；亦即載貨證券發給日在先者，得優先行使，惟海運實務對於載貨證券之發給日於各正本通常均相同，除非發給作業疏失。

C.無單放貨——運送人未憑載貨證券交付貨物❶

(A)國貿實務無單放貨之需求與其法律效果

　　海上運送環境從初始的「單到貨未到」而衍生載貨證券物權效力，已如前揭。居此物權效力，促進載貨證券之流通，而持有人得以早日處分貨物、轉賣貨物、單據買賣或融資，商業交易因此蓬勃而複雜化，而導致「貨到單未到」之情形不一而足，包括：

a.貨物已然抵達卸貨港，載貨證券移轉或寄送過程延遲，而未能適時於卸貨港備便，這點得透過使用電子運送紀錄來解決。

b.買受人未給付買賣價金而出賣人留置或未移轉載貨證券予買受人、買賣標的有瑕疵買受人意欲退貨而未受讓載貨證券、買受人已給付價金但未受讓載貨證券或買受人未自開狀銀行受讓載貨證券等買賣或融資糾紛。

c.一連串的買賣交易在海程期間發生而防阻載貨證券適時移轉，既使使用電子運送紀錄也無法即時使之早於貨物到達前備便，國貿實務係使用擔保書（letter of indemnity，爾後稱貿易用擔保書），如第一層買受人出具貿易用擔保書予第二層買受人，向其擔保自己為有權受領貨物之人，第二層的買受人再向第三層買受人擔保，以此循環不已，而擔保人出具貿易用擔保書時均已知情載貨證券尚在前手占有中。

d.載貨證券遺失、被盜或滅失。原持有人於公示催告後，向運送人提供擔

❶ 饒瑞正，無單放貨與其合法化國際趨勢，台灣法學雜誌，第 234 期，2013 年 10 月，頁 117–124。

保，請求補發載貨證券 ❶❸❷，經除權判決宣告原證券失其效力 ❶❸❸。

據聯合國國際貿易法委員會 (United Nations Conference on International Trade and Law, UNCITRAL) 統計資訊❶❸❹，定期航運件貨運送約 15% 的載貨證券未繳回，於散裝運送情況更糟約 50%，散裝之油品運送最糟達到將近 100%。於此情形下，運送人通常收取擔保書（爾後稱海運用擔保書，以茲與貿易用擔保書區分），由請求放貨之人擔保其為有權受領貨物之載貨證券持有人。如上所揭，可流通的載貨證券依法必須繳回運送人並具以受領貨物，因此，一旦錯交貨物 (mis-delivery)，運送人對載貨證券持有人（運送契約債權人）必然應負損害賠償責任。運送人復依海運用擔保書向擔保人追償。為避免擔保人無清償能力之後果，運送人通常只接受由銀行代請求放貨之人所出具之海運用擔保書或接受由銀行共同擔保之擔保書。此外，若運送人與擔保人間通謀虛偽意思❶❸❺或意圖詐欺而作成海運用擔保書，基於通謀虛偽、犯罪行為或違反公序良俗❶❸❻而無效，應認為擔保書無效。因此，運送人通常除海運用擔保書外，尚要求提供本票，藉由本票無因證券之性質，將此無效之風險移轉由發票人負擔。此外，居於共謀詐欺之無單放貨為法律上不保之故意行為風險❶❸❼，船舶所有人相互保險（protection and indemnity insurance，或直譯防護與補償保險），因此不予承保，運送人自負風險。

(B)無單放貨法制化、其限制和效果

如上所揭，國貿實務對無單放貨具有強烈之需求，而由請求放貨之人

---

❶❸❷ 海商法第 60 條第 1 項，準用民法第 630 條而適用民法第 618 條之 1。

❶❸❸ 民法第 718 條和第 725 條。

❶❸❹ UN DOC no. A/CN.9/WG.III/WP.42, 2004.

❶❸❺ 民法第 87 條。

❶❸❻ 民法第 72 條。

❶❸❼ Marine Insurance Act 1906, s. 55(2)(a).

或銀行擔保或共同擔保無單放貨，產生銀行收取報酬之成本，耗費與占用載貨證券持有人之信用能量 (credit capacity)，而且無單放貨一旦構成錯交貨物 (mis-delivery)，實際占有載貨證券之持有人雖得向運送人主張損害賠償，惟運送人除故意或重大過失外，亦得主張單位限責❸，對持有人相當不利，危害持有人對載貨證券之信賴利益，降低國際貿易買賣當事人、融資者對載貨證券之信賴，阻礙載貨證券流通。此外，履行賠償責任之運送人得依海運用擔保書向具保之擔保人請求損害賠償，海運用擔保書之擔保人亦會透過貿易用擔保書向前手出賣人請求損害賠償，而擔保或共同擔保之銀行可能面臨財務損失或共同擔保人無清償能力之風險，是故，現行無單放貨實務作業模式之總體成本非常高，而非妥善之制度。再者，前述第二種和第三種國貿實務需要無單放貨之情形，陷運送人於錯交貨物之高度風險。若無單放貨合法化，運送人已履行交清貨物之義務，運送人責任期間當為結束❹，運送交易即完成，而無須再履行任何義務，亦是在現行貨物滯留之機制外❹，提供另一個解決方案。

　　鹿特丹規則將無單放貨合法化，雖弱化載貨證券之效力，減損其重要性，惟同時亦訂定無單放貨之適用限制❹，將無單放貨納入法的規範內，替代現行無單放貨習慣，重塑無單放貨之法秩序：

a. 無單放貨僅適用於可流通運送單據（指示式、無記名式載貨證券）或可流通之電子運送紀錄：僅可流通之運送單據或電子運送紀錄具繳回性(前已說明)，因此單據類型之適用限制，係必然之邏輯。

b. 運送單據或紀錄應載明單據無須返還而交付貨物：於單據上註明得無單

---

❸ 海商法第 70 條；Hague and Hague-Visby Rules, art. 4, para. 5; Hamburg Rules, arts. 6 and 8; Rotterdam Rules, art. 59.

❹ Rotterdam Rules, art. 12.

❹ 海商法第 51 條；Rotterdam Rules, art. 48.

❹ Rotterdam Rules, art. 47, para. 2.

放貨，在於警示欲受讓單據之潛在持有人嚴重後果，用以向運送人查詢貨物是否已交付，並預作約定債權讓與之防範。

c.貨物有無法交付予單據持有人之情形❶：包括單據持有人未請求交付貨物、運送人依公約有拒絕交付之正當性（如持有人未出示單據或證明身分）或運送人於必要之查詢後持有人仍下落不明而無法求取交貨指示。運送人應依序先通知託運人請求指示交貨，若託運人不明，則向單據託運人通知並請求指示。

d.指示之人應提供適當擔保❶：因運送人依法應對放貨後仍受讓單據之善意持有人損害賠償❶，賠償後運送人得向選擇無單放貨之指示人追償❶，此擔保使運送人免受指示人失去清償能力之風險或又具有防阻指示人給予不當或錯誤指示。

運送人於依託運人等之指示放貨後，不論單據是否已繳回，運送人免除對單據持有人之交貨義務❶。放貨後才受讓單據之持有人，如對於貨物已交付不知情或理應不知情（善意），運送單據仍有效力，取得伴隨單據之完整運送契約債權❶，而得主張損害賠償；倘若知情則除非於放貨前預作契約或其他安排（如貿易用擔保書或約定債權讓與）以取得除貨物交付請求權外之運送契約債權❶，因運送單據在無單放貨後已失其效力。

D.電報放貨 (Telex Release)

偶有論者及法院實務將電報放貨誤認、混淆為無單放貨。例如最高法

---

❶ Rotterdam Rules, art. 47, para. 2, sub-para. a.

❶ Rotterdam Rules, art. 47, para. 2, sub-para. c.

❶ Rotterdam Rules, art. 47, para. 2, sub-para. e.

❶ Rotterdam Rules, art. 47, para. 2, sub-para. c.

❶ Rotterdam Rules, art. 47, para. 2, sub-para. b.

❶ Rotterdam Rules, art. 47, para. 2, sub-para. e.

❶ Rotterdam Rules, art. 47, para. 2, sub-para. d.

院 104 年臺上字第 643 號判決，即謂「按海運實務上所稱之電報放貨 (Telex Release)，乃附麗於載貨證券而存在，該方式之提貨，通常是貨物比載貨證券較早到目的港時，由託運人提供擔保，再由運送人通知其在目的港之代理人，准許受貨人提出該電報放貨之通知單，即可換取小提單 (D/O)，而不須交付載貨證券以提領貨物之權宜方法。」電報放貨係透過出口地運送人或其代理人發送訊息給目的地的代理人或分公司，以確認託運人或載貨證券持有人已於出口地或其他第三地返還全數正本載貨證券，而允許將貨物發放給受貨人，不必在目的地放貨之前出示、返還正本載貨證券。電報放貨通常於正本載貨證券不能及時郵寄到達目的地時使用，以便免除貨物產生儲置費用之情況。又或為了節省載貨證券之郵寄費用，出賣人於收受買受人所支付之貨款後，亦可使用電報放貨；稱之為電報放貨，因早期都是透過發送電報訊息來通知目的港發貨，而非現今常見的以電子信件通知放貨。因此，電報放貨係載貨證券持有人依本法第 58 條第 1 項於目的港外返還全數正本載貨證券而請求交付貨物之適法行為，而無單放貨係不適法行為，前已說明。

㈣運送人法定責任期間❹

本法法定運送人責任期間為裝後、卸前之海上運送期間，亦是舷到舷、鉤到鉤期間，此期間基於本法第 61 條不公平條款控制規定，而稱之為強制責任期間，前已說明，詳細討論請參本書第一章第四節海商法適用範圍。

㈤運送人之辨識

在英美判例法下，基於對第三人載貨證券持有人的信賴利益保護，而適用禁反言原則 (estoppel)，將載貨證券所記載的運送人、印有頭銜者、簽發載貨證券者、授權簽發載貨證券者，視為運送人，以解決海牙威士比規則對於運送人名稱並非應記載事項❺而無文義效力❺之漏洞。實務運送條

❹ 饒瑞正，海上件貨運送人強制責任期間之辨識，台灣法學雜誌，第 219 期，2013 年 3 月，頁 161–166。

款因此而發展出「運送人辨識條款」(identity of carrier clauses)，本條款之目的乃在規定載貨證券發給人僅是代理人，而運送契約乃屬船舶所有權人、營運人或經理人等與託運人間之契約關係。漢堡規則則使用「實際運送人(actual carrier)」的概念❶，並將實際運送人與締約運送人並列為責任主體❶，以解決運送人辨識的問題。

鹿特丹規則對於運送人的辨識，係以運送單據或記錄應記載事項的運送人名稱為斷，如其上有其他相關運送人辨識的資訊與此不符，如運送人辨識條款，則該條款為無效❶；如未載明，則推定載明船舶名稱的船舶登記所有權人為運送人❶；惟請求權人不論運送單據或記錄有無記載運送人名稱，得舉證證明之❶。

本法第 53 條將船長及運送人並列為運送單據發給人。運送契約當事人一方為託運人，相對方為運送人，發給運送單據的義務人是運送契約當事人身分的運送人，現行條文明列船長，易生誤解，特別是在傭船運送下，傭船人與託運人訂定貨物運送契約，委託授權給受僱於船舶所有人的船長簽發載貨證券，在此情形下，運送單據第三人持有人，往往誤以為船舶所有人是運送人。運送人是契約當事人，具有發給運送單據之義務，至於運送人授權予誰簽發，係內部關係問題，宜刪除「船長」，確認發給運送單據或電子運送紀錄之發給義務人為運送人，同時避免將責任主體混淆為船舶所有人，避免究竟是船舶所有人抑或是傭船人是運送人之爭議。

---

❶ Art. 3, para. 3, Hague-Visby Rules.

❶ Art. 3, para. 4, Hague-Visby Rules.

❶ Art. 1, para. 2, Hamburg Rules.

❶ Art. 10, paras. 2 & 4, Hamburg Rules.

❶ Art. 37, para. 1, Rotterdam Rules.

❶ Art. 37, para. 2, Rotterdam Rules.

❶ Art. 37, para. 3, Rotterdam Rules.

(六)運送人義務

1.三大義務及其本質：適航性義務、貨物照管義務及發給載貨證券義務

本法援參海牙威士比規則，課以海上運送人三大義務：其一為適航性義務（海商法第 62 條），其二為管領運送物期間之照管義務（海商法第 63 條），其三為運送人發給載貨證券之義務（海商法第 53 條）。

(1)適航性義務及貨物照管義務並列為運送人責任之基礎

運送人違反適航性義務及貨物照管義務，產生損害賠償責任之效果，因此，兩者並列為運送人損害賠償責任之基礎 (basis of liability)，亦是請求權人基於運送契約之請求權基礎。如貨物滅失或毀損，原告請求權人必須主張運送人違反適航性義務或照管義務，或違反兩者，藉以證明運送人損害賠償責任成立，亦是證明損害賠償債權權利發生。公約條文文義與傳統大陸法系民事法律責任基礎條文用語不同，例如民法（貨物運送）第 634 條規定：「運送人對於運送物之喪失、毀損或遲延交付，應負責任。但運送人能證明其喪失、毀損或遲延交付，係因不可抗力或因運送物之性質或因託運人或受貨人之過失而致者，不在此限。」我國部分法院見解因而認為「海商法貨物運送並未規定海上貨物運送人責任基礎，而依本法第 5 條，適用民法第 634 條以為補充」，顯係適用法律錯誤之違法判決。

(2)「先盡義務原則」之邏輯背景

運送人適航性義務，為運送人之首要義務 (overriding obligation)，如運送人未履行該義務而致貨損，運送人不得主張法定免責權（海商法第 69 條），係海牙威士比規則之文義自然解釋結果，因為依公約第 3 條第 1 項所規範之適航性義務，並未如同第 3 條第 2 項照管義務，應優先適用公約第 4 條免責權規定 (subject to the provisions of Article IV)❼。此外，依衡平原

---

❼ Per Lord Somervell of Harrow in Maxine Footwear Co. Ltd. v. Can. Government Merchant Marine [1959] AC 589, at p. 602: "Article III, rule 1 [of Hague Rules], is an

則，來到衡平之前請求救濟之人，必須帶著乾淨之雙手 (The man who comes to equity must come with clean hands.)，即是主張權利之人必須無可歸責，亦可推證運送人未違反適航性義務方得主張免責權之「先盡義務原則」。例如開航前因船舶不適航導致失火，運送人即不得主張本法第 69 條第 3 款失火之免責權。至於貨物照管義務，因受公約第 4 條之限制，一旦貨損發生於運送人責任期間，運送人即可主張本法第 69 條免責權規定，惟僅限不可責於運送人之免責事由，如第 14 款貨物固有瑕疵，因貨損如可歸責於運送人，則產生違反貨物照管義務而致運送人損害賠償責任成立之問題，相關舉證責任及其分配，容後說明。

2. 適航性義務 ⓻

1999 年 7 月 14 日公布施行之海商法第 62 條，僅修辭原海商法第 106 條第 1 項第 2 款，由「配置相當海員設備及船舶之供應」修改為「配置船舶相當船員設備及供應」，根據修正草案說明 ⓹，乃為符海牙威士比規則 ⓺ 第 3 條第 1 項第 b 款之原文意旨。無疑，海牙威士比規則第 3 條第 1 項係海商法第 62 條之法源。觀察公約原文，立法者將公約第 3 條第 1 項第 a 款 "make the ship seaworthy" 翻譯為「使船舶有安全航行之能力」，而學說通

---

overriding obligation. If it is not fulfilled and the non-fulfillment causes the damage the immunities of articles IV cannot be relied on. This is the natural construction apart from the opening words of article III, rule 2. The fact that that rule is made subject to the provisions of article IV and rule 1 is not so conditioned makes the point clear beyond argument."

⓻ 饒瑞正，適航性的範圍是否及於貨櫃? 台灣法學雜誌，第 209 期，2012 年 10 月，頁 155–163; 饒瑞正，海上運送之適航性──比較英國法，萬國法律，2001 年 2 月，頁 68–79。

⓹ 立法院第三屆第三會期第四次會議議案關係文書。

⓺ The 1968 Protocol to amend the International Convention for the Unification of Certain Rules of Law Relating to Bills of Lading, signed at Brussels on 25th August, 1924.

常將原文 seaworthy ❶翻譯為適航性或堪航能力。因此,「安全航行之能力」與「適航性」均指向同一概念 seaworthiness。

(1)適航性法理溯源

　　適航性之運用, 遍及私法及公法。適航性為起源於海上運送契約之古老概念。船舶所有人提供適航船舶供載運貨物以完成海上冒險之義務, 長久以來即已建立, 並可追溯至 1176 年 Oberon 法之第十法、1197 年翰薩城法 (Law of Hanse Towns) ❷第 1 條和 1208 年路易十四海上敕令 (Marine Ordinances of Louis XIV) 第三部之第 12 條❸。爾後, 適航性之運用擴展至海上保險契約法, 於論程保險契約, 適航性係屬允諾擔保 (a promissory warranty), 被保險人違反者, 於違反後至改正前發生之損失, 保險人不負給付責任❹; 而於論時保險契約, 若承保船舶發生保險事故而致損失, 而此等損失可歸因於 (attributable to)❺被保險人知情之不適航性,則保險人可據以免責❻。適航性亦使用於海事、航空行政法規, 監管船舶及航空器, 以維護海上、航空航行人命安全❼。

　　19 世紀末, 隨著海難事件船舶損失與人命傷亡之增加, 英國政府於 1873 年建立專司不適航船舶之皇家委員會 (The Royal Commission on

---

❶ Seaworthy 是形容詞; 名詞為 seaworthiness。

❷ 中世紀時以德國北部為中心的許多城市所組成的政治商業同盟稱翰薩商會 (Hanseatic League)。

❸ Halsbury's Laws of England, 4ᵗʰ edn, Volume II, Butterworths, 1991.

❹ Insurance Act 2015, s. 10(2); MIA 1906, s. 33 規定保險人得以自違約日起自動免除責任之規定, 於英國 2015 年保險法 (Insurance Act 2015) 施行後已廢止。

❺ 即只要保險人舉證該損失與船舶所有人知悉之不適航性有因果關係存在, 則不論是否為主力近因 (proximate cause), 保險人即免責。較 result from 和 cause by 等寬鬆。

❻ MIA 1906, s. 39 (5).

❼ 航業法、船舶法及民用航空法暨其子法規。

Unseaworthy Ships)，以決定運送人對不適航船舶應負之責任。其宗旨雖在降低海上人命與財產之損失，惟並不應影響英國貿易業之自由抉擇權❶❻❽、造船業之創新發明和正與其他國家同業激烈競爭之海運業之財產權❶❻❾為限。該委員會對遭申訴不適航之英籍船舶做全面性之檢測。根據該委員會之初期報告，當時影響適航性之主要因素有三：

其一為船舶超載貨物，而後更因政府為保障人命安全而強力介入對所有海船採行強制性之貨物裝載線規定❶❼⓪。

其二為質疑甲板貨 (deck cargo) 對船舶安全之影響，並建議船舶不得承載甲板貨。為防止超載以及承載甲板貨，各式檢測計畫被提出，其中之一為英國商務部 (Trade of Board) 提報之方案，該方案對合理懷疑不適航之船舶有檢測權與扣押權。

其三為船員之缺額派遣造成船舶之不適航。因當時隨著蒸氣船之大量使用與各式機械設備之發明，船員之數量與船舶噸位之比率大幅降低，而船員之素質並未相對提高。該委員會建議所有運送人應於船上配置包括實習生之足量船員。

經立法程序商務部於 1873 年獲法律授權而得以對不適航之船舶進行檢測並扣押，而對有疏失之運送人行政處罰，但仍保有濃厚保護主義之色彩，因為法律規定這些作業之施行均不應影響大多數對海運事業發展貢獻良多之運送人。爾後隨著海上運送之蓬勃發展與效率之增進，尤其最大之

---

❶❻❽ 託運人得以選擇船況較差之船舶承載，代之以付出較低之運費，但轉嫁貨損風險予保險人。

❶❻❾ 不適航船舶無法營業即無營業利益，則喪失「船」之原有特質，其似乎與擬制全損之法定意義類似（參考 MIA 1906 第 57 條和第 60 條有關實際全損與擬制全損之定義），除殘餘之廢鐵或廢木外，幾無財產利用價值。

❶❼⓪ 19 世紀英國社會工作者 Samuel Plimsoll 為保護船員生命而大力提倡制定船舶貨物裝載線，終於 1876 年經國會立法，因而 load lines 俗稱 Plimsoll lines。另參考 1966 年貨物裝載線公約 (International Convention on Load Lines 1966)。

變革為自第一次世界大戰後，石油取代煤炭成為主要之能源，進而改變相關海事技術，而產生各式影響適航性之因子。隨後運送人努力試圖自運送契約將提供適航性船舶之默示義務排除，以免除因而增加之責任，並得到法院之肯認❶。但並非所有國家均肯認此等適航性義務除外條款，如於美國，適航性船舶之規定係屬公共政策（公序良俗 public policy），運送人是不被允許運用契約自由將適航性義務完全除外。運送人、貨方和貨方保險公司各方交戰之結果，美國國會訂立 1893 年哈特法 (Harter Act 1893)，於第 3 條採用「必要注意」(due diligence) 之機制，即運送人若能證明已盡必要之注意提供適航船舶，則其得以免除因不適航所致之貨損責任。此機制一直沿用至 20 世紀之海牙及海牙威士比規則第 3 條明訂運送人應於發航前和發航時應為必要之注意使該船舶適航，摒棄普通法長久建立運送人應供應適航性船舶之擔保義務 (absolute undertaking/warranty)，運送人之適航性義務得以因此減輕。惟，普通法之適航性擔保仍適用於傭船契約，爾後並經判例法變更為未定義務 (innominate term) 或稱中間義務 (intermidiate term)，其性質未定，因而效力未定，請參前揭「海上貨物運送契約之分類實益」。

(2)適航性定義及其判定標準

　　被援參的海牙威士比規則和海商法，均未對何謂「適航性」或「安全航行能力」定義。適航性的概念來自於英國海上貨物運送判例法，為美國1893 年哈特法 (Harter Act 1893) 與 1924 年海牙規則❷所採。海牙規則於1968 年修正（即威士比規則），對海牙規則運送人適航性義務的規定一字未改。又英國係海牙威士比規則締約國❸，而且英國倫敦為全球主要海事

---

❶ Nelson Line v. James Nelson [1908] AC 16.

❷ International Convention for the Unification of Certain Rules of Law Relating to Bills of Lading, signed at Brussels on 25th August, 1924.

❸ 英國將海牙威士比規則內國法化，制定 1971 年海上貨物運送法 (Carriage of Goods

爭端處理中心，累積相當多的案例。國際公約的目的在於國際同化與法統一，因此締約國法院對公約條文的解釋，除深究立法議事紀錄所彰顯的立法目的與原意，尚會參考其他締約國的法院見解，遵循主流價值，以達到國際同化的法統一目的。

A.締約國司法實踐

海商法並未對「適航性」（海商法第 62 條譯為「安全航行能力」）定義或解釋之。英國普通法對於私法上（海上運送和海上保險）適航性之定義係一致的。依英國普通法，除非雙方明示排除或限制，則所有的海上運送契約均有一運送人需提供適航性船舶之默示義務 (implied obligation)，亦即無待契約當事人意定明示，法律即擬制任一運送契約下之承載船舶為堅固且適合提供予公共大眾之運送航程❹。而於海上保險，船舶必須於開航時適航的默示擔保 (implied warranty) 亦早已清楚建立，亦即她應於修理、設備、船員和各方面 (in all respects) 為合適之狀態，以對抗承保航程中之尋常海上風險 (ordinary perils of the sea)❺。

船舶僅需足以對抗「尋常」而非「異常」之海洋危險。如英國 1906 年海上保險法附錄一之規則七 (MIA 1906, Schedule 1, Rule 7) 解釋「海洋危險」(perils of the seas) 係僅涉及不可預測之海上意外事故或災難，並不包括尋常之風和浪之作用。船舶於航程中必定會遭遇之意外風險被解釋為海洋尋常危險❻，而於航程中預期之惡劣天候也屬海的尋常危險範圍❼。因此若惡劣天候、颶風、颱風、龍捲風等為某特別區域或航程所預期必定遭

by Sea Act 1971)。

❹ 大法官 Lord Ellenborough 於 Lyon v. Mells 案提出 (1804) 102 ER 1134。

❺ 法官 Baron Parke 於關係海上保險之默示適航性擔保之判例 Dixon v. Sadler (1839) 5 M & W 405 給予較寬闊和普遍性之定義。

❻ Kopitoff v. Wilson (1876) 1 QBD 377.

❼ The Gaupen (No. 3) 24 Ll L Rep. 355.

遇之危險，則其均屬尋常之海洋危險。

其他經常被用來確認一艘船適航與否的標準為，「尋常 (ordinary)、小心 (careful) 和善良管理的 (prudent) 運送人在考慮航程中的所有可能狀況後，會要求他的船舶於航程開始時具備之適當性。」[178] 亦即判定是否船舶已合乎適航性或適載性標準之客觀性測試為：「若一尋常、小心和善良管理的運送人知曉該船舶之缺陷，該運送人是否會要求該船於開航前修妥？」假若答案為肯定，則運送人應因未提供適載性船舶或設備而導致貨物之滅失、毀損負責。

國與國間或不同之法律系統間對適航性之解釋可能不同。譬如適航性於美國之主要法律發展，在於船舶所有人對船員和碼頭工人造成人身傷亡之侵權行為損害賠償[179]，惟當然也適用某些貨損案件[180]。

適航性長久以來為法律所認定是一種相對概念，此概念允許以多種因素來考量。它是一個相對的名詞，因適航性之字義解釋需視它的使用環境而定，如依船舶所在地理位置、計畫航程、航行區域之風險性質[181]或貨物的性質種類[182]而定。亦即船舶及其設備是否適航或適載，即是否適合且得抵抗計畫航程之海上風險或是否得安全收受、儲載、運送、保存貨物為一事實問題 (a question of fact)，需依個案事實真相以為評斷。

B.適航性定義之建構

---

[178] 法官 Channel 於 McFadden v. Blue Star Line 案所提出 [1905] 1 KB 697 at p. 706。

[179] Seas Shipping Co v. Sieracki [1946] AMC 698，本案求償人——碼頭工人所操作的絞盤 (winch) 為第五艙之 10 噸欄木所控制。裝船貨載貨車之第一部分已被降至貨艙內。貨車的第二部分重約 8 噸，當其被降下時，支撐欄木之連結環 (shackle) 於頂部斷裂，造成欄木及滑車 (tackle) 掉落而砸傷該求償人。系爭船舶為法院判定不適航。

[180] Sears Roebuck v. American President Lines [1972] 1 Lloyd's Rep. 385.

[181] 法官 Cockburn 於 Burges v. Wicknam (1863) 3 B & S 669 乙案評論。

[182] 法官 Erle 於 Foley v. Tabor 案提出 (1861) 2 F & F 663。

提供適航性船舶之義務並非提供一艘完美無瑕之船舶，其僅必須具有某種程度的恰當性，即尋常、小心、善良管理的運送人在考慮預計航程所有可能的情況後，會要求他的船舶於開航時或裝貨時必須保有之恰當性。因此適航性的標準並無一定，也無絕對定義。因而適載性得依欲裝載貨物之特質和周圍環境而定。例如冷凍設備為裝載易腐生鮮貨物之要件、適切之船艙消毒對載運活體動物或某些食品為基本之要求。

何謂適航性？作者整理以上締約國實務見解，「適航性是船舶得以對抗預計海上航程風險的狀態」，就此定義適航性，以適用於所有的案情。

(3)適航性的範圍

A.開放性的討論空間

海商法第 62 條明示之適航性範圍，為運送人於發航前和發航時應為必要之注意使「船舶」有「安全航行能力」、配置相當「人員」、「設備」、「補給品」及使「貨艙、冷藏室及其他供載運貨物部分」適載。

英國普通法下之適航義務不僅涵蓋船體和其設備之狀況，尚延伸到船員的適任與否及補給品與文件等之適當性。作者分析英國判例，顯示八個方面影響船舶適航性，包括：

一、設計和建造 [183]；

二、輪機，設備（含海圖 [184]）和航行儀器 [185]；

三、人的因素——船長和船員的能力與適任性 [186]；

四、量足且高品質的燃油 [187]；

---

[183] Angliss v. P&O Navigation [1927] 2 KB 456.

[184] 海圖位於此項目之下，參考 The Marion [1984] 2 Lloyd's Rep. 1。

[185] The Amstelslot [1963] 2 Lloyd's Rep. 223.

[186] Standard Oil v. Clan Line [1924] 16 Asp MLC 172; Hong Kong Fir v. Kawasaki [1962] QB 68.

[187] 階段性的適航性：Thin v. Richards & Co [1892] 2 QB 141。

五、貨物的積載與穩定性⓲⓲；

六、文書證照⓲⓳；

七、管理控制系統⓲⓪；

八、適載性⓲①。

　　英國普通法開放適航性範疇之討論空間⓲②，只要其為影響船舶抵抗計畫航程海上風險之能力，則此介入因子，均得以為船舶不適航之主張。

　　適航性涵蓋適載性⓲③。運送人提供適航船舶之要求包含一體兩面之義務，一為船舶必須適切配置人員和設備等，以對抗航程中可能遭遇之尋常海上風險。同時另一方面船舶必須適載，即為得以收受特定貨物之適切狀態，以載運此等貨物穿洋越海⓲④。惟必須注意不適載與不適當積載 (bad stowage) 往往造成混淆而必須加以區別。積載 (stowage) 是指貨物於貨艙載貨空間之堆存方式。貨物堆存方式不當導致貨損，並非船舶不適載而致不適航。造成船舶危險之不適當積載當然可能為不適航，但僅影響貨損之積

⓲⓲ Elder Dempster v. Paterson Zochonis [1924] AC 522.

⓲⓳ The Madeleine [1967] 2 Lloyd's Rep. 224. 缺 ITF (International Transport Workers' Federation) 核發之 blue card（符合 ITF 規定之認可證件），並不構成不適航，參考 The Derby [1985] 2 Lloyd's Rep. 325。

⓲⓪ The Toledo [1995] 1 Lloyd's Rep. 40; The Star Sea [1997] 1 Lloyd's Rep. 360.

⓲① Elder Dempster v. Paterson Zochonis [1924] AC 522.

⓲② Dixon v. Sadler (1839) 5 M & W 405.

⓲③ 此概念於 Ciampa v. British India SN Co 案首先提出 [1915] 2 KB 774。原告託運檸檬於被告船舶。系爭船舶貨艙當時並無消毒藥物之硫磺味，但因該船所處環境使得船艙與貨物根據法國法律必須於下一港口燻艙，燻艙依此實施而貨載檸檬因此受損。船舶所有人敗訴而被判負責之理由之一為系爭船舶於裝貨港並非適合裝載檸檬而不適航。

⓲④ 此雙面義務為法官 Viscount Cave 於 Elder, Dempster v. Paterson Zochonis 案所認可 [1924] AC 522, at p. 561。

載也僅只是不適當積載。於 Elder Dempster Co. v. Paterson Zochonis 案❶❾❺，系爭船舶貨艙很深，但無雙層甲板 (tween decks) 設計，載貨證券上載明運送人不適當積載責任除外，因為貨物之堆存係由貨方負責。艙底儲載桶裝之棕櫚油，而其上則堆載袋裝之棕櫚仁，因棕櫚仁之重量而將油桶壓破，而貨損請求權人主張船舶因無配置雙層甲板為不適載桶裝棕櫚油而提起損害賠償訴訟。最高上訴法院 (House of Lords) 判決當油桶裝船時，該船極為適合收受這些油桶貨，而該損失乃因棕櫚仁儲載於油桶上之特殊方法，所以貨損並非不適載造成而是不適當積載。本案關鍵即在於不適載或不適當積載，何者為貨損之主力近因 (proximate cause)。

B.適航性範圍之建構

綜上，適航性範圍之解釋，具有討論之空間，不限於上揭八個方面。只要影響船舶對抗預計航程中風險的因素，都應包含在適航性之範圍內。例如作者於 2001 年❶❾❻提出未依國際船舶安全管理規則❶❾❼(ISM Code) 而備便船舶，基於 ISM Code 係國際性與法定證照，及是一種管理控制系統，而認係構成船舶不適航，本見解受到我國法院實務之肯認。

(4)適航性義務之適用時間

A.開航前暨開航時

海上運送初始，基於海事技術及海洋氣象預測之限制，海上運送係一種海上冒險。運送人不能預知航程風險性質，遂僅要求運送人於開航前將船舶各個層面備便好，以對抗預計航程風險。

運送人之適航性義務並非持續不斷❶❾❽，此義務僅於航程開始時加諸於

---

❶❾❺ (1924) AC 522.

❶❾❻ 饒瑞正，海上運送之適航性——比較英國法，萬國法律，2001 年 2 月，頁 68–79。

❶❾❼ International Management Code for the Safe Operation of Ships and for Pollution Prevention (International Safety Management Code)；以下簡稱 ISM Code。

❶❾❽ McFadden v. Blue Star Line [1905] 1 KB 697.

運送人，只要船舶於此時間點適航，運送人即已解除其適航性義務，任何開航後之不適航所致之貨損，運送人概不負責。因此，即使隨後的研究分析顯示若有一個技術上的缺陷，導致船舶不適合收受貨物或影響其對抗航程中海上風險之能力，但此缺陷並未於重要的開航或裝貨時間顯現，運送人就未違反適航性義務，船舶仍為適航。航程開始之時間點，為船舶於碼頭離港作業解開最後一條纜繩之時，且需無回航之意圖。

B.航程與航段之分

　　貨載航程得以因自然環境而分割成數個階段如部分河路和部分海路，或因雙方契約明訂航程分割為數段，或因航行慣例於航路上需停靠各個港口而默示分割，或有實際上之靠泊需要如中途機械故障而於非計畫之停泊港修理。若船舶於進入各段航程之始時，適航於該段特殊航程，則運送人即已免除其適航性義務。

　　貨物之裝船作業也可為一單獨階段。運送人之適載性義務於將貨物置放船上時履行，更適當之說法應為於裝船作業開始時履行，因為若為前者，則每一單一貨物個體被置放船艙時，船舶都必須適載，則若有 100 件貨物即有 100 個階段適載，運送人於每一件貨物裝船前之階段都必須檢測船艙或任何影響適載性之配備，不切實際且太沉重，裝卸實務尚屬不可能❿。適載性船舶不僅適合於收受和儲載貨物，尚包括對抗裝船作業階段之所有尋常危險，而從第一件貨物一裝上船，此適載性義務即已停止⓫。因海商法適航性義務之適用時間依海商法第 62 條第 1 項為發航前及發航時，同條第 2 項復規定船舶於發航後因突失「航行能力」所致之毀損或滅失，運送人不負賠償責任。惟若因突失「儲載貨物能力」而致毀損或滅失，運送人

---

❿ 於 Svenssons v. Cliff S. S. (1932) 1 KB 490，法院判決系爭船舶於裝貨作業開始時為適合收受和儲載貨物，而貨損發生時裝船作業尚未完成即所有貨物尚未儲藏至船艙之適當位置，船舶所有人並未違反適航性義務。

⓫ McFadden v. Blue Star Line.

是否仍得倚恃第 62 條第 2 項除外責任? 答案應為肯定。我國海商法起草人將原文 seaworthiness 譯為「航行能力」，但若依海牙或海牙威士比規則第 3 條第 1 項第 a 款與第 4 條第 1 項原文意旨，運送人發航後得以免責之項目尚包括船舶因「人員」、「設備」、「補給品」導致之不適航及「貨艙、冷藏室及其他供載運貨物部分」之不適載。因而，若依海牙威士比規則，運送人當然得以免責因航行後突失儲載貨物能力所致之毀損或滅失，而海商法第 62 條既係爰用海牙威士比規則，其第 62 條第 2 項自然應作如是解釋，以符合公約真意。依作者觀點，若將 seaworthiness 譯為「適航性」應更為恰當，而海商法第 62 條之每一「航行能力」名詞，則於置換為「適航性」後，即無解釋上之爭議，誠如前揭，適航性原就包括適載性。

裝船作業後與船舶開航前也可為一單獨階段，即船舶於收受貨物後與開航前，必須安全地適合保存已積儲之貨物[201]。

C.例外:「階段性適航原則」(doctrine of stages/seaworthiness by stages)

船舶並不須於數分段航程之全程之始即備便全程為適航之儀器或設備，較常見為燃料之階段性適航。船舶遠程航行，不須於起始港即備便或加足全程所需之燃料，不僅不切實際且不可能，船舶之油櫃均有一定程度之容量,只要船舶於事先計畫之中途補給港加足下一分段航程所需之燃料，則船舶對分割之各段旅程均為適航，惟因船員之過失如航行浬程與油耗量計算之錯誤而未能於中途補給港加足下一分段所需之燃料，運送人仍無法免除燃油之階段性適航責任[202]。

強制性引水人區，也得以為一單獨之航行階段，則若船舶於該區無僱用引水人，則船舶為不適航[203]。

(5)適航性義務之性質: 注意義務

---

[201] Wade v. Cocker Line (1905) 1 Com. Cas 115, at p. 120.

[202] 參考 Thin v. Richards (1892) 2 QB 141。

[203] Law v. Hollingsworth (1977) Tem. Rep. 2 （美國判決）.

自 1893 年美國哈特法，運送人於公共運送契約之適航性義務，使用「應為必要之注意 (exercise due diligence)」自擔保義務舒緩為注意義務，並為海牙威士比規則所援參，已於前揭「海上貨物運送契約分類之實益」說明。運送契約為有償契約，運送人收受報酬，因而其注意義務應為善良管理人之注意義務，亦是負抽象輕過失責任。

英國判例認為「應為必要之注意 (exercise due diligence)」其注意標準，相當於普通法之注意義務 (duty of care)[204]，亦即個案中如有適當之方法可供運送人採行使得船舶適航，而運送人卻未採行，則運送人有過失。與普通法之注意義務不同者，適航性注意義務，屬本人義務 (personal obligation)，不得轉嫁獨立履行輔助人 (independent contractor)，如獨立履行輔助人有過失而未使船舶適航，則運送人仍應負責[205]。

(6)適航性義務違反之舉證責任

多數的訴訟案件除了就法律問題之爭議外，另一為處理棘手的舉證責任問題。訴訟案件之勝或敗訴，往往只因能否適時解除舉證責任。因不充分之證據使然，有些案件據以舉證責任而為判決，為唯一能採行之公平方法。舉證責任包含兩方面之義務：其一為提出證據之責任，其二為說服之責任[206]。前者為藉由實務行為蒐集充足之證據，以供法官採信而能做出對舉證者有利之判決。而後者則是舉證責任義務人應說服承審法官做出對其有利之判決。前者於審判過程得以轉換至對造，而後者於訴訟過程中一直為原告負擔。

A.原、被告舉證責任之分配

舉證責任分配之一般性原則係規範於程序法，如民事訴訟法第 277 條，

---

[204] The Amstelslot [1963] 2 Lloyd's Rep. 223.

[205] The Muncaster Castle [1961] 1 Lloyd's Rep. 57.

[206] 參考 Northwestern Mutual Life Assurance Co. v. Linard [1973] 2 Lloyd's Rep. 275，美國判例。

主張之人應負舉證之責，但法律別有規定或依其情形顯失公平者，不在此限。惟實體法亦會針對不同之法律關係，調整或再分配當事人舉證責任，因而在法律之適用上，實體法有規定者應優先適用實體法，又實體法與程序法規定不同者，亦應優先適用實體法之特別規定。本法第62條第4項規定，運送人欲免除船舶開航之後不適航導致貨損之損害賠償責任舉證之責，那往前逆推，原告貨損請求權人應負舉證責任為何？適航性義務為運送人之責任基礎，前已說明，亦是請求權人之請求權基礎，被告運送人責任成立，即為原告權利發生，亦即適航性義務違反之構成要件符合，原告權利發生，被告責任成立。

本法第62條第3項規定：「船舶於發航後因突失航行能力所致之毀損或滅失，運送人不負賠償責任。」雖係海牙或海牙威士比規則所無規定之明文，惟係邏輯推演之必然結果，因為適航性義務之履行時間，為開航前及開航時。按海牙威士比規則第4條第1項最末段：「貨物的滅失或毀損係因不適航所致者，運送人或主張免責之人應證明已為必要之注意。」已盡必要注意之舉證由被告運送人負擔。

因此，原告應證明有二：1.船舶於開航前、開航時不適航，2.不適航導致貨損[207]。爾後，舉證責任移轉由被告負擔，由運送人證明已為必要之注意，亦即無過失。因此，透過適航性義務違反之舉證責任分配之分析，亦可推論運送人負「推定過失責任」。綜上，摘要如下：

第一階段舉證責任：原告貨損請求權人證明1.船舶於開航前、開航時不適航。2.不適航導致貨損。

第二階段舉證責任：被告運送人證明已盡必要之注意，亦即對於船舶不適航無可歸責。

B.不適航之推定及藉誠信原則之調整

適航性之範圍，至少包括8個面向，已如上揭。船舶適航與否之資訊

---

[207] The Hellenic Dolphin [1978] 2 Lloyd's Rep. 336.

完全掌握在被告運送人手中，運送人為資訊擁有者。就原告應證明船舶於開航前、開航時不適航之舉證責任，實屬沉重之負擔。尤其，海上證據隨著風浪之漂浮，而難以保全，透過強制執行及時保全證據，為勝訴手段之一。此外，締約國法院透過認定之客觀事實推定船舶不適航，以矯正資訊之不對等弱勢，如下：

(A)在無任何外在理由可以解釋事故之情況下，若船舶於開航不久即因其船況不適而不能繼續其原航程，則可推定該船為於不適航之狀況下開航❷⓿❽。

(B)在無任何有關船況證據之情況下，若無明顯原因而船舶於平靜水域沉沒，則推定不適航性為損失原因❷⓿❾。

(C)貨物濕損 (wet damage)，顯示有海水氯化鈉成分（鹽分）反應。

按民事訴訟法第 277 條但書「依其情形顯失公平者，不在此限」。原告貨損請求權人，亦可主張誠信原則，請求法院依誠信原則調整、減免居於適航性資訊不對等弱勢之原告舉證責任，由被告運送人負擔船舶適航之全部或部分舉證責任。

鹿特丹規則下，就船舶適航之舉證言，原告僅須證明貨損「可能 (probably)」是由不適航所致❷❶⓿，因為船舶適航與否的資訊，並非請求權人可知或取得不易，因此只要求可能之證明度，不必達到確信、主力近因或相當原因之地步。

3. 照管義務

本法第 63 條援參海牙威士比規則，明定運送人貨物照管義務，其與適航性義務並列為運送人責任基礎，前已說明。貨物照管義務為普通法上運送人之默示（法定）義務，重申並明訂於 1893 年哈特法第 1 條，以及海牙、海牙威士比規則第 3 條第 2 項。

---

❷⓿❽ Pickup v. Thames Insurance Co (1878) 3 QBD 594, CA.

❷⓿❾ Anderson v. Morice (1874) LR 10 CP 58.

❷❶⓿ Rotterdam Rules, art. 17, para. 5, sub-para. A.

⑴照管義務履行期間

海牙威士比規則法定運送人責任期間，為裝後、卸前之海上運送期間，亦是舷到舷、鉤到鉤期間，本法亦如是，前已說明，請參本書第一章第五節海商法適用範圍。運送人於此期間均應履行貨物照管義務為持續性之義務，與適航性義務之適用期間僅限開航前、時不同，其立法理由請參前揭。運送人照管行為，包括裝貨港之裝載、卸貨港之卸載，以及海上航行期間之搬移、堆存、保管、運送及看守。託運人與運送人得合意將貨物之裝載、卸載、操作、堆存的部分予以約定排除，以反映當事人間自由約定運送人是否負責裝、卸的海運實務，如約定 FIO (Free in and out)，運送人不負責貨物的裝載和卸載，如此並未牴觸本法第 61 條減免運送人之法定義務與責任，不因之而無效。

⑵照管義務之注意程度

運送人對於貨物之照管應為必要之注意及處置。「必要之注意及處置」者，公約原文為 properly and carefully。謹慎地 (carefully)，意指沒有過失行為之涉入，而適當地 (properly)，係指運送人考量其已知或應知貨物性質之資訊後，根據運送實務（商業習慣）所採行之合理方式，亦是以最有效率之方式為之 (tantamount to efficiency)❷❶。因此，託運人於依本法第 54 條第 1 項第 3 款履行通知義務，通知運送人貨物之名稱後，運送人即應依運送實務採行合理之方式履行照管義務；運送人如未依行業做法照管貨物，即有過失。運送契約為有償契約，運送人收受報酬，因而其注意義務之程度，應為善良管理人之注意，亦是負抽象應過失責任。

如同適航性注意義務，照管義務屬本人義務 (personal obligation)，過失行為不得轉嫁「獨立履行輔助人 (independent contractor)」，如獨立履行輔助人對於貨物之照管有過失而致貨損，則運送人仍應負責❷❶❷。

---

❷❶ Albacora v. Westcott and Laurance Line [1966] 2 Lloyd's Rep. 53.

❷❶❷ The Muncaster Castle [1961] 1 Lloyd's Rep. 57.

(3)照管義務違反之舉證責任及與本法第 69 條免責權之適用關係

　　貨物照管義務，依海牙威士比規則第 3 條第 2 項，應受公約第 4 條之限制，而運送人得優先適用第 4 條免責權之規定，而無前揭於適航性義務之制度下運送人「先盡義務原則」之適用。

　　照管義務為運送人責任基礎。原告得主張運送人違反貨物照管義務，而證明運送人責任成立，亦即權利發生要件符合，亦是照管義務違反之構成要件應符合。貨物照管義務之履行期間為海上運送期間，亦即裝後卸前之舷到舷、鉤到鉤期間。因此，原告應證明貨損發生於運送人責任期間，如裝船前交託貨物予運送人是完好的，但卸船後提領時為毀損。又如貨物濕損，經檢驗有海水氯化鈉鹽分反應，亦可推定貨損發生於海程期間。一旦原告貨損請求權人證明貨損發生於運送人責任期間，運送人即可主張本法第 69 條第 1 款至第 16 款免責權規定，惟僅限不可責於運送人之免責事由，如因貨損可歸責於運送人，則產生違反貨物照管義務而致運送人損害賠償責任成立❹。如運送人舉證失敗，則運送人應負損害賠償責任，除非運送人能證明第 17 款「其他非因運送人或船舶所有人本人之故意或過失及非因其代理人、受僱人之過失所致者。」因此，運送人就已盡必要注意，適當照管貨物之事實，負舉證之責，亦是過失與否應由運送人負舉證責任，運送人負「推定過失責任」。綜上，摘要如下：

第一階段舉證責任：原告貨損請求權人證明貨損發生於運送人海程責任期間。

第二階段舉證責任：被告運送人證明貨損係第 69 條第 1 款至第 16 款不可責於運送人之免責事由所致，或證明係第 69 條第 17 款「其他非因運送人或船舶所有人本人之故意或過失及非因其代理人、受僱人之過失所致者。」

---

❹ Shipping Corp of India Ltd v. Gamlen Chemical Co (Australia) Pty Ltd (1980) 147 C.L.R. 142.

第三階段舉證責任：被告運送人證明已盡必要之注意履行貨物照管義務。

4.發給載貨證券等運送單據義務

本法第 53 條規定，運送人因託運人之請求發給載貨證券等運送單據。運送單據法律性質與功能，請參上揭說明。運送人義務為一體兩面：其一為根據託運人基於貨物買賣契約、信用狀契約、貨物保險契約之需求，發給合乎託運人需求之適當運送單據。其二應確認載貨證券等運送單據記載相關明細，以使運送單據發揮其作為運送人收受貨物之收據、運送契約之證明和權利證券之三大功能。

⑴發給義務人

海牙及海牙威士比規則採對物訴訟概念，而將船舶與運送人並列為責任主體，如其第 4 條第 1 項及第 2 項之免責主體除運送人外，尚包括船舶。運送契約當事人一方為託運人，相對方為運送人，發給運送單據的義務人是運送契約當事人身分的運送人，現行條文明列船長，易生誤解，特別是在傭船運送下，傭船人與託運人訂定固定航線貨物運送契約，委託授權給受僱於船舶所有人的船長簽發載貨證券，在此情形下，運送單據第三人持有人，往往誤以為船舶所有人是運送人。運送人是契約當事人，具有發給運送單據之義務，至於運送人授權予誰簽發，係內部關係問題，宜刪除船長二字，避免究竟是船舶所有人抑或是傭船人是運送人之爭議。海牙爾後之漢堡規則及鹿特丹規則，運送單據發給人均僅明列運送人❷⑭，反映此趨勢。

⑵法定記載事項

法定記載事項關係到運送單據所表彰之法律性質與功能。包括運送契約的要素：當事人名稱、運送標的及與對價有關之運費、裝載港及卸貨港。法定應記載事項未記載，並不影響運送單據之法律性質或效力，影響者係所記載事項於託運人及運送人間僅構成推定證據力❷⑮，而於第三人及運送

❷⑭ 漢堡規則第 14 條第 1 項；鹿特丹規則第 35 條第 1 項。

人間為文義證據力❹，相關討論請參前揭「載貨證券等運送單據債權效力」及「載貨證券等運送單據物權效力」。

A.貨物之描述與保留條款

　　託運人對貨物有一積極申報之告知義務,以書面通知運送人貨物名稱、件數或重量，或其包裝之種類、個數及標誌，以供運送人根據貨物之性質，履行貨物照管義務。茲因貨物描述為託運人申報，運送人依法對於貨物之描述，應對第三人負文義責任，並於卸貨港原物原狀返還，因此存在兩個機制以保護運送人：一為依本法第 55 條託運人應擔保所告知內容正確無誤；二為依本法第 54 條第 2 項如客觀跡象顯示不符或無法核對，運送人得以於運送單據做保留條款，載明其事由或不予載明。前者託運人擔保義務，容後「託運人義務及權利」說明，後者如下：

B.保留條款之效力

　　典型之保留條款有二：

其一為：據稱條款：託運人自裝填及自計，據託運人所稱貨物名稱、件數、狀量為……(Shipper's Load and Count, Said by Shipper to Contain...)，載明貨物之描述係託運人所告知，係「載明其事由」。

其二為：不知條款 (quantity, weight, quality...unknown)：數量、重量、品質……等未知，載明不知貨物之內容，係「不予載明」。保留條款是否有效，應視個案客觀情形是否符合保留權行使之要件：客觀跡象顯示不符或無法核對。

　　貨櫃運送實務，根據貨物於裝貨港裝填或卸貨港拆空貨櫃是否由運送人裝填，可以分為整櫃貨 (Full Container Load, FCL) 及併櫃貨 (Less than Container Load, LCL)。於卸貨港之拆櫃，與保留條款無關，在此不予討論。整櫃貨通常也稱為 CY 櫃 （Container Yard，整櫃堆積場），係由裝貨港託

❹ 海商法第 53 條第 3 項；海牙威士比規則第 3 條第 4 項。
❹ 海商法第 61 條第 1 項，準用民法第 627 條；海牙威士比規則第 3 條第 4 項。

運人裝填貨物入貨櫃,櫃門繫上運送人所提供之封箋後,於運送人指定之貨櫃集散站交託貨物予運送人;因為櫃門已彌封,運送人無從判斷或核對內容貨物品名、性質、數量、重量等,僅能依託運人之告知及擔保,遂使用據稱條款或不知條款以為保留。至於併櫃貨,又稱 CFS 櫃(Container Freight Station,貨物併櫃場站),貨物未達一個 20 尺或 40 尺貨櫃之容量或特殊貨物填入貨櫃需使用專業之設備或技術如吊掛式成衣櫃,託運人遂委託運送人裝填貨櫃,於此情境,運送人可觀察或核對託運人申報之內容是否有誤,因此,如運送人做成上述保留條款者,則並未符合保留權之行使要件,客觀跡象無法核對,該保留條款無效。

　　記載據稱條款之運送單據,因是海牙威士比規則賦予運送人之合法保留權,而運送人依法而為之保留,據 2007 年修訂之信用狀統一慣例 (UCP 600) 第 26 條第 2 項,係得以押匯。惟信用狀上通常亦會要求押匯之出賣人應另行提出其他裝填貨物之第三方證明如海事公證人出具之公證報告。至於記載不知條款之運送單據,並不是 UCP 600 明文列舉可以押匯之運送單據,因為貨物的數量、重量係極度不確定之狀況,嚴重影響運送單據之債權效力及物權效力。

C.保留條款之效力範圍

　　如保留條款有效,接續之問題即是:其效力範圍為何?如運送單據上記載據稱 100 臺電腦,運送人於卸貨港是否即應返還 100 臺電腦?根據現行海商法立法說明,第 54 條第 3 項乃參照海牙威士比規則第 3 條第 4 項,係「為辨正當前國際海運實務於載貨證券上記載 Said to be, Said to weight 或 Said to contain 等未明確載明本修正條文第 1 項第 3 款內容時,我國法院判決見解不一之情形❷❶⁷。」

　　按國際貨櫃運送實務,運送人於收受整櫃貨以為運送時,因無法核對

---

❷❶⁷ 最高法院 65 年臺上字第 3112 號、66 年臺上字第 108 號、2021 號、2971 號、67 年臺上字第 1426 號、2270 號等判決。

託運人自我裝填貨櫃內容物之數量、個數等或有其困難，均充分利用海牙威士比規則第 3 條第 3 項之但書，亦即本法第 54 條第 2 項，於載貨證券之貨物描述欄，標示 Said to weight、Said to contain、Shippers' load, count and seal 或 quantity, weight and condition unknown 等，以免除運送人對託運貨物數量、件數等之短少責任，已如前揭。此種方式，早已為各國法院所肯認❷⒙，而判決前述據稱之各種表示方式僅為託運人之陳述，而其並未經運送人之查核或證實，因此如是陳述甚至不足以構成海牙威士比規則第 3 條第 4 項規定已收受貨物數量之表面證據 (prima facie evidence)，而不具推定證據力。亦即認為此種載貨證券對於裝貨數量、件數事實上如同並無說明，具海牙威士比規則第 3 條第 3 項但書之不予載明之效而無法作為裝貨數量證明，既無推定證據力，更遑論對善意第三人之終局證據力 (conclusive evidence)，即是對於據稱條款與不知條款具有相同之評價，兩者對於貨物之描述並無任何證據力。

因此，合法有效之據稱條款或不知條款，其所涵蓋之貨物數量、件數、重量等貨物描述，對於貨物之描述如同無記載，而不具任何證據力，於個案中應由舉證義務人證明實際之裝貨內容。我國部分法院實務見解認為運送單據上記載據稱 100 臺電腦，運送人於卸貨港即應返還 100 臺電腦，將保留條款視同無保留，對保留條款視而不見，侵害本法第 54 條第 2 項賦予運送人之保留權，顯係違法判決。

5.其他義務

(1)通知義務

本法第 50 條規定貨物運達後，運送人即通知託運人指定之應受通知人或受貨人，以供貨方進行進口報關以及貨物提領程序。得移轉之運送單據，單據持有人處於得變更之不確定狀態，因此運送單據正面通常有應受通知

---

❷⒙ Oricon v. Intergraan [1967] 2 Lloyd's Rep. 82; Vitafood Products v. Unus Shipping Co. [1939] AC 277.

人 (notify party) 欄位。應受通知人係由託運人指定，而具到貨通知義務受領權之人。

(2)寄倉義務

受貨人怠於受領貨物，運送人依本法第 51 條得以受貨人費用將貨物寄存倉庫，並通知受貨人，而有不能寄存倉庫、腐敗之虞或貨物價值不足以抵償運費及相關費用（留置權之考量）之情形，得聲請法院裁定准予拍賣。又受貨人不明、拒絕受領貨物等，一體適用本法第 51 條規定，惟除通知受貨人外，尚應通知託運人請其再指示或變更受貨人。受貨人怠於受領、貨物受貨人不明如於本法第 58 條第 2 項數人合法請求交貨情形，或受貨人拒絕受領貨物等，通常是居於買賣國貿糾紛或報關問題，而產生滯留貨。又通常運送人未處分滯留貨前，海關就先一步行使公權力，依法處分滯留貨。關稅法第 16 條第 1 項規定：「進口貨物之申報，由納稅義務人自裝載貨物之運送工具進口日之翌日起十五日內，向海關辦理。」第 73 條復規定：「進口貨物不依第十六條第一項規定期限報關者，自報關期限屆滿之翌日起，按日加徵滯報費新臺幣二百元。前項滯報費徵滿二十日仍不報關者，由海關將其貨物變賣，所得價款，扣除應納關稅及必要之費用外，如有餘款，由海關暫代保管；納稅義務人得於五年內申請發還，逾期繳歸國庫。」

(3)交清貨物義務

海上貨物運送人主給付義務，係將貨物從裝貨港以海路方式使用船舶搬運至卸貨港，將貨物原物原狀返還受貨人或得移轉運送單據持有人，之前「交付貨物之憑藉」等已說明。一旦交清貨物，運送人已履行主給付義務，運送責任即終了。

本法第 56 條第 1 項規定，貨物一經有受領權利人受領，推定運送人已依照載貨證券之記載交清貨物，係交清貨物之推定。惟僅得依第 1 項共 4 款法定列舉事由，推翻推定證據力，分成兩類：

其一為：於提貨時貨損外表情狀顯著，則以書面通知運送人，或委請海事

公證人經共同檢定做成公證報告，或於收貨收據上註明毀損，以為保留。保險公證人依保險法第 10 條謂向保險人或被保險人收取費用，為其辦理保險標的之查勘，鑑定及估價與賠款之理算、治商，而予證明之人。而法院或民間公證人依公證法第 2 條，在於就法律行為及其他關於私權之事實，作成公證書或對於私文書予以認證。保險法所稱公證人顯然與公證法所稱公證人在定義、性質與功能上完全不同。兩者執行業務所為的文書效力也不同，公證人依公證法第 13 條針對特定法律行為作成的公證書，與法院對於事實真偽的裁判具有同一的效力，而得依公證書強制執行，而保險公證人對保險標的鑑定的結果作成的公證報告則否，僅為專家之鑑定，法院得自由心證之。保險公證人使用公證人名稱，與該文義所欲彰顯的公證性質不符，極易造成混淆。如一般社會大眾往往誤認保險公證人可以執行公證法上公證人業務，又如考試院在保險公證人的英文證書上直譯公證人為 Notary Public。其實，英文稱我國的保險公證人為 insurance surveyor，而非 notary public。保險公證人之功能在於查勘與鑑定，稱「保險鑑定人」較能符合其義。

其二為：於貨損外表情狀不顯著，則於提貨後三日內，以書面通知運送人。

(4)不偏航義務

依英國普通法，契約義務條款可以分為四類：重大條款 (fundamental terms)：為契約重要性最強之條款，違反者產生失權之效果。條件 (condition) 條款：為契約重要性次強之主要條款，居於對契約目的達成之重要性，違反條件者，相對人得拒絕履行契約（終止契約）併同損害賠償。擔保 (warranty) 條款：違反擔保僅生損害賠償。無名條款 (innominate term)：由個案法院視其違反對契約影響之強弱定其違約效果，強者則如違反條件般賦予契約終止權併同損害賠償，弱者則賦予如違反擔保之效果，

依此中間性質，遂又被稱之為中間條款 (intermediate term)。

長久以來，不法的偏航與不法甲板運送於英美法均構成運送人違反契約之基礎 (fundamental breach of contract) 或稱其為重大違約。一旦違約，不論是否因此造成貨損，即生失權之法律效果，運送人即被剝奪任何法定和約定之抗辯權，包括免責權和限責權。

本法第 71 條援參海牙威士比規則第 4 條第 4 項規定，為救助或意圖救助海上人命、財產，或因其他正當理由偏航者，不得認為違反運送契約，其因而發生毀損或滅失時，船舶所有人或運送人不負賠償責任。從反面解釋，不法之偏航致貨損，運送人應負絕對之損害賠償責任（結果責任），失去任何法定和約定之抗辯權，與前揭普通法之效果相同。

偏航，謂無正當理由偏離航線。如當事人約定航線或運送契約載明航線，海上航行即應依約定航線行駛，如當事人未約定或契約未載明或僅載明某區域之港口，則依航海慣例或航行地理次序。因此，於論證運送人是否違反不偏航義務，必須先行確認航線為何。如運送船舶偏離航線，再予區分合法偏航及不合法偏航。合法者，即是本法第 71 條為救助或意圖救助海上人命、財產，或因其他正當理由偏航，係基於救助海上人命、財產，提高公益目的而生之阻卻違約事由。其他正當理由，係指如同基於救助海上人命、財產等，具有公共利益目的之偏航。

鹿特丹規則將偏航重新定位，不法偏航的定義或構成要件係依應適用的準據法來做斷定，公約不去介入，尊重締約國內國法，惟如不法偏航係基於運送人的故意或重大過失，並因此導致貨損，運送人失去單位限責權❷⓳，要求因果關係的聯結，並將可責程度提高至重大過失以上。

(5)不儲載甲板貨義務

貨物於海程期間儲放於甲板上而不是貨艙內，容易遭受外界風險之侵襲而導致貨損。不法甲板運送於英美法均構成運送人違反契約之基礎或稱

---

❷⓳ Rotterdam Rules, art. 24.

其為重大違約。一旦違約，不論是否因此造成貨損，即生失權之法律效果，運送人即被剝奪任何法定和約定之抗辯權，已如前揭。包括免責權和限責權。

本法第 73 條規定運送人或船長如將貨物裝載於甲板上，致生毀損或滅失時，應負賠償責任，即是負絕對之損害賠償責任，亦是結果責任、無過失責任，喪失任何法定、約定抗辯權。惟法定列舉三類合法甲板貨，以阻卻違約： A.經託運人之同意並載明於運送契約， B.航運種類， C.商業習慣所許者。

A.經託運人之同意並載明於運送契約者，係由託運人自負風險。 B.航運種類係指船型，如原木船隻設計可將原木置放甲板上儲載，原木於進口地需浸泡鹹水，以防阻爾後做成木製品之變形，如貨櫃船隻設計可將貨櫃儲載於甲板上，因為貨櫃可以保護內容貨物，如航行於旗津、淡水之渡輪等駛上駛下船 (roll on/roll off ships)，其設計貨車可以置放甲板上。 C.商業習慣，係指依航運慣行得儲載貨物於甲板上之情形，如超高、超寬、超長等超規格而無法儲載於貨艙之貨載如進出口遊艇、軌道車輛、大型機械，又如洋蔥、蒜頭、蘿蔔、馬鈴薯等需要通風而易受潮發芽受損之貨載也可以儲載於甲板上之貨櫃或容器，若儲載於甲板下之貨艙則居於航行不同緯度之溫度變化而產生艙壁或貨櫃櫃壁汗濕 (sweat) 凝結水氣之物理現象而損壞貨物。

海牙威士比規則第 1 條第 3 款將甲板貨明文排除，而不適用公約規定。漢堡規則區分合法與不法的甲板運送，而肯認合法的甲板運送為正常貨物之儲載[220]，對於不法的甲板運送所致貨損，運送人應負絕對之損害賠償責任，亦即「危險責任、無過失責任」[221]。漢堡規則定義合法的甲板運送有三種情形： 依據商業習慣而為、依內國法規而為或經託運人同意[222]。鹿特

---

[220] Hamburg Rules, art. 9; Cf: Hague-Visby Rules, art. 1, para. c.

[221] Hamburg Rules, art. 9, para. 3.

丹規則在此基礎下增加第四種情形❷：適合儲載於甲板的貨櫃貨或裝載於車輛中之貨物，以因應貨櫃運送實務及駛上駛下船載運車輛之海運實務做法。因不法的甲板運送所致的貨損，鹿特丹規則與漢堡規則相同，運送人負無過失責任併同喪失免責權❷。此外，若運送人違反當事人明示同意之甲板下儲載 (under deck)，而為甲板運送並因此導致貨損，加重運送人責任，除運送人負無過失責任、喪失免責權外，尚失去單位限責權❷。

㈦運送人權利

1.貨物裝載同意權

海商法第 72 條規定：「貨物未經船長或運送人之同意而裝載者，運送人或船舶所有人，對於其貨物之毀損或滅失，不負責任。」

件貨運送，係公共運送，無選擇相對人之契約自由。公共運送人對託運人之要約應強制運送人承諾，如同油、水、電力等公用及醫療事業，前已說明，原則上公共運送人並無裝載同意權，裝載同意權僅存在私運送。惟基於更強之公共利益理由，貨物有危害船舶上人員、財產之安全者除外。因此第 72 條是僅適用於第 64 條第 1 項違禁物或危險貨之情形而得拒絕載運貨物。

2.危險貨處置權

託運人依本法第 54 條第 1 項第 3 款對貨物之名稱等，應向運送人告知，以供運送人依據航運慣行或國際通用之聯合國「危險貨物運送建議書 (Recommendations on the Transport of Dangerous Goods)」，履行貨物照管義務，託運人依本法第 55 條第 1 項對於告知之內容並負擔保責任，以確保其真實性。

---

❷ Hamburg Rules, art. 6, para. 1.

❷ Rotterdam Rules, art. 25, para. 1.

❷ Rotterdam Rules, art. 25, para. 3.

❷ Art. 25, paras. 3 & 5, Rotterdam Rules.

海牙威士比規則第 4 條第 6 項，賦予運送人危險貨處置權，惟並未科以託運人對於危險貨特別申報之告知義務。漢堡規則第 13 條第 1 項及第 2 項、鹿特丹規則第 32 條，訂定託運人對危險貨之申報及加註標誌或標籤義務，以向運送人充分揭露危險貨資訊，以供照管貨物。

危險貨處置權，本法第 64 條及第 65 條援參海牙威士比規則第 4 條第 6 項，得區分下列四種情形：

(1)於裝載港開航前發現（第 65 條第 1 項）：既然未為契約之一部，運送人不受拘束，無須履行，得拒絕載運即起岸，運送人得請求損害賠償，包括卸船費用、船期延誤損失等。

(2)於裝載港開航前或開航後發現（第 65 條第 1 項）：承諾載運，亦即變更契約內容，但收取最高額運費，視為損害賠償之一部，如有損害運送人得請求損害賠償。

(3)危險貨開航後發現：除前揭(2)之處置外，尚可棄海（第 65 條第 2 項）。

(4)危險貨未發現，原就未為契約之一部，無債務不履行之問題，即無債務不履行之損害賠償，則運送人對該未申報貨物損害毋庸負責。

3.返還運送單據請求權

請參前揭貨物之交付、運送單據之債權效力與物權效力。

4.運送物寄存權

請參前揭運送人寄倉義務（本法第 51 條）。

5.運費請求權及貨物留置權

(1)運費請求權

本法第 43 條至第 49 條有關運費規定之條文，係規範傭船契約，在此不討論。而第 66 條至第 68 條係規範公共運送性質之貨物運送。國際公約諸如海牙規則、海牙威士比規則未規範運費議題，而漢堡規則及鹿特丹規則，除於定義運送契約提到運費報酬、運送單據記載運費給付時間，以及遲延交付之單位限責以運費之倍數為基準外，對於運費議題不甚著墨，顯

係較無爭執之議題。

A.運費給付義務及給付義務人

　　運費給付義務係託運人主給付義務，以此為對價交換運送人主給付義務，即是運送貨物至合意卸貨港，並將貨物原物原狀返還受貨人或得移轉運送單據持有人，前已論及。因此，即使航程離約定卸貨港已履行 90%，運送人仍不得請求運費❷❷⑥；如運送人係基於戰爭爆發而受行政當局之令，被迫於非約定卸貨港卸貨，亦不得請求運費❷❷⑦；託運人要求於原約定卸貨港前之港口交貨，基於運送契約變更之效力，運送人得請求運費。

　　如貨物於航程中滅失，因對價失靈，託運人無須給付運費❷❷⑧，滅失係基於免責事由所致，亦同❷❷⑨。此稱滅失亦包括「擬制滅失」之情形，亦即如貨物毀損失去原物之性質而無從回復，例如袋裝水泥泡浸海水而固化擬制視為滅失，運送人喪失運費請求權❷❸⓪；又「擬制滅失」應由商業目的而非科學角度考量，如貨物梅子泡浸水中有如污水而發酵，雖可過濾而釀成酒品，但因已失其本質而成不可商業販售之物品❷❸①或原油受到石蠟污染，而貨損情形未達一般殷實商人願意銷毀之程度，運送人仍得請求運費❷❸②；如貨物僅部分滅失，運送人得請求按比例計算之比例運費❷❸③。

　　以上託運人運費給付義務或運送人運費請求權，均係基於對價及所引申發展之對價失靈原則，本法第 66 條規定船舶發航後因不可抗力而將貨物運回，託運人仍負擔運費；又第 67 條規定，因海上事故而船舶須修繕，託

---

❷❷⑥ The Kathleen (1874) L.R. 4A. & e. 269.

❷❷⑦ St. Enoch Shipping Co. Ltd. v. Phosphate Mining Co. [1916] 2 K.B. 624.

❷❷⑧ Dakin v. Oxley (1864) 15 C.B.N.S. 646.

❷❷⑨ Weir & Co. v. Girvin & Co. [1900] 1 Q.B. 45.

❷❸⓪ Duthie v. Hilton (1868) L.R.4 C. P. 1868.

❷❸① Asfar v. Blundell [1896] Q.B. 123.

❷❸② Montedison S.p.A v. Icroma S.p.A (The Captain Sea) [1980] 1 W.L.R. 48.

❷❸③ Luke v. Lyde (1759) 2 Burr. 882.

運人於到達目的港前提取貨物，仍應付全部運費，顯與前揭對價失靈原則及英國普通法所揭示之海運商業習慣牴觸。

B.運費給付時間

運費於運送人履行其主給付義務將貨物運送至卸貨港原物原狀返還，託運人即應給付運費，兩者互為對價之對待給付，而生同時履行之抗辯，本文稱「到付運費原則」。運送契約當事人亦得自由約定運費給付履行時間，如買賣契約當事人約定 CIF 貿易條件，依 2010 年國貿條規之解釋，出賣人應擔負海運成本，因此由出賣人與運送人洽訂運送契約而約定運費於裝貨港貨物裝船後預付 (freight prepaid)，性質屬於預付運費 (advance freight)，並將此約定記載於運送單據❷❸❹，除運送單據持有人或受貨人為託運人自己外，如託運人未給付運費，不得以之對抗運送單據持有人或受貨人❷❸❺。預付運費，係當事人約定排除對價理論下推演而出之到付運費原則之適用，係供運送人航行費用支出，如燃料、船員薪資、膳食、設備之修復等，因此，如貨物於海程滅失，預付運費無需返還予託運人，或應付而未付之預付運費，託運人仍應給付❷❸❻。個案預付運費應否返還，仍需依個案當事人契約約定情況而定。

如係 FOB 的貿易條件，係由買受人擔負運費，遂由買受人與運送人洽訂運送契約而於卸貨港交付貨物時支付運費，因此運送人發給之運送單據會記載運費到付 (freight collect)。運費到付係「到付運費原則」之重申。

(2)貨物留置權

本法第 122 條法定賦予運送人留置權，對於應分擔共同海損之貨物所有人未清償者，得留置其貨物。但提供擔保者不在此限。此外，運送人關

---

❷❸❹ Hamburg Rules, art. 15(1)(k); Rotterdam Rules, art. 42.

❷❸❺ Hamburg Rules, art. 16(4); Rotterdam Rules, art. 42.

❷❸❻ Allison v. Bristol Marine [1876] 29 L.T. 634; Fribrosa Spolka Akcyjina v. Fairbairn Lawson Combe Barbour [1943] A. C. 32.

於運費及其他費用未清償之情形，得依海商法第 5 條適用民法第 647 條留置權規定。至於留置權執行方法，應依民法第 936 條第 2 項規定，得準用實行質權之規定，依民法第 893 條第 1 項、第 895 條準用第 878 條規定，拍賣留置物或取得其所有權。運送人亦得不自行拍賣留置物，而依非訟事件法第 72 條聲請法院拍賣之。貨物留置權亦是在運送人於運費未清償得主張同時履行抗辯權，拒絕交付貨物外，保障運送人之運費債權。

英國普通法對於貨物留置權 (possessory liens) 所擔保之債權包括尚未清償之到付運費 (collect freight)、共同海損分擔、為保護貨物支出之費用，但不包括論程傭船下之空艙費 (dead freight)，因其本質屬損害賠償，亦是違約金 (liquidated damages)，也不包括預付運費 (advance freight)❷❸❼。惟當事人於普通法外得約定留置權 (contractual liens)，將普通法留置權不擔保之債權如損害賠償，以契約之方式納入，因此於海運實務貨物運送契約條款，常見「留置權條款」，重申普通法留置權或依約創設普通法外之留置權，惟約定留置權不能拘束第三人❷❸❽。約定留置權優先於普通法留置權適用，僅於當事人未約定時，才適用普通法留置權。

6.免責權

⑴船舶開航後不適航之免責：本法第 62 條，請參前揭適航性義務。

⑵危險貨之免責：本法第 64 條第 2 項，請參前揭運送人危險貨處置權。

⑶合法偏航之免責：本法第 71 條，請參前揭運送人不偏航義務。

⑷未同意裝載之免責：本法第 72 條，請參前揭運送人貨物裝載同意權。

⑸合法甲板貨之免責：本法第 73 條，請參前揭運送人不儲載甲板貨義務。

⑹法定列舉免責事由

A.立法背景

本法第 69 條援參海牙威士比規則第 4 條第 2 項第 17 款免責事由。公

---

❷❸❼ Kirchner v. Venus (1859) 12 Moore 361, 390.

❷❸❽ Turner v. Hajji Goolam [1904] A. C. 826.

約制定免責事由，係源起運送人濫用契約自由權。美國的 1893 年哈特法❷❸❾，係對於當時在英國主宰下的國際運送普通法予以變革的濫觴。18 世紀末期以英國船方為主的運送人居於強勢的談判地位，濫用契約自由，於運送契約置入各式免責條款，一旦發生貨損，基於免責條款的拘束力，運送人均能依約免除責任。直至 19 世紀後期，免責條款的濫用達到高峰，致使保險公司不願承保貨物險，銀行不願接受匯兌，載貨證券在市場上無法流通，國際貿易與運送秩序，陷入極度混亂的局面，嚴重阻礙國際貿易國家的經濟發展。美國為了保護本國貨方與國貿的經濟利益，於 1893 年制定哈特法，將運送人的適航性擔保義務調整、舒緩為注意義務，擴大普通法四大免責事由至十個，以為交換並限制運送人的契約自由❷❹❾。澳大利亞、紐西蘭、加拿大並隨後跟進參酌哈特法為國內立法。第一次世界大戰後，由於全球性的經濟大蕭條，更激化貨方與船方的衝突，經濟更難以復甦，英國為保持其航運大國的地位，於是軟化其尊崇契約自由的立場而加入制定國際公約的法統一運動❷❹❶。美國居於大戰後興起的強權地位，促成 CMI 援參美國哈特法制定海牙規則。1924 年制定的海牙規則，進一步將免責事由擴展至 17 款，藉由擴大運送人免責範圍，軟化海權國家對國際同化之抗拒，是一場權利交換之妥協做法。這 17 個免責事由，除包括前揭判例法法定四個免責事由外，其餘 13 個免責事由係常見之約定免責事由。

B.免責事由與運送人適航性義務及貨物照管義務之適用關係

　　本法第 69 條法定免責事由，可以區分為三類：

第一類：可歸於運送人或其輔助人之過失，如第 1 款和第 3 款；

第二類：可歸於託運人、貨物所有人等貨方之過失、行為或不行為，如第

---

❷❸❾ Harter Act 1893.

❷❹❾ Harter Act 1893 s. 1; Hague and Hague-Visby Rules, art. IV, para. 2；本法第 61 條。

❷❹❶ See generally: Malcolm Clarke, Aspects of the Hague Rules, Martinus Nijhoff, 1976, pp. 3–5.

12 款、第 13 款、第 14 款、第 15 款；

第三類：不可歸於運送人或其輔助人之過失者，如第 2 款、第 4 款至第 11 款及第 16 款、第 17 款。

運送人適航性義務，為運送人之首要義務 (overriding obligation)，如運送人未履行該義務而致貨損，運送人不得主張本法第 69 條法定免責權，亦即未違反適航性義務方得主張免責權之「先盡義務原則」，詳如前揭適航性義務之討論。

貨物照管義務，依海牙威士比規則第 3 條第 2 項，應受公約第 4 條之限制，而運送人得優先適用第 4 條免責權之規定，而無前揭於適航性義務之制度下運送人「先盡義務原則」之適用，詳如前揭。一旦原告貨損請求權人證明貨損發生於運送人責任期間，運送人即可主張本法第 69 條第 1 款至第 16 款免責權規定，惟僅限不可責於運送人之免責事由，即前揭第三類第 2 款、第 4 款至第 11 款及第 16 款、第 17 款。如因貨損可歸責於運送人，則產生違反貨物照管義務而運送人損害賠償責任成立之議題❷⁴²。

C.免責主體「運送人或船舶所有人」之疑

本法第 62 條、第 69 條第 1 項、第 70 條第 2 項責任主體明列「運送人或船舶所有人」，責任主體混淆包括船舶所有人。本法將責任主體明列「運送人或船舶所有人」，究其原因，係因被援參之海牙威士比規則採用「對物訴訟」之立法模式，因此於第 4 條第 1 項、第 2 項等條文將「運送人或船舶 (carrier or the ship)」明列為責任主體，惟我國並無對物訴訟制度，因此前人將船舶翻譯為船舶所有人。現今船舶運送業取得船舶以為經營運送業之方式具有多樣性，得以自有船舶、傭入船舶、租賃船舶、轉包契約予他業者或與他業者策略聯盟、艙位互換等來營運，運送人並不當然是以自有船舶營運之船舶所有人。運送契約當事人一方為託運人，相對方為運送人，

---

❷⁴² Shipping Corp of India Ltd v. Gamlen Chemical Co (Australia) Pty Ltd (1980) 147 C.L.R. 142.

應回歸契約當事人運送人為責任主體。海運實務對於船舶取得用益之模式，不限於自有船舶已如前揭，因此晚近之漢堡規則、鹿特丹規則均以運送人為責任主體，而不及於船舶所有人。是故，本法貨物運送相關條文所列之船舶所有人，應僅適用於運送人以自有船舶營運而與託運人訂定契約之情形。

D.國際立法趨勢

　　海牙威士比規則❷❹❸、漢堡規則❷❹❹與鹿特丹規則❷❹❺，三者對於運送人責任基礎均採推定過失責任。海牙威士比規則雖採推定過失責任，運送人因負「本人責任」而不得轉嫁注意義務予履行輔助人。英美法就注意義務是否可以轉嫁他人，可區分為「實際責任」（或稱「本人責任」）(actual liability or personal liability) 與「代負責任」(vicarious liability) 兩類。前者下之注意義務並須親身履行，並因本人自己之可責行為而負責，因此如為法人時則須考慮何人之行為視同或代表法人之行為（亦即 alter ego 的概念)？原則上需依法人的章程而定，一般係指向高階管理階層如董事或具有代表權限的經理人等。後者則因使用人、受僱人或代理人之可責行為其效果歸於本人而由本人負責，就契約債務不履行責任言，效果相當於我國民法第 224 條；就侵權行為責任言，相當於我國民法第 188 條僱用人連帶責任，只是英美法下僱用人無選任過失之免責問題。海牙威士比規則遂存在航行人員的航海過失與船員過失所致火災得以免責的情形❷❹❻。漢堡規則❷❹❼與鹿特丹規則下❷❹❽，運送人負「代負責任」，因此對於履行輔助人的過失行

---

❷❹❸ Rotterdam Rules, art. 3, paras. 1 & 2.

❷❹❹ Rotterdam Rules, art. 5, para. 1.

❷❹❺ Rotterdam Rules, art. 17, paras. 1 & 2.

❷❹❻ Hague-Visby Rules, art. 4, para. 2, sub-paras. a and b.

❷❹❼ Hamburg Rules, art. 5, para. 1.

❷❹❽ Rotterdam Rules, art. 18.

為所致貨損均應負責。

鹿特丹規則因採推定過失責任基礎，將海牙威士比規則列舉免責事由中涉及過失行為的條文予以刪除或調整，刪除者如航海過失、公權之拘捕、限制與司法扣押，調整者如失火。又為反映國際社會現況與環保趨勢，增加海盜、恐怖主義與防阻環境污染所致貨損等免責事由。此外，因為鹿特丹規則法定賦予運送人對於危險貨拋棄、銷毀等處分權❷❹❾，及海程期間為保全船上人命與財產安全而犧牲貨物賦予運送人處分權之規定❷❺⓪，將共同海損犧牲 (general average sacrifice) 法制化，運送人行使此等處分權而致貨損，邏輯上自得免責，因此增加此等免責事由❷❺❶。

E.列舉免責事由之解釋

(A)第一類：可歸於運送人或其輔助人之過失，如本法第 69 條第 1 款和第 3 款

a.船長、海員、引水人或運送人之受僱人，於航行或管理船舶之行為而有過失

本款適用主體僅限於運送人之履行輔助人。依海牙威士比規則第 4 條第 2 項第 17 款原文 servant，不以受僱人為限，宜翻譯為使用人，其義如同民法第 224 條使用人，如運送人非以自有船舶營運，船長、海員即非運送人之受僱人，而是船舶所有人之受僱人。船長、海員，依本法第 2 條，本法稱船長者，謂受船舶所有人僱用主管船舶一切事務之人員；稱海員者，謂受船舶所有人僱用由船長指揮服務於船舶上所有人員，係屬指揮監督關係之從屬履行輔助人。引水人，為引領船舶於特定港區或水域航行之專門職業人員❷❺❷。引水契約，性質屬勞務性質之承攬契約，引水人為運送人之

---

❷❹❾ Rotterdam Rules, art. 15.

❷❺⓪ Rotterdam Rules, art. 16.

❷❺❶ Rotterdam Rules, art. 17, para. 3, sub-para. a(2).

❷❺❷ 參考引水法第 2 條。

獨立履行輔助人。本款僅限於運送人之履行輔助人，而非運送人本人有過失。

　　航行，係指應與船舶航行有關者，亦即考量船舶為貨船之事實而為之操船，適用於執行海程，也包括港區操船之執行❷❺❸。管理，係指照管船舶而言，而無關貨物管理，如運送人疏失違反貨物照管義務或疏於使用船舶設備照管貨物，運送人不得免責❷❺❹。因此，管理船舶如同航行船舶，具不可分性，係指管理整艘船舶而言，而非管理船舶之某一部分或僅管理船舶之設備❷❺❺。

　　船舶碰撞，多數是基於船長、海員、引水人或運送人之使用人於航行或管理船舶之行為而有過失之「人為疏失 (human errors)」，因此，本款多適用於船舶碰撞所致之貨損。

b.非由於運送人本人之故意或過失所生之火災

　　被援參之海牙威士比規則第 4 條第 2 項第 2 款文義 Fire, unless caused by the actual fault or privity of the carrier，從公約英文觀察較易理解其意旨。

　　火災 (fire)，其自然文義係指產生熱度伴隨燃燒和火焰、白炙光之化學氧化過程，亦即可見光或火焰之明火❷❺❻，單純非因燃燒和火焰、白炙光所致之「熱損 (heat damage)」，並非火災所致之貨損，例如魚粉 (fishmeal) 自發性的發熱而致包裝的塑膠容器融化或冷凍食品受熱而解凍❷❺❼。又無燃燒及火光之隱火 (smouldering fire)，如棉花之悶燒，亦非此稱火災。基於因果關係，貨物被火災所致濃煙毀損或被滅火之消防噴水或化學劑毀損，或

---

❷❺❸ Whilster International Ltd v. Kawasaki Kisen Kaisha Ltd, The Hill Harmony [2001] 1 A.C. 638.

❷❺❹ Gosse Millard Ltd v. Canadian Government Merchant Marine Ltd [1928] 1 K.B. 717.

❷❺❺ 同前註。

❷❺❻ The Santa Malta [1967] 2 Lloyd's Rep. 391.

❷❺❼ Tempus Shipping Co. v. Louis Dreyfus [1930] 1 K.B. 699.

因火災氣爆而致貨損，亦是火災所致❷。

Actual fault or privity，係英美法常見用語，大陸法系所無，亦使用於 1957 年船舶所有人限責公約和英國 1906 年海上保險法第 39 條第 5 項，而具相同之解釋。Actual 係指實際責任 (actual liability)、本人責任 (personal liability) 之本人行為，如運送人為法人之情形，則何種個人之行為係法人本人之行為？係指 alter ego 或 directing mind and will，亦即指向法人之代表，應依法律或法人章程而決。Fault（過錯），係指包括任何可責程度之過失 (negligence)、輕率 (reckless)、故意 (deliberate) 行為或不行為❷；Privity（知情），係指行為人故意未探求他人已為或未為特定事宜，又稱「視而不見之知 (blind eye knowledge)」或「故意漠視 (willful ignorance)」❷。由以上所論，本書譯為「火災，但由於運送人本人之故意、過失或知情所致者不在此限。」

免責權之舉證，應由主張之人，即運送人負舉證之責，因此欲主張火災免責權之運送人應負舉證責任證明貨損係由火災所致，而但書免責之卻除，則應由主張之人亦即原告貨損請求權人負舉證責任，證明貨損係由於運送人本人之故意、過失或知情所致❷。基於火災之性質及破壞力，除推論外，其成因通常難以認定，因此對原告貨損請求權人而言，其舉證責任「證明貨損係由於運送人本人之故意、過失或知情所致」顯係沉重之負擔。

(B)第二類：可責於託運人等貨方之過失、行為或不行為，如本法第 69 條第 12 款、第 13 款、第 14 款、第 15 款

a.包裝不固

被援參之海牙威士比規則第 4 條第 2 項第 14 款文義為 insufficiency

---

❷ The Diamond [1906] P. 282.

❷ The Marion [1984] A.C. 563.

❷ The Star Sea [2003] A.C. 469.

❷ The Apostolis [1996] 1 Lloyd's Rep. 475.

of packing。

　　Insufficiency of packing（包裝不足），包括託運人所為貨物包裝不當（inadequacy）、包裝有瑕疵、包裝毀損、包裝不固而導致該包裝不足貨物毀損，以及該包裝不足貨物致使他貨物毀損[262]。包裝是否不足係事實問題，如包裝方式係依商業習慣或一般作業方式而為，則並不易構成包裝不足。又如包裝不當係運送人所為，如貨櫃運送之併櫃貨（LCL 或 CFS），運送人裝填貨物入貨櫃之方式不固而致貨損，運送人不得主張適用本款。

　　如運送人知情貨物包裝不足，則運送人應履行貨物照管義務，警示託運人或於責任期間採行必要措施照管貨物，以防阻貨損發生。因此於併櫃貨載，如運送人裝填貨櫃時發現貨物之包裝有瑕疵，有生貨損之虞，應警示託運人；又運送人於此情形於運送單據貨物描述欄註記貨物外表情狀完好（in apparent good order and condition），基於運送單據移轉予第三人之文義證據力，運送人不得以本款免責事由對抗之[263]。同理，貨物可能因為包裝不足而致被偷、被盜，如偷、盜係可由運送人履行貨物照管義務而防阻，運送人仍應負責[264]。

b.標誌不足或不符

　　被援參之海牙威士比規則第 4 條第 2 項第 14 款文義為 insufficiency or inadequacy of marks。

　　依本法第 54 條第 1 項第 3 款，標誌係由託運人提供，並載明於運送單據，為運送單據應記載事項，以供運送人於卸貨港交付貨物時辨識應交付何種貨物，亦即決定交付正確之貨物，如託運人實際於貨物上所作之標誌與運送單據所示不足、不當、不符或欠缺，造成運送人無從辨識貨物之正確性或辨識困難，致未交貨、錯交貨物或交貨數量短少，運送人即可主張

---

[262] Goodwin, Ferreira & Co Ltd . Lamport & Holt Ltd (1929) 34 Ll. L. Rep. 192.

[263] Silver v. Ocean Steamship [1930] 1 K.B. 416.

[264] Tetley Potts v. Union SS. Co. of New Zealand [1946] N.Z.L.R. 276.

免責⑳。如託運人依本法第 54 條第 1 項第 3 款向運送人申報、提供錯誤之標誌，而致運送人錯交貨物或短交貨物，運送人依本法第 55 條第 2 項不得以之對抗託運人以外之第三人，運送人不得依本款免責事由免責，而是得依本法第 55 條第 1 項向提供錯誤標誌資訊之託運人追究其擔保資訊無誤之損害賠償責任。

c. 因貨物之固有瑕疵、品質或特性所致之耗損或其他毀損滅失

被援參之海牙威士比規則第 4 條第 2 項第 13 款文義為 wastage in bulk or weight or any other loss or damage arising from inherent defect, quality or vice of the goods，係普通法免責事由「固有瑕疵 (inherent vice)」⑳之明文，寓含固有品質 (inherent quality)、特性 (inherent nature)，也使用於海上保險如 MIA 1906 第 55 條第 2 項第 3 款規定，固有瑕疵所致損失原則上為保險人不保之損失，因牴觸保險事故發生之不確定性。「固有瑕疵 (inherent vice)」於海上運送和海上保險均採相同解釋。

本款免責事由，保護運送人對於「貨物本身不能抗承航程中尋常事故或危險，在無特殊外在事故或意外之介入，而在即使運送人已履行貨物照管義務下，貨損仍不免發生，係基於其本身自然、固有之性質⑳」，貨損係「內在原因」所致，如貨物於尋常航程中因濕氣自然蒸發致體積或重量減少之自然耗損、鐵製品於尋常航程中因海水濕氣而鏽蝕之自然變化、含水量過高之菸葉於尋常航程中自然腐敗⑳、甚至天性敏感之馬匹於尋常航程中受到驚嚇而自殘傷亡。又經常發生於需良好通風之貨物，如於欠缺通風口之乾櫃，運送人未適當履行照管義務，於櫃內未使用適當之紙隔板而致綠咖啡豆（未經烘焙者）因航行區域溫度變化，櫃壁汗濕而使之濕損，貨

---

⑳ Sandeman & Sons v. Tyzack & Branfoot SS Co. Ltd [1913] A.C. 680.

⑳ 1924 年海牙規則官方文本為法文本，使用法文 vice caché 隱藏瑕疵。

⑳ Soya v. White [1983] 1 Lloyd's Rep. 122.

⑳ Birds Cigarette Manufacturing Co Ltd v. Rouse and Others (1924) 19 Ll L Rep. 301.

損係運送人如履行貨物照管義務而可防阻者❷❻❾。運送人於貨物裝船前知情貨物之固有瑕疵，並未當然阻卻運送人主張本款❷❼⓪，惟運送人知情與否影響運送人是否運用適當方法照管貨物，如否，則違反貨物照管義務，運送人仍應負責。此外，運送人既然知情貨物固有瑕疵而於貨物裝載時顯而易見，即不得發給無註記瑕疵之清潔運送單據❷❼❶或於運送單據註記貨物外表情狀完好 (in apparent good order and condition)❷❼❷。

d.貨物所有人、託運人或其代理人、代表人之行為或不行為

　　貨物所有人：如運送人發給得移轉而具物權效力之運送單據，則依本文前述「運送單據物權效力」判斷貨物所有人，否則即依動產物權之移轉方式判斷之。代理人、代表人，係指受貨物所有人、託運人等委託或授權代其履行義務之履行輔助人。本款明顯之適例，如運送人採行託運人告知之不當貨物積儲方式而致貨損❷❼❸、又如冷藏櫃託運人指示之溫度不當造成貨損。

(C)第三類：不可責於運送人或其輔助人之過失者，如本法第 69 條第 2 款、第 4 款至第 11 款及第 16 款、第 17 款

a.海上或航路上之危險、災難或意外事故

　　本款泛稱海洋危險 (perils of the sea)，不僅使用於公共貨物運送契約，亦使用於傭船契約和海上保險契約，而應具相同之解釋❷❼❹。海洋危險，包括海上之風、浪、湧、海水、暴風 (storm)、他船舶過失所致之船舶碰

---

❷❻❾ Volcafe Ltd and Others v. Compania Sud Americana de Vapores SA [2015] EWHC 516 (Comm).

❷❼⓪ Grould v. South Eastern & Chatham Railway Co. [1920] 2 K.B. 186.

❷❼❶ Dent v. Glem Line (1940) 67 Ll L. Rep. 72.

❷❼❷ Silver v. Ocean SS Co Ltd [1930] 1 K.B. 416.

❷❼❸ Ismail v. Polish Lines [1976] Q.B. 893.

❷❼❹ The Xantho (1887) 12 App Cas 503; Hanilton v. Pandorf (1887) 12 App. Cas. 518.

撞❷、海盜（亦為免責事由之公敵行為）、擱淺或任何海洋特有、船舶於海上特有之危險，而且必須是運送人本人或其履行輔助人「無從預測且抗阻 (not be foreseen and guarded against)」。如海洋危險係可預測並抗阻，則運送人當可為必要之注意使船舶適航，履行適航性注意義務而抗阻海洋危險致生貨損之實現。因此，通常之風、浪、湧，因「可預測且抗阻」，並非此稱海洋危險❷；此稱海洋危險，於實務主要適用於「不可預測且不可抗阻」之暴風所致貨損之情形。

b.天災 (act of God)

天災係普通法公共運送人之四個免責事由之一，前已述及。天災，係指「自然風險為貨損之直接及絕對 (directly and exclusively) 之因，而無人為因素之介入，且運送人係無從合理注意及防阻」❷，其構成要件有二：一為自然風險且無人為因素介入，二為運送人無從合理注意及防阻。本款天災，其解釋與適用與前揭「海上或航路上之危險、災難或意外事故」相當而重複。

c.戰爭行為 (act of war)

貨物運送契約係商業契約，因此，戰爭行為，係依商業常識解釋，而非依國際公法上之定義❷，戰爭是否經過交戰敵國宣戰程序、或船舶是否為交戰國籍船舶、或是中立國船舶或是內戰，均包括之。

d.暴動（及民變）

被援參之海牙威士比規則第 4 條第 2 項第 11 款文義為 riots and civil commotions（暴動及民變）。

---

❷ The Xantho (1887) 12 App Cas 503.

❷ Marine Insurance Act 1906, Schdule 1, r. 7.

❷ Nugent v. Smith (1876) 1 C.P.D. 423.

❷ Kawasaki Kisen Kabushiki Kaisha of Kobe's Bantham Steamship Co. Ltd. [1939] 2 K.B. 544; National Oil Co. of Zimbabwe [1991] 2 Lloyd's Rep. 281.

暴動 (riots)，締約國英國法院於以英國法為準據法之本土保險案⑳，曾以內國刑事法有關暴動之定義，來解釋系爭事故是否為保險人除外不保之「暴動」。我國法環境即是採如同刑法第 101 條暴動內亂罪之暴動解釋本款。惟英國並無直接之判例，而流於學者之爭，有認為於此應採與保險案相同之解釋，亦有否定者。

本款係使用於海牙威士比規則下之公約用語，且如同上揭「戰爭行為」所採商業常識解釋原則⑳，商業常識解釋原則於此仍應一體適用，否則產生公約條文間之解釋方法彼此互相矛盾或各締約國內國刑事法定義差異所致之解釋差異，造成締約國判決歧異之風險，危害公約國際同化目的。況且，刑事法上暴動定義或解釋，係為追究特定犯罪行為所設之構成要件，如「集體以暴力進行武裝革命攻擊政府、警察或軍隊」始該當其罪，而免責於此之設計係基於暴動所致貨損超出運送人照管貨物之注意，係運送人難以控制之事件，而使之免責。暴動 (riots)，通常用語所指向之常識係指「吵雜、暴力而無法控制的群眾聚會 (a noisy, violent, and uncontrolled public meeting)」⑳，本款應依此解釋之。

民變 (civil commotions)，係介於暴動與內戰之間的民亂程度。於英國本土保險判例，係指聚眾為通常目的之抗爭而未達叛亂之程度，亦非對統治當局之叛亂⑳，需具有喧囂、騷亂或暴力之基本要件以及組織性的策劃犯罪行為，但民變行為不以外界組織之煽動為必要⑳。民變，通常用語係指「群眾於公共場所以暴力行為致使財物毀損 (a violent situation in which

---

⑳ London & Lancashire Fire Insurance Co Ltd v. Bolands Ltd [1924] AC 836.

⑳ Pan American World Airways Inc v. Aetna Casualty & Security Co. 505 F 2d 989 (2d Cir. 1974); [1975] 1 Lloyd's Rep. 77.

⑳ Cambridge Dictionary.

⑳ Spinneys (1948) Ltd v. Royal Insurance Co. Ltd. [1980] 1 Lloyd's Rep. 406.

⑳ Levy v. Assicurazioni Generali [1940] A.C. 791.

many people in a public place cause serious damage)❷❽❹」，如以商業常識解釋原則，則民變與暴動係相當之概念，而海牙威士比規則將其放入同款，而具相同之免責評價，本款應依此商業常識解釋原則解釋之。

e.公共敵人之行為 (Act of public enemies)

君主統治者為女性稱「女王之敵 (Queen's enemies)」，男性則稱「國王之敵 (King's enemies)」，係普通法上公共運送人之四個判例法定或默示免責事由之一，前已述及。海牙規則於 1924 年制定前，女王之敵或國王之敵，係解釋為「與運送人或船舶所有人所屬國籍國、船籍國發生戰爭之國家」，亦即「可歸因於交戰敵國之行為所致貨損」❷❽❺，運送人得以免責，係運送人難以控制之巨災。

海牙規則使用不具個人或君主色彩的「公眾之敵之行為 (act of public enemies)」，以因應諸多非君主體例締約國之政府體制。公眾之敵，得指人類之共同敵人 (hostes humanis generis)❷❽❻，亦可推論包括屬普遍管轄而任何國家均得究責而具普世價值之萬國公罪，包括反人類罪、破壞和平罪、種族隔離罪、群體滅絕罪、海盜罪、販運奴隸罪、戰爭罪、侵略罪，與海洋風險有關者，得包括在 1982 年聯合國海洋法公約第 99 條至第 108 條所定義及規範之海盜、販運奴隸、販運毒品等犯罪行為，其中涉及貨損者係海盜對於船舶及貨物之盜取行為。進一步推論，恐怖主義 (terrorism) 於 2001 年美國 911 事件後近 20 年危害全體人類之共同安全，亦是人類之共同敵人，因此對船舶恐怖攻擊而致貨損，運送人得免責。對於恐怖攻擊疏於注意防阻，即是違反貨物照管義務，不得主張免責，如運送人未遵循國際海事組織 (IMO) 制定之「國際船舶暨港埠設施保安規範 (International Ship and Port Facility Security Code, ISPS Code)」而遭恐怖攻擊而致貨損。

---

❷❽❹ Cambridge Dictionary.

❷❽❺ Russell v. Niemann (1864) 17 CB 63; 141 ER 66.

❷❽❻ Scrutton on Charter Parties, p. 400.

2009 年鹿特丹規則第 17 條第 3 項列舉免責事由，已不再使用不確定概念的「公眾之敵之行為 (act of public enemies)」，而具體的將戰爭、敵對行為、海盜、恐怖主義等並列為免責事由之一。

f.有權力者之拘捕、限制或依司法程序之扣押

被援參之海牙威士比規則第 4 條第 2 項第 7 款文義為 arrest or restraint of princes, rulers or people, or seizure under legal process：政府公權行為之扣留、限制或依司法程序之扣押。政府公權行為之扣留或限制，係 1924 年海牙規則制定前所經常使用於運送契約之典型免責條款，亦經常使用於海上保險契約之免責條款。海牙規則，始加入文字「依司法程序之扣押」，亦即依司法程序而船舶或貨物被查封而喪失占有或致貨損之情形。

政府公權行為之扣留、限制，係指不論船籍國或外國政府實行公權行為而對於船舶或貨物之扣留或限制，如公權封鎖港口或航道 (blockades)[287]、禁止船舶或貨物進出港或裝卸 (embargoes)、禁止貨物進出口、為實行檢疫之扣留、特定貨物之禁運等，但不包括私人所發動之民事扣押[288]。

政府公權行為之扣留、限制或依司法程序之扣押，如係可歸因於運送人者或運送人自曝於扣留或限制之風險，則運送人不得免責[289]，因運送人疏於注意防阻風險，即是違反貨物照管義務，如船舶走私、運送人因案船舶被民、刑事或行政扣押、船舶因未遵循行政法規而被禁止離、靠港口等。

g.檢疫限制

檢疫限制通常係政府公權行為之扣留或限制，亦構成上述政府公權行為之限制[290]，而運送人得據以免責，如公權檢疫限制蟲害之貨物進口，貨物被禁止卸船而毀損[291]。同前各款，如檢疫限制可歸責於運送人，則運送

---

[287] Geipel v. Smith (1872) L.R. 7 Q.B. 704.

[288] Finlay v. Liverpool & Grest Western SS Co (1870) 23 L.T. 251.

[289] Induna Co Ltd v. British Phosphate Commissioners [1949] 2 K.B. 430.

[290] Miller v. Law Accident Insurance Co. [1903] 1 K.B. 712.

人不得免責。

h.罷工或其他勞動事故

被援參之海牙威士比規則第 4 條第 2 項第 10 款文義為 strikes or lock-outs or stoppage or restraint of labour from whatever cause, whether partial or general：不論基於任何原因，亦不論為局部或全面性之罷工、停工、勞動之中止或限制。不論是否係基於爭取改善勞動薪資或條件而引致之罷工或勞動中斷，均屬之❷，現行條文翻譯「罷工或其他勞動事故」，文義所指「同類字義解釋原則 (ejusdem generis rule of construction)」僅限罷工或同等勞動糾紛，易生誤解。此稱勞動中斷，其要件：應非運送人自願且非運送人行為所致。同前各款，如勞動中斷可歸責於運送人，則運送人不得免責。

i.救助或意圖救助海上人命或財產

海牙威士比規則第 4 條第 4 項規定，救助或意圖救助海上人命或財產而偏航或合理偏航導致貨損，不應視為違約而運送人無須對此所致貨損負責。兩者之差別為本款之適用不限於「偏航」。

本法第 102 條及第 109 條第 1 項與船員法第 74 條及第 75 條，規範船長公法上對海上人命救助義務，1982 年聯合國海洋法公約第 98 條、1989 年海難救助公約第 10 條具相當規定。顯見，海上人命救助，係無論基於國際法或國內法之船長義務，因此而致貨損，運送人得免責，係基於救助人命，重視人格生命權之公益行為。海牙威士比規則本款將海上人命救助，擴張至海上財產救助，海上財產救助係有償之類無因管理行為，因此於 2009 年鹿特丹規則第 17 條第 3 項列舉免責事由第 12 款及第 13 款，將人命與財產救助之免責調整並區分，財產救助之免責僅限「合理之方法 (reasonable measures)」實施之財產救助。

❷ The Good Friend [1984] 2 Lloyd's Rep. 586.

❷ Beaumont-Thomas v. Blue Star Line (1939) 64 Ll. L. Rep. 159.

j.船舶雖經注意仍不能發現之隱有瑕疵

　　被援參之海牙威士比規則第 4 條第 2 項第 16 款文義為 latent defects not discoverable by due diligence：雖經注意仍不能發現之隱有瑕疵。「貨物」雖經注意仍不能發現之隱有瑕疵，運送人得依本法第 69 條第 14 款免責，而「船舶」於開航前或開航時，雖經注意仍不能發現之隱有瑕疵致船舶不適航，運送人得依第 62 條免責。因此，本款適用範圍亦顯有限。

　　隱有瑕疵 (latent defects)，係指「使用已知且慣用方法仍無從發現之缺陷 (a flaw which cannot be discovered by known and customary tests)❷❾❸」或「通常謹慎而對該事物專業之人所施以之檢查仍無從發現者 (not discoverable by such an examination as a reasonably careful man skilled in that matter would make)❷❾❹」。船舶應使用已知且慣用方法施以必要之專業檢查，但並非要求運送人於開航前「敲擊每一個鉚釘以發現瑕疵與否 (to go and tap every rivet to find if it has a defect or not)❷❾❺」。因此，於開航前必要時，如船舶發生事故後或修理後之開航，透過專業之驗船師、海事公證人等使用慣用方法檢查船舶無誤後，仍不能發現之缺陷，即屬隱有瑕疵。

k.其他非因運送人或船舶所有人本人之故意或過失及非因其代理人、受僱人之過失所致者

　　被援參之海牙威士比規則第 4 條第 2 項第 17 款文義為 any other cause arising without the actual fault or privity of the carrier, or without the fault or neglect of the agents or servants of the carrier, but the burden of proof shall be on the person claiming the benefit of this exception to show that neither the actual fault or privity of the carrier nor the fault or neglect of the agents or servants of the carrier contributed to the loss or damage，本書中譯：其他非因

---

❷❾❸ The Muncaster Castle [1961] A.C. 807, 872.

❷❾❹ Charles Brown v. Nitrate Producers Steamship Co (1937) 58 Ll. L. Rep. 188, 191.

❷❾❺ Ibid.

運送人本人之故意、過失或知情，「或」非因其代理人或使用人之過失所致者。但主張本款免責之利益者，應負舉證之責，證明滅失或毀損，既非歸因於運送人本人之故意或過失，亦非歸因於運送人之代理人或使用人之過失所致者。顯見，本法漏掉公約後段條文有關舉證責任分配之文字。此外，第 2 個 or（或），應解釋為 and（且），方合乎邏輯㊗。

本款為第三類免責事由，不可責於運送人或其輔助人之過失之總括性條文 (a catch-all exception)，通常於其他具體免責事由不適用且不可責於運送人及其履行輔助人之情形時，才主張之，譬如船舶止水閥被竊致海水濕損貨物㊗、貨物被第三人所偷竊㊗、貨損係基於其他貨物包裝不當所致等㊗。又如履行輔助人於執行職務時利用職務之便偷竊貨物，即是履行輔助人有過失，則運送人不得免責，如與職務無關或於執行職務之外偷竊貨物，則其身分與第三人無異㊿，則必須討論運送人本人有無過失或知情，如無，則運送人仍得免責。碼頭裝卸業及其受僱人屬獨立履行輔助人，基於注意義務不得轉嫁獨立履行輔助人之「本人責任制度」（請參前揭），並非此稱代理人、受僱人。

運送人本人之故意、過失或知情，何為「本人」，請參前揭。末段舉證責任之分配，除重申主張免責之運送人或其履行輔助人應負舉證之責之舉證責任分配通則外，亦強調海牙威士比規則係採推定過失責任，無過失之舉證係由運送人負擔。

7.單位限責權

原告貨損請求權人就被告運送人責任範圍，通常主張有利於己之全額

㊗ Hourani v. T. and F. Harrison (1927) 32 Com. Cas. 305.

㊗ Leesh River Tea Co Ltd v. British India S.N. Co. Ltd [1967] 2 Q.B. 250.

㊗ The City of Baroda (1926) 25 Ll.L. Rep. 437; The Cheybassa [1967] 2 Q.B. 250.

㊗ Goodwin, Ferreira & Co v. Lamport & Holt Lines Ltd (1929) 34 Ll.L. Rep. 192.

㊿ Morris v. C. W. Martin & Sons Ltd [1966] 1 Q.B. 716.

損害賠償，亦即民法第 216 條積極損害與消極損害之「完全賠償原則」，或基於本法未規定，原告通常主張民法第 638 條「目的地價值」之積極損害部分賠償規定（容下討論）。通常被告運送人於答辯書狀依法抗辯責任不成立，同時備位聲明如責任成立，則主張本法第 70 條第 2 項單位限責權限制賠償責任範圍。

⑴單位限責權形成背景與國際規範

　　單位限額賠償，係國際運送公約在無論貨運、客運，亦不論運送模式係公路、鐵路、海運、航空或多式運送的普遍性做法。

　　從早期海上運送業海上冒險的高風險性，與運送業之資本密集、勞力密集特性，運送人的損害賠償責任範圍，居此高運送風險考慮與提供資本家投入資本經營運送營業之誘因，多設損害賠償範圍之限制，而與「完全賠償原則」有別。損害賠償範圍限制，又可以區分為總額責任限制 (global limitation) 與單位責任限制 (package limitation)。總額者，僅存於海上企業，如本法第 21 條至第 23 條及 1976 年海事求償限責公約，針對發生於海上的特定債務，業者可以依肇事船舶價值或其噸位來限制此類債務全部加總的範圍，係陸上工商事業所無的特別權利。單位者，係針對運送契約責任，依貨物的件數或重量限制責任範圍，或對每一乘客人身傷亡遲延交付、行李毀損遲延交付等限制責任範圍。以海上企業為例，船舶所有人總額限責權的概念可以追溯至 16 世紀，其目的係為鼓勵資本家投資經營海上事業，使其精確預見因海上冒險所致之債務責任範圍，而能投保適足的責任保險，進而降低海上事業經營風險的不確定性與經營成本。同樣地，後起的運送人單位限責權概念，除具前揭功能外，經由法律所建構的最高單位賠償額的標準，運送人免於遭受未申報高價值貨物之風險，無須因運送物種類之不同或價值的高低而個別計算運費，簡化運費計算程序而降低經營成本，進而提供貨方低廉而一致的運費費率，亦有利於貨方，係船方與貨方雙贏的航運政策。只是，隨著人類運送技術的進步，海上氣象資訊管道的發達，

運送風險的可預測性愈來愈高，因而運送業不再是高風險事業，責任範圍限制制度理應受到檢討或透過衡平機制，避免運送人濫用單位限責權或降低對事故防阻之注意。

1924 年海牙規則為緩解船方國家抵制國際同化，於限縮運送人契約自由權之時，賦予運送人諸多特權以為交換（請參前揭國際變革），其中之一為於第 4 條第 5 項將單位限責權明文法制化，從契約通常置入之定型化條款地位提昇至法律的層次[301]，運送人限責範圍為每件 100 英鎊或等值之貨幣。威士比規則將英鎊改為金法郎，以解決英鎊通貨膨脹所致的幣值劇烈變動之不當影響。同一原因，公約於 1979 年再將金法郎變更為特別提款權，以之為記帳單位。

海牙威士比規則單位限責範圍為每件 666.67 SDR 或每公斤 2 SDR，以高者為準，漢堡規則提高到每件 835 SDR，每公斤 2.5 SDR，鹿特丹規則進一步提高到每件 875 SDR，每公斤 3 SDR[302]，除非運送物的價值經託運人聲明並載明於運送契約或當事人約定較高限額[303]。衡量限責範圍的標準，主要為運送貨物的平均價值、運送人責任保險的成本與對運費的影響。何為適當的限責範圍，雖有其理論根據，但是船方國家和貨方國家各持不同立場的結果，限責範圍最後終究係屬妥協、折衝下的產物。雖然鹿特丹規則較海牙威士比規則分別提高 31.25% 和 50%，比漢堡規則高出 5% 和 20%，同時再加上鹿特丹規則運送人損害賠償責任的成立，較現行主流的海牙威士比規則為容易，就整體責任保險市場言[304]，責任保險人勢必會調高運送人保費，而運送人再經由提高運費的方式轉嫁成本予託運人。

海牙威士比規則未規範遲延責任，漢堡規則對遲延所致經濟上損失，

[301] See for history in The El Greco [2004] 2 Lloyd's Rep. 537.

[302] Art. 59, Rotterdam Rules.

[303] Art. 59, para. 1, Rotterdam Rules.

[304] 非就個案而論。

為運送物運費之 2.5 倍，惟不得超過運送契約之總運費❸❺，鹿特丹規則❸❻就此與漢堡規則相同。貨物毀損滅失與延遲所致經濟損失之加總，同漢堡規則❸❼，以貨物全損之單位限責範圍為限❸❽，避免純粹經濟損失範圍之無限延伸。

(2)適用要件與賠償範圍

A.託運人報值之賠償責任範圍

　　按本法第 70 條第 2 項前段「除貨物之性質及價值於裝載前，已經託運人聲明並註明於載貨證券者外」文義，如託運人申報，運送人得評估是否接受風險或收取較高額運費而同意或拒絕記載於運送單據，而衍生貨價記載同意權。註明於載貨證券之目的，係排除法定單位限額賠償權，而具警示及證據功能。一旦同意並如實記載，則運送人不得主張單位限責權。依海牙威士比規則第 4 條第 5 項第 6 款，該記載之貨價僅具推定證據力，運送人仍可另行提出證據，如透過託運人所聲明貨物之性質，取得資訊並證明貨物於卸貨港之應有價值，而以之為損害賠償責任範圍。因而，如託運人報值，運送人得照價賠償或另行證明貨物於卸貨港價值，而以之為賠償範圍，如下「法定積極損害之部分賠償」。

　　為防範託運人於聲明貨價時「以少報多」，陷運送人於照價高額賠償之風險，本法第 70 條第 1 項規定「託運人於託運時故意虛報貨物之性質或價值，運送人或船舶所有人對於其貨物之毀損或滅失，不負賠償責任。」以為制衡。

B.託運人未報值之賠償責任範圍

(A)法定積極損害之部分賠償

---

❸❺ Art. 6, para. 1(b), Hamburg Rules.

❸❻ Art. 60, Rotterdam Rules.

❸❼ Art. 6, para. 1 (c), Hamburg Rules.

❸❽ Art. 60, Rotterdam Rules.

託運人未報值而運送人未主張單位限責，或損害範圍少於最高限責範圍，或於被告運送人主張單位限責前，基於本法未有明文規定，原告通常依海商法第 5 條補充法規定，主張民法第 638 條運送人賠償責任範圍衡量規定，是否適法？討論於下。

民法第 638 條第 1 項將運送人的損害賠償範圍，客觀而具體的以目的地價值計算。因為運送人的主給付義務在於將標的運送至意定的目的地，亦是著眼債權人於目的地「取回原物或其價值」之期待，遂以目的地價值為計算。既然著重於目的地取回原物，則損害賠償額自應以此為依據。以標的滅失之情形為例，債權人之損失理應為於目的地「取回原物之成本」即是「到岸價值」，而非債權人原得以於目的地將原物「出賣之價值」。換句言，並非是「批發市場價值」，亦即不是「到岸價值」加上批發利潤；亦非「消費市場價值」，即不是「到岸價值」加上零售利潤。若以買賣契約 FOB 貿易條件為例，則「到岸價值」包括：商業發票所記載的買賣契約售價、運送成本、保險費、關稅、行政管理費用等在內。至於毀損之情形應為實際取回的貨物價值與應取回貨物價值之差額。可見，民法第 638 條第 1 項係第 216 條第 1 項「除法律另有規定外」之特別規定，旨在排除第 216 條第 1 項「所失利益」之消極損害。我國學說與實務將目的地價值解為銷售市場價值（包括所失利益的合理利潤），應係有誤，否則學說與實務❸⓿⑨謂民法第 638 條第 3 項的「其他損害」即為「所失利益」，豈非自相矛盾？

本書認為，海商法第 5 條之補充法，應優先以被援參之國際規範為補充（請參前揭海商法法源及補充法），而非民法第 638 條。海牙威士比規則第 4 條第 5 項第 2 款規定：「運送人對貨物滅失或毀損之賠償總額，應依約定之卸貨港當時之貨物價值計算。貨物價值應按商品交易價格確定，無此種價格者，依市場價格計算；無交易價格及市場價格者，參酌相同種類及品質貨物之通常價值確定。」❸⓵⓿因此，公約係以卸貨港價值為計算，同樣排

---

❸⓿⑨ 例如最高法院 95 年臺上字第 1164 號判決見解。

除消極損害❸⓪，惟更具體明確以個案交易價格所計算而出之「到岸價格」為衡量，如無交易價格，如於非基於國際貿易買賣之運送如託運人運送自己之物品或半成品至另一地工廠製造或再加工，則以當地當時市場價格計算，如無，則以相同種類及品質貨物之通常價值為替代價值。2008 年鹿特丹規則第 22 條，亦採相當規定，顯見以卸貨港到岸價格所彰顯之「積極損害之部分賠償」，係國際社會所肯認之準則。

(B)法定單位限額賠償

如託運人未向運送人聲明貨物性質及價值且未載明於載貨證券之運送單據，運送人得主張單位限責權，前已說明。如未符合此要件或即使運送人可透過其他管道知悉貨物價值❸⓲，運送人仍得主張單位限責權。

(3)貨櫃條款

現行海商法於 1999 年關於貨櫃運送之最重要修正為如同 1968 年修正後之海牙威士比規則第 4 條第 5 項第 3 款俗稱之貨櫃條款，特別釐清貨櫃運送包裝件數之計算標準,而於第 70 條關於單位責任限制條文增訂第 3 項以因應貨櫃、墊板或其他方式併裝運送等，姑且不論第 2 項爰用海牙威士比規則修訂之運送人限責每件特別提款權 666.67 單位或每公斤特別提款權 2 單位之限額於 21 世紀之際是否合理,此次增訂貨櫃包裝件數計算標準合乎國際公約而與國際主流文明並駕齊驅。

---

❸⓪ 本書自譯。公約英文本: The total amount recoverable shall be calculated by reference to the value of such goods at the place and time at which the goods are discharged from the ship in accordance with the contract or should have been so discharged. The value of the goods shall be fixed according to the commodity exchange price, or, if there be no such price, according to the current market price, or, if there be no commodity exchange price or current market price, by reference to the normal value of goods of the same kind and quality.

❸⓲ Croudace Construction Ltd v. Cawood's Concrete Products Ltd [1978] 2 Lloyd's Rep.

❸⓲ Anticosti Shipping Co v. Viateur St Amand [1959] 1 Lloyd's Rep. 352.

海牙威士比規則第 4 條第 5 項第 3 款之要旨及其所揭示之兩個標準：

第一個標準：若載貨證券面上陳述貨櫃或運送器具內貨物之包裝件數或單位，不論併裝貨物之貨櫃、墊板 (pallet) 或運送器具為託運人或運送人提供，則該件數或單位應視為用於限責之單一包裝件數或單位；

第二個標準：若載貨證券表面未如此列舉包裝件數或單位之數量，則該貨櫃、墊板或運送器具將構成單一包裝件數或單位。

　　海牙威士比規則包裝件數之計算，為特別與載貨證券之文義性相關，運送人的責任限制僅限於陳述於載貨證券表面之相關包裝數量，並無海商法第 70 條特別規定託運人提供之貨櫃得作為一件包裝件數計算。漢堡規則第 6 條第 2 項第 2 款或 1980 年多式運送公約第 18 條第 2 項第 2 款類似，但其僅於託運人供應之貨櫃全損或損壞時適用，因為漢堡規則和多式公約均視託運人供應之貨櫃為貨物之包裝或貨物之一部，而若託運人供應之貨櫃並無全損或損壞而僅內容物滅失或損壞，則該貨櫃並不得作為一計算單位，計算單位需視載貨證券上包裝數量之陳述而定。因此，非運送人所有或提供之貨櫃、墊板或其他併裝之器具滅失或毀損者，應如同前揭漢堡規則，該貨櫃、墊板或併裝之器具本身視為一件計算。

　　無論如何，根據海牙威士比規則第 3 條第 5 項、漢堡規則第 17 條第 1 項、1980 年多式運送公約第 12 條第 1 項或我國海商法第 55 條第 1 項，確認載貨證券面之如是列明為託運人的責任，託運人必須提出充分之貨櫃內容包裝證明，以說服運送人詳列包裝數量。但是實務上，運送人均充分利用如本法第 54 條第 2 項對整櫃貨 (FCL) 採用「據稱內含 (said to contain)」、「據稱數量 (said to count)」、「據稱重 (said to weigh)」的方式，迴避於載貨證券列舉包裝數量或重量。因而一旦遭受貨損，舉證責任在於請求權人提出貨櫃內實際的裝貨件數證明。有關據稱條款之效力及效力範圍，請參本書前揭論述。

(4)特別提款權兌換為本國貨幣

特別提款權係 1969 年由國際貨幣基金會 (International Monetary Fund, IMF) 所創置的國際儲備資產 (international reserve asset)，藉以補充黃金儲備或美元儲備制度。現行（2016 年 10 月 1 日後）特別提款權是由美元 41.73%、歐元 30.93%、人民幣 10.92%、日圓 8.33% 和英鎊 8.09% 組成。IMF 每日均於其官方網址 (www.imf.org) 公告特別提款權與組成貨幣之兌換比例，例如於 2017 年 4 月 6 日，1 美元為 0.736951 SDR。

特別提款權兌換成本國幣值之方法，依海牙威士比規則第 4 條第 5 項第 4 款規定，係由繫屬法院地之法律決定之。現行法並未規定特別提款權之兌換日，我國法院實務有採貨損發生日者、有採判決日者，亦有以起訴日為兌換日者，見解不一。按鹿特丹規則第 59 條第 3 項，係依判決日、裁定日或當事人約定日為原則，其雖至今尚未生效，可以之為國際社會所肯認之法理來補充本法欠缺明文之漏洞。

(5)失卻單位限責權❸

本法第 70 條第 4 項：「由於運送人或船舶所有人之故意或重大過失所發生之毀損或滅失，運送人或船舶所有人不得主張第二項單位限制責任之利益」，係援參海牙威士比規則第 4 條第 5 項第 5 款之增訂修正，對於公約的文義，除將英美法的「有認識輕率」翻譯為重大過失以切合我國民事法可歸責程度體系外，並未做任何文義變更或修改，因此在解釋上即需參照公約之解釋，亦即應僅限「本人」的故意或重大過失，容下討論。

海牙規則第 4 條第 5 項除規定貨物之性質和價值於裝載前已經託運人聲明並註明於載貨證券者外，「於任何情況下 (in any event)」，運送人均得行使單位限責權，未設其他失卻事由。因而即使運送人違反第 3 條第 1 項

❸ 饒瑞正，海上貨物運送人單位限責權之失卻：Breaking the Package Limit——簡評最高法院 95 年台上字第 1164 號判決，台灣法學雜誌，第 90 期，2007 年 1 月，頁 315–319。

的適航性義務或第 3 條第 2 項的貨物照管義務，運送人仍得限責。就比較法的觀察，英、美法院對於海牙規則的實踐，係將「任何情況下」予以限縮，而依內國普通法 (common law) 下之契約法，認為於運送人重大違約 (fundamental breach) 之情形，例如無正當理由偏航或未經託運人的同意將貨物儲載於甲板上，運送人失卻單位限責權。因為依英美契約法，重大違約的一方喪失契約賦予的任何權利或抗辯。

1968 年修訂的威士比規則對於海牙規則第 4 條第 5 項的「任何情況下」予以保留，但增訂第 4 條第 5 項第 5 款，貨損因運送人特定的可歸責程度所致——包括故意 (done with intent to cause damage) 或輕率而認識到損害可能產生 (done recklessly and with knowledge that damage would probably result)，則剝奪運送人的單位限責權，以為衡平。英美法上行為人主觀心態的可責性程度依序可以區分為❸❹：故意行為〔intentional conduct (willful misconduct)〕、有認識的輕率 (reckless conduct with knowledge)、無認識的輕率（相當於重大過失）〔reckless conduct without knowledge (gross negligence)〕、過失 (negligence)，在故意與重大過失間設置有認識的輕率而與我國及大陸法系之可責性程度之區分有別。針對有認識的輕率，係指行為人預見結果「可能發生」而仍「冒險而為」(has foreseen that the particular kind of harm in question might be done and yet has gone on to take the risk of it❸❺)，與大陸法的間接故意❸❻趨近但強度稍弱而又可與故意行為區別，因而大陸法系的法院通常對其評價亦如同對無認識的輕率般將其解釋為重大過失。

此外，基於海牙威士比規則爰用英美法的概念採「本人責任」制度，

---

❸❹ SS. Pharmaceutical Co. Ltd. and Another v. Qantas Airways Ltd [1991] 1 Lloyd's Rep. 288.

❸❺ R. v. Cunningham [1967] 2 Q.B. 396.

❸❻ 刑法第 13 條之預見其發生而其發生並不違背其本意。

雖於增訂之第 4 條第 5 項第 5 款時僅明列運送人，貨損仍必須是運送人「本人」之故意或重大過失所致，才得阻卻運送人主張單位限責權，而當然排除「代負責任」制度。

除運送人本人故意或重大過失行為致使貨損發生外，尚依本法第 71 條和第 73 條，不適法的偏航和甲板運送，運送人失卻任何法定和約定之抗辯權，包括失卻單位限責權，請參前揭偏航和甲板運送之討論。

四　託運人義務及權利

㈠貨物內容申報義務及擔保義務

託運人依本法第 54 條第 1 項第 3 款向運送人以書面申報貨物名稱、件數或重量，或其包裝之種類、個數及標誌，以供運送人判斷依照貨物特質適當履行本法第 63 條貨物照管義務，以及列明於運送單據，惟如有客觀跡象疑其不符或無從核對，運送人得依同條文第 2 項行使保留權，請參前揭保留條款之效力及效力範圍。依海運實務，託運人通常於向運送人填寫託運單 (shipping order) 為要約的意思表示時說明之，或又於貨物裝櫃後，提供運送人裝櫃明細 (packing list)，藉以履行申報義務。

如運送人不為保留而據實記載，基於貨物運送契約係諾成契約之本質，記載事項於託運人和運送人間依同條第 3 項僅具推定證據力，惟如運送單據移轉予善意第三人，運送人對善意第三人應負文義責任[317]，而具不可反駁之終局證據力，以保護第三人之信賴利益，促進單據之流通與國際貿易之進行，請詳參前揭運送單據之文義效力。

託運人依本法第 55 條第 1 項應擔保申報內容正確無誤，否則應負損害賠償責任，以為提高運送人據實記載之誘因，或又制衡託運人虛偽申報而運送人因需對善意受貨人或運送單據持有人等第三人負文義責任，無法依照申報內容原物原狀返還予受貨人或單據持有人，而於對此等第三人損害

---

[317] 海商法第 60 條第 1 項，準用民法第 627 條；運送人文義責任，請參前揭。

賠償後，向託運人主張違反擔保義務請求損害賠償。依被援參的海牙威士比規則第 3 條第 5 項，本法第 55 條第 1 項託運人擔保義務內容，漏列第 54 條第 1 項第 3 款託運人申報之「重量」，歷次立法理由並未說明為何刪除公約列明之「重量」，因此，並非本法立法故意排除重量於擔保之外，而係立法上疏漏，應以公約第 3 條第 5 項填補此漏洞，以符公約原條文之規範。

此外，依國際海上人命安全公約 (International Convention for the Safety of Life at Sea, SOLAS)❸⓱，託運人必須在裝船前，獲取重櫃的驗證總重量 (Verified Gross Mass, VGM)，並確保於裝船前足夠時間提供給運送人，以供運送人在編製裝載計畫 (stowage plan) 排艙時使用，計算安全重心，以維護海上航行安全，此條文已於 2016 年 7 月 1 日生效實施。凡重櫃未提供經核實驗證的總重，該貨櫃不得裝上船舶，此為託運人公法上義務。運送單據列出的毛重是指含包裝之貨物總重量，不包括櫃體重量，而 VGM 是指包含貨櫃櫃體、貨重、包裝材料等經過核實的重櫃總重量，二者適用範圍、目的不同。貨物毛重主要是商業使用，而記載於運送單據，VGM 是作為船舶配艙計畫用，無須顯示於運送單據。

運送契約債務承擔現行法未規定。本法第 55 條第 2 項違反擔保義務之損害賠償責任，仍由託運人負責，除第三人約定承擔債務外，運送人不得以之對抗第三人。運送契約債務承擔，請詳參前述「運送契約債權移轉及債務承擔」。

㈡運費給付義務

託運人係運費給付義務人，運費給付義務性質屬主給付義務，亦是運送人運送貨物之對價，請參本書前揭運送人「運費請求權」。

㈢運送單據發給請求權

託運人基於當事人之身分，為運送契約債權人，得以行使法定或約定

---

❸⓱ SOLAS Chapter VI, Regulation 2, paragraph 6.

之權利，包括本法第 53 條依需求於貨物裝船後，請求運送人發給指示式、記名或不記名載貨證券正本或副本數份，或依實際需求請求運送人發給其他運送單據，如海上貨運單 (sea waybill)，請詳參本書前述運送人「發給運送單據義務」。

五　運送人履行輔助人之抗辯權：喜馬拉雅條款[319]

本法第 76 條第 1 項從屬履行輔助人及第 2 項獨立履行輔助人依本法亦得主張運送人之法定抗辯權，亦即喜馬拉雅條款之明文化，請詳參本書前述「海商法的補充法」及「海商法適用範圍」有關喜馬拉雅條款之論述。

六　起訴期間

本法第 56 條第 2 項，援參海牙威士比規則第 3 條第 6 項，規定貨物毀損滅失自貨物受領或自應受領日起，一年內未起訴者，運送人解除責任。解除責任，係依法當然免除責任之意，貨損請求權人債權消滅[320]，而非僅是產生拒絕給付之抗辯權。

㈠受領或應受領之日

一年期間之起算，係採日曆天，而自受領或應受領之日起算 (one year of their delivery or of the date they should have been delivered)。海牙威士比規則下運送人法定責任期間，為裝後卸前之鉤到鉤、舷到舷期間（請參前揭詳論），因此締約國司法解釋公約「受領或應受領之日」，係指「卸船或應卸船之日」[321]。

---

[319] 饒瑞正，喜馬拉雅條款與一體適用原則——評臺灣高等法院 92 年度海商上字第 12 號判決，月旦裁判時報，第 13 期，2012 年 2 月，頁 57-65。

[320] The Aries [1977] 1 WLR 185 (HL).

[321] The Straat Cumberland [1973] 2 Lloyd's Rep. 492, 494; The Zhi Jiang Kou [1991] 1 Lloyd's Rep. 493, 499; The Berge Sisar [2002] 2 A.C. 205.

㈡起訴之義

本條文之「起訴 (suit)」，係指有權提起訴訟之人於有管轄權之法院提起訴訟❸，如於本法第 78 條第 1 項有管轄權法院外之無管轄權之他法院起訴，並非此稱起訴，起訴因此並未適當提起。於一年期間合法起訴，而訴狀未及時於一年內送達，仍構成此稱起訴❸。

此稱起訴，締約國司法見解包括仲裁程序之提付❸，爾後 2008 年鹿特丹規則第 62 條第 1 項因此將司法程序 (judicial proceedings) 和仲裁程序並列。公約之發展，係採擴大起訴之方向，因而除仲裁外，應得包括民法第 129 條第 2 項與起訴具相同效力之司法程序，包括依督促程序聲請發支付命令、聲請調解、申報和解債權或破產債權、告知訴訟及開始執行行為或聲請強制執行等。

時效之保全，得透過對人訴訟，亦得透過對物訴訟，因而貨損請求權人於一年期間提起對人訴訟，而於一年後復對運送人所有之姊妹船提起對物訴訟，出庭應訴之船舶所有人（亦是對人訴訟案運送人）抗辯期間經過之主張，係無效❸。

㈢當事人得合意延長，但不得縮短

海牙威士比規則第 3 條第 6 項、漢堡規則第 20 條第 4 項、鹿特丹規則第 63 條，均規定起訴期間於起訴之事由發生後，當事人得協議延長之，因為海事案件之證據取得及事故成因之調查與認定，遠比陸上民事案件繁複而耗時，因此期間之延長係國際海上運送法之共通原則規定，而為國際社會肯認。一年期間如縮短者，顯係減免運送人法定義務者，牴觸本法第 61 條不公平條款控制規定而無效。

---

❸ The Aiolos [1983] 2 Lloyd's Rep. 25; The Leni [1992] 2 Lloyd's Rep. 48.

❸ Thyssen Inc v. Calypso Shipping Corp SA [2000] 2 Lloyd's Rep. 243.

❸ The Merak [1965] P 223.

❸ The Nordglimt [1988] QB 183.

㈣無中斷或停止

現行條文參考之海牙威士比規則第 3 條第 6 項未明文規定起訴期間是否得停止或中斷，因此產生締約國內國法適用空間與各國司法實務之見解差異。此一年期間，既非消滅時效，也非除斥期間，因此，為解決此議題，鹿特丹規則第 63 條規定起訴期間不得停止或中斷，以解紛爭。應得以之為法理來補充我國法未明文規定事項。

㈤一年期間之法律性質

期間得以區分為消滅時效和除斥期間。前者適用於請求權，得中斷或停止，期間經過，產生債務人得拒絕給付之抗辯權，當事人不得任意延長或縮短；後者適用於形成權，一旦開始起算，則時間持續進行，而不生停止或中斷，期間經過債務人免除責任。前者有待債務人提出抗辯主張，後者法院依職權應予調查。我國法院實務見解，即在典型消滅時效與除斥期間二分法中，擇一認定本法第 56 條第 2 項規定之一年期間為消滅時效，或有認係除斥期間，產生見解不一之情形，而無論解為消滅時效或除斥期間，都無法完全吻合其法律性質（請見前揭該一年期間特質），例如一年期間適用之客體係請求權類如消滅時效，而期間經過運送人免責之效果又與除斥期間相同。因此，這一年期間，並非民法消滅時效，也非除斥期間，乃公約之特殊規定，稱「起訴期間 (time for suit)」，相當民事程序、刑事程序、行政程序法上「法定期間」之功能，性質屬程序權，而非實體權。

七　涉外的法律適用

國際海上貨物運送契約，係涉外的國際性契約，其涉外的法律適用或準據法，係海牙規則以降以迄鹿特丹規則，這四組國際公約之強制規定，以保護相對弱勢之貨方，同時使公約有適用之機會，而促進國際同化。本法第 77 條偏離海牙威士比規則之規定，其瑕疵、解釋及適用，請參本書前述「海商法適用範圍」。

八 國際管轄

國際海上貨物運送事件所涉之法律衝突，首先為國際管轄問題，亦即究竟是本國法院抑或外國法院有管轄權；次為涉外的法律適用，如上揭。國際海上貨物運送事件，何國法院對案件具國際管轄權，又於具管轄權之該國法院訴訟，其經濟效益、當事人實體及程序利益、其判決於他國（被告居住所、被告財產所在地國法院）是否受承認及執行，應為綜合性之評估，以選擇起訴法院。四組國際海上貨運公約，自 1978 年漢堡規則始對國際管轄規範，在法定任擇專屬管轄之強制規定下，原告貨損請求權人僅能於公約法定有管轄法院選擇（評估）起訴法院，船方國家認為侵害其作為當事人合意管轄為訴訟或仲裁地之商業習慣，危害其國際海商事件爭端處理中心之地位，如倫敦及紐約，而抵制漢堡規則。2008 年鹿特丹規則規定其國際管轄及仲裁條文為選擇性納入條文 (opt-in clauses) 之任意規定❸，締約國得以於簽署、批准或加入時作保留之明示聲明，表示願受其拘束，試圖解決漢堡規則強制管轄條文所導致之國際抵制。

㈠國際管轄權之分配原則

國際管轄權之分配 (allocation of international jurisdiction)，係透過牽連因素 (connecting factors)、公平性及公益性等來分配管轄，所考量因素如下❸：

1. 生活與經濟活動：原、被告之住所、居所、主要營業處所、契約締結地、契約履行地
2. 證據的取得：損害發生地、契約締結地、契約履行地
3. 判決的執行利益：被告財產所在之住所、居所、主要營業處所
4. 公平性（對弱勢之保護、當事人談判地位）：原告之住所

---

❸ Rotterdam Rules, arts. 74 & 78.

❸ 劉鐵錚、陳榮傳，國際私法論，三民書局，1998 年，頁 123。

5.內國國民保護：原告之住所

6.避免不確定性：實體法明文規定

7.實體法適用範圍之考量：管轄條文與強制適用之至上條文 (paramount clause) 之配套

8.實體法當事人衡平利益之實現：締約國法院、本國法院

㈡國際管轄相關公約

1.一般民、商事件

區域性者如歐洲的 1968 年布魯塞爾公約❷❷、1988 年盧剛諾公約❷❾、取代 1988 年盧剛諾公約的 2007 年盧剛諾公約❸⓪。全球性者如 2005 年海牙選擇法院協議公約❸❶，於 2015 年 10 月 1 日生效。

觀察歐盟法，1968 年布魯塞爾公約，被 2001 年歐盟「布魯塞爾 1 號法規」(Regulation (EC) 44/2001, the "Brussels I Regulation") 取代❸❷，復被 2012 年「布魯塞爾 1 號重整法規」(Regulation (EC) 1215/2012, the "Brussels I Recast") 取代❸❸，而於 2015 年 1 月 10 日生效。至於 2007 年盧剛諾公約則大致採行前稱「布魯塞爾 1 號法規」，規範歐盟與瑞士、挪威及冰島等非歐盟國間之民商事件國際管轄及判決執行。歐盟為前述 2005 年海牙公約會員，歐盟成員國除丹麥外，均當然自成締約國而受公約之拘束。

---

❷❽ Convention on jurisdiction and the enforcement of judgments in civil and commercial matters, signed at Brussels in 1968.

❷❾ Convention on Jurisdiction and the Enforcement of Judgments in Civil and Commercial matters, done at Lugano on 16 September 1988.

❸⓪ Lugano Convention on jurisdiction and enforcement of judgments in civil and commercial matters of 30 October 2007.

❸❶ Hague Convention on Choice of Court Agreements 2005.

❸❷ Regulation (EC) 44/2001 on jurisdiction and the recognition and enforcement of judgments in civil and commercial matters (the "Brussels I Regulation").

❸❸ EU Regulation 1215/2012 (the "Brussels I Recast").

根據前稱「布魯塞爾 1 號重整法規」第 71 條，該法規並不影響會員為其他有關國際管轄與判決執行相關公約會員之權利及義務。換句言，如該歐盟「布魯塞爾 1 號重整法規」條文與 2005 年海牙選擇法院協議公約條文有所牴觸或競合，則以 2005 年公約具優先適用效力。

2. 海上貨物運送事件

海上貨物運送公約有關國際管轄之規定，相對於前揭一般民商事件之國際管轄公約，就國際法之層級言，對於海上貨運事件，係屬特別規定 (specific rules)，應優先適用。

(1)海牙及海牙威士比規則

海牙及海牙威士比規則未規範國際管轄，尊重各締約國內國法以及長存之海運商業習慣，由當事人於運送契約自主約定國際管轄而表現於載貨證券背後運送條款❸❸❹，如未約定、意思不明或其約定無效，則依案件繫屬之法庭地法解決，又如為上揭民商事國際管轄公約締約國或歐盟會員國，則依公約內化之內國法或歐盟法解決之。

海牙或海牙威士比規則締約國法院如無管轄權，產生無管轄權之締約國法院無法依公約規定實踐第 10 條強制適用條文（請參前揭單元「海商法適用範圍」）之窘境，則無法實踐公約實體法之衡平利益，此為海牙規則體系之立法缺漏。

(2)漢堡規則

A.約定管轄外加及管轄條文與強制適用條文（至上條文）之配套

漢堡規則開始規範國際管轄，其第 21 條第 1 項採「進出口原則」，原告得選擇起訴之法院，係依法庭地法有管轄權之法院為原則，且限有管轄權之被告主事務所或居住所、被告有營業處所或經該地代理而訂約之契約訂定地、裝貨港或卸貨港或運送契約合意管轄之其他地，以之為牽連因素來分配管轄，而所聚焦之牽連因素亦是強制適用條文第 2 條第 1 項之牽連

---

❸❹ 背後條款效力，請參本書前揭「載貨證券、運送單據債權效力」。

因素，以為配套，否則產生法院有管轄權而無公約條文強制適用或締約國法院應強制適用公約而無管轄權之窘境。公約之法定管轄，係原告任擇之專屬管轄。因此，運送契約之管轄條款原則尊重其效力，惟原告亦得於約定管轄地外之法定管轄地法院起訴運送人，係「約定管轄外加 (agreed jurisdiction plus)」，重申定管轄之契約自由，亦保障談判弱勢貨方之妥協做法。

B.船舶假扣押或對船訴訟管轄之調和

　　船舶所在地法院基於保全程序管轄或對船訴訟管轄，而產生本案實體管轄❸❸或為本案之起訴，為免債權人透過保全程序管轄或對物訴訟管轄，逃避公約之專屬管轄，第 21 條第 2 項亦規定保全程序管轄或對船訴訟管轄之法院於被告主張，原告應移轉訴訟於前揭公約專屬管轄法院，而於移轉前被告應提出適當擔保。

C.事件後當事人自主約定管轄

　　事件後，當事人亦得約定管轄法院，尊重當事人契約自由權❸❻，亦保障傳統海事訴訟中心之利益。

D.公約缺漏

　　法定專屬管轄法院，未作締約國法院之限制，產生與強制適用條文無從配套之缺漏，締約國法院無管轄權而無法強制適用公約或非締約國法院有管轄權但不受公約拘束，而直接或間接無強制適用公約之義務，均導致無法實踐公約實體法之衡平利益，阻礙公約國際同化目的。同樣的，事件後之約定管轄，無締約國法院之限制，亦生相同難題。

(3)鹿特丹規則

　　鹿特丹規則以漢堡規則第 21 條為基礎來修正、檢討國際管轄議題。所

---

❸❸ 海商法第 101 條第 4 款；民事訴訟法第 3 條第 1 項；Arrest Convention 1999, art. 7, para. 7.

❸❻ Hamburg Rules, art. 21, para. 5.

考量之因素包括❸❸❼：公約適用範圍（至上條文）、實務運送契約排他性專屬管轄（如法院選擇條款 forum selection clause）之公平性、當事人談判地位、公約實體法衡平利益之實踐等，這也是近代各式運送公約普遍肯定之基本考量原則。

A.牽連因素以締約國法院為限

僅締約國法院有管轄權，牽連因素以締約國法院為限❸❸❽，包括❸❸❾：位處締約國運送人之住所 (domicile) 法院，指法人登記所在地或管理中心、主營業處所、自然人經常居住地❸❹❶；位處締約國之運送契約收貨地、交貨地法院：係對「收到交」內含海運之多式運送之考量；位處締約國之最先裝貨港、最後卸貨港法院：「港到港」單式海運、自由轉船條款之考量；當事人於運送契約合議之締約國其他法院。公約之法定管轄，係專屬管轄❸❹❶。運送契約之管轄條款，有與之偏離者，如規定非締約國法院有管轄權，都因之為不公平條款而無效❸❹❷。對於當事人談判地位相當之批量契約，則允許契約當事人約定以締約國法院為專屬管轄法院❸❹❸，尊重契約自由之同時，也實現公約實體法之衡平利益，惟為保護第三人，建立對第三人拘束之適用要件❸❹❹：以法定管轄法院為限、專屬管轄合議應記載於運送單據或電子運送紀錄、第三人受適時與書面通知❸❹❺、案件繫屬法院肯認專屬管轄。

B.與保全程序管轄之調和

---

❸❸❼ Rotterdam Rules, arts. 66 to 74.

❸❸❽ Rotterdam Rules, art. 1, para. 30.

❸❸❾ Rotterdam Rules, art. 66.

❸❹❶ Rotterdam Rules, art. 1, para. 29.

❸❹❶ Rotterdam Rules, art. 69.

❸❹❷ Rotterdam Rules, art. 79.

❸❹❸ Rotterdam Rules, art. 67.

❸❹❹ Rotterdam Rules, art. 67.

❸❹❺ Rotterdam Rules, art. 3.

公約管轄條文原則上優越於締約國保全程序管轄法規所生之本案管轄效力，而拒絕承認保全程序管轄取得實體管轄之效力，除非公約管轄條文之要件全數符合或相關國際公約允許，如締約國同時係 1999 年船舶假扣押公約締約國而得主張公約第 7 條第 1 項保全程序管轄法院具本案管轄之規定。

C.事件後協議專屬管轄

事件後協議專屬管轄以締約國法院為限❸，且不以書面為必要❸。如被告於該管轄法院出庭應訴而不依法庭地法抗告其管轄，該管法院始取得管轄權。以此矯正漢堡規則之缺漏。

⑷本法第 78 條第 1 項國際管轄條文疑義

A.立法理由

本法第 78 條第 1 項規定：「裝貨港或卸貨港為中華民國港口者之載貨證券所生之爭議，得由我國裝貨港或卸貨港或其他依法有管轄權之法院管轄。」其立法意旨摘如：參民事訴訟法第 12 條，由契約履行地法院管轄，牽連因素為裝、卸貨港，同時，基於實務定型化排他專屬管轄條款之不公平，參考漢堡規則第 21 條第 1 項第 3 款，定牽連因素為裝、卸貨港，來分配管轄。

B.疑義與其解決

⑷國內管轄與國際管轄應予區分

海上貨運事件，多數係涉外案件，因此國際管轄議題係公約國際同化之標的，如前揭漢堡規則、鹿特丹規則管轄條文所規範者均係國際管轄。因此，按海商法國際性本質、所援參之漢堡規則第 21 條及條文文義指稱我國港口，本法第 77 條第 1 項，應定性為第一層之國際管轄，第二層國內管轄則依民事訴訟法，達到法律專業分工，解決海商法與民事訴訟法之競合

❸ Rotterdam Rules, art. 72, para. 1 and art. 1, para. 30.

❸ Rotterdam Rules, art. 3.

問題，本條文（及本法第 101 條船舶碰撞之國際管轄）係我國民事法典少數成文之國際管轄條文。因此，條文「或其他依法有管轄權之法院管轄」，係指依國際法有管轄權之外國法院。

(B)本法第 77 條強制適用條文應與國際管轄條文互為配套

本法第 77 條強制適用條文偏離所援參海牙威士比規則公約之立法意旨與邏輯，其缺失已如本書「海商法適用範圍」所揭，因此為使本法基本價值與衡平利益之實現具有可能性，第 77 條「涉外法律適用條文」與第 78 條第 1 項「國際管轄條文」之牽連因素應儘量一致，如皆採「進出口原則」，併同考量執行利益。如此，方能避免現行法下我國法院雖有管轄權，但卻不一定能適用我國海商法之窘境。

(C)多式運送之考量

本法第 75 條建立多式運送人責任法制，於現行「網狀責任制度」下，滅失或毀損可以確認運送階段者，法律適用即應依該運送階段應適用之法律，如確認發生於海運階段則適用本法貨物運送規定。倘若本法多式運送，未來修法採「統一責任制」，則該國際管轄條文即應將「收貨地及交貨地」明列為連接因素，使我國收貨地及交貨地法院具國際管轄權。

(D)進一步控制實務定型化排他條款

實務定型化運送條款，通常訂入國際專屬管轄之排他條款，基於定型化契約之普遍及船方談判地位之優越，貨方無從變更僅能附合，而產生「掠奪管轄 (hijacking jurisdiction)」問題，因此應發揮本法第 61 條不公平條款控制規定之立法上控制，即是將「得」由我國……法院管轄，修正為「應」由我國……法院管轄文義，將其定性為訴訟當事人「任擇的專屬管轄」，定性為強制規定。

(E)實務定型化自由轉船條款之考量

公共運送人履行運送行為，基於其主給付義務所彰顯之本質，而無船舶名稱或運送船舶名稱之限定（請參本書前述貨物運送契約之定性與分

類)，通常運送人於實務定型化契約訂入「自由轉船條款 (free transshipment clause)」，因而並無減免運送人法定義務之虞而未牴觸第 61 條不公平條款之立法上控制。轉船港，係運送契約履行地，或是貨損地，或是基於貨損、船舶相關證據便利取得之考量，應將我國轉船港法院明列為牽連因素之一，使其具有國際管轄權。

(F)船舶假扣押保全程序管轄與本案實體訴訟管轄之調和

　　1952 年海船假扣押公約和 1999 年船舶假扣押公約之目的，權利人除藉船舶假扣押保全程序取得擔保，尚藉以之創造本案國際管轄權。因此，兩公約特設第 7 條明文，解決本案國際管轄之衝突或競合問題。除當事人有效合意約定於他國法院進行訴訟或仲裁，假扣押法院取得本案管轄。

　　就我國法，強制執行法第 7 條規定，標的所在法院有保全程序管轄。民事訴訟法第 3 條第 1 項規定：「對於在中華民國現無住所或住所不明之人，因財產權涉訟者，得由被告可扣押之財產或請求標的所在地之法院管轄。」對於外籍運送人，貨損請求權人得聲請執行船舶假扣押，船舶所在之假扣押地法院取得本案管轄。民事訴訟法第 524 條之 1 規定，本案管轄法院亦當然具有保全程序管轄，惟並非假扣押法院皆取得本案管轄，而是在民事訴訟法第 3 條第 1 項、第 15 條第 2 項和海商法第 101 條之下，對於外籍運送人損害賠償之訴、船舶碰撞或其他海上事故加害船舶被扣押地法院，取得本案管轄。

　　鹿特丹規則為解決與假扣押公約保全程序管轄及其所衍生之本案管轄間競合問題，於保持原狀之不干擾原則下，首先確認船舶假扣押保全程序管轄與本案實體訴訟管轄之區分，再則尊重既存生效之 1952 年公約與 1999 年公約以及其締約國應遵循公約之締約國義務，根據其第 70 條規定，如同時為兩公約締約國，則實體管轄各依兩公約之規定。因此，貨損請求權人仍可以在鹿特丹規則明文規定之專屬管轄外，於 1952 年或 1999 年假扣押公約締約國船舶所在地法院實施船舶假扣押，使該法院取得本案管轄。

(G)船舶所有人總額限責基金設立裁定管轄、總額限責裁定管轄及免責之訴之考量

運送人為船舶所有人限責主體，且貨損之債，為法定列舉得總額限責之債務類型[348]。以 1976 年總額限責公約為例，適格權利人得於債權人起訴之締約國法院聲請設立限責基金[349]，以債權人起訴之締約國法院為總額限責基金設立裁定之管轄法院，而於限責基金尚未設立前，適格權利人仍得主張總額限責[350]。因此，權利人得於基金未設立前或債權人尚未起訴前，向有權管轄之締約國法院聲請總額限責之裁定[351]，即是以有權管轄之締約國法院為總額限責裁定之管轄法院。如此，運送人得以採取積極作為於任何債權人未起訴前，於有權管轄之締約國法院提起總額限責之訴或提起確認免責之訴，則運送人掠奪本該依貨物運送公約而定之國際管轄權，產生「掠奪管轄 (hijacking jurisdiction)」或「奇襲（魚雷）訴訟 (torpedo actions)」問題。因此，鹿特丹規則第 71 條第 2 項規定，運送人於締約國法院提起總額限責之訴或確認免責之訴，一旦被告（貨損請求權人）擇定公約規範之管轄法院，應依被告之聲請，撤回起訴而移轉於貨損請求權人擇定之轉屬管轄法院，解決運送人「掠奪管轄」或「奇襲訴訟」。

(H)建議修正條文提出

綜上，本書提出本法第 78 條第 1 項建議修正條文如下：

現行條文	建議修正條文	修正理由
裝貨港或卸貨港為中華民國港口者之載貨證券所生之爭議，得由我國裝貨港或卸	貨物運送所生之爭議，應由下列位處我國之法院管轄： 一 被告之住所。 二 收貨地。 三 交貨地。	一、使用我國文義，本項管轄定性為國際管轄。 二、「應」由下列所在地之我國法院管轄，援參鹿特丹規則第 69 條，本條第 1 項第 1

---

[348] 海商法第 21 條第 1 項及第 2 項；Limitation Convention 1976, arts. 1 and 2.

[349] Limitation Convention 1976, art. 11, para. 1.

[350] Limitation Convention 1976, art. 10, para. 1.

[351] The Western Regent [2005] EWCA Civ. 985.

貨港或其他依法有管轄權之法院管轄。	四 裝貨港。 五 卸貨港。 六 轉船港。 七 當事人於運送契約或爭端發生後合意以前列各款我國法院或我國其他地法院管轄。 前項第1款所稱住所，包括法人登記所在地、法人管理中心所在地、法人主營業處所和自然人經常居住地。	款至第6款定性為「法定任擇之專屬管轄」，同時解決實務定型化外國法院專屬管轄條款、「掠奪管轄」等問題。 三、由牽連因素分配國際管轄。考量多式運送、實務自由轉船條款和履行輔助人工作執行地，定被告住所、收貨地、裝貨港、卸貨港、轉船港為牽連因素，所列地點必須與我國有所牽連，一旦有法定牽連關係，即應由我國法院管轄。同時，考量當事人得合意管轄之契約自治權，但所合意管轄法院以第1項所列法院為限。 四、基於國際管轄（海商法）與國內管轄（民事訴訟法）之分層與分工，其他議題：外國判決承認與執行（民事訴訟法第402條）、假扣押管轄與本案管轄之調和（民事訴訟法第3條第1項）、應訴管轄（民事訴訟法第25條）等，適用民事訴訟法。

九　不公平條款之控制

㈠內容控制原則[352]

契約條款內容控制之手段，可分為立法上控制、司法上控制、行政上控制、商業團體之自律等。立法上控制，係直接於制定法上立、修法之時綜合比較衡量契約當事人所涉利益，對當事人權義所為之適當調整，而於法律條文展現其基本價值判斷。司法上控制，主要為海洋法系非成文法國

[352] 關於內容控制，詳參：饒瑞正，論保險契約之特約條款及其內容之控制，月旦法學雜誌，第94期，2003年3月，頁105-129。

家藉由法官職權之行使，對當事人權義予以再分配、控制之方法，功能同立法上控制。或係成文法國家，法院基於法律規定或法律條文之解釋裁量空間，依其職權解釋法律或契約條款，進而以裁判對契約條款之效力予以宣告無效。行政上控制，係行政機關依制定法之授權，以行政命令或行政權對當事人權義予以控管，惟此行政管制就契約條款言僅限於定型化約款。商業團體之自律，係依法律經濟分析原則，為避免因立、修法而耗費龐大社會經濟與時間成本，及避免爭端解決如訴訟之時間與金錢上消耗，遂由商業團體自行制定自律規章而要求同業遵循。

因我國係成文法系國家，立法上控制係最直接之手段，惟需輔以司法上控制方法，始刻收效。至於行政上控制，其效果取決於行政機關之效能、專業或公正性，且運送契約當事人間關係係屬私法上關係，與公權力無涉，公權力應避免不當介入。至於商業團體自律之效能，端賴自律團體對旗下會員之控管能力與會員本身之自重而已，而無法律拘束力，有賴社會輿論或公益團體如消費者組織之體制外監督。就其控管能力，得於商業團體體制內建立申訴機關，由具公信力之學者、專家擔任裁判，對會員違反自律規章之案件，予以裁決。並使其裁決對會員具相當拘束力，否則剝奪會員之特定權利、課以罰鍰或甚而褫奪其會員資格，並公布於大眾，以供大眾選擇優良誠信企業之參考，生良幣驅除劣幣之效果。

基於我國法官之職權主要在於解釋、適用法律，而非如英美非成文法系法官之造法，我國司法上控制，實質上係「立法上控制之實踐」。

(二)國際運送公約對契約自由的限制

本法第 61 條不公平條款控制規定，係援參海牙威士比規則第 3 條第 8 項。國際貨物運送契約不公平條款之立法上控制，係濫觴於美國 1893 年哈特法，解決運送人濫用契約自由權，妨礙國際貿易之進行，侵害國家經濟發展之公共利益（請參本書前述第二章第一節三、(一)海上貨物運送法的國際同化：從海牙到鹿特丹），因此以立法明文限制，後為 1924 年海牙規則

所援參，而擴展至所有之貨運、客運運送公約，如公路運送公約 CMR、鐵路運送公約 COTIF、航空運送公約華沙公約體系、蒙特婁公約、多式運送公約、雅典公約等，係國際（公共）運送法上之衡平規定。

海牙威士比規則，對於公約所訂有關運送人義務或責任的規定，當事人不得以約款減輕或免除，否則無效❸，至於海牙威士比規則不適用的裝船前、卸船後期間，則允許契約自由❸。漢堡規則❸，除了提高公約對於運送人義務或責任規定的約款外，對於偏離公約規定的約款均為無效，惟對於在無效的條款下對貨方造成損失者，運送人仍應負責賠償，進一步保障貨方。鹿特丹規則規定❸，直接或間接排除或限制公約規定運送人責任或義務的條款者均屬無效，而直接或間接排除、限制或增加公約規定貨方義務或責任的條款者，也屬無效，因而當事人存在提高運送人義務或責任的契約自由空間。至於針對批量契約❸或活體動物❸，原則上允許當事人的契約自由，於例外情形則限制之。

觀察三個公約對於契約自由與契約條款的控制，可以發現契約自由權越來越限縮之趨勢，特別是鹿特丹規則對於運送契約當事人、利害關係人的權利義務規範非常詳盡，公約實質條文計達 86 條，較漢堡規則的 26 個實質條文，海牙威士比規則的 11 個實質條文，多出甚多。在鹿特丹規則下當事人存在極小的偏離空間或契約自由，也減少談判能量強勢的運送人得以運作的機會。反之，在海牙威士比規則下，運送人享有寬廣運用契約自由的空間。

---

❸ Hague-Visby Rules, art. 3, para. 8.

❸ Hague-Visby Rules, art. 7.

❸ Hamburg Rules, art. 23.

❸ Rotterdam Rules, art. 79.

❸ Rotterdam Rules, art. 80.

❸ Rotterdam Rules, art. 81.

㈢本法第 61 條之立法上控制

1. 適用範圍

運送實務通常是一連串的多層次傭船契約、件貨運送契約的組合：如 A 船舶所有人與 B 傭船人締結論時傭船（第一層），B 再與 C 締結論程傭船（第二層），或 B 復與 C 締結件貨運送契約（第二層）；B 為第一層運送契約之傭船人（託運人），而 B 又為第二層運送契約之運送人，稱準船舶所有人 (disponent owner)。因此，傭船契約當事人雙方均為海上運送業，為常見之態樣。此外，傭船運送之標的通常為量大之原物料如穀物、礦砂、煤炭、油料……等。傭船人通常亦為原物料之買賣契約當事人，而慣常為進出口大貿易商或大企業。因此，傭船契約當事人間專業能力、經濟能力相當而彰顯出對等的談判能力，除違反公序良俗外，應完全尊重當事人之契約自由。國際海上貨物運送法亦已將此原則明文化，而自 1924 年海牙規則起以迄 2008 年鹿特丹規則，均將傭船契約或不定期運送排除而不適用公約的規定❸❺❾，而能豁免不公平條款之立法上控制❸❻⓪。例外情形，傭船運送其下發給之運送單據移轉予第三人，則依公約規定擬制視為公共運送❸❻①，本條仍應適用，以促進運送單據之流通與國際貿易之進行。

2. 運送單據背面條款效力

本法第 61 條完整繼受、服膺公約規定，係在肯定運送單據背後條款之基礎下，所生之契約條款控制，因此於前次 1999 年修法增訂第 61 條及其

---

❸❺❾ Hague/Hague-Visby Rules, art. 5; Hamburg Rules, art. 3; Rotterdam Rules, art. 6.

❸❻⓪ 海商法第 61 條；Hague/Hague-Visby Rules, art. 3, para. 8; Hamburg Rules, art. 23; Rotterdam Rules, arts. 79–81.

❸❻① 海牙威士比規則第 1 條第 2 項後段、漢堡規則第 2 條第 3 項、鹿特丹規則第 7 條，將傭船契約下所簽發運送單據或電子運送記錄者，運送人與託運人以外持有人間之關係，依公約之規定，以保護第三人，便利運送單據之流通，促進國際貿易之進行；比較海商法第 60 條第 2 項之差異規範。

他相關條文後（詳細討論請參本書前述載貨證券、運送單據債權效力），最高法院 64 年度臺抗字第 239 號判例及 67 年 4 月 25 日最高法院第四次民事庭庭推總會決議之見解，認為載貨證券背面仲裁條款，僅是運送人單方面之意思表示，並不構成運送契約之一部。最高法院 2017 年 5 月 16 日，106 年度第 8 次民事庭會議決定不再援用，其依據為仲裁法已修正。惟本書認為海商法自前次 1999 年修法，即是肯定運送單據背面條款之效力，理由已如前揭。

十 運送人遲延交付責任

(一)公約之規定

公共運送之表徵，在於以固定航線之方式營運，以發揮定期航業應有之高效率性，而於大眾媒體如報紙刊登船期❸❷，以為進出口廠商做相關進出口作業之預先安排。

因於 1924 年尚未肯認純粹經濟上損失 (pure economic loss)，海牙、海牙威士比規則並未對運送人科以貨物遲延交付 (delay in delivery) 之責任，惟只要是遲延交付導致易腐敗貨物之滅失或毀損，無疑，運送人應依違反公約第 3 條第 2 項貨物照管義務而負損害賠償之責，至於遲延交付導致之經濟損失，則係締約國內國法規範事務。英國最高法院判例 The Adamastos❸❸案，系爭論程傭船契約引置海牙規則 (incorporation clause)，其最高法院認為公約文義滅失或毀損 (loss or damage)，不限於實體滅失 (physical loss)，公約免責事由航行過失所致之滅失或毀損，得包括遲延交付達卸貨港，乃因論程傭船運送人依英國內國普通法有一合理航行速度 (reasonable dispatch) 之無名義務 (innominate terms)，違反者相對方得拒絕履約併同請求損害賠償或僅得請求損害賠償❸❹，即為適例。判例所涉者為

---

❸❷ 請參本書前揭「貨物運送契約之定性」。

❸❸ [1959] A.C. 133.

契約條款之解釋及其所顯的當事人真意，不可據此判例而過度引申，將其解釋擴大適用於公共運送契約。

漢堡規則第 5 條第 2 項和 1980 年多式運送公約第 16 條第 2 項則分別科以運送人遲延交付之責任，若契約雙方明示交貨時間或若無約定則於合理時間。鹿特丹規則第 21 條規定遲延交付定義 (delay in delivery)，係指運送人未於約定時間內，於約定之交貨地，交付貨物。同時，第 23 條第 4 項，訂定遲延交付所致損失之書面通知時限，受領權利人除於交貨後 21 日內，以書面通知運送人遲延交付所致之損失情形外，運送人不負損害賠償責任。漢堡規則第 6 條第 1 項、鹿特丹規則第 60 條，對遲延交付所致純粹經濟上損失限責範圍，以遲交貨物運費之 2.5 倍之數額為限，尚依鹿特丹規則第 60 條後段及漢堡規則第 6 條第 1 項第 3 款，運送人對貨物滅失、毀損及遲延交付之賠償總額，不得超過貨物全損時計算所得之限額。

(二)本法漏洞及其解決

1.本法肯定運送人應負遲延交付責任，但相關條文未明列

現行法於 1999 年修正而新增相關遲延交付文義於第 61 條和第 76 條。根據第 61 條修正草案說明，「依民法第 640 條之規定：因遲延交付之損害賠償額，不得超過因其運送物全部喪失可得請求之賠償額。因此，即使本條將遲延交付列為最低強制責任，對於運送人亦無重大不利之處；為考慮運送人和託運人間利益之均衡，避免運送人以特約條款排除本法所規定運送人因遲延交付應負之責任，爰增列遲延交付一詞於毀損、滅失之後」。起草人肯定本法有規範運送人遲延交付責任、運送人應負遲延交付責任，但相當矛盾的是，現行法並無如是條文。因為，運送人損害賠償責任基礎條文第 62 條適航性義務及第 63 條照管義務，第 69 條免責事由、第 70 條第 2 項單位限責等，均未見遲延交付或遲延交付之文字。海牙威士比規則並未對運送人科以貨物遲延交付之責任，遲延交付導致之經濟損失，係締約

---

❸❻❹ 請參本書前揭「無名條款」之性質及違反效果。

國內國法規範事務，前已說明。因此，無以援參之海牙威士比規則補充之可能或以公約立法意旨，我國海上貨物運送人遲延交付責任，應依內國法規定，即是依民法貨物運送相關規定。海商法第 62 條及第 63 條為運送人對貨物滅失毀損責任之基礎，運送人對於貨物遲延交付之責任基礎則依民法第 634 條。

民法第 634 條規定，除法定免責事由外，運送人對運送物之遲延交付應負責任。民法第 632 條運送人按時運送之義務，規定託運物品應於約定期間內運送之，無約定者依習慣，無約定亦無習慣者，應於相當期間內運送之。根據海運實務，於正常情況之海上貨櫃運送，運送人均無與託運人事前約定運送時間，不僅如此，尚有於運送契約明示排除或限制運送人遲延交付責任。但是，海上貨櫃運送人於報紙刊登船期，託運人因運送人公告運送時間可滿足買賣契約或信用狀之期效性之引誘，而向該運送人要約洽定艙位，如託運人要約內容包括船期，運送人承諾之，則運送人應受拘束，除非預先聲明❸❻❺。如此，則託運人與運送人間即有運送時間之約定，或是依刊登之預定抵達日計算出之船舶航行時間得以作為民法第 632 條之「相當期間之運送」，但是若雙方於運送契約約定運送人有自由抉擇權而得以將運送物於任何港口轉船運送，則前述計算並不適用。除此之外，任何免除或限制運送人法定遲延交付責任之條款，都將因海商法第 61 條或民法第 649 條而無效。

貨物滅失或毀損依海商法，而遲延交付依民法規定。既然海商法順應世界潮流肯定海上貨物運送人應負遲延交付責任，理應如同海牙規則爾後之海上運送國際公約如漢堡規則、鹿特丹規則將遲延交付法制列入整體考量於海商法規範之，而不致產生如現行法之兩套適用標準，以避免解釋與適用之困難與複雜性。

---

❸❻❺ 民法第 154 條。

2. 遲延交付之責任基礎、免責事由、責任限制、通知時限與起訴期間

(1) 責任基礎

　　根據海商法第 61 條修正草案說明,起草人將遲延交付列為海上運送人「最低強制責任,對於運送人亦無重大不利之處」肯定海上貨物運送人應負遲延交付責任,但相關條文如規定責任基礎之第 62 條及第 63 條、起訴期間之第 56 條,規定免責事由之第 62 條第 2 項、第 69 條、第 70 條第 1 項、第 71 條、第 72 條、第 73 條,規定單位責任限制之第 70 條第 2 項,規定剝奪運送人限責權利之第 70 條第 4 項等,均未將遲延交付列入,造成海上運送人責任之分割,貨物滅失、毀損依海商法,而遲延交付則依民法。

(2) 免責事由

　　海上運送人之遲延交付責任既依民法第 634 條,即應負無過失責任之通常事變責任,除非運送物之遲延交付為因不可抗力、運送物之性質、託運人之過失或受貨人之過失所致,海上運送人即應負責,其所負之遲延交付責任遠較其於海商法應負之運送物滅失、毀損責任要為嚴格,因為依現行法,海上運送人對運送物之遲延交付無法依海商法第 62 條第 2 項規定之發航後突失航行能力、第 69 條共 17 項免責事由、第 70 條第 1 項託運人虛報貨物之性質或價值、第 71 條正當理由之偏航、第 72 條貨物未經運送人同意裝載、第 73 條託運人同意或依航運種類之甲板運送等依法免責。

(3) 責任限制

　　海上運送物遲延交付之損害賠償範圍,依民法第 638 條為「應交付時目的地」之價值計算,即為依貨物本身於卸貨港之市場價跌計算,對屬季節性產品之貨物影響較大,但原則上並不包括其他如遭買方依買賣契約退貨、因原料或半成品遲延交付而導致工廠作業停擺之經濟損失等,除非依第 638 條第 3 項該遲延交付係因運送人之故意或重大過失所致。而遲延交付責任限額依民法第 640 條,若無運送人故意或重大過失之情形,為運送

物全損時得請求之賠償額；海上貨物運送人之法定單位責任限責權，即海商法第 70 條第 2 項規定因而並不適用。漢堡規則第 6 條第 1 項、鹿特丹規則第 60 條，對遲延交付所致純粹經濟上損失限責範圍，為遲交貨物運費之 2.5 倍之數額為限，尚依鹿特丹規則第 60 條後段及漢堡規則第 6 條第 1 項第 3 款，運送人對貨物滅失、毀損及遲延交付之賠償總額，不得超過貨物全損時計算所得之限額，均比民法遲延交付限額為低。

(4)通知時限與起訴期間

　　根據海商法第 56 條第 1 項,受貨人於貨物毀損滅失時通知運送人之時限最長為提貨 3 日內，否則推定運送人已依照載貨證券之記載交清貨物。關於遲延交付通知時限，依民法第 648 條，只要受貨人受領運送物支付運送費或其他費用而不為保留或提出遲延交付通知者，運送人之遲延交付責任即消滅，為法定求償程序限制。參考漢堡規則第 19 條第 5 項或 1980 年多式運送公約第 24 條第 5 項,遲延交付之書面通知需於運送物交付於受貨人 60 天內提出，否則運送人對任何遲延交付之損失即不予負責，鹿特丹規則則為 21 日。

　　貨物滅失毀損依海商法第 56 條第 2 項之一年「起訴期間」，期間經過運送人免除責任，而遲延交付依民法第 623 條第 1 項自運送終了或應終了起算之一年「消滅時效」，期間經過產生拒絕給付抗辯權。起訴期間和消滅時效之法律性質及效果之差異，請參前揭。

104 年律師考題

A 進口商自日本購買瓷器一批，委由 B 運送人運送。當 A 持載貨證券於基隆港區倉庫提貨時，發現瓷器均已破損，乃訴求 B 賠償。嗣經證實貨損係提貨前於基隆港區之陸上搬運期間，因受僱於 B 之駕駛疏忽掉落所致，B 主張單位責任限制以為抗辯，有無理由？試就學說及實務見解，分別說明之。

105 年律師考題

一、運送人甲與託運人乙訂定海上貨物運送契約，約定除外條款如下：「運送人對託運人自備的冷藏貨櫃之瑕疵或故障所致之貨損，概不負責。」託運人乙自備一只 40 呎冷藏貨櫃，裝填芒果一批出口。該冷藏貨櫃壓縮機於海上運送期間發生故障，巡視的電匠水手雖具有相關修護證照，但因疏於練習而忘記如何修復，致芒果全數腐敗。請附具理由，回答下列問題：

1. 上述除外條款是否有效？

2. 該船舶是否因電匠水手不適任而不具適航性？

二、A 公司自美國進口小麥乙批，委由 B 航運公司承運來臺，B 航運公司簽發載貨證券正面載明「said to be; said to weight」(據告稱；據告重)，重量為 30,000 公噸，並於載貨證券背面載明因本運送契約所生之紛爭，起訴前應先經「仲裁」。該批小麥於基隆港卸貨時，發現短少 50 公噸。試問：

1. 載貨證券上「said to be; said to weight」(據告稱；據告重) 之意義與效力為何？

2. 小麥短少 50 公噸之部分，B 航運公司得否主張免責？

3. 載貨證券背面載明「起訴前應先經仲裁」之條款，其效力在我國學說及司法實務上之見解各為何？

第二節　貨櫃運送[366]與多式運送[367]

一　貨櫃運送

貨櫃運送 (containerization) 於 1960 年代初期起源於美軍，爾後推廣至

---

[366] 詳參：饒瑞正，海上貨櫃運送策略聯盟合約下法律關係之研究，月旦法學雜誌，第 66 期，2000 年 11 月，頁 157–169。

民用海上運送。貨櫃 (freight containers)，無疑是 20 世紀貨運界最成功的革新發明，因其藉由標準化、堅固耐久、可重複使用之貨櫃而能便利操作、裝船、儲載、運送、卸船、移動和用機械方式同時轉移大量的包裹，減低人工處理各個包裹之成本與風險，進而產生龐大之經濟效應，目前已為國際貿易海上貨物運送之主要運送型態。國際海上貨物運送公約於 1924 年開始國際同化而由 CMI 制定、通過海牙規則，當時貨櫃根本尚未發明而不在公約之預期與設想下，於此期間而產生海上貨櫃運送之法律爭議如：運送人對於託運人整櫃貨物申報之保留權❸、究竟是整個貨櫃或貨櫃內的包裹件數為單位責任限制❹(package limitation) 計算之件數、貨櫃貨之甲板運送 (deck carriage)❺、運送人適航性義務是否涵蓋其所提供之貨櫃或戶到戶多式運送 (multimodal transport)❻運送人責任法制等議題。貨櫃運送所衍生之

---

❸ 詳參：饒瑞正，我國多式聯運法制之研究與建議，月旦法學雜誌，第 83 期，2002 年 4 月，頁 133-149；多式運送經營人與海上貨物保險人之潛在法律關係與其應適用法規之研究，月旦法學雜誌，第 80 期，2002 年 1 月，頁 231-245；高速鐵路運送人責任：契約、侵權賠償與無過失補償，21 世紀法學發展新境界：柯澤東教授七秩華誕祝壽論文集，2008 年 12 月，頁 369-410。

❹ 海商法第 56 條第 2 項。

❺ 參考海牙威士比規則 (Hague-Visby Rules) 之第 IV(5)(C) 條，為所謂的「貨櫃條款」。漢堡規則 (Hamburg Rules) 第 6(2)(a) 具相同的機制。至於非海牙威士比或漢堡規則簽約國如美國，則法院採取相同之解釋方法，美國已二讀通過之 1999 年海上貨物運送法草案 (Draft of Carriage of Goods by Sea Act 1999) 第 9 (h) (2) 節採類似規定。

❻ 長久以來，甲板運送於英美法均構成運送人違反契約之基礎 (fundamental breach of contract) 或稱其為重大違約，一旦違約造成貨損，運送人即被剝奪任何契約抗辯和免責權。海牙與海牙威士比規則均不適用於甲板運送，參考其第 I (c) 條。實務上解決方式為於運送契約如載貨證券增訂「自由條款」，載明運送人有選擇權儲載貨櫃於甲板上，參考 Svensa Traktor v. Maritime Agencies [1953] 2 QB 295。而漢堡規則第 9 條已視甲板貨為正常貨物之儲載。

整櫃貨保留權海牙規則第 3 條第 3 項可資解決、單位限責件數確認疑慮，海牙規則於 1968 年修正之威士比規則增訂第 4 條第 5 項第 3 款「貨櫃條款（即本法第 70 條第 3 項）」解決之；漢堡規則正視運送實務甲板運送之需求，而將甲板貨納入規範，訂定第 9 條合法之甲板貨條文，以上本書先前已論及。因此接下來要討論之議題有二：其一為運送人適航性義務範圍是否涵蓋其所提供之貨櫃？其二為多式運送人責任法制。

㈠運送人適航性義務範圍是否及於其所提供之貨櫃

1.海運實務貨櫃供應模式及其影響

海運實務關於海上貨櫃運送之貨櫃供應，可以區別出三種情況：

⑴貨櫃由運送人提供（所有或向貨櫃租賃業承租）且由運送人裝填；

⑵貨櫃為運送人提供但由託運人裝填；

⑶貨櫃為託運人自備（所有或向貨櫃租賃業承租）且由託運人裝填。

於第 3 種情形，當貨櫃為託運人自備，海運實務稱「貨主自有櫃」(Shipper's Owned Container, SOC)，雖稱貨主自有櫃，但是並不表示託運人即為貨櫃所有權人，只是一種習慣用語。海商法第 70 條第 3 項參考漢堡規則第 6 條第 2 項第 2 款，基於貨櫃係貨物之包裝、容器，為貨物之一部，而將貨主自有櫃視為貨物❷，則任何因該貨主自有櫃之缺陷、不適當性、不適載、不適航所造成內容貨物之滅失或毀損，運送人得以依海商法第 69 條第 1 項第 12 款、第 14 款、第 15 款或第 17 款免除責任。此外，依海商法第 57 條託運人應為該有缺陷貨主自有櫃導致運送人所受之損害負責。因此，適航性的範圍與託運人自備貨櫃之情形無關，先予以排除。

---

❸ 使用至少兩種運送模式 (modes of transport) 將貨物自收貨地運送至交貨地；如常見之海陸運複合運送。

❹ 同漢堡規則，海牙威士比規則為解決貨櫃運送下，究竟是貨櫃或是其內貨物的包裹件數，應作為單位限責 (package limitation) 之件數，而增訂貨櫃條款 art. 4, para. 5 (c)，海商法第 70 條第 3 項援參之。

於第 2 種狀況，幾乎所有的海上貨櫃運送人均於載貨證券上制定一除外責任條款，以免除運送人提供不適載貨櫃所致之貨損責任❸。為免除或減輕運送人對有缺陷貨櫃造成之貨損責任之免責條款，是否因海商法第 61 條而無效，頗具爭議性，因為海商法第 62 條如同海牙與海牙威士比規則第 3 條第 1 項，並未釐清運送人是否應履行適載性貨櫃義務。

是否運送人應依海商法第 62 條適航性義務，為其供應之不適載貨櫃所致貨損負責？可視以下各項分析而定：是否貨櫃為依運送人和託運人間之另立於運送契約以外之他類型契約所提供，如寄託契約、租賃契約或使用借貸契約，可由當事人約定如收取貨櫃延滯費之明示或根據雙方行為而默示或推定。是否貨櫃為船舶的一部分、設備或屬具，因而適用海商法第 62 條；是否有缺陷空櫃之放領作業不在海商法第 63 條規定之運送人責任期間。

2.空櫃的寄託、租賃或使用借貸

於一般貨櫃運送實務，運送人供給託運人免費使用之空櫃以運送貨物，但於某些情形需繳付貨櫃延滯費，例如託運人裝填貨櫃後未於一定時間內交付指定出口櫃場而生延滯費 (detention) 或於進場後未能於一定天數內報關裝船出口而生延滯費 (demurrage)。託運人藉由簽立託運單 (shipping order) 預定艙位和空櫃而與運送人約定使用貨櫃為貨物之裝填以運送貨物，即有空櫃寄託契約或使用借貸契約之締結，甚至可能是租賃契約，因此貨櫃運送契約為混合型契約。寄託或使用借貸期間，由託運人（受託人、借貸人）於提領空櫃時開始，而當貨櫃被裝填貨物後於貨櫃場返還運送人（寄託人）時，寄託關係結束。至於使用借貸或租賃關係，一直到重櫃於目的地為受貨人所提領拆空而返還空櫃予運送人時才結束。貨櫃的寄託亦可於運送之最終階段產生，即當重櫃於目的地為受貨人所提領，結束於重櫃被拆空而返還空櫃予運送人時。

---

❸ 例：P&O Nedlloyd 公司載貨證券條款第 8 條第 1 項第 c 款。

民法第 596 條，寄託人（運送人）因寄託物（貨櫃）之性質或瑕疵而造成受寄人（託運人）之損害，寄託人應負賠償責任。民法第 423 條加諸出租人對於租賃物（貨櫃）於租賃期間合用之保持義務。民法第 466 條規定使用借貸之貸與人擔保借用物無瑕疵之損害賠償責任。因此，於貨櫃由運送人寄託、出租、貸與託運人之時，貨櫃必須安全地適合收受、運送、保儲貨物而能對抗尋常海上風險，亦即適載，否則瑕疵貨櫃所致內容貨物之滅失或損壞應由運送人負責。

但若託運人知曉貨櫃之缺陷或該缺陷應可於空櫃放領檢查時顯而易見，情況又是如何？通常提領空櫃時，託運人或其使用人有一機會可檢查櫃況，並記載於貨櫃交接清單 (Equipment Interchange Receipt, EIR)。

依民法第 596 條但書，託運人已檢查櫃況之事實，可能象徵託運人並無依賴運送人之知識技能和判斷，而此可顯示雙方同意使用於檢查時可明顯發現具有缺陷之貨櫃；即若託運人（受寄人、承租人或借貸人）已執行其為發現實際缺陷之檢查，且應可於該檢查時發現此缺陷，則出租人對該貨櫃之安全性和適切性之擔保將被取代，運送人將因此而免責。

一些特殊貨載，需要無味儲藏、適當通風或低溫儲載，可能因已遭污染貨櫃之臭味或冷凍系統的故障而受損。關於此種貨損，運送人藉由與託運人所締結的寄託、租賃或使用借貸契約之除外責任條款，得以免除責任，此除外責任條款通常也顯示於運送單據如載貨證券背面。關於貨櫃使用之寄託、租賃或使用借貸契約亦可科以託運人某些義務或責任，例如貨櫃修理或保養以及起因於貨櫃缺陷之貨損風險。這些另立於運送契約以外之除外條款，可能進一步縮小海商法第 61 條之適用，因為第 61 條僅規定「運送契約」或「載貨證券」條款以減輕或免除運送人法定義務而致貨損者無效，適用的客體為運送契約，因而另立於運送契約以外之寄託、租賃或使用借貸契約之除外責任條款，只要不牴觸民法相關規定，仍應有效而不受海商法第 61 條拘束，運送人得據以免責。

3.貨櫃是否為船舶之一部分、設備或屬具

若貨櫃為貨櫃船之設備或船艙之一部分,則運送人應依海商法第 62 條於發航前即空櫃放領時應為必要之注意及措置來提供適載性貨櫃,且此適載性義務一直持續至發航時為止。又若貨櫃之瑕疵於空櫃放領時已經適當之檢查程序,仍無法發現,則運送人之適載性義務已善盡或又得依海商法第 69 條第 1 項第 16 款之船舶隱有瑕疵規定,依法免責;反之,若貨櫃不是船舶之一部、設備或屬具,則海商法第 62 條規定之運送人或船舶所有人之適航性義務,並不及於貨櫃之適載性,且若貨櫃之瑕疵於空櫃放領時已經適當之檢查程序,仍無法發現,運送人也無法主張海商法第 69 條第 1 項第 16 款之免責規定,因為該款之表面文義僅指「船舶」本體之隱有瑕疵。海牙威士比規則第 4 條第 2 項第 q 款原文無船舶二字,並不侷限於船舶本體之隱有瑕疵,為符合公約之真意,海商法第 69 條第 1 項第 16 款之船舶隱有瑕疵規定應與第 62 條對照解釋之,而不侷限於船舶本體,應包括其設備、屬具、貨艙等或應將船舶二字刪除。

⑴貨櫃的本質: 主物或從物

海商法第 7 條規定:「除給養品外,凡於航行上或營業上必需之一切設備及屬具,皆視為船舶之一部」。初次觀之,貨櫃似乎應視為船舶之一部。貨櫃雖不必為航行之必需,但至少應為營業上之必需,因為貨櫃船為將貨艙經特殊格子化設計,以載運內部裝填貨物之貨櫃之船舶,因此,貨櫃船一旦缺少貨櫃之配置,即產生海上貨櫃運送營業之困難,亦即失去其為船舶之意義。但需特別強調的是船舶法第 7 條為有關船舶所有權之規定。又船舶法第 24 條第 15 款,將貨櫃明文規定為船舶設備之一。姑且不論海商法第 62 條解釋,是否得以參照海商法第 7 條與船舶法第 50 條,但依其意旨,我國法肯定貨櫃為船舶設備之一。

但是依主物與從物之法律探討,民法第 68 條規定之從物,應以有輔助主物之經濟目的,與之相依為用,客觀上具恆久之功能性關聯,而居於從

213

屬關係者，始足當之；倘僅具暫時輔助他物之經濟目的，或縱與之分離亦不致喪失他物之利用價值或減損其經濟效用者，均難認為係該物之從物❸❼❹。依此詮釋，貨櫃雖有輔助貨櫃船之海上運送目的，與貨櫃船相依為用，但僅為暫時輔助貨櫃船之用，每一個別貨櫃客觀上並無特別隸屬某艘貨櫃船之恆久關聯，很清楚的貨櫃並非為貨櫃船之從物。況且根據第 68 條但書，交易上有特別習慣者依其習慣。依商業習慣，貨櫃並不被視為「貨櫃船」之設備，而得以單獨為買賣、租賃、建造、融資與保險。

　　根據上述，若以船舶法第 24 條條貨櫃為船舶之設備之規定，或海商法第 7 條來詮釋貨櫃為船舶之一部或設備而海商法第 62 條之適載性義務及於運送人提供之貨櫃，將非常不切實際。運送人供應之貨櫃，並非船舶之一部分，也不是船舶設備或屬具，它是裝貨的容器，堅固而經久耐用，可以在不同的運送器間快速轉換或裝卸。

⑵締約國司法實踐

　　觀察締約國法院實務，對於運送人適航性義務是否及於貨櫃，有三種不同見解：

A.若貨櫃被法院認為其作用為船艙之一部或船舶的設備，則海牙或海牙威士比規則第 3 條第 1 項明顯適用，相關除外責任條款均因海牙或海牙威士比規則第 3 條第 8 項而無效❸❼❺。

B.若法院採納類似英國普通法之運送人嚴格責任主義，則不論貨櫃之適載性議題，此相關除外責任條款應為多餘而無效❸❼❻。

C.若法院並不認同貨櫃作用為船舶之一部或設備，則此除外責任條款於海

---

❸❼❹ 最高法院 81 年度臺上字第 72 號裁判。

❸❼❺ 參考美國判例 The Red Jacket [1978] 1 Lloyd's Rep. 300 (US Ct.) 案。

❸❼❻ 參考澳洲判例 The TNT Express [1992] 2 Lloyd's Rep. 636 (Aust. Ct.) 案；法國判決 Helene Delmas Paris, 10 June 1986, DMF, 1987, 506；荷蘭判決 The Sylt Arr. Rb. Rotterdam, 23 February 1990, S & S, 1991, no. 1。

牙或海牙威士比規則下應為合法且有效❸❼❼。

以上三種見解，可見各締約國之司法實踐是處於高度對立或衝突的情況。

4.空櫃提領是否為裝船前作業

海商法第 75 條第 1 項明文規定海商法（貨物運送節）僅適用於海上運送部分。因而海商法第 63 條運送人對貨物之照管義務，也僅適用於海上貨物運送階段，並不包括裝船前與卸船後之任何搬移、堆存、保管、運送及看守，亦即海上運送人責任僅適用於「鉤到鉤 (tackle to tackle)」或「舷到舷 (rail to rail)」期間，海商法於 1999 年修法時，將載貨證券應記載事項的目的地，修正為卸貨港❸❼❽，確認遵循海牙威士比規則下的鉤到鉤或舷到舷規則。

因此似乎可以爭論運送人之空櫃放領作業不在運送人責任期間❸❼❾，即海商法並不適用，運送人並無義務依第 62 條提供適載性貨櫃，因此運送人得以運用除外責任條款，將有缺陷貨櫃所致貨損責任除外，因為海商法第 61 條關於禁止減輕或免除運送人責任之規定於此情形下無效。故，本情況之請求權人必須證明該貨損為於海上運送期間發生，以主張適用海商法，而該除外責任條款牴觸第 61 條而無效，但往往要作如是證明並不容易，尤其當貨損經檢測為遭淡水濕損而非海水時。若依上述推論，無論貨損於何

---

❸❼❼ 參考美國判例 Cigna Insurance Company of Puerto Rico v. The M/V Skanderborg [1996] AMC 600。

❸❼❽ 海商法第 54 條第 1 項第 3 款。

❸❼❾ 於 The Oceanic Trader (1993) 113 ALR 677 關於運送人裝填櫃 (carrier packed containers) 案，澳洲聯邦法院 (Federal Court of Australia) 判決運送人未能適當地把貨載安全固定於貨櫃內之過失行為，並非位於海牙威士比規則規範之運送人責任期間內。相似地於法國判決 The CP Trader, Rouen, 7 February 1985, DMF, 1987, 510 上訴法院判決該除外責任條款並不與海牙規則第 3 條第 1 項和第 8 項衝突，因其為關於裝貨前作業之條款而此作業於海牙規則規定之運送人強制責任期間之前。

處發生，運送人因此除外責任條款均得以免除責任，除非貨損請求權人證明造成貨損之原因非為貨櫃之缺陷而是其他任何運送人必須負責的事件所致，而且貨損係於「鉤到鉤」期間發生。

但必須強調的是貨物於何階段受損，裝船前、航程中或卸船後，而不是有缺陷貨櫃之供應作業之發生時間。若貨損為於海商法運送人責任期間發生，無疑，運送人之責任應依海商法決定之。

5.解決方案之提出

適航性的範圍是否及於貨櫃之爭議，海牙、海牙威士比規則和我國海商法均未有明文規定。此爭議僅在空櫃是由運送人提供時產生，因託運人自備之貨櫃，視為貨物。運送人供應之貨櫃，並非船舶之一部分，也非船舶設備或屬具，它是裝貨的容器，堅固而經久耐用，可以在不同的運送器間快速轉換，遂無海商法第 62 條適航性義務之適用，因而空櫃瑕疵除外責任條款，並未牴觸海商法第 61 條而無效，惟得依個案事實認定是否當事人間存在空櫃寄託、租賃或使用借貸契約，而依民法寄託、租賃或使用借貸契約相關規定解決此爭議。

2009 年鹿特丹規則將適載性的範圍明示規定包括運送人提供的貨櫃❸⓿，以填補海牙規則時代因為貨櫃尚未發明而未將其列入考慮的漏洞，解決貨櫃運送普及後所生適載性是否及於貨櫃的爭議，為海牙、海牙威士比規則締約國間長久對立與衝突之司法見解，提供一個整合的新方向。

㈡多式運送人責任法制

本法於 1999 年增訂海商法第 75 條，根據修正草案說明，乃為因應現代貨櫃運送提倡所謂戶到戶運送服務多種運送工具運送之情形，而參考海牙威士比規則，明確界定海商法之適用範圍僅限於海上運送部分。可見修正起草人已預見多式運送可能產生不同運送型式之適用法律問題，並於同條第 2 項明示規定若貨物毀損滅失發生時間不明，則推定其發生於海上運

---

❸⓿ Art. 14, para. 1, sub-para. c, Rotterdam Rules.

送階段。新增條文，可謂建立我國多式運送法制之基礎雛形。惟海商法僅適用於海上運送部分，而多式運送多涉及除海上運送外之他種單式運送，則如貨物毀損滅失發生時間係與他種單式運送方式有關（如公路、鐵路、航空），則如何適用應適用之法律？

1.國際規範：朝向混合制調整，統一責任制為主，網狀責任制為輔

聯合國制定 1980 年多式運送公約立法說明資料，將多式運送人責任制度，主要概分網狀責任制 (Network Liability System) 如實務上複合運送載貨證券慣用、綜合網狀責任制 (Comprehensive Network Liability System) 如國際商會之 1975 年國際商會複合運送單據統一規則 (Uniform Rules for a Combined Transport Document 1975)，與統一責任制如 1980 年多式運送公約及爾後制定之 2009 年鹿特丹規則。託運人與多式運送人訂立多式運送契約，貨物發生毀損滅失時由多式運送人就運送全程負責，至於其所負責任與賠償方法，則依貨物毀損滅失之發生時間能否確定而定，亦即須視於何運送模式發生而定，毀損滅失之運送階段可以確定者，稱「非隱藏性損壞 (non-concealed damage or localized damage)」，反之則稱「隱藏性損壞 (concealed damage or non-localized damage)」。

多式運送之國際規範，容有四組，簡表於下：

(1) 1975 年國際商會複合運送單據統一規則 (The ICC Uniform Rules for a Combined Transport Document 1975)

(2) 1980 年多式運送公約 (United Nations Convention on International Multimodal Transport of Goods, Geneva, 1980)：尚未生效

(3) 聯合國國際貿易暨發展委員會與國際商會共同制定 1991 年多式運送單據規則 (UNCTAD/ICC Rules for Multimodal Transport Documents 1991)

(4) 2009 年鹿特丹規則：適用內含海運的多式運送 (maritime plus)，尚未生效

		ICC Rules 1975：網狀責任制	1980 年多式運送公約、UNCTAD/ICC Rules 1991、FIATA ❸❶ B/L 92、BIMCO ❸❷ MULTIDOC 95：統一責任制為主、網狀責任制為輔之混合制 ❸❸	鹿特丹規則：統一責任制為主、網狀責任制為輔之混合制 ❸❹
非隱藏性損害	適用該運送階段應適用之國際單式運送公約或內國法。	原則：依 1980 年多式運送公約之統一責任。例外：若適用該毀損滅失發生之運送階段之國際單式公約或適用強制國內法之賠償限額高於多式運送公約，則依該國際單式公約或該強制內國法 ❸❺。	原則：依鹿特丹規則之統一責任。例外：如貨物毀損、滅失或延遲在裝船前或卸船後（非海運）的運送人責任期間，而如 ㈠運送契約當事人對於裝船前卸船後的運送階段分立契約 ㈡該運送階段存在已生效而應適用的國際公約或文書，如公路運送的 CMR、鐵路運送的 CIM、航空運送的華沙公約體系和蒙特婁公約 ㈢該公約或文書規定運送人的責任、責任限制、時效規定不得依約減免或侵害託運人權益。以上三要件符合，則應適用的國際單式運送公約或文書對於運送人責任、責任限制和時效規定，應優先適用 ❸❻。
隱藏性損害	適用國際商會複合運送單據之規定。	依 1980 年多式運送公約之統一責任制。	依鹿特丹規則之統一責任制。

---

❸❶ 國際承攬運送商業聯合會 (International Federation of Freight Forwarders Associations)。

❸❷ 波羅地國際海事協會 (The Baltic and International Maritime Council)。

❸❸ 或有稱修正網狀責任 (modified network liability) 或修正統一責任 (modified uniform liability)。

❸❹ 或有稱限制網狀責任 (limited network liability)。

❸❺ Multimodal Convention 1980, art. 19.

❸❻ Rotterdam Rules, art. 26.

　　網狀責任制與統一責任制或兩者之混合或修正，各有其優缺點。分析其優點，共同在於責任主體明確，均係多式運送人，惟於個別制度，仍有其差異。於網狀責任制，適用經國際認可之國際單式運送公約，契約當事人或利害關係人接受程度較高，惟各單式運送公約各有其責任基礎、責任成立要件、賠償限額與可資利用之抗辯規定，相對複雜而生適用之困難，何況貨損請求權人要舉證毀損、滅失發生時之運送模式，實務上相當困難，因為運送物於多式運送人占有照管期間，多式運送人對貨損發生時間及成因，理應較貨方請求權人清楚，而係資訊優越之一方，請求權人舉證責任沉重，舉證易失敗。1980 年多式運送公約建立之統一責任制，其責任內容、責任基礎、責任成立要件、賠償限額（除例外情形）與抗辯等均遵循單一規定而趨一致，與其他單式運送公約比較之，原則上有利請求權人，如責任建立較易、賠償金額較高等，請求權人之舉證責任相對為輕，惟相對易為多式運送人及其附庸之海運強權抵制，如英、美、日等船方國家迄未簽署。

　　聯合國 1980 年多式運送公約建立之統一責任制，第 14 條和第 16 條第 1 項多式運送人責任基礎，係援參漢堡規則第 4 條和第 5 條第 1 項，採推定過失責任之嚴格責任方法 (strict liability)，除非運送人能證明其本人及履行輔助人已採取所有合理的必要方法，以避免該滅失或毀損之發生，運送人對占有貨物照管期間之貨物滅失或損害負責，應無庸置疑。除了原文「所有合理的必要方法，以避免該損害與滅失之發生與結果 (all measures that could reasonably be required to avoid the occurrence and its consequence)」較具可爭執之理由外，其他並無不確定性。

　　鹿特丹規則對於內含海運的多式運送人的責任規範，UNCITRAL 在立法政策上已預先排除尚未生效的 1980 年聯合國多式運送公約❸❽❼的適用問

---

❸❽❼ United Nations Convention on International Multimodal Transport of Goods, Geneva, 1980.

題，因此 1980 年多式運送公約的生效，顯見已非可能。依 UNCITRAL 文獻顯示❸❽❽，2002 年經由海上的貨櫃運送，約有 50% 係採戶到戶運送。實證顯示，經由海上的戶到戶貨櫃運送係國際貿易貨物運送方式的主流與國貿實務界的強烈需求。因此，UNCITRAL 在政策上即決定聚焦於單式海運而契約當事人又約定將運送契約期間擴展於海運前後的運送模式，因此僅規範內含海運的多式運送❸❽❾。惟此會產生與其他既存已生效的國際單式運送公約的衝突或競合問題。如貨物毀損、滅失或遲延交付是發生在裝船前或卸船後非海運的運送人責任期間，原則上適用鹿特丹規則，除非符合以下三個條件❸❾⓪：

⑴運送契約當事人對於裝船前卸船後的運送階段分立契約，亦即是締結數個單式運送契約；

⑵該運送階段存在已生效而應適用的國際公約，如公路運送的 CMR❸❾①、鐵路運送的 CIM❸❾②、航空運送的華沙公約體系❸❾③和蒙特婁公約；

---

❸❽❽ A/CN.9/WG.III/WP.29 at para. 25.

❸❽❾ Rotterdam Rules, art. 1, para. 1, sub-para. 1.

❸❾⓪ Rotterdam Rules, art. 26.

❸❾① 歐洲國家間簽署之 1956 年日內瓦國際公路運送公約 (La Convention Relative au Contrat de Transport International de Marchandises par Route, Geneva, 1956)。

❸❾② 1980 年伯恩 (Bern) 國際鐵路運送公約 （Convention relative aux Transports Internationaux Ferroviaires 1980，簡稱 COTIF；Convention concerning International Carriage by Rail 1980），主要規範歐陸跨國間之貨物、旅客及行李之運送法律問題。其附錄 A (Appendix A) 係規範旅客與行李運送契約之統一規定，而附錄 B 係專為貨物運送，謂「國際鐵路貨物運送契約統一規則」（Regles Uniformes Concernant le Transport International Ferroviaire des Marchandises，簡稱 CIM；Uniform Rules concerning the Contract for International Carriage of Goods by Rail）。

❸❾③ 1929 年國際航空運送統一規章公約 (Convention for the Unification of Certain Rules Relating to International Carriage by Air, Warsaw 1929)，通稱華沙公約。華沙公約體

⑶該公約規定運送人的責任、責任限制、時效規定不得依約減免或侵害託運人權益。

因為 CMR、CIM、華沙公約體系、蒙特婁公約均僅適用於國際運送，如於裝船前卸船後的非海運階段為國內運送，則鹿特丹規則完全適用該階段。因此，鹿特丹規則對於內含海運模式的多式運送契約運送人的責任，無論「非隱藏性貨損」或「隱藏性貨損」，均係以「統一責任制」為原則，就「非隱藏性貨損」係以「網狀責任制」為例外（限制式的網狀責任制）。

國際公約立法趨勢係朝向混合制調整：統一責任制為主，網狀責任制為輔，惟兩個公約均尚未生效。英、美未建立多式運送法制，係交由當事人自主，其航運業定型化契約條款係採網狀責任制。中國海商法採網狀責任制❸❾❹。UNCITRAL 在制定鹿特丹規則的立法政策上已預先排除 1980 年聯合國多式運送公約的生效問題，因此 1980 年多式運送公約的生效，已非

系包括爾後 1955 年海牙議定書修正 (Hague Protocol to amend the Convention for the Unification of Certain Rules Relating to International Carriage by Air, signed at Warsaw on 12 October 1929, 1955)、1971 年瓜地馬拉議定書修正 (Guatemala Protocol to amend the Convention for the Unification of Certain Rules Relating to International Carriage by Air, signed at Warsaw on 12 October 1929 as amended by the Protocol done at the Hague on 28 September 1955, 1971)、1975 年蒙特婁議定書修正 (Montreal Additional Protocol No. 1, 2, 3 & 4 to amend the Convention for the Unification of Certain Rules Relating to International Carriage by Air signed at Warsaw on 12 October 1929 as amended by the Protocols done at the Hague on 28 September 1955 and at Guatemala on 8 March 1971, 1975)。至於 1961 年 Guadalajara 公約 (Convention supplementary to the Warsaw Convention for the Unification of Certain Rules Relating to International Carriage by Air performed by a Person other than the Contracting Carrier, Guadalajara 1961)，雖係為解決華沙公約未規範之實際運送人 (actual carrier) 議題，然事實上為一獨立公約，非屬華沙公約體系，應予區分。

❸❾❹ 中國海商法第 105 條和第 106 條。

可能。多式運送法制國際同化之變革，端視鹿特丹規則的生效與否。

2.本法第 75 條疑義及其解決

(1)單式運送、多式運送與連續運送之定義與區分

國內坊間法律或運送實務相關參考書籍大多將 Multimodal Transport 與 Through Transport 混淆，偶有將 Through Transport 之義誤植為多式運送之原義。

貨物運送依單式運送契約 (unimodal transport contract)，藉單一運送模式 (transportation mode) 履行貨物運送者，即稱單式運送 (unimodal transport)。各單一運送模式，依現行運送實務包括公路、鐵路、海上和航空等，而負責此等單一運送模式之運送人則稱公路運送人、鐵路運送人、海上運送人與航空運送人。貨物運送依多式運送契約 (multimodal transport contract)，藉由至少兩種運送模式履行貨物運送者，則稱多式運送 (multimodal transport)❸❾❺，而負責此等至少二種以上運送模式之運送人，即稱多式運送經營人 (multimodal transport operator) 或多式運送人，如運送物由收貨地至目的地為以船舶和公路拖車載運之情形，其負海上運送和陸上運送之運送人責任，亦即負貨物運送全程責任。一般多式運送人為承擔海上運送責任之船舶運送業且其於裝、卸港兩端提供對陸運負責之服務，並發出複合運送載貨證券 (combined transport bill of lading) 或多式運送載貨證券 (multimodal transport bill of lading) 等運送單據。

反之，連續運送 (through transport)（或稱聯合運送、一貫運送），分「單純型連續運送 (pure through transport)」與「集體型連續運送 (collective through transport)」，而發給託運人連續運送載貨證券 (Through Bill of Lading) 者，則稱連續運送經營人 (through transport operator) 或連續運送人。前者「單純型連續運送」，係為解決傳統海上運送貨物於轉船港待轉

---

❸❾❺ Articles 1(1) & 1(2), United Nations Convention on International Multimodal Transport of Goods, Geneva, 1980.

時，貨方須擔負轉船港待轉儲放危險而來，現行海商法第74條第1項規範之連續運送，即屬此類型，此等連續運送人擔負海上運送全程責任，因而作者認稱此為「一貫運送」應較妥當，以符真意，而單純型連續運送載貨證券發給人即連續運送人，依本法第74條第1項為契約責任主體。

後者「集體型連續運送」，為將運送全程分割為數個連續運送契約，數運送人為相繼運送者，運送全程為單一或兩種以上運送模式，通常集體型連續運送人係與託運人約定，將運送全程分割為各次階段海運，或分割為海上、公路甚至航空旅程，而其僅承擔其中海上運送模式之運送責任，他段運送責任由該他段連續運送人各自負責，但於公路運送、航空運送部分僅扮演為公路、航空運送人之代理人角色，因而負責確認貨物完好抵達裝貨港船舷之人以及貨物一旦於卸貨港著陸後負起運送責任之人，將不同於上述之多式運送人。本法第74條第2項所規範者，係運送全程僅為單一海運模式之集體型連續運送，即是單式海上連續運送，運送全程之部分海程交由其他船舶運送業者履行運送，對外責任主體依第74條第1項仍為訂定運送契約當事人身分之運送人，稱「訂約運送人 (contracting carrier)」，而受訂約運送人委託實際履行運送人者稱「實際運送人 (actual carrier)[396]」或稱「海運履行輔助人 (maritime performing party)[397]」；訂約運送人對各段實際運送人之行為，依第74條第2項，負保證之責。此稱保證顯非民法債編[398]之保證，而係擔保之意，因訂約運送人為責任主體，仍為主債務人而非保證人。集體型連續運送，由數個運送人接續完成，依其意旨為真正之連續運送，作者稱其為「真正連續運送」。漢堡規則第10條、鹿特丹規則第20條、我國民法第637條規範之「相繼運送」，即屬此等集體型連續運送，惟考慮請求權人舉證運送物於何段相繼運送人占有貨物期間發生毀損

---

[396] Hamburg Rules, art. 1, para. 2.

[397] Rotterdam Rules, art. 1, para. 7.

[398] 民法第739條至第756條之9。

之不易，遂規定各相繼運送人負連帶責任，以平衡貨方與運送人利益。

簡言之，多式運送人與一貫運送人（單純型連續運送）提供全程運送之服務，對運送全程負責，運送責任主體單一而明確，不同者為前者通常為藉至少兩種以上運送模式之戶到戶運送契約，而後者運送全程通常僅涉及海上運送並包括一連串之轉船；真正連續運送人（集體型連續運送）通常僅為戶到裝貨港和卸貨港到戶之運送階段之運送代理人，而負海上運送航程之責任，而他連續運送人（如戶到裝貨港或卸貨港到戶）則對自己航程負運送責任，責任主體複雜。多式運送人提供顧客運送之服務，而被顧客委託以全程之運送，故多數多式運送人意欲其被視為運送全程之運送人，此運送全程包括海上運送之部分。因而，大多數之多式運送人並未於載貨證券或相關運送契約證明如海上運貨單 (seaway bill) 使用「運送人身分證明條款」(identity of carrier clauses)。本條款之目的乃在規定載貨證券發給人僅是代理人，而運送契約乃屬船舶所有權人、營運人或經理人等與託運人間之契約關係。

綜上論，茲以圖示如下：

A：收貨地；

B：裝載港；

C：卸貨港；

D：交貨地；

E, E1, E2：均是轉船港

甲：託運人；

乙：海上運送人（單式運送時）或連續運送人（單純型連續運送）或海上連續運送人（集體型連續運送時）或履行輔助人（多式運送時）；

丙：公路連續運送人或履行輔助人（多式運送時）；

丁：鐵路連續運送人或履行輔助人；

戊：多式運送經營人或履行輔助人（連續運送時）

A. 單式運送（以海上運送為例）：乙發給甲載貨證券。

乙　負海上運送責任

乙　海船運送

B. 多式運送（本法第 75 條）：戊發給甲多式運送載貨證券，乙、丙、丁各為戊之海上、公路、鐵路運送階段之履行輔助人。

戊　負全程運送責任

丙　公路運送　　　乙　海船運送　　　丁　鐵路運送

C. 單純型連續運送（本法第 74 條第 1 項）：乙運送人與甲託運人訂定單式海運契約，乙發給甲涵蓋運送全部海程之載貨證券，但是貨物於轉船港轉船。

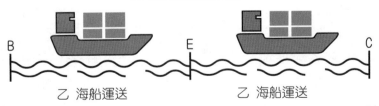

乙　負海上運送責任

乙　海船運送　　　　　　　乙　海船運送

D. 集體型連續運送（類型 1，本法第 74 條）：乙發給甲連續運送載貨證券，丙、丁各為乙於各轉船次階段之履行輔助人，惟對丙、丁之行為負擔保之責。

225

乙 負海上運送全程責任

E.集體型連續運送（類型 2）：運送全程均為海船運送之單式運送。乙發給甲連續運送載貨證券，運送契約載明乙為丙、丁於次階段海船運送之代理人。

F.集體型連續運送（類型 3）：運送全程包括兩種以上運送模式。乙發給甲連續運送載貨證券，運送契約載明乙為丙、丁於公路和鐵路運送階段之代理人。

依前揭所論，為免混同誤用，作者建議海商法第 75 條第 1 項「連續運送」用語，正名為多式運送（multimodal transport），以符真義。

3.本法網狀責任制之缺漏與相關配套

海商法修正起草人預見多式運送可能產生不同運輸階段之法律適用問

題，除增訂第 75 條外，尚於第 54 條第 1 項第 4 款將「目的港」修正為卸貨港，以再次確認海商法之適用以海上運送部分為限。根據第 75 條第 2 項，多式運送，若貨物毀損滅失發生時間不明，則推定其發生於海上運送階段，雖未明示貨物毀損滅失時間確定時之法律適用，惟依反面解釋，則貨物毀損滅失時間確定時多式運送人責任之法律適用，則應依該確定時間之法律規定如港區儲放時依民法物品運送，於公路運送時依公路法，鐵路運送時依鐵路法，航空運送時依民用航空法，依此類推，多式運送人之責任依運送模式之不同而被分割，即是前揭學理分類之網狀責任制。我國法對於多式運送人責任，依海商法第 75 條，可分類為貨物毀損滅失時間確定之「非隱藏性損壞」與不確定之「隱藏性損壞」兩類。1980 年多式運送公約、鹿特丹規則，迄今（2017 年 5 月 10 日）尚未生效，因而國際運送實務，多數之多式運送人所發給之多式運送載貨證券或各國內國法，多以網狀責任制為多式運送人之責任基礎，如英、美兩國未建立多式運送法制，係交由當事人自主，其航運業定型化契約條款係採網狀責任制。中國海商法採網狀責任制 ❸❾❾，其他如長榮海運、陽明海運、萬海航運、丹麥 Maersk、日本 NYK、美國 APL 運送條款等亦是。

　　雖海商法修正起草人於第 75 條規定多式運送人之責任基礎，惟未作相關配套措施如多式運送單據 (multimodal transport document) 或複合運送載貨證券其債權效力、物權效力之相關規定。作者認為，得類推海商法所規定單式海上運送契約下運送人所發給之裝船載貨證券之相關規定解決之。第 75 條之網狀責任制，多式運送人之責任基礎、限責、免責等依運送物毀損滅失發生時間運送模式之不同而有差異，若發生於海上運送，則責任成立依海商法第 62 條適航性義務、第 63 條貨物照管義務為斷，責任限額依海商法第 70 條第 2 項為每件特別提款權 666.67 單位或每公斤 2 單位，而若發生於公路運送期間，責任成立依公路法第 64 條第 1 項負無過失責任之

---

❸❾❾ 中國海商法第 105 條和第 106 條。

通常事變責任、依同法第 64 條單位限責每件不超過新臺幣三千元為限。責任之成立及抗辯均有差異，對請求權人諸多不公平，況且要舉證運送物毀損滅失發生時之運輸模式，對請求權人有其困難度，因為運送物之毀損滅失為於多式運送人安排照管之運輸模式之期間，多式運送人具管領力，理應較請求權人清楚貨物毀損滅失之發生時間及成因。如此，多數之求償案可能都將因請求權人對貨損發生時間之舉證失敗，而推定發生於海運階段並依海商法決定多式運送人之責任、賠償限額與抗辯。若能採用多式運送人統一責任制，則可避免前述之不公平與適用上之困難與複雜性。

茲以簡表綜上所論於下：

貨物毀損滅失時間發生之階段	請求權人與多式運送人因債務不履行之損害賠償應適用之法律
海上（鉤到鉤、舷到舷之裝後、卸前之海程期間）	海商法
公路	公路法
鐵路	鐵路法
航空	民用航空法
商港區域、內河、湖泊或內陸水道等其他階段	民法物品運送
貨物毀損滅失時間不明→推定發生海上	海商法

4.我國各單式運送法之規定

我國法就各單式貨物運送人責任規定，見諸於民法、海商法、民用航空法、公路法與鐵路法，以下僅就民法物品運送、民用航空法、公路法與鐵路法論述之。

⑴民法

民法債編第十六節為運送契約法，分通則、物品運送、旅客運送三款，物品運送係規定於第 624 條至第 653 條。民法物品運送規定原則上適用於海商法、公路法、鐵路法、民用航空法等未規範或不適用之運送階段，諸如商港區域、內河、湖泊或內陸水道等。民法第 634 條規定貨物運送人之責任基礎，運送人對運送物之喪失、毀損或遲延交付，不論有無過失均應

負責任，惟運送人得抗辯並舉證貨物之喪失、毀損或遲延交付係因不可抗力、因運送物之性質或因託運人或受貨人之過失而致者，則免除運送人責任，學理遂將其歸類為「無過失責任制之通常事變責任」。運送人損害賠償責任範圍以目的地價值為衡量，如運送人故意或重大過失導致貨損、遲延交付，則回復至完全賠償原則，運送人除積極損失外，尚應賠償消極損失[400]，請參前揭損害賠償責任範圍之衡量。遲延交付之純粹經濟上損失，以貨物全損範圍為限[401]。

(2)公路法[402]

公路法適用於公路運送階段。公路運送人之責任基礎，見於公路法第64條，於2000年修正：

「汽車或電車運輸業遇有行車事故，致人、客傷害、死亡或財、物損毀、喪失時，應負損害賠償責任。但經證明其事故發生係因不可抗力或因託運人或受貨人之過失所致者，不負損害賠償責任。前項貨物損毀、滅失之損害賠償，除貨物之性質、價值於裝載前經託運人聲明，並註明於運送契約外，其賠償金額，以每件不超過新臺幣三千元為限。人、客傷害、死亡之損害賠償辦法，由交通部另定之。」

修正主要援參舊海商法第114條（現行法第70條）[403]，針對貨物運

---

[400] 民法第638條。

[401] 民法第640條。

[402] 詳參：饒瑞正，公路法第64條修正評釋——汽車運輸業損害賠償責任及其單位限責之研究，月旦法學雜誌，第71期，2001年4月，頁136–147。

[403] 依提案委員擬具草案之修正說明，謂：「一、一般汽車貨物之運送費用微薄，每件不過數十元至數千元，但如果遇貴重物品於運送中發生毀損、滅失，運送人須按實價賠償數千元乃至數千萬元，實為不合理，運送人往往因些微事故導致傾家蕩產、公司倒閉。二、目前貨物運輸已漸入海陸複合運輸之形式，海上運輸與陸上運輸、倉儲已漸結為一體，因此有關貨物運送、保管之毀損滅失賠償額應求其一致，目前陸路運送人之賠償責任高於海運，尤無理由，應予改正。」另提案委員亦

送，明定貨物毀損、滅失之損害賠償限額為每件新臺幣三千元，除非貨物之性質、價值於裝載前經託運人聲明並註明於運送契約，亦即制定汽車或電車運輸業損害賠償之單位責任限額。除此之外，一般咸認原公路法第64條第1項係屬「過失責任主義」之「非由於汽車或電車運輸業之過失所致者，不負損害賠償責任。」之語句，於審查會時，因砂石車肇事頻傳，遭部分委員提出質疑，稍後於朝野協商獲致結論，認應加重汽車或電車運輸業責任，而修正為「但經證明其事故發生係因不可抗力或『因託運人或受貨人之過失所致者』，不負損害賠償責任。」爾後並三讀修正通過。公路法第64條運送人對運送物毀損、滅失責任之規定遂成「無過失責任制之通常事變責任」。至於遲延交付造成損害，公路法未有賠償責任規定，應依民法第634條規定，運送人對遲延交付損害負無過失責任之通常事變責任。

(3)鐵路法 ❹

　　鐵路法適用於鐵路運送部分。我國規範鐵路運送人債務不履行責任之規定，見於鐵路法運送章第55條，至於鐵路行車事故所致侵權行為損害賠償責任，係特別規定於鐵路法安全章第62條，兩者須予以區分。鐵路法第55條規定：「運送物遇有喪失毀損之賠償，依民法之規定；但其請求權依前條之規定。行李、貴重品、動物及已繳保償費之運送物，其損害賠償依其契約。」

　　鐵路運送人對運送物之損害賠償，按鐵路法第55條規定，原則上仍依

提出將「倉儲業」納入第64條，其於委員會審查時遭刪除。參考立法院第四屆第一會期交通、司法兩委員會審查「公路法第六十四條條文修正草案」第一次聯席會議記錄，民國86年6月14日，立法院公報，第88卷，第38期，委員會紀錄，頁18。

❹ 詳參：饒瑞正，高速鐵路運送人責任：契約、侵權賠償與無過失補償，21世紀法學發展新境界：柯澤東教授七秩華誕祝壽論文集，元照，2008年3月，頁369-410。

民法之規定，亦即鐵路運送人對運送物之喪失毀損，依民法第634條負「無過失責任之通常事變責任」。至於遲延交付造成損害，鐵路法未有賠償責任規定，應依民法物品運送規定。

(4)民用航空法

　　民用航空法適用於航空運送部分。民用航空法設第九章「賠償責任」，專章規定航空器所有人、使用人、承租人、借用人、旅客運送人之損害賠償責任。依民用航空法第89條，「航空器失事致人死傷，或毀損他人財物時，不論故意或過失，航空器所有人應負損害賠償責任；其因不可抗力所生之損害，亦應負責。自航空器上落下或投下物品，致生損害時，亦同。」「航空器所有人」負無過失責任，而「承租人」、「附條件買賣之買受人」、「借用人」，復依第90條，對第89條航空器失事所生損害，原則上負連帶賠償責任。規範「乘客運送人」、「航空器使用人」賠償責任者，係第91條。

　　貨物運送人之賠償責任規定為何？第89條是否適用？一般謂「按未分類即包括之解釋方法，民用航空法並未對侵權責任與契約責任分類，本法第89條對侵權責任與契約責任均得適用之，民用航空法第89條相對民法貨物運送人責任規定係居於特別法之地位，依特別法優先普通法適用原則，民用航空法第89條應優先適用，惟僅限『航空器失事』所致之運送物毀損滅失，而『非航空器失事』之他事故所致之運送物毀損滅失，則以普通法地位之民法貨物運送規定補充之」❺。依此解釋方法，則遲延交付，不論是否為航空器失事所致，既然第89條未規範遲延交付損失，則概依民法貨物運送規定。惟本文認為，依第89條（即民國86年12月16日全文修正前之第67條）立法意旨，係針對航空器失事之意外事件對地面第三者所造成之特殊侵權行為損害賠償責任，而遂有增訂同法第91條（原第69條）

---

❺ 參照高等法院裁判86年度上更字第299號；劉承漢，陸空運輸法概要，三民書局，頁23。

對旅客運送之債務不履行賠償責任，按此意旨，第 89 條並不當然適用貨物運送之債務不履行責任，貨物運送賠償責任，按特別法無規定事項適用普通法，不論是否為航空器失事所致，惟民法貨物運送適用，「貨物運送人」依民法第 634 條，對運送物之滅失、損害、遲延交付負「無過失責任之通常事變責任」。

另依民用航空法第 93 條所授權由行政院訂定屬委任命令性質之「航空客貨損害賠償辦法」❹₀₆第 4 條第 1 款，航空貨物運送人得限責至每公斤新臺幣一千元。

(5)小結

綜上所論，為讀者便利，茲以表列如次。所有之單位限責制度，除我國公路法外，多有配套之剝奪限責權衡平機制，一旦原告請求權人成功舉證運送物之毀損、滅失或遲延交付係運送人之「故意或重大過失」所致者，即應排除單位限責權之適用，法律賦予運送人之單位限責特權，應即剝奪，如我國海商法第 70 條第 4 項、民用航空法第 93 條授權訂定之「航空客貨損害賠償辦法」第 6 條第 1 項、民法第 638 條第 3 項。

貨物運送方式	運送人責任規定	責任基礎	單位限責
一般運送（商港區域、內河、湖泊或內陸水道等其他階段）	民法第 634 條	無過失責任之通常事變責任	毀損滅失：無。 遲延交付：適用民法第 640 條，以貨物全損範圍為限。
海上（鉤到鉤、舷到舷之裝後、卸前之海程期間）	海商法第 62、63 條	推定過失責任	毀損滅失：每件 666.67 SDR 或每公斤 2 SDR，高者為限。 遲延交付：適用民法第 640 條，以貨物全損範圍為限。
公路（公路運送階段）	公路法第 64 條❹₀₇	無過失責任之通常事變責任	毀損滅失：每件新臺幣 3,000 元。

---

❹₀₆ 民國 88 年 3 月 17 日行政院 (88) 臺交字第 11021 號令修正發布全文 10 條。

❹₀₇ 詳參：饒瑞正，公路法第 64 條修正評釋——汽車運輸業損害賠償責任及其單位限責之研究，月旦法學雜誌，第 71 期，2001 年 4 月，頁 136–147。

			遲延交付：適用民法第 640 條，以貨物全損範圍為限。
鐵路（鐵路運送階段）	鐵路法第 55 條→民法第 634 條	無過失責任之通常事變責任	毀損滅失：無。 遲延交付：適用民法第 640 條，以貨物全損範圍為限。
航空（航空運送階段）	他人見解：民用航空法第 89 條 本文見解：適用民法運送	他人見解：無過失責任 本文見解：適用民法	毀損滅失與遲延交付損害每公斤新臺幣 1,000 元。

105 年律師考題

運送人甲與託運人乙訂定海上貨物運送契約，約定除外條款如下：「運送人對託運人自備的冷藏貨櫃之瑕疵或故障所致之貨損，概不負責。」託運人乙自備一只 40 呎冷藏貨櫃，裝填芒果一批出口。該冷藏貨櫃壓縮機於海上運送期間發生故障，巡視的電匠水手雖具有相關修護證照，但因疏於練習而忘記如何修復，致芒果全數腐敗。請附具理由，回答下列問題：

1. 上述除外條款是否有效？
2. 該船舶是否因電匠水手不適任而不具適航性？

第三節　傭船運送

一　傭船契約之定性、種類及特質[408]

　　傭船運送人之主給付義務，係提供特定船舶之船艙，以此為對價交換託運人之主給付義務支付運費，契約目的係使用特定船舶的船艙以為運送，係中 (14) 世紀發源於義大利，而蓬勃於英國之海上貨物運送類型，雖與典型大陸法系之貨物運送有別，在英美法下仍定性為運送契約，船舶所有人為運送人，傭船人為託運人，在普通法下係以運送契約法來解決當事人間

---

[408] 詳參本書「海上貨物運送契約之分類與其定性」。

爭議。傭船運送，依使用船艙運送之方式，得以區分為論程傭船 (voyage charter)、論時傭船 (time charter)。論程傭船為使用船舶一個航次、往返航次或數個航次，按照貨物重量或體積計算運費，如每噸 3,000 美元；論時傭船為使用船舶一定期間如 1 個月、6 個月、1 年等，依使用時間計算運費，如每日 20,000 美元。

傭船實務亦有論時及論程之混和型契約，傭船一定期間但是限於特定一個、數個或往返航程，稱「論時航程 (time charter trip)」❹❾。惟盛行於策略聯盟貨櫃航商間的艙位傭船 (slot charter)，僅為航商對航線中各所屬船舶間彼此艙位交換或使用之契約，並非傭船契約，因此不在運送法之適用範圍。

傭船契約之法源係基於國際傭船習慣，如波羅地國際海事協會 (BIMCO) 的 Gencon 格式論程傭船契約、美國船舶經紀人暨代理人協會的紐約農產品交易所 (NYPE) 格式論時傭船契約，以英國法 (English law) 或美國法為準據法，復以倫敦或紐約為仲裁地，亦以定型化契約彰顯國際傭船運送慣行，藉由倫敦或紐約仲裁庭執行並確認國際傭船運送習慣，來達到國際同化的目的，而非以國際公約達到國際同化。此外，傭船契約為私運送，而以非固定航線方式經營、當事人享有完整之契約自由、運送船舶名稱特定、運送人責任範圍依完全賠償原則等特質，詳參前揭「海上貨物運送契約之分類與其定性」。

因此，海商法傭船契約相關條文，為歷次立法者將重申傭船習慣之重要實務定型化條款編入或將國際傭船習慣明文化，同時尊重商業彈性，條文均應解釋為任意規定。

二 船舶租賃與傭船契約之區分

㈠船舶租賃契約目的及主給付義務

---

❹❾ The Sabrina 1 (2011) LMLN 814.

　　船舶租賃 (demise or lease of a ship)，國際海運、法律實務使用英文 demise charter or bareboat charter，兩者慣常交互使用❹。船舶的占有與管領 (possession and control)，透過承租人自己僱用之船員占有與管領者，稱「光船租賃 (bareboat charter)」。承租人使用出租人僱用之船員而視船員為承租人之受僱人，稱「附船員船舶租賃」(demise charter)。船舶的占有與管領，自出租人移轉予承租人，承租人於租賃期間，居於準所有人 (disponent owner or de facto owner) 之地位得以使用、收益船舶，而與傭船契約有別，英國、美國判例及我國判決亦已確認❹，聯合國貿易暨發展委員會亦認為商業用語使用 lease, let, sub-let 或 hire 係商業使用習慣，但論時傭船本質係運送契約 (contract of affreightment)❹，如散裝乾貨輪論時傭船

---

❹ Mark Davis, Bareboat Charters, 2nd edition, Lloyd's of London Press, 2005, at p. 1.

❹ 英格蘭判例 The Giuseppe di Vittorio [1998] 1 Lloyd's Rep. 136、美國聯邦最高法院判例 Guzman v. Pichirilo 369 U.S. 698 (1962) 及我國最高法院 73 年度臺上字第 4153 號判決及 88 年度臺上字第 1443 號民事判決。

❹ 60. All three charter parties, however, misleadingly use the terms "delivery" and "let" (and also such terms as "redelivery", and "sublet") which are appropriate to a lease or demise of a vessel, but not to a time charter which, in almost all jurisdictions, is only a contract of affreightment and involves no leasing of the vessel. In general charterers acquire no possessory rights in the vessel under these forms of charterparty. In the case of Sea & Land Securities Ltd. v. Williams Deckinson, Lord Justice Mackinnon described the time charter party as a document which began life as an actual demise, and considered it to be a: ". .. misleading document, because of the real nature of what is undertaken by the shipowner is disguised by the use of language dating from a century or more ago, which was appropriate to a contract of a different character then in use. .. The modern form of time charter party is, in essence, one by which the shipowner agrees with the time charterer that during a certain named period he will render services by his servants and crew to carry the goods which are put on board his ship by the time charterer. But certain phrases which survive in the printed form now

實務慣用之定型化契約「2015 年紐約農產交易所格式，NYPE 2015」於第
26 條亦重申：「本契約所載事項不應被解釋為船舶租賃。」 ❹❸

㈡船舶租賃之種類及當事人間權義

船舶租賃可以分為營運性租賃 (operational charters or leases) 和融資性
租賃 (financial charters or leases)。營運性租賃，承租人占有船舶而為己之
利益營運船舶。出租人於交船前和交船時，應為必要之注意使得船舶適航
和適合租賃目的，惟出租人既已移轉船舶的占有與控制，於租賃期間極少
擔負任何實質義務。承租人通常得以選擇或變更船名，使用自己的旗幟和
煙囪標幟 (house flag and funnel mark)。承租人並於租賃期間負擔船舶的維
修、保養和保險。出租人於租賃期間，有檢視船舶和終止契約之權利，以
對抗承租人未履行維修、保養、保險和支付租金義務之情形。

融資性租賃，租賃期間通常較營運性租賃為長，甚至及於船舶使用年
限，出租人的主要角色為融資者。船舶通常根據承租人所要求之規格建造，
而由提供融資的出租人（例如銀行業、租賃業）購買，再長期以光船租賃
(bareboat charter)，亦即不包括船員的方式出租予承租人（例如船舶運送
業）。簡言之，係由提供融資的出租人出資取得船舶所有權而為出租人，再
出租予承租人。因此，承租人可以用逐年遞減租金之方式，分享資金成本
按租期分年攤提之成本與租稅上利益，或又於租期屆滿後購買船舶，亦即
先租後購 (hire and purchase)。出租人的資金風險，通常以船舶所有權、承

---

used are only pertinent to the older form of demise charter party. Such phrases. . . are
the owner agrees to let and the charterer agrees to hire the steamer. There was no
'letting' or 'hiring' of this steamer" in para. 60, UNCTAD, Trade and Development
Board, Committee on Shipping, Working Group on International Shipping Legislation
Twelfth session, Geneva, TD/B/C.4/ISL/55 27 June 1990.

❹❸ NYPE 2015, cl. 26: "Navigation－Nothing herein stated is to be construed as a demise
of the Vessel to the Time Charterers."

租人未付租金時之契約終止權等而保全。

　　波羅地國際海事協會 (BIMCO)，根據國際船舶租賃習慣自 1974 年開始製作定型化契約，最新版本係 BARECON 2001 和專供無動力、無人駁船租賃之 BARGEHIRE 2008，以英國法、美國法為準據法，並以倫敦、紐約為仲裁地，用以確認船舶租賃習慣。國際上不同國籍當事人於不同法律行為地、履行地普遍使用 BARECON 2001，而成為船舶租賃之產業標準格式 (the industry standard form)，亦是以 BARECON 2001 所彰顯的國際船舶租賃習慣，達到國際同化與形成國際主流價值。

　　船舶租賃，為船舶運送業取得船舶以資營運或融資的主要方式之一。船舶租賃如上揭，有其國際共通與特殊性，民法租賃之規定尚不足以因應，乃有訂立特別法之必要。國際公認、表徵船舶租賃習慣之 BARECON 2001 共計五大部分，第一編 (PART I) 計 46 格 (box)，第二編 (PART II) 共通性條款計 31 條，第三編 (PART III) 使用於新造船者計 5 條，第四編 (PART IV) 使用於先租後購 (hire and purchase) 計 8 條，第五編 (PART V) 使用於船舶租賃國籍登記計 3 條，條款眾多共計 47 條又 46 格。茲僅將其中基本、必要之條款 (fundamental terms) 明文化，排除我國船舶法、船舶登記法未開放以船舶租賃為國籍登記的條款 (PART V)，並以補充法條文將船舶租賃國際習慣完整引入，解決國際船舶租賃習慣和我國民法租賃相關規定之差異，期使與國際並駕齊驅，作者提出增修條文如下。

修正條文	說明
第三章之二船舶租賃	一、新增章名。 二、本法原無船舶租賃之規定，船舶租賃並非海上運送契約，惟經由租賃取得船舶使用、收益權，經營海上運送業，而與海上運送契約有密切之關聯，爰新增第三章之二船舶租賃。 三、船舶租賃 (demise or lease of a ship)，國際海運、法律實務使用英文 demise charter or bareboat charter（整船或光船租賃），兩者慣常交互使用，均指船舶租賃，其間差異在於 demise charter 之出租人提供船員，而船員在租

237

	賃期間視為承租人之受僱人。
	四、船舶租賃，有其國際共通性與特殊性，民法租賃之規定尚不足以因應，乃有訂立特別法之必要。茲參酌國際公認、重述船舶租賃習慣之 BARECON 2001，訂定本章。BARECON 2001 共計五大部分，PART I 計 46 格 (box)，PART II 共通性條款計 31 條，PART III 使用於新造船者計 5 條，PART IV 使用於先租後購 (hire and purchase) 計 8 條，PART V 使用於船舶租賃國籍登記者，計 3 條，條款眾多共計 47 條又 46 格。茲僅將其中基本、必要之條款 (fundamental terms) 成文，並排除我國船舶法、船舶登記法未開放的船舶租賃國籍登記的條款 (PART V)。同時，將未成文的條款，以補充法方式，將表徵國際船舶租賃習慣的 BARECON 2001 完整引入本章，解決國際船舶租賃習慣和我國民法租賃相關規定之差異，期使與國際接軌。
	五、本章僅規範當事人間權利義務關係。承租人使用船舶對第三人之運送責任、出租人限責權、海事優先權等本法相關章節另有規範。
	六、將 BARECON 2001 中基本、必要的條款計 11 個明文化，並化繁為簡吸納後，以原則、要旨的方式訂定明文。
第 93 條之 4 (補充法) 船舶租賃，除契約另有約定外，依本章之規定，本章無規定者，依國際船舶租賃習慣，無習慣者，適用民法之規定。	一、本條新增。 二、船舶租賃條文定性為任意規定、訓示規定，尊重當事人談判地位對等之契約自由。 三、船舶租賃，除契約另有約定外，依本章之規定，本章無規定者，優先依波羅地國際海事協會制定，表徵國際船舶租賃習慣之 2001 年船舶租賃定型化契約 (BARECON 2001) 以及後續修訂，期使與國際接軌。 四、BARECON 2001 條款眾多，分五大部分，共計 47 條又 46 格。條款間彼此互為配套，存在既定之適用關係，為免掛一漏萬，以此立法技術將表徵國際船舶租賃習慣的 BARECON 2001 完整引入。 五、船舶租賃的法律適用：第一位次當事人有約定從其約定，第二位次本章，第三位次國際船舶租賃習慣，如表徵國際船舶租賃習慣之 2001 年船舶租賃定型化契約 (BARECON 2001) 以及後續修訂，第四位次民法。
第 93 條之 5 (船舶租賃種類與當事人) 船舶租賃分為營運性租賃和融資性租賃。	一、本條新增。 二、船舶租賃可以分為營運性租賃 (operational charters or leases) 和融資性租賃 (financial charters or leases)，兩者間當事人權利義務有別，爰分類之。

營運性租賃，謂出租人出租船舶予承租人，承租人占有船舶，為己之利益營運船舶。 融資性租賃，謂出租人出資建造或購買船舶取得船舶所有權，再出租予承租人，或又於租期終了由承租人購買船舶。	三、參照 Mark Davis, Bareboat Charters, 2nd edition, Lloyd's of London Press, 2005, at p. 2–3，對於營運性租賃和融資性租賃之分類和定義。
第 93 條之 6（船舶租賃船員之僱用） 船舶租賃之船員由承租人負責僱用。 承租人繼續使用出租人原配置之船員以占有管領船舶者，此等船員視為承租人僱用。	一、本條新增。 二、船舶租賃，其船員均應由船舶承租人負責僱用，以代表船舶承租人占有管領船舶。參照英國判例 The Giuseppe di Vittorio [1998] 1 Lloyd's Rep. 136、美國聯邦最高法院判例 Guzman v. Pichirilo 369 U.S. 698 (1962) 及我國最高法院 73 年度臺上字第 4153 號判決及 88 年度臺上字第 1443 號民事判決，增訂本條第 1 項。 三、第 2 項參照 BARECON 2001, cl. 10(b) 後段規定：船舶承租人使用出租人原配置之船員以占有管領船舶者，該船員視為船舶承租人僱用之船員。
第 93 條之 7（營運性租賃出租人交船時之適航性義務） 出租人於交船前和交船時，應為必要之注意，使船舶適航和合於租賃使用之目的。 出租人違反前項者，承租人得解除契約，如有損害，並得請求賠償。 前二項規定不適用於融資性租賃。	一、本條新增。 二、出租人於交船前和交船時，應為必要之注意使得船舶適航和適合租賃目的，惟出租人既已移轉船舶的占有與控制，於租賃期間極少擔負其他任何實質義務，參照 BARECON 2001, Part II, cl.3，增訂第 1 項。 三、出租人違反，承租人得解除契約，如有損害並得請求賠償，參照英國判例 The Arianna [1987] 2 Lloyd's Rep. 376 和 The Hermosa [1980] 1 Lloyd's Rep. 638 [1982] 1 Lloyd's Rep. 570. 四、融資性租賃，出租人有依承租人要求之規格建造租賃船舶，並交付同一建造規格船舶 (Barecon 2001, Part III, cls. 1 & 2)，而與營運性租賃下，出租人交船前或交船時使船舶適航之注意義務有別，爰訂定第 2 項明文排除第 1 項不適用於融資性租賃。
第 93 條之 8（融資性租賃出租人應依規格建造購買並交付同一規格船舶） 融資性租賃之出租人，應依約定之規格建造、	一、本條新增。 二、參照 Barecon 2001, Part III, cls. 1 & 2，融資性租賃，出租人有依承租人要求之規格建造船舶，並交付同一建造規格船舶。融資性租賃下出租人購買船舶再出予承租人之情形亦同。 三、違反效果依 Barecon 2001, cl. 1 (d)，承租人得拒絕受領

239

購買船舶，並交付同一規格之船舶予承租人。出租人違反者，承租人得拒絕受領交付、請求補正或損害賠償。	交付、請求補正或請求損害賠償。
第 93 條之 9（當事人交船與還船時就備品、燃料和供應之點交義務） 承租人就出租人交船時，移交之備品、燃料與供應，應以交船時、地合理之市價補償出租人。 出租人就承租人還船時，留存船上之備品、燃料與供應，應以還船時、地合理之市價補償承租人。	一、本條新增。 二、參 BIMCO BARECON 2001. cl. 9 Inventories, Oil and Stores，規定：交船與還船時船上之備料、供應與燃料，於合理限度內應以合理之市價補償，以符船舶租賃之本旨。
第 93 條之 10（承租人租賃期間權利和義務） 承租人於交船後，有航行、營運、變更船名、船舶國籍和使用船舶暨其設備、屬具之權利。承租人行使前稱權利所致出租人損害者，應負賠償責任。 承租人於交船後有維修、保養船舶和投保船舶保險、責任保險或維持財務擔保之義務。	一、本條新增。 二、承租人於交船後，實質占有管領船舶，有航行、營運、變更船名、船籍、使用船舶設備屬具之權利 (Barecon 2001, Part II, cl. 10)；承租人行使營運船舶等前該權利致出租人損害，應負賠償責任 (Barecon 2001, Part II, cl. 17)。 三、承租人於交船後，實質占有管領船舶，有維修、保養、投保船舶險、責任險或維持財務擔保之義務 (Barecon 2001, Part II, cl. 10)。
第 93 條之 11（出租人查勘船舶權利與契約終止權） 出租人於租賃期間得隨時查勘船舶。 出租人於下列情形，得經書面通知承租人終止契約：	一、本條新增。 二、出租人於租賃期間有檢視、查勘船舶的權利，以確保承租人營運、維修、保養船舶、投保之妥適性，參照 BARECON 2001, Part II, cl. 8，增訂第 1 項。 三、出租人租賃期間撤船 (withdraw) 終止契約之權利，以保障出租人財產權益：在承租人㈠未依約適時給付租金、㈡未依約維修保養船舶、㈢未依約投保適當保險或財務擔保等情形下終止契約、㈣承租人使用船舶從事非法行

240

一、承租人未依約給付租金。 二、承租人未依約維修、保養船舶。 三、承租人未依約投保適當保險或維持財務擔保。 四、承租人使用船舶從事非法行為者。	為者。終止契約對當事人權益影響甚巨，通知方式應以書面為之，以示慎重。參照 Barecon 2001, Part II, cl. 28, 增訂第 2 項。
第 93 條之 12（承租人原狀返還船舶義務） 承租人於租賃終期，除正常耗損外，應原狀返還船舶。承租人違反者而致出租人損害，承租人應負賠償責任。	一、本條新增。 二、承租人於租賃終期，應原狀返還船舶，參照 BARECON 2001, Part II, cl. 15(4)。違反效果，承租人應負損害賠償責任，係參照英國上訴法院判例 Attica Sea Carriers Corporation v. Ferrostaal Poseidon Bulk Reederei GmbH [1976] 1 Lloyd's Rep. 250.
第 93 條之 13（承租人轉租船舶之禁止） 承租人非經出租人同意，不得將船舶轉租或移轉租賃權利於他人。違反者，出租人得以書面通知承租人終止契約，如有損害，並得請求賠償。	一、本條新增。 二、船舶租賃契約，租賃期間很長，係繼續性契約，重視當事人間之特質與信賴利益之保護，參照 BARECON 2001, Part II, cl. 22(a) 承租人轉租船舶之禁止。 三、違反效果，依英國判例 Hendry v. Chartsearch Ltd. CA (1998) CLC 1382，出租人得終止契約併同請求損害賠償。
第 93 條之 14（出租人移轉所有權之禁止與船舶租賃之契約承擔） 出租人非經承租人同意，不得於船舶租賃期間移轉所有權於他人，如致承租人損害，應負賠償責任。 承租人同意出租人移轉所有權於他人者，經所有權受讓人同意，受讓人承擔船舶租賃契約之權利義務。	一、本條新增。 二、船舶租賃契約，租賃期間很長，係繼續性契約，重視當事人間之特質與信賴利益之保護；此外，亦保障承租人於租賃期間完整占有船舶 (quiet possession)，運營船舶經營運送業之權利，參照 BARECON 2001, Part II, cl. 22 (b)，非經承租人同意，禁止出租人於租賃期間移轉所有權；英國判例 The Stena Nautica [1982] 2 Lloyd's Rep. 323; The Stena Nautica (No. 2) [1982] 2 Lloyd's Rep. 336，禁止出租人於租賃期間移轉所有權，否則應負損害賠償責任。 三、參照 BARECON 2001, Part II, cl. 22(b)，明文規定經承租人和所有權受讓人同意，受讓人承擔租賃契約，保障承租人信賴利益、所有權受讓人選擇相對人自由權和出租人船舶處分權，創造三贏之局。

三 傭船契約書面要式性之必要

運送契約與其他債權契約相同，係遵循不要式法律行為原則，除法律明文規定或當事人約定外，運送契約原則上係不要式契約，只要當事人意思表示合致契約即成立，亦屬諾成契約。在我國運送法制體系下，海上、航空、公路、鐵路及多式運送，僅傭船契約屬書面要式契約❹。書面要式性，通常有證據力之考量、便於登記或行政監管使用之目的。

船舶運送業管理規則第 14 條規定：「船舶運送業因客貨運需要，租船、傭船、受委託船舶營運，應填具申請書（如附件十二）送航政機關備查。船舶運送業將其所有之船舶以光船出租前應填具申請書（如附件十二）並敘明理由報請航政機關核轉主管機關備查。」申請書上勾選傭船契約為論時或論程等，也無須附上傭船契約副本。

國際傭船實務通常使用前揭重申傭船習慣之定型化契約，但非以做成書面為必要，即使是口頭協議，契約仍有效成立，當事人受到拘束❺。傭船實務通常使用電子信件以訂定傭船契約，因此於交換之電子信件摘要當事人合意之條款而當事人主觀意思於摘要之契約條款合意時即受拘束，契約即成立，而正式的傭船契約書面於爾後數天或數週才作成。傭船契約當事人最終未做成正式書面之傭船契約，亦非不普遍，因而契約條款即是於電子交換信文所做成之摘要 (recap)❻。

綜上，除當事人約定書面要式外，傭船契約為諾成契約，以反映國際傭船習慣與我國船舶運送業監理現況，本法第 39 條法定書面要式規定，應予刪除。

---

❹ 海商法第 39 條。

❺ Lidgett v. Williams (1845) 14 L.J. Ch. 459.

❻ Welex A.G. v. Rosa Maritime [2002] 2 Lloyd's Rep. 81, [2003] 2 Lloyd's Rep. 509.

四　買賣是否不破傭船

(一)債權相對說與契約承擔說之競比

　　海商法第 41 條規定：「以船舶全部或一部供運送之契約，不因船舶所有權之移轉而受影響。」傭船契約下，船舶所有權移轉並作變更登記後，是否受讓人得拒絕履行讓與人與傭船人所締結之傭船契約而要求傭船人另覓船舶？抑或是承擔傭船契約而應對傭船人履約？長久以來學者素有爭執，容有兩說：1. 債權相對說：認為本條文僅係債的相對性原則之重申。2. 契約承擔說：認為海商法第 41 條與民法第 425 條買賣不破租賃規定在文字上類似，應為相同解釋，否則形同具文；同時傭船人有龐大貨量待運，如受讓人未承擔契約，傭船人一時覓船不易，將導致貨物無法出口，有礙國際貿易。惟買賣是否不破傭船，並無訴訟上實例❹❼，僅為學說之爭，乃因實務條款對此已解決如下。

(二)國際傭船習慣

　　傭船運送法之法源來自海運商業習慣，同時亦以定型化契約重申國際傭船運送慣行，藉由倫敦或紐約仲裁庭執行並確認國際傭船習慣，來達到國際同化的目的，已如前揭。國際傭船習慣，傭船契約之船舶所有權人在傭船契約期間得以自由處分其所有船舶❹❽，原所有權人居於契約當事人之地位，仍應對傭船人履約，新所有人未因買賣而受到傭船契約之拘束❹❾，保障原所有人、新所有人之財產權，也遵循契約當事人原則（或大陸法系的債之相對性原則）。如買受人實際知情 (actual knowledge) 買賣標的船舶尚在有效傭船契約期間，基於衡平原則 (equity)，新所有權人應受到拘束而

---

❹❼ 無論海商法 1999 年、2000 年修正前後均無相關訴訟案件，詳參：饒瑞正，海商法判決實證量化分析，臺灣海洋法學報，第 10 卷第 2 期，2012 年 12 月，頁 35–74。

❹❽ Sorrentino v. Buerger [1915] 3 K.B. 367; Isaacs v. McAllum (1921) 6 Ll. L. Rep. 289.

❹❾ Port Line Ltd v. Ben Line Steamers Ltd [1958] 2 Q.B. 146.

承攬契約，因此傭船人得以向法院聲請禁制令 (injunction)，防阻新所有人作出不符傭船契約條款之使用方式 ❹。如船舶在共有情形下具有效傭船契約，所有權部分移轉或買賣，新所有人或受讓人受到傭船契約之拘束 ❹，否則造成船舶使用之困難，與我國海商法第 14 條第 1 項船舶共有人對於利用船舶所生債務就應有部分負比例分擔之責的規定，具相同之拘束效果。

㈢國際傭船實務條款之調整

誠如前揭，國際傭船習慣，除船舶應有部分移轉外，原所有權人居於契約當事人之地位，仍應對傭船人履約，新所有人未因買賣而受到傭船契約之拘束。惟船舶所有權移轉後，原所有人不再具有所有權人身分，而無權使用船舶，更遑論遵循傭船人航行派遣之義務，如傭船人未能同意以他船舶替代，原船舶所有人勢必違約，傭船人得以終止契約併同請求損害賠償。此外，傭船運送船舶名稱特定，著重船舶的特質，僅該特定船舶適合裝卸港海象、碼頭裝卸設備、貨載種類、航路，為不可或缺而不具替代性或替代性極低，傭船人再覓相同規格船舶有其困難或耗費時間，阻礙國際貿易進行。因此，傭船、船舶買賣實務發展出「契約承攬條款 (novation clause)」分別置入傭船契約、買賣契約，或三方簽訂「契約承攬協議 (novation agreement)」，約定傭船契約由新所有人承攬，用以拘束原所有人、新所有人和傭船人，解決上揭傭船習慣之困境，共創三贏之局。「契約承攬條款」或「契約承攬協議」，即是契約承攬，導致契約當事人之變更，因此當事人應依民法第 297 條第 1 項為讓與之通知，而當事人亦得依民法第 299 條第 1 項援引相同之抗辯。

綜上所論，海商法第 41 條，依國際傭船習慣與傭船運送特性，應解為

---

❹ Lord Strathcona v. Dominion Coal [1926] A.C. 108; Per Browne-Wilkinson J. in Swiss Bank v. Lloyd's Bank [1979] Ch. 548; De Mattos v. Gibson (1858) 4 De G. & J. 276.

❹ The Vindobala (1887) 13 P.D. 42; The Meredith (1885) 10 P.D. 69; Messageries Co v. Baines (1863) 7 L.T. (N.S.) 763.

債之相對性原則之重申。惟如係船舶共有而其應有部分移轉，應類推海商法第 14 條第 1 項，受讓人應受傭船契約之拘束。考量所有人自由處分財產之權利、新所有人財產權免受侵害、傭船人得以繼續使用船舶進行國際貿易之三方權益，傭船、船舶買賣實務已使用「契約承擔條款」或「契約承擔協議」來解決困境，保護三方權益，海商法第 41 條應具相同思考方向，於爾後修法考量將「契約承擔條款」或「契約承擔協議」明文化。

五　傭船運送人對於貨損之責任基礎

傭船運送人對於貨物滅失或毀損之損害賠償責任基礎，係依適航性義務暨四個普通法免責事由即天災 (act of God) ❷、固有瑕疵 (inherent vice)❸、公敵行為 (Queen's/King's enemies)❹及共同海損犧牲❺等而定。

承保包括貨損責任風險的相互保險組織間訂定「1996 年相互保險組織間 NYPE 協議 2011 年修正 [Inter-Club New York Produce Exchange Agreement 1996 (as amended September 2011)]」，專用於 NYPE 格式論時傭船契約當事人間之貨損爭議，合理、快速的解決、分擔貨損責任。

傭船運送人之適航性義務，依 Hong Kong Fir Shipping Co. Ltd. v. Kawasaki Kisen Kaisha Ltd❻案判例，已從擔保義務性質變更為「無名條款 (innominate terms)」，違反之效果依個案違反之事實對契約目的達成之重要性，可為如同違反 condition（條件條款）的法律效果，相對方得以拒絕履約併同請求損害賠償，或為違反 warranty（擔保）之法律效果，相對方僅得以請求損害賠償，因為性質與違反效果未定，所以稱為「無名條款

---

❷ Nugent v. Smith (1876) 1 CPD.

❸ The Hoyander [1979] 2 Lloyd's Rep. 79.

❹ The Teutonia (1872) LR 4 CP. 171.

❺ Royal Exchange c. Dixon (1886) 12 App. Cas. 11.

❻ [1962] 2 QB 26.

(innominate terms)」，又居於中間性質而稱「中間條款 (intermidiate terms)」。因此，傭船運送人的責任基礎，除契約當事人另有約定，仍依適航性無名義務與判例法定四個免責事由。

六 傭船契約義務條款分類

㈠表徵國際傭船習慣之英美契約義務條款

國際傭船實務，當事人慣用商業團體所擬制而重申國際傭船習慣之定型化契約，如 BIMCO 之 Gencon 格式論程傭船、美國 NYPE 格式論時傭船定型化契約，以英國法、美國法為準據法，復以倫敦、紐約為仲裁地或倫敦高等法院（海事法庭）、紐約聯邦地方法院為管轄法院，以資確認傭船習慣。因此，國際傭船實務慣用之定型化契約及以之為準據法的英國法、美國法，所表彰者係國際傭船習慣，係我國海商法傭船契約相關條文之法源。

依一般契約法，契約條款可區分為與履行之內容有關 (conformity of performance) 之條款，及與履行之次序有關或僅為一事件者 (an event or order of performance)[427]。前者為關係契約義務之條款，以其履行與否對確保契約目的達成之重要性與對當事人之影響，依其強弱順序分為重大條款 (fundamental terms)、條件條款 (condition)、擔保條款 (warranty) 與無名條款 (innominate term[428])，而給予不同之評價。重大條款 (fundamental terms)，為契約基礎之條款而對契約目的達成之重要性最強，違反者產生失權之效果，失去任何法定和約定抗辯權，如前揭不儲載甲板貨條款、不為不當偏航條款。條件條款者，為契約重要性次強之主條款，基於對契約目的達成之重要性，違反條件者，相對人得拒絕履約 (repudiatey) 併同損害賠償；同

---

[427] 參見 G. H. Treitel, Conditions and Conditions Precedent, 106, The Law Quarterly Review, 1990, pp. 185-192, 186。

[428] 於 Hong Kong Fir Shipping Co Ltd v. Kawasaki Kisen Kaisha Ltd [1962] 2 QB 一案所創，本案法院判決傭船契約之適航性義務條款，屬無名條款。

理，再次要者為擔保條款，違反擔保僅生損害賠償；至於無名條款，則由個案法院視其違反對契約之影響強弱定其違約效果，強者則如違反條件般賦予拒絕履約權併同損害賠償，弱者則賦予如違反擔保之效果，依此中間性質，遂又被稱之為中間條款 (intermediate term)。後者僅與契約履行之次序有關或僅為一事件，並未構成契約義務條款，可分為停止條件 (condition precedent)、解除條件 (condition subsequent)、同時條件 (concurrent condition)、單獨條件 (independent covenant)。停止條件者，契約之效力或當事人之責任，直至某特定事件之發生，始生效力或始負責任。特定事件之發生為使契約效力終止者，稱解除條件❹。當事人應同時履行者，稱同時條件，則一方未履行，相對方得主張同時履行之抗辯。反之，非當事人應同時履行者，為單獨條件。

與契約履行內容有關之契約義務條款，也同時得作為與契約履行之次序或事件。例如擔保條款，本身雖係義務條款，但同時可為停止條件。

此外，契約條款，依是否為當事人約定並載明於契約可分明示條款 (express terms) 及默示條款 (implied terms)。默示條款，為法定或法院依當事人客觀外顯行為推論。

定型化傭船契約，不同之貨載或船型有其專用之格式，論時傭船者如專用於油輪之 Intertanktime 80、專用於貨櫃船之 Boxtime，論程傭船者，如使用於油輪之 Shellvoy、穀類乾貨之 Graincon 等。某些大企業尚有自己專用量身訂做之格式，如荷蘭皇家殼牌石油之論時 Shelltime、論程 Shellvoyage。以下傭船契約條款之論述，以散裝乾貨輪慣用之論程傭船 Gencon 94 年格式和論時傭船 NYPE 2015 年格式為例，簡述所重申之國際傭船習慣。

1.專用於論時傭船之條款

(1)使用期間（時間扣除）條款 (off-hire clause)

---

❹ 相當我國民法 §99 之停止條件與解除條件。

論時傭船，以船舶可使用之期間，按日計算運費（傭船費），而不可使用之期間，自然應自運費中扣除，因此須將船舶不可使用之風險於當事人間分配之，如 NYPE 2015 第 17 條將任何可責於船舶所有人之事由所致之船舶不能使用之風險，規定由船舶所有人負擔，該段時間即應扣除，不列入運費計算期間。本法第 47 條規定，亦是使用期間（時間扣除）條款類型之一。

(2)使用與補償條款 (employment and indemnity clause)

論時傭船人於傭船期間，具有航行指揮控制權，藉以指示船舶所有人於特定裝、卸港裝卸貨物，相對地船舶所有人有遵循傭船人指揮之義務，而因遵循傭船人指示所生之損害，傭船人應補償之，重申於 NYPE 2015 第 46 條第 b 項規定，例如因裝載傭船人指示裝載之危險貨導致船體毀損❹。

(3)交船及還船條款 (delivery and redelivery clause)

論時傭船，傭船人於一定期間使用船艙之全部，因此，期間開始之交船 (delivery) 與期間終了之還船 (redelivery)，當事人均應約定之，以為傭船期間，如 NYPE 2015 第 2 條及第 4 條，傭船人未於約定還船時間還船，即應負擔違約金或損害賠償。契約成立時，船舶通常正履行他契約而不在裝貨港，因此而生「交船前航程默示條款 (preliminary voyage clause)」，船舶所有人應使船舶以合理速率於約定之解約時間前 (layday and cancelling date or laycan) 抵達交船地，否則傭船人得以解約，如 NYPE 2015 第 3 條。

當事人於交船及還船時安排海事公證 (marine survey)，鑑定交船、還船時船況、船舶設備、屬具、燃油等之數量及品質，以資確認還船時前揭事項與交船狀態一致，如 NYPE 2015 第 5 條，否則傭船人應負損害賠償責任。

船舶於交船時應適航❹且於各方面合於使用目的，如 NYPE 2015 第 2

---

❹ The Athanasia Comninos [1990] 1 LLR 277.

❹ The Madeleine [1967] 2 Lloyd's Rep. 224.

條第 2 項所重申之傭船習慣，違反者如前揭所定性之「無名義務」。

2.專用於論程傭船之條款

(1)裝卸船時間及延滯費條款 (laytime and demurrage clauses)

論程傭船，運費係依貨物之重量或容積來計算，時間成本係船舶所有人之成本。船舶所有人為控制時間成本，因此與傭船人約定裝卸船速率，依裝卸貨港之裝卸吊桿、機具等設備、理貨、裝卸工人之素質或依經驗值約定如每小時裝船速率 1,000 公噸，再透過貨物數量計算出裝卸船時間 (laytime)，如貨物預計裝船 10,000 公噸則約定之裝船時間為 10 小時，超過裝卸船時間則產生延滯費 (demurrage)，如約定每小時 2,000 美元，其性質為違約金 (liquiadated damages)。如裝卸船時間未用盡，則給予傭船人快速費 (dispatch)，通常為延滯費之二分之一，如每小時 1,000 美元，以為誘因鼓勵傭船人提高裝卸速率，節省船舶所有人時間成本。

典型裝卸時間起算條款，如 Gencon 94 第 6 條第 2 項，如果給予傭船人之船舶備便通知書 (Notice of Readiness, NOR) 於 12 時或之前發給，則裝卸船時間從 13 時開始起算；如於 12 時之後的辦公時間發給傭船人船舶備便通知書，則裝卸時間從翌日 6 時開始起算。裝卸船時間之起算，繫屬於有效之備便通知書，而有效之備便通知應符合兩個要件如下：

A.船舶已抵達裝卸港，為到達船之狀態 (arrived ship)❷；到達船為船舶已抵達當事人約定之港區地理範圍、法律規定範圍或航港主管機關行政監督管理範圍，而且船舶必須處於傭船人立即而有效處置之區域內 (the immediate and effective disposition of the charter)。

B.船舶於裝卸吊桿、設備、船員等全都備便足以為裝卸船之狀態；亦即「你（傭船人）需要我（船舶所有人）的時候我就在，我隨時備便，而任何我應為之必要前置作業都不應延誤你。」❸

---

❷ The Johanna Oldendorff [1973] 2 Lloyd's Rep. 285; The Maratha Envoy [1977] 2 All ER 849.

船舶為到達船且各層面都備便好足以裝卸船之狀態，透過 NOR 之發給，告知傭船人船舶已達且全部備便足以裝卸船，而裝卸時間即將開始起算，傭船人受通知後即會於裝卸船時間起算前將貨物備便於船邊足以裝卸船之狀態，以節省船舶所有人時間成本。CMI 於 1980 年根據國際傭船習慣制定「1980 年傭船契約裝卸船時間定義 (Charter Party Laytime Definitions 1980)」，爾後 BIMCO 根據 1990 年聯合國 UNCTAD 對於傭船契約實務慣用語所作之檢討報告，修正為「1993 年論程傭船契約裝卸船時間解釋規則 (Voyage Charter Party Laytime Interpretation Rules, Voylayrules 1993)」。又於 2013 年根據 20 年間傭船習慣之變動，修正為「2013 年傭船契約裝卸船時間定義 (Laytime Definitions for Charter Parties 2013)」，重申英國法院確認之國際傭船習慣所使用之術語定義與解釋；例如裝卸時間應算入之「工作日 (Working Day)」，應依當地法律或工作實務通常執行時間 (shall mean a Day when by local law or practice work is normally carried out)；不列入裝卸時間之「假日 (Holiday)」，「應為不屬於週間日之休息時間而依當地法律或工作實務除為一般工作時間外，通常不執行工作之時間 (shall mean a Day other than the normal weekly Day(s) of rest, or part thereof, when by local law or practice work during what would otherwise be ordinary working hours is not normally carried out)。」

若傭船人用盡傭船契約約定之裝卸時間，則延滯費開始起算。延滯時間過久，足以變更原傭船契約之性質，如超過一月而非僅數天或數週❹，則視為契約目的未達成 (frustration)，船舶所有人得拒絕履約而視契約為終止，進而命令船舶駛離裝卸港。延滯費一旦開始起算，原先不列入裝卸船

---

❹ "I am ready at the minute you want me, whenever that may be, and any necessary preliminaries on my part for the loading will not be such as to delay you.", as per Lord Denning in The Tres Flores [1973] 2 Lloyd's Rep. 247.

❹ The Sea Angel [2007] 2 Lloyd's Rep. 517.

時間之假日 (holiday)、氣候不能工作日 (non-weather working days) 等不再扣除，而謂「一旦延滯，永遠延滯 (Once on demurrage, always on demurrage)」，係因傭船人已違約而應賠償違約金，惟如起算延滯費後裝卸船中斷係因可責於船舶所有人之事由所致或當事人明示約定除外，則裝卸中斷時間不列入違約金之計算❹。本法第 52 條，亦是論程傭船裝卸時間及延滯費條款類型之一。

(2)運費條款 (Freight clause)

　　傭船運送人之主給付義務，係提供特定船舶之船艙，以此為對價交換託運人之主給付義務支付運費，契約目的係使用特定船舶的船艙以為運送。論程傭船契約，係約定使用船舶一個航次、往返航次或數個航次為契約期間。本書前揭公共運送下普通法之運費給付原則、給付時間等判例法上法則，除當事人有其他明示約定外，仍一體適用如下。

A.運費給付義務

　　運費通常以貨物重量或體積來計算，如每噸 1,000 美元，亦有約定一口價之總額運費 (lumpsum freight)，如從澳大利亞雅德雷德至高雄一航次 10 萬美元。

　　運費給付義務係託運人主給付義務，以此為對價交換運送人主給付義務，即是運送貨物至合意卸貨港，並將貨物原物原狀返還受貨人或得移轉運送單據持有人，前已論及。因此，即使航程離約定卸貨港已履行 90%，運送人仍不得請求運費❹；如運送人係居於戰爭爆發而受行政當局之令，被迫於非約定卸貨港卸貨，亦不得請求運費❹；託運人要求於原約定卸貨港前之港口交貨，基於運送契約變更之效力，運送人得請求運費。

　　如貨物於航程中滅失，因對價失靈，託運人無須給付運費❹，滅失係

---

❹ The Kalliopi A [1988] 2 Lloyd's Rep. 101.

❹ The Kathleen (1874) L.R. 4A. & e. 269.

❹ St. Enoch Shipping Co. Ltd. v. Phosphate Mining Co. [1916] 2 K.B. 624.

基於免責事由所致，亦同❸。此稱滅失亦包括「擬制滅失」之情形，亦即如貨物毀損失去原物之性質而無從回復，例如袋裝水泥泡浸海水而固化擬制視為滅失，運送人喪失運費請求權❹；又「擬制滅失」應由商業目的而非科學角度考量，如貨物梅子泡浸水中有如污水而發酵，雖可過濾而釀成酒品，但因已失其本質而成不可商業販售之物品❶，或原油受到石蠟污染，而貨損情形未達一般殷實商人願意銷毀之程度，運送人仍得請求運費❷；如貨物僅部分滅失，運送人得請求按比例計算之比例運費❸。

以上託運人運費給付義務或運送人運費請求權，均係基於對價及所引申發展之對價失靈原則，本法第 66 條規定船舶發航後因不可抗力而將貨物運回，託運人仍負擔運費；又第 67 條規定，因海上事故而船舶須修繕，託運人於到達目的港前提取貨物，仍應負全部運費，顯與前揭對價失靈原則及英國普通法所揭示之海運商業習慣牴觸。

B.運費給付時間

運費於運送人履行其主給付義務將貨物運送至卸貨港原物原狀返還，託運人即應給付運費，兩者互為對價之對待給付，而生同時履行之抗辯，本文稱「到付運費原則」。運送契約當事人亦得自由約定運費給付履行時間，如買賣契約當事人約定 CIF 貿易條件，依 2010 年國貿條規之解釋，出賣人應擔負海運成本，因此由出賣人與運送人洽訂運送契約而約定運費於裝貨港貨物裝船後預付 (freight prepaid)，性質屬於預付運費 (advance freight)，並將此約定記載於運送單據❹，除運送單據持有人或受貨人為託

---

❸ Dakin v. Oxley (1864) 15 C.B.N.S. 646.

❹ Weir & Co. v. Girvin & Co. [1900] 1 Q.B. 45.

❹ Duthie v. Hilton (1868) L.R.4 C. P. 1868.

❶ Asfar v. Blundell [1896] Q.B. 123.

❷ Montedison S.p.A v. Icroma S.p.A (The Captain Sea) [1980] 1 W.L.R. 48.

❸ Luke v. Lyde (1759) 2Burr. 882.

運人自己外，如託運人未給付運費，不得以之對抗運送單據持有人或受貨人❹。預付運費，係當事人約定排除對價理論下推演而出之到付運費原則之適用，係供運送人航行費用支出，如燃料、船員薪資、膳食、設備之修復等，因此，如貨物於海程滅失，預付運費無需返還予託運人，或應付而未付之預付運費，託運人仍應給付❹。個案預付運費應否返還，仍需依個案當事人契約約定情況而定。

如係 FOB 的貿易條件，係由買受人擔負運費，遂由買受人與運送人洽訂運送契約而於卸貨港交付貨物時支付運費，因此運送人發給之運送單據會記載運費到付 (freight collect)。運費到付係「到付運費原則」之重申。

Gencon 1994 第 4 條運費給付條款，亦將到付、預付運費等文義印製好，交由當事人便利選擇或劃除。

C.空艙費 (dead freight)

論程傭船人於普通法上被課以貨量擔保默示（法定）義務❹，如裝船數量不及約定之數量，除四個普通法免責事由：契約目的未達成 (frustration)❹、船舶所有人違約❹、明示約定除外❹、船舶不適航❹等外，應對船舶所有人負損害賠償責任，損害賠償之金額即為缺少之貨量可收取之運費，即剩餘之空艙可收取之運費，稱空艙費 (dead freight)。例如傭船人擔保 1,000 公噸煤炭，約定運費為每公噸 100 美元，實際裝船 900 公噸，

---

❹ Hamburg Rules, art. 15(1)(k); Rotterdam Rules, art. 42.

❹ Hamburg Rules, art. 16(4); Rotterdam Rules, art. 42.

❹ Allison v. Bristol Marine [1876] 29 L.T. 634; Fribrosa Spolka Akcyjina v. Fairbairn Lawson Combe Barbour [1943] A.C. 32.

❹ Hills v. Sughrue [1846] 15 M&W 253.

❹ Esposito v. Bowden [1857] 27 LJQB 17.

❹ Behn v. Burness [1863] 1 B&S 751.

❹ Gordon v. Moxey [1913] 18 Com Cas 170.

❹ Stanton v. Richardson [1874] LR 9 CP 390.

備船人仍應給付運費 10 萬美元，其中 1 萬美元即是損害賠償性質之空艙費。如備船人違反貨量擔保義務，船舶所有人有減免損失之義務，需於備船市場另覓貨物或洽定替代之備船契約，否則應自負與有過失之該部分損失❷。本法第 48 條亦是足量貨物擔保義務及空艙費條款之類型之一。

⑶留置權條款 (lien clause)

本法第 122 條法定賦予運送人留置權，對於應分擔共同海損之貨物所有人未清償者，得留置其貨物。但提供擔保者不在此限。此外，運送人關於運費及其他費用未清償之情形，得依海商法第 5 條適用民法第 647 條留置權規定。至於留置權執行方法，應依民法第 936 條第 2 項規定，得準用實行質權之規定，依民法第 893 條第 1 項、第 895 條準用第 878 條規定，拍賣留置物或取得其所有權。運送人亦得不自行拍賣留置物，而依非訟事件法第 72 條聲請法院拍賣之。貨物留置權亦是在運送人於運費未清償得主張同時履行抗辯權，拒絕交付貨物外，保障運送人之運費債權。

英國普通法對於貨物留置權 (possessory liens) 所擔保之債權包括尚未清償之到付運費 (collect freight)、共同海損分擔、為保護貨物支出之費用，但不包括論程備船下之空艙費 (dead freight)、延滯費 (demurrage)，因其本質屬損害賠償，亦是違約金 (liquidated damages)，也不包括預付運費 (advance freight)❸。惟當事人於普通法外得約定留置權 (contractual liens)，將普通法留置權不擔保之債權如損害賠償，以契約之方式納入，因此於海運實務貨物運送契約條款，常見「留置權條款」，重申普通法留置權或依約創設普通法外之留置權，惟約定留置權不能拘束第三人❹。約定留置權優先於普通法留置權適用，僅於當事人未約定時，才適用普通法留置權。

Gencon 94 第 8 條「留置權條款 (lien clause)」，受擔保之債權，除重申

---

❷ Moorsom v. Page [1814] 4 Camp 103.

❸ Kirchner v. Venus (1859) 12 Moore 361, 390.

❹ Turner v. Hajji Goolam [1904] A.C. 826.

普通法尚未清償之到付運費 (collect freight)，尚利用約定留置權方式，將空艙費 (dead freight)、延滯費 (demurrage) 及任何基於傭船契約之損害賠償全部納入。此外，除以貨物為擔保外，並將傭船人轉傭 (sub-charter) 船舶於第三人而傭船人可收取之轉傭運費 (sub-freight)，約定為擔保之一。

⑷偏航條款 (Deviation clause)

論程傭船下，船舶所有人（運送人）之不偏航義務及違反效果，與公共運送人同，請參本書前揭。

3.論時及論程傭船共同之條款

⑴船舶名稱條款 (Name of the ship clause)

傭船契約係使用特定船舶以為運送，因此契約標的係該特定船舶，且僅以該船舶為限，請參本文前揭「買賣是否不破傭船」之論證理由。傭船運送人主給付義務在於提供特定船舶之船艙以為運送，具船舶名稱之限定，係傭船人考量該特定船舶適合裝卸港海象、碼頭裝卸設備、貨載種類、航路等，而透過傭船經紀人於傭船市場尋覓適合船型與船舶之結果。因此，傭船契約條款包括船舶名稱之船舶描述條款 (description of vessel)❹❺❺，並與契約目的之達成相關，而為英美判例法認定為條件條款 (condition)，如船舶所有人違反未提供約定之船舶，即使他船舶規格相同，不得以他船舶替代，傭船人得終止契約併同請求損害賠償❹❺❻。海商法第 40 條第 2 款，則以船名和船舶之說明（規格）為傭船契約應記載事項之一，重申傭船契約船舶名稱之特定。因此，如船舶所有人不能提供傭船人該特定船舶，傭船人得拒絕履約，而視契約為終止，如有損害並得請求損害賠償❹❺❼。本法第 42 條規定，船舶瑕疵致契約目的無法達成，託運人得解除契約，係不同之法律效果及解決方案。

---

❹❺❺ 例如 NYPE 93, lines 10–20; Gencon 94, boxes 5–7。

❹❺❻ The Diana Prosperity [1976] 2 Lloyd's Rep. 621.

❹❺❼ The Badagry [1985] 1 Lloyd's Rep. 395.

⑵安全港口義務條款 (Safe port clause)

　　通常一些定型化傭船契約或船舶所有人均要求於傭船契約訂定，船舶之派遣港口必須是安全並限制航行區域❹❺❽、冰封區域除外❹❺❾、戰爭風險❹❻⓪之條款，以保障船舶所有人之財產與營業利益。

A.何謂安全港口

　　傭船人安全港口義務，主要為僅派遣船舶至安全港口，而當派遣指示發出時該港口未來為安全 (prospectively safe) 之狀況。

⒜安全之定義

　　典型之安全港口定義為❹❻①:「港口非為安全，除非於該相關時期，於缺少異常意外之狀況，該型船舶能達及該港、使用該港和離開該港，而無曝露於無法用良好航海技術和船藝避免之危險」。港口之未來安全 (prospectively safe) 應於傭船人發出指示至該港口裝卸時評斷❹❻②。

　　安全為相對於特定船舶之船型與特性❹❻③，而非絕對，因而安全與否為事實問題 (a question of fact)。如若某港口貨櫃碼頭最大水深 13 公尺，則對超過 13 公尺之大型貨櫃而言，該港為非安全港口。除此之外，此安全並非無時無刻之安全，而僅在於船舶駛向❹❻④、使用❹❻⑤、駛離❹❻⑥該港之期間適用。

　　若船舶於距港口數百浬航道擱淺，則船舶所有人是否得以倚賴傭船契

---

❹❺❽ 如論時傭船契約 NYPE 93 第 5 條（第 71–76 行）和論程傭船契約 GENCON 1994 第 1 條（第 9 行）。

❹❺❾ 如論時傭船契約 NYPE 93 第 33 條（第 404–409 行）。

❹❻⓪ 如論程傭船契約 GENCON 1994 第 17 條（第 247–292 行）。

❹❻① The Eastern City [1958] 2 Lloyd's Rep. 127, p. 131.

❹❻② The Evia (No. 2) [1982] 2 Lloyd's Rep. 307, HL.

❹❻③ Brostrom v. Dreyfus (1932) 44 Ll.L.Rep. 136.

❹❻④ The Sussex Oak (1950) 83 Ll.L.Rep. 297.

❹❻⑤ Johnston v. Saxon Queen Steamship (1913) I08 LT 564.

❹❻⑥ Limerick Steamship Co. Ltd v. W. H. Stott & Co. Ltd. [1921] I KB 568.

約之安全港口條款，而主張該預計停靠之裝卸港為非安全港口？此為 The Mary Lou❹❻❼案之爭點。該論程傭船契約載明 The Mary Lou 至美灣安全港口 (one safe port US Gulf) 裝貨，而傭船人指定紐澳良 (New Orleans)。該型船舶至紐澳良之唯一航路為經密西西比河。密西西比河離紐澳良約 100 浬處有淤積之可能，但是無法準確預測。儘管其吃水為於領港建議之河道水深範圍內，The Mary Lou 裝貨完畢後於此擱淺而受損。經調查引水人和船長、海員並無航行過失而船長已合理倚靠引水人對船舶吃水建議。儘管擱淺地離紐澳良近 100 浬，船舶所有人提出此擱淺損害乃肇因於紐澳良非安全港口之事實，而控告傭船人違約並求償。傭船人抗辯該擱淺地非屬紐澳良港區因而並不位於安全港口擔保義務範圍內。法院判決原告船舶所有人勝訴，理由在於該河道為唯一通往紐澳良港區之航路，而無其他航路可供選擇，因而該河航道之危險理應等同於該港之特性而造成該港非安全，距離的遙遠並不重要。

a.暫時性危險

純粹之暫時性危險並不影響港口之安全性，因為暫時性之危險儘管可能導致船舶進港之稍許延遲，但是當船長或海員並不知曉此危險之存在時，此暫時性危險即有可能成為影響該港口不安全之重要因素，而陷船舶於駛向、使用、駛離該港時於危境。例如港口助航設備如浮標、助航燈等之暫時失效或毀壞，而船長或海員並不知情之情形❹❻❽。

b.延遲

因危險而導致船舶進港之延遲，若延遲時間夠久，有時可能構成傭船契約之不安全港口。但是因潮水、海象之因素而於港外等待進港之暫時性延遲，並未影響港口之安全性。延滯於此之定義為何？延遲多久即可構成危險港口？於 Knutsford v. Tillmanns❹❻❾案為最高法院所定義。船舶於離卸

---

❹❻❼ [1981] 2 Lloyd's Rep. 272.

❹❻❽ The Mary Lou [1981] 2 Lloyd's Rep. 272, p. 279.

貨港俄國 Vladivostock 港（約北緯 42°）40 浬時為海面結冰所困，三天之後，該船駛向另一非載貨證券指定之港口卸貨。船舶所有人試圖倚靠載貨證券所賦予之更改卸貨港權利，即若指定卸貨港因冰封而無法到達或船長認為該港不安全，船長有權卸貨於其他港口。「不安全並不意味一時之不安全，而是一段時間之不安全，而其造成『過度延遲』(inordinate delay)。」因此，判決船舶所有人無權卸貨於非契約卸貨港，因為該三日之延遲與該段裝卸港間之航程相較實屬短暫。

「過度延遲」之字義仍然具有不確定性，易生爭議。The Hermine❹⓪案上訴法院解釋過度延遲，為該延遲之時間需足以使傭船契約之履行成為不可能 (frustrate the charter) 或防阻契約主要目的之達成，如無法於指定之時間範圍將貨物從裝貨港運至目的地，則此港口即為不安全，亦即傭船人並不能因為僅僅是商業上無法接受之延滯而主張該港口為不安全。而時間延遲多久即可依此主張，則是事實之問題 (a question of fact)，需視該航程之相對長短、契約有效期與周遭狀況 (surrounding circumstances) 等而定。

(B)安全港口義務之港口範圍

通常港口範圍，係指港務當局管理之區域或行政命令得以有效之區域，因而傭船契約載明某地之安全港口即包括該港之碼頭、船席、航道等❹⓵，以邏輯方式推論，既然擔保港口安全則於港內之碼頭等也應位於擔保範圍。惟若傭船契約僅意圖表示或指定某港之安全碼頭以為裝卸貨如："one/two safe berths Keelung at Charterer's option"，則傭船人之安全碼頭義務是否擴及或默示 (imply) 該港口區域安全？答案應是否定，安全碼頭並不默示安全港口義務❹⓶，因雙方之意圖僅止於要求和擔保碼頭之安全性，否則傭船人

---

❹⓽ [1908] AC 406.

❹⓪ [1979] I Lloyd's Rep. 212.

❹⓵ The Stork [1955] 2 QB 68.

❹⓶ The APJ Priti [1987] 2 Lloyd's Rep. 37.

安全碼頭義務之範圍將得以無限延伸。雖然安全碼頭並不默示擔保船舶駛向和駛離該港口之安全性，但是以合理之邏輯推論，其應包括船舶於港區內駛向或駛離該碼頭之行進間。有些定型化傭船契約已明定安全船席條款，如 NYPE 93 第 12 條。

(C)影響港口安全之因素

　　港口之安全性為事實問題。根據過往判例之剖析，下列事由導致非安全港口：

a.實體上之安全❹：即適當之港口設施包括浮標 (buoys)❹、燈號❹、領港❹、充足之操船空間❹、適當之錨地❹、氣象預報系統❹、拖駁船❹、碼頭護舷物 (fenders)❹ 等；

b.氣象、海象之安全❹；

c.政治風險 (political risks)❹：包括戰爭❹、叛變❹ 等危害船舶和船員之政治危險情形。契約上規定傭船人應負擔戰爭險保費之相關條款，並不表示船舶所有人已同意傭船人得以派遣船舶至戰爭區域，且不因已付戰爭

---

❹ The Eastern City [1958] 2 Lloyd's Rep. 127.

❹ The Houston City [1956] 1 Lloyd's Rep. 1.

❹ The Eastern City.

❹ The Khian Sea [1979] 1 Lloyd's Rep. 345.

❹ The Khian Sea.

❹ The Eastern City.

❹ The Dagmar [1968] 2 Lloyd's Rep. 563.

❹ The Brostrom v. Dreyfus [1932] 44 L.l.L. 136.

❹ The Carnival [1994] 2 Lloyd's Rep. 14.

❹ The Dagmar.

❹ The Evia (No. 2) [1982] 2 Lloyd's Rep. 307, HL.

❹ The Concordia Fjord [1984] 1 Lloyd's Rep. 385.

❹ Ogden v. Graham (1861) 1 B&S 773.

險保費而得以免除安全港口義務之擔保⑯，亦即安全港口擔保條款和戰爭條款並存時，安全港口保證條款為優先適用，因安全港口擔保為傭船人之基本義務之一。

(D)無法以良好航海和船藝技術 (good navigation and seamanship) 避免之危險

大部分之航路、河道、運河、港口、碼頭等，或多或少都會有來自海象如潮流、湧浪、暗礁等之危險，但這些危險通常因燈號、浮標、信號、警告標示等助航儀器及正常良好之航海和操船技術而避免或減低。若此危險需以超乎尋常之航海技術和船藝而得以避免，則該港口為不安全。此為 The Polyglory⑰案之判決結果。論時傭船油輪 The Polyglory 於裝油地執行壓艙作業時，因風力漸強，船長和強制引水人決定駛離船席。於離開時因空船船身輕而航行困難，其中一個錨掉落海中而損壞海底輸油管線。船舶所有人於賠償該輸油管線所有人後，主張該裝貨地非為安全而試圖向傭船人索賠。仲裁人支持原告船舶所有人之主張而判斷：a. 該港為不安全；b. 引水人之過失導致海底輸油管線之損壞；但 c. 該過失並未切斷損壞與派遣船舶至該港指示間之因果關係鏈 (chain of causation)。被告不服而上訴。承審法官認為決定是否為不安全之原則在於:「若該危險經適當配置船員和設備之船型輪船能以施行尋常之合理注意和技術而避免，於法，則該港為安全，而派遣船舶至該港之指示並未因此違約。」因為該危險非以超乎正常標準之航海技術才得以避免，且引水人之過失並非導致損壞之有效原因 (effective cause)。於 The Mary Lou ⑱案，儘管船員已施行合理之技術和注意，船舶仍然損壞之事實並不意味該港為不安全，合理之技術和港口安全並非總是同一硬幣之正反兩面，即尚有第三種可能性須列入考量，亦即意

---

⑯ The Concordia Fjord.

⑰ [1977] 2 Lloyd's Rep. 353.

⑱ [1981] 2 Lloyd's Rep. 272.

外之發生也可能僅是因為歹運。

B.傭船人安全港口義務內涵

⑷首要義務 (primary obligation)：指定安全港口

無論是論時或論程傭船人，均應履行安全港口義務❽，而使義務於給予船舶所有人指定港口命令時產生，而於此同一時間判斷傭船人對此義務是否履行。即若傭船人發出指示時，該港未來於該船舶抵達、使用和駛離時為安全，則縱因指示之後突發之意外產生而使港口不安全，傭船人仍已免除其安全港口義務，傭船人並無違約，亦即安全港口義務並非一連續之義務，僅於指定港口時產生❿。

如儘管傭船人並不知情其指定之港口實際上為不安全，傭船人仍應為其違反安全港口義務而負責❹。因為安全港口條款性質為擔保條款 (terms of warranty)，即傭船人於發出指示時擔保該港口未來為安全，而傭船人之知情與否並非評斷港口安全之標準。簡言之，傭船人對安全港口之基本義務在於指定港口時應確認該港於船舶預計抵達時、使用時、停留時和駛離時為安全。

有些傭船契約使用「履行必要之注意 (exercise due diligence)」以減輕傭船人之安全港口擔保義務，傭船人僅於未能舉證已履行必要之注意時才違約。如 Shelltime 4 第 4 條規定❷：「傭船人應履行必要之注意以確認船舶僅派遣於安全港口，傭船人不應被視為對任何港口擔保其安全性不應擔負相關責任，除非該滅失或損壞乃因傭船人未能履行必要之注意而導致。」

⑻次要義務 (secondary obligation)：港口變成不安全時，指示船舶遠離危險

若傭船人已遵守指定安全港口之首要義務，但是當船舶於前往該港路

❽ The Houston City [1956] 1 Lloyd's Rep. 1, at p. 9.

❿ The Evia (No. 2) [1982] 2 Lloyd's Rep. 307.

❹ Lensen Shipping v. Anglo-Soviet Shipping (1935) 52 Ll. L. Rep. 141.

❷ 其他如 Shellvoy 5 第 4 條、Beepvoy 3 第 4 條、Beeptime 2 第 11 條。

途中，因突發事件使該港成為不安全，則傭船人產生新的指示安全港口義務，即傭船人應取消原指示，且若其欲繼續以該船舶進行海上運送，則須重新指定新的未來安全港口。同理，若船舶於停泊該港期間，產生影響港口安全之因素且得以因離港而避免，則產生傭船人需指示船舶駛離港口之新義務。於 The Evia (No. 2) 案，此新義務並未產生，因為兩伊戰事爆發且危害該船時，該船舶並無充足時間離港以避免危險❹❸。論程傭船契約之契約目的乃在於將貨物於合意之固定區間裝貨港，於適當期間安全運送至合意之固定區間卸貨港。若因突發事件而危害該指定裝貨港安全，則若契約裝貨港僅有一個而無其他港口可供選擇或有數個選擇性裝貨港但這些裝貨港同樣處於危險之中，則此突發事件有可能造成契約目的無法達成而雙方得以拒絕履約，且只要該裝貨港於指定時為未來安全則傭船人並未違反安全港口之首要義務，而若傭船人重新指定港口，則屬違約行為。相反地，若契約裝貨港不只一個而尚有其他安全港口可供選擇，則契約目的仍得以由傭船人重新指定於契約範圍之未來安全港口而達成，雙方有繼續履行契約之義務。因此建議，論程傭船人於得知該港成為不安全時，為自身利益考量，理應運用並尊重此次要安全港口義務。

C.違反安全港口義務之效果

(A)傭船人應損害賠償

若傭船人指示之港口未來為不安全，則傭船人違約❹❹，而若船長遵從該指示且船舶因該港之不安全性而導致損壞，則船舶所有人有權獲償❹❺。因傭船契約之安全港口義務為對船舶所有人之擔保，違反擔保之效果為相對方得請求損害賠償。惟若傭船人堅持不修正其指示，如重新指定安全港

---

❹❸ 相對 The Lucille [1983] 1 Lloyd's Rep. 387，此案港口指定時為未來安全，但於傭船人尚有時間取消派遣命令時，變為不安全。

❹❹ The Evia (No. 2) [1982] 2 Lloyd's Rep . 307, HL.

❹❺ The Houston City [1956] 1 Lloyd's Rep. 1.

口，則於某些情況下船舶所有人有權解除傭船契約❹❾❻。此不法指示也可能構成違反 NYPE 46 第 61 行之 "any breach of this Charter" 之違約行為，而賦予船舶所有人行使 NYPE 46 第 5 條規定之撤船權利❹❾❼。即使證明該指示為合法即該港未來為安全，船舶所有人並非須立刻對傭船人之指示做出接受之回應，船舶所有人或船長若對該安全港口指示有質疑，得以於合理之時間內考慮和評估該指示❹❾❽。

⒝船舶所有人應減少損失

船舶所有人有權推定傭船人指定之港口為遵守契約安全港口義務，即擔保其為安全港口，而船舶所有人或船長通常並無任何義務於前往該港之前確認該港安全性❹❾❾。惟船舶所有人有減輕損失之義務❺⓪⓪。若船長或船舶所有人因採取合理之方法以避免或減輕該危險之影響而產生額外成本支出，則船舶所有人得以向傭船人求償，如 Brostrom v. Dreyfus❺⓪❶案之拖船費與 Hall v. Paul❺⓪❷案減輕船舶吃水之貨物轉船費。

⒞船舶所有人得以拒絕前往

船舶所有人或船長得以拒絕前往傭船人指示之不安全港口，因為 a.該指示非契約所規定，亦即視為「履行契約提議 (tender of performance)」之該指示並不合於契約條款❺⓪❸； b.前往不安全港口之指示，將使船舶前往船舶所有人已同意前往之限制區域外❺⓪❹。而縱使船舶所有人或船長需根據傭

---

❹❾❻ The Gregas [1995] 1 Lloyd's Rep. 1, HL.

❹❾❼ The Tropwind (No. 1) [1977] 1 Lloyd's Rep. 397.

❹❾❽ Midwest Shipping v. D. I. Henry [1971] 1 Lloyd's Rep. 375.

❹❾❾ 法官 Morris 於 The Stork [1955] 1 Lloyd's Rep. 349 第 372 頁之闡釋。

❺⓪⓪ The Kahchenjunga [1987] 2 Lloyd's Rep. 509.

❺⓪❶ (1932) 44 Ll. L. Rep. 136.

❺⓪❷ (1914) 19 Com. Cas. 384.

❺⓪❸ 參考大法官 Goff 於 The Kanchenjunga 之闡釋 [1990] 1 Lloyd's Rep. 391 之第 399 頁。

船契約之使用條款 (employment clause)❺❹遵從傭船人之指示，船舶所有人或船長仍得以拒絕前往不安全港口❺❻。若船舶所有人或船長明知該港明顯不安全，則其有拒絕遵從該指示之義務，否則可能被判造成該損失而需負相關責任。正如同其他違約行為，傭船人違反安全港口義務之事實，產生船舶所有人必須採取適當步驟以減輕所受損失之義務。雖然如此，若船舶所有人已表明放棄駁回傭船人指示至該不安全港口之權利且該港之不安全性並未改變，則船舶所有人並不一定可以使用上述減輕損害之概念而得以免除必須前往該港之義務❺❼，因為船舶所有人已承諾履行該指示。若船舶所有人或船長於遵循該指示後才發現該港為不安全，則船舶所有人或船長應拒絕進港，而若該船已於港區，他們應儘速將船舶駛離。

(3)危險貨條款 (Dangerous goods clause)

英國判例法默示託運人如未通知運送人危險貨物之特性，即不得裝載之，如危險貨致使運送人遭受損失，託運人應負絕對之損害賠償責任（危險責任）❺❽，以供運送人根據貨物特性管理貨物、維護船舶航行安全。因此，危險貨之裝運，應經運送人同意，且應符合危險貨包裝、標示、儲載之航運慣行如聯合國 IMO 所制定之 IMDG Code，NYPE 2015 第 16 條、第 29 條亦重申之。

(4)適航性條款 (Seaworthiness clause)

論時傭船，船舶於交船時應適航❺❾且於各方面合於使用目的。論程傭

---

❺❹ Lensen Shipping v. Anglo-Soviet Shipping (1935) 52 Ll.L. Rep. 141.

❺❺ 如 NYPE 93 第 8 條（第 102–103C 行）。

❺❻ The Sussex Oak (1950) 83 Ll. L. Rep. 297.

❺❼ 參考大法官 Goff 於 The Kanchenjunga 之闡釋 [1990] 1 Lloyd's Rep. 391 之第 401 頁。

❺❽ The Giannis NK [1998] 1 Lloyd's Rep. 337.

❺❾ The Madeleine [1967] 2 Lloyd's Rep. 224.

船，於航程開啟前，船舶所有人應使船舶適航，其性質及違反之法律效果如前揭之「無名條款」。

⑸發給運送單據或電子運送紀錄條款 (Issuing of transport document or electronic record clause)

運送單據於傭船契約下發給，並不作為運送契約之證明，因為運送契約係規定於傭船契約，僅為運送人收受貨物及權利證券之功能，其種類、法律性質及功能，請參考本書前揭。運送人有發給運送單據之義務，而託運人有請求運送單據之權利，兩者互為相對。於論時傭船下情形較論程傭船複雜。論時傭船人傭入船舶，經營船舶運送業，再與他人訂立論程傭船或公共運送契約，通常船舶所有人承諾其船長將代傭船人簽發運送單據或電子運送紀錄，如 NYPE 2015 第 31 條及第 32 條。運送單據第三人持有人往往認為運送單據係由船舶所有人之受僱人船長簽發，而誤認船舶所有人是運送人，因此，傭船實務發展出「運送人辨識條款」，其規定載貨證券發給人僅是代理人，而運送契約乃係傭船人、營運人或經理人等與託運人間之契約關係。於規範公共運送之鹿特丹規則，甚至制定運送人辨識條文❺⑩，解決運送人辨識困難或爭議，請參前揭。

傭船契約下，運送單據第三人持有人，透過載貨證券之債權效力，受讓運送契約債權，於邏輯上其所受讓者乃係基於傭船契約而生之債權，但是傭船契約居於當事人間談判地位均等而重視契約自由，因此存在諸多當事人談判、協商之爭議條款，對第三人不利，因此為便利運送單據之流通及促進國際貿易透過運送單據買賣或移轉來進行，國際運送公約海牙威士比規則第 1 條第 2 項後段、漢堡規則第 2 條第 3 項、鹿特丹規則第 7 條，將傭船契約下所簽發運送單據或電子運送紀錄者，運送人與託運人以外持有人間之關係，擬制視為公共運送關係，而仍依公約之規定。為傭船契約下所發給之載貨證券設計而與傭船契約連用之簡式載貨證券 (short form

---

❺⑩ Rotterdam Rules, art. 37.

bills of lading)，如與 Gencon 94 論程傭船定型化契約連用之 Congenbill 2016 背面條款第 1 條規定：「所有原傭船契約所有條款、條件、權利及除外規定，包括準據法及仲裁、爭端解決條款等，於此訂入 (All terms and conditions, liberties and exceptions of the Charter Party, dated as overleaf, including the Law and Arbitration Clause. Dispute Resolution Clause, are herewith incorporated.)。」將原傭船契約條款透過運送單據其上之訂入條款引入，藉以使繼受債權之第三人持有人受到限制，文字必須非常明確，才能有效❺⓫，又雖將原傭船契約條款全部引入，仍須受到前揭公約擬制條文之介入，而受公約不公平條款規定如海牙威士比規則第 3 條第 8 項之控制，控制內涵請參本書前揭。本法第 60 條第 2 項規定：「以船舶之全部或一部供運送為目的之運送契約另行簽發載貨證券者，運送人與託運人以外載貨證券持有人間之關係，依載貨證券之記載。」明顯偏離公約擬制視為公共運送，保護第三人，促進運送單據流通之立法政策。

(6)合理速率進行條款 (Reasonable dispatch clause)

　　船舶於傭船期間之任何作業，必須以合理之速率進行，包括航行至或離開裝卸港之航程、每一港口之開航等均不得延誤，否則傭船人得請求損害賠償或是延誤過久致契約目的無法達成，則傭船人得拒絕履約❺⓬。

(7)傭船期間開始前航程條款 (Preliminary voyage clause)

　　論時傭船，傭船人於一定期間使用船艙之全部，因此，期間開始之交船 (delivery) 與期間終了之還船 (redelivery)，當事人均應約定之，以為傭船期間。論程傭船船舶所有人應於約定時間內抵達裝貨港。契約成立時，船舶通常正履行他契約而不在裝貨港，交船前航程條款，規範船舶所有人應使船舶以合理速率於約定之解約時間前 (laycan or cancelling date) 抵達交船地，如 NYPE 2015 第 3 條、Gencon 94 第 9 條，否則傭船人得以解除契約。

---

❺⓫ The Annefield [1971] P. 168.

❺⓬ Freeman v. Tayor [1831] 8 Bing 124.

4.傭船契約義務條款圖示

綜上，傭船契約義務條款圖示整理如下：

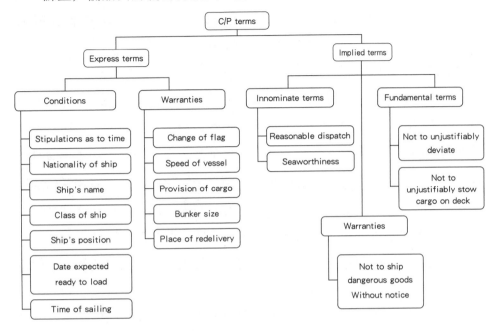

七　本法傭船契約相關條文規定之缺失與修法原則

㈠運送章貨物運送節相關條文於傭船契約之適用爭議

現行海商法貨物運送節，雖根據第 38 條區分為件貨運送和傭船運送，惟未進一步在章節上分類，導致相關條文間的混同誤用，例如援參海牙威士比規則的現行法第 54 條、第 55 條、第 56 條、第 61 條、第 62 條、第 63 條、第 69 條、第 70 條和援參漢堡規則的現行法第 73 條、第 78 條第 1 項，如按「未分類即包括之」之體系上解釋，得適用於傭船運送，惟明顯與立法意旨不符，亦與公約明文排除傭船運送之適用有違，有偏離國際立法意旨之虞。此外，與件貨分流後，再分類為論程傭船和論時傭船，因為當事人間權利義務有別，例如前揭論時傭船專用條款、論程傭船專用條款。論時傭船和論程傭船共同之條款再使用「準用」立法技術。

267

現行法第 39 條至第 53 條適用於傭船契約。又現行法專用於論程傭船之條文：第 43 條、第 44 條、第 48 條、第 49 條、第 52 條。專用於論時傭船之條文：第 46 條、第 47 條。共同之條文：第 39 條、第 40 條、第 41 條、第 42 條、第 45 條、第 50 條、第 51 條、第 53 條。

(二)傭船運送契約可依主給付義務定義

現行海商法第 38 條貨物運送契約分類，件貨運送契約以件貨為運送目的，傭船契約定義以船舶全部或一部供運送為目的，未臻詳盡。可以決定債之關係類型之主給付義務來定性。件貨運送人之主給付義務❺¹³係將當事人合意之運送標的從合意之出發地，搬運至合意之目的地，將運送標的原物返還予託運人指定之受貨人或載貨證券持有人，以此為對價交換託運人之主給付義務支付運費，契約目的在運送貨物，此亦為大陸法系貨物運送契約之定義。傭船運送人之主給付義務，係提供特定船舶之船艙，以此為對價交換託運人之主給付義務支付運費，契約目的係使用特定船舶的船艙以為運送，船舶所有權人為運送人，傭船人為託運人❺¹⁴，而與大陸法系運送契約之定義有別，在英美法下仍定性為運送契約，以運送契約法來解決當事人間爭議，於我國法下則應以「非典型契約」來因應。惟盛行於策略聯盟的貨櫃航商間的艙位傭船 (slot charter)，僅為航商間對航線中各所屬船舶間彼此艙位交換或使用之契約，並非運送法之適用標的。

(三)援參展現國際傭船習慣的定型化契約條款或隱含的英、美判例法來修法，具有正當性

---

❺¹³ 漢堡規則，第 1 條第 6 項和鹿特丹規則第 1 條第 1 項，對件貨運送契約定義與本文同。

❺¹⁴ 運送實務通常是一連串的多層次傭船契約、件貨運送契約的組合：如 A 船舶所有權人與 B 傭船人締結期間傭船（第一層），B 再與 C 締結航程傭船（第二層），或 B 復與 C 締結件貨運送契約（第二層）；B 為第一層運送契約之傭船人（託運人），而 B 又為第二層運送契約之運送人，又稱準船舶所有人 (disponent owner)。

如上揭，散裝傭船實務，普遍使用 Gencon 格式航程傭船契約、NYPE
定期傭船契約，以英國法 (English law) 或美國法為準據法，復以倫敦或紐
約為仲裁地，亦以定型化契約彰顯國際傭船運送慣行，藉由倫敦或紐約仲
裁庭執行並確認國際傭船運送習慣，來達到國際同化的目的。特殊貨物或
船型所使用的定型化契約如油貨、油船具有特殊性，不符普遍性原則，不
宜援參。

㈣傭船運送相關條文應定性為任意規定

傭船契約當事人間專業能力、經濟能力相當而彰顯出對等的談判能力，
除違反公序良俗外，應完全尊重當事人之契約自由。國際海上貨物運送公
約亦已將此原則成文、法制化，而排除於件貨運送公約以及所屬的不公平
條款控制規定，已如上揭。

㈤節選實務條款重要者將其明文化、法制化

重要性的節選標準為何？英美契約法，契約義務條款可以分為四類：
重大條款 (fundamental terms)：為契約重要性最強之條款，違反者產生失權
之效果。條件 (condition) 條款：為契約重要性次強之主要條款，居於對契
約目的達成之重要性，違反條件者，相對人得拒絕履行契約（終止契約）
併同損害賠償。擔保 (warranty) 條款：違反擔保僅生損害賠償。無名條款
(innominate term)：由個案法院視其違反對契約影響之強弱定其違約效果，
強者則如違反條件般賦予契約終止權併同損害賠償，弱者則賦予如違反擔
保之效果，依此中間性質，遂又被稱之為中間條款 (intermediate term)。整
理英美傭船契約判例法如下，除關係契約目的（主給付義務、對價）之條
款外（第一位次），重要性之參考：第二位次為重大條款 (fundamental
term)、第三位次條件條款 (condition) 和無名條款 (innominate term)、第四
位次擔保條款 (warranty)。

㈥現行法相關條文具體缺失

1.書面要式及應記載事項：第 39 條、第 40 條

國際傭船習慣，傭船契約並非書面要式契約，如前所揭。既然傭船契約並非書面要式契約，第 40 條即不應為「法定應記載事項」，記載事項未記載，不應影響傭船契約之成立或效力之訓示規定。

2. 買賣是否不破傭船：第 41 條

海商法第 41 條規定：「以船舶全部或一部供運送之契約，不因船舶所有權之移轉而受影響。」其解釋學說容有債權相對說、契約承擔說兩說。惟買賣是否不破傭船，並無訴訟上實例，僅為學說之爭，乃因實務條款早已謀其解決。海商法第 41 條，依國際傭船習慣、傭船運送特性與傭船實務條款之運作，應解為債之相對性原則之重申。惟如係船舶共有而其應有部分移轉，應類推海商法第 14 條第 1 項，受讓人應受傭船契約之拘束。考量所有人自由處分財產之權利、新所有人財產權免受侵害、傭船人得以繼續使用船舶進行國際貿易之三方權益，傭船、船舶買賣實務已使用「契約承擔條款」或「契約承擔協議」來解決困境，創造三贏之局，海商法第 41 條應具相同思考方向，可考量將「契約承擔條款」或「契約承擔協議」明文化。

3. 論程傭船契約解約條款：第 43 條、第 44 條、第 45 條、第 49 條

第 43 條、第 44 條、第 45 條、第 49 條是實務論程傭船契約解約條款 (cancelling clause) 的明文化，有其存在必要，惟法定違約金的數額 (1/3、2/3、3/4) 部分，已不符傭船實務現況，如前所揭。

4. 論程傭船貨量擔保義務：第 48 條

現行法第 48 條係論程傭船人足量貨物擔保義務的明文，惟現行法「另裝貨物所取得運費四分之三」已不符傭船實務現況，如前所揭。

5. 論程傭船備便通知書及延滯費計算：第 52 條

裝卸船起算之規定已不符實務現況，如前所揭。此外，建議將快速費 (dispatch money) 明文增訂之，以示衡平。

6. 傭船契約運送人貨損之責任基礎明文化：適航性無名義務暨四個免責權

　　傭船契約運送人的責任基礎，除契約當事人另有約定，仍依適航性無名義務與判例法定四個免責事由，如前所揭，應予以明文規定，以避免適用公共運送人責任基礎第 62 條適航性義務、第 63 條貨物照管注意義務暨第 69 條 17 個免責事由等，致法律適用錯誤之違反判決情形。

第四節　旅客運送

 海上旅客運送之國際性

㈠國際線為主所衍生之涉外性

　　臺灣係海洋國家。自 1987 年 7 月 15 日解嚴，海岸及海上活動解除管制，以及國民所得增加，推動國內旅遊，以及臺灣港口之轉型服務，強化旅客運送功能，本島與外島間固定航線旅客運送、海上旅遊觀光、國際郵輪旅遊等日益蓬勃。根據國際郵輪協會 (CLIA)2016 年分析報告，2015 年臺灣是亞洲地區第 2 大遊輪客源市場，約占 11%，僅次中國的 47.4%，亞洲十大郵輪港口，基隆港則名列第五❺❶❺。我國 1997 年至 2016 年進出港旅客人次自 42 萬提高至 123 萬，約成長近 3 倍，其中又以國際航線達 86 萬人次，占比超過 70%❺❶❻。上揭數據顯示，我國海上旅客運送，以國際航線為主，又基於當事人國籍、船籍不同、契約訂定地、出發地、目的地（履行地）跨及數個國家，而具濃厚之國際性，我國立法應考量此國際性，自是不能外立於國際規範。

㈡國際公約之規範

---

❺❶❺ http://www.chinatimes.com/newspapers/20170320000068-260202，工商時報，張謙俊、顏瑞田、劉宥廷／臺北、高雄連線報導，2017 年 03 月 20 日；最後瀏覽日：2017 年 6 月 3 日。

❺❶❻ 請參臺灣港務股份有限公司網頁 http://www.twport.com.tw/chinese/Form.aspx?n=4B8D11FC45D8106E，最後瀏覽日：2017 年 6 月 3 日。

1.公約發展及締約國立法實踐

CMI 於 1961 年制定海上旅客運送統一規章國際公約 (International Convention for the Unification of Certain Rules relating to the Carriage of Passengers by Sea)，於 1965 年生效，而僅有 12 個締約國。又於 1967 年針對行李，制定海上旅客之行李運送統一規章國際公約 (International Convention for the Unification of Certain Rules relating to the Carriage of Passengers' Luggage by Sea)，從未生效。IMO 於 1974 年制定雅典公約 (Athens Convention relating to the Carriage of Passengers and their Luggage by Sea 1974, PAL)，取代前揭 2 公約，經 1976 年、1990 年和 2002 年三次議定書修正，除 1990 年議定書未生效外，餘均已生效。1976 年議定書將運送人限責幣值變更為特為提款權，1990 年議定書提高限責範圍，而復為 2002 年議定書所取代。2002 年議定書建立運送人強制責任保險和提高賠償限額已於 2014 年 4 月 23 日生效。

歐洲議會於 2009 年 4 月 23 日訂定歐盟第 392 號法規 (EC Regulation No 392/2009)，在 2002 年雅典議定書尚未生效前即率先將 2002 年議定書部分條文引入歐盟法。歐盟第 392 號法規於 2012 年 12 月 31 日直接在歐盟會員國發生效力，英國因此在此生效日前制定 2012 年海上旅客運送航運法 [The Merchant Shipping (Carriage of Passengers by Sea) Regulations 2012]，來調整國內法以因應歐盟法規的生效。復於雅典公約 2002 年議定書 2014 年 4 月生效後，居於締約國的地位，將歐盟法未援引的部分條文，制定 The Merchant Shipping (Convention Relating to the Carriage of Passengers and their Luggage by Sea) Order 2014。英國法如同多數締約國與公約的適用範圍規定，將上揭法案適用範圍限於國際運送，既存僅適用於國內海上旅客運送的成文法 [Carriage of Passengers and their Luggage by Sea (Domestic Carriage) Order 1987] 和判例法，不受影響。2002 年議定書第 19 條，運用常見的立法技術，調和本公約與其他相關公約間關係而規定不影響既存的

船舶所有人責任限制公約的規範。

　　雅典公約經 1976 年及 2002 年兩次議定書修正，截至 2017 年 6 月 3 日，締約國為以歐盟國家為主之 19 個締約國，係文明國家之主流。

2.雅典公約經 1976 年及 2002 年兩次議定書修正之主要規定

⑴選擇性的專屬國際管轄

　　對運送人或履行運送人損害賠償之訴，依請求權人選擇，以締約國法院為限，並以被告居住所或主要營業處所、運送契約出發地或目的地法院、原告居住所而被告同時於該地有營業處所、契約訂定地而被告同時於該地具營業處所等為連接因素，以資分配國際管轄。但是當事人於事件發生後，得協議於任何法院訴訟或任何地方仲裁❺❼。以上均是運送公約常見之國際管轄分配因素。

⑵強制適用之涉外強行法（即刻適用法）

　　國際公約基於政策，為使公約所彰顯衡平價值有適用之機會，均採強制適用之強行法原則，防阻優越談判地位之一方，約定對其有利之準據法。本公約適用於國際運送，而以船舶國籍或登記國籍為締約國、契約於締約國訂定或契約出發地或目的地為締約國等為連結因素，如有任一連結因素，則公約強制適用❺❽。國際運送係指根據運送契約，出發地及目的地位處於兩個國家，又或位處同一國而根據運送契約或航程時刻表於另一國家中間港口停靠❺❾。

⑶適用範圍

A.適用之船舶、貨物及旅客運送契約

　　公約適用於海船，明文排除內河航行使用之氣墊船❺❷❶，彰顯其國際性。

---

❺❼ PAL, art. 17.

❺❽ PAL, art. 2, para. 1.

❺❾ PAL, art. 1, para. 9.

❺❷❶ PAL, art. 1, para. 3.

旅客之行李，排除依載貨證券、傭船契約或其他貨物運送契約所涵蓋之貨物或車輛，因其乃貨物運送契約範圍；同時排除活體動物❺㉑，尊重航運慣行，將由當事人自主約定。

旅客運送契約，如同貨物運送契約，得以區分為一般旅客運送及包船之傭船契約兩類。公約依其運送契約之定義❺㉒，僅適用於前者。包船之傭船契約，存在重申客船傭船習慣，如 BMICO 所擬制專用於駛上駛下渡輪論時傭船定型化契約 ROPAXTIME 2015，重申特定之行業慣行。

B.行李滅失或毀損包括遲延交付之損失

肯認行李之滅失或毀損包括遲延交付所致之純粹經濟上損失，但勞資糾紛所致者除外❺㉓。

C.適用期間

運送人對於乘客及其隨身行李之責任期間，包括在船期間、登船或下船之時，以及從岸上透過水路接駁至船上或反向亦然，如運費包括此接駁而該接駁又屬運送人可掌控者，但並不包括乘客在旅客大樓、場站或碼頭期間。至於隨身行李，尚包括乘客於旅客大樓、場站或碼頭期間運送人占有而尚未返還乘客之情形，係針對隨身行李之安檢階段。關於其他行李（交託行李），從運送人接受行李開始直至返還❺㉔。因此，郵輪旅遊契約(cruise contract) 所涉及之岸上觀光行程，並未在公約適用範圍。又乘客應負舉證責任，證明事故發生於上揭法定責任期間❺㉕。

(4)建立運送人及履行運送人制度

因應旅客運送業經營之彈性，如同規範貨物運送之漢堡規則，設計訂

---

❺㉑ PAL, art. 1, para. 5.

❺㉒ PAL, art. 1, para. 2.

❺㉓ PAL, art. 1, para. 7.

❺㉔ PAL, art. 1, para. 8.

❺㉕ PAL, art. 3, para. 6.

約運送人及履行運送人 (performing carrier) 制度。訂約運送人仍為運送全程負責，而履行運送人受公約權利義務之規範，而與訂約運送人對乘客負連帶責任。又為保護履行運送人，任何特約未經其明示書面同意，其不受拘束❷。

(5)運送人責任基礎

運送人損害賠償責任之基礎，對於人身傷亡、交託行李、隨身行李各有不同，基於對人格權之重視，責任基礎最是嚴格；運送人取得交託行李之占有而具管領力，其責任次之；對於旅客自負照管之隨身行李，又次之。

A.旅客人身傷亡

運送人對於旅客人身傷亡損害賠償責任，將其成因區分為航運事故 (shipping incident) 以及非航運事故所致。航運事故係指船舶沉沒、翻船、碰撞或擱淺，或是船舶爆炸或失火或船舶瑕疵等所致❷。航運事故所致，因涉及船舶航行、營運之管理失靈，運送人負嚴格之無過失責任，而其責任範圍以每一事故每一受害人 25 萬特別提款權為限，除非運送人證明係由戰爭、敵意行為、內戰、叛變或特殊、無可避免或抵抗之自然現象等不可抗力所致或是第三人故意行為所致，即可免責❷。

旅客人身傷亡如係非航運事故所致，運送人負過失責任，由請求權人證明運送人之過失❷。

B.交託行李滅失或毀損

運送人對於交託行李之滅失或毀損，因運送人占有行李而具管領力，採推定過失責任，由運送人負舉證責任證明其無過失❸。

---

❷ PAL, art. 4.

❷ PAL, art. 3, para. 5, sub-para. a.

❷ PAL, art. 3, para. 1.

❷ PAL, art. 2.

❸ PAL, art. 3, para. 4.

C.隨身行李滅失或毀損

運送人對於隨身行李滅失或毀損之責任基礎，採過失責任，又如係航運事故所致者，提高運送人舉證責任，運送人負推定過失責任❸❸。

D.貴重物品

運送人對於現金、有價證券、黃金、貴金屬、珠寶、藝術品等貴重物品，不負損害賠償責任，除非交存給運送人安全儲放，而除當事人另有約定較高限額外，運送人得依公約行李限額規定賠償之❸❸。

E.乘客與有過失 (Contributory fault)

如運送人能證明乘客與有過失，案件繫屬法院得依法院地法減免運送人責任，重申與有過失責任分擔基本原則❸❸。

(6)運送人限責範圍與其失卻

運送人對於乘客人身傷亡之賠償範圍,每一事故每一受害人以 40 萬特別提款權為限❸❸，但如是責任成立較易而採無過失責任之航運事故所致，則運送人責任範圍以 25 萬特別提款權為限❸❸。對於隨身行李，則以每一運送每一乘客不超過 2,250 特別提款權❸❸。對於車輛以及其上之所有行李，則為每一運送每一車輛不超過 12,700 特別提款權❸❸。對於交託之行李，則以每一運送每一乘客不超過 3,375 特別提款權為限❸❸。運送人得與乘客約定，乘客對於車輛負擔不超過 330 特別提款權之自負額，對於交託行李負擔不超過 149 特別提款權之自負額❸❸，進一步減輕運送人負擔，同時抑制

---

❸❸ PAL, art. 3, para. 3.
❸❸ PAL, art. 5.
❸❸ PAL, art. 6.
❸❸ PAL, art. 7.
❸❸ PAL, art. 3, para. 1.
❸❸ PAL, art. 8, para. 1.
❸❸ PAL, art. 8, para. 2.
❸❸ PAL, art. 8, para. 3.

乘客於車輛或交託之行李儲放高價物品。

特別提款權兌換為案件繫屬法院地本國幣值之日期，則以判決日或當事人合意約定日為準⑤⑩。

運送人與乘客得明示書面約定較法定為高之限額⑤①，而損害賠償之利息及法律成本，係不包括在法定限額範圍內⑤②。

公約採用如其他運送公約運送人失卻限責權衡平機制，一旦運送人、履行運送人或其從屬履行輔助人故意或有認識輕率行為致使事故發生，運送人喪失限責權⑤③。

(7)行李滅失或毀損之通知

乘客應以書面及時通知運送人行李滅失或毀損⑤④，除以反證證明外，否則推定乘客收到無毀損之行李⑤⑤。如毀損外表情狀明顯，隨身行李應於下船前或下船時通知運送人，交託行李則應於返還乘客前或返還時通知；如外表情狀不明顯，則應於下船、返還或應返還行李 15 天內通知⑤⑥。如行李經共同公證 (joint survey) 或檢查，則無需通知⑤⑦。

(8)契約條款之控制

減免公約課以運送人異物或責任之契約條款均為無效，但仍受公約條文之適用，係運送公約常見之不公平條款之立法上控制，避免優勢之一方濫用契約自由權。

---

⑤㊷ PAL, art. 8, para. 4.

⑤⑩ PAL, art. 9, para. 1.

⑤① PAL, art. 10, para. 1.

⑤② PAL, art. 10, para. 2.

⑤③ PAL, art. 13.

⑤④ PAL, art. 15, para. 1.

⑤⑤ PAL, art. 15, para. 2.

⑤⑥ PAL, art. 15, para. 1.

⑤⑦ PAL, art. 15, para. 3.

(9)喜馬拉雅條文

如同所有之運送公約均明文訂定喜馬拉雅條款，運送人之受僱人、使用人、代理人等履行輔助人，也得以行使公約賦予運送人之各式法定抗辯權❸，保障其履行輔助人，更重要者，保護運送人本人。

(10)起訴期間

依公約之損害賠償，於兩年之後即不得起訴❹，效果相當於前揭貨運公約之「起訴期間」，既非消滅時效，也非除斥期間，請詳參本書前揭。兩年期間之起算，如為人身傷害，自乘客下船日起算；如為運送期間死亡，自乘客應下船日起算；又於運送期間受傷而於下船後死亡，則自死亡日起算，惟不得超過下船日後 3 年。如為行李，則自下船日或應下船日起算，以兩者間後至者為準❺。

關於期間之停止或中斷，則以案件繫屬法庭地法決之，但至遲不應超過以下期間：從乘客下船或應下船後最遲 5 年，或較早者自請求權人知情或應合理知情事故之日起 3 年。

起訴期間得因運送人之書面聲明或於事故發生後當事人約定而延長之❻。

(11)強制投保責任保險義務

2002 年議定書建立旅客運送人強制責任保險制度，對於適用公約而於締約國登記並獲准載運超過 12 人之客船,履行運送人應維持責任保險或銀行保證、保證金等財務擔保制度，以資涵蓋乘客人身傷亡損害賠償責任，其限額以公約法定限責範圍每一事故每一乘客 25 萬特別提款權❼,維持對

---

❸ PAL, art. 11.

❹ PAL, art. 16, para. 1.

❺ PAL, art. 16, para. 2.

❻ PAL, art. 16, para. 4.

❼ PAL, art. 4bis, para. 1.

乘客之清償能力，締約國有關當局並發給公約法定格式之證書❺❺❸。未投保
適足責任保險或提出財務擔保者，締約國不應准其營運❺❺❹。締約國並應確
認船舶於登記、進出港攜帶有效之證書在船❺❺❺，否則得拒絕船舶登記或進
出港。

　　公約並賦予受害人直接請求權，得於 25 萬特別款權範圍內直接向保險
人請求保險金或向財務擔保提供者請求之。基於法定保險金債權移轉，除
不得主張破產或清算之抗辯外，被告得主張公約賦予運送人之任何抗辯以
資對抗直接訴權人；此外，被告尚得以被保險人（履行運送人）故意行為
為抗辯，但被告不得主張基於保險契約而生之抗辯權，並得以運送人和履
行運送人為訴訟參加❺❺❻。

二　我國海上旅客運送法

　　海商法立法初始，多取材日本法制，而參以國情。因為日本為航運新
秀，擷取海洋法系之長，又採大陸法系成文立法。我國整體法律體系架構
咸採大陸成文法系，為配合施行，自較容易，此即我國航運法規，包括海
商法典於 1929 年立法之初取材日本之原因❺❺❼。當時，國際海上旅客運送
法，尚無同化之國際公約，而時至今日，雅典公約已發展臻至成熟，而為
歐盟所肯認成為締約之區域國際組織，成為歐盟法之一部而在歐盟會員國
間受到拘束，係文明國家之主流公約。考量前揭海洋國家之現狀及國際海
上客運旅客人次之增長，我國應檢討現行法是否可解決現況所生之爭議。

㈠準用貨物運送節之正當性與其限制

---

❺❺❸ PAL, art. 4bis, para. 2.

❺❺❹ PAL, art. 4bis, para. 12.

❺❺❺ PAL, art. 4bis, para. 13.

❺❺❻ PAL, art. 4bis, para. 10.

❺❺❼ 王洸，海商法釋論，海運出版社印行，民國 51 年 7 月版，自序頁。

　　旅客運送契約之分類，與貨物運送契約同，得以區分為一般旅客運送及包船之傭船契約兩類。包船之傭船契約，多係團體運送，存在客船傭船習慣，如 BIMCO 所擬制專用於駛上駛下渡輪論時傭船定型化契約 ROPAXTIME 2015，重申特定之行業慣行。因此，船舶所有人與傭船人間關係，與貨物運送之傭船契約相同。所以，本法第 79 條規定，「旅客之運送，除本節之規定外，準用本章第一節之規定。」又一般旅客運送，運送人與旅客間關係，與件貨運送契約當事人間關係不同如下：

1. 法源不同：件貨運送係源自貨物運送公約，如本法援參之海牙威士比規則，而一般旅客運送係旅客運送公約，如雅典公約及其議定書修正。

2. 乘客人格權及貨物財產權不同：旅客運送，涉及乘客身體、生命、健康之人格權，與貨物不同，運送人責任及運送標準理應較貨物運送為高；貨損可透過運送人民事損害賠償或貨物保險之填補回復原狀或重購，但是人命逝者已矣，再多之賠償也無法回復失去生命或體傷之痛苦與財產損失，是家屬永恆之痛。

　　居上理由，準用第一節貨物運送規定者，應解釋限縮其範圍，僅限於傭船契約之相關條文，及交託行李視為貨物而準用件貨運送之部分條文。

(二)一般海上旅客運送契約及客票之性質

　　旅客運送契約係諾成契約，不要式契約，無須具備任何法定方式。運送契約通常作成客票，但亦有運送人不發給船票者，如高雄旗津與鼓山間渡輪之投幣或刷悠遊卡為要約之意思表示，基於公共運送本質，強制運送人為承諾，其特質請參前揭貨物運送之公共運送本質與特性。因此，旅客運送契約於是時即成立。客票係旅客運送契約成立與運送契約條款之一部，是運送契約之證明，亦即僅具推定證據力。又運送人有作成並發給船票者，應記載船舶所有人或運送人、船名、發航港、目的港、等級、艙位號數、票價、票號、預定發航時間及發售日期。記名客票，應載明乘客姓名、性別及發票人姓名、職責；不記名客票，應載明有效期限❺❺。前者係不得轉

讓，而後者得讓與他人而係債權證券。

㈢運送人損害賠償責任之基礎

　　將本法第 79 條準用之議題解決後，接下來應確認者係運送人損害賠償責任之基礎為何？旅客運送規定自第 79 條迄第 91 條，未見運送人責任基礎規定，又件貨運送與一般旅客運送不同，如上揭，不應準用件貨運送人責任基礎第 62 條、第 63 條，第 69 條免責事由、第 70 條單位限責等專用於件貨運送之規定，而需他尋。

　　依本書前揭對於本法第 5 條補充法之解釋及其位階，補充法的順序：

第一位次：為海商法各章節被援參修法的國際硬、軟法規範；

第二位次：展現於國際定型化契約、定型化條款、國際海事仲裁判斷的海商習慣；

第三位次：海商法文明國家所承認的或國、內外海商法權威推演論證而得的海商法理（學說）❺❺❾；

第四位次：民法或國內其他法律。

　　海上旅客運送，當初立法並無援參之國際公約，而無第一位次之補充法；又一般旅客運送並無第二位次展現於國際定型化契約、定型化條款、國際海事仲裁判斷的海商習慣。因此進入第三位次補充法：海商法理。生效之雅典公約既其 1976 年及 2002 年兩次議定書修正，係文明國家所肯認而願受其拘束之國際公約，所反映者係國際海上旅客運送之法理，得以之為補充法，運送人責任基礎及相關規定如前所討論。

　　至於無涉外之國內旅客運送，則仍依第 5 條適用民法旅客運送之規

---

❺❺❽ 船舶運送業管理規則第 16 條。

❺❺❾ 國際法法源，依國際法院規約第 38 條第 1 項 (Statute of the International Court of Justice, art. 38)：國際公約 (international conventions)、國際慣例 (international customs)、文明國家承認之法律原則，並以各國司法判決和國際法專家 (qualified publicists) 之教學資料作為判斷法律原則之輔助。

定⓼：旅客運送人對旅客人身傷亡之責任基礎，適用民法第 654 條，運送人負無過失責任；交託之行使，依民法第 657 條視為貨物，而依海上貨物運送法，即是海商法件貨運送人責任基礎第 62 條及第 63 條與相關規定，運送人負推定過失責任；隨身行李則依民法第 658 條，運送人負過失責任。

㈣運送人之義務

運送人主給付義務，係運送乘客及其行李自當事人合意之出發港，以船舶運送至合意之目的港；如未依約運送至目的港，乘客得解除契約併同請求損害賠償，除非是基於事變，如不可抗力不能繼續航行⓺、目的港天災不能卸客⓻、船舶修繕⓼。

運送人有依約發航義務，否則旅客得解除契約⓽。此外，針對交託行李，運送人應於旅客到達時負返還義務，以及視為貨物而適用海商法運送章貨物運送節之各式義務規定。

㈤旅客之義務

1.強制投保意外險義務

旅客依本法第 81 條規定，應強制投保意外險，金額由交通部訂之，並得自行加保超出法定保險金額之部分⓾。強制投保意外險之目的，係如乘客傷亡係運送人依法不予負責之事由所致，運送人不負損害賠償責任，亦無須動用其所投保之責任險，而係由乘客意外險之保險人承擔風險，降低受害人乘客所受損失以及及時填補之經濟功能，維護社會之正常活動，亦具有公共利益，而限制乘客訂定保險契約之自由權⓿。

⓼ 26 年渝上字第 438 號判例；57 年臺上字第 3117 號判決。

⓺ 海商法第 88 條。

⓻ 海商法第 89 條。

⓼ 海商法第 90 條。

⓽ 海商法第 86 條。

⓾ 海商法第 82 條。

第三人得不經委任代被保險人洽訂保險契約❺❻❻。因此，航業法第 14 條第 2 項規定，船舶運送業經營旅客運送者，應依主管機關所定保險金額為旅客投保傷害保險。傷害保險之受益人，以被保險人本人或其法定繼承人為限，並不受保險法第 132 條第 1 款及第 135 條準用第 105 條、第 107 條規定之限制。船舶運送業投保營運人責任保險及旅客傷害保險辦法第 4 條復規定，船舶運送業經營旅客運送者，應於開始營運前為旅客投保傷害保險。旅客傷害保險給付項目及最低保險金額如下：

(1)傷害醫療費用給付：每一旅客新臺幣 30 萬元。

(2)殘廢給付：每一旅客新臺幣 250 萬元。

(3)死亡給付：每一旅客新臺幣 250 萬元。船舶運送業應將前項保險金額載明於客票上。

　航業法第 14 條第 2 項係授權旅客運送人，代旅客洽訂意外保險契約。保險利益歸屬主體是旅客，旅客為被保險人，保險金請求權人為旅客。如旅客運送人投保運送責任險，則保險利益歸屬主體為運送人，運送人為被保險人，保險金請求權人為運送人，或旅客得依保險法第 94 條第 2 項規定向保險人行使直接請求權，請求保險金。因此，第 81 條傷害險的保險金應歸屬旅客，怎能作為運送人對旅客損害賠償之一部，而又以保險金額為損害賠償之最高額，完全混淆意外險、責任險及運送人民事責任之界線。

2.給付票價義務

　乘客主給付義務係支付票價。如旅客不依時登船或船長之緊急處分迫令其離船❺❻❽或自願上陸❺❻❾，仍應給付全部票價，但因疾病上陸或死亡，則按照已運送航程支付比例運費❺❼⓪。

---

❺❻❻ 憲法第 23 條參照。

❺❻❼ 保險法第 45 條第 1 項、第 46 條。

❺❻❽ 海商法第 85 條。

❺❻❾ 海商法第 87 條。

3.服從船長指示之義務

乘客在船期間，依船員法第 58 條第 1 項，「船舶之指揮，由船長負責；船長為執行職務，有命令與管理在船海員及在船上其他人員之權。船長為維護船舶安全，保障他人生命或身體，對於船上可能發生之危害，得為必要處置。」有服從船長指揮之義務；船舶到達目的港，乘客應依船長指示離船❺❼❶，避免旅客因運送糾紛霸船而危害公共利益。

㈥旅客運送契約解除權

船舶不於預定日發航，旅客得解除契約❺❼❷。旅客於發航 24 小時前，得給付票價十分之二，解除契約；其於發航前因死亡、疾病或其他基於本身不得已之事由，不能或拒絕乘船者，運送人得請求票價十分之一。❺❼❸。

---

❺❼❶ 海商法第 87 條。
❺❼❶ 海商法第 91 條。
❺❼❷ 海商法第 86 條。
❺❼❸ 海商法第 84 條。

第三章 海事法

第一節　船舶物權：船舶所有權、船舶抵押權及海事優先權

一　海商法上船舶之不動產性

　　船舶自羅馬法以降，其財產權內涵，即是動產，因為船舶可以自由移動，並非土地及其附著物，亦非經破壞始能移動。物的所有人，其所有權具有排他之絕對效力。人民財產權受到憲法第 15 條財產權之保障。除基於公益之限制外❶，應排除任何人之干涉，而具完整自由使用、收益、處分財產之權利。

　　船舶所有權人，如買賣船舶，必須提出適當之證明以證明其所有權之狀態，說服買受人信賴其對船舶具絕對而不受干涉之所有權。動產藉由占有，而不動產經由登記表現其公示之外觀，以維護交易之安全。海商法上船舶係海船，得以在世界各航行區域、港口移動，雖透過其受僱之船長、海員占有船舶，但是產生僱用人、所有權人之判斷困難，而不利交易之安全，因而產生移轉財產所有權之證明如賣契 (bill of sale)，以及爾後以賣契作為登記所需文件所衍生之所有權登記制度，以資確認所有權人。如自然人般，賦予船舶名稱、國籍、船籍港等，用以區辨千百船舶中何者為其所有物船舶，而具人格特質之擬人化，類比行為人、當事人，而進一步產生對船訴訟之法制。在公法上，船舶所有人可以享有船籍國賦予之特權，如在公海上基於自由航行權受船籍國之管轄而受到船籍國之保護、得於船籍國領海及經濟海域從事特許之經濟活動、取得船籍國內河航行權等；又於私法上受到船籍國保障其所有權之完整性。

　　本法第 6 條規定，「船舶除本法有特別規定外，適用民法關於動產之規定。」在立法技術上，於海商法規定船舶有別於動產之不動產性，未規定事

---

❶ 憲法第 23 條。

項，再適用民法動產之規定，回歸其動產本質。海商法對於船舶不動產性之特別規定，如下：船舶所有權❷、抵押權❸之登記、登記對抗原則❹、所有權移轉❺、抵押權設定之書面要式性❻；採抵押權制度而非質權❼。

又有關海商法船舶之強制執行，準用不動產執行規定❽，亦彰顯其不動產性。

二　船舶所有權

㈠所有權範圍

船舶所有權之範圍，所涉之法律議題，包括強制執行標的範圍❾、所有權移轉之範圍、抵押權設定範圍、海事優先權之標的範圍❿、船舶保險標的之範圍⓫，因此船舶所有權之範圍具有重要性而有確認之實益。雖然民法第 68 條對於動產或不動產物之範圍，訂有主物及從物之分，本法第 7 條規定：「除給養品外，凡於航行上或營業上必需之一切設備及屬具，皆視為船舶之一部。」除燃油、輪機潤滑油、水、食物等給養品外，將船舶航行或營業必需之一切設備及屬具，雖可能是他人所有，如航海儀器係租賃而來，皆擬制視為船舶之一部，期使船舶維持其既有之航行或營業上功能，

---

❷ 海商法第 9 條；船舶登記法第 4 條；Cf：民法第 758 條。

❸ 海商法第 36 條；船舶登記法第 4 條；Cf：民法第 758 條。

❹ 所有權：海商法第 9 條、抵押權：海商法第 36 條；船舶登記法第 4 條；Cf：民法第 758 條。

❺ 海商法第 8 條；Cf：舊民法第 760 條。

❻ 海商法第 33 條；Cf：舊民法第 760 條。

❼ 海商法第 33 條、第 34 條；Cf：民法第 860 條。

❽ 強制執行法第 114 條第 1 項。

❾ 海商法第 4 條、第 100 條。

❿ 海商法第 27 條第 1 款。

⓫ 海商法第 127 條、第 146 條。

而不致喪失海商法上船舶之航行、商業功能，所有權受讓人無須於市場上洽買航行或營業上所需設備及屬具，而能持續利用船舶營運，載運貨物或人員進出國家，而具經濟效益之立法政策，而有別於民法第 68 條主物及從物之分。航海儀器出租人，亦能透過租賃契約向承租人請求損害賠償，救濟之。

船舶設備，係指已配置於船上而須經主管機關認可之驗船機構（船級協會）檢定，而發與檢查證書❷，又尚包括已配置船上而記載於船舶所有人船舶設備清單者。屬具係指在船上或岸上已分配予船舶之備品而屬於船舶所有人之財產者，以供船舶修理或替換之用。船舶法第 24 條規定應經主管機關檢查之船舶設備，包括海上運送之貨櫃及其固定設備，以維護海上安全，將貨櫃列舉為船舶設備，有其公法上監管目的及功能。就私法關係言，貨櫃為獨立之物，並未從屬於任何一艘貨櫃船，並非本法第 7 條所稱之船舶設備，已如本書前揭，請讀者參之。

於船舶買賣或保險，對於標的範圍，當事人通常約定之，而應從其約定。如船舶買賣定型化契約 Saleform 2012❸第 7 條重申船舶買賣商業習慣，而規定所有任何屬於出賣人之設備無論在船或在岸，均應移轉予買受人；又如為租賃物，則除外、不包括在移轉範圍內，並約定由出賣人於船舶交付前額外以出賣人成本重置之；又如為燃油、輪機潤滑油等則由買受人依約定之金額價購之。本法第 7 條之擬制，限制船舶所有人自由處分船舶設備及屬具之自由權，亦侵害如船舶設備出租人之財產權，同時亦有違 Saleform 2012 所重申之商業習慣。因此，第 7 條應定性為任意規定，當事人得任意變更之。長治久安之計，應援參前揭商業習慣廢除「擬制視為」

---

❷ 船舶法第 23 條。

❸ Norwegian Shipbrokers' Association's Memorandum of Agreement for sale and purchase of ships. Adopted by BIMCO in 1956. Code-name SALEFORM 2012 Revised 1966, 1983 and 1986/87, 1993 and 2012.

之立法政策,以維護憲法第 15 條賦予船舶所有人自由處分船舶設備及屬具之自由權及船舶所有人、設備所有人之財產權。

㈡所有權讓與之法定方式與所有權移轉登記效力

依本法第 8 條規定,船舶所有權之移轉應作成書面,並經我國航政主管機關（航港局）或駐外使領館、代表處或授權機構蓋印證明,以作成書面契約及經國家准許為生效要件。船舶所有權移轉作成書面,係回應買賣實務之賣契 (bill of sale),作為移轉船舶占有或移轉所有權之證明,經法律行為地公證人公證及當地政府認證,證明文書之真實性,以之作為爾後所有權登記所需之證明文書。

茲因船舶價值高昂,往往猶勝陸上不動產及多數動產,本法第 9 條規定,船舶所有權之移轉,非經登記,不得對抗第三人。第三人係指善意第三人,亦即不知情第三人。此外,船舶所有權之登記,船舶取得登記國國籍而經該國航政主管機關發給船舶國籍證書,而得以該國籍航行。船舶國籍登記,是船舶所有權人之權利,並非是義務。每艘船舶除光船租賃外,僅得登記取得一個國家國籍,禁止多國籍,以維護海上次序❹。因此,船舶所有權人得尋找適當之國家,登記其所有權,在公法及私法上享受船籍國給予之權利。商船係國力之象徵。船舶為國家領土之延伸,船舶乃在主權可行使範圍內,船舶在公海上船籍國對該管船舶具管轄權,而受船籍國行政監督管理❺,以維護公海上次序;在我國領域外之我國籍船艦犯罪,為領域內犯罪❻、出發地或犯罪後船舶停泊地法院具管轄權❼。此外,商船擔負國家進出口貿易之重任以及內河航行運輸,特別是國與國衝突、戰

---

❹ UNCLOS, article 92, para. 1; United Nations Convention on Conditions for Registration of Ships, art. 4, para. 3.

❺ UNCLOS, art. 92, para. 2.

❻ 刑法第 3 條。

❼ 刑事訴訟法第 5 條第 2 項。

爭、受國際制裁禁運或國家有危難，國家即可徵用國籍輪船運輸補給軍民用物質或人員❸。例如英國與阿根廷 1982 年福克蘭群島戰役，英國特遣部隊大多藉由臨時徵用英籍百年企業 P&O 郵輪公司的坎培拉號 (Canberra) 郵輪運送，在整個準備作戰行動中，有 43 艘英國商船受徵召，提供後勤補給，與軍隊運輸的貨船及油輪形成了一條往來英國至南大西洋的八千海浬後勤線。英軍掌握南大西洋之制海及運能，而得以有效作戰，收復福克蘭群島❹。因此，本法第 8 條賦予國家介入、審核船舶所有權或應有部分之讓與，防止國籍商船落入敵對國家或匪徒之手，維護國家整體運能及國力。例如 1971 年 10 月 25 日，在聯合國大會 2758 號決議通過後，PRC 政府取代 ROC 在聯合國的中國席位及代表權。為了防止國營「招商局輪船股份有限公司」所有輪船資產被 PRC 主張繼受國家主權而繼受國有財產，在世界各港口聲請強制執行接收 ROC 國有輪船。招商局輪船轉投資於 1972 年 12 月 28 日成立陽明海運公司，登記於招商局輪船公司下之國有商船，不需按照一般動產交付之方式移轉所有權，直接交由我國駐外領使館或代表處用印，即可快速完成船舶所有權移轉，及時避免國有財產被 PRC 繼受、接收。惟國家鼓勵國籍資本家或海運業，將所屬商船於國家登記取得國籍，應有更積極作為如租稅減免、融資優惠、內國航線營運特許等，以為誘因，而非於法律上限制人民處分國籍商船之自由權、財產權，本法第 8 條後段公權力介入私有財產之移轉，並非妥當，而有違憲之虞❹。

按船舶買賣習慣，船舶所有權之移轉，與一般動產所有權移轉習慣採現實交付，如船舶買賣定型化契約 Saleform 2012 第 5 條規定船舶交付時間及交付地，但當事人仍得個別商議簡易交付、占有改定或指示交付。因此，船舶所有權移轉之生效，仍應交付船舶，並做成書面之賣契，以為交付或

---

❸ 全民防衛動員準備法第 20 條；船舶編管及運用辦法。

❹ See generally, Max Hastings & Simon Jenkins, The Battle for the Falklands, Pan, 2010.

❹ 主管機關航港局對於船舶讓與並無使用蓋印證明之實務。

移轉所有權之證明，用以作為所有權變更登記之證明文件。現行法第 8 條，以公權力介入、審核、防阻人民私有財產之處分，如上所揭，並非妥當，而應修正、回復至通常之船舶買賣商業慣行。

㈢所有權移轉對傭船契約之效力

請參本書前揭「買賣是否不破傭船」。

㈣建造中船舶所有權歸屬及定作人續造權

承攬契約標的動產所有權之歸屬，可由材料提供者判斷之，如材料由定作人提供者，除法律別有規定外，工作物之所有權由定作人原始取得。如材料由承攬人提供而定作人提供工作基底者，依民法第 490 條第 2 項規定，提供材料本即承攬人之義務，故承攬人工作完成之時，該工作物之所有權依契約關係為定作人原始取得。雖然基底可視為主物，但並無適用民法第 812 條之餘地。如定作人未提供工作基底者，此契約兼有買賣契約之性質，故工作物所有權自先歸承攬人取得後，再依買賣之規定交付工作物並移轉所有權予定作人。

依本法第 6 條，關於船舶所有權本法有特別規定者，依其規定，未規定者始適用民法動產之規定。船舶建造契約，性質係承攬契約，通常定作人並無提供基底，材料由承攬人提供，而又由定作人提供部分設備❷❶，雙方約定交付時間，船舶於交付並經定作人接受時，風險及所有權移轉予定作人❷❷。本法第 10 條規定，船舶建造中，承攬人破產而破產管理人不為完成建造者，船舶定造人，得將船舶及業經交付或預定之材料，照估價扣除已付定金給償收取之，並得自行出資在原處完成建造。但使用船廠應給與報償。船舶尚未建造完成，亦未交付工作物予定作人，建造中船舶所有權應歸屬於破產之承攬人，建造中船舶所有權及承攬報酬，為破產財團之一部❷❸，而破產債權人得依破產程序主張之。但，如破產管理人不續為船舶

---

❷❶ 如新造船定型化契約 NEWBUILDCON, cl. 26。

❷❷ NEWBUILDCON, cl. 28.

建造，有礙航運之發展。因此，賦予定作人續造權，給付適當報酬後取得船舶及預訂材料之所有權，排除上揭民法規定，以為自行出資利用船廠設施，續造船舶。定作人行使續造權並支付適當報酬後，取得建造中船舶所有權，該建造中船舶所有權而排除於破產財團之外。

(五)船舶共有

海商法第 11 條至第 20 條規範海商法上船舶之分別共有，至於沿岸近海作業之漁船，多數係基於家族合夥之債權關係，而產生漁船所有權公司共有之物權關係**❷❹**。船舶運送業使用於營業之船舶，係總噸位 20 以上之動力船舶，或總噸位 50 以上之非動力船舶之海商法上船舶**❷❺**。船舶運送業組織型態，依航業法第 7 條第 4 項，除航業法 1995 年 8 月 9 日修正之條文施行前經核准者外，以股份有限公司為限。因此，船舶運送業所屬船舶之所有權登記，常以股份有限公司登記之單一法人，而無共有之實務。資本家得透過股份有限公司之持股制度，投資、參與船舶運送業之營運或分配盈餘，而無須持有部分船舶而登記其應有部分。股份有限公司之組織制度，已然替代船舶共有制度。

三　船舶抵押權

(一)船舶抵押權功能及實行方法

為便利船舶所有人以船舶為擔保來融資，不採船舶質權制度而採抵押權制度。船舶所有人無須移轉占有或交付船舶予貸與人，而能持續占有船舶、使用船舶為營業，賺取報酬清償借貸。船舶為海上企業主要之資產，設定船舶抵押權，以船舶為擔保取得融資，為主要之融資方式而對融資者

---

❷❸ 破產法第 82 條第 1 項。

❷❹ 船舶登記法施行細則第 3 條：「船舶由二人以上合夥經營者，其辦理登記時，得比照船舶共有人之規定。」

❷❺ 航業法第 3 條第 2 款。

之保障。因此，1993 年海事優先權暨船舶抵押權公約（下稱 1993 年公約）第 1 條規定，締約國對於締約國登記之抵押權及船舶任何負擔，均應承認與執行。船舶抵押權其位次低於海事優先權及船舶建造或修繕之船舶留置權❷。此外，船舶如遭遇海上事故而沉沒或滅失，影響抵押權人權益。因此抵押權人通常以抵押權人保險利益，以自己為要保人投保船舶險，進一步保障其債權，而於借貸契約規定借貸之船舶所有人應負擔保費，或於借貸契約規定借貸之船舶所有人應指定貸與之抵押權人為保險金受領人（loss payee），惟因繼受取得，保險人得以對抗原要保人、被保險人事由，對抗抵押權人，如原要保人違反據實說明義務、故意行為或違反損害防阻義務等。抵押權人仍以自己抵押權人保險利益投保為佳，而不受原債權瑕疵之限制。

　　1993 年公約第 2 條規定船舶抵押權彼此間位次、其效力及對第三人效力，依船舶登記之締約國法律，至於抵押權實行程序，則依實行之締約國法律。我國實務見解 73 年司法院第一廳廳民一字第 0672 號，認為船舶拍賣得由船籍港地之法院管轄❷，惟按公約依實行所在地締約國法律規定之

---

❷ 海商法第 24 條第 2 項及第 25 條。
❷ 73 年司法院第一廳廳民一字第 0672 號見解

　　法律問題：甲向乙借款，以其所有登記高雄港為船籍港之 A 號船舶，為乙設定船舶抵押權為擔保，並經高雄港務局登記在案。嗣借款已屆清償期，甲未依約清償債務；而該 A 號船舶卻又遠航他處，未停泊於高雄港內，則乙向臺灣高雄地方法院聲請拍賣抵押物（即 A 號船舶），是否應予准許？

　　討論意見：甲說：應以無管轄區，裁定駁回之。

　　　　　　理由：㈠查非訟事件法 §71I 規定：「民法 §873 所定抵押權人聲請拍賣抵押物事件，由拍賣物所在地法院管轄。」又海商法 §5 規定：「海商事件本法無規定者，適用民法及其他有關法律之規定。」是關於船舶抵押權之實施，自亦有上開非訟事件法 §71

I 規定之適用，亦即船舶抵押權人聲請拍賣經設定抵押權登記之船舶時，應向該船舶「所在地」之法院聲請裁定，始屬適法。

(二)倘船舶抵押之拍賣事由，應由船籍港之法院，即臺灣高雄地方法院管轄，則於法非但無據，且於船籍港係屬「外國港口」時，本國之抵押權人將無從於本國境內實施其抵押權，尤非設定船舶抵押權之原意，是臺灣高雄地方法院應以其對該 A 號船舶之拍賣事件無管轄權，而駁回乙之聲請。（臺灣高等法院臺南分院民國 71 年度抗字第 949 號民事裁定）

乙說：應得由船籍港地之法院管轄，裁定准予拍賣抵押物。

理由：查非訟事件法 §71I 所規定拍賣抵押物事件，由拍賣所在地法院管轄，係明文規定就民法 §873 所定之抵押權而言，此就民法上之不動產抵押權而論，自無問題。本件抵押之 A 號船舶，登記之船籍港為高雄，則抵押權人若聲請法院裁定拍賣抵押之船舶，必以該船舶停泊於港內後，該港所在地之管轄法院始對之有管轄權，則當船舶入港後，抵押權人聲請法院裁定准予拍賣，迨法院受理而查詢該船舶之所在地是否現在法院管轄範圍內時，往往船舶又發航出港，事實上殊多困難。揆諸民事訴訟法 §7：「對於船舶所有人或利用船舶人，因船舶或航行涉訟者，得由船籍所在地之法院管轄」之規定意旨，則乙向臺灣高雄地方法院聲請本件拍賣抵押物事件，自應准許之。（臺灣高等法院臺南分院民國 72 年度抗字第 639 號民事裁定）

結論：採甲說。

司法院第一廳研究意見：

一、船舶雖具不動產性格，但在本質上仍屬動產，故海商法 §6 規定，船舶除海商法有特別規定外，適用民法關於動產之規定。

二、不動產因具固定不動產，故不動產所在地事實上亦即為登記地，非訟事件法 §71I 規定，民法 §873 所定不動產抵押權人聲請拍賣抵押物事件，由拍賣物所在地法院管轄，於理論與實務上皆不生

意旨，應係由船舶拍賣所在地法院管轄，如此方具執行利益，如由船籍港管轄，如船舶永不回船籍港，則如何強制執行及拍賣？

　　對於船舶抵押權實行方法係依締約國內國法，已如前揭。海商法未明文規定，因而適用本法第 5 條補充法規定以民法（內國法）抵押權實行規定為橋接，民法第 873 條規定，抵押權人於債權已屆清償期，而未受清償者，得聲請法院，拍賣抵押物，就其賣得價金而受清償，以資實行船舶抵押權；除拍賣外，尚得依民法第 873 條之 1「流抵契約」方式、民法第 878 條前段依契約約定等，取得抵押物所有權，或以民法第 878 條後段取得抵押物所有權或用拍賣以外之方法，處分抵押物，如約定由抵押人變賣，或授權抵押權人標售等。

　　未滿 20 噸動力船舶或未滿 50 噸之非動力之非海商法上船舶則適用動產擔保交易法之抵押權制度規定❷❽。

㈡抵押權設定之書面要式性

　　抵押權之設定，依本法第 33 條，應以書面為之，以資為後續登記抵押權之憑藉或證明❷❾。未依法定書面方式為之者，其設定無效❸⓿。

　　　　　　　問題。

　　三、船舶在本質既為動產，船舶抵押權本不能完全視同民法所定之不動產抵押權。且船舶漂浮於水面，目的在供航行之用（參照海商法§1），在正常情況下，經年累月航行於國外，如船舶抵押權人僅為取得實行抵押權之執行名義，似無必須向船舶所在地之法院聲請裁定准許拍賣抵押物之法律上理由。

　　四、非訴事件法§71I 之法院管轄規定，法律既明定以民法§873 所定抵押權人聲請拍賣抵押物事件為限，則聲請准許裁定拍賣抵押船舶事件，參酌上述說明及民事訴訟法§7、§15II 之規定，船籍所在地法院應有管轄權，本題以採乙說為當。

❷❽ 動產擔保交易法第 4 條第 1 項。

❷❾ 船舶登記法第 11 條。

㈢建造中船舶及船舶共有人應有之部分得設定抵押權

本法第 34 條規定，船舶建造中，即得以建造中船舶設定抵押權；而第 37 條規定，船舶共有人就其應有部分，得設定抵押權，以便於融資。依船舶登記法第 2 條，以建造地航政機關為主管機關。船舶登記法施行細則第 28 條規定，建造中船舶為抵押權登記時，應記載於特別登記簿。船舶登記法施行細則第 30 條規定，在建造中已有抵押權登記之船舶為所有權登記時，應於登記所有權後，將抵押權之登記移轉於船舶登記簿，特別登記簿之記載應即截止。

何謂建造中船舶?有關強制執行法第 114 條至第 114 條之 4 部分解釋，辦理強制執行事件應行注意事項第 61 點第 1 項規定，建造中之船舶，係指自安放龍骨或相當於安放龍骨之時起，至其成為海商法所定之船舶時為止之船舶而言，而其強制執行程序得準用不動產執行之規定。惟該項解釋係使建造中船舶之強制執行，使用不動產執行規定而言，此外，造船工藝日新月異，而有所謂模組化之建造，非以安放龍骨為必要建造工序，因此，船舶登記法第 50 條規定,於申請登記抵押權之申請書應記載包括船舶之種類、計畫之長度、寬度及深度、計畫之容量、建造地、造船者之姓名、住、居所，而應附送造船者所給之證明文件。因此，建造中船舶應指自船舶開始建造時起，造船廠即得提供該必要文件，以迄建造完成時前之狀態而言，得為抵押權之設定及登記。

㈣抵押權設定人之限制

抵押權之設定，係處分行為，僅船舶所有權人或共有人，或法律別有規定，或經特別委任而取得授權之人，始可為之❸❶。

㈤抵押權之追及性及不可分性

抵押權係擔保物權，而具追及性、不可分性，附著於抵押物。公約對

---

❸⓪ 民法第 73 條。

❸❶ 海商法第 35 條。

抵押權之消滅未規範之，而係締約國內國立法空間。因此，除非抵押物船舶滅失，抵押權無所附麗，或船舶為法院拍賣，視為原始取得而免除任何負擔**[32]**，或債權消滅（如受清償）而消滅。船舶為法院拍賣而免除任何負擔，因此，1993 年公約第 11 條規定，拍賣締約國管轄當局應於拍賣日 30 天前通知抵押權人，以使抵押權人採取必要措施救濟之。

此外，依民法第 880 條規定：「以抵押權擔保之債權，其請求權已因時效而消滅，如抵押權人，於消滅時效完成後，5 年間不實行其抵押權者，其抵押權消滅。」因此，抵押權人之抵押權所擔保的債權如有時效消滅，依法仍可於 5 年內實行抵押權，如已逾 5 年，則該抵押權依法即消滅，自不得再行使。

㈥抵押權登記對抗原則

抵押權做成書面設定後即生效，但應予公開，以使任何對以該船舶為擔保有興趣之貸與人，知情船舶已經設定擔保，慎重考量船舶所有人之清償能力，此公開方式即是本法第 36 條，船舶抵押權之設定，非經登記，不得對抗第三人。此第三人，以不知情者為限，始符該資訊應公開，使第三人知情之立法目的。

㈦抵押權位次

1993 年公約第 2 條規定，抵押權之效力及位次，依登記國法律，而實行程序依執行地國法律。船舶抵押權，其位次低於海事優先權及船舶建造或修繕之船舶留置權**[33]**。其他留置權，同建造或修繕之船舶留置權，留置權人占有船舶，在其債權未受清償前，得留置船舶，並得排除強制執行**[34]**，有較強之事實上優先效力，其位次先於抵押權。

---

[32] 強制執行法第 114 條第 1 項、第 98 條第 3 項；1993 年船舶抵押權暨海事優先權公約第 12 條第 1 項。

[33] 海商法第 24 條第 2 項及第 25 條。

[34] 強制執行法第 15 條。

　　船舶抵押權採登記對抗原則。如一已登記，一未登記，其次序以登記者為先，因未登記抵押權人，不得對抗善意之已登記抵押權人。如抵押權均未登記，均不生對抗效力，而無次序先後問題，僅能對船舶所有人主張之，對其他普通債權人不能主張優先受償。因此，為主張對抗第三人，抵押權人應登記其抵押權。已登記之抵押權才生對抗效力，其間位次，以登記時間為準，登記在前者位次優先❸❺。

　　抵押物滅失或毀損，船舶所有人以所有權保險利益，所投保之船舶險保險金是否為抵押人因滅失得受賠償或其他利益者？而抵押權人對之有權利質權，而其位次與原抵押權同❸❻？最高法院民事判決 76 年臺上字第 726 號肯認之。惟保險金債權人，係具保險利益之要保人，透過保險填補其具體或不具體之財產上損失，因此要保人得指定第三人為保險金受領人 (loss payee)，或於人身保險，指定第三人為受益人❸❼，因保險金債權歸屬該指定第三人所有，已非抵押人之資產，更非抵押物之代位物。其次，保險金並非屬損害賠償性質，因為要保人並未違反注意義務，而不生損害賠償問題；保險人主給付義務係承擔風險，而於約定之保險事故發生，履行其給付保險金之從給付義務，並非對被保險人為損害賠償。居此，船舶保險金，並非民法第 881 條物上代位之標的。本法有關船舶所有人限責規定，第 21 條第 3 項「附屬費」，指船舶應得之損害賠償，但不包括保險金，即為是例。此外抵押權人，尚得以自己為要保人，為其抵押權而生之保險利益，投保船舶險，而於保險事故致船舶滅失時，受領保險金，抵押權人利益，因此不受影響。

---

❸❺ 船舶登記法第 30 條。

❸❻ 民法第 881 條。

❸❼ 保險法第 110 條第 1 項。

四　海事優先權

㈠法理基礎

　　基於船舶流動之特性與海商事業之國際性，債權難以保全而受清償，設優先權制度，用以保護特定債權人，係緣起英國海事判例法❸❽，而以對船訴訟實行之，又被告為船舶，在其價值範圍內負民事責任，而兼具擔保物權功能。

　　海事優先權係海事判例法創制。英國海事判例法肯認之 maritime lien 依其優先受償順序（與公約不同，英國對下揭三公約均未參與）包括：海難救助報酬、船長因航行而支付之費用 (Master's disbursement)❸❾、船舶所致之侵權行為損害 (damage done by a ship)、船長海員之薪資、船舶擔保借貸 (bottomry) 或船貨擔保借貸 (respondentia)。早期海上與陸上資訊管道並非如今快速、暢通而多元，因此在外國口港，船舶所有人或貨物所有人必須給予船長必要之授權，以因應船舶或貨物發生緊急事故需籌措航行資金而無法聯繫之情形，或船長基於必要性之代理 (agent of necessity)❹❶，代理船舶所有人，向貸與人借貸並承諾當船舶安全抵達目的港，即清償本金及利息，並以該船舶為擔保，做成擔保書 (bond) 給貸與人，以為借貸之證明，稱船舶擔保借貸（bottomry，船舶下半主要結構稱 bottom，船體之義）。如以船貨為擔保，依必要性代理，代理貨物所有人借款，以管理貨

---

❸❽ liens 概分：possessory lien（占有留置權）、equitable lien（存在與否與占有無關之衡平留置權）、statutory lien（法條創制之留置權）、依海事判例法創制之 maritime lien 及當事人合意約定之約定留置權 (contractual lien)。

❸❾ Merchant Shipping Act 1995, s. 41.

❹❶ 必要性代理，在無本人明示授權下，創造代理關係：1. 代理人無法與本人聯繫 2. 為本人利益之必要性 3. 代理人為本人利益以善意而為 4. 代理行為應合理 5. 本人未給予代理人明示反對指示，as per The Winson [1982] AC 939。

物，則是做成責任擔保書 (respondentia bond)，而稱船貨擔保借貸 (respondentia)。如船舶或船貨於海程滅失，則借貸人免除責任而擔保失其效力。此種允許借貸人持續占有擔保物之擔保模式，又通稱為 hypothec (法文 hypotheque)，有如我國動產擔保交易法下，以動產為擔保但又無須交付動產之抵押權。因此，1993 年海事優先權暨船舶抵押權公約第 1 條將 hypotheque 與 mortgage 並列而肯認其效力，亦是肯認 bottomry 和 respondentia 等無須占有船舶之擔保物權。

英國海事法之海事優先權 (maritime lien) 係指因特定海事責任或債權而生之對「物」請求權 (a claim against the rem)，權利行使之對象為「物」而以對物訴訟 (action in rem) 行使權利，於對物訴訟前，該權利為未完成 (inchoate)，因僅得以對物訴訟方式行使，遂 maritime lien 又俗稱對物訴訟之權利 (a right in rem)。海事優先權並不視對該「物」之占有與否而定，而與 possessory lien（占有留置權）❹有別，亦即該權利並不因該「物」所有權之移轉或占有與否而消滅，而是具「追及性」，得以對抗包括善意之任何第三人，權利附著該「物」直至原債權消滅（如清償）、該物滅失（無以附麗）、該海事優先權已罹時效 (laches)、權利人拋棄 (waiver) 或「物」為法院拍賣 (judicial sale) 為止，除非提出保證金，否則得以對物訴訟❷或法院拍賣行使海事優先權，合乎航海事業船舶流動之特性，得確保債權。

英國海事法認為海事優先權，係對特定「物」之請求權❸，然又得留置該物取其價金償其債權之擔保物權特性，似也具實體權性質 (substantive rights)，而一旦對該「物」起訴，該權利才完全，係英美法特有之「物人格」概念。依英國最高法院 The Indian Grace (No. 2)❹判例，對物訴訟

---

❹ possessory lien 相當於大陸法系之 right of retention。

❷ Senior Courts Act 1981, s. 21(3).

❸ 請求權於大陸法系係配屬債權，債權才是實體，惟於英國法並無嚴格區分請求權與債權。

(action in rem) 本質於訴狀送達「被告船舶」或其代理人時即轉為對人訴訟 (action in persona)，對物訴訟即是對人訴訟，係透過對物訴訟之法律程序迫使債務人出面清償債務，因而依 The Indian Grace (No. 2) 判例對「對物訴訟」之解釋，據以詮釋 maritime lien，其應非屬實體之債權或物權，僅係一程序權 (procedural rights)，但又以船舶為被告，即是以船舶為擔保，又位次優於普通債權、抵押權、留置權而具擔保物權功能。大陸法系國家與 maritime lien 性質類似者稱優先權或海事優先權 (privileged claims/ maritime privileges)❹❺。

㈡國際公約

海事優先權公約，計有三個：1926 年公約 (The International Convention for the Unification of Certain Rules of Law Relating to Maritime Liens and Mortgages 1926)、1967 年公約 (The International Convention for the Unification of Certain Rules of Law Relating to Maritime Liens and Mortgages 1967) 及 1993 年公約 (The International Convention on Maritime Liens and Mortgages 1993)。前兩者由 CMI 制定，而最後者由 IMO 及 UNCTAD 共同制定。1926 年公約於 1931 年 6 月 2 日生效，締約國 21 國，包括法國、義大利；1993 年公約於 2004 年 9 月 5 日生效，締約國 18 個，包括西班牙，至於 1967 年公約尚未生效。已生效之兩公約締約國，其中無任何海洋法系國家。海洋法系之海權國家或主要國際貿易國家均未參與三公約，因為在公約之下，海事優先權弱化，而僅為權能位次優於普通債權人、船舶抵押權人、其他擔保物權人等，而以船舶為擔保之擔保物權制度，與英美法除擔保功能外，還具重要之對船訴訟實行方法有別，而且公約法定位次與海洋法系國家內國法差異甚大。對船訴訟為本案實體訴訟，以被

---

❹ [1998] 1 Lloyd's Rep. 1.

❺ Conference de Liverpool, CMI Bulletin, no. 12, p. 266, per the English delegate T. G. Caver.

告船舶所在地法院具有管轄權，係有利債權人、受害人突破本案國際管轄分配的有利制度，而形塑倫敦、新加坡、紐約等海事爭端處理中心之法制，海洋法系國家焉能放棄既有利益。

三 我國法

我國海商法優先權一詞係翻譯自 1926 年公約之 maritime lien，而現行本法海事優先權相關規定，係參考 1967 年公約，修正受海事優先權擔保之債權種類與優先受償順序，並將優先權一詞修正為海事優先權**❹❻**，除經本土化立法故意之修正外，如解釋或適用有疑，自應依被援參之 1967 年公約立法意旨。惟 1967 年公約迄未生效，而為聯合國下轄專門機構 IMO 和 UNCTAD 共同制定之 1993 年公約取代。

1.海事優先權所擔保之債權

海事優先權其本質具擔保物權功能，而我國並未肯認、採行對船訴訟制度。物權除依法律或習慣外，不得創設**❹❼**。因此，本法第 24 條第 1 項受到海事優先權擔保之債權，同公約立法技術，法定列舉之。惟公約允許締約國於其內國法依國情創設之**❹❽**。

法定受擔保之特種債權可區分如下：

(1)勞工權益保障：即是本法第 24 條第 1 項第 1 款所訂。勞工權益之保障，係現代文明國家均肯認而無地域限制之普世價值，因此在船服務僱傭契約所生之債權受擔保之，包括薪資報酬、保險福利、退休金、於船上工作之職業傷害、死亡等，基於僱傭契約法律關係所生之民事責任均包括之。在船服務人員，得包括客船上服務之客房管理員、餐廳服務生、清潔人員、醫生、護士等不屬於船員身分者。

(2)船舶擬人化之運營損害 (damage done by a ship)：即是本法第 24 條第 1

---

❹❻ 立法院公報，第 83 卷，第 48 期（下）委員會紀錄，1994 年 7 月 9 日。

❹❼ 民法第 757 條；MLM 1993, art. 4, para. 1.

❹❽ MLM 1967, art. 6; MLM 1993, art. 6.

項第 2 款及第 4 款所訂。船舶擬人化而具人格性，因此船舶運營所致損害，受擔保之。基於對人格權之尊重，不論任何法律原因關係均包括，如旅客運送契約，乘客傷害死亡對運送人之損害賠償債權、船舶碰撞致人身傷亡之侵權賠償債權。至於對物之損害，僅限侵權關係，不包括依貨物、旅客運送契約所生對貨物、貨櫃及旅客行李之損害賠償債權。

⑶公益目的之維持：即是本法第 24 條第 1 項第 3 款所訂。海難救助及共同海損行為，係公益行為，為鼓勵海難救助行為及共同海損行為，海難救助報酬及共同海損分擔債權，均受擔保之。船舶殘骸打撈，係基於船舶所有人之委託者，或又依商港法，船舶所有人對商港區域沉船，應限期移除未移除者，商港主管機關得以船舶所有人費用，代為移除❹或又基於船舶所有人拋棄所有權而打撈無主物者，皆基於船舶殘骸危害海上航行安全，為維護海上航行安全之公共利益而其債權受擔保之。

⑷基本共同利益：即是本法第 24 條第 1 項第 5 款所訂。港埠費、運河費、其他水道費及引水費等費用之支出，係基於所有債權人之共同利益，為保全船舶基本運營而支出之費用，因而受擔保之。

　　本法第 24 條第 1 項第 2 款及第 4 款文義「船舶操作直接所致者 (in direction connection with the operation of the ship)」，係排除間接損失 (consequential damage)，如純粹經濟上損失。1993 年公約第 4 條已將船舶操作直接所致物之滅失或毀損，修改為「實體滅失或毀損 (physical loss or damage)」，更為具體明確，排除純粹經濟上損失。

2.不適用海事優先權之債權

　　海事優先權擔保之標的，包括船舶、船舶設備及屬具或其殘餘物及該航次應收之債權，係有限之財產價值❺。化學污、油污、核子貨、核廢料、核動力船舶等所致損害，均有巨災之共同性質，雖是船舶擬人化之運營損

---

❹ 商港法第 13 條。

❺ 海商法第 27 條。

害，惟如將其納入受擔保，產生對其他受海事優先權擔保之債權，於同等位次而形成多數債權人，按債權比例分配有限之財產價值❺，產生排擠效益，危及應受保障之法定特種債權，因此本法第 26 條明文排除之❺。

3. 海事優先權之標的

海事優先權擔保之標的，依本法第 27 條，指向船舶、船舶設備及屬具或其殘餘物及該航次應收之債權，包括在發生優先債權之航行期內之運費、船舶所有人因本次航行中船舶所受損害，或運費損失應得之賠償、船舶所有人因共同海損應得之賠償、船舶所有人在航行完成前，為施行救助所應得之報酬等，係有限之財產價值。僱傭契約所生債權而受擔保之標的，就運費債權言，依本法第 28 條，係以僱傭契約期間計算之，不以航行期間為限，進一步保障勞工權益。無論 1967 年公約或 1993 年公約❺，均已將擔保之標的侷限於船舶，反映船舶擬人化之本質，同時，擔保標的明確，易於確認與執行。

4. 海事優先權與他權能之優先順序

法定特種債權受海事優先權擔保，已依法律創設擔保物權，透過擔保物權之效力，其位次當然優於普通債權❺。

海事優先權，係基於政策而立法創設，其位次優於當事人合意約定之船舶抵押權❺。

依本法第 24 條第 2 項及第 25 條，船舶建造或修繕之船舶留置權位次在海事優先權之後，船舶抵押權之前❺，與 1967 年公約第 6 條第 1 項規

---

❺ 海商法第 29 條第 2 項。

❺ MLM 1967, art. 4, para. 2; MLM 1993, art. 4, para. 2.

❺ Article 4 of the 1967 and 1993 Conventions respectively.

❺ 海商法第 24 條第 1 項；MLM 1967, art. 5, para. 1; MLM 1993, art. 5, para. 1.

❺ 海商法第 24 條第 2 項。

❺ 海商法第 24 條第 2 項及第 25 條。

定，船舶留置權位次位居海事優先權和船舶抵押權之末。而 1993 年公約第5 條第 1 項規定，任何權能均不得優於海事優先權及船舶抵押權，因此船舶留置權係位居抵押權之後。我國法已然修改公約之衡平規定及價值選擇，而予以本土化，海事優先權位次最先，其次為建造或修繕船舶所生債權之船舶留置權及其他留置權，最末則為船舶抵押權。就國際法觀點，兩公約之該位次條文均係強制規定，締約國係不得變更或保留，如締約國修改者，即違反締約國忠誠履行公約之義務❺❼。我國法與公約規範不同，法院依我國不同規定作出之司法判決或裁定，在他締約國基於違反公共政策（public policy，公序良俗），不受承認而無法執行，我國立法宜審慎，以免危害國家立法及司法威信，致債權人不願至臺灣法院訴訟或救濟，影響國家競爭力。

其他留置權，同建造或修繕之船舶留置權，留置權人占有船舶，在其債權未受清償前，得留置船舶，並得排除強制執行❺❽，有較強之事實上優先效力，其位次先於抵押權。

5.法定特種債權所生海事優先權彼此優先位次❺❾

⑴同航次

如為同一航次，其位次依第 24 條各款排序，與 1967 年公約、1993 年公約第 4 條第 1 項位次不同。未生效之 1967 年公約被 1993 年公約取代，在聯合國政策上其生效已非可能，不予討論。1993 年公約之排序依次為：在船服務僱傭契約所生債權、海難救助報酬、港埠費、運河費等債權、物受侵權之債權。與公約規定歧異之國家風險，已如上揭。

同一款中有數債權者，位次相同，如同多數債權人制度，依債權比例分配之；又第 24 條第 1 項第 3 款之債權，如海難救助報酬、共同海損分擔

---

❺❼ Vienna Convention on Law of Treaties, art. 26.

❺❽ 強制執行法第 15 條。

❺❾ 海商法第 29 條。

債權和清沉船債權，發生在後者優先受償，是謂「後來居上原則」，因為後發生之海難救助報酬，基於其救助行為成功保全船舶免受危險而滅失，而一併保全附著在船舶上之擔保物權，因此先發生債權之施救人應感謝後發生之施救人，而應讓位予後發生施救債權。施救助報酬債權發生時間，係求助完成之時，亦是危險要件消滅時，請詳參後揭「船舶拖帶與海難救助」單元。同理，共同海損債權之發生時間，係共同海損行為發生時間，請詳參後揭「共同海損」單元。此外，為解決因果關係之認定爭議問題，同一事變所發生者，視為同時發生。

(2)異航次

異航次發生而受海事優先權擔保之特種債權，後航次先於前航次，係「後來居上原則」之明文❻❿。後來居上之理由，同前。

6.海事優先權之追及性

海事優先權，性質係擔保物權，以船舶為主要擔保標的，因此而具追及性，不因船舶所有權之移轉❻❶、船舶登記或船籍之變更❻❷而受影響，直至船舶滅失，優先權無以附麗為止。

7.海事優先權實行方法

英美法下海事優先權，係對特定「物」之請求權，僅係一程序權，但又以船舶為被告，即是以船舶為擔保，又位次優於普通債權、抵押權、船舶留置權而具擔保物權功能。大陸法系國家與 maritime lien 性質類似者稱優先權或海事優先權，以船舶為擔保之擔保物權，前已說明。

海事優先權實行方法，本法未有明文。基於海洋法系及大陸法系之認知差異，前揭公約亦未規範，係締約國自主立法空間，但是 1993 年公約第 9 條第 1 項及 1967 年公約第 8 條第 1 項規定，在一年期間經過海事優先權

---

❻❿ 海商法第 30 條。

❻❶ 海商法第 31 條。

❻❷ MLM 1993, art. 8.

消滅，除非海事優先權人為拍賣船舶而聲請執行船舶假扣押或扣押，隱含海事優先權之實行方法為拍賣船舶。船舶拍賣，船舶所在地法院具有管轄權，而其實行方法，依拍賣法庭地國法律[63]。

　　我國法院實務，係依海事優先權人提起確認優先權存在、原債權確認或給付之訴[64]，透過本案訴訟確認法定特種債權存在而受海事優先權之擔保，繼而再「類推適用」民法抵押權實行之規定，聲請法院裁定准予強制執行；或於船舶假扣押後，提起確認優先權存在之訴[65]，以取得執行名義。

　　按物權法定原則，係大陸法系包括我國法所奉行之立法原則，海洋法系則允許當事人於法定外約定創設之。民法第 757 條訂有明文：「物權除依法律或習慣外，不得創設。」「法律」指成文法，「習慣」指普通法，普通法須有反覆慣行、人民確信其有法律的效力、足供遵守之具體內容。物權法定，指物權之種類與內容，以法律規定或習慣者為限，當事人不得任意創設。物權具絕對之對世效力，動輒涉及第三人利益，而衍生公示原則及公信原則。因此，物權法定原則，不僅包括物權類型和內容的限制，得包括物權設立、移轉形式的限制及實行方法，以維護其公示性及公信性。本法未有明文規定海事優先權實行方法，是否得透過本法第 5 條，以民法規定補充之，基於物權法定原則及其所衍生之公信原則，恐有疑問。如為解決本議題，而採肯定見解，容許適用民法規定以為補充，則又須考量海商法上船舶本質係動產，而具不動產特質，如適用民法相關規定，究應適用實行動產質權抑或不動產抵押權之規定？亦是問題。例如，本法第 6 條規定船舶所有權，「船舶除本法有特別規定外，適用民法關於動產之規定。」又如，強制執行法第 114 條第 1 項規定，海商法上船舶準用關於不動產執行之規定，我國法對於海商法上船舶之法律適用，在動產及不動產規定間游移。

---

[63] MLM 1993, arts. 10 and 11.

[64] 最高法院民事判決 104 年度臺上字第 2197 號。

[65] 最高法院民事判決 100 年度抗字第 111 號。

　　海事優先權無須以占有為生效要件，亦無須登記以為生效或對抗，係隱藏性的擔保物權，不具公示性。海洋法系國家，以對船訴訟實行海事優先權，開啟本案實體訴訟，確認對「船舶」之債權，並以船舶為執行標的，並無上揭所示我國法問題。我國法院實務操作，必須經由實體債權、優先權確認之訴，判決確定後才取得執行名義，或於假扣押後，依債務人申請，而須限期提起債權、優先權確認之訴，取得執行名義再聲請拍賣，恐致海事優先權人地位，落後於擔保物權人如船舶抵押權人、船舶留置權人之後，而位居劣勢，牴觸優於其他擔保物權人之立法目的與政策。蓋如抵押權之擔保物權人，如透過拍賣實行抵押權❻，僅需向標的物所在地的法院聲請准許拍賣的民事裁定❻，復以該許可拍賣的民事裁定為執行名義❻，聲請管轄法院的民事執行處為查封、拍賣。僅依形式審查抵押權設定契約、船舶登記證書等即可裁定，無須就主債權確認之，回應其擔保物權之本質，於已屆清償期而未清償時，透過實行抵押權，迅速獲得清償。居此，海事優先權本質屬擔保物權，位次尚優於船舶留置權、船舶抵押權，於實行海事優先權前，應無需提起債權、海事優先權確認等本案主債權確認之訴，而強制執行程序又準用不動產之執行規定，因此，本書以為本法應增訂類如抵押權之實行方法，或增訂準用民法抵押權實行規定之具體條文，以為符合物權法定原則。

8.海事優先權之消滅

(1)原債權消滅

　　原債權消滅，例如清償❻、提存❼、抵銷❼、免除❼及混同❼等，則

---

❻ 民法第 873 條。

❻ 非訟事件法第 72 條。

❻ 強制執行法第 4 條第 1 項第 5 款。

❻ 民法第 309 條。

❼ 民法第 326 條。

海事優先權不復存在之擔保必要，亦隨之消滅。

⑵船舶滅失

　　海事優先權具追及之附著性，如標的船舶滅失，則優先權無以附麗❼。海事優先權位次，比船舶抵押權優先，抵押物毀損或滅失，抵押權人尚得主張民法第 881 條之物上代位，同是擔保物權而位次較抵押權優先之海事優先權人，更應受物上代位之保障，宜於海商法明訂之。

⑶期間經過

　　依民法第 880 條規定：「以抵押權擔保之債權，其請求權已因時效而消滅，如抵押權人，於消滅時效完成後，5 年間不實行其抵押權者，其抵押權消滅。」因此，抵押權人之抵押權所擔保的債權如有時效消滅，依法仍可於 5 年內實行抵押權，如已逾 5 年，則該抵押權依法即消滅，自不得再行使。

　　惟本法第 32 條援參公約規定❼，與民法第 880 條抵押權期間規定不同，海事優先權自原債權發生之日起，經一年而消滅，但在船服務僱傭契約而生債權，自離職之日起算❼。擔保物權之期間，採物權消滅原則，期間不中斷或停止，但依法禁止假扣押或扣押之期間停止，而不計算之❼。因此，本法第 4 條禁止船舶假扣押之期間，從開航準備完成以迄下一停泊港時止，於個案不應算入一年期間，以因應某些締約國內國法禁止執行期間之限制，損害優先權人期間利益。

---

❼ 民法第 334 條。

❼ 民法第 343 條。

❼ 民法第 344 條。

❼ 海商法第 31 條。

❼ MLM 1993, art. 9; MLM 1967, art. 8.

❼ 海商法第 32 條。

❼ MLM 1993, art. 9; MLM 1967, art. 8.

⑷優先權人拋棄 (waiver)

民法第 764 條第 1 項規定，物權除法律另有規定外，因拋棄而消滅。因此，海事優先權人得拋棄其優先權，使之歸於消滅。

⑸船舶為法院拍賣

船舶為法院拍賣，視為原始取得而免除任何負擔❼，海事優先權消滅。因此，1993 年公約第 11 條復規定，締約國執行拍賣之有權當局應於拍賣日 30 天前通知先前已通知該當局之海事優先權人，以使優先權人採取必要措施救濟之，如聲請參與分配拍賣價金。

104 年律師考題

甲受僱於 A 海運公司擔任其唯一船舶「南極號」貨輪之船長。該公司因經營不善，自 2013 年 9 月起，遲未發放船長甲薪資，甲於隔年 1 月底辭職，在此期間，A 公司共積欠甲 100 萬元薪資。該輪於 2014 年 2 月另次航行載貨途中，因船舶操作不當，碰撞到 B 海運公司所有「北極號」貨輪，導致「北極號」貨輪 200 萬元之損失。茲因「南極號」貨輪於事故後擱淺，已不堪使用，其殘餘物價值為 180 萬元。試問：

1.船長甲及 B 海運公司對「南極號」貨輪之海事優先權順位為如何？

2.船長甲及 B 海運公司行使海事優先權得受償之金額為若干？

第二節　船舶碰撞

一　船舶碰撞之本質

船舶碰撞是海商法明定債之發生原因，究其性質，係侵權行為。船舶碰撞章，就民事侵權損害賠償責任之成立，援參 CMI 於 1910 年 9 月 23 日制定，而於 1913 年 3 月 1 日生效之 1910 年船舶碰撞統一規定公約 (Convention for the Unification of Certain Rules of Law with respect to

---

❼ 強制執行法第 114 條第 1 項、第 98 條第 3 項；MLM 1993, art. 12.

Collisions between Vessels, Brussels, 23 September 1910)，公約締約國 83 個，請參本書第一章「海商法導論」有關國際規範現況。

至於損害賠償責任範圍，1910 年公約未規範。CMI 於 1987 年制定里斯本規則 (Lisbon Rules 1987)，具體規定合於海運、保險實務對船舶、其上財產、貨物損害範圍衡量方法，其性質屬模範法，有待當事人於碰撞發生後❼，合意約定以之為損害賠償範圍衡量之依據，或國家援引作為內國立修法之參考。至於對人身傷亡損害之衡量，里斯本規則未規範。

至於民事國際管轄，CMI 制定 1952 年船舶碰撞民事管轄國際公約 (International Convention for the Unification of Certain Rules Concerning Civil Jurisdiction in Matters of Collision, adopted in Brussels on 10 May 1952)，於 1955 年 9 月 14 日生效，66 個締約國❽。船舶碰撞民事責任，由上揭三個規範，構成國際法體系。

船舶碰撞所生之債權，受到海事優先權之擔保❾。此外，就債務言，法律賦予船舶所有人總額限責權❿與運送人免責權⓫，限制或免除對受害人的責任，以資保護海上企業活動。雖是如此，碰撞危險應負之責任範圍，依法仍具一定之數額⓬，仍對海上企業之經營產生一定程度之威脅，遂有碰撞責任保險之需求，以轉移危險。依海上保險實務，與船舶碰撞責任有

---

❼ Lisbon Rules, rule A.

❽ 就船舶碰撞所涉刑事及行政國際管轄，CMI 於同年同日同會議制定 1952 年船舶碰撞刑事、行政管轄國際公約 (International Convention for the Unification of Certain Rules Relating to Penal Jurisdiction in Matters of Collision or other Incidents of Navigation, adopted in Brussels on 10 May 1952)，1955 年 11 月 20 日生效，71 個締約國。

❾ 海商法第 24 條第 1 項第 2 款及第 4 款。

❿ 海商法第 21 條第 1 項第 1 款、第 2 款。

⓫ 海商法第 69 條第 1 款、第 2 款。

⓬ 海商法第 21 條第 1 項、第 4 項。

關而經常投保者，主要有三❽：

㈠船舶保險之碰撞責任保險❽：承保船舶碰撞四分之三民事責任；

㈡貨物保險船舶碰撞所致貨損風險，如雙方互有過失碰撞條款❽

㈢防護與補償保險之碰撞責任❽：承保四分之一船舶碰撞民事責任及船舶
　　與非船舶之物碰撞之民事責任。

二　船舶碰撞之國際管轄

　　船舶碰撞，當事船舶國籍、船舶所有人國籍往往涉及兩個不同國家，
不同國籍船舶於本國或他國領海、內水或公海發生碰撞，而產生國際管轄
之衝突議題。本法第 101 條援參 1952 年公約第 1 條，以下列牽連因素，分
配國際管轄，由原告選擇之，性質屬選擇性之專屬管轄：

㈠被告住所或營業處所：以原就被原則之明文，以被告財產所在地之住所、
　　營業處所為管轄法院，係考量判決執行利益；不以主營業處所為限，則
　　原告具多個選擇權，因為海上企業為國際企業，具全球性之布局及營業
　　處所。

㈡碰撞發生地法院：船舶碰撞，本質係侵權行為，以侵權行為地法院為管
　　轄法院，係考量證據之取得及保全利益。

---

❽ 相關保險議題，請參拙著，海上保險契約碰撞責任條款實務適用問題之研究——
　　兼提我國保險法責任保險部分條文再修正之建議，保險專刊，第 65 輯，2001 年 9
　　月，頁 64–107。

❽ 例 "3/4ths Collision Liability" Clause, Clause 8/6, Institute Time/Voyage Clauses-Hull
　　95 or 83; ITCH 95, IVCH 95, ITCH 83, IVCH 83 及 IHC 2003。

❽ 例 "Both to Blame Collision" Clause, Clause 3, Institute Cargo Clauses (A)、(B) & (C)
　　82 or 2009；簡稱 ICC (A) 82/2009、ICC (B) 82/2009 與 ICC (C) 82/2009。

❽ Protection & Indemnity Insurance，簡稱 P&I 保險，其碰撞責任條款例 "Liabilities
　　arising from Collisions," Rule 19(9), 2001 Rules of Class 3, The Britannia Steam Ship
　　Insurance Association Limited。

㈢船舶假扣押地法院：保全程序以物所在地為管轄，而產生本案船舶碰撞
　　民事責任之管轄，係考量執行利益，假扣押船舶所有人如提出擔保，則
　　以該擔保執行之，否則被扣押船舶即是擔保。船舶係指當事船舶，以及
　　被告所有之其他船舶❽。

㈣當事人合意地之法院：碰撞發生後，尊重當事人合意約定管轄法院，本
　　法於 1999 年增訂之，以肯認實務做法。根據 1952 年公約第 2 條，第 1
　　條之管轄規定並不影響當事人於碰撞後，協議以其他非公約管轄法院為
　　管轄，我國法增訂，係與公約相容之適法做法。

三　船舶碰撞之法律適用

　　1910 年公約之適用，必須考量下列因素：㈠適用之碰撞類型；㈡適用
之船舶；㈢碰撞船舶之國籍；㈣碰撞發生之水域；㈤利害關係人國籍等，
而與我國涉外民事法律適用法或國際私法原則，處理一般民事侵權事件之
方法不同，容下說明。

㈠適用之碰撞類型

　　依 1910 年公約第 1 條規定，公約適用於船舶與船舶間之碰撞致船舶、
其上財產或人員損害，不包括船舶與非船舶之物發生碰撞，如船舶撞燈塔、
碼頭、海上鑽油平臺等。何謂碰撞 (collision)？依拉丁原文意旨，collision
指「船舶間之接觸及（或）其影響 (contact and/or impact between vessels)」，
而船舶與其他「非船舶」之物件接觸，一般以 contact 表示，而於美國則稱
allision❾。因此，第 3 條復規定，即使未發生實際之碰撞，公約適用船舶
操船之作為或未遵循法規而致他船舶損害。未遵循法規係指操船之不作為，
包括於大霧中未開啟燈號❾或於港區超速行進而致與甲船舶碰撞，或於狹

---

❽ 1952 Convention, art. 1, para. 1, sub-para. b.

❾ Christopher Hill, Maritime Law, 4th edition, LLP, 1995, p. 252.

❾ Cities Service Oil Company v. Steamship Sea Wind, US CA II Cir. 19 March 1957,

窄航道未依避碰規則降低船速❷，因物理上淺水效應產生之浪、湧❸，毀損他船舶，俗稱浪損 (wash damage)❹，或航行過失致他船舶因採行避碰措施而擱淺或致他船舶與第三艘船舶碰撞❺均屬之。因此，collision（碰撞），係指包括船舶與船舶同時占有同一物理空間之實體接觸，稱「直接碰撞 (direct collision)」，與無實體接觸但因船舶航行操作之作為或不作為而致船舶、其上財產或人員損害者，稱「間接碰撞 (indirect collision)」。

㈡適用之船舶類型

依本法第 3 條，本法除外之非海商法上船舶，除碰撞外，不適用海商法之規定，亦即非海商法上船舶於碰撞事件，應適用船舶碰撞章之規定。

1910 年公約第 1 條規定，公約適用於海船間及海船與內河船舶間之碰撞，亦即碰撞當事船舶必須其一是海船，彰顯其國際性。公約第 11 條復規定，本公約不適用於軍艦或專用於公務之國有船舶。軍事艦艇及公務船舶，執行國家權力，而能享有主權豁免 (sovereign immunity) 而豁免於外國管轄，1926 年國有船舶主權豁免公約 (Convention on Immunity of State-owned ships, 1926) 第 3 條第 1 項訂有明文❻，惟從事商業行為之國有船舶其權利

(1957) AMC 718.

❷ 參考 1972 年國際海上避碰規則公約 1993 年修正之規則六「安全速度」規定 (Rule 6, Convention on the International Regulations for Preventing Collisions at Sea, 1972, as amended 1993)。

❸ 運河或狹窄水道航行之淺水效應，致船首排開之水受岸壁之限制，而水流受限制，水波增高，而船尾相對流速快，產生將船首外推離岸之推力而船尾吸引向岸之吸力，致操船困難，實務係以少量舵角以抵銷淺水效應之岸吸力與岸推力。而船首與船尾水位之高低差，產生波動效應，即可能造成浪損 (wash damage)，實務上係以慢速航進，以減低波動效應。因而運河或狹窄水道之操船應以慢速且以少量舵角前進。

❹ The Royal Eagle (1950) Ll.L.Rep. 543.

❺ The Industrie (1871) LR 3 A&E 303.

義務與私有商船同❻。國有船舶涉入船舶碰撞、海難救助、共同海損、船舶修理及供應契約（補給品供應契約 contract of supplies）之爭議，得豁免外國管轄，而以該國有船舶之本國為管轄。因此，在 1926 年國有船舶主權豁免公約下，國有船舶雖基於主權而豁免於外國管轄，惟不影響其如同私有船舶得主張之任何抗辯、時效及責任限制之權利❽。國際公約一貫之立場，除 1910 年碰撞公約第 11 條外，1989 年海難救助公約第 4 條第 1 項重申此主權豁免原則。主權豁免，僅是豁免外國管轄或國際公約對本國法之干涉，至於國有船舶如軍事艦艇及專用公務船舶，「如涉海商事件之私法上爭議，除本國法有特別規定外」，權利義務應與私有商船同。因此，如軍艦間、專用於公務船舶間或軍艦與專用於公務船舶間碰撞，本法船舶碰撞章，本無適用餘地，惟如其與海商法上船舶碰撞，其海上侵權所生之民事爭議，應適用本法船舶碰撞章規定，以使適用同一法律，解決軍、民民事侵權糾紛。至於本法其他章規定，軍艦及專用於公務船舶不適用之，因為，區別是否為海商法上船舶，其實益在，涉及該船舶在海上航行中所生私法上關係，是否可適用海商法之規定，諸如：運送、船舶所有人限責權制度、海事優先權制度、船舶強制執行程序、共同海損、船舶讓與及抵押、海難救助、海上保險等規定之適用。

(三)碰撞船舶之國籍

1910 年公約第 12 條規定，如碰撞船舶國籍均是不同之締約國籍，則

---

❾❻ The provisions of the two preceding Articles shall not apply to ships of war, State owned yachts, patrol vessels, hospital ships, fleet auxiliaries, supply ships and other vessels owned or operated by a State and employed exclusively at the time when the cause of action arises on Government and non-commercial service, and such ships shall not be subject to seizure, arrest or detention by any legal process, nor to any proceedings in rem.

❾❼ 1926 年國有船舶主權豁免公約第 1 條及第 2 條。

❾❽ 1926 年國有船舶主權豁免公約第 4 條。

公約適用，於其他情形則適用內國法。船舶國籍應以碰撞發生時為準。公約以碰撞當時船舶之國籍為牽連因素。

㈣碰撞發生之水域

1910 年公約第 1 條規定公約之適用，需有海船之涉入碰撞，已如前述。同條亦規定，不論碰撞發生於任何水域 (in whatever waters the collision takes place)，亦即公約之適用與發生地點無關，不論發生於公海、締約國或非締約國之領海、內水或與海相通之河流或湖泊。本法第 94 條規定「船舶之碰撞，不論發生於何地，皆依本章之規定處理之。」係援參 1910 年公約第 1 條後段「不論碰撞發生於任何水域」，自應做同等解釋。

㈤利害關係人國籍

一旦客觀之連結因素符合,亦即前揭之船舶國籍均係不同之締約國籍,公約即應適用,而不論利害關係人之國籍,即不論碰撞船舶之船舶所有人、營運人或其上之貨物所有人、乘客、船員之國籍,亦不論碰撞發生於何地,係居於政策為使公約之衡平價值判斷有被適用之機會,而排除衝突法之選法規則,係國際公約常見之強行法或稱即刻適用法。惟存在兩個例外規定於第 12 條但書，如下：

1. 締約國得以於利害關係人不具締約國籍之情形，訂定平等互惠之適用要件，在平等互惠之條件下，使外國籍得以享有如同本國籍之同等待遇。
2. 所有利害關係人均屬於案件繫屬法院國籍，則適用該法庭地法。惟多數締約國因受公約之拘束，其內國法等同公約規定，因此本例外顯無實質差異。

㈥選法規則與陸上民事侵權案件有別

綜上，一般陸上民事侵權事件，以涉外民事法律適用法以及衝突法原則，為選法之依據，如以侵權行為地法為準據法❾❾。以司法院第三期司法業務研究會結論為例，關於船舶碰撞之準據法，其見解認為❿：船舶碰撞

---

❾❾ 涉外民事法律適用法第 25 條。

發生在領海時，依領海國法，發生在公海上，船旗國相同時，依其共同之船旗國法，船旗國不同時，適用法庭地法，與本法第94條之強行規定牴觸，亦與被援參之1910年公約不符，如以之為判決依據者，顯係適用法律不當之違法判決。

---

⑩ 司法院第三期司法業務研究會

法律問題：關於侵權行為之準據法，依涉外民事法律適用法§9（現行法第25條）規定，係採侵權行為地法與法庭地法之併用主義，若侵權行為地在陸地，選擇其應適用之準據法，固無問題。惟若發生於海上，如甲船碰撞乙船，致乙船沉沒。應如何選擇其應適用之法律？

研討意見：

甲說：船舶碰撞，係指船舶衝突，致一方或雙方發生損害而言，亦屬民法上侵權行為之一種，唯我國海商法第六章（現行法第四章），對船舶碰撞責任之成立及損害賠償之請求，另設特別規定，依§134（現行法第94條）及§140（現行法第94條）之規定，「船舶之碰撞，不論發生於何地，皆依本章之規定處理之」，不因其在他國領海或公海而有所不同。

乙說：船舶碰撞，係指船舶衝突，致一方或雙方發生損害而言，其性質屬於侵權行為之問題，可直接適用涉外民事法律適用法§9（現行法第25條）之規定。我國海商法§134（現行法第94條）之規定從文義上解釋似謂凡除我國有管轄權之船舶碰撞案外，其他船舶之碰撞無論發生在公海或一國領海上，也不論是否有我國之船舶在內，亦應一律適用該條之規定，此對我國在此案適用上，固較簡便，但此係違反我對涉外案件所採一貫之立場，故適用上應解釋從嚴，即船舶碰撞發生在公海上，船旗國相同時，依其共同之船旗國法，船旗國不同時，適用法庭地法。發生在領海上時，依領海國法。

研討結論：採乙說。

司法院第一廳研究意見：同意研討結論。

四 歸責類型、責任主體與責任分擔

本法船舶碰撞民事責任之成立，援參 1910 年公約第 2 條至第 4 條，船舶碰撞歸責類型與責任分擔，分為三類如下：

㈠碰撞係因不可抗力發生者⑩①

1910 年公約第 2 條規定，碰撞成因如係因意外、不可抗力或無從認定者，損害係由受害人負擔，而不論船舶是否於碰撞當時錨泊或繫纜 (made fast) 於碼頭，亦即不論船舶移動或靜止均包括在適用範圍內。意外及不可抗力，係指不可預見而無從避免之風險，必須來自於船舶外在。

㈡碰撞係單方船舶過失所致者⑩②

1.過失責任原則

1910 年公約第 3 條規定，碰撞係一方船舶過失所致者，由該行為過失船舶負責。公約使用船舶人格化文義，因此船舶過失由過失船舶負責，可知船舶碰撞係以過失為要件，加害船舶負過失責任。因此，於個案受害人應負舉證責任，證明加害船舶有過失。如受害人係船上之乘客或貨物所有人，根本欠缺證據而無從證明船舶是否有過失，因為操船之資訊掌握在碰撞船舶之手，通常僅能透過訴訟參加，參與船舶碰撞訴訟，船體受害一方所起之訴，透過碰撞受害船舶所提供證據，以之為建立加害船舶有過失之證據，惟如受害船舶與加害船舶合意以仲裁解決爭端，居於仲裁不公開，貨物所有人、乘客即陷於難以取得仲裁判斷及該判斷論理所支撐證據之困境，除非及時向法院聲請保全證據⑩③。

公約第 6 條第 2 項，明文規定禁止法定推定過失。如英國於成為締約國前，成文法規定違反避碰規則即推定有過失⑩④。又如美國最高法院於潘

---

⑩① 海商法第 95 條。

⑩② 海商法第 96 條。

⑩③ 民事訴訟法第 368 條。

希法尼亞案 (The Pennsylvania)❶，發展出潘希法尼亞規則，認定違反避碰規則之船舶，推定有過失，而美國並非 1910 年公約締約國，而不受公約禁止法定推定之拘束，而仍有效。我國內河航行規則，係參考 1972 年國際海上避碰規則公約 (Convention on the International Regulations for Preventing Collisions at Sea, 1972)，係海上避碰之交通行政法規，其違反者，航政機關得停止該船舶航行❶。因此，船舶於我國違反內河航行規則或避碰規則公約，不應推定為有過失。於個案，何船舶有過失而應負責，係事實問題，應依案件客觀事實，分析船長、當值海員是否遵循公認、良好之航海技術與船藝 (good and prudent seamanship) 來管理船舶、操縱船舶。

2.法定責任主體

公約使用船舶人格化文義，產生法定責任主體為誰之爭議。如於海洋法系國家，得以該船舶為被告，提起對船訴訟，故無問題。如於大陸法系，欠缺對船訴訟制度，則生爭執。公約第 10 條規定，公約之規定不影響各國對於「船舶所有人」責任限制之規定，隱含責任主體係船舶所有人，而總額限責適用之船舶所有人，得包括船舶所有權人、承租人、經理人及營運人等❶，涵蓋所有經營海上企業之態樣，以自有船舶營運、承租船舶營運、受船舶所有權人委託而營運、依策略聯盟合約而營運、傭入船舶營運等。船舶碰撞，以過失為歸責原則，行為人係船上管理操船之船長或實際操船之海員，基於僱用人獲取受僱人於執行業務所致利益，而應同等對於受僱人執行業務致第三人損害負責，而生「代負責任原則 (vicarious liability)」，而由僱用人負責。於船舶碰撞情形，由僱用人負船舶碰撞責任，而無我國民法第 188 條僱用人對受僱人「選任或監督無過失之免責權」；此外，船舶

---

❶ Merchant Shipping Act 1894, s. 419(4).

❶ 86 US 125 (1874).

❶ 內河航行規則第 25 條。

❶ 海商法第 21 條第 2 項。

所有人通常事實上清償能力較船長、海員高，遂以其為責任主體，以資保護受害人。

因此，船舶碰撞首應釐清之問題是：管理操船過失之船長或實際操船過失致碰撞之海員，係何人之受僱人？又是否過失行為係執行業務有關？船舶所有權人以自有船舶營運，係船長、海員之僱用人，因此，由船舶所有權人負責；而於光船租賃，船長、海員係受僱於承租人，因此由承租人負責；又於帶船員之船舶租賃，於租賃期間，船長、海員視為承租人之僱用人，因此由承租人負責；又於受船舶所有權人委託而經營管理船舶之經理人，船員由經理人僱傭，船員執行業務利益歸於經理人，則由經理人負責；又如引水人過失行為所致，引水人於引水期間視為船舶所有人受僱人，或居於引水人僅具航行指揮建議權，指揮控制權仍在船長之手，因此，不因引水人過失而改變責任主體❿，這時即須判斷船長之僱用人，而由該僱用人負責。綜上，責任主體係船舶所有人、船舶租賃承租人或經理人，應依個案判斷船員之僱用人，而由僱用人負責。至於僱用人對受僱人之內部求償關係，公約並未規定，而係締約國自主規範空間。

過失行為僅需是執行業務有關已足，如船舶所有人明令船長、海員應遵循避碰規則，而船員於大霧中未依避碰規則減速，雖是未授權行為，船舶所有人仍應負責❿，以保障第三人受害人利益。

(三)碰撞因共同過失所致者❿

碰撞因共同過失所致者，對船舶、船上貨物、船上財產或乘客行李之損害，各依過失程度比例各自負責，負比例個別責任，不能判定其過失之輕重，則各方平均負其責任❿，惟對人之死傷，負連帶責任❿。英國於

---

❿ 海商法第 98 條；1910 年公約第 5 條。

❿ Limpus v. London General Omnibus Co (1862) 1 H&C. 526, 158 E.R. 993.

❿ 海商法第 97 條第 2 項。

❿ 海商法第 97 條第 1 項；Cf: 民法第 185 條第 1 項。

1910 年公約前，如碰撞船舶各方互有過失，不論過失比例，碰撞船舶一律平均負其責任。於美國，最高法院於 1975 年 The Reliable Transfer 案❶❸採用比例個別責任，推翻互有過失平均責任原則。

承上，貨物所有人有證據取得困難，難以證明船舶有過失，更遑論在對物的比例個別責任原則下，證明共同侵權之碰撞船舶各方過失程度比例，顯較船舶單方過失之情形，舉證責任更形沉重。

五　損害賠償範圍

損害賠償責任範圍，1910 年公約未規範。CMI 於 1987 年制定里斯本規則 (Lisbon Rules 1987)，具體規定合於海運、保險實務對船舶、其上財產及貨物等損害範圍衡量方法，其性質屬模範法，有待當事人於碰撞發生後❶❹，合意約定以之為損害賠償範圍衡量之依據，或國家援引作為內國立修法之參考。至於對人身傷亡損失之衡量，里斯本規則亦未規範之。

對物的損害賠償範圍衡量，如當事人約定以 1987 年里斯本規則為衡量方法，應從其約定，否則即應依法庭地法。就我國法言，即是以海商法第 5 條，以民法第 216 條及第 196 條為衡量方法。對人之損害，即是依海商法第 5 條，適用民法第 192 條至第 194 條及第 216 條為衡量方法。

六　損害賠償方法

㈠單一責任原則 (single-liability principle) 為原則

碰撞雙方依損失金額與過失比例計算應給付對造之金額，再予以互相抵銷 (set off)，差額由負擔較大之一方一次給付 (single payment)，遂稱之為「單一 (single)」。

---

❶❷ 1910 年碰撞公約第 4 條。

❶❸ United States v. Reliable Transfer Co., 421 US 307, (1975) AMC 541.

❶❹ Lisbon Rules, rule A.

1. 法理基礎

單一責任方法是英國判例長久肯定者❶。1976 年海事求償責任限制國際公約第 5 條❶，依法雙方各自請求之賠償金額，應予以先行抵銷，即是肯認單一責任原則 (single-liability principle)，而限責權適用於抵銷後之餘額，而非抵銷前。

按民法第 216 條之 1 基於損益相抵原則，明文規定：「基於同一原因事實受有損害並受有利益者，其請求之賠償金額，應扣除所受之利益。」損益相抵原則，係羅馬法以降損害賠償之一大法則，蓋損害賠償之目的在於賠償損害，回復損害發生前之同一狀態，非使受害人因此而受不當之利益，故如被害人基於同一原因事實受有損害並受利益時，即應由損害額中扣除利益額，以其餘額為請求之賠償額。又民法中寓有損益相抵原則者，如第 638 條第 2 項，運送物之損害賠償，「運費及其他費用，因運送物之喪失、毀損，無須支付者」，應由同條第 1 項賠償額中扣除之。因而當可適用民法第 216 條之 1，或依損益相抵法理，於處理船舶碰撞損害賠償請求時，應先行抵銷碰撞船舶間之損害賠償請求額，亦是應採單一責任原則，與 1976年公約相同。

2. 有總額限責權之涉入

有總額限責權之涉入，總額限責權應適用於抵銷前或抵銷後之餘額？按民法第 217 條過失相抵原則隱含責任分擔基本原則，數人對損害之發生皆與有責任時，應依責任輕重，定其分擔部分，無論何人皆不得將自己過失所生損害轉嫁於他人，此責任分擔基本原則之具體實現，係海商法第 97 條第 1 項比例責任分擔之規定，與民法第 118 條第 3 項僱用人對侵權行為受僱人之求償權規定。可知，過失相抵原則隱含之責任分擔基本原則，係現行法一脈相承之基本價值判斷。因而若限責權適用於抵銷前，則不論碰

---

❶ The Khedive (1882) 7 App. Cas. 795.

❶ International Convention on Limitation of Liability for Maritime Claims 1976, art. 5.

撞船舶間之損害大小與應負責任比例如何，理算結果均相同，違反責任分擔基本原則。因此限責權應適用於抵銷後之餘額，而與 1976 年海事求償責任限制國際公約第 5 條規定相當。

㈡交叉責任原則 (cross-liability principle) 為例外

　　交叉責任原則 (cross-liability principle)，係指碰撞雙方依損失金額與過失比例計算應給付對造之金額，不予抵銷，而逕自互為請求，適用於碰撞責任保險實務。保險人對碰撞責任條款之保險給付，如係被保險船舶與相對之碰撞船舶之共同過失時，其理算方法原則上係採交叉責任原則 (cross-liability principle)，惟若一方依法有限責權可資適用時，則不適用交叉責任原則❶❼。

㈢理算實例

　　船舶碰撞損害賠償，牽涉數學運算，以文字說明稍嫌籠統，茲加以實例說明如下：

實例：甲、乙兩船碰撞，甲船損失 200 萬美元（以下同），乙船損失 100 萬，若雙方過失比例相等各為 50%，則 1.雙方均無限責權可資適用時； 2.若乙方可限責至 20 萬，兩造給付金額如何？

1.雙方無限責權之適用時

⑴適用單一責任原則：

　甲對乙之責任： $100 \times 50\% = 50$ 萬

　乙對甲之責任： $200 \times 50\% = 100$ 萬

　甲乙給付責任抵銷： 即乙之給付責任 $100 - 50 = 50$ 萬

⑵若為責任保險實務，適用交叉責任方法，理算如下：

　甲對乙之給付責任： $100 \times 50\% = 50$ 萬

　乙對甲之給付責任： $200 \times 50\% = 100$ 萬

2.若乙方可限責至 20 萬

---

❶❼ 例如 ITCH 95, cl. 8.2.1。

應按單一責任原則理算之，且限責權適用於抵銷後餘額，理算結果於下：

甲對乙之責任：$100 \times 50\% = 50$ 萬

乙對甲之責任：$200 \times 50\% = 100$ 萬

甲、乙給付責任抵銷後雖為 50 萬，但乙主張限責權：乙之給付責任限於 20 萬。

七 起訴期間

本法第 99 條規定，碰撞所生之請求權，自碰撞日起算，經過 2 年不行使而消滅。被援參之 1910 年公約第 7 條第 1 項規定，損害賠償於 2 年內未起訴者，則禁止起訴 (are barred after an interval of two years)；公約第 2 項復規定，依公約請求其他船舶所有人之分擔權，應自給付之日 1 年內起訴之，規定追償之訴訟期間；公約第 3 項規定，期間之中斷或停止，應依案件繫屬之法庭地法。公約之期間，係指向程序利益，而有禁止起訴之失權效果，為「起訴期間」，如同民事程序、刑事程序及行政程序法上之「法定期間」。因此，就我國法言，起訴期間經過，債權人不得起訴，即權利消滅，債務人免除責任，又我國法未有明文規定期間之中斷或停止，即是期間無中斷或停止。

1910 年公約第 7 條第 4 項規定，締約國得立法規定，於該締約國有住所或主要營業處所之原告，不能於該國領海假扣押被告船舶之情形，得延長之。依其意旨，本法第 4 條船舶完成發航以迄航行至次一停泊港止，禁止假扣押之執行，因此於個案，該法定不能執行期間應予扣除，不計入「起訴期間」，以資保護受害人利益。

八 對加害船舶之假扣押

碰撞發生於我國司法管轄範圍內，或船舶於碰撞後進入我國管轄領域，

得應受害人之聲請，假扣押當事船舶，不受本法第 4 條禁止執行期間之限制。因為，當事船舶正處於發航後而未停泊於次一港之狀態，如依本法第 4 條於該期間禁止扣押，如船舶不停靠我國港口之情形，則受害人完全無從執行，而無保全債權之餘地。本法第 100 條第 1 項、第 2 項，係明文規定我國對進入領海之外籍船舶具國際管轄權，以解決本法 1929 年立法之初，中國內河航行權掌握於外籍船舶之手，重申對外籍船舶之司法管轄，以保障本國籍受害人利益，如今時空、法律環境已經變更❶❶❸，當可修法刪除之。

　　本法於 1999 年增訂第 100 條第 4 項，規定船舶碰撞假扣押之債務人，得提出適當之銀行或保險人出具書面保證代之，聲請撤銷假扣押裁定❶❶❾，請求放行船舶，以符合實務需求。因為，如本書前揭，船舶碰撞民事責任多由商業保險人承保四分之三民事責任，而由相互保險組織 P&I Club 承保剩餘四分之一或僅由其承保四分之四全額。因此，由責任保險人出具擔保，為國外船舶強制執行實務之通常做法，惟受限於當時民事訴訟法第 102 條第 1 項明文❶❷⓪，擔保以現金或相當之有價證券為限，本法遂增訂第 100 條第 4 項。惟民事訴訟法隨後亦於 2003 年增訂第 102 條第 2 項「前項擔保，得由保險人或經營保證業務之銀行出具保證書代之」，以便利當事人提供擔保。據此，船舶假扣押之反擔保，不論是否出於船舶碰撞所生債務之假扣押，均得由保險人或經營保證業務之銀行出具保證書代替現金或有價證券。

---

❶❶❸ 民事訴訟法第 524 條保全程序管轄規定。

❶❶❾ 民事訴訟法第 530 條第 2 項。

❶❷⓪ 依民事訴訟法第 106 條準用第 102 條。

第三節　船舶拖帶與海難救助[121]

一　船舶拖帶與海難救助之區分實益

本法 1999 年修正，為免船舶拖帶作業拖船 (Tugs) 對被拖船 (Tows) 救助之報酬請求權爭議[122]，增訂第 104 條第 2 項:「拖船對於被拖船施以救助者得請求報酬。但以非為履行該拖船契約者為限。」

船舶拖帶與海難救助，學理分類定性兩者均係屬海事法 (maritime law) 之範疇，惟其法律地位差異相當大。救助報酬最高以被救助財產價值為限，往往非拖帶意定報酬得以比擬。因避免或防阻保險事故而生之海難救助費用，為現行海上保險無論船體或貨物保險契約均承保之項目[123]，雖其往往得以依情況以共同海損處理之[124]，由利害關係人分攤，惟因海上保險之普遍性，以保險轉嫁風險之結果，其最後仍得由船體、貨物、運費等保險人以救助費用名義各自承擔，或以共同海損名義由全體保險人以分攤方式，共同擔負高總額之救助報酬[125]。船舶拖帶費用除特定情形得以共同海損處理而為承保外[126]，原則上係非承保項目。

---

[121] 詳參: 饒瑞正，拖帶或海難救助，保險專刊，第 63 輯，2001 年 3 月，頁 66-100。

[122] 參考立法院第三屆第三會期第四次會議議案關係文書，頁討 331，1997 年 3 月 5 日印發。

[123] 參考 Marine Insurance Act 1906, s. 65(1) 及 Institute Time Clauses-Hull 95, ITCH 95 第 10.1 條; Institute Voyage Clauses-Hull 95, IVCH 95 第 8.1 條; Institute Cargo Clauses (A), ICC (A) 第 2 條; ICC (B) 第 2 條; ICC (C) 第 2 條。

[124] 海商法第 110 條; Rule VI(a), York-Antwerp Rules 1994 and 2016.

[125] 參考 MIA 1906 第 65(2) 條及 ITCH 95 第 10.1 條; IVCH 95 第 8.1 條; ICC (A) 第 2 條; ICC (B) 第 2 條; ICC (C) 第 2 條。

[126] 參照 F14, Towage from a port of refuge, Rules of Practice of the Association of Average Adjusters 1986, amended 1992。

　　個案係船舶拖帶或海難救助？實務上拖船自然主張其為海難救助而請求救助報酬，而被拖船等相關利害關係人暨其背後之海上保險人則作否定主張，雙方各有其攻擊防禦之立足點。因此，本書將船舶拖帶與海難救助放在同一單元討論，以資區別船舶拖帶與海難救助，以及確認船舶拖帶與海難救助間如何轉換。

　船舶拖帶

㈠拖帶實務作業簡介

　　國際船舶拖帶作業，通常均於事前簽訂書面契約，對雙方權利義務、拖帶報酬之數額與給付方式約定之。國際慣用格式包括「1986 年聯合王國拖帶暨其作業標準條款」(United Kingdom Standard Conditions for Towage and Other Services, Revised 1986；簡稱 UKSTC 1986)、「國際大洋拖帶協議」(International Ocean Towage Agreement)❿。前者專供港口區域船舶進出港之拖駁使用，輔助靠離碼頭，將大部分之拖帶作業風險與責任置諸於被拖船❷，後者依其表面文義可得而知係供大洋拖帶之用，而依其拖帶費用給付方式，又分為總計型 (Lump Sum)，簡稱 TOWCON，與日租型 (Daily Hire)，簡稱 TOWHIRE。三者原則上均分別以英國法及英國法院為準據及管轄❷，而重申國際船舶拖帶習慣。

　　我國拖船作業，以公營之臺灣港勤港務股份有限公司為例。拖船以不

---

❿ 波羅地國際海事協會 (Baltic and International Maritime Council, BIMCO)、國際海難救助聯盟 (International Salvage Union)、歐洲拖船業公會 (European Tugowners Association) 三者協議下之產物，於 1985 年 10 月首次出版。

❷ UKSTC 86 第 4(a)、4(b) 條。

❷ UKSTC 1986 第 9(a) 條、TOWCON 及 TOWHIRE 第 25 條。參考英國 1981 年高等法院法 (Senior Courts Act 1981)，s. 20(2)(k)，若拖帶標的為船舶或飛機，則得於海事法庭訴訟，並依同法 s. 20(4)、20(5)，除對人訴訟外尚得提起對物訴訟 (an action in rem) 之對船或對飛機訴訟。

出港作業為原則，僅執行港內拖駁業務，通常申請人僅就定型化申請單填寫。拖船則依內部規定如「基隆港港勤拖船調派暨作業要點」❿執行之，一旦發生相關拖帶損害爭議，當事人或利害關係人等得申請海事評議，由港務局海事評議委員會，依評議結果作成海事評議書，以供行政主管機關作為行政處分或司法機關審理案件之參考。基隆港港勤拖船調派暨作業要點第 3 條第 11 項規定，「拖船接受引水人、僱用船船長或其代理人之指揮作業時如發生損害，經證明非出於拖船本身人為過失者，應由僱用船負責賠償。」此規定，僅為單方面之意思表示，除非經證明其構成拖帶契約之一部，否則被拖船（申僱船）應不受拘束，或者經海事評議證明非拖船之過失者，則拖船才得以免責。拖船如因特殊情況必須出港作業❶，則由申僱船出具切結如「拖船出港作業申請書」，承擔作業所致之一切損害賠償責任。惟應注意者有三：

1. 故意或重大過失者，依法不得預先免除❷。

2. 第三人受害人非契約當事人，應不受拘束。

3. 此責任承擔，非經第三人受害人承認，對於第三人受害人不生效力❸；如致申僱船之船長、船員人命傷亡之情事，受害人或利害關係人得逕依侵權行為，請求損害賠償。

(二)船舶拖帶之法律性質、定義與標的

❿ 97 年 5 月 29 日基港船舶字第 0972810119 號函修訂。

❶ 基隆港港勤拖船調派暨作業要點第 4 條第 1 項：「拖船以不出港為原則，如因情況必須出港作業，應考慮拖船之適航能力與安全，海面風力須在 5 級風浪以下，執行範圍：未裝設雷達之拖船原則以拖船白晝在能見度許可下目視基隆嶼，夜間可目視基隆嶼燈塔範圍內執行，已裝設雷達之拖船則以雷達有效掃描距離（以基隆嶼為準）範圍內執行，而特殊或緊急狀況範圍不受此限，並經奉港務長核准後方可出港執行。」

❷ 民法第 222 條。

❸ 民法第 301 條。

古典海事法認拖帶以勞務為中心，拖船船長、海員視為被拖船之受僱人，係「僱用船舶以加快他船航程，除加速前進之作業外而無他。(the employment of one vessel to expedite the voyage of another, when nothing more is required than the accelerating of her progress)」❶，亦即執行業務之拖船無論以推或拉之方式，僅為加快被拖船之航程，作者稱之為「狹義性拖帶」。

拖帶契約雙方權利義務，多係依意定契約明示條款而定，加以法律強制規定（默示規定）。法律強制規定又分成文法與不成文法。就不成文法言，普通法認為拖船應適合雙方意定之該特定拖帶目的之使用 (be fit for the particular service)❶，亦即如 1893 年哈特法之前，海上運送人默示適航性擔保 (warranty of seaworthiness) 之「適拖性擔保」(tow-worthiness warranty)。適拖性擔保尚延伸至拖船船長、海員之適任與設備屬具之適切性。

就成文法言，拖帶契約既係屬勞務之供應，則拖船方當事人應盡善良管理人之注意與技術❶，並於合理期間為之❶，而又若無約定報酬，拖船方得有合理之報酬❶。UKSTC 1986 第 1(b)(i) 條定義拖帶為「任何對僱用人之船舶有關凝動、推、拉、移、隨護、引領、旁恃備便之作業❶」。依其定義可知，拖船與被拖標的間並無實體或藉纜繩接觸之必要，即使為無實體接觸之隨護與旁恃備便，皆可構成拖帶作業，合乎其專為使用於港區拖

---

❶ The Princess Alice (1894) 3 Wm. Rob. 138.

❶ The Marechal Suchet [1911] P. 1.

❶ 原則上 1982 年貨物與勞務供應法（Supply of Goods and Services Act 1982，簡稱 SGSA 1982）應予適用；reasonable care and skill, sec. 13, SGSA 1982.

❶ Within a reasonable time, sec. 14, SGSA 1982.

❶ Sec. 15, SGSA 1982.

❶ "Towing" is any operation in connection with the holding, pushing, pulling, moving, escorting or guiding of or standing by the Hirer's vessel.

駁之目的，作者稱此為「廣義性拖帶」。至於國際大洋拖帶協議，並未對拖帶定義之，其拖帶作業性質係開放予雙方議定之，惟一般客觀認定之「加速航程原則」應予以尊重並值參考。現行實務拖帶作業包括大型船舶進出港靠離碼頭作業、無動力駁船 (barges) 之拖帶、狹窄水域之輔助操船、海上失去動力船舶而無曝露於危險之拖帶、海上鑽油平臺 (drilling rigs) 之拖帶等。

UKSTC 1986 第 1(b)(ii) 條與國際大洋拖帶合約第 1 條之拖帶標的，除包括一般認知之船舶外，尚包括拖船船舶所有人同意拖帶之屬任何性質之標的，範圍相當廣，因而得以涵蓋實務作業之鑽油平臺、工程浮箱等。

我國海商法僅規定船舶間之拖帶，稱「船舶拖帶」，將船舶拖帶定位為運送契約行為，而與貨物、旅客運送編入運送章，遂應有運送契約雙務、有償、諾成之特性。而若被拖帶標的係非海商法上「船舶」之其他任何標的，則該標的應視為「貨物」，而適用海商法貨物運送規定。海商法船舶拖帶僅有第 92 條「單一拖帶對第三人損害賠償責任」與第 93 條「共同或連接拖帶對第三人損害賠償責任」之規定，拖船與被拖船內部權利義務關係係開放予當事人意定之，而是否得準用海商法貨物運送相關規定，法無明文。惟船舶拖帶既係屬有名之運送契約，除應受民法總則法律強制與禁止規定[140]、公序良俗[141]規定之限制外，究其法律編制與貨物運送之同質性，應考慮準用海商法貨物運送規定，或依本法第 5 條，適用民法物品運送。若依此法邏輯，準用海商法貨物運送，則被拖船運送人或拖船所有人，似應科以適航性義務、管領期間照管義務，負推定過失責任，並得進一步主張單位限責、法定免責、運費（即拖帶報酬）相關規定；若依適用民法，則負無過失責任之通常事變責任[142]。

---

[140] 民法第 71 條。

[141] 民法第 72 條。

[142] 民法第 634 條。

惟依上揭國際船舶拖帶習慣，拖船契約係以供給動力完成一定工作換取報酬之契約，就當事人約定使用一方之船舶（拖船），在一定期間或向一定地點拖帶他方船舶（被拖船），而他方給付報酬之契約，法律性質相當我國民法有名契約之僱傭或承攬，除被拖船上之貨物與旅客有以運送契約法理或貨物寄託法理處理外，原則上少有以運送契約之法律關係規範船舶間拖帶者[143]。僱傭者，謂當事人約定一方勞務之提供，按時間或不按時間，他方給付報酬[144]，如基隆港港勤拖帶作業、UKSTC 1986、TOWHIRE 是。承攬者，謂當事人約定一方為他方完成一定之工作，他方俟工作完成，給付報酬[145]，如 TOWCON 是。

若被拖帶標的係「非海商法上船舶」或其他任何「非船舶」物件，則如何處理？拖帶既屬運送行為，航行指揮控制權無疑在於拖船，則該被拖帶物件應視為「貨物」。

綜以上所論，船舶間拖帶之性質應以承攬或僱傭為妥，海商法將船舶拖帶編置於運送章，而若僅以運送法理詮釋，生諸多困難，應有再斟酌之必要。

(三)船舶拖帶致第三人損害之責任主體[146]

1.單一拖帶

船舶拖帶，係由動力拖船實施拖帶作業，航行指揮控制權在拖船，若對第三人造成侵權行為損害，理由拖船人負擔，侵權行為主體為拖船人，

---

[143] 除美國法院有認拖船係運送人之判決，如 Brown v. Clegg & Others 3 Mar.L.C. 512, Supreme Court of Pennsylvania。

[144] 民法第 482 條。

[145] 民法第 490 條。

[146] 除海商法第 92 條及第 93 條規定，尚可考量：依民法僱傭：民 §188，被拖船人（僱用人）與加害之拖船人（受僱人）負連帶責任。依民法承攬：民 §189，被拖船人（定作人）不負損害賠償責任。但被拖船人（定作人）於定作或指示有過失者，由被拖船人負責。

則拖船人為責任主體。惟本法第 92 條但書規定，契約有訂定者不在此限，應如何解釋？例如：基隆港港勤拖船調派暨作業要點第 3 條第 11 項規定，「拖船接受引水人、僱用船船長或其代理人之指揮作業時如發生損害，經證明非出於拖船本身人為過失者，應由僱用船負責賠償。」對受害第三人之效力如何？

作者認為可有兩解。第一解：如雙方締約者為承攬或僱傭契約性質之船舶拖帶，兩者之指揮監督權均在被拖船所有人，如致第三人損害，被拖船自應負責，責任主體變更為被拖船人。第二解：責任主體仍為拖船人，但若係被拖船人之過失，如介入拖船之航行指揮控制，則依約定被拖船人應補償拖船人。何解適法？受害第三人並非是契約當事人，應不受拘束，除非依債務承擔規定，須經受害第三人承認，否則對於第三人受害人不生效力[147]。例如 UKSTC 86 第 4(a) 條、第 4(b) 條規定，如被拖船人介入拖帶之航行指揮，拖船人於對第三人賠償後，被拖船人應補償拖船人。因此，第 92 條但書，係重申拖帶實務習慣之「補償條款」，調整船舶拖帶內部關係，僅在拖帶契約當事人間有效。

2.共同或連接拖帶

於共同或連接拖帶，致第三人損害，受害人難以舉證、確認共同或連結之動力拖船何者為事件當時之航行指揮，因此將共同或連結之拖船「擬制視為一體」，拖船人間負連帶責任，藉以保護受害第三人，但對加害之拖船有求償權，本法第 93 條但書明定內部求償關係。

三 海難救助

㈠海難救助實務作業簡介

古典海事法認海難救助應以「自願」(voluntariness) 為要件，亦即海難救助之實施並非依契約或任何法定義務。惟現代實務作業，均以事前簽訂

---

[147] 民法第 301 條。

書面救助協議之方式進行，如目前國際慣用之定型化勞依氏開放格式協議（Lloyd's Open Form，簡稱 LOF）。勞依氏救助協議於 1908 年開始標準化，稱為「勞依氏標準格式救助協議——無效果無報酬」(Lloyd's Standard Form of Salvage Agreement－No Cure-No Pay)，施救人與被救助財產所有人簽訂 LOF，而就雙方實施作業間義務、勞務供應範圍、報酬之仲裁、擔保品之提供、仲裁有關事項與程序、匯率、付款方式等作諸多約定，而以英國法為其準據法。爾後經多次修正，目前最新版為 2011 年出版之 LOF 2011。LOF 2011 進一步簡化格式與協議條款字義淺顯化暨明晰化。就簡化格式言，其將救助協議基本條款簡化為單一格式，而與仲裁有關之行政與程序等複雜項，則分別另以明示併入 (Clause 2) 此簡化之勞依氏仲裁條款（Lloyd's Standard Salvage And Arbitration Clauses，簡稱 LSSA Clauses）與勞依氏程序規則條款 (Procedural Rules) 代之。就字義淺顯化暨清楚化言，除將文義淺顯化，俾使非法律專業之船長易於閱讀與了解外，尚就實務作業遭遇之疑義特別釐清，包括船舶所有人終止救助作業之權利 (Clause G)、施救人終止救助作業之擬制 (Clause H)、被救助人提供充足資訊之責任 (Clause F)、SCOPIC (Special Compensation P & I Club) 條款之併入選擇權 (Box 7)[148]等。

就保險作業言，因避免或防阻承保危險而生之海難救助費用 (salvage

---

[148] SCOPIC 於 1999 年 8 月 1 日在 International Group of P&I Clubs 與 P&I 保險人催生下首次出版，為供與 LOF 1995 聯用，並於 2000 年 9 月 1 日隨 LOF 2000 之修改而同步修正出版。其係針對 1989 年海難救助國際公約 (International Convention on Salvage 1989) 第 14 條之特別補償金規定，訂定費率表，以資計算特別補償金。依 International Group of P&I Clubs 與國際海難救助聯盟 (International Salvage Union) 簽訂之執行規章第 10 條 (Clause 10, Code of Practice Between International Salvage Union and International Group of P&I Clubs)，該二組織應建議其各自會員將 SCOPIC 條款併入 LOF，因而實務作業上，只要 LOF 雙方當事人均分別隸屬此二組織，SCOPIC 條款均併入該 LOF。

charges)，為現行海上保險無論船體或貨物保險契約均承保之項目❿，本法海上保險章未對救助費用為相關規定。MIA 1906 第 65 條第 2 項定義救助費用為「施救人依海事法得獲償之費用，此與契約無關」(the charges recoverable under maritime law by a salvor independently of contract)，亦即僅有海事法認可之救助費用才得獲保險給付，並重申海難救助係屬自願而與契約無關。依此嚴格詮釋，因而實施上揭現代實務慣用之 LOF 而致之救助報酬，似應不得依 MIA 1906 第 65 條第 2 項對保險人求償。然如此詮釋並不切實際，而與現代保險作業矛盾，應予以解決：

1. LOF 格式因雙方並無對價 (consideration)，依契約法嚴格區分❿，其並非屬 contract（契約），而僅係 agreement（協議），如 LOF 2011 標題明示之 "LLOYD'S STANDARD FORM OF SALVAGE AGREEMENT"，而非名 SALVAGE CONTRACT。

2. 與「契約無關」應專指救助報酬之性質、數額與計算係非以契約條款約定者。蓋海難救助，被救助財產所有人接受施救人提供勞務之事實，即使無書面契約之簽訂，依契約法之契約成立要件，只要有對價之交換 (passing of consideration)，無論明示或默示，也足以創造契約。

3. 蓋依前項，救助報酬乃依海事法決定之，而非契約法。而 LOF 格式救助協議，對救助報酬並無書面約定，而係提交仲裁機構依海事法判斷之 (參考 Clause I, LOF 2011)，因此 MIA 1906 第 65 條第 2 項仍得適用。惟應

---

❿ 參考 Sec. 65(1), Marine Insurance Act 1906，簡稱 MIA 1906 及 Institute Time Clauses-Hull 95，簡稱 ITCH 95 第 10.1 條；Institute Voyage Clauses-Hull 95，簡稱 IVCH 95 第 8.1 條；Institute Cargo Clauses (A)，簡稱 ICC(A) 第 2 條；ICC(B) 第 2 條；ICC(C) 第 2 條。

❿ 英美契約三大成立要件：offer（要約），consideration（對價）and acceptance（承諾）。大陸法系則以意思表示合致，即有契約之成立，而合致之方法則為要約與承諾。

注意救助作業實務慣例，施救人與被救助人等對救助報酬事先約定以一確定總計金額 (lump sum) 或以此意定金額為救助報酬之上限，而有對價之交換，得構成契約。「契約式救助 (contractual salvage)」已非海事法上之海難救助，被保險人是否仍得依 MIA 1906 第 65 條第 2 項請求救助費用，應有疑問，或至少該意定報酬與依海事法計算之救助報酬抵觸者無效❸。

　　我國私人救助作業，因海上保險之普遍，且我國與英國海險市場之依附關聯性使然，一般救助作業係參考國際慣例，簽立 LOF 格式救助協議。

㈡海難救助法律性質與定義

　　Salvage 原文依英國普通法因其使用環境而異，得為 salvage remuneration（救助報酬）或 salvage service（救助作業），而於海上保險法，前者救助報酬即為 salvage charges（救助費用）❷，後者則稱 salvage operations（救助作業）❸。

　　海難救助性質屬英美法之必要性代理，在無本人明示授權下，創造代理關係❹，以本人名義為本人管理財產：

1.代理人無法與本人聯繫；

2.為本人利益之必要性；

3.代理人為本人利益以善意而為；

4.代理行為應合理；

5.本人未給予代理人明示反對之指示。

　　1989 年海難救助公約第 1 條第 1 項定義海難救助為「承擔任何行為或作業，以為協助於可航行水域或類似水域之危險中船舶或任何財產」❺。

---

❸ 參考 Salvage Convention 1989, art. 7。

❷ MIA 1906, s. 65.

❸ MIA 1906, s. 60(2)(2).

❹ The Winson [1982] AC 939.

英國權威著作❶，定義海難救助及其法律性質❶：「行為人自願（亦即無既存契約或法律責任），保全或協助保全海上任何船舶、貨載、運費或其他海難救助認可之標的免於危險。❶」扼要描述海難救助之四大普通法成立要件：

1. 須海難救助法認可之標的海事財產；
2. 標的係於危險；
3. 救助係自願；
4. 救助應有效果。

海難救助係本法明定債之發生原因。大陸法系相對海洋法系之海難救助 (salvage) 概分 "assistance en mer" 與 "sauvetage"。前者專指標的未脫離原占有人即船長海員占有之情形，反之則為後者。我國海商法原將前者譯為「救助」，後者譯為「撈救」（原海商法第七章章名），因「救助」與「撈救」均係英美法之 salvage，實務作業或法律關係均無細分之必要，遂從其善而於新海商法更名為「海難救助」（現行海商法第五章章名）。

對物之海難救助內含「自願」性質，因而學者通說謂其係無因管理❶。無端干涉他人事務，為法所不許，惟見義勇為，患難相助之道德行為，為

---

❶ Any act or activity undertaken to assist a vessel or any other property in danger in navigable waters or in any other waters whatsoever.

❶ 海難救助法律權威 Geoffrey Brice, Q.C. (Queen's Counsel)，根據數百年之普通法判例，於其所著「海難救助之海事法」(Maritime Law of Salvage, p.1, Sweet and Maxwell, 1993)。

❶ 另參考 The Cythera [1965] 1 Lloyd's Rep. 454 (Supreme Court of New South Wales); Kennedy's Civil Salvage, p. 8, 5th edition, 1985。

❶ When a person, acting as a volunteer (that is without pre-existing contractual or other legal duty so to act) preserves or contributes to preserving at sea any vessel, cargo, freight or other recognised subject of salvage from danger.

❶ 鄭玉波，海商法，三民書局，民國 77 年，修訂 11 版，頁 97。

人類社會生活不可缺，因而法律允許無因管理之適法行為，得阻卻違法，故不生侵權行為。無法律上義務而為他人管理事務之事實行為，是為無因管理，如救助意外受傷路人、拾得遺失物即是❶。而分析其要件可得：

1.須管理他人事務；

2.須有為他人管理事務之意思；

3.須無法律上義務。

　　按海難救助係對他人陷於危難之海事財產加以施救，即為管理他人事務。無因管理非法律行為，故無法效意思存在，因而「為他人管理事務之意思」，指管理人主觀上須以為他人之利益之意思而管理他人之事務，即管理行為事實上所生之利益，歸屬於本人（被管理人）之意思而言；海難救助施救人保全被救助財產之管理行為，係為被救助標的之利益而為。無法律上義務，包括無私法契約（如委任、僱傭、承攬等）、法定義務或公法上義務言。海難救助施救人係自願對被救助標的施救者，而實務上通常於救助作業前，施救人與被救助標的所有人或其代理人締結之所謂「救助協議」如 LOF，並非無法律上義務之例外，蓋施救人並非因此等救助協議而擔負「救助義務」，而雙方雖將救助作業作為協議之標的，但所規範者為「作業間義務、勞務供應範圍、報酬之裁定、擔保品之提供、仲裁有關事項與程序、匯率、付款方式等」而已，請參考前揭。

　　海難救助具無因管理之性質，則應加諸施救人（無因管理人）適當施救之義務，施救人應依「本人明示或可得推知之意思，以有利於本人之方法為之❶。」本法第108條復規定「經以正當理由拒絕施救，而仍強為施救者，不得請求報酬。❶」加諸通知與計算義務❶，施救人開始施救時，應

---

❶ 民法第 804 條至第 807 條。

❶ 民法第 172 條。

❶ 參照 1989 年救助公約第 19 條。

❶ 民法第 173 條。

盡力通知被救助標的所有人。雖無因管理人於管理上有過失者，應負責任❶，然海難救助施救人意在免除被救助標的所有人急迫之危害，對於施救所生之損害，除有惡意或重大過失者外，不負賠償責任❶。如海難救助施救之必要者或愈困難者，係因施救人之故意、過失或詐欺所致，則依衡平原則，施救人應無救助報酬請求權或減免其報酬❶，我國海商法雖未明示，得依公約規定補充之。進一步言，如船舶碰撞後，負完全賠償責任之過失船舶，對被害船舶之救助❶無救助報酬請求權，而碰撞各船有共同過失時❶，則施救船之報酬，應按過失比例減免之。

雖學說認海難救助係屬無因管理，然與一般無因管理區分仍有差異如下：

1. 海難救助施救人有報酬請求權❶；一般無因管理，查民法第 176 條第 1 項「管理事務利於本人，並不違反本人明示或可得推知之意思者，管理人為本人支出必要或有益之費用，或負擔債務，或受損害時，得請求本人償還其費用及自支出時起之利息，或清償其所負擔之債務，或賠償其損害。」無因管理人得請求者係為本人支出必要或有益之費用或因之負擔債務之清償，或受損害之賠償，另查民法第 177 條準無因管理，管理人違反本人明示或可得推知之意思者,得請求者也以本人所得之利益為限，兩者皆非報酬請求權。

2. 屬於同一所有人之船舶救助，仍得請求報酬❶。

---

❶ 民法第 174 條。

❶ 民法第 175 條。

❶ 1989 年救助公約第 18 條。

❶ 海商法第 96 條。

❶ 海商法第 97 條。

❶ 海商法第 103 條第 1 項。

❶ 海商法第 104 條。

綜上所論，海難救助係基於海上航行人與人關係不似陸上緊密，陸上家屬、公私部門均得依法、應請求或無因管理而救助陷於危險之陸上財產。於大洋之公海上航行，往往數天不見其他船舶，如船舶陷於危險，所屬船籍國公部門前往天涯海角救助之，顯然力有未逮或緩不濟急，因此衍生海難救助法制，以報酬為誘因，鼓勵救助海上財產，與民法無因管理立法目的、構成要件有別，海商法海難救助章未規定事項，不應依民法為補充，而應依被援參之 1989 年海難救助公約，請參本書「海商法的補充法」論述。

(三)海難救助構成要件

1.海難救助肯認之標的

普通法認可之海難救助標的，僅限於海洋或潮汐水域 (tidal waters)[171]之海事財產 (maritime property)，亦即 The Goring 案規則，包括船舶、其設備、其貨載（含其漂浮物、其投棄物）、其運費與上述之沉骸[172]。潮汐水域之解釋[173]，其係一般子午潮（新月或望月後即形成之漲退潮）漲退潮間帶水域[174]，或直接或間接與此水域相連之碼頭水域[175]。此稱船舶僅限於「使用於航行」之船舶，因而包括無動力之駁船與筏 (rafts) 均屬之，惟浮標 (buoys)、燈船 (lightships)[176]、水上摩托車、香蕉船等非以航行為目的者應

---

[171] The Goring [1988] A.C. 831, House of Lords.

[172] 大法官 Lord Esher M.R. 摘要於 The Gas Float Whitton (No. 2) [1896] P 42 CA , P. 63。

[173] 1894 年商船法第 546(2) 條；Merchant Shipping Act 1894，s. 546(2)，爾後為 Merchant Shipping (Salvage and Pollution) Act 1994 所廢除，惟可參考其 Para. 2(2), Part II, Schedule 1，即今之 Merchant Shipping Act 1995, para. 2(2), part II.

[174] Any water within the ebb and flow of the tide at ordinary spring tides.

[175] The waters of any dock which is directly, or (by means of one or more other docks) indirectly, connected with any such waters.

[176] The Gas Float Whitton (No. 2) [1896] P 42 CA.

予除外。至於海上鑽油設備與平臺等，依 1989 年海難救助公約第 3 條，除非其為裝載於拖船或駁船而被視為拖船或駁船之貨物外，應非屬海事財產。

1989 年海難救助公約與前揭普通法就海難救助標的，船舶之定義相當，惟公約第 1 條第 1 項之「可航行水域」(navigable waters) 遠較普通法之潮汐水域為廣，可涵蓋潮汐不及之內水 (inland waters)，推翻前述普通法之 The Goring 案規則，惟英國於將 1989 年海難救助公約爰引併入國內法時，保留此 The Goring 案規則 ❼。

依英國成文法，海難救助之認可標的尚包括航空器 ❼、氣墊船 (hovercraft) ❼、船舶殘骸 (wreck) ❽ 與國有船舶、貨物與設備 ❽。至於人命救助，依普通法施救人之救助報酬乃出自被救助之財產，係由被救助之財產價額給付，茲因人命價值無法衡量或因船舶所有人或貨物所有人對此人命救助並無利益，除伴隨船貨之人命救助外 ❽，單純之人命救助是無報酬可言 ❽，惟按現行成文法 ❽，於船舶及其他財產毀壞殆盡時 (destroyed) 之人命救助，因無船舶或該財產之救助價值，惟為鼓勵人命救助，則政府得依情況支付施救人適當費用。1989 年海難救助公約第 16 條援用前揭普通法規則，也規定「除人命救助係與該財產救助同時發生外，人命救助係無報酬」，同時為保障海上人命安全，公約第 10 條第 1 項則科以船長對海上

---

❼ Merchant Shipping Act 1994，Para. 2(2), Part II, Schedule I，今之 Merchant Shipping Act 1995, para. 2(2), Part II, Schedule II.

❼ Civil Aviation Act 1982, s. 87.

❼ Hovercraft Act 1968 and Hovercraft (Application of Enactments) Order 1972 article 8.

❽ Merchant Shipping Act 1995, s. 226.

❽ Merchant Shipping Act 1995, s. 230.

❽ Merchant Shipping Act 1894, s. 544(1). 與併入國內法之 1989 年海難救助公約第 16 條。

❽ The Renpor (1883) 8 P.D. 115.

❽ Merchant Shipping Act 1995, para. 5, part II, schedule II.

淹沒於危險之人協助 (render assistance) 之義務。

1989 年海難救助公約認可之標的則涵蓋：船舶——任何船舶、飛機或任何得以航行之構造❽，財產——非永久暨故意附著於海岸者為限，包括危險中之運費❽。至於海上平臺與海上機動鑽油設備❽、國有船舶❽等係公約不認可之救助標的，惟公約並不反對締約國之國內法對國有船舶之適用規定。

依我國現行海商法，施救人得請求救助報酬之救助標的包括，船舶與船舶上財物❽、伴隨船舶與船舶上財物救助之人命救助❽，與救助公約範圍較小，惟「船舶上財物」之定義、範圍，應予以界定。依海商法第 1 條，此稱船舶者謂「在海上航行，或在與海相通水面或水中航行之船舶。」且無海商法第 3 條除外之情形，因而施救人於海上或於海相通之水域，對包括總噸位未滿 20 噸之動力船舶、未滿 50 噸之非動力船舶、軍事建制艦艇、專用於公務之船舶等之海難救助，施救人均無海商法海難救助報酬請求權之適用。惟，仍得依民法工作之承攬、勞務之提供（僱傭）契約意定報酬，或依民法無因管理請求「為本人支出必要或有益之費用，或負擔債務之清償，或受損害之賠償」❽，而施救人若違反本人明示或可得推知之意思，得請求者則以「本人所得之利益為限」❽。或以被援參之 1989 年海難救助公約為優先之補充法，以解決海難救助章之不足或明確之處。

就保險作業言，我國法未規定。據 MIA 1906 第 65 條第 2 項，救助費

---

❽ Article 1(b).

❽ Article 1(c).

❽ Article 3.

❽ Article 4.

❽ 海商法第 103 條。

❽ 海商法第 107 條。

❽ 民法第 176 條第 1 項。

❽ 民法第 177 條準無因管理。

用係「施救人依海事法得獲償之費用」。依前揭，除伴隨船貨救助之人命救助所致之救助費用外，以視其為船、貨之救助費用處理之❸，因單純之人命救助所致之救助費用，並非海事法認可之救助標的，原則上係不得依海上保險契約獲償❹。惟現代 P&I 保險，均援依 MIA 1906 第 65 條第 1 項之任意法規定 (subject to any express provision in the policy)，將人命救助費用列為承保之責任危險 (Rule 33, Gard Statutes and Rules 2000)。至於船體、貨物、運費等財產損失險，因人命並非承保標的❺，依 MIA 1906 第 65 條第 1 項「救助費用應為防阻承保危險而致之損失之法律要件，單純之人命救助所致之救助費用，於船體、貨物、運費等財產損失險，仍屬絕對不可獲償。」至於 1989 年海難救助公約第 14 條或海商法第 103 條第 2 項規定之特別補償金，同理，原則上係屬不可獲償，如明示之 ITCH 95 第 10.5.1 條與 IVCH 95 第 8.5.1 條。雖然 ICC 82、ITCH 83、IVCH 83 等版本，係制定於 1989 救助公約前，未有相當之明示除外條款，惟依前揭法理，此特別補償金應屬不得獲償。另因救助公約第 13 條第 1 項第 2 款，將救助人防阻或減輕對環境損害之技術與努力❻，列為救助報酬衡量標準之一，依此標準衡量而增加之救助報酬，仍屬 MIA 1906 第 65 條第 2 項定義之救助費用範疇，係得獲償，應與特別補償金作一嚴格區別，ITCH 95 第 10.6 條與 IVCH 95 第 8.6 條均予以清楚明示。

2.標的係於危險中 (in real danger)

---

❸ The Bosworth (No. 3) [1962] 1 Lloyd's Rep. 483.

❹ Nourse v. Liverpool Sailing Ship Owners' Mutual Protection and Indemnity Association [1896] 2 QB 16.

❺ 例 ITCH 95 第 10.1 條強調 This insurance covers the "Vessel's" proportion of salvage, ...

❻ The skill and efforts of the salvors in preventing or minimising damage to the environment.

　　1989 年海難救助公約第 1 條雖強調標的需於危險之要件，惟其僅作原則性規範，並未定義何等情形構成海難救助之「危險」。

　　救助標的需於危險之法律要件，一般意謂此危險於施救作業前，非僅是幻想 (fanciful)、不定之可能 (vaguely possible) 或已消失者，而係真正 (real) 之危險，亦即該危險非僅僅是一種可能性，惟並不必要以立即 (immediate)、迫切 (imminent) 或現行 (actual) 者為限，而若施以救助作業之時，該標的已遭遇任何如未予以施救即可能曝露其於滅失或毀損之災難，則該標的係於真正危險中❿。但是，若船舶為由航海技能純熟與經驗豐富之船長、海員所管理、駕馭，則此災難並不一定陷該船舶於真正危險中，仍得為安全之狀態，反之若因船長或船員之疏失或不適任，亦得將通常之海上事件 (incidents) 轉為對船舶構成真正之危險❿。

　　英國法院實務見解，對此真正危險要件並無立下嚴格之標準以資遵循，以免減低施救人之救助意願而危害公眾利益，而係採客觀條件說，該普遍採用之有效客觀測試為：該理性之船長會接受救助之要約否 (Would the Master as a reasonable man would have accepted the offer of assistance)❿？若個案船長之答覆為肯定，則該船舶陷於真正危險，惟此測試係以該船長為理性者之推定為前提。則若只要被救助標的之所有人證明該船長並非一般理性、慎重之人或有外力之介入使其接受救助，則無此客觀測試之適用。其他針對本危險要件之客觀測試尚有：

(1)即使該危險並不一定係屬確定、絕對及立即者，是否存在真正之危險憂慮❿？

---

❿ The Charlotte (1848) 3 W. Rob. 68, 166 E. R. 888.

❿ The Pendragon Castle (1924) 5 Fed. Rep. (Ser. 2) 56，美國判決。

❿ The Vandyck (1881) 7 P. D. 42; The Emilie Galline [1903] P. 106; The Port Caledonia and The Anna [1903] P. 184.

❿ Was there a real apprehension of danger even though that danger was not necessarily

(2)該危險僅是幻象或關聯性疏遠而僅是一種可能性❷?

(3)是否該船舶得以自救或無須外力協助而能帶領自身至修護港❷?

此危險並不以僅對船舶實體構成真正危險為限，船舶遭海盜占領奪取也得為船舶或標的物之真正危險，施救人得請求救助報酬❷。此外，如施救人故意或過失而致救助作業為必要或愈困難者，亦即「危險」係施救人所致者，依衡平原則，應排除救助報酬請求權❷。

本法雖無就本項危險要件而為明文規定，然就其章節名稱「海難救助」，應得推定救助標的應係遭海難而於危險中。至於海商法第 103 條對物救助報酬之規定，雖無標的物於危險之限制，其理應依此詮釋，亦即被救助之船舶或財物應於真正危險中。簡言之，應得以被援參之 1989 年公約及其締約國司法見解補充、解釋之。

就保險言，我國法未為相關規定。依 MIA 1906，救助費用除係依海事法以為決定外（如保險標的依前揭需於危險），而且如無保單其他明示規定，該救助費用應係防阻保險事故所致之損失者為限，才得以將其視為該保險事故所致之損失而得獲償❷，實務條款也強調此論點之重要，如 Cl. 10.4, ITCH 95 或 Cl. 8.4, IVCH 95。亦即若該「危險」非為承保之保險事故，即使依海事法救助報酬債權成立並給付予施救人，被救助物所有人如船舶被保險人，對此救助報酬對保險人係無救助費用保險請求權可言，不得依船舶保險獲償。例如船舶於航程中因耗盡燃料而為拖船予以成功拖救

---

certain, absolute, and immediate?, as per The Phantom (1866) L.R.1A.&E. 58.

❷ Was it mere fancy or illusion or so remote as to be only a possibility?, as per The Charlotte (1848) 3 W. Rob. 68, 166 E. R. 888.

❷ Whether the ship is able to save itself or bring itself to a place of refuge with no need to ask assistance from outside?, as per The Troilus [1951] 1 Lloyd's Rep. 467 H. L.

❷ The Cythera [1965] 2 Lloyd's Rep. 454; The Glaucus (1948) 81 Ll.L.Rep. 262, 266.

❷ The Tojo Maru [1972] AC 242; Article 18, Salvage Convention 1989.

❷ MIA 1906, s. 65(1).

至安全地帶，倘依當時情況，雖救助報酬依海事法得以成立，船舶所有人應給付施救人高額報酬，然此報酬係不得以救助費用名義向船舶保險人請求，乃因致使救助作業之施行必要者（主力近因）為不適航，而其並非承保之保險事故❷⁰⁶。

3.救助係自願

施救人施以之救助作業必須為自願，救助作業本質上係非因任何既存之諸如契約或法定義務而起❷⁰⁷。惟此法律要件並不排除施救人與被救助物所有人、代理人等將此施救作業作為契約之標的❷⁰⁸，如實務慣用之 LOF 格式救助協議。因而為抗辯救助報酬之請求，被救助物所有人應證明：⑴施救人對此施救作業有既存之義務或責任；⑵施救人對被救助物所有人負救助義務。

因而當事船舶僱用之引水人或船長、海員通常無救助報酬請求權❷⁰⁹，除非其舉證該救助作業係超出引水或僱傭契約之範圍❷¹⁰，或救助作業施行前引水人或船長、海員與船舶所有人之契約關係已終止。具公法上救難義務之官方救難組織或機關之公力救助，如英、美兩國之海岸防衛隊(Coastguard) 也無救助報酬請求權❷¹¹，惟以作戰為任務之英美海、空軍等原則上均得請求救助報酬。英國 1947 年刑事訴訟法第 8 條第 2 項❷¹²與 1995 年航運法第 230 條更明定政府海難救助報酬請求權❷¹³，惟該請求之提起需

---

❷⁰⁶ Ballantyne v. Mackinnon (1896) 2 QB 455, CA.

❷⁰⁷ The Neptune (1824) 1 Hagg. 227.

❷⁰⁸ Salvage Convention 1989, art. 6.

❷⁰⁹ Akerblom v. Price, Potter, Walker & Co. (1881) 7 QBD 129.

❷¹⁰ The Sandefjord [1953] 2 Lloyd's Rep. 557.

❷¹¹ 英國判決 The American Farmer (1947) Ll. L. Rep. 672；美國判決 Hamburg-American Line v. United States 168 F. 2d. 47 (1948)。

❷¹² Crown Proceedings Act 1947, s. 8(2).

❷¹³ Merchant Shipping Act 1995, s. 230.

經部門主官 (Secretary of the State) 之事前同意，亦即該公部門主官得行政裁量之。至於港務當局之救助報酬請求權，原則上英美法院均予以肯定，惟該救助作業應非於該港務當局之正常業務或契約範圍❹。乘客雖對乘坐船舶無救助義務，惟依自身利益原則，即船舶之保全對自身生命與財物之安全為利益，並無救助報酬請求權，但當乘客放棄對其自身或財產安全之方案而選擇留船以保全船舶時，即無自身利益原則之適用時，亦即乘客之身分終止時，得有救助報酬請求權❺。

依上揭，無論施救人之身分為何，依救助需屬「自願」之法律要件原則，亦即施救人無契約或法定施救義務，或無自身利益之涉入情形，施救人均得以請求救助報酬。至於施救船舶與被救助船舶若係屬同一人所有，則該所有人、船長、海員等參與救助之人等得否請求救助報酬或參與分配？雖通常情形之施救船舶所有人對被救助船舶與貨物所有人等有報酬請求權，而被救助船舶及貨物所有人等對施救船舶所有人、船長、海員等參與救助之人負救助報酬給付義務，於本例因自身利益與不得自我起訴原則❻，致同一船舶所有人之報酬請求為不可執行者。英國普通法排除船舶所有人對自身被救助船舶與運費之救助報酬請求權，惟其得以對貨物所有人請求之❼，而施救船舶之船長、海員因其勞務提供之範圍並不及於被救助船舶，或換句言其對他船之救助行為非於既存僱傭契約勞務供應範圍，其報酬請求與分配權利並不受船舶為同一人所有之影響。因而若被救助船舶非施救船舶所有人所有而係居於論時或論程傭船人之地位，（承租人之例應除外，因其占有該被救助船舶，而有使用收益權，實質上居於船舶所有人之地位。）則施救船舶所有人得對被救助船舶請求救助報酬❽，反之亦然。

---

❹ The Cawarsand [1953] 1 Lloyd's Rep. 298.

❺ Newman v. Waters (1804) 3 Bos & P 612.

❻ Simpson v. Thompson (1877) 3 Asp MLC 567.

❼ Cargo Ex Laertes (1887) 6 Asp MLC 174.

　　英美兩國因著重個人權益，船長海員對僱用人船舶所有人之救助報酬請求，為實務之經常發生，尤其關鍵點在於前揭之「何時僱傭關係終止?」依英國普通法，船員僱傭契約之終止得為：自動終止（法定終止）與意定終止。前者包括：船長依權限宣告棄船❷⓲及船舶遭交戰敵國扣押❷⓴，惟棄船者應以無回船之企圖或意願者為限❷㉑；後者為僱用人或其代理人船長，或船長海員依契約或法定事項以意思表示終止僱傭契約❷㉒。一旦僱傭契約終止，船長船員對服務船舶即無盡力救助或保全船舶之義務，其地位與通常人無異，即得請求救助報酬。

　　1989 年海難救助公約第 17 條與前揭英國法之救助係自願之原則相當，也明定施救作業係依現存契約義務施救者無報酬❷㉓，至於公約第 6 條第 1 項係規定「除以契約為明示或默示相反規定外，本公約適用於任何救助作業」❷㉔，而同條第 2 項賦予船長或船舶所有人，代船舶所有人或船上財產所有人對外行使代理權，以締結救助契約（實係英美法之協議）之法定代理，公約第 6 條係不排除將「救助作業」作為救助契約（英美法之協議）之標的，不可謂其係「自願」之例外。針對官方機構之救助報酬請求權，依公約第 5 條，則開放各締約國依其國內法規而定。公約第 12 條第 3

---

❷⓲ The Waterloo (1820) 2 Dod. 433.

❷⓳ The San Demetrio (1941) 69 Ll. L.Rep. 5.

❷⓴ The Two Friends (1799) 1 Ch Rob 271.

❷㉑ The Beaver (1800) 3 Ch Rob 92.

❷㉒ The Warrior (1862) Lush 476.

❷㉓ Article 17: Services rendered under existing contracts－No payment is due under the provisions of this Convention unless the services rendered exceed what can be reasonably considered as due performance of a contract entered into before the danger arose.

❷㉔ This Convention shall apply to any salvage operations save to the extent that a contract otherwise provides expressly.

項則對施救船舶與被救助船舶係同一人所有之情形，明文規定施救人之權利不受影響，本條文應不得適用於該船舶所有人對自身所有之他船舶救助之報酬請求。

　　救助係自願，亦即需無救助義務者，如前揭，具無因管理之性質，類似我國民法第127條之無因管理，惟海難救助之無因管理與典型無因管理之區別乃報酬請求權之有無。至於我國官方機關如海軍救難大隊、空軍海鷗救難直昇機隊、海岸巡防署及警察單位等得否向被救助標的所有人請求救助報酬？查災害防救法第1條規定，為健全災害防救體制，強化災害防救功能，以確保人民生命、身體、財產之安全及國土之保全，特制定本法。並明訂災害防救組織、防救計畫、應變措施、預防方法等，科以中央及地方軍、警、政各機關與值勤人員之法定救難義務，應排除本法第103條第1項海難救助報酬請求權之適用。

　　至於海商法第102條（同船員法第75條❷❷❺）規定船長對一般海難，第109條第1項（相當船員法第74條第1項）船長對船舶碰撞之公法救助義務，也僅限人命救助言，因單純之人命救助原就無救助報酬可言。依前揭，一旦僱傭契約終止，船長船員對服務船舶即無盡力救助或保全船舶之義務，其地位與通常施救人無異，即得請求救助報酬。我國船員僱傭契約之法定終止事由，分為強制終止與意思終止。前者依船員法第19條第1項，「船舶沈沒、失蹤或完全失去安全航行能力者，僱傭契約即告終止。但船員生還者，不在此限。」惟同條第2項規定「船員因施救船舶、人命或貨物之緊急措施必須工作者，其工作期間僱傭契約繼續有效。」呼應海難救助係自願之本質要件。後者又分即行終止與預告終止。即行終止，分僱用人之意思終止，即船員法第20條第1項❷❷❻，計6款，與船員之意思終止，即同法第21條第1項6款事由。預告終止則除特定情形外，同法第22條第1項，

---

❷❷❺ 違反者，依刑法第294條違背義務之遺棄罪追究刑責。

❷❷❻ 參照勞基法第12條。

排除僱用人預告終止權[227]。

至於保險作業，實務海險單以為準據之 MIA 1906，按其第 65 條第 2 項定義救助費用係「施救人依海事法而得獲償之費用，此與契約無關。」亦即僅有海事法認可之救助費用才得獲償，並重申海難救助係屬自願性質而非履行私法契約義務。或雖有謂「英國海損依約安規則 (York-Antwerp Rules) 理算時，依契約之救助可以承認為共同海損」，而復謂「此為自願之例外」，然參照英國海損理算師執業規章第 C1 條[228]，原文 "Expenses for salvage services rendered by or accepted under agreement shall in practice be treated as general average...", 係專指 agreement（協議），如 LOF 即是，而非 contract（契約），讀者可參考前文對 agreement（協議）與 contract（契約）之區分，因而海難救助自願之本質並不因 agreement（協議）之簽立而受影響。

依前揭，施救人原則上對其所有船舶、設備及運費不得請求救助報酬，惟救助費用係實務條款承保之項目，為免施救船舶與被救助船舶係同一所有權之情形而排除被保險人依船舶保險契約原得請求之救助費用，產生不利益，遂制定「姊妹船條款」(sistership clause, Cl. 9, ITCH 95; Cl. 7, IVCH 95)，於所有船舶間之碰撞[229]或海難救助，置被保險人如同碰撞或施救船舶係所有權相異情形之被保險人地位，以維公允。除此之外，尚對碰撞責任或救助報酬之衡量作程序性之規定，委由單一仲裁人判斷之。惟應注意碰撞或施救與被救助船舶所有權係全部或一部相同者 (wholly or in part to the same Owners)，或者為管理人相同者 (under the same management)，均係本條款所定義之姊妹船，而得適用。依契約當事人原則，本條款對貨物所有

---

[227] 參照勞基法第 11 條、第 16 條。

[228] C1, Rules of Practice of the Association of Average Adjusters 1986, amended 1992.

[229] 同理碰撞責任也係實務承保之項目 (Cl. 8, ITCH 95; Cl. 6, IVCH 95)，姊妹船條款也適用同一船舶所有權之船舶碰撞。

人與船長、海員之救助報酬請求權並無拘束力，貨物所有人與船長海員仍得獨立行使之，無須遵循單一仲裁人之仲裁判斷。本自願要件，係船舶拖帶轉為海難救助之重要壁壘，容後詳述。

4. 救助係有效果 (success)

⑴無效果無報酬原則

茲因救助報酬係來自被安全救助之財產價值，古典海事法遂有救助係有效果之法律要件概念，一般均以「無效果即無報酬」(No cure no pay) 示之，如 LOF 2011 第 1 頁之標題。因而實務上之救助報酬金額，並非由契約事先約定，而係事後提交仲裁判斷（如 Clause I, LOF 2000）。申言之，救助報酬之請求基礎係依衡平法 (Equity) 而非契約法❷。只要施救人對該被救助標的全部或部分保全或對標的之保全有利益 (benefit)，則施救人得有報酬求償權，此即海難救助「有效果」之定義❸。如為由多施救人參與救難作業之情形，只要施救人之參加對標的之保全有助益，無論其利益之大小，參加施救人均得請求救助報酬❷，並參與分配，惟其不同者僅報酬之高低而已，有效果即為有利益。因而只要施救人置被救助財產於施救前更不利之地步，則施救人係無報酬請求權可言❸。

英國法另針對應被救助標的所有人之請求而為之施救作業，稱「約定作業」(engaged services) 或「依請求而為之作業」(services rendered at request)，此作業既非拖帶也非海難救助，雖施救無效果，而標的最終為其他施救人救助者，得請求相當之報酬❷，此報酬應與無義務海難救助報酬

---

❷ 如施救人故意或過失而致救助作業為必要或愈困難者，得排除救助報酬請求權，The Tojo Maru [1972] AC 242; Salvage Convention 1989, art. 18.

❸ The Tojo Maru [1972] AC 242.

❷ S S Melanie v. S S San Onofre [1925] AC 246.

❸ The Cheerful (1885) 11 PD 3.

❷ The Dart [1899] 8 Asp. MLC 481.

作嚴格區分。如於 The Rene 案❷❸❺，The Alenquer 輪應遇難船舶 The Rene 號之請求而於其附近備便 (stand-by)，雖僅於 The Rene 輪為其他船舶成功帶纜前備便一短暫時間，法院判決 The Alenquer 輪有適當報酬請求權。1989年海難救助公約第 12 條第 1 項規定海難救助有效果者得請求報酬，原文以 "useful result"，表示「有效果」，同條第 2 項規定「除本公約其他規定外，若救助作業無效果則無依本公約應予之給付。」其但書係特別為公約第 14 條特別補償金制度之例外規定。

我國法也肯定救助係有效果之法律要件，本法第 103 條第 1 項復規定「對於船舶或船舶上財物施以救助而『有效果者』，得按其效果請求相當之報酬。」

(2)環保救助之特別補償

自 1978 年 The Amoco Cadiz 號超大型油輪於法國 Britanny 海岸外沉沒，造成海洋環境為大量原油所污染❷❸❻，相關國際組織更為關切海難救助之適當應急方案，而積極籌備保護環境污染之新海難救助公約之制定❷❸❼。1981 年國際海事會議 (Comit'e Maritime International, CMI) 提出相關救難

---

❷❸❺ [1955] 1 Lloyd's Rep. 101.

❷❸❻ 詳細案情參考美國聯邦上訴法院判決 659 F. 2d. 789 (1981) (U.S. Court of Appeals, Second Circuit); [1984] 2 Lloyd's Rep. 304。

❷❸❼ 是時之海難救助公約有兩者：一為 1910 年海上協助與海難救助統一法律規章公約 (Convention for the Unification of Certain Rules of Law Respecting Assistance and Salvage at Sea, signed at Brussels, September 23, 1910)，爾後於 1967 年修正之議定書 (Protocol to amend the Convention for the Unification of Certain Rules of Law Respecting Assistance and Salvage at Sea, signed at Brussels, September 23, 1910. Done at Brussels on May 27, 1967)；另一為 1938 年海上飛機協助與海難救助統一規章國際公約 (International Convention for the Unification of Certain Rules Relating to Assistance and Salvage of Aircraft or by Aircraft at Sea, signed at Brussels, September 28, 1938)。

公約草案，而後於 1989 年 4 月 28 日聯合國轄下位於倫敦之國際海事組織 (International Maritime Organization) 制定而成 1989 海難救助國際公約 (International Convention on Salvage, 1989)，其最大鵠的係鼓勵施救人對遭難之船舶或財產施以救援，並提出施救人與被救人等防止或減輕對環境污染責任之規定 (Article 8(1)(b) & 8(2)(b)) 與獎勵方案 (Article 14)，此獎勵方案顛覆傳統海難救助法律原則無效果無報酬之觀念，而有「特別補償」(Special Compensation) 之設計，惟仍與「救助報酬」有嚴格之區分。本法第 103 條第 2 項與第 3 項參考 1989 年海難救助國際公約第 14 條，建立特別補償之機制。特別補償金依海事法並非屬救助費用，且海洋環境污染之危險，並非船舶保險所承保，而係由責任保險或 P&I 保險承受，因此特別補償係由責任保險人或 P&I 保險人承保（例 Rule 42, Gard Statutes and Rules 2000），實務上船舶保險契約也明示除外（ITCH 95 第 10.5.1 條與 IVCH 95 第 8.5.1 條）❷❸❽。

本法第 103 條第 2 項與第 3 項參考 1989 年海難救助國際公約第 14 條，建立特別補償之機制。環保救助無效：實際支出費用之補償；環保救助有效：實際支出費用或至多兩倍；救助報酬與特別補償之競合：同時存在應扣除特別補償。惟海商法第 103 條之特別補償制度與公約原文之差異，必需進一步釐清者如下：

A.海商法定義特別補償為報酬，但公約之特別補償並非報酬。

B.施救人如對防止或減輕環境污染有過失則可能喪失特別補償請求權 (Article 14.5)，海商法未予說明。

C.施救人僅於未能依公約第 13 條請求救助報酬或其報酬低於公約第 14 條所得請求之特別補償時，才得以請求特別補償 (Article 14.1)，海商法未說明。

---

❷❸❽ ITCH 83 與 IVCH 83，因出版於 1989 年海難救助公約之前，雖未明示排除，惟特別補償非屬救助費用，被保險人仍不得獲償。

D.海商法共同海損章並未說明特別補償不得列入共同海損，即船舶所有人不得請求其他利害關係人分擔該特別補償金[239]。

上揭議題，均得以被援參之 1989 年海難救助公約補充之。

就保險作業言，救助費用係依海事法以為定奪[240]，因而被保險人得請求之救助費用為因有效果之海難救助而應支付予施救人之救助報酬。依此對被救助標的需有救助效果之法律要件，被救助船舶或其貨載有損害環境之虞，或施救作業防阻或減輕對環境污染之損害，而施救人得向船舶所有人請求之特別補償金，並非海上保險定義之救助費用，船舶所有人被保險人係不得向其船舶保險人請求之以救助費用[241]，實務上其為 P&I 保險承保之項目。至於貨物保險契約，協會 ICC 條款雖未明示排除特別補償金之請求權，惟特別補償乃是被救助船舶所有人之給付義務[242]，係與貨物所有人完全無關，因而係無論如何均不得依貨物保險契約請求給付。至於上揭之「約定作業」所生之報酬，除其非為海事法認可之海難救助報酬而非屬海上保險之救助費用外，尚因無生防阻承保危險所致損失之效益[243]，因海洋環境污染非船體、貨物保險契約承保之危險，因而非海上保險得獲償之費用。

(四)船舶拖帶與海難救助之差異

除依本文分析外，拖船依拖帶契約而得請求之意定拖帶報酬，並無生對被拖船舶之海事優先權[244]，而海難救助之施救人則對被救助財產享有海

---

[239] 參考 Rules VI(b), York-Antwerp Rules 1994; Rules VI(d), York-Antwerp Rules 2016.

[240] Sec. 65(2), MIA 1906.

[241] Cl.10.5.1, ITCH 95; Cl. 8.5.1, IVCH 95.

[242] Salvage Convention 1989, art. 14.1.

[243] MIA 1906, s. 65(1).

[244] 海商法第 24 條第 1 項第 3 款；Westrup v. Great Yarmouth Steam Carrying Co. (1889) 43 Ch. D. 241; Salvage Convention 1989, art. 20.

事優先權❷。茲以圖表簡要區別如下：

	締約之必要	自願	報酬		危險之要件	生海事優先權	承保之項目
			有效果為請求要件	高低			
船舶拖帶	是（明示或默示）	否	否	低	否	否	否
海難救助	不必要	是	是	高	是	是	是

(五)船舶拖帶與海難救助如何轉換

拖船對他船舶之海難救助可分述以兩種情形：一為拖船與他船舶間已係船舶拖帶，因非雙方預期之意外事故介入而使拖船契約自動轉換為海難救助；二為拖船前往對他遇難船舶施以救助，而兩者間無任何既存之契約關係，此拖船之地位與一般施救船舶無異。反之，若拖船施以救助作業後，該意外所生之危險因素消滅，海難救助也得轉為僅僅是船舶拖帶。實務上因高額之救助報酬使然，拖船往往主張海難救助報酬請求權，而他被拖船舶自然爭議相對較小金額之約定拖帶報酬，因而法院往往需裁決拖船施以之作業究係海難救助亦或船舶拖帶。惟得以先行確認的是，因被拖船舶所期待者僅係海難救助或拖帶其中一項實體作業，兩者係不得同時並進，一者開始前他者應先行結束或一者應取代他者。本單元即在研析船舶拖帶與海難救助兩者間之明確分界。換句言，雖雙方簽署者為拖帶契約，則得否請求救助報酬？反之簽署者若為如 LOF 之海難救助協議，則可否主張船舶拖帶？

1.船舶拖帶轉化為海難救助

依前揭，英國法院定義狹義拖帶作業為「僱用船舶以加快他船航程，除加速前進之作業外而無他。」而與海難救助有多項區別。因而船舶拖帶轉化為海難救助，無疑需滿足海難救助之四大法律要件：海事標的、危險、自願、有效果。船舶間拖帶，被拖帶標的為船舶，無庸置疑，其為海事標

---

❷ The Veritas [1901] P. 304；海商法第 24 條第 1 項第 3 款；Salvage Convention 1989, art. 20.

的，而就有效果言，拖帶者以履行拖帶契約義務即得請求契約報酬，而海難救助報酬之請求則以保全標的之全部或部分為要件，自有其差異，惟均得含「有效果」之成分，因而區分要點乃在危險與自願兩要件。

於 The Homewood 案引導判例❷⁴⁶，法院建立拖帶契約轉為海難救助之構成法律要件為：

(1)陷被拖船舶於危險之情勢或意外，非拖帶契約雙方得以合理預期者，而該拖船所執行之作業或因該作業所承擔之風險，非屬既存拖船契約範圍內者；

(2)拖船所執行之作業或因該作業所承擔之風險非拖帶契約意定之報酬得以合理酬勞者，即對價失衡。

此二要件與「危險」與「自願」要件不謀而合。因而僅是履行拖帶契約之暫時性困難或該意外並無增加拖船執行作業之風險者，並不足以將拖帶契約自動轉為海難救助❷⁴⁷。此外，主張海難救助報酬而負舉證責任之拖船方，除證明上述兩項要件外，尚應依衡平原則證明自身無過失且該危險為非其可控制之意外事件所致❷⁴⁸，舉證責任可謂沉重。

案例研析：The North Goodwin No. 16 案❷⁴⁹

事實摘要：The Mermaid 號拖船將 The North Goodwin (No. 16) 號拖帶至 A 點，以便將其交付予另兩艘與 The North Goodwin (No. 16) 號締結 UKSTC 格式拖船契約之拖船，從 A 點拖帶至 B 點。於 The North Goodwin (No. 16) 號被 The Mermaid 拖帶至 A 點等待該二拖船時，海象突變而吹起強風致 The North Goodwin (No. 16)

---

❷⁴⁶ (1928) 31 Ll.L.Rep. 336.

❷⁴⁷ The Annapolis (1861) Lush 355; The Liverpool Navigation Co. v. De Jersey (1862) 15 Moore PC 486.

❷⁴⁸ 另參考 1989 Salvage Convention, art. 18.

❷⁴⁹ [1980] 1 Lloyd's Rep. 71 QBD.

與 The Mermaid 間之連結拖纜斷裂，The North Goodwin (No. 16) 號遂隨波逐流至下風處。是時與 The North Goodwin (No. 16) 號締結 UKSTC 格式拖船契約之兩艘拖船其中一艘 The Northsider 號正巧在附近，見此情勢而立刻趕往 The North Goodwin (No. 16) 號協助，The Northsider 號將拖纜成功帶上 The North Goodwin (No. 16) 號並將其拖帶至一海浬半外之安全錨地。The Northsider 號船舶所有人、船長與海員向 The North Goodwin (No. 16) 號船舶所有人請求救助報酬，而於海事法庭起訴 The North Goodwin (No. 16) 號船舶所有人。本案主要爭議在於❷⓪：The North Goodwin (No. 16) 號於是時是否處於真正之危險？法官提出三測試問題解決此爭議❷①，其中一項決定性關鍵為：被拖船舶是否有其他之自救方法，而得免於危險？

判決摘要：茲因 The North Goodwin (No. 16) 號配備有大型而高效率之錨機，若是 The Northsider 號之行動慢一點，The North Goodwin (No. 16) 號得自行快速使用該大型錨機，而給予原拖船 The Mermaid 號時間與機會帶上另外一條纜繩。因而 The North Goodwin (No. 16) 號非處於真正危險，而 The Northsider 號施以之作業為於既存拖船契約範圍。

因而真正危險之「危險」乃係指相對危險而言，而非絕對性，應視氣

---

❷⓪ 原告提出之次要爭議為不論拖船所有人與被拖船所有人之法律關係為何，「船長海員」之救助行為係屬「自願」，而得請求救助報酬。法院附帶判決意見認船長海員因受僱於拖船上工作，而是時拖船執行者為拖帶作業，因而非屬自願。另參考 The Texaco Southampton [1983] 1 Lloyd's Rep. 94, C.A., New South Wales of Australia。

❷① 另二測試為：海象狀況及其對被拖船 The North Goodwin (No. 16) 號之可能影響？及被拖船上船長船員之心神狀況為何？

象、海象、被拖船型及其人員素質、船上配備而定，而只要遇難船舶無須外力之介入而得以自救，則其非陷「真正」之危險。

　　另如有關二程船舶拖帶之最高法院 The Troilus 案❷：事故船舶因推進器損壞而由拖船拖帶至安全港口以便修理（第一程拖帶），但該港口無適當修復設備，遂再由另一拖船拖回至其母港修復（第二程拖帶）。最高法院判決只要該被拖船舶仍無航行能力且無動力，而如無外力涉入便無法自救，則有海難救助之適用，因而第一程拖帶與第二程拖帶之拖船方均得請求救助報酬。雖雙方簽署者表面形式為拖帶契約，惟一旦海難救助之法律事實要件成功建立後，海難救助仍得成立，拖船即轉為施救船舶，得請求救助報酬，而無禁反言原則 (estoppel) 之適用，因如前揭，海難救助之成立與否，端視海事法而定而非依契約法。實務之 UKSTC (1986) 拖帶契約條款第 6 條因而也強調此論點而規定：「本契約之任何條款均無限制、侵害或排除拖船所有人以任何方式得對抗僱用人之任何法律權利，包括但不限於，拖船所有人或其受僱人或其代理人對其施以之特別作業而得請求救助報酬或特別補償之權利……」❸。

　　依前揭，1989 年海難救助公約第 17 條與英國法之救助係自願之原則相當，而規定：「除施以之作業為合理認為係超出危險發生前締結之契約之適當履行者外，不生本公約規定之費用❹。」該條文明定施救作業如係依既

❷ [1951] 1 Lloyd's Rep. 467, House of Lords.

❸ Nothing contained in these conditions shall limit, prejudice or preclude in any way any legal rights which the Tugowner may have against the Hirer including, but not limited to, any rights which the Tugowner or his servants or agents have to claim salvage remuneration or special compensation for any extraordinary services rendered to vessels or...

❹ No payment is due under the provisions of this Convention unless the services rendered exceed what can be reasonably considered as due performance of a contract entered into before the danger arose.

存契約義務施救者則無救助報酬，亦即若拖船方欲請求海難救助報酬，則
應主張施以之作業係超出船舶拖帶契約服務範疇。若拖船契約含排除海難
救助報酬請求權之條款，則其可能僅為船舶拖帶。國際海難救助聯盟之大
洋拖帶契約 TOWCON 與 TOWHIRE 於其第 15 條分述：

「⒜若拖帶作業時，被拖船與拖船之連結分開，則拖船應執行任何合
理之作業以重新帶上纜繩並善盡合約義務，不得請求海難救助報酬。

⒝若任何時刻拖船所有人或拖船船長，認為有必要代表拖船或被拖船
或兩者，自任何人或船舶尋求或接受救助作業，則被拖船據此承擔並擔保
拖船所有人或其授權之受僱人或代理人包括拖船船長，得有被拖船真正完
全之授權，代表被拖船以合理之條款接受該救助作業。」❷⁵⁵

依此契約條款文義，除救助之財產非屬被拖船方者外（依契約當事人
原則，該條款對第三人無拘束力），拖船方對被拖船方應不得請求海難救助
報酬，除非「拖船已善盡所有合理之作業重新帶纜，而仍無效，而有海難
救助作業之必要時」。此謂「合理之作業」，應侷限拖帶契約服務範疇內之
作業言，一旦施以之作業超出拖帶契約範疇而成海難救助之性質，拖船方
仍得請求救助報酬。

本法 1999 年修正，為免船舶拖帶作業拖船 (Tugs) 對被拖船 (Tows) 救
助之報酬請求權爭議❷⁵⁶，增訂第 104 條第 2 項：「拖船對於被拖船施以救助

---

❷⁵⁵ A. Should the Tow break away from the Tug during the course of the towage service,
the Tug shall render all reasonable services to re-connect the towline and fulfil this
Agreement without making any claim of salvage. B. If at any time the Tugowner or the
Tugmaster considers it necessary or advisable to seek or accept salvage services from
any person or vessel on behalf of the Tug or Tow, or both, the Hirer hereby undertakes
and warrants that the Tugowner or his duly authorized servant or agent including the
Tugmaster shall have the full actual authority of the Hirer to accept such services on
behalf of the Tow on reasonable terms.

❷⁵⁶ 參考立法院第三屆第三會期第四次會議議案關係文書，頁討 331，民國 86 年 3 月

者得請求報酬。但以非為履行該拖船契約者為限。」

　　一般拖船除得以執行海上船舶拖帶作業外，仍得以依其設備與船型、船況而為海難救助，而得享有海難救助施救人之法律地位，與一般海難救助施救船舶無異。拖船與被拖船訂有拖帶契約，船舶拖帶契約係屬有償契約，拖船必須盡善良管理人之注意與技術，執行拖帶作業，惟因不可預知之「危險」介入拖帶作業時，則拖船為保全被拖船或為引領其遠離危險，可能對被拖船施以特別之作業，若此特別之作業非為既存拖船契約服務範圍或非拖船契約規範之義務而履行者，亦即善良管理人之注意與技術已善盡，而仍有海難救助之必要時，則得將既存拖帶契約轉為海難救助。若否，則仍屬拖船契約。此原則係與 1989 年海難救助國際公約第 17 條，施以之作業係於「危險發生前既存 (pre-existing) 之契約範圍內者」相當，而排除救助報酬請求權之適用。「拖船對於被拖船施以救助者得請求報酬」，何為「救助」？應指海商法之「海難救助」言。

　　本法第 92 條規定：「拖船與被拖船如不屬於同一所有人時，其損害賠償之責任，應由拖船所有人負擔。但契約另有訂定者，不在此限。」此侵權行為責任主體之原則性法定，係基於船舶拖帶契約於海商法之架構，係運送契約，航行管理之指揮控制權自然在於拖船方（運送人），因而單一船舶間拖帶若對第三人造成侵權行為損害，理由拖船人負擔，惟得以契約規定內部求償關係，如雙方締約者為承攬或僱傭契約性質之船舶拖帶（參考前揭），兩者之指揮監督權均在被拖船所有人，如致第三人損害，被拖船自應補償拖船。因而本法第 104 條第 2 項之拖船對於被拖船施以救助者得請求報酬之規定，如係指揮權在被拖船如承攬或僱傭契約性質之拖帶情形，應得推論該不可預知「危險」之介入而導致救助作業之必要，係非拖船所致者，本法第 104 條第 2 項之規定已足，解釋上自無虞慮。惟本法原則上認為拖帶係指揮控制權在拖船之運送契約，則該不可預知危險之介入，應係

5 日印發。

無可歸責於拖船者如非拖船之故意或過失所致，應強制排除危險係拖船故意或過失所致者之情形，此雖本法未明文規定，理應如此詮釋。因而本法第 104 條第 2 項但書，除規定非以履行該拖船契約外，尚須加以適當語句達到「無可歸責於拖船者為限」之效果，或暫以衡平原則、前揭公約規定填補此漏洞。

2. 海難救助轉化為船舶拖帶

雖 1989 年海難救助公約、我國海商法並未明示規定何時海難救助得轉為船舶拖帶，而依前揭英國 The Homewood 案船舶拖帶與海難救助之法律原則分界：危險與自願要件，則依反面解釋，若海難救助之危險與自願要件消滅時，船舶間之海難救助也得轉為船舶拖帶。應得再次類推適用比較法以填補我國海商法未為規定之法律漏洞 (lucke)。

案例研析：The Aldora 案❷

案情摘要：The Aldora 號散裝船滿載鋁錠於某港口外圍淺攤擱淺，雖其船底板受損，而仍具動力。該港口一位引水人登船協助而四艘拖船前去救援，各相關方面協議係採行將 Aldora 號重浮脫淺 (re-floating)。在此四艘拖船與引水人之協助下不久即脫淺，而被拖帶至進港航道之浮標處，等待進港許可。拖船所有人們與該引水人提起訴訟請求救助報酬。本案待決議題之一為❷：何處與何時該海難救助結束？

判決摘要：因事故船舶仍具動力，且海難救助目的之一係將事故船舶引領至安全地點，法院因而判決從靠近該浮標點海難救助即終止，而從該浮標點開始，引水人得請求引水費而拖船所有人得請求船舶拖帶費。至於救助報酬之部分，因引水人係自願執行脫淺

---

❷ [1975] 1 Lloyd's Rep. 617.

❷ 另一為：得否請求救助報酬之利息？法院裁決救助報酬如其他債權般而得請求其延遲給付利息。已明訂於 1989 年救助公約第 13 條。

作業（無契約義務）並擔負重大之風險，而拖船也同樣自願施以有效之技術，均有救助報酬請求權而得參與分配救助報酬。

第四節　船舶所有人責任限制

 法理基礎

(一)鼓勵航海與違反公序良俗之競合

海上企業，船舶運行於海上，早期居於海上風險不可預測，以及造船工藝與航海船藝 (seamanship) 難以克服海上自然風險，海上運送等同海上冒險。因此，對於航行或管理船舶過失所生事故之損害賠償，船舶所有人於運送契約訂定限責條款以船價為限或委棄其海上資產船舶予債權人或受害人而負有限責任。於 17 世紀首次受到國家政策支持，係法國於 1681 年制定路易 14 海事條例❷❺❾，支持航運業之發展❷❻⓿，為陸上其他工商事業所無之特權，對歐洲各國立法產生影響。但債權人或加害人必須為自己行為及行為後果，對他人損害範圍負責，無論何人皆不得將自己過失所生損害轉嫁於他人，怎能限額賠償？因此，英國法院曾以違反公序良俗為由，駁回船舶所有人限責聲請之訴❷❻❶。

(二)便利性與公平正義之競合

船舶所有人限責法制，並非考量如船舶所有人不得限責，對其所承擔之海上冒險不公平，船舶所有人得限責才具公平正義，而是基於便利性❷❻❷。保險人得以計算船舶所有人最高海上風險，船舶所有人之海上債務範圍得

---

❷❺❾ The Maritime Ordinance of Louis XIV.

❷❻⓿ J. Donovan, The Origins and Development of Limitation of Shipowners' Liability, (1979) 53 Tulane Law Review 999, 1000.

❷❻❶ The Amalia (1863) Br. & Lush. 151; 176 E.R. 323.

❷❻❷ The Bramley Moore [1964] P. 200.

以客觀量化，而投保適足之責任保險與衡量營運成本。責任保險保費，在總額限責下，遠比負無限責任為低，亦降低其營運風險與成本。

二 國際規範

㈠國際同化前主要制度

CMI 於第一次世界大戰後 1924 年首次制定下揭 1924 年公約，對於船舶所有人總額限責權國際同化前，各國所採行成文法制度如下❷⑥③：

1. 委棄制度 (abandonment)：對於船長、海員執行業務所致而船舶所有人應負責之海上債務，船舶所有人委棄船舶予債權人，因為每艘船舶構成船舶所有人曝於海上冒險之獨立資產，稱為海事財產 (fortune de mer)，因此其責任應僅限於船舶事故後價值及尚未收取運費 (freight at risk)，多數大陸法系國家採行，如法國、義大利和西班牙。

2. 執行制度 (execution)：對於船舶所屬船員執行業務所致而船舶所有人應負責之海上債務，得以該船舶為執行標的，如德國採之。

3. 船價制度：對於船舶所屬船員執行業務所致而船舶所有人應負責之海上債務，如船舶所有人不知情船員之行為或不行為，則船舶所有人責任以事故後船價及尚未收取之運費為限，美國採之，其實質效果與委棄制度相同。

4. 船噸制度：船舶所有人責任，以每噸固定金額為基準，乘以船舶登記總噸位，以茲為限責範圍，英格蘭及多數海洋法系國家採行。

㈡國際同化：從船價制度到船噸制度

船舶所有人限制國際公約，計有三個：CMI 制定的 1924 年海事求償責任限制公約 (International Convention for the Unification of Certain Rules Relating to the Limitation of the Liability of Owners of Sea-going Vessels,

---

❷⑥③ J. Donovan, The Origins and Development of Limitation of Shipowners' Liability, (1979) 53 Tulane Law Review 999, 1000.

1924, LLOS 1924)，於 1931 年 6 月 2 日生效，最多僅 15 個締約國，而於後續 1957、1976 公約制定、生效後，有些國家陸續退出，目前僅 8 個締約國。IMO 制定的 1957 年海船所有人責任限制公約 (The International Convention Relating to the Limitation of the Liability of Owners of Sea-going Ship 1957, LLOS 1957) 暨其修正限額之 1979 年議定書 (LLOS PROT 1979)，LLOS 1957 於 1968 年 5 月 31 日生效，LLOS PROT 1979 於 1984 年 10 月 6 日生效。IMO 制定的 1976 年海事求償責任限制公約 (Convention on Limitation of Liability for Maritime Claims, 1976, LLMC 1976)，用來取代 LLOS 1957，暨其提高限額的 1996 年議定書 (LLMC PROT 1996)。LLMC 1976 於 1986 年 12 月 1 日生效，而 LLMC PROT 1996 於 2004 年 5 月 13 日生效。IMO 根據公約第 8 條默示接受條文之規定，於 2012 年 4 月 19 日宣布[264]，自 2015 年 6 月 8 日起採用新的限額 (Amendment 2012)，進一步提高限額，因此 LLMC PROT 1996 締約國受到 2012 修正案之當然拘束。三個公約，以 LLMC PROT 1996 年議定書暨其 2012 年修正為國際主流，締約國達 52 個，包括主要海權國家，諸如英國、荷蘭、挪威、日本、德國、法國等。

　　LLOS 1924 採取事故後船價、未收取運費及附屬費為限之船價制度為原則，又以船噸所計算而出之金額為最高限額，嘗試融合各國制度，但受到英國抵制，而無任一海洋法系國家參與，最多時期僅 15 個締約國，如今於 1957 公約、1976 公約陸續制定、生效後，僅存 8 個締約國，已是走入歷史而被淘汰之制度。船價制度缺點在於有鼓勵老舊、維修差、不重視維修的船舶所有人之疑，危害海上航行安全。因為一旦船舶因事故而沉沒，則該船舶所有人責任限制依船價衡量幾等於零。舉鐵達尼號 (The Titanic)[265]一案為例，該案船舶所有人於美國法院提起限制責任聲請之訴，

---

[264] IMO, RESOLUTION LEG.5(99).

[265] Oceanic Steam Navigation Co. v. Mellor 209 F. 501 (2 Cir. 1913), 233 US 718 (1914).

當時美國法採船價制度。鐵達尼號出事前船價約 1,500,000 英鎊，若依出發地英國法船噸制度計算其上限為 3,750,000 美元，但依當時美國法計算，鐵達尼號沉沒後剩餘價值為 91,805 美元，僅餘救生艇和尚未收取之運費，而該案受害人暨其家屬之求償總金額為 22,000,000 美元，差距相當大。

　　LLOS 1957 首次使用船噸制度，取代之 LLMC 1976 亦是。船噸制度，係按法定每噸位之金額，乘以船舶登記總噸位 (gross tonnage) 以計算責任範圍，係英國於 19 世紀立法所創設之成文法制度 ❷❻❻。比較 LLOS 1957，LLMC 1976 大幅提高 2.5 倍至 3 倍限額範圍，LLMC PROT 1996 是 LLOS 1957 的 5 倍至 6 倍，Amendment 2012 是 LLOS 1957 的 8 倍至 9 倍。可見，隨著人類文明於造船工藝、航海技術、氣象預測科技之進步，海上航行不再是海上冒險，船舶所有人所負責任範圍愈趨擴大。限責範圍之修正，考量因素有三：1. 事故之實證經驗值，2. 幣值之變動，3. 修正對保險成本之影響 ❷❻❼。本次修正主要是通貨膨脹，從 1996 年至 2010 年，通貨膨脹率達 45%，但是如限額太高又失去限責制度之意義 ❷❻❽。

　　2012 修正較 LLMC PROT 1996 約增加 51%。對於人身傷亡賠償請求之限額，船舶未超過 2,000 總噸者，以 302 萬特別提款權計算（原為 200 萬），而較 2,000 總噸大之船舶，外加下列限額：

1.從 2,001 至 30,000 噸，每 1 噸 1,208 SDR（原為 800）

2.從 30,001 至 70,000 噸，每 1 噸 906 SDR（原為 600）

3.超過 70,000 噸者，每 1 噸 604 SDR（原為 400）

　　對物之損害賠償請求之限額，船舶未超過 2,000 總噸者，以 151 萬特別提款權計算（原為 100 萬），而較 2,000 總噸大之船舶，外加下列限額：

1.從 2,001 至 30,000 噸，每 1 噸 604 SDR（原為 400）

---

❷❻❻ Merchant Shipping Act 1894.

❷❻❼ LLMC PROT 1996, art. 8, para. 5.

❷❻❽ IMO, LEG 99/14.

2. 從 30,001 至 70,000 噸，每 1 噸 453 SDR（原為 300）

3. 超過 70,000 噸者，每 1 噸 302 SDR（原為 200）

　　1957 公約及 1976 公約係船舶所有人責任限制之普通法，針對特種船舶或特定污染源，另有特別法性質之國際公約，均採船噸制度，如規範油品污染責任限制之 1969 年油品污染損害之民事責任公約㉙及其 1976 年、1984 年、1992 年議定書，規範核子污染責任限制之 1962 年核子船舶營運人責任公約㉚（尚未生效）和 1971 年海上核子物質運送民事責任公約㉛，規範毒性化學品污染之 1996 年海上運送有毒有害物質損害責任及補償公約（尚未生效）㉜。

三　我國法

(一)「船價制與金額制」之混和制度

　　1999 年我國船舶所有人限責法制從「船價制與委付制」，變更為「船價制與金額制」，以船價制度為原則，但如船價數額低於船噸計算之限責，則船舶所有人應補足之㉝，即是以高者為準，類似 LLOS 1924 所採之混合制度，立法理由謂「修正條文第 1 項參照 1976 年海事求償責任限制國際公約精神，為更能刺激及鼓勵船舶所有人淘汰質劣之老舊船舶，以積極建造性能優良之船舶」。惟 1976 年公約僅採船噸制度，而船價制度或混和制度如前所指，已是走入歷史而被淘汰之制度，因為船價制度缺點在於有鼓勵

㉙ International Convention on Civil Liability for Oil Pollution Damage 1969, CLC 1969,
　　最近一次修正於 1992 年。

㉚ Liability of Operators of Nuclear Ships 1962.

㉛ Convention relating to Civil Liability in the Field of Maritime Carriage of Nuclear Material 1971.

㉜ HNS Convention 1996.

㉝ 海商法第 21 條第 1 項及第 4 項。

老舊、維修差、不重視維修的船舶所有人之疑，危害海上航行安全。對於船舶所有人得主張限責之債務、船舶所有人定義及船噸數額，則參考 LLOS 1957、LLMC 1976 公約及我國國情與政策。至於公約所設計之基金制度，我國法付之闕如，致船舶所有人僅能於個案主張之，漠視基金制度對受害人之擔保功能：船舶所有人提存法定限額於法院作為擔保[274]、對加害之船舶所有人保護功能：既已提存法定限額為擔保，債權人不得假扣押船舶所有人包括船舶之任何資產[275]，以及確定判決後之集中分配功能：於締約國法院起訴之受害人，於判決確定後，能就此基金參與分配：除受海事優先權擔保之債權外，普通債權人依其債權金額比例受償[276]，分配程序應待所有債權人向基金提存法院，提出確定判決後，才能開啟分配程序，公平對待每一受害人。綜上，船舶所有人限責制度於我國法下功能受限。

(二)限責範圍

現行法採「船價制與金額制」之混合制。以船價制度為原則，但如船價數額低於船噸計算之限責，則船舶所有人應補足之船價範圍。船價制度，以事故後船價、運費及其他附屬費等「海事財產」為限[277]。運費，依海事財產之解釋，係指尚未收取之運費，而依法或依約不能收取之運費自不包括在內。附屬費，指船舶受損害應得之賠償，即是屬於應收債權之海事財產，但不包括保險金，居於保險金之性質非屬損害賠償及保險金歸屬於特定人，論證理由，請參本書先前所揭。

船噸範圍，分成兩類：對於人身傷亡之限額，以及對物毀損滅失之限額。對人格權之尊重，對人之限額會比對物為高，這是三個公約的一貫基本立場。本法對人為 162 特別提款權，對物為 54，均比 LLOS 1957 經

---

[274] LLMC 1976, art. 11.

[275] LLMC 1976, art. 13.

[276] LLMC 1976, art. 12.

[277] 海商法第 21 條。

1979 議定書使用特別提款權轉換後的數額：對人 206.67，對物 66.67 為低，更遑論 1976 公約經兩次修正提高之額度，我國現行法僅約為十分之一，而且尚有最低額（地板）限制：對人的部分，船舶未超過 2,000 總噸者，以 302 萬特別提款權計算；對物者，船舶未超過 2,000 總噸者，以 151 萬特別提款權計算。如前所揭，限責範圍之修正，考量因素有三：1. 事故之實證經驗值，2. 幣值之變動，3. 修正對保險成本之影響❷⁷⁸，但是如限額太高又失去限責制度之意義❷⁷⁹。國際公約為文明主流價值之基本判斷，具有引導功能，限責範圍除應拋棄危害人類安全之船價制度外，應根據主流之 2012 修正案，考量提昇限責範圍。

㈢限責主體

　總額限責適用之船舶所有人，包括船舶所有權人、承租人、經理人及營運人等❷⁸⁰，涵蓋所有經營海上企業之態樣，以自有船舶營運（船舶所有權人）、承租船舶營運（承租人）、受船舶所有權人委託而營運（經理人）、依策略聯盟合約而營運（營運人）、傭入船舶營運（營運人）等。

　此外，船舶抵押權人如實行抵押權取得船舶所有權，如有海事優先權之附著，而該優先權所擔保之債務又係法定船舶所有權人得限責者，則取得所有權之抵押權人亦得主張之。又海難救助之施救人為公約法定限責主體❷⁸¹，於救助過程致法定海上債務，得主張限額賠償，以鼓勵救助行為，具公益目的。法定限責債務之責任保險人，如締約國具受害人得直接向加害人之責任保險人直接請求保險金之直接請求權制度，例如我國保險法第 94 條第 2 項直接請求權規定，受害人法定受讓加害之被保險人保險金債權，亦是相對承擔加害人債務，因而保險人得主張限責❷⁸²。

---

❷⁷⁸ LLMC PROT 1996, art. 8, para. 5.

❷⁷⁹ IMO, LEG 99/14.

❷⁸⁰ 海商法第 21 條第 2 項。

❷⁸¹ LLMC 1976, art. 1, paras 1 and 3.

㈣適用之船舶

公約適用於海船❷。依 LLMC 1976 第 15 條第 5 項公約明文排除氣墊船和探勘自然資源之平臺。公約第 15 條第 2 項開放予締約國得於內國法規定，將公約適用船舶擴及內河航行船舶及總噸位 300 噸以下船舶。就我國法言，依本法第 1 條及第 3 條應僅適用於海商法上船舶。我國法對於建造中船舶，係視為船舶，例如建造中船舶得設定抵押權，而強制執行亦視建造中船舶為海商法上船舶而準用不動產執行規定。因此，建造中船舶於下水典禮、試航期間致適用限責之債務發生，得主張限責。

㈤適用及不適用之債務

適用之債務類型，三個公約雖然使用列舉式立法技術，實已將船舶運營所生之海事債務全部涵蓋之❷。就本法言，已涵蓋本法債之發生原因：

1. 人身傷亡、財物毀損❷：包括貨物運送、旅客運送、船舶碰撞或救助行為之法律關係所致。

2. 契約關係外船舶操作或救助作業所生之權益侵害❷：如船舶操作或救助作業所生碰撞、擱淺、沉船致如準物權（礦業權、漁業權）之權利侵害。

3. 不包括契約約定報酬之沉船打撈移除債務❷：契約約定之報酬，當事人應受到拘束，不得主張限額。

4. 避免或減輕前本法第 21 條第 1 項第 1 款、第 2 款及第 3 款責任所負債務❷：依公約規定係指船舶所有人以外之人，所採取之損害防阻作為所

---

❷ LLMC 1976, art. 1, para 6.

❷ LLOS 1957, art. 1, para. 1; LLMC 1976, art. 1, para. 2.

❷ LLOS 1957, art. 1; LLMC 1976, art. 2.

❷ 海商法第 21 條第 1 項第 1 款。

❷ 海商法第 21 條第 1 項第 2 款。

❷ 海商法第 21 條第 1 項第 3 款。

❷ 海商法第 21 條第 1 項第 4 款條文，「前 2 款」係「前 3 款」之疏漏，請參張新平，海商法增訂 5 版，2016，頁 49。

生債權，而向船舶所有人求償，則船舶所有人得主張限責。

本法第 22 條援參 LLMC 1976 第 3 條規定，將特定債務除外：

1. 海上勞動生存權之保障：船長、海員及其他在船人員因僱傭契約所生債務；

2. 鼓勵公益行為：救助報酬及共同海損分擔；

3. 居於巨災性質：船舶油污、化學污、核子污等損害範圍極大，性質屬巨災，我國政策上排除之，以防範事故發生，係本土化之立法故意。惟公約將之排除之理由，係居於尚有其他專門規範船舶污染公約之特別法，如前揭規範油品污染責任限制之 1969 年油品污染損害之民事責任公約❷⑧⑨及其 1976 年、1984 年、1992 年議定書，規範核子污染責任限制之 1962 年核子船舶營運人責任公約❷⑨⓪（尚未生效）和 1971 年海上核子物質運送民事責任公約❷⑨①，規範毒性化學品污染之 1996 年海上運送有毒有害物質損害責任及補償公約（尚未生效）❷⑨②。

(六)破除總額限責權

1. 1957 年公約暨本法：「本人之故意或過失」

本法援參 LLOS 1957 第 1 條第 1 項規定，船舶所有人「本人」之故意或過失 (actual fault or privity of the owner) 所生債務，喪失總額限責權，以提高船舶所有人防阻事故之注意，維護海上航行安全，係一衡平規定，不只見於總額限責權，亦出現於運送人單位限責權，讀者可參考本書前揭。破除總額限責之舉證責任，依 LLOS 1957 第 1 條第 6 項，係依法庭地法

---

❷⑧⑨ International Convention on Civil Liability for Oil Pollution Damage 1969, CLC 1969，最近一次修正於 1992 年。

❷⑨⓪ Liability of Operators of Nuclear Ships 1962.

❷⑨① Convention relating to Civil Liability in the Field of Maritime Carriage of Nuclear Material 1971.

❷⑨② HNS Convention 1996.

(by the lex fori)。英國於 1957 年公約締約國時期，判例法認為應由主張限責權之船舶所有人負舉證責任❷❸，證明債務非船舶所有人「本人」之故意或過失所致。如依我國法，本法未規定舉證責任，依民事訴訟法第 277 條，依由主張破除船舶所有人總額限責權之債權人、受害人負舉證責任。

⑴本人 (alter ego) 的概念：法人之代表人

本人故意或過失，係指船舶所有人本人，而不是受僱人或履行輔助人行為。因此如為法人時則須考慮何人之行為視同或代表法人之行為（亦即 alter ego，the directing mind and will of the company 的概念）？原則上依法定或依法人的章程而定，一般係指向高階管理階層如董事或具有代表權限的經理人等。

英國最高法院 (House of Lords) ❷❹早於 1915 年於 Lennards Carrying Co. v. Asistic Petroleum❷❺一案即闡述 alter ego 的概念：即過失或知情必需是重要人士的過失或知情，該重要人士並不僅僅是受僱人或代理人，而是該人的行為即代表公司本身的非常行為，該人包括董事長 (chairman)、董事 (director) 或管理人 (managing owner)。

於 The Lady Gwendolen ❷❻一案，The Lady Gwendolen 輪與另一船舶 The Freshfield 輪發生碰撞，並將之撞沉。當時 The Freshfield 正在英國西部 Mersey 的錨泊區錨泊，雖然當時海面有濃霧，The Lady Gwendolen 的船長依然全速前進，儘管當時雷達開啟但船長並未派員持續監控，而船長僅偶爾查看該雷達。事實在於該船長有飆船的惡習由來已久，若船公司負責船員監督與訓練之海務經理（同時也是該公司之助理常務董事），能經常性的

---

❷❸ The Norman [1960] 1 Lloyd's Rep. 1.

❷❹ 於 2009 年 10 月 Supreme Court 取代上議院之上訴機構 (the Appellate Committee of the House of Lords)。

❷❺ [1915] AC 705.

❷❻ [1965] 1 Lloyd's Rep. 335 C.A.

檢查船舶航海日誌，必定會發現該輪船長之飆船習慣並即時令其矯正，且若該海務經理重視航海安全並訓練船員正確使用雷達與遵守海上避碰規則，則該碰撞應可因而避免。

本案的關鍵在於：誰是代表人？因該海務經理同時也是助理常務董事，屬高階管理階層即是代表人。為決定該意外是否歸因於該代表人之「故意或過失」，本案的另一測試為：若該 alter ego 已合理的做好其職務上之工作，則該意外是否仍會發生？本案的答案是否定的，是故該碰撞乃歸因於該海務經理（助理常務董事）之故意或過失，因而該海務經理的故意或過失造成的船舶碰撞，即是法人船舶所有人本人之故意或過失所致，因此，船舶所有人不得主張總額限責。

2.有效的管理控制系統 (effective management control system)

根據英國最高上訴法院 1984 年判例 The Marion ❷❾❼，若船舶所有人意圖成功限制其海事責任，則船舶和公司「有效管理控制系統」的建立，實屬必要。

賴比瑞亞籍油輪的船長，於 Hartlepool 港外錨泊區拋錨以等待船席。下錨時錨與海底輸油管線發生糾纏與碰撞。海底輸油管線所有人求償 2 千 5 百萬美元。The Marion 船舶所有人雖承認責任，但尋求限制責任至約 98 萬英鎊 ❷❾❽。船舶所有人長久以來即委託一英籍船舶管理公司營運及管理船舶 ❷❾❾。雖然該輪海圖室配置標示該海底輸油管線的最新海圖，但當時船長卻使用老舊不正確的過時海圖。就在此碰撞前一年的一次政府檢驗中，該輪海圖老舊之情事被揭露，且於該檢驗後船舶管理公司立即指示該輪船長改進此一缺失。一審的海事法庭法官判決該船舶所有人得以限制責任，理

---

❷❾❼ [1984] 2 Lloyd's Rep. 1.

❷❾❽ 當時英國國內法適用 1957 年限責公約。

❷❾❾ 該註冊之賴比瑞亞籍船舶所有人為一般所謂的 paper company，該船舶經理公司應是真正的受益所有人 (beneficial owners)。

由在於該輪海圖的供應與維護是該船長的個人責任，而且該船長疏忽而使用過時海圖是造成該意外之唯一原因。上訴法院 (Court of Appeal) 推翻一審判決，理由在於：確認有效且適當的海圖供應與監督系統的維護是該船舶經理公司的責任，而該輪缺少此種監督系統。缺少監督系統的事實，更因該輪於一年前的政府檢驗報告，而愈發凸顯，即該公司缺少有效的管制系統，以檢查該船長的缺失是否已改進。船舶所有人不服上訴至最高法院。最高法院，判決該船舶經理公司的失職或缺少海圖供應與監督系統的維護，是造成該意外的直接原因 (direct cause)。尤其，船舶所有人依法應為該船舶經理公司的疏失負責 ㉚。此判例顯示法院在審理責任限制訴訟或聲請時，將特別強調有效安全管理系統的執行與建立，並暗示船長將自傳統數百年來「船長世界中的船長」的角色褪色 ㉛。

3. 1976 年公約：「本人之故意或重大過失」

　　1976 公約訂定衡平規定，如經證明損失係基於船舶所有人本人行為或不行為之故意或有認識輕率行為所致損失 (personal act or omission, committed with the intent to cause such loss, or recklessly and with knowledge that such loss would probably result.) 船舶所有人不得限責，藉以破除總額限責權。使用之文義與海牙威士比規則第 4 條第 5 項第 5 款、漢堡規則第 8 條第 1 項，鹿特丹規則第 61 條第 1 項、雅典公約第 13 條、華沙公約第 25 條相同，均使用有認識輕率文義。有認識輕率行為，係指行為人預見行為後果可能發生，但是對於結果不在乎，相當於大陸法系刑法之間接故意，於民事法近於重大過失，但可責程度高於重大過失，通常翻譯為重大過失，請參考本書前揭於單位限責權之討論。「本人」概念同前 1957 年公約下之

㉚ 於海洋法系，長久以來即建立僱用人需為他的受僱人或代理人負授權範圍內之業務行為對第三人之責任，代負責任。

㉛ 隨著人類通訊技術的精進，岸上與海上距離將不再遙不可及，船舶所有人將可隨時「遙控、指示、指揮」船長，船長獲自船舶所有人的授權也隨之愈小。

討論。

　　LLMC 1976 將 1957 公約破除總額限責的可責程度，提高至重大過失以上，又限於「本人」行為後結果，而舉證責任依文義，係由主張破除船舶所有人總額限責權之債權人、受害人負舉證之責❸，經締約國如英國、加拿大、紐西蘭訴訟實證顯示❸，係債權人破除船舶所有人限責權之沉重負擔，幾乎牢不可破 (a virtually unbreakable system of limiting liability)，僅有少數成功案例❸。這也不難理解，為何 1976 年公約經過 1996 年議定書及 2012 年修正案，兩次大幅提高船舶所有人限責範圍，因為「牢不可破」之實證，也證實公約衡平規定早已失去應有之衡平信念與功能，僅能提高限額因應。因此，產生惡意循環，船舶所有人疏於注意導致海上事故，危害航行安全，而債務人限額又逐漸提高，形成雙輸之局，因此，公約第 4 條衡平規定，應重新檢視並修正之，回復其應有之衡平功能。

第五節　船舶之強制執行

一　船舶強制執行之重要性與國際同化

　　海運業係國際性的產業，於世界各地因海事活動，而對他國籍個人產生民事法律關係，具有國際性。又船舶所有人擁有之海上資產船舶，在海上、世界各港口間移動，而具有流動之特質。如何透過船舶強制執行及時保全債權、執行船舶資產或實行擔保物權，亦顯重要，而具國際同化之需求。

　　船舶強制執行之國際同化，僅針對保全程序得以金錢或得易為金錢請

---

❸ The Captain San Luis [1994] 1 All E.R. 1016.

❸ The MSC Rosa M [2000] 2 Lloyd's Rep. 399; The Leerort [2001] EWCA Civ 1055; Peracomo Inc. v. TELUS Communications Co. [2014] 1 SCR 621.

❸ The Saint Jacques II [2003] 1 Lloyd's Rep. 203.

求之假扣押，特別是得假扣押船舶之請求權態樣。因為取得執行名義之扣押純屬程序法，數百年來海洋法系與大陸法系法庭地之扣押程序規定互不相同，難以取得共識或折衷，而難以互相改變。CMI 參考英國海事管轄對物訴訟之海事請求權類型 (maritime claims) ，制定 1952 年船舶假扣押公約 (International Convention Relating to the Arrest of Sea-Going Ships, 1952)，於 1956 年 2 月 24 日生效，迄今 72 個締約國。除非是正面表列之海事請求權，債權人不得假扣押船舶，而與大陸法系債務人的資產，皆得為假扣押標的之制度有別。大陸法系締約國如德國、法國、義大利、荷蘭等海權國家，就此與陸上法之假扣押制度產生分流。被援參之英國對物訴訟之海事請求權，係基於該等海事請求權所生之海事優先權，因此，公約得假扣押船舶之海事請求權，內含生海事優先權之債權，而部分重疊、緊密相依。1993 年海事優先權暨抵押權公約制定後，影響 1952 船舶假扣押公約，因此 IMO 和 UNCTAD 共同制定 1999 年船舶假扣押公約 (International Convention on Arrest of Ships 1999)，以取代 1952 年公約，於 2011 年 9 月 14 日生效，但僅少數 11 個締約國，多屬東歐、非洲之開發中國家。

海洋法系國家，因為公約法定列舉之海事請求權係得以依本國法提起對船訴訟，本質係本案實體訴訟，與大陸法系及公約之假扣押保全程序存在重大差異，因此全數海洋法系國家，包括英國、美國、加拿大、澳大利亞、紐西蘭、新加坡等均未參與前揭二公約。

我國海商法自立法之初，以迄數次修法，並未援參上揭公約引入國際規範。是以，現行我國船舶保全程序強制執行之規定，係純粹內國法議題。惟我國存在可資討論與研究之國際化空間。

二 我國法

(一)船舶強制執行之準據法

---

⑩ 舊法 Supreme Court of Judicature (Consolidation) Act 1925, s. 22。

海商法上船舶，準用關於不動產執行之規定，建造中船舶亦同❸。非海商法上船舶則適用動產執行之規定❸。

㈡船舶強制執行之方式

海商法上船舶，包括建造中船舶，係準用不動產執行方式，包括查封、拍賣、強制管理❸、變賣❸。建造中之船舶，係指自安放龍骨或相當於安放龍骨之時起，至其成為海商法所定之船舶時為止之船舶而言❸。非海商法上船舶，則以查封、拍賣、變賣執行之❸。查封之方法，原則採揭示、封閉、追繳契據，於必要時得併用之❸。契據係指向「船舶登記證書」、「船舶國籍證書」等船舶文書。航行國境內船舶之保全程序，得以揭示為之❸。

㈢保全程序之執行限制

除為航行可能所生之債務與船舶碰撞之侵權行為損害賠償外，於船舶發航準備完成時起，以迄航行至次一停泊港時止，不得為之❸。所謂發航準備完成，指法律上及事實上得開行之狀態而言，例如船長已取得當地航政主管機關核准發航與海關准結關放行及必需品之補給已完成，並已配置相當海員、設備及船舶之供應等屬之；所謂航行完成，指船舶到達下次預定停泊之商港而言；所謂為使航行可能所生之債權，例如為備航而向之購置燃料、糧食及修繕等所生債權❸，因為這些補給一旦供應完成，實質上

---

❸ 強制執行法第 114 條第 1 項。

❸ 辦理強制執行事件應行注意事項第 61 點第 12 項。

❸ 強制執行法第 75 條第 1 項。

❸ 強制執行法第 114 條之 2 第 3 項。

❸ 辦理強制執行事件應行注意事項第 61 點第 1 項。

❸ 強制執行法第 45 條。

❸ 強制執行法第 76 條第 1 項。

❸ 海商法第 4 條第 2 項；辦理強制執行事件應行注意事項第 61 點第 2 項。

❸ 海商法第 4 條第 1 項；強制執行法第 114 條第 3 項。

已為完成發航之狀態，卻依法不得執行，則永無執行之可能。碰撞發生於我國司法管轄範圍內，或船舶於碰撞後進入我國管轄領域，得應受害人之聲請，假扣押當事船舶，不受本法第 4 條禁止執行期間之限制。因為，當事船舶正處於發航後而未停泊於次一港之狀態，如依本法第 4 條於該期間禁止扣押，如於船舶不停靠我國港口之情形，則受害人完全無從執行，而無保全債權之餘地。

取得執行名義者，如終局確定判決，於我國管轄領域均可執行 ❸❶❻，無執行期間之限制。

㈣強制執行管轄法院與本案管轄法院之關係

強制執行法第 7 條規定船舶所在地法院有保全程序管轄，依民事訴訟法第 524 條第一項，本案管轄法院亦當然具有保全程序管轄。在民事訴訟法第 15 條第 2 項和海商法第 101 條船舶碰撞或其他海上事故加害船舶被假扣押地法院，取得本案管轄。此外，民事訴訟法第 3 條第 1 項規定，對於在我國現無住所或住所不明之人，因財產權涉訟者，得由被告可扣押之財產或請求標的所在地之法院管轄。對於外籍船舶所有人，債權人得聲請執行船舶假扣押，船舶所在之假扣押地法院亦取得本案管轄。1952 公約及 1999 公約均規定，只要是基於法定列舉海事請求而執行之假扣押，原則上執行之假扣押法院均取得本案管轄 ❸❶❼，著眼於執行利益。

---

❸❶❺ 辦理強制執行事件應行注意事項第 61 點第 3 項。

❸❶❻ 強制執行法第 114 條第 2 項。

❸❶❼ Arrest Convention 1952, art. 7; Arrest Convention 1999, art. 7.

第四章　海上保險法與共同海損

第一節　海上保險之特質與其特別規定

一　海上保險法制發展❶

(一)海上保險起源

　　海上保險的實際產生年代已不可考。羅德斯人❷和羅馬人發明共同海損與緊急的冒險借貸即所謂「船舶擔保借貸 (bottomry)」制度。它發源於西元前 9 世紀，船長（通常也是船舶所有人）因緊急（如於外埠為籌措修船資金）而將船舶抵押借貸金錢以繼續從事海上運送冒險。貸與人僅在船舶成功執行該趟海上航行後而得以獲得外加利息之清償，而利率的高低反映在該筆借貸的航行風險大小，此制度正與海上保險相反，海上保險僅在船舶未安全抵達或受損時補償之。古時船長偶爾利用此 bottomry 借得高額貸款而潛逃，但是隨著人類通訊技術的發達，此借貸方式早已絕跡。因此，船舶擔保借貸及共同海損，均非海上保險。海上保險源於 12 世紀末 13 世紀初，活躍於北義大利之翰薩商會 (Hanseatic League) 的商人❸和倫巴底族 (Lombards) 商人。因而，insurance policy 之 policy 一字為義大利文 polizza 演變而來，意思為承諾 (promise) 或擔保 (undertaking)。倫巴底族商人說服英王亨利四世 (Henry IV) 讓他們在倫敦市區的一個街段建造他們的家，以及從事保險交易，此一區域即為知名的倫巴底街 (Lombard Street)，證實為何 MIA 1906 附件一❹之早期勞依氏保單 (Lloyd's S. G.❺ policy)，描述「本

---

❶ See generally Alex Parks, The Law and Practice of Marine Insurance, Steven & Son, 1988, Volume 1, pp. 3–17.

❷ 世界最古老的海商法為西元前 9 世紀地中海羅德斯人制定的羅德斯海商法 (Rhodes law)。

❸ 中世紀時以德國北部為中心的許多城市所組成的政治商業同盟。

❹ MIA 1906, Schedule 1.

保單將如同在倫巴底街、皇家交易所或倫敦市任何地方所簽署之最可信賴之保單之同等效力。」❻

　　較制度化的海上保險開始於 17 世紀時的勞依氏咖啡館 (Lloyd's coffee house❼)，因當時標準化的保單來自 200 多年前的義大利且不時地增修條款，在字句上愈發顯得不恰當，造成法院解釋上的困難❽。直到 1779 年才有勞依氏格式保單 (Lloyd's S.G. policy) 的出現並一直使用至 1982 年才被新式的 MAR 格式 (Lloyd's Marine Policy) 所取代。儘管如此，勞依氏格式保單仍為 MIA 1906 附件一之範例保單。但為因應商業上的需要，這些保單都會附加可經常性修訂的條款如協會條款 (Institute Clause)，當然協會條款必需是與 MIA 1906 相容的。

㈡英國 MIA 1906 的成文、修正與實務條款之變更

　　英國處理海上保險最早的法典為 1601 年之規定❾，建立了特別法庭以審判海上保險訴訟。海上保險法第一次成文於 1745 年 (Marine Insurance Act, 19 Geo 2, c. 37)，對賭博保單 (wagering policies) 和再保險作有限度的限制。1766 年英國最高法院 (House of Lords) Carter v. Boehm❿案，大法官曼斯菲爾⓫(Lord Mansfield) 提出「保險契約為最大善意之契約」⓬之經典

---

❺ Ship and Goods.

❻ "...this writing or policy of assurance shall be of as much force and effect as the surest writing or policy of assurance heretofore made in Lombard Street, or in the Royal Exchange, or elsewhere in London."

❼ Lloyd's 死於 1720 年，他的名字一直被保留，並於 1871 年依照國會法案 (Act of Parliament) 成立勞依氏法人 (Corporation of Lloyd's)，目前涵蓋保險、海運、海法等相關商業活動。

❽ 參考 Sir James Mansfield CJ 之描述 "a very strange instrument" 於 Le Cheminant v. Pearson (1812) 4 Taunt. 367, at 380。

❾ 43 Eliz. C. 12

❿ (1766) 3 Burr 1905.

見解，從此保險契約帶著最大善意契約之美名，並進而衍生具體之下位制度：先契約據實說明義務❸以及各式後契約義務，諸如保險事故發生通知義務、對保險標的注意義務、複保險通知義務等。爾後成文者為 1788 年海上保險法 (28 Geo 3, c. 56)，規定被保險人姓名必需明列於保單。19 世紀末，英國律師 Sir M.D. Chalmers 於印度執業數年之後返國，旋即被指定為國會法案起草人 (parliamentary draftman)，他在 1894 年根據數百年來超過兩千多個相關海上保險判例以及海上保險商業習慣❹，完成「海上保險法草案」(Marine Insurance Bill)，草案最後於 1906 年 12 月 21 日經英國國會

---

❶ 曼斯菲爾大法官，1705–1793，為蘇格蘭人，姓名 William Murray，為曼斯菲爾首任伯爵 (Earl)。曾於 1756–1788 年擔任高等法院國王分部 (King's Bench Division of High Court) 之首席法官 (Lord Chief Justice)，於司法系統位階僅次於司法部長 (Lord Chancellor)。大法官曼斯菲爾，審理超過 100 多個保險訴訟案，建立諸多保險契約法原則，影響英國保險法制之發展甚鉅，為英國保險法之父。此外，對其他商事法之領域亦頗多建樹，遂又被尊稱為英國商事法之父。參見 E. Heward, Lord Mansfield, 1979, Barry Rose。

❷ 請詳參：饒瑞正，保險法最大善意原則之辨正，月旦法學，第 89 期，2002 年 10 月，頁 153–174。

❸ 請詳參：饒瑞正，保險法先契約據實說明義務之再建構（下）——波希米亞的狂想，台灣本土法學，第 83 期，2006 年 06 月，頁 47–58；饒瑞正，保險法先契約據實說明義務之再建構（上）——波希米亞的狂想，台灣本土法學，第 82 期，2006 年 05 月，頁 18–31。

❹ 誠如 Chalmers 本人於 1901 年所著第一版之「海上保險法摘要」(Digest of the Law of Marine Insurance) 序文所言："The law of marine insurance rests almost entirely upon common law. Only a few isolated points are dealt with by statute. The reported cases are very numerous, being over 2, 000 in number. On some points there is a plethora of authority. On other points of apparently equal importance the decisions are meagre, and not always satisfactory. Some important questions are still untouched by authority, and the rule depends on recognised commercial usage."

通過，簡稱「1906 年海上保險法」(Marine Insurance Act 1906)❶。

　　正因為海上保險歷經數百年來的發展，穩定性較高，因而大部分根據普通法 (common law) 制定的英國 MIA 1906，在法律上的盲點和灰色地帶等爭議問題也較少。而且重要的是，英國 MIA 1906 保留極大的彈性空間予商業上的使用，即保險人與被保險人可根據契約自由原則，變更或刪除某些 MIA 1906 法條的規定，例如 MIA 1906 第 87 條規定，於海上保險契約依法而具之權利、義務或責任，得以明示合意或基於習慣而否定或變更，又大部分的 MIA 1906 條文均有「除非保單另行規定」(unless the policy otherwise provides) 的文義，而定性為任意規定。

　　因為海上風險環境變遷，締約前據實說明義務及擔保義務之違反構成要件、法律效果，對被保險人過於嚴格，而不公平，英國法制委員會 (Law Commission) 於 1970 年檢討之，並公布檢討報告及修法建議❶，終至 2015 年經國會通過制定 2015 年保險法 (Insurance Act 2015)，對於據實說明義務和擔保義務，全面修正，而廢止 MIA 1906 相關條文，而步入現代立法之林。

　　澳大利亞於 2000 年提出 Draft Marine Insurance Amendment bill 2000，對承襲自英國 MIA 1906 的 MIA 1909 全面檢討與修正。實務條款方面，如英國 IHC 2003 年、ICC 2009 年修正，美國 American Institute Hull Clauses 2009 年修正，挪威 Norwegian Plan of 1996 的 2003 年修正、瑞典 General Swedish Hull Insurance Conditions 2000 的 2008 年修正、法國 French Hull Condition 2002 年修正等，均反映國際海上保險實務的變動。

(三) MIA 1906 的國際影響力

---

❶ MIA 1906 的適用範圍已於 1972 年擴於氣墊船 (hovercraft)，參考英國 Hovercraft (Application of Enactments) Order 1972 (S.I. No. 971) Schedule 1。

❶ Law Commission, Insurance Law─Non-Disclosure & Breach of Warranty (Law Com. No. 104) October 1980.

MIA 1906 被許多國家援參立法，例如加拿大、澳大利亞、紐西蘭等完整繼受，有些國家部分繼受。又基於各國海保市場慣常使用英國保險商業組織所擬制以英國法及其習慣為準據法的定型化契約及條款如協會貨物條款 (Institute Cargo Clauses 82/2009)、協會船舶條款 (Institute Time Clauses-Hull 83/95, Institute Voyage Clauses-Hull 83/95)、國際船舶條款 (International Hull Clauses 2003)，亦透過此國際海保商業習慣，影響世界各國法院實務。終致聯合國國際貿易暨發展委員會，受到貿易國家之提案檢討英國實務條款，而制定海上船舶及貨物保險示範條款 (UNCTAD Model Clauses on Marine Hull and Cargo Insurance 1989)。英國國內商業團體所擬制的定型化契約、條款及其以之為準據法的英國法，受到官方國際組織之檢討，可見英國法對國際海上保險法的影響力❼，遂又被稱為事實上之國際法 (de facto international marine insurance legal regime)。

㈣ MIA 1906 對我國之影響

1. 我國海上保險市場習慣

我國海險和空險實務，因與英國倫敦再保險市場之依附、商業習慣與其國際性質的考量，除部分漁船保險使用以我國法為準據法的中文定型化保險契約條款外❽，保險公司通常採用由英國保險商業團體所制定而以英國法為準據法的定型化條款，如 1983 年、1995 年協會定期船舶險條款 (Institute Time Clauses-Hull 1983/1995, ITCH 83/95)、2003 年國際船舶險條款 (International Hull Clauses 2003, IHC 03)、1982 年協會貨物險條款 [(Institute Cargo Clauses (A)、(B)、(C) 1982, ICC (A)、(B)、(C)]、勞依氏航空器保險條款 (Lloyd's Hull Policy, AVN 16)、倫敦航空器保險條款 (London Aircraft Insurance Policy, AVN 1B, 1C or 69)、1982 年協會航空貨物險條款

---

❼ UNCTAD, Legal and Documentary Aspects of the Marine Insurance Contract, TD/B/C.4/ISL/27/Rev.1, 1982.

❽ 例：漁船船舶保險條款。

[Institute Cargo Clauses (Air), ICC (Air)] 等。

即使當事人均為我國籍、法律行為地於我國，部分履行地於我國，當事人仍慣用英式條款，而以英國法為準據法，已成海險投保習慣。

2.金融監督管理委員會（保險局）對於英式條款的管制

⑴定型化約款的內容管制原則 ⓭

定型化約款係由企業經營者單方所擬制，即便當事人自由依其意志締結契約，惟經濟上、專業上、談判上居於優勢之一方，披附契約自由原則之外皮，往往以其優勢直接或間接迫使相對人接受其單方制定之契約內容，弱勢的一方僅能消極性的決定是否接受該等約款，並無磋商變更其內容之餘地。為矯正此等侵害相對人制定契約內容自由而致違反公平正義之情事，對於定型化約款之內容必須予以管制，以維護交易安全。

保險契約條款內容控制之手段，可分為立法上控制、司法上控制、行政上控制、商業團體之自律等。立法上控制，係直接於制定法上立、修法之時綜合比較衡量契約當事人所涉利益，對當事人權義所為之適當調整，而於法律條文展現其基本價值判斷。司法上控制主為海洋法系非成文法國家藉由法官職權之行使，對當事人權義予以再分配、控制之方法，功能同立法上控制。或係成文法國家，法院基於法律規定或法律條文之解釋空間，依其職權解釋法律或契約條款，進而以裁判對契約條款之效力予以宣告。行政上控制者，係行政機關依制定法之授權，以行政命令或行政權對當事人權義予以控管，惟此行政管制就契約條款言僅限於定型化約款。商業團體之自律者，係依法經濟學上之效率原則，為避免因立、修法而耗費龐大社會經濟與時間成本，與避免爭端解決如訴訟之時間與金錢上消耗，遂由商業團體自行制定自律規章而要求同業遵循。

因我國係成文法系國家，立法上控制係最直接之手段，惟需輔以司法

⓭ 我國對於定型化保單條款之控管，詳見：拙著，論保險契約之特約條款及其內容之控制，月旦法學雜誌，2003 年 3 月，頁 105–129。

上控制方法，始刻收效。至於行政上控制，其效果取決於行政機關之效能、專業或公正性，且保險契約當事人間關係係屬私法上關係，與公權義無涉，公權力應避免不當介入。至於商業團體自律之效能，端賴自律團體對旗下會員之控管能力與會員本身之自重而已，而無法律拘束力，有賴社會輿論或公益團體如消費者組織之體制外監督。就其控管能力，得於商業團體體制內建立申訴機關❷，由具公信力之學者、專家擔任裁判，對被保險人申訴會員保險公司違反自律規章之案件，予以裁決。並使其裁決對會員具相當拘束力，否則剝奪會員之特定權利、課以罰鍰或甚而褫奪其會員資格，並公布於大眾，以供要保人投保時選擇優良誠信保險公司之參考，生正選擇之良幣驅除劣幣之效果。

⑵保險局的審查制度

保險商品於我國銷售，必須完成保險局所制定的保險商品審查程序❷。其審查範圍主要包括保單條款、要保書、保險費等❷。保險局針對保險商品的性質，訂有兩級制的審查制度❷——核准、備查。「核准」指保險業應將保險商品報請主管機關核准，始得銷售，最嚴格審查時間最久可長達收齊申請文件翌日起算 60 個工作天。「備查」指保險商品無須經過保險局核准或核備，保險業得逕行銷售，但是應於銷售後 15 日內檢附相關資料，送交保險局備查。

保險局對於海、空險商品的審查是採取最寬鬆的備查制❷。就保單條

---

❷ 如英國 1981 年建立之「保險調解處」(Insurance Ombudsman Bureau) 與 1994 年建立之「個人投資調解處」(Personal Investment Authority Ombudsman Bureau)。2000 年依「金融服務與銷售法」(Financial Service & Markets Act 2000) 建立「金融服務調解處」(Financial Services Ombudsman)，將兩者及其他相關之調解機關予以合併。

❷ 保險法第 144 條第 1 項、保險商品銷售前程序作業準則。

❷ 保險商品銷售前程序作業準則第 2 條。

❷ 保險商品銷售前程序作業準則第 10 條。

款的審查言，應具正當性：

A.全球市場單一共同化之潮流。在此趨勢下，行政上管制方法，逐漸退出契約條款內容控制方法之列，因為行政上控制，其效果取決於行政機關之效能、專業、公正性，且保險契約當事人間關係係屬私法上關係，與公權力無涉，公權力應避免不當介入。如崇尚自由經濟與契約自由之英國從未對保險契約條款為行政管制。又如一向以保險單條款之事前行政管制為內容控制重要概念的德國，基於歐盟法令之規定❷，也已於 1994年修法廢除保險單條款事前送審制❷，而回歸於立法❷或司法上控制。因此，寬鬆的備查制較能體現解除保單審查行政管制的潮流。

B.履行世界貿易組織 (World Trade Organization, WTO) 對於服務貿易之規範與我國入會承諾。我國已於 2002 年 1 月 1 日成為世界貿易組織的會員。WTO 的基本理念與規範準則包括無歧視原則、漸進式開放市場、對關稅與非關稅措施予以約束、促進公平競爭及鼓勵發展與經濟轉型等五大項。保險服務屬 WTO 規範的服務貿易，我國有義務履行 WTO 規範與入會所為的承諾。我國所承諾的保險服務與海、空險有關者，係開放濃厚國際性質的海運船舶、商用航空器、其載運貨物、轉運貨物及衍生之任何責任等「跨國提供」之直接保險與保險輔助人業（包括保險代理人、經紀人、公證人與保險業務員），以遵循金融服務承諾之瞭解書規定❷。此外，對於保單的審查程序作出貼近現行「核備制」的附加承諾：所有保險費率、保單條款、要保書及財政部指定之其他相關資料以及此

---

❷ 財產保險商品審查要點第 6 點第 3 項。

❷ 歐盟產、壽險第三代指令 92/49/EEC (Non-life) 與 92/96/EEC (Life)。

❷ 請對照修法前之德國保險監理法 VAG§5(3)(2) 與修法後之 VAG §5(3)(1)。

❷ 如對定型化約款控制之「一般條款規制法」(Gesetz zur Regelung des Rechts der allgemeinen Geschaftsbedingungen, AGBG)。

❷ Understanding on Commitments in Financial Services.

等項目之修正，在出單之前可先報請財政部備查。已經其他金融機構申請核准之保險商品申請案，除非財政部在收到完整文件後 15 日內駁回，否則即可出單；如係新保險商品申請案，除非財政部在收到完整文件後 90 日內駁回，否則即可出單。保單得以英文發行，但中文譯本須併附。現行保險局制定審查海、空險商品的「備查制」，相較我國的入會承諾寬鬆，應可以避免主管機關藉由保險商品之行政審查之名而行歧視他會員國保險業或保護我國業者之實之疑慮，進而亦規避違反無歧視之國民待遇原則與妨礙市場的開放與公平競爭。

C. 英式海、空險約款的強勢地位、當事人間談判能力與行政管制實質效益的考量。海、空險的被保險人多為企業經營者地位之法人，如海運公司、航空公司、貿易公司等，其性質屬商人保險，而以自然人為被保險人屬消費保險者占少數。理論上商人保險之被保險人與保險公司間專業能力、經濟能力與談判能力相當，其對於保險公司單方擬制提供的定型化約款應有商議變更之能力，較無保護之必要。鑑於英式定型化保單條款的國際性質濃厚且與倫敦再保市場的緊密聯繫，係具相當強勢地位，在實務上顯然壓縮一般商業被保險人對於該等約款之談判空間，而難以變更英國商業團體所起草的約款，而僅能附合該等約款。現行契約內容之行政管制方法，係在司法控制前予以過濾的行政作為，雖得以藉此減少訴訟案量與法院資源的耗費，但是保險局審查過的保單條款，對於當事人間權義之分配，不必然公平合理，並未當然具有合法性，最終當事人仍得訴請法院依其職權予以司法控制。直言之，通過行政審查的保險商品，對被保險人而言顯然僅係精神慰撫式的心理保證。惟現行的備查制實質上如同與解除行政管制無差，只有在保單條款內容明顯違反法規或被檢舉有違法情事，保險局才會採取事後查核的行政作為。因此，當事人間不論其談判能力如何，亦不論英式海空險定型化約款的強勢地位，當事人的權利，最後亦待法院司法控制之保障，就個案當事人的權益而言，

行政上管制並無具體實益。

3.我國法與法院實務對於英國準據法條款的處置

(1)我國法與英國法的競合

A.無涉外因素

依我國海空險市場實務之現況與習慣，雙方以採用英國法為準據的英式條款為常態，前已說明。舉一顯例，我國籍海運公司與我國籍保險公司，在我國訂定船舶險契約，使用 ITCH 83，保費與保險金均在我國給付。亦是當事人同國籍、行為地與履行地均在我國之無涉外因素之情形，依私法自治，理應交由當事人自主，應尊重當事人的意思，在無當事人自由意志受侵害之情形，如依英國法脅迫與不當影響 (duress and undue influence) 法則對於受脅迫所為的意思表示予以撤銷，或依我國民法意思表示錯誤❷、傳達錯誤❸、被詐欺或被脅迫❸等規定撤銷意思表示，原則上應肯定英國準據法約款的效力。

惟就英國準據法條款之實質內容效力言，歐盟以德國對定型化約款控制之「一般條款規制法」(Gesetz zur Regelung des Rechts der allgemeinen Geschaftsbedingungen, AGBG) 為基礎，於 1993 年頒布消費性契約不公平條款指令 (The Unfair Terms in Consumer Contracts Directive; 93/13/EEC)，各會員國遂依該指令行相關內國立、修法。修法者如 1994 年修正後之德國 AGBG。制定新規定者如英國 1994 年消費性契約不公平條款規定 (Unfair Terms in Consumer Contracts Regulation 1994)，爾後並修正為 1999 年消費性契約不公平條款規定 (Unfair Terms in Consumer Contracts Regulation 1999)，針對消費性定型化契約或未經個別商議的約款予以立法上控制。根據英國 1999 年消費性契約不公平條款規定第 5 條第 1 項，有違誠信且對當

---

❷ 民法第 88 條。

❸ 民法第 89 條。

❸ 民法第 92 條。

事人關係造成重大失衡者為不公平條款而無效，其實質內容與效果同我國民法第 247 條之 1、保險法第 54 條之 1 和消費者保護法第 12 條，惟值得我國保險市場注意者，商人保險係不受該英國法規之規範。

B.具涉外因素

今若保險契約具涉外因素，如我國進入 WTO 所承諾開放的跨國直接再保險與跨國海、空直接保險，則須考慮國際私法之適用法問題。這些跨國直接保險契約的成立或有效性，即需選擇適用可選用之準據法。如英國籍保險公司與我國籍航空公司合意使用以英國法為準據的倫敦航空器保險條款 (AVN 1C)，而於我國締結契約，則當事人的行為能力需分別依當事人的本國法判斷，亦即英籍當事人依英國法而我國籍當事人依我國法[32]，契約形式要件如要式性問題，則依意定為準據之英國法與締約地我國法[33]，而契約實質要件如是否成立及有效，同樣依當事人意定的英國法，若當事人意思不明，再依序輔以當事人國籍——屬人地法、締約地——行為地法、履行地法[34]，是謂英國法與我國法的選擇適用。因此，就該準據法約款之實質內容之有效性言，係依英國法為評斷，同前述無涉外因素之海、空險契約，讀者可參考上揭說明。

⑵法院實務現況

在無涉外因素使用英式條款之海、空險契約，當事人均為我國籍，於我國締約並履約。於訴訟程序，對於英國法之適用，應由主張之當事人負舉證責任，而法官亦得依職權予以調查[35]。我國保險公司與海、空運公司等，基於長久以來使用英式條款之市場習慣，對於英國法於海空險契約之適用，應有一定程度之基本了解，而我國保險商業團體亦經常舉辦相關研

---

[32] 涉外民事法律適用法第 1 條。

[33] 涉外民事法律適用法第 5 條。

[34] 涉外民事法律適用法第 5 條。

[35] 民事訴訟法第 283 條。

習會之在職訓練❸。我國屬成文之大陸法系國家，與屬海洋法系之母而由大量判例堆疊而成的英國法，具相當的差異。我國法學教育與研究對於海商法（包括海上保險法）、空商法（包括航空保險法）、保險法、英美契約法等，相較於其他領域，顯然較為冷落，實與我國海空險市場之活絡不成比例。因此，在現行我國法律教育體系培育下的個案當事人委任律師、承審法官，未必嫻熟英國法，因此對於英國法之證明有其困難與耗費時間之處。為避免不必要的負擔，我國法院雖原則上承認該等英國準據法約款的效力❸，但是當事人於訴訟程序未主張適用意定的英國法或未為反對適用我國法，法院通常就直接適用我國法審理❸，其實益同當事人變更英國準據法約款為我國法。如此，反而減少我國當事人、律師與法官等實務操作英國法之機會，而與我國商業習慣背離。

　　至於契約當事人之一係我國籍而相對方係英國籍，在意定使用英式條款的同時，雙方亦通常意定以倫敦高等法院為管轄，迴避於我國法院訴訟程序上當事人或法官對於英國法舉證或調查之困難。

二　我國法

㈠現代化的修法

　　海商法立法初始，多取材日本法制，而參以國情。因為日本為航運新秀，擷取海洋法系之長，又採大陸法系成文立法。我國整體法律體系架構採大陸成文法系，為配合施行，自較容易，所以我國航運法規，包括海商法典於 1929 年立法之初取材日本之原因❸，已如本書前揭，海上保險章亦是。我國海上保險法之現代化，遲至 1999 年始參酌 MIA 1906 以及英式條

---

❸　如：中華民國產物保險商業同業公會不定期舉辦水險專業技術研習會。

❸　最高法院 77 年臺上字第 1777 號判決。

❸　最高法院 77 年臺上字第 113 號判決、79 年臺上字第 2685 號判決。

❸　王洸，海商法釋論，海運出版社印行，民國 51 年 7 月版，自序頁。

款，修正本法海上保險章：如本法第 127 條第 2 項延展保險期間之「海陸混和風險」、第 137 條運費保險標的之範圍、第 139 條船舶分損之衡量、第 140 條運費分損之衡量、第 147 條第 2 項委付經保險人承諾前之法律效果、第 148 條委付承諾之強制拘束力等。

(二)海商法海上保險章與保險法間適用關係

對於海上保險契約，海商法海上保險章應優先適用❹，未規定事項則以保險法補充❹。因此，本法海上保險章，係屬於保險契約分則性質，未規定事項，則優先準用保險法第 73 條至第 81 條火災保險規定❹，依序再以保險法第二章保險契約、第一章總則等補充之。因此，本法海上保險章未規定者，應適用保險法之規定，諸如：先契約據實說明義務❹、複保險❹、保險代位（債權代位）❹、危險增加通知義務❹、特約條款（擔保義務）❹、定值保險及不定值保險❹、保險金額之定義❹、超額及不足額保險❺、全損定義❺等。

(三)海上保險契約之態樣

1.依保險期間之不同

---

❹ 保險法第 84 條。

❹ 海商法第 126 條。

❹ 保險法第 82 條之 1。

❹ 保險法第 64 條。

❹ 保險法第 35 條至第 38 條。

❹ 保險法第 53 條。

❹ 保險法第 59 條至第 63 條。

❹ 保險法第 66 條至第 69 條。

❹ 保險法第 73 條、第 75 條。

❹ 保險法第 72 條。

❺ 保險法第 76 條、第 77 條。

❺ 保險法第 74 條。

　　保險期間為保險人責任期間，在此期間發生之保險事故保險人才負給付保險金之責，保險事故於期間外發生，保險人無須負責。依保險期間不同，可以分為論時保險 (time policy) 及論程保險 (voyage policy)❺❷。前者，以一定期間為保險期間，同多數之陸上保險，如人身意外保險、強制汽車責任保險從 2017 年 1 月 1 日 0 時至 2017 年 12 月 31 日 24 時，以一年期間為保險期間。後者，以一個航次、往返航次或數個航次為保險期間。論程保險又可分為 "from" 和 "at and from" 兩種❺❸，兩者差異在於後者保險標的於現地之時，保險期間即開始，而 from 必須於開啟航程後，保險期間才開啟。如論程船舶保險，保險期間約定 at and from Kaohsiung to Los Angeles，保險期間於船舶停泊高雄港期間即開始，亦即承保船舶於靠泊高雄港期間之風險。依 82 年及 2009 年協會貨物保險條款 A 格式 [ICC (A) 82/2009] 第 8 條規定，保險期間原則為「出口地倉庫至進口地倉庫」，但於最終卸貨港卸船後超過 60 天，保險期間當然終止，解決貨物無限期延遲到達目的地倉庫，致保險契約當事人間關係懸而未決，是以論程為主，論時為輔之混和型保險。因此區分，而衍生論程保險之特別規定❺❹：如於合理期間啟航之默示條件、變更出發港、航向不同目的港、變更航程、偏航、適航性擔保❺❺等規定，我國法均未規範。

2.依保險標的之不同

　　凡與海上航行有關而可能發生危險之財產權益，皆得為海上保險之標的❺❻。根據保險標的 (subject matter insured) 之性質，海上保險契約可分類為：船舶保險❺❼、貨物保險❺❽、運費保險❺❾等財產損失險和對第三人責任

---

❺❷ MIA 1906, s. 25；*海商法第 128 條*。

❺❸ MIA 1906 *附件 1 之規則 2 和 3*。

❺❹ MIA 1906, ss. 42–49.

❺❺ MIA 1906, s. 39.

❺❻ *海商法第 127 條第 1 項*。

之責任保險❻。

3.依營利與否

⑴區分方法

依營利與否，可以區分為營利保險和相互保險 (mutual insurance)。保險法第 136 條第 1 項規定，保險業之組織以股份有限公司或合作社為限。股份有限公司以營利為目的❻，而合作社乃依平等原則，在互助組織之基礎上，以共同經營方法，謀社員經濟之利益與生活之改善❻。

⑵相互保險之性質

A.會員互助分攤損失

有限責任台灣區漁船產物保險合作社,係我國唯一之相互保險合作社。外國相互保險組織 (Protection and Indemnity Association, P&I Club) 言，亦屬於非營利的相互保險組織，自 1855 年以來先後成立於英國、北歐半島 (Scandinavia) 的瑞典、挪威、日本與美國，13 個組織（不包括 China P&I）承保全球超過 90% 的海船噸位，並組成國際 P&I 再保團體 (International Group of P&I Clubs)。P&I Club 主要承保船舶所有人或營運人的航運責任危險，包括對船員與旅客的人身傷害、貨損、海洋油污、船舶殘骸移除、碰撞等責任以及船舶保險、訴訟費用保險 (Freight, Demurrage and Defense, F D& D) 等，並對於加入的會員提供多樣性的法律諮詢與服務如損害防阻建議。

P&I 保險，其保險目的為各會員船舶所有人所遭受之損害由所有會員

---

❺ 海商法第 134 條；MIA 1906 第 3(2)(a) 條。

❺ 海商法第 135 條；MIA 1906 第 3(2)(a) 條。

❺ 海商法第 137 條第 1 項；MIA 1906 第 3(2)(b) 條。

❻ MIA 1906 第 3(2)(c) 條。

❻ 公司法第 1 條。

❻ 合作社法第 1 條。

分攤，藉以減輕各會員所營事業之損失，所為者為各會員之利益。P&I Club 與其會員有關補償之協議是否構成保險契約？亦或甚至係海上保險契約？於英國 Wooding v. Monmouthshire & South Wales Mutual Indemnity Society Ltd 案 ❻，一相互保險組織其運作之基金為來自會員之風險分攤金，組織被判決為保險人，因而規定該組織將補償會員之契約應可視為保險契約。惟，若相互保險組織規章規定會員對其個別損失，僅對來自各會員之分攤金有求償權而非對組織本身,則相互保險組織僅為共同基金之管理人，負責收集與分配各會員之分攤金，則相互保險組織本身並未承諾支付會員之損失，即無補償之完全承諾，相互保險組織則非為保險人，現行 P&I Club 之組織和其運作方式已無此爭議。於 The Allobrogia 案 ❻，法院判決 P&I Club 與會員之契約為法律術語所稱之保險契約。

於 The Eurysthenes 案 ❻，待決之爭點為：是否 P&I 保險應受 MIA 1906 第 39 條第 5 項論時保險無默示適航性擔保之規範？因而該法院首先必須考慮 P&I 保險是否為 MIA 1906 第 25 條定義之論時保險契約。該法院最後判決 P&I 保險係屬海上保險契約，因為 P&I 保險所承保之風險符合 MIA 1906 第 3 條第 1 項和第 3 條第 2 項第 3 款之海上冒險 (marine adventure)，所以 P&I 保險為 MIA 1906 第 1 條定義之海上保險。又根據 MIA 1906 第 85 條，其明文規定因相互保險之特質，除保費規定外，MIA 1906 仍應適用於相互保險。

B.保險人與被保險人 ❻ 之辨識

---

❻ [1939] 4 All ER 570.

❻ [1979] 1 Lloyd's Rep. 190.

❻ Compania Maritima San Basilio SA v. The Oceanus Mutual Underwriting Association (Bermuda) Ltd [1976] 2 Lloyd's Rep. 171.

❻ 於英國法下所提之「被保險人」乃專指保險契約保險人之相對方當事人，恐讀者與我國法之被保險人混淆，特此說明。以下同。

商業保險之保險人與被保險人身分之辨識，為非常直接明顯。但於 P&I 保險，情況可能有些不同而具爭議。MIA 1906 第 85 條第 1 項定義相互保險 (mutual insurance) 為：「當兩人或兩人以上相互同意彼此互相承保海上損失，即是相互保險。」

因為會員彼此共同分擔各會員之風險，所以會員既是被保險人也同時為保險人。一旦有損失發生，被保險人會員之訴訟權利非為經由相互組織對抗所有會員而是根據由管理公司 (manager) 代各會員簽訂之個別入會保險契約對抗各個會員。於 19 世紀 Gray & Another v. Pearson 案❻，系爭船舶所有人組織相互承保會員之船舶，並依法指定及授權一經理公司簽訂保險契約和收取分攤金，法院判決該經理公司不得對未繳交分攤金之會員起訴，而必須以其他所有會員之個別名義提起告訴，因為保險人為各個單一會員，而且保險契約為與各個會員締結。另一重要原因為，依當時特殊時空背景❻，該組織並未依當時公司法組成公司並登記之，因而該組織不具法人地位，其與其所授權之代理人也因而不能提起告訴或被告。因此產生一連串問題，如會員為取得相互保險組織共同基金之補償，可能必須向各個會員分別提出請求或起訴，因為此共同基金被認為是所有現行會員之資產❻，所以向相互保險組織求償自共同基金給付前，必須先證明所有會員之個別責任。

於 The Lion Mutual Insurance Association Limited v. Tuker 案❼，被告船

---

❻ (1870) LR 5 CP 568.

❻ 18 世紀依 Bubble Act 1720，僅有 Royal Exchange Association 和 London Assurance Corporation 具以公司型態經營海上保險業務之專屬權利，因而導致船舶所有人們成立非公司之相互保險組織。而於 19 世紀 Companies Act 1862 施行後，仍有許多相互保險組織並未重組而持續以非公司型態存在。

❻ Taylor v. Dean (1856) 22 Beav. 429.

❼ (1883) 12 QBD 176.

舶所有人為以擔保 (guarantee) 有限公司 ❼ 型態設立之相互保險組織之會員。根據該公司會員規章，入會投保船舶之船舶所有人自動成為會員，而於船舶承保期間，各船舶所有人被視為其他會員船舶之保險人。公司在清算時，法院判決被告會員須支付其入會投保船舶所占比率之損失，而其責任限額為公司章程規定之個別擔保額，判決理由在於債務聲明 (declaration of undertaking) 所列之債務與責任為該組織各會員之債務與責任，而非會員以保險人身分而須分攤之債務與責任，因而原告相互保險組織求償之金額不應為被告之保險分攤金額，而為會員身分之責任分攤。簡言之，會員僅在承擔其他會員遭受損失求償之共同責任時，即共同分攤其他會員之保險金時具保險人身分。

　　惟依現階段實務，MIA 1906 第 85(1) 條相互保險之定義與目前之 P&I Club 之運作形式大相逕庭。P&I Club 目前均依 1985 年公司法之規定組成公司並設立登記，而責任為由公司體之組織所承擔而非各個會員，可見 MIA 1906 第 85(1) 條早已過時，不符現行 P&I Club 之實際作業情況。而一旦相互保險組織設立登記為公司，如 Marine Mutual Association Limited v. Young and Another 案 ❼，則保險契約為各會員與具公司地位之組織締結，而非與組成公司之各會員體。但於最近之 Touche Ross & Co v. Colin Bank ❼ 案，儘管保險契約明示契約當事人為被保險人與保險人勞依氏承保組合 (Lloyd's syndicate)，法院判決保險契約為被保險人與組成承保組合之各個保險公司所締結，為俗稱之多邊契約 (multilateral contracts)，即保險人為屬同一組合之各個保險公司，其判決理由在於該承保組合並非「公司」，

---

❼ 英國公司法之有限公司得以為股份有限或擔保 (guarantee) 有限。擔保有限公司適合非營利目的之公司如相互保險組織，會員擔保於公司遭清算時認列承擔 (subscribe) 一定金額。

❼ (1880) 43 LT 441.

❼ [1992] 2 Lloyd's Rep. 207.

不具法人身分。

綜觀所論，現行 P&I Club，雖仍具相互保險性質，如 Britannia 之入會證明 (Entry of Certificate) 明白表示會員互保 (insure each other)，即各會員承保彼此風險，會員既是被保險人也同時為保險人，但因現實法律之規定需要，P&I Club 必須組成具法律地位之公司，而得以行使法律賦予之權利與擔負義務。因而保險契約非為會員與各個會員間所締結，而是各個會員與 P&I Club。契約當事人為 P&I Club 與各個會員，各會員不再為法律所定義之保險人，而 P&I Club 才是保險人。因而，現行 P&I 保險是否仍屬相互保險，實有疑義。

4. 依危險性質

我國保險法以保險標的是否為財產，區分為財產保險及人身保險。財產保險下，再依風險種類，區分為火災、海上、陸空、責任、保證等有名財產保險和無名之其他財產保險。海上保險契約，原僅係承保海上風險之保險契約[74]，為因應海陸複合運送實務，本法第 127 條第 2 項規定，當事人間得自由約定延展加保至陸上及內河之危險，援參英國 1906 年海上保險法第 2 條，同時亦反映貨物保險實務之「保險期間條款 (transit clause)」[75]，保險期間自出口地倉庫以迄進口地倉庫，包括海程期間之海上風險及裝、卸貨港至倉庫期間之陸上風險，以避免分別訂立數個陸上、海上貨物保險契約，以節省締約、履約成本。同時，防阻風險間隙 (covering gap)，亦即數個保險契約之始期和終期必須緊密接續，否則產生風險間隙，則位於風險間隙期間之保險事故，因非在保險期間發生，保險人無須負責。本法第 127 條第 2 項，採取海上風險外加模式 (maritime plus)，必須內含海程之海上風險，雖承保海、陸混合風險，仍定性為海上保險契約，就契約當事人權義，應優先適用海商法海上保險章。

---

[74] 保險法第 85 條；海商法第 127 條第 1 項；MIA 1906, s. 1.

[75] MIA 1906, s. 2; ICC (A), (B) or (C) 1982, cl. 8; ICC (A), (B) or (C) 2009, cl. 8.

(四)保險價值之衡量與定值、不定值保險

我國保險法稱保險價值，海商法稱保險價額，均指保險標的於事故發生當時之價值——保險價值 (insurable value)。依本法第 134 條，船舶保險以保險人責任開始時之船價、保險費，此外尚包括其輪機、設備、屬具、補給品（燃料、水、食物）、預付於船員之薪資與其他為使船舶適於航行之支出[76]。本法第 135 條規定，貨物保險以裝載時、地之貨物價格、裝載費、稅捐、應付之運費及保險費，為保險價值。依本法第 137 條規定，運費保險（船舶租金、傭船費），以到收運費 (collect freight) 加保費為保險價值。

依損失補償原則，保險標的之價值應於保險事故發生後，衡量事故當時保險標的之實際價值[77]，並以此作為損失補償衡量之標準[78]，不定值保險為損失補償原則下之具體化規範。而定值保險，保險標的之價值於事故後無法客觀衡量其實際價值[79]，而於締約時當事人約定保險標的之價值。定值保險，即是將約定價值視為保險價值，並以此約定價值與保險金額比較之，而決定是否足額保險、超額保險或不足額保險。除詐欺外，當事人應受此約定價值之拘束[80]，而無須將事故當時價值列入考量。例如，甲向保險人投保海上船舶保險，使用國際船舶條款 IHC 2003，約定以我國法為準據法。當事人約定保險標的價值 (agreed value)200 萬美元（以下同），保險金額 200 萬，保險期間保險事故發生而致標的真實全損，事故當時保險標的市價 150 萬，如保險人給付責任成立，給付金額多少？本件為定值保險、足額保險，約定之價值係依當事人自由意志所為之合意，當事人應受拘束，保險人應給付 200 萬。

---

[76] MIA 1906, s. 16(2).

[77] 保險法第 73 條第 3 項；MIA 1906, s. 28.

[78] MIA 1906, s. 67(1).

[79] 保險法第 50 條、第 73 條；保險法施行細則第 6 條。

[80] 保險法第 76 條第 1 項後段；MIA 1906, s. 27(3).

海上保險契約，得由當事人約定採定值或不定值保險❸。早期海上與陸上資訊溝通管道欠缺而緩慢，因此，不知何時發生保險事故，又或因海上發生事故，船舶、貨物或沉沒於海底或隨浪湧而飄移、流失，產生難以鑑價之困難。雖然定值保險無法貫徹損失補償原則，為不完美的損失補償保險 (not a perfect contract of indemnity)，惟已成海上保險之常態性作法 (習慣)。因此，英國 MIA 1906 第 16 條第 1 項規定，船舶價值於「風險開始時 (保險期間開始時)」之價值為衡量，係指向「定值保險」之承保價值 (insured value)，亦即約定價值 (agreed value)❷，反映「定值保險下」約定價值之客觀衡量標準。同理，海商法第 134 條船舶保險暨第 135 條、第 136 條、第 137 條亦是反映定值保險下約定價值之客觀衡量標準，所稱保險價額，實為定值保險之「承保價值 (insured value) 或約定價值 (agreed value)」。因此，第 134 條船舶保險暨第 135 條、第 136 條、第 137 條所稱之「保險價額」用語，援參保險法第 73 條第 2 項，應予釐清修正為定值保險之「約定價值」。

(五)不可保之危險

1.不確定性

(1)客觀不確定性:「是否」及「何時」之問題

保險契約構成要件之一，為保險事故應具有不確定性❸，日文漢字稱射悻性。因此，保險契約為不確定性契約 (aleatory contract/contract of uncertainty)，而與民法上給付時間或給付範圍於締約時即已確定之實定契約 (contract of certainty) 有別。不確定性，包括客觀上不確定及主觀上不確定。客觀上不確定，為「是否」及「何時」之問題 (a question of whether or when)。事故不知是否會發生，例如意外，或即使確定發生而不知何時會發

---

❸ 保險法第 73 條第 1 項; MIA 1906, s. 27(1).

❷ Arnold's Law of Marine Insurance and Average, 17ᵗʰ edition, 2008, p. 404.

❸ 保險法第 1 條; MIA 1906, s. 55(2)(a).

生之問題，例如死亡。

　　保險法第 51 條回溯保險之規定，保險標的之危險已發生或已消滅者，其契約無效，即重申保險事故發生之客觀不確定性，已發生或已消滅之危險牴觸不確定性。惟早期海上與陸上資訊溝通管道欠缺而緩慢，因此投保當時不知航行於海上或於海外之船舶或貨物是否已發生保險事故，因此當事人約定「不論是否已發生損失或未發生 (lost or not lost)」，但如雙方均不知損失已發生，則保險契約仍然有效，其中一方不知者，該方不受拘束。MIA 1906 第 6 條第 1 項但書亦有類似規定。現代，海上與陸上資訊管道多元、暢通而效率高，這種情形應已不復存在。於人身保險，對於隱藏型而無外顯症狀之疾病，如第一期癌症，要保人往往於投保時不知已罹癌症，即為回溯保險之適例。

⑵主觀不確定性

A.排除要保人故意過錯行為 (willful misconduct)

　　主觀上不確定，排除要保人、被保險人等故意行為之可保性❸❹，係屬絕對強制規定❸❺，當事人不得變更，以維持保險之本質、公序良俗及道德風險。但有公益性質者不在此限，例如共同海損行為所致的共同海損費用及共同海損犧牲，雖係要保人故意行為，但是係合法而適當之故意行為 (voluntary and reasonable)，以保全全體陷於危險財產之安全，而仍具可保性，於不論船舶保險或貨物保險均可承保，如 ICC (A) 82/2009 第 2 條。要保人之輕過失行為係法律上可保之風險，並未牴觸保險事故發生之不確定性要件。除非保單條款除外不保，如 82 年 ICC (A)、(B)、(C)，第 4 條第 3 項。又如高爾夫球一桿進洞險，雖係要保人故意行為致使一桿進洞之保險事故發生，這是每一位球友之夢，用盡各種技術想要一桿進洞，因為非常難得或運氣成分居多，需依球場慣例，對當日所有在球場球友請客而須

---

❸❹ 保險法第 29 條。

❸❺ 保險法第 54 條第 1 項。

花費不少金錢致財產上損失，但顯非過錯之故意行為，而仍具可保性。

B.要保人重大過失行為之可保性

　　於非海上保險，要保人重大過失行為是否具有法律上可保性？曾有論者舉民法第 222 條規定，稱故意或重大過失責任不得預先排除，又謂重大過失行為係顯然欠缺一般人應有之注意，係愚昧行為，因此不具可保性。保險人主給付義務係承擔風險，以此為對價交換要保人主給付義務給付保費，而於約定之保險事故發生時，產生保險人從給付義務而應給付保險金。保險人給付保險金係履行從給付義務，未違反任何注意義務，實非對被保險人損害賠償，因此民法損害賠償（債法）規定包括民法第 217 條與有過失、前揭民法第 222 條等無適用於保險契約之理。要保人重大過失行為，並無違反主觀不確定性，因此仍具可保性。

　　本法第 131 條明文將要保人、被保險人或其代理人之重大過失行為所致保險事故之損失排除，理由又是何在？從上言，要保人之重大過失行為具有可保性。有論者謂海上保險係商人保險，其注意程度應較高，而排除重大過失行為。本法第 130 條課以要保人「法定」損害防阻義務，事故發生時要保人有一注意義務，以防阻損失之擴大，如未履行導致損失擴大，對該擴大之損失保險人不予負責。又如事故尚未發生，要保人依保險法第 98 條有一注意義務，防阻事故之發生，未履行者，對該事故所致損失保險人不予負責。因此，保險事故發生前、後海上保險要保人均應履行損害防阻義務。損害防阻義務源起海上保險，為保險人控制危險之方法之一，因為船舶、貨物、運費等保險標的航行於海上，要保人及其履行輔助人對保險標的最接近，又對事故之發生或發生後之防阻擴大具有高度之海上專業，因此，保險人仰賴要保人履行損害防阻義務，以控制危險，但是提出履行損害防阻義務而生之損害防阻費用由保險人負責之，以為誘因。損害防阻義務，其性質為注意義務，則其注意之標準為何？善良管理人之注意，則抽象輕過失即違反？一般人之注意，則重大過失才違反？或與己之事務負

同一之注意，則具體輕過失即違反？要保人通常認為已繳付保費，對於保險標的疏於注意之風險已轉嫁於保險人，因此，主張僅限故意行為才構成違反；而保險人認為要保人應視同未投保般照顧管理保險標的，以免降低要保人注意，容易導致事故發生，而應與與己之事務負同一之注意，則具體輕過失即違反。從不確定性要件分析，具體輕過失、抽象輕過失、重大過失均未牴觸主觀上不確定，惟損害防阻義務已提高要保人之注意，平衡點即是其注意義務之程度僅具一般人之注意已足，於顯然欠缺一般人注意之重大過失情形才違反損害防阻義務。又本法第 130 條規定係「法定」，因此為維持其基本價值判斷，而於第 131 條將重大過失行為明示，以為配套。相對於保險法第 98 條非海上保險之損害防阻義務，則係有待當事人約定，因此，於保險法第 29 條未將重大過失明文除外不保。換句言，於非海上保險如當事人約定損害防阻義務，即提高要保人對保險標的之注意，而於重大過失行為之情形違反損害防阻義務。

C.要保人履行輔助人之故意行為

　　保險法第 29 條第 2 項但書將代理人刪除，立法理由謂「保險事故之發生係事實行為非法律行為，而與代理人無關」。惟本法第 131 條仍保留要保人或被保險人或其「代理人」之故意或重大過失所致者，保險人不負責任。如其刪除具有正當性，本法第 131 條之代理人亦應刪除。惟依民法第 224 條，「債務人之代理人或使用人，關於債之履行有故意或過失時，債務人應與自己之故意或過失負同一責任。」代理人或使用人等故意或過失應視為本人之故意或過失，藉此透過履行輔助人擴張本人履行債務範圍。於財產損失險，保險事故之發生與履行輔助人無關，故無問題，惟於責任保險，特別是契約債務不履行責任，履行輔助人故意或過失，依民法第 224 條，視為本人之故意或過失，因此履行輔助人於輔助本人履行債務故意致使保險事故發生，視為被保險人故意行為所致，保險人無須負責，理由甚明。例如運送人之履行輔助人故意無單放貨，致運送人對載貨證券持有人或貨物

所有人，應負損害賠償責任之情形，責任保險人毋庸負責，即為是例。因此，保險法第 29 條第 2 項但書將代理人刪除，係著眼於事實行為，惟無視責任保險之需要及民法第 224 條之明文，應將代理人修辭為「使用人」為佳。

2.犯罪行為

要保人為犯罪行為致保險事故發生如係故意者，顯係牴觸主觀上不確定性要件，而非法律上可保之危險，惟並非所有犯罪行為皆是故意行為，將犯罪行為除外係基於違反公序良俗及防阻道德風險之理由❸❻。MIA 1906 第 41 條則法定要保人默示擔保投保之航程應合法，並於其可控之範圍內，承保之航程應以合法方式實施，違反者保險人於違反存續期間，對於任何保險事故所致損失不予負責❸❼。

3.要保人應受有損失

保險事故之發生，應對要保人產生經濟上不利益 (adverse interest)，亦即受有財產上之損失。因此，因事故發生而受有利益之投機風險 (speculative risk)，如投資風險、賭博風險，係法律上不保之風險，並因而衍生保險利益制度，如 MIA 1906 第 4 條規定，所有透過賭博或投注之海上保險契約無效。

(六)海上保險單之移轉

我國保險法第 49 條第 1 項規定，保險契約除人身保險外，得為指示式或無記名式。條文所稱保險契約，應係保險單之誤。保險單並非有價證券，向保險人請求保險金，無須出示並繳回保險單，只需證明保險金債權人身分。於陸上財產保險，如指定保險金由第三人受領，僅需透過民法第 297 條第 1 項債權讓與通知債務人保險人，否則保險人不受拘束。至於人身保險則適用保險法第 110 條指定受益人及第 111 條變更受益人通知之規定。

---

❸❻ 保險法第 109 條、第 133 條。

❸❼ Insurance Act 2015, s. 10(2).

海上保險契約，基於國際貨物買賣或國際船舶買賣使然，而產生便利性之習慣，通常以背書方式於保單上背書❽❽，直接透過保險單之移轉，達到契約承擔、契約當事人變更之法律效果❽❾。因此，保險法第 49 條第 1 項係專用於海上保險（及航空保險），惟經常為記載被保險人名稱之記名式或依被保險人指示之指示式，而鮮少無記名式。

　　海上保險單於損失發生前、後均得移轉❾⓪，而於移轉當時失去保險利益者，其移轉無效❾❶。因此，出賣人於押匯銀行辦理押匯或移轉保單予買受人，應同時移轉貨物保險單和運送單據如載貨證券。

㈦開口保險

　　開口保險，係指要保人與保險人訂定基礎架構之保險協議，至於保險標的明細、標的價值、裝運船舶名稱、裝船日期等細節，要保人於每批進出口貨物獲悉船名，裝運日期，數量，保險價值後即向保險人發出通知書，保險人據以計算保險費，發出保險單，本法第 132 條所規定之「未確定裝運船舶之貨物保險」即是，對於知悉該批貨物之出口明細，要保人應立即通知保險人，否則保險人不負給付之責，即是不承擔風險之意。如於事故發生後或到達目的地前僅尚未通知保險標的之價值者，則視為不定值保險❾❷。開口保險可包括：1. 流動保險 (floating policy)：在約定期間內預定一個總保險價值之限額，每次貨物裝運出口時，從總保險價值扣除，直至用盡，其保險協議即當然失效。2. 預約保險 (open policy/to be declared policy)：與流動保險之差異，在於當事人未約定總保險價值之限額。

---

❽❽ MIA 1906, s. 50(3).

❽❾ MIA 1906, s. 50(2)；保險法第 49 條第 2 項。

❾⓪ MIA 1906, s. 50(1).

❾❶ MIA 1906, s. 51.

❾❷ MIA 1906, s. 29(4).

第二節 保險利益與損失補償原則

一 保險利益與損失補償原則之發展

損失補償原則，欲解決之法律問題有二：㈠是否應補償？有損失才有補償；㈡如何補償？根據實際損失予以補償。損失範圍如於損失發生時可客觀衡量者，則留待損失發生才衡量其損失，保險人根據實際損失予以填補，給付保險金，藉以防阻被保險人獲得超過實際損失之填補。適用損失補償原則之險種稱損失補償保險 (indemnity insurance)，簡稱損失保險；如損失無法客觀衡量，則當事人於訂約時約定保險人給付責任範圍，則不論實際損失範圍，保險人定額給付之，稱定額給付保險 (contingency insurance)，簡稱定額保險；如要保人以自己為被保險人投保人壽保險，死亡保險金額 1,000 萬，一級殘廢 1,000 萬，二級殘廢 800 萬，而不論其實際損失。

MIA 1906 第 1 條即開宗明義清楚定義海上保險契約為損失補償契約，保險人承諾補償被保險人因海上冒險所致之海上損失。因而所有之海上保險契約包括船舶保險、貨物保險、運費保險和海上第三人責任保險等均係損失補償保險。海上保險契約之建立基礎即在於此補償契約理論，契約雙方之權利與義務和被保險人求償限額，均由此概念來規範。不僅如此，諸多海上保險契約法之制度均由此概念演繹而衍生具體的下位制度，包括：保險利益制度、複保險制度、足額、不足額、超額保險制度、定值、不定值保險制度、保險代位制度（債權代位／債權移轉）、委付制度（物權代位／物權移轉）等。

依損失補償原則，無損失即無補償。有損失即證明對於保險標的存在經濟上利益，即是有保險利益。觀察保險利益之成文法制史，最先在於防阻賭博，英國於 18 世紀中期最早建立保險利益成文法典 1774 年人身保險

法 (Life Assurance Act 1774, LAA 1774)，和其後之 1845 年賭博法 (Gambling Act 1845, GA 1845)、MIA 1906 及 1909 年海上保險賭博保單法 [Marine Insurance (Gambling Policies) Act 1909, MIGPA 1909]，在英國形成一個防阻利用以保險為賭博工具之成文法體系，目前仍為現行法，爾後才發現具有防阻道德風險之功能。LAA 1774 和 GA 1845 適用於人身保險，不適用於損失補償保險 ❾❸，MIA 1906 和 MIGPA 1909 適用於海上保險。

　　海洋法系將損失補償原則暨推演而出的保險利益制度，適用於損失補償保險；於定額給付保險，不適用損失補償原則，而強調保險利益制度。於德國法恰巧相反，定額給付保險無保險利益制度，如要保人和被保險人不同人，只要經被保險人同意即可 ❾❹，而於損失補償保險則強調、適用保險利益制度。對於保險利益採取不同觀點的德國保險契約法 (VVG)，或援參海洋法系和歐陸法系為法源的我國保險法，均未於成文之制定法上定義保險利益、量化方法和存在時點，而是交由實務或學說去發展。

　　如最大善意原則係保險契約法上「國王原則」，則損失補償原則即是「皇后原則」，共同形塑整個保險契約法體系。

二　保險利益制度

　　契約自由係海洋法系及歐陸法系契約法之基本原則，係人民基本權之一而受憲法所保障 ❾❺。人民得以自由訂定契約以及自由決定契約條款內容，公權力不應介入，除非基於公共利益或違反公序良俗、法律強制或禁止規定。因此，契約自由應受某種程度限制。保險利益制度，即是直接或間接限制訂定保險契約自由權之制度。藉由取得或擁有保險利益，人民得以對其所繫保險利益之標的，取得訂定保險契約之完整自由權。換句言，除古

❾❸ Siu Yin Kwan v. Eastern Insurance Co Ltd [1994] 1 All E.R. 213.

❾❹ 保險法第 105 條。

❾❺ 憲法第 15 條。

典見解認為保險利益制度具有防阻賭博及道德風險功能外，保險利益制度係用以確認人民是否有權投保以及享有保險契約而生利益之制度。

　　保險利益制度係由損失補償原則推演而出。運用於人身保險，首見於英國 1774 年人身保險法 (Life Assurance Act 1774)。17 世紀末期，開始有人身保險。王公貴族間流行閱讀小報以愉生活，如發現有報導受傷之人、生病之人等瀕臨死亡之人，即向保險人以該人為保險標的投保人身保險，該人死亡即領取保險金，因為兩者間無任何經濟上關係，如同投機風險之賭博。上行下效，平民階層也仿效之，造成整個國家不事生產而社會風氣敗壞。英王喬治三世要求國會研究立法解決社會亂象，而國會於 1774 年制定人身保險法，將保險利益制度運用於人身保險❾❻。

㈠保險利益定義

1.從法律上關係演變至經濟上利害關係

　　保險法未定義保險利益，而於第 14 條至第 16 條及第 20 條援參海洋法系，例示有保險利益之情形。保險利益是要保人與保險標的間之利害關係，如保險標的滅失或毀損而受有金錢上或經濟上之損失，則保險利益存在❾❼。因此，物之保險利益和物之所有權是區分的不同概念，同一保險標的在不同人之間可以存在不同之保險利益，如所有權人、承租人、抵押權人等對於標的均有保險利益，因為標的一旦毀損或滅失，則遭受經濟上損失或不利益。於人身保險，要保人對於被保險人死亡，應具有法律上權利❾❽或擔負法律責任❾❾，藉以支撐保險利益之存在。

---

❾❻ See generally, Geoffrey Clark, Betting on Lives, Manchester University Press, 1999.

❾❼ Lucena v. Craufud (1806) 2 Bos. & P.N.R. 269, 302.

❾❽ E.g. A creditor's right on the debt of the debtor; Von Lindenau v. Desborough (1828) 3 C. & P. 353.

❾❾ E.g. A family member's obligation as regards funeral expenses of the death of his families; Phillimore L.J. in Tofts v. Pearl [1915] 1 K.B 189, 194 .

MIA 1906 第 5 條第 2 項使用「對於保險標的之法律或衡平關係」，係唯一定義保險利益之英國成文法，而於成文時反映所有險種之保險利益概念。例如要保人股東對公司資產工廠廠房投保火災險，保險事故發生致廠房滅失，曾有判例採狹義觀點，認為有限公司之股東和債權人對於公司資產無保險利益，因為股東和債權人對於公司資產無法律或衡平關係❿，並無處分公司資產之權限，即使案例中被保險人實際遭受經濟上損失，而具經濟上利益 (economic interest)。惟居於社會環境變遷，漸衍生廣義觀點，著重於經濟上利害關係，而不限於法律上關係，如要保人與被保險人間之商業與身分關係。商業關係者，如股東或合夥人防護保險 (shareholder protection insurance)，如公司之股東或合夥人各為要保人，以他股東或合夥人為被保險人，分別各自投保人身保險，對方死亡或失能，即受領保險金以此向其遺屬購買股份，維持事業之持續運營。身分關係者，如重要人士保險 (keyman insurance)⓫，如股份有限公司為要保人，以高階經理人或具重要技能、知識之受僱人為被保險人，投保人身保險，以保護公司於替代性較低之高階經理人或受僱人死亡或失能時，危及公司營運之財產上損失。我國保險法第 16 條第 4 款，要保人 (被管理財產或利益之公司)，對管理公司財產或利益之受僱人、董事或監察人具保險利益即為適例之一。

將此抽象概念具體化實體化，以便通用於個案。保險利益之存在須視：
(1)是否保險標的或被保險人發生保險事故或因保險標的而擔負責任，而受有金錢上或經濟上之損失，或
(2)因保險標的之保全而受有利益。

2.限制的利益

MIA 1906 第 7 條和第 8 條規定有限之保險利益，具有可保性，同樣代表適用於所有險種之保險利益概念，明文規定可消滅的利益 (a defeasible

---

❿ Macaura v. Nothern Assurance Co Ltd [1925] AC 619.

⓫ E.g. Hebdon v. West (1863) 3 B. & S. 579.

interest) ⑩ 或 暫 時 的 利 益 (contingent interest) ⑩ 或 部 分 利 益 (partial interest)⑩，雖是限制的利益，仍具有可保性。

可 消 滅 的 利 益 係 指 依 爾 後 發 生 之 事 件 決 定 是 否 有 保 險 利 益 (A defeasible interest means an interest, which is liable to be determined by subsequent events)⑩，如 MIA 1906 第 7 條第 2 項例示，於貨物買賣，買受人對於買賣標的有保險利益而得投保，即使出賣人於違約⑩之延遲交付下買受人可以退貨，而視為由出賣人承擔風險⑩。暫時的利益，係指保險利益之存在，需視某些條件之履行者 (An interest depending on the fulfilment of certain conditions is to be a contingent interest)，典型之例，如屬於收益保險之運費保險⑩，於海上保險需視航程或運送契約是否已履行，又如於責任保險，需視被保險人是否對第三人應負責任。部分利益者，任何性質的部分利益是具有可保性⑩，惟擁有部分利益者，僅能就對於保險標的部分利益投保之；因此抵押權人之利益僅限於未清償之債權⑩。具部分利益者，得為自己之利益投保，以及對該標的有利益之人代為投保⑪。

㈡保險利益之量化與可請求之金額限制

---

⑩ MIA 1906, s. 7(1).

⑩ MIA 1906, s. 7(1).

⑩ MIA 1906, s. 8.

⑩ Lucena v. Craufurd (1806) 2 Bos. &P.N.R. 269; Stirling v. Vaughan (1809) 11 East 619; Colonial Insurance Co of New Zealand v. Adelaide Marine Insurance Co (1886) L.R. 12 App. Cas. 128.

⑩ E.g. Sales of Goods Act 1979, s. 11(3).

⑩ E.g. Sales of Goods Act 1979, s. 20(2).

⑩ Lucena v. Craufurd (1806) 2 Bos. & P.N.R. 269, 294–295.

⑩ MIA 1906, s. 8.

⑩ MIA 1906, s. 14(1).

⑪ MIA 1906, s. 14(2).

保險利益如何客觀衡量，我國法未有明文規定。原則上要保人得以投保對保險標的代表其所擁有之利益之數額，而得以請求給付之數額，於定額給付保險和損失補償保險，各有不同。

1. 定額給付保險

要保人得以投保對保險標的代表其所擁有之利益之數額，而得以請求給付之數額也限於該數額⑫。因此，如擁有無限制數額的保險利益，則得以請求全部保險金額，如以自己或家屬為被保險人之情形⑬，給予較高之評價而無法以金錢客觀衡量⑭，無保險利益數額或重複投保之限制⑮，只要保險人願意承保而要保人有保費給付能力。如要保人對被保險人之利益有限，而可以客觀衡量，則要保人於被保險人死亡所受之損失即為其實際損失⑯，如保險法第 16 條第 2 款至第 4 款對生活費或教育費仰給之人等。保險利益量化之衡量時間為契約成立之時，因為係於定額給付保險保險利益應存在之時間⑰。因此，如於保險期間保險利益之數額增加，不應計入之，除非當事人合意該增加之數額為新契約。簡言之，保險利益數額有限之定額給付保險契約，實質效果如同損失補償保險下之定值保險。

2. 海上及其他損失補償保險

於海上保險，MIA 1906 重申之保險利益量化方法有二：(1)於保險標的設定抵押之情形，抵押人對於標的全部價值有保險利益，而抵押權人僅對於未清償或即將到期而未清償之債權之數額有保險利益⑱。(2)保險標的財

---

⑫ LAA 1774, s. 3.

⑬ 保險法第 16 條第 1 款。

⑭ Wainwright v. Bland (1835) 1 Moo. & R. 481; Griffiths v. Fleming [1909] 1 K.B. 809; Reed v. Royal Exchange (1795) Peake Ad. Cas. 70.

⑮ M'Farlane v. The Royal London F.S. (1886) 2 T.L.R. 755; Shilling v. Accident Death (1857) 2 H. &N. 42.

⑯ LAA 1774, s. 3.

⑰ LAA 1774, s. 1; Dalby v. India and London Life Assurance Co. (1854) 15 C.B. 365.

產之所有權人對於標的全部價值有保險利益❶❶。MIA 1906 復規定，被保險人得請求之金額於不定值保險係保險價值，而於定值保險為約定價值❶❷。關於不定值保險者，係遵循損失補償原則，防阻被保險人獲得超過實際損失之填補。於定值保險，在於詐欺之情形，當事人於契約成立前所合意之約定價值為被保險人能至多得請求之數額❶❸，而不論保險標的於事故時之價值，而係損失補償原則之例外。

綜上所論，要保人或被保險人對其於保險標的之利益得投保之，但以其對保險標的上之利益大小為限。就定額保險言，要保人得請求保險理賠之金額，以其對於被保險人之保險利益之價值為限。就損失補償保險言，要保人得請求理賠保險金之數額，為其所受實際損失，但於不定值保險以保險價額為限，於定值保險則以約定價額為限。

㈢保險利益應存在之時間

我國法未規定保險利益應存在時間點，通說認為損失補償保險於損失發生時應存在保險利益，因為依損失補償原則，無損失即無補償，有損失即證明對於保險標的存在經濟上利益，即是有保險利益。於定額給付保險，僅要求契約成立當時存在即可，作者認為應是受到外國法例之影響，而具討論之空間，如下：

1. 定額給付保險

英國 LAA 1774 第 1 條使用「無保險利益則不應投保」，默示保險利益應於契約成立當時存在。此外，依第 3 條規定，被保險人不應獲得超過其保險利益價值之給付，亦默示保險利益應於被保險人死亡或保險事故發生當時亦應存在，並受到判例之肯認，而認為保險利益應同時存在於契約成

---

❶❶ MIA 1906, s. 14(1).

❶❾ MIA 1906, s. 14(3).

❶❷ MIA 1906, s. 67(1)；保險法第 76 條。

❶❸ MIA 1906, s. 27(3).

立和保險事故發生之時❷，但是阻礙人身保險之行銷，而不受到保險業市場派歡迎。惟現行判例 Dalby v. The India and London Life Assurance Co❸ 認為保險利益僅需於契約成立當時存在。原告原保險人承保訴外人人身保險，復向被告再保險人投保。訴外人因取得一筆金額而無保險需求，遂向原保險人終止保險，但原保險人持續支付再保費予再保險人直到訴外人死亡。法院認為人身保險保險利益僅需於契約成立當時存在即可，而判決原保險人勝訴而得請求再保險金。主要基於兩個理由：(1)因為如於被保險人發生事故時要保人無保險利益，保險契約即失效，則對要保人不公平，因為剝奪要保人基於在契約成立時所計算而繳付之保費而應享有之對價；(2)如於保險事故發生時保險利益應存在，則使定額給付保險成為損失補償保險。

　　本書認為，判決理由並未使人信服，作者見解如下：

第一、因為保險之目的在於避免要保人遭受經濟上損失❹，如於被保險人事故發生當時要保人無保險利益，則不就證明要保人無遭受損失，而使契約目的無法達成。則保險契約之持續有效，除對要保人產生不當得利或使之為賭博契約外，對於要保人毫無意義，而牴觸保險利益制度防阻賭博之功能。

第二、該判例將損失補償原則和保險利益制度混淆。損失補償原則之意義在於損失範圍於事故發生時衡量，以完整填補要保人實際損失，而

---

❷ Godsall v. Boldero (1807) 9 East 72; Henson v. Blackwell (1845) 4 Hare 434; Barber v. Morris (1831) 1 Mood & R. 62.

❸ (1854) 15 C.B. 365.

❹ The primary obligation of an insurer is to prevent the assured from loss, which systematically tallies the purpose of an insurance, as per Lord Goff in The Fanti and Padred Inland [1991] 2 AC 1, 35–36; The Italia Express (No. 2) [1992] 2 Lloyd's Rep. 281; Sprung v. Royal Insurance (U.K.) Ltd [1997] CLC 70, CA.

保險利益制度其目的主要在於確認要保人是否有權享受保險契約之利益以及以被保險人投保之契約自由限制。Dalby 案是再保險契約案，其實質為損失補償保險。

第三、從現代觀點，要保人於保險期間履行最大善意，因而要保人應通知保險人包括危險停止之危險增加或減少之情形，如要保人不再擁有保險利益，則當初投保之危險，對被保險人雖仍是危險，但對要保人不再是危險，因為欠缺保險利益時保險事故之發生不再對要保人有任何影響。因而，要保人與被保險人不同人之情形，要保人於保險事故時不具保險利益則有如危險減少之危險中止而有違繼續性義務之最大善意原則，而據此最大善意，要保人應誠實提出其理賠而不應詐欺❿。

第四、對要保人不公平之情形，得於保險利益終止存在時，返還爾後保險人未承擔危險之比例保費。

第五、該判例見解牴觸保險利益另一防阻道德風險之功能而對於要保人不再對被保險人擁有保險利益之情形，營造一個毀滅生命或謀殺之法律環境，因為如保險利益僅需於契約成立時存在，則契約成立後，該人身保險變成可以自由買賣、交易之保險商品，被保險人生命即處於極度危險之狀況，因為欠缺保險利益之中間或最終之保單持有人可能日夜祈禱被保險人早日死亡，甚至導致謀殺❿。如此，則法律置被保險人人格權於何處？據上所論，作者認為人身保險於契約成立和保險事故發生當時均應存在。

2.海上及其他損失補償保險

海上保險情況單純。MIA 1906 第 6 條第 1 項規定，保險利益應於損失

---

❿ Insurance Act 2015, ss. 12–13.

❿ 例如「南迴鐵路搞軌案」；E.g. See Wainwright v. Bland (1835) 1 Moo & R. 481, (1836) 1 M.&W.

發生當時存在，除非承保條件為「不論是否已發生損失 (lost or not lost)」❶。「不論是否已發生損失」存在於早期通訊技術不發達時代，因為地理位置遙遠，當事人獲得保險標的現時位置之資訊管道有限，請參本書前揭。因此，要保人於取得保險利益之前知情損失已發生者，其不能獲得保險金給付❷，否則即是賭博。

於其他損失補償保險，原則上契約當事人對於契約應存在某些利益，於保險契約則為保險利益，否則即是賭博❸。此外，損失補償原則介入損失補償保險之結果，要保人應證明於保險事故發生之時有保險利益，否則要保人不得請求補償。換句言，如要保人於該時間對保險標的不具保險利益，其根本未受有損失，無保險利益即無損失。因此，於非海上保險，保險利益需於損失發生之時存在，正如同上揭海上保險。此外，其他損失補償保險與海上保險均係損失補償性質，因此，類推海上保險之規定亦可。不論使用上揭任一種法學方法論證，結果均相同。

綜上言，就定額給付保險言，保險利益必須於訂定契約時以及保險事故發生時存在。就損失補償保險言，保險利益僅必須於保險事故之損失發生時存在。

㈣無保險利益之效果

依保險法第 17 條規定，無保險利益者，保險契約失其效力。何謂失其效力？保費是否須返還予要保人？保險法第 21 條至第 28 條保險費相關規定，其中並無明文。

1.定額給付保險

根據 LAA 1774 第 1 條，定額給付保險於契約成立當時無保險利益者，其契約無效，因此要保人不得請求保險金。保險契約必須載明具保險利益

---

❶ Proviso of s. 6(1) of MIA 1906.

❷ Proviso of s. 6(1) of MIA 1906.

❸ GA 1845.

之人其名稱，以防阻要保人以自己為被保險人投保，惟實際上是為無保險利益之第三人而訂立❸，如違反者，保險契約為不法之契約而無效。按一般契約法，契約無效係指自始無效 (void ab initio)，而發生溯及效力，當事人互負回復原狀義務至契約原始未締結之狀態，就如同契約從未訂定般。惟如契約為不法 (illegal)，契約雖然無效，不可責之一方當事人不須回復原狀。

MIA 1906 第 84 條係重申一般保險契約對價失靈原則之規定，而應同等適用於各類型保險。契約無效，保險人未承擔風險，係對價完全失靈，除詐欺或不法外，保費應全數返還要保人❸。因此，保費是否應返還，全視牴觸 LAA 1774 僅是無效抑或不法。英國上訴法院於 Harse v. Pearl Life Assurance Co❸案解釋 LAA 1774 第 1 條而認為條文對於無保險利益之人身保險意圖科以不法之效果非常明顯。因此，意圖賭博而無保險利益而違反 LAA 1774 規定者，係不法行為，保費毋庸返還，除非契約當事人互可歸責❸或是事實或法律認識錯誤❸。

2.海上及其他損失補償保險

MIA 1906 或 MIGPA 1909 規定於多種情形下視為賭博：於保險契約成立時欠缺合法保險利益且於保險期間無善意期待取得保險利益之可能❸；於保單註記「不論有無保險利益 (interest or no interest)」或註記「保單本身

---

❸ 保險法第 46 條；LAA 1774, s. 2.

❸ MIA 1906, ss. 84(1), 84(3)(a) and 84(3)(c).

❸ [1904] 1 K.B. 558.

❸ The in pari delicto maxim operates only where the parties are equally guilty; see also Hughes v. Liverpool Victoria Friendly Society [1916] 2 K.B. 482.

❸ In Kleinwort Benson v. Lincoln City Council [1998] 4 All E.R. 513, the House of Lords removed the distinction between mistake of fact and mistake of law, and held that restitution is permissible in both cases.

❸ MIA 1906, s. 4(2)(a) or MIGPA 1909, s. 1(1)(a).

即證明保險利益而無須另外證明 (without further proof of interest than the policy itself)」或註記「對保險人無殘餘利益 (without benefit of salvage to the insurer)」❶❸❻。任何經由賭博或投注之海上保險，不僅無效❶❸❼，而且不法❶❸❽。如要保人於契約訂定時或期待將於保險期間取得保險利益，則契約有效。期待，係指合理信賴會取得保險利益者❶❸❾。構成賭博，要保人主觀上應具有賭博意思，而非僅對未來可能之保險利益投保之❶❹⓪。顯而易見，並非所有不具保險利益之海上保險均是賭博；例如，不具保險利益但善意投保之要保人，合理期待於保險期間會取得保險利益，並非賭博，而仍有效，如要保人最終未取得保險利益，基於損失補償原則，無損失無保險利益，無損失無補償，要保人即不得請求保險金。換句言，不具保險利益之保險和經由賭博之保險，係不同之概念而具不同之法律效果而應區分之。

　　因此，保險契約之效力，主要在於保險契約是否經由賭博訂定。所以，MIA 1906 第 84 條第 3 項第 3 款規定，如保險契約不具保險利益但訂定時無主觀賭博之意圖，保費應返還，因為保險人從未承擔危險，致對價完全失靈。如經由賭博訂立者，除保費不予返還，要保人尚應負刑事責任❶❹❶。於 Re London County Commercial Reinsurance Office Ltd❶❹❷案，要保人具保

---

❶❸❻ MIA 1906, s. 4(2)(b) or MIGPA 1909, s. 1(1)(b).

❶❸❼ MIA 1906, s. 4(1).

❶❸❽ Marine policies in contravention to MIGPA 1909 is illegal; see also Allkins v. Jupe (1877) 2 C.P.D 375; Gedge v. Royal Exch. Ass. Corp. [1900] 2 Q.B. 214.

❶❸❾ Hodgson v. Glover (1805) 6 East 316; Knox v. Wood (1808) 1 Camp 543; Eyre v. Glover (1812) 16 East 218; Anderson v. Morice (1876) 1 App. Cas. 713; Buchanan & Co v. Faber (1899) 4 Com. Cas. 223; Moran, Galloway & Co. v. Uzielli [1905] 2 KB 555.

❶❹⓪ Kent v Bird (1777) 2 Cowp. 583; Gedge v. Royal Exchange Assurance Corporation [1900] 2 QB 214; Coker v. Bolton [1912] 3 KB 315.

❶❹❶ MIGPA 1909, ss. 1(1) and 1(2).

險利益，但是保單註記「保單即證明保險利益 (policy itself proof interest, p. p. i.)」。如依 MIA 1906 第 4 條第 2 項第 2 款，應當然「視為」賭博保單而無效且不法。但是法院無視前揭第 4 條第 2 項和第 84 條第 3 項明文，解釋案件中 "p.p.i" 僅具表面證據力，而推翻第 4 條第 2 項「視為」之文義，再次證實海洋法系法院對於成文制定法之態度，認為制定法僅具宣示性質，又或在解釋方法上實質重於形式之具體表現。

三 保險利益與損失補償原則之差異

㈠損失補償原則關係損失大小之衡量，因而僅於損失發生時才顯重要，相反的，保險利益規定之功能在於評斷要保人是否有權投保，或者是否有權享受保險契約之利益。

㈡根據損失補償原則，要保人應證明其確實受有損失或證明其於損失發生時具保險利益，否則無權請求補償，但未遵守保險利益之規定，則產生更嚴重之效果，及於保險契約之無效。

㈢損失補償原則以法理之方式呈現，但是保險利益之規定乃保險法所明定之絕對強制規定，當事人不得以約款排除、變更或拋棄。

四 損失補償原則所衍生之下位制度

最大善意原則為國王原則，損失補償原則為皇后原則，形塑整個保險契約法體系。由損失補償原則演繹而衍生具體的下位制度，包括：保險利益制度、複保險制度、足額、不足額、超額保險制度、定值、不定值保險制度、保險代位制度（債權代位）、委付制度（物權代位）等。以下僅就本書尚未論及的複保險制度和保險代位制度討論及說明，至於委付制度則於「分損與全損」單元討論。

㈠複保險制度❸

---

❷ [1922] 2 Ch 67.

依保險法第 35 條複保險定義，雖有其構成與學說補充要件，惟在此等要件滿足時，亦存在諸多例外，窮其原因，在於此等要件僅構成被保險人具不當得利之潛在可能性，係「潛在複保險」，作者另行提出「真實複保險」之概念以資區分，同時亦解決學說藉以與複保險區分之所謂「保險競合」或「共同保險」。此外，亦由真實複保險之概念提出，探討複保險判斷時點、複保險通知義務違反效果、足額複保險和不足額複保險之效果、複保險規定適用範圍、保險法第 38 條善意複保險比例分擔原則之相對強制性，以及保險實務以相關約款變更複保險當事人間關係之有效性。

保險法第 35 條定義複保險：「複保險，謂要保人對於同一保險利益，同一保險事故，與數保險人分別訂立數個保險之契約行為。」英國❹、德國❺等外國立法例亦採相當之構成要件。據此定義，科以要保人複保險通知義務❻，以及規定惡意複保險無效❼與善意超額複保險保險人間比例分

---

❸ 詳參：饒瑞正，複保險定義暨相關疑義之辯正──從月之黑暗面質疑，月旦法學雜誌，第 128 期，2006 年 01 月，頁 103–119。

❹ 依 1906 年海上保險法第 32 條第 1 項 [Marine Insurance Act 1906, s. 32(1)]，複保險定義與我國法相當，惟僅規範超額複保險："Where two or more policies are effected by or on behalf of the assured on the same adventure and interest or any part thereof, and the sums insured exceed the indemnity allowed by this Act, the assured is said to be over-insured by double insurance." 此外權威學說定義之複保險亦與我國法相當："double insurance occurs when the assured insures the same risk on the same interest in the same property with two or more independent insurers"，參見 Legh-Jones, Nicholas, John Birds and David Owen, MacGillivray on Insurance Law, 10th edition, Sweet & Maxwell, 2003, para. 23–1；英國法之複保險僅適用於損失補償保險 (indemnity insurance)。

❺ 依德國保險契約法第 59 條第 1 項，複保險定義亦僅規範超額複保險；VVG 複保險相關規定係規範於損失保險章，亦僅適用於損失補償保險 (Schadensversicherung)；雖僅規範超額複保險，惟依 VVG 58，於產生複保險之可能時即科以要保人通知保險人之義務。

擔損失 ⑱ 之效果。複保險成立與否,亦即複保險之定義或構成要件,關係到要保人是否應履行通知義務、其適用範圍及其效果。因此,複保險定義之正確性至為重要,因為就邏輯之前後因果關係言,若定義有瑕疵、漏洞,其結果也必然有誤。

分析保險法複保險構成要件,包括:同一要保人、同一保險利益、同一保險事故、與數保險人分別訂立數個保險契約。此外,學說尚以同一保險標的 ⑲、該數個保險契約必須有效、重疊 ⑳(或同一保險期間 ㉑)為補充,或以「保險競合」㉒ 或「共同保險」 ㉓ 填補保險法未規定事項而與保險法所定義之複保險多所區分。然而作者對於保險法或學說補充之複保險構成要件之適當性與學說區分之實益有所質疑。因為若保險法複保險定義或學說補充要件無法一體適用於所有個案,亦即於特殊個案必須以例外來處理,則該等定義或構成要件並不符合適當之普遍性要求,應有再建構之必要,而又若「保險競合」、「共同保險」與複保險之區分並無實益,則失

---

⑭ 保險法第 36 條。

⑭ 保險法第 37 條。

⑭ 保險法第 38 條。

⑭ 施文森,保險法關於複保險規定應否適用於人身保險,法官協會雜誌,第 3 卷第 1 期,2001 年 6 月,頁 1–58,頁 4。

⑮ 劉宗榮,保險法,自版,1997 年 3 月,頁 194。

⑮ 施文森,保險法關於複保險規定應否適用於人身保險,法官協會雜誌,第 3 卷第 1 期,2001 年 6 月,頁 1–58,頁 4;林群弼,保險法論,增訂二版,三民書局,2003 年 11 月,頁 337;江朝國,保險法基礎理論,修訂四版,2003 年 9 月,頁 314;梁宇賢,保險法新論,修訂四版,自版,2001 年 9 月,頁 211。

⑮ 劉宗榮,保險法,自版,1997 年 3 月,頁 207–222;施文森,火災保險之改進及其理由,頁 210;林勳發,保險法制之沿革與修正芻議(上),月旦法學雜誌,第 65 期,2000 年 10 月,頁 54–80,頁 67。

⑮ 江朝國,保險法基礎理論,修訂四版,2003 年 9 月,頁 314。

去區分之正當性。以下即在檢驗該等要件與區分，並予以重新建構，同時亦對於諸如：複保險判斷時點、複保險通知義務違反效果、足額複保險和不足額複保險之效果、複保險規定適用範圍、保險法相對強制規定之區分方法、保險法第 54 條第 1 項與第 54 條之 1 適用範圍、實務條款之效力等一併提出適用與修正建議。

(二)複保險為何要受到規範

1.損失補償原則、分散危險、意圖不當得利、道德危險與複保險

問題一：小林將其所有市價新臺幣 500 萬之住宅，分別向十家保險公司投保住宅火災險，每家全額投保 500 萬，可不可以？問題二：若每家保險公司僅投保 50 萬有何差異？問題三：若每家三十萬又如何？

(1)問題一

依保險法第 35 條複保險定義，問題一、二和三之情形均構成複保險。在問題一，有兩種可能性：其一為小林依風險管理之效能而將其損失危險分散予十家保險公司，以因應保險人無資力、不予理賠、免責或減責之情事，符合保險在於分散危險之功能，即雞蛋不要放在同一個籃子裡。若發生承保之損失，藉由損失補償原則 (principle of indemnity) 之當然適用，小林可求償之金額僅限於實際損失，因為依損失補償原則之精髓，其欲解決之問題有二：第一、是否應補償？有損失才有補償；第二、如何補償？根據實際損失填補，因此本例應在允許之列。此時爭點係在於：哪個保險人應負保險金給付責任或保險人間應如何分擔損失，此即保險法第 38 條所規範之「善意超額複保險」。其二為小林之動機在於意圖藉數個保險契約獲得超過實際損失之填補，亦即構成詐欺或賭博之意圖不當得利❶❺❹。因被保險人意圖獲致超過實際損失之填補，有促使保險事故發生或提早發生之可能，將引致道德危險。此時雖然損失補償原則仍足以防阻小林實現他的動機，但保險契約係對人契約 (personal contract)，特別重視當事人之特質，尤其

---

❶❺❹ 保險法第 37 條。

是要保人或被保險人之道德危險問題，況且道德危險亦與保險之不確定性特質牴觸❺；此外，尚與傳統上保險契約堅守之最大善意原則 (doctrine uberrimae fidei)❻有違，因而保險法第 37 條後段賦予「惡意超額複保險」契約無效❼之嚴厲法效。

⑵問題二和三

問題二和三之情形雖構成保險法第 35 條定義之複保險，惟分別係保險法未規範之「足額複保險」和「不足額複保險」。因總保險金額等於或小於保險價額，針對全損，實無超額填補或不當得利之可能，當然也無區分善意與惡意之必要，惟損失補償原則仍應介入，以防阻同一損失受到兩次以上之填補，因而於「足額複保險」和「不足額複保險」，爭點仍同「善意超額複保險」，仍在：那個保險人應負保險金給付責任或保險人間應如何分擔損失。是故，依私法自治，若當事人間有約定❽，依其約定，若未約定則應予類推適用保險法第 38 條所展現之基本價值判斷——比例分擔制。因而，依保險法第 35 條、第 37 條與第 38 條規定，複保險可區分為「惡意超額複保險」、「善意超額複保險」、「足額複保險」和「不足額複保險」。其中，後兩者之效力，保險法未明文規定。

保險法第 38 條規定，除契約另有規定外，保險人僅就其所保金額負比例分擔之責，亦即各保險人負比例責任。MIA 1906 第 32 條第 2 項規定，

---

❺ 保險法第 1 條參照。

❻ 詳參拙著：保險法最大善意原則之辨正，月旦法學雜誌，2002 年 10 月，頁 153–174。

❼ 若惡意超額複保險成立，究係全部保險契約無效或僅訂立在前之保險契約無效，學說與司法實務各有不同見解；爭點在於判斷複保險之時點為何？作者於再建構複保險之定義後，另行提出見解；詳於後。

❽ 例：住宅火災及地震基本保險條款第 36 條第 3 項規定，保險事故發生前，得降低保險金額，比例退還保費，於保險事故發生後，則依保險金額與總保險金額比例分擔損失。

被保險人得向任一保險人請求全額保險金，亦即各保險人對被保險人負連帶責任。全額給付之保險人則得向各保險人請求依契約應給付金額之比例分擔❶。因此，我國法將保險人失去清償能力、不予理賠之資金風險交由要保人承擔。所分擔之比例，保險實務採最大責任規則 (maximum liability rule)，以各保險人最大給付責任之和為分母，該保險人所負最大責任為分子，再乘以損失，以數學運算式表示如下：各保險人應分擔責任 = (各保險人最大責任 / 各保險人最大可能給付責任之和) × 損失。另有所謂單獨責任規則 (independent liability rules)：各保險人給付責任依其單獨存在應負責任決定其比例。

案例一定值保險： 船舶 The Beautiful Mind 所有權人，向 A 保險公司善意投保船舶保險，船舶約定價值 200 萬美元（以下同），保險金額 200 萬，向 B 保險公司也善意投保船舶保險，約定價值 100 萬，保險金額 100 萬，兩個保險契約保單條款、保險期間均相同，今保險事故發生，致船舶真實全損。A、B 給付責任各多少？

——如使用最大責任規則

The Beautiful Mind 所有權人最大損失（約定價值）200 萬，得取得保險金給付 200 萬。

A 給付責任 = (200/200 + 100) × 200 ≒ 133.33 萬

B 給付責任 = (100/200 + 100) × 200 ≒ 66.67 萬

A 保險人比例返還保費 (200 − 133.33)/200 = 66.67/200

B 保險人比例返還保費 (100 − 66.67)/100 = 33.33/100

——如採用單獨責任規則

The Beautiful Mind 所有權人最大損失（約定價值）200 萬，得取得保險金給付 200 萬。

---

❶ MIA 1906, s. 80(1).

A 契約單獨存在：負擔 200；B 契約單獨存在：負擔 100

A：B = 200：100 = 2：1

A 負擔比例：2/(2 + 1)

B 負擔比例：1/(2 + 1)

A 給付責任 = (2/3) × 200 ≒ 133.33 萬

B 給付責任 = (1/2) × 200 ≒ 66.67 萬

A 保險人比例返還保費 (200 − 133.33)/200 = 66.67/200

B 保險人比例返還保費 (100 − 66.67)/100 = 33.33/100

案例二不定值保險：甲為自用住宅所有權人，向 A 保險公司善意投保住宅火險，保險金額 200 萬新臺幣（以下同），向 B 公司善意投保 100 萬，今保險事故火災發生，致標的真實全損，保險價值（保險事故發生當時保險標的之價值）100 萬，試問：A、B 應負給付責任各多少？

——如使用最大責任規則

甲自用住宅所有權人損失 100 萬，取得保險金給付 100 萬。

A 給付責任 = (200/200 + 100) × 100 = 66.67 萬

B 給付責任 = (100/200 + 100) × 100 = 33.33 萬

A 保險人比例返還保費 (200 − 66.67)/200 = 133.33/200

B 保險人比例返還保費 (100 − 33.33)/100 = 66.67/100

——如採用單獨責任規則

甲自用住宅所有權人損失 100 萬，取得保險金給付 100 萬。

A 契約單獨存在：負擔 100；B 契約單獨存在：負擔 100

A：B = 100：100 = 1：1

A 負擔比例：1/(1+1)

B 負擔比例：1/(1+1)

A 給付責任 = (1/2) × 100 = 50 萬

B 給付責任 = (1/2) × 100 = 50 萬

A 保險人比例返還保費 (200−50)/200 = 150/200

B 保險人比例返還保費 (100−50)/100 = 50/100

　　保險法第 38 條文義所指，究竟是最大責任規則? 抑或單獨責任規則? 相同之爭點也發生在 MIA 1906 第 80 條第 1 項❿。英國上訴法院，認為其語意不清，得指向最大責任規則或單獨責任規則⓬。於海上保險，保險實務採用最大責任規則，於陸上財產損失險亦是⓭。不論保險實務所採方法，於 American Surety Co of New York v. Wrighton⓮案，關於責任保險及涵蓋責任保險、財產損失險之綜合保險，係保險標的範圍有異而保險標的一部分相同之「非全同保險 (non-concurrent policies)」，法院見解認為單獨責任規則具有正當性，因為兩者保單條款及承保範圍具有重大差異，如非居於此差異，法院應會採用最大責任規則⓯，似乎認為於數個保險契約保險標的之範圍與全部保險標的均完全相同之「全同保險 (concurrent policies)」，應採最大責任規則。

　　於 Commercial Union Assurance Co Ltd v. Hayden⓰案，屬於「共同責

⓴ "Where the assured is over-insured by double insurance, each insurer is bound, as between himself and the other insurers, to contribute rateably to the loss in proportion to the amount for which he is liable under his contract."

⓬ Per Stephenson L. J in Commercial Union Assurance Co Ltd v. Hayden [1977] Q. B 804; see also per Hamilton J. in American Surety Co of New York v. Wrighton (1910) 16 Com. Cas. 37, 54.

⓭ Mellish L.J. in North British and Mercantile Insurance Co v. London Liverpool and Globe Insurance Co (1877) 5 Ch D 569, 583, suggested that "there was no reason why the contribution should not be on the same basis as in marine insurance."

⓮ (1910) 16 Com. Cas. 37.

⓯ (1910) 16 Com. Cas. 37, 55.

⓰ [1977] Q.B. 804.

任保險 (concurrent liability policies)」，上訴法院於推定最大責任規則是用於財產損失險之基礎上，區分財產損失險及責任保險之差異，而判決單獨責任規則較切實際而為適當之方法，主要理由為：第一、責任保險之保費並非根據保險金額之大小而成等比；第二、於責任保險當事人約定保險金額無限額之情形，最大責任規則不適用，因為分母為無限大；第三、實證顯示多數之責任保險給付金額在一定低額限度內。單獨責任規則是否於財產損失險較具正當性，仍然未決，多數權威著作多持肯定見解，認為如此較具公平性[166]。

海上保險實務使用最大責任規則，可能是基於曼斯菲爾大法官於 Newby v. Reed[167] 複保險案判決意見，爾後並成文於 MIA 1906 第 80 條第 2 項[168]，曼氏見解認為善意複保險各保險人間關係：「正如同兩個保證人，如債權人向其中一人請求，該人得依比例向他保證人求償。[169]」曼氏及 MIA 1906 第 80 條第 2 項均將複保險下之共同保險人類比為共同保證人，因此保險實務使用於共同保證之最大責任規則。有趣的是，英國於共同保證之情形使用最大責任規則係依推定而來，英國法對此從未解決之[170]。此外，細讀 MIA 1906 第 80 條第 2 項及曼氏於 Newby v. Reed 案見解，可得知兩

---

[166] See Ivamy's, p. 524; MacGillivray's 10th edn, para. 23–50; McGee's, para. 24.8–24.9; Arnould's Volume 1 , para. 438.

[167] (1763) 1 Wm. Bl. 416. See also in Godin v. London Assurance Co (1758) 1 Burr 489, at 492, where Lord Mansfield CJ is reported to have said that "the several insurers shall all of them contribute pro rata."

[168] "If any insurer pays more than his proportion of the loss, he is entitled to maintain an action for contribution against the other insurers, and is entitled to the like remedies as a surety who has paid more than his proportion of the debt."

[169] "It is like the case of two securities; where, if all the money be recovered against one of them, he may recover a proportion from the other."

[170] Per Cairns LJ in Commercial Union Assurance Co Ltd v. Hayden [1977] Q.B 804.

者僅是賦予已給付超過其應負比例之保險人對他保險人請求分擔之權利，就如同共同保證人般，並未提及分擔比例之計算方法應與共同保證之情形一樣。因此，推論 MIA 1906 第 80 條第 2 項及曼氏意思是採如同共同保證人之最大責任規則應非有理。從 MIA 1906 第 80 條第 1 項文義觀之，係指向單獨責任規則，因為使用非常正面文法「與其應負責任之金額成比例 (in proportion to the amount for which he is liable)」，倘若文義係意圖指向最大責任規則，法案起草人會使用更適當文法或清晰語意達到應有效果，例如使用「其可能應負潛在責任 (for which he may be potentially liable)」。因此，綜上理由，MIA 1906 第 80 條第 1 項語意並無不清，而其所規定保險人間分擔比例之方法，係單獨責任規則。

　　同理，作者亦認為保險法第 38 條比例分擔，應採單獨責任規則。環顧保險實務條款廣泛使用「比例分擔條款」，於個案究竟應使用最大責任規則或單獨責任規則，應透過契約條款之解釋探求當事人真意，如有疑義，依本法第 54 條第 2 項後段所重申之「不利擬約者解釋原則」，對抗擬約之一方當事人。

2. 複保險定義與複保險通知義務

　　問題四：小林於前述問題一、二和三之情形是否應負複保險通知義務？問題五：若是，其目的何在？問題六：若未通知，效果有何差異？問題七：若未通知，保險人可否主張小林違反保險法第 64 條先契約據實說明義務？

(1)問題四和五

　　據上所析，保險法第 37 條和第 38 條係損失補償原則具體化之成文規定，除主要係於「超額複保險」時用以防阻被保險人不當得利外，其不當得利防阻對象亦包括保險人，亦即藉保險法第 38 條之比例分擔防止保險人逃脫其因保費對價之危險承擔。

　　保險法第 36 條課以要保人之複保險通知義務，依其文義，並未僅限於第 37 條、第 38 條規範之「超額複保險」，一旦第 35 條法定與學說補充要

件滿足時，要保人即應履行之。故而，保險法第 35 條複保險構成要件與學說補充要件，無非僅在描述該等條件滿足時，被保險人「具不當得利之潛在可能性」而已，真正是否不當得利需視是否同一損失受到兩次以上之填補**⓱**。是故，作者稱保險法第 35 條所定義者為「潛在複保險」。雖僅具潛在可能性，惟為何保險法採取嚴格之態度，對一旦潛在可能性生成時即科以告知義務? 保險法第 36 條複保險通知義務之目的，依作者推論，應係在於: 一、針對惡意複保險: 重複投保通常產生詐欺或高道德危險之臆測，因而適當通知有助於保險人採取因應作為以為控制危險，進而防阻道德危險之實現，例如於保險事故發生前降低保險金額，進而比例退還保險費**⓲**或建立抗辯事由資料庫，而於理賠時以要保人或被保險人詐欺或故意行為致生保險事故為抗辯**⓳**，同時，被保險人因此顧忌而不敢實現其詐欺動機或故意行為。二、針對善意複保險: 複保險通知在於讓保險人知曉其潛在之比例分擔權**⓴**，亦即尚有他保險人對同一損失應付比例分擔義務。

(2)問題六

保險法第 37 條將故意不為複保險通知與意圖不當得利並列,而給予相同的評價，定其契約無效之效果，似有將故意不通知擬制為意圖不當得利之企圖，應係考量保險契約之對人性、高道德危險性和最大善意性，而採取嚴格之態度。惟將故意不為「潛在複保險」通知與意圖不當得利劃上等號而歸類為惡意複保險，實有待商榷。因為故意不通知，並不當然是意圖藉由數個保險契約而獲取超過實際損失之填補，也許僅係情緒上之反應，因而應將第 37 條故意不為通知限縮於意圖不當得利者。契約無效，指法律上當然且確定的不生效力，亦即契約自始無效，原則上保險人無須退還保

⓱ 判斷複保險之時點為何? 作者於再建構複保險之定義後，另行提出見解; 詳於後。

⓲ 保險法第 23 條第 1 項、住宅火災及地震基本保險條款第 36 條第 3 項第 1 款規定。

⓳ 保險法第 37 條參照。

⓴ 保險法第 38 條。

費❿，除非保險人知情；此外，當事人於知其無效或可得而知者，應負回復原狀或損害賠償責任❿。對於除故意外之其他可歸責事由如因過失未通知，依保險法第 57 條，除不可抗力外，保險人得解除保險契約。解除契約者，依私法自治原則，解除權人得選擇不予行使或放棄違約之抗辯，而於契約解除時，當事人互負回復原狀之義務❿，包括返還保險費，而若有其他生損害賠償之請求權存在，損害賠償請求權並不受行使解除權之影響❿。保險契約無效與解除保險契約其差異除在於其性質與保費之返還問題外，主要尚表現於行使之次序；契約解除權之行使有待解除權人之意思表示❿，選擇解除契約或確認契約之持續有效，而契約無效係不待意思表示之契約當然無效。依上所析，既然契約無效與解除契約之實質效果相同，而過失與故意不通知或意圖不當得利之可歸責程度有別❿，保險法卻又給予相當之評價，其公平性實有待商榷。此外，因非故意而未為複保險告知（善意複保險），並未影響原先保險人於訂約時對於危險之估計，實不應賦予與違反保險法第 64 條先契約據實說明義務之契約解除權之相同實質效力。按複保險通知義務係得由誠信原則推論而出之後契約附隨義務❿，如無詐欺或意圖不當得利之情形，可從民法違反附隨義務之效果——以損害賠償為原則，定其效果。如此，則與前述善意複保險通知之目的相契合，若未通知而侵害保險人之比例分擔權，通知義務人應負損害賠償之責。

　　依問題四、五和六之解析，既然於「超額複保險」、「足額複保險」和

---

❿ 保險法第 23 條第 2 項。

❿ 民法第 113 條。

❿ 民法第 259 條。

❿ 民法第 260 條。

❿ 民法第 258 條。

❿ 民法第 220 條。

❿ 詳參：拙著，保險法最大善意原則之辨正，月旦法學雜誌，2002 年 10 月，頁 153–174，頁 168。

「不足額複保險」小林均負通知義務，且其效果除惡意外，原則上亦相同，保險法第 35 條與第 38 條所區分之「廣義複保險」與「狹義複保險」❿並無實益，亦即以總保險金額是否超過保險價額作為分類之標準或為複保險定義之一部，應無必要。

⑶問題七

承上言，保險法第 36 條規範之複保險通知義務，原則上應與保險法第 64 條適用於契約成立前或成立時之先契約據實說明義務作一區分，因為兩者性質與目的各有不同❿。惟若小林先後於保險公司重複投保，則保險法第 64 條即有介入之空間，而有適用之餘地。例如，在洽訂第二個保險契約時，若保險法第 35 條暨學說補充複保險構成要件滿足，無疑小林應針對第一個保險契約，履行其複保險通知義務。惟針對締結在後之第二個保險契約，則只要符合第 64 條據實說明義務違反之構成要件❿，則第二個保險人除複保險通知義務之違反外，亦得主張先契約據實說明義務之違反。

3. 損失補償原則與複保險規定適用範圍

問題八： 小林以其對債務人小王之債權新臺幣 500 萬，就小王之生命，分別向十家保險公司投保人壽保險，每家全額投保 500 萬，有無複保險規定之適用？

依司法院大法官會議 2004 年 4 月 23 日第 576 號解釋文❿，保險法複

---

❿ 學說將保險法第 38 條規範之總保險金額超過保險價值之複保險稱「狹義複保險」，而以保險法第 35 條複保險定義為「廣義複保險」；例見：梁宇賢，保險法新論，四修，自版，2001 年 9 月，頁 210。

❿ 複保險通知義務之目的，請參前揭；保險法第 64 條之立法背景與目的，詳參拙著：保險法最大善意原則之辨正，月旦法學雜誌，2002 年 10 月，頁 153-174。

❿ 對保險法第 64 條先契約據實說明義務違反之構成要件之評論與修正建議，詳參拙著：保險法最大善意原則之辨正，月旦法學雜誌，2002 年 10 月，頁 153-174，頁 172-174。

❿ 要旨：「人身保險契約，並非為填補被保險人之財產上損害，亦不生類如財產保險

保險相關規定不適用於人身保險，為我國學說與司法實務數十年就複保險規定適用範圍之爭議❿提出解決方案。依上言，保險法複保險相關規定係損失補償原則之具體化結果，無疑，得適用於損失補償保險 (indemnity policies)——即是有損失才有填補，再根據實際損失予以填補之險種，亦是保險利益之價值（保險價值）有限並可以衡量，被保險人因重複投保致不當得利會違反損失補償原則之情形。依此邏輯，複保險規定應不適用於定額給付保險 (contingency policies)——即是保險利益之價值無限或難以客觀衡量，而由當事人自由約定保險金額，並以之作為保險給付之標準。釋字第 576 號解釋，係依據現行保險章節體系財產保險與人身保險之分類，而認為複保險規定不適用於人身保險，惟未進一步區分人身保險中亦有屬於損失補償之險種，例如「實支實付型醫療費用保險」、「損失補償型失能保險」等。因而，複保險規定亦應適用於人身保險中屬損失補償保險者，理由甚明，學說早作說明❿，而於此次釋憲後亦招致相關批評❿，作者於

之保險金額是否超過保險標的價值之問題，自不受保險法關於複保險相關規定之限制。」

❿ 舉其顯例，認複保險規定僅適用於損失補償保險或財產保險者：施文森，保險法關於複保險規定應否適用於人身保險，法官協會雜誌，第三卷第一期，2001 年 6 月，頁 1-58；林勳發，保險法制之沿革與修正芻議（上），月旦法學雜誌，第 65 期，2000 年 10 月，頁 54-80；江朝國，人身保險有無複保險之適用——最高法院 88 年度臺上字第 1666 號判決評析，萬國法律，第 110 期，2000 年 4 月，頁 77-79；84 年臺上字第 723 號；72 年 5 月 14 日司法院第三期司法業務研究。肯定複保險規定亦適用於人身保險者：鄭玉波，保險法論，修訂四版，三民書局，2002 年 8 月，頁 55；應式文，人身保險是否適用損害填補和複保險原則之商榷，壽險季刊，第 40 期，1981 年 6 月，頁 12-19；最高法院 77 年臺上字第 1166 號判例（亦為此次釋字第 576 號宣告不應再援用）。

❿ 例：江朝國，保險法基礎理論，修訂四版，2003 年 9 月，頁 105；林勳發，保險法制之沿革與修正芻議（上），月旦法學雜誌，第 65 期，2000 年 10 月，頁 54-

此不再探論之。惟值得深慮者係：保險實務操作係採定額給付保險，而事實上與填補實際損失無異之情形？如問題八，依保險法第 16 條第 3 款，小林對於債務人小王之生命具保險利益，而得以其對小王之生命（保險標的）之利益投保人壽保險，但以該利益之大小或債權範圍為限（新臺幣 500 萬元），若今保險事故發生（小王死亡），則其可請求保險給付之金額也以該利益之價值為限（新臺幣 500 萬元）。因而，問題八雖是人身保險，但其保險利益之價值有限，保險價值可以衡量，係在填補小林因小王死亡所致之經濟上實際損失，實質係損失補償保險。雖然債務人遺產本可為債權人債權之總擔保，為何債權人對於債務人之生命身體有保險利益，而得以之投保？因債務人之生命身體受到死亡傷害會影響其債務之履行，故藉保險契約擔保其債權之滿足，於保險事故發生時，填補其因債務人死亡所損失之「可衡量」經濟上損失，有無遺產並不影響危險移轉之「可投保性」，但我國法採「雙重控制」以防阻道德危險：除要求保險利益外，尚須債務人書面同意 **189**。若此類人身保險可衡量之經濟上損失不適用複保險規定，除有總保險金額超過保險價值之超額保險所致不當得利之問題外，另將引致道德危險，因高額保險金額對於要保人是一大誘因，有促成保險事故發生或提早之可能。故而，保險法複保險規定應予以適用，以防阻小林或承保同一損失之他保險人不當得利。同理，第 16 條第 2 款「生活費或教育費所仰給之人」、第 4 款「為本人管理財產或利益之人」等，要保人對於被保險人之保險利益之價值有限之情形，實質均係損失補償保險，均應一體適用複保險規定。至於第 1 款之「本人或其家屬」，要保人對於本人或家屬之生命

80，頁 67。

188 例如：汪信君，複保險規範範圍之再論——大法官會議解釋釋字第 576 號，月旦民商法雜誌，2004 年 9 月，頁 156–169；黃裕凱，人身保險「無複保適用」之重新思維，月旦法學雜誌，2004 年 10 月，頁 257–264。

189 保險法第 105 條。

或身體之經濟上利益（因身分所生之經濟上利益）如何衡量？居於自我生命價值難以客觀衡量，且就家屬言係以永久生活為目的❿，互負扶養義務❿，經濟利益價值亦難以計算，自從於 17 世紀人身保險創制初始，即賦予較高之評價，而成人身保險之商業習慣，故應無投保金額之限制，亦應無複保險規定之適用。

㈢檢驗複保險構成要件

1.同一保險標的

針對「同一保險標的」要件，依保險法第 35 條，判斷下述問題九和十，有無構成複保險？

問題九：小林就其所有之 A、B 和 C 三棟住宅，向甲、乙兩家保險公司投保住宅火災險，甲公司保單承保 A、B 兩棟，乙公司保單承保 B、C 兩棟。

問題十：小林就其所有船舶各投保船舶險與運費險❿，兩張保單均承保支出費用 (disbursements)。

保險標的係保險事故或損失發生的客體。若數個保險契約，各均承保一個保險標的，固無爭議，惟於集合式保險❿，此同一保險標的要件，究竟所指係數個保險契約保險標的之範圍與全部保險標的均應完全相同 (concurrent policies)，抑或保險標的範圍有異而保險標的僅一部相同 (non-concurrent policies) 即可。保險法第 35 條構成與學說補充要件，僅係描述「潛在複保險」，有其立法目的，前已敘明。依此立法意旨，保險標的

---

❿ 民法第 1122 條、1123 條。

❿ 民法第 1114 條。

❿ 依保險業管理辦法第 25 條，國際性質且情形特殊（如英式協會船舶、航空、貨物保險等條款），不需經主管機關金融管理監督委員會（保險局）審核，得採備查方式辦理；我國海上、航空保險市場實務以採用英式定型化保險條款為主流。

❿ 保險法第 71 條。

一部相同即具不當得利之可能性，亦成立「潛在複保險」。

船舶保險與運費保險之保險標的相異，分別係船舶與運費。支出費用，包括小林為賺取運費而對於如船體、航行設備等之修復費用支出，為運費保險承保之損失，同時也係船舶保險承保之項目，因而兩者雖非指向同一保險標的，亦有不當得利之可能❹，係構成「潛在複保險」。

2.同一保險事故

問題十一：小林就其所有住宅向甲公司投保住宅火災保險附加颱風洪水險，向乙公司投保住宅火災及地震基本保險，針對「同一保險事故」要件，是否構成複保險？

　　若「潛在複保險」構成要件之一係「同一保險事故」，依上所析，則保險事故之一部相同，即有不當得利之可能（或更正確之描述應為損失須由同一保險事故所致，才有不當得利）。然而，我國法對保險事故與損失間之因果關係要求，係採「相當因果關係說」，而有所謂損害發生原因之競合❺，亦即在相當因果關係下，同一損失，允許有兩個以上相當原因。依此相當因果關係理論，「不同之保險事故」也能導致「相同之損失」，例如颱風與地震具相同之效力而同為房屋毀損之相當原因，而颱風與地震又分屬不同保險人承保，如此則生「潛在複保險」，而有不當得利之可能。

3.同一保險利益

問題十二：小林就其所有住宅向甲公司投保住宅火災及地震基本保險，並

---

❹ 參照：The Gunford, Thames & Mersey Marine Insurance Co. v. Gunford Ship Co. [1911] A.C. 529, Dicta per Lord Alverstone CJ at p. 536 and Lord Robson at p. 549；為解決此等複保險不當得利之可能性，現行實務定型化約款規定已投保船舶險之支出費用者，不得再投保運費險之支出費用；例 2002 年國際船舶保險條款第 24 條 (International Hull Clauses 02, cl. 24)、1995 年協會定期船舶條款第 21 條 (Institute Time Clauses-Hull 95, cl. 21)。

❺ 江朝國，保險法基礎理論，修訂四版，2003 年 9 月，頁 408–426。

指定抵押權人 A 銀行為保險金受領人，A 銀行尚就其抵押權利益向乙公司投保住宅火災及地震基本保險，針對「同一保險利益」要件，是否構成複保險？

保險利益與保險標的 (subject matter insured) 係不同之概念，因而同一保險標的上之不同利益可以分別投保之，例如債務人和債權人對於債務人之生命❶⁹⁶、貨物所有權人和運送人或受寄人對於託運物或寄託物❶⁹⁷、房屋所有權人與抵押權人對於抵押標的房屋、出賣人和買受人對於買賣標的物。依此嚴格區分，則保險契約保護之對象應係要保人對於保險標的之利益而非保險標的本身，或有謂保險標的即是保險利益❶⁹⁸。因而，不同之要保人對於同一保險標的之不同利益，無複保險之爭議，因為要保人無收受超過一次以上填補之可能。換句言，僅於「同一保險利益」情形才生複保險。然而，若兩張不同之保單承保不同之利益，但其中一個要保人將其保險金給付請求權讓與另一保單要保人，則生是否複保險之爭議。就現行保險法❶⁹⁹，財產保險之保險金受領人或人身保險之受益人係單純之債權讓與之受讓人，讓與標的係保險金給付請求權，保險金受領人依法對保險標的不需具保險利益。惟小林指定抵押權人 A 銀行為保險金受領人，常見於銀行不動產抵押貸款實務，實際與小林為抵押權人利益投保無異，所保護者係抵押權人利益，屬第三人利益契約❷⁰⁰。此外，無論係債權讓與或利益第三人契約，甲公司得以其對小林之抗辯對抗 A 銀行❷⁰¹。A 銀行為分散小林違

---

[196] 保險法第 16 條第 3 款。

[197] 保險法第 14 條。

[198] North British and Mercantile Insurance Co v. London, Liverpool and Globe Insurance Co (1877) 5 Ch. D. 569, 577, per Jessel MR；江朝國，保險法基礎理論，修訂四版，2003.09，97 頁。

[199] 保險法第 5 條類推適用。

[200] 民法第 269 條第 1 項。

[201] 保險法第 22 條第 2 項類推適用；民法第 299 條第 1 項；民法第 270 條。

約致侵害其受領權之風險，得另行為其抵押權人利益投保。因而雖甲、乙保單表面上非承保「同一保險利益」，惟實際上均係保護 A 銀行之抵押權利益，則 A 銀行有不當得利之可能。

4. 同一要保人

「同一保險利益」通常象徵「同一要保人」，但如上所析，即使要保人不同，實質上也有保護相同人之利益之可能。

5. 數個保險契約必須有效、重疊（同一保險期間）

針對「數個保險契約必須有效、重疊」要件，以下問題十三和十四，有無複保險？小林就其所有住宅分別向甲、乙兩家公司投保住宅火災及地震基本保險，保險期間相同而重疊。

問題十三：小林對甲公司違反保險法第 64 條先契約據實說明義務，而甲公司於承保之損失發生後行使契約解除權。

問題十四：甲、乙各契約均規定除外責任約款「若有其他保險契約承保相同損失者，則本公司對該損失不予負責」[202]。

構成「潛在複保險」，原則上必須至少有兩個有效且重疊之保險契約存在，否則並無填補兩次之可能性。惟若保險人之一因要保人違約而具有效之抗辯而得以免除責任，例如於要保人違反特約條款[203]、後契約通知義務[204]或先契約據實說明義務[205]而保險人行使解除權之情形，則產生是否複保險之判斷上困難。保險法第 35 條定義之「潛在複保險」，重點在防範未然，於不當得利之可能滋生時，即予以控制，前已敘明，因而從其立法目的併

---

[202] 此類約款應受到保險法、消費者保護法或民法契約內容控制方法之控制，如保險法第 54 條第 1 項、第 54 條之 1，詳於後；另詳見拙著：論保險契約之特約條款及其內容之控制，月旦法學雜誌，2003 年 3 月，第 94 期，頁 105–129。

[203] 保險法第 68 條第 1 項。

[204] 保險法第 57 條。

[205] 保險法第 64 條。

同第 35 條文義，「潛在複保險」判斷時間點應為訂約之時。學說 ❷ 與英國立法例 ❷ 認為「實際是否真正不當得利」之判斷時間點為損失發生時。造成判斷時點之差異，主要在於保險法第 35 條係規範潛在之可能性，而學説與外國立法例在於探究實際之不當得利，各有其立論。以問題十三為例，雖構成保險法第 35 條潛在複保險，惟若保險人甲於發生承保之損失後依法解除契約，則依解約後回復原狀「歸零」之效果，於損失發生時僅存乙契約有效，則何來不當得利？ 同理，於問題十四，甲、乙兩保險契約競合之結果，甲、乙兩保險人均免責，則又何來不當得利？ 因而依學説與英國立法例所言不當得利於損失發生時點判斷之，實有待考量。

㈣複保險定義與判斷時點之再建構

1.新思維：以「真實複保險」區分「潛在複保險」

依上所析，保險法與學説補充之複保險構成要件，僅係描述不當得利之可能之「潛在複保險」，而持此等構成要件之傳統看法並未於各方面詳盡，而不足以應付處理較複雜之案情，而提供諸多例外之空間，如以上實例問題。此外，真正是否不當得利，尚應依個案各保險契約條款內容與各保險契約間之競合而定。因而，傳統定義之見解實令人質疑，而有必要另

---

❷ 林勳發，保險法制之沿革與修正芻議（上），月旦法學雜誌，第 65 期，2000 年 10 月，頁 54–80，頁 78；「在損失補償原則下，保險之目的只在填補實際損失，而實際損失之算定，只有當損失發生時始能為之……」

❷ 英國判例 Legal and General Assurance v. Drake Insurance [1992] 1 All E. R. 283 認為根據衡平原則 (principle of equity)，保險人對他保險人之分擔權於損失發生時產生，亦為複保險判斷時點。查最高法院 59 年臺上字第 1005 號判決，肯定外國立法例得視為民法第 1 條之法理而得類推適用，可以之填補國內法之法律漏洞。一、外國立法例並無具優越本國法之地位，不得取代本國法已規定事項或逾越本國法律文義之範圍。二、外國立法例應斟酌我國法律全體精神及社會情況而定，不得違反公序良俗；王澤鑑，比較法與法律之解釋適用，民法學説與判例研究第二冊，臺大法學叢書 (16)，1992 年 9 月，11 版，頁 20。

行賦予新的定義以適用於所有案情之所有個案。

　　複保險意義之精髓，簡言之，在於「損失係由超過一個保險契約所負擔」。因此，應考量之重點在於：是否損失係分別由系爭各個保險契約所應負責？據此，則若兩個保險人之一行使有效之抗辯而得免責，則無複保險或不當得利爭議，更無所謂比例分擔之問題，因為該保險人依其約款並無須負責。故，學說與外國立法例認為「實際是否真正不當得利」之判斷時間點為損失發生時，應係錯誤。作者認為，依是否「損失係由超過一個保險契約所負擔」，被保險人實際是否真正不當得利之判斷時點應係在於「保險人依約應負責之時」，既非締約之時亦非損失發生時，而係依個案之約款而異。據此，作者將「損失係由超過一個保險契約所負擔」者，稱為「真實複保險」，藉此與保險法第 35 條定義之「潛在複保險」區分。以「真實複保險」區分「潛在複保險」，亦能解決保險法第 35 條「潛在複保險」於以上諸多實例所揭櫫之定義上缺陷，因為第 35 條法定與學說要件，僅在描述被保險人不當得利之可能性。此外，亦解決保險競合之問題[208]。惟保險法之潛在複保險有其既定之特殊功能性考量，前已敘明，應予以保留，而其判斷時點在於締約之時，並無錯誤。依此區分，則保險法第 35 條、第 36 條和第 37 條規範之標的係潛在複保險，適用於「發生承保之損失前」，防範不當得利於未然；而第 38 條善意複保險比例分擔原則之規定，係規範「真實複保險」，適用於「發生承保之損失後」，保險人應否負責以及如何負責或分擔之問題。兩者皆可防阻不當得利。

2. 「共同保險」或「保險競合」與複保險有無區分實益

⑴共同保險與複保險

　　學說將「各個保險契約保險金額總合未超過保險價值」者稱「共同保險 (Mitversicherung)」，而將其排除於複保險之外，各個保險契約之保險人只就其承保部分於保險事故發生時，按比例負保險補償之責[209]，此係德國

---

[208] 詳見以下。

法之概念。德國保險契約法亦如同保險法第 35 條係規範「潛在複保險」❷⓪，並據此科以要保人通知義務❷①，惟將「各個保險契約保險金額總合超過保險價值」列為複保險構成要件，反之，則稱共同保險。德國法例之「共同保險」者，就其性質與效果即是相同於保險法可資區分之「足額複保險」和「不足額複保險」❷②。因此，就我國法言，並無區分共同保險與複保險之實益。

(2)保險競合與複保險

A.保險競合定義與效果

　　學說稱保險競合為「要保人以自己為被保險人自行投保兩個以上種類不同之保險，或以要保人以自己為被保險人所投保之保險與他人為要保人（即被保險人）之利益所投保之種類不同之保險，於保險事故發生時，各保險人就同一保險事故所致同一保險標的物之損失均應對同一人負賠償責任者❷③。」或謂「保險事故發生後，對同一損失有二以上之保險應負保險責任時，除構成複保險，得依複保險規定處理外，現行法未有任何規定，為免要保人因各保險人各依其保單規定互推責任而遭致損害，爰增訂本條之規定❷④。」若保險競合成立，則接續之問題為：何保險人應負保險責任? 如何負其責任? 保險人間應如何分擔責任? 我國實務定型化約款❷⑤和學說❷⑥，

---

❷⓪ 江朝國，保險法基礎理論，修訂四版，2003 年 9 月，頁 314。

❷⓪ VVG, §59(1).

❷① VVG, §58.

❷② 參前揭兩者性質與效力。

❷③ 劉宗榮，保險法，自版，1997 年 3 月，頁 207。

❷④ 林勳發，保險法制之沿革與修正芻議（上），月旦法學雜誌，第 65 期，2000 年 10 月，頁 54–80 之頁 67–68。

❷⑤ 例：住宅火災及地震基本保險條款第 37 條第 1 項。

❷⑥ 林勳發，保險法制之沿革與修正芻議（上），月旦法學雜誌，第 65 期，2000 年 10 月，頁 54–80 之頁 67。

係採保險人間比例負擔原則，效果同保險法第 38 條規範之善意複保險。英美法例並未區分複保險與保險競合，保險競合即是複保險，原則上除惡意之詐欺外，保險人間負連帶責任❷⓵⓻。分析「保險競合」之實質、定義與構成要件，就係「損失係由超過一個保險契約所負擔」，即是本文所稱之「真實複保險」❷⓵⓼，而其效果亦與真實複保險具相同評價——保險人負比例責任。

B.以約款變更當事人間關係與其內容之控制

承上言，英美法未區分保險競合與複保險。英美保險實務則以約款來變更複保險當事人間關係，如複保險通知條款 (notification of double insurance clause)——就同一損失訂定兩個以上保險契約應適時通知保險人、比例分擔條款 (ratable proportion clause)——同一損失有兩個以上保險人應負責任者，則保險人僅就其所保金額比例負責、禁止 (prohibition clause) 或免責條款 (exclusion clause)——禁止要保人就同一損失訂定兩個以上保險契約或同一損失有兩個以上保險人應負責任者，則保險人不予負責、溢額條款 (excess clause)——同一損失有兩個以上保險人應負責任者，則保險人僅針對他保險人未負責之部分負擔之。我國保險實務亦以此類約款處理所謂保險競合。

我國保險契約條款之控制，可分為行政上、立法上與司法上控制，而其法源包括民法、消費者保護法與保險法❷⓵⓽。保險法建立之三大概括性契約內容控制制度包括：第一、保險契約相對強制規定之建立❷⓶⓪。保險法之

---

❷⓵⓻ 例：MIA 1906, s. 32(2)(a) and s. 80。

❷⓵⓼ 施文森教授則認複保險係保險競合之一種；氏著，火災保險之改進及其理由，頁 210。

❷⓵⓽ 詳見拙著：論保險契約之特約條款及其內容之控制，月旦法學雜誌，2003 年 3 月，頁 105–129 之頁 123–129。

❷⓶⓪ 保險法 §54(1)。德國學說將 VVG 強制規定條文可作有利要保人或被保險人之變更

強制規定原則上當事人係不得變更，惟若其變更係對被保險人有利者，則在允許之列㉑。第二、保險契約解釋原則之確立㉒。保險契約之解釋，原則上應探求當事人真意，惟有疑義時，以作有利於被保險人之解釋。第三、不公平約款之控制㉓。保險契約條款顯失公平者，則該部分條款無效。就不公平條款之控制，考量民法、消費者保護法與保險法三者對於不公平條款之控制均係基於誠信原則之具體化規定㉔，以及保險法之相對優先適用性，本文以下僅就保險法討論之。

(A)「保險競合」通知條款之有效性

　　就同一損失訂定兩個以上保險契約（保險競合），通常產生詐欺或高程度道德危險之臆測，適時通知有助於保險人採取因應作為以為控制危險，進而防阻道德危險之實現，或者令保險人知曉其比例分擔權㉕、限責權㉖或免責權㉗，其實亦同保險法第 36 條複保險通知義務㉘，或當事人未約定則應得類推適用保險法第 36 條。

　　者稱為「相對強制規定」(relativ zwingende Vorschriften) 或「半強制規定」(halb zwingende Vorschriften)，而當事人均不得變更之強制規定稱「絕對強制規定」(asolut zwingende Vorschriften)；Hofman, Privatversicherungsrecht, 3rd edn, 1991, p. 218.

㉑ 我國保險法之相對強制規定條文之分類詳見：江朝國，保險法基礎理論，民國 84 年 9 月修訂版，瑞興圖書，頁 248–249；保險法修正條文評釋，萬國法律，第 95 期，1997 年 10 月，頁 45–75，頁 73。

㉒ 保險法第 54 條第 2 項。

㉓ 保險法第 54 條之 1。

㉔ 民法第 247 條之 1；消保法第 11～17 條；保險法第 54 條之 1。

㉕ 若保險競合之效果為保險人比例分擔責任，亦即保險契約內含比例分擔條款。

㉖ 若保險競合之效果為保險人限責，亦即保險契約內含之溢額條款有效。

㉗ 若保險競合之效果為保險人免責，亦即保險契約內含之免責條款有效。

㉘ 見前揭保險法第 36 條之功能性探討。

　　民法上之義務學說分類為❷：主給付義務 (Hauptleistungspflicht)、從給付義務 (Nebenleistungspflicht)、附隨義務 (Sekundarpflicht) 與不真正義務 (Obliegenheiten)。主給付義務者，係指債之關係所固有、必備，並用以決定債之關係類型之基本義務。相對於主給付義務者為從給付義務，在於確保債權人之利益能夠得到最大之滿足。附隨義務者，為債之關係發展過程中，所發生之有別於主、從給付義務之其他義務。不真正義務，係強度較弱之義務，主要特徵在於其違反效果使債務人權利減損或喪失之不利益。

　　學說之分類，在實務之適用上有其困難，不易區分。本文將學說之分類簡化為二：一、主義務 (primare Leistungspflicht)。二、附隨義務 (sekundare Leistungspflicht)。附隨義務者，於決定債之關係之主義務以外之他種義務稱之，包括前揭學說分類之從給付義務、附隨義務與不真正義務。當事人之主義務係為達成契約目的之給付，此外當事人尚應擔負包括制定法或契約明示之各種附隨義務，以及法院依當事人之期待而援引而出之默示附隨義務。附隨義務之目的在於規範當事人如何履行契約。因制定法有限，無法將附隨義務一一明列予以規範，僅能就重要者規定之，因而有待法院援引。如德國法院援引誠信原則 (Grundsatz von Treu und Glauben)❷與基於誠信之契約解釋方法❸發展而出之默示附隨義務包括：對他方當事人之生命、健康、財產應負注意義務 (Obhutspflicht)❷。契約成立前應以誠信與公平之方法與他方當事人交涉 (Aufklarungspflicht)❸。當事人應排除任

❷ 參照王澤鑑，民法實例研習叢書第三冊，自版，1988 年，頁 26–35。

❷ 德國民法第 242 條：(Bugerliches Gesetzbuch, BGB, §242)「債務人應依誠實信任，並斟酌慣例履行義務。(Der Schuldner ist verpflichtet, die Leistung so zu bewirken, wie Treu und Glauben mit Rucksicht auf die Verkehrssitte es erfordern.)」

❸ BGB 第 157 條：「契約應依誠實信任並斟酌慣例解釋。(Vertrage sind so auszulegen, wie Treu und Glauben mit Rucksicht auf die Verkehrssitte es erfordern.)」

❷ BGH, NJW 1983, 2813, 2814 (10/3/1983).

❸ BGH, NJW 1970, 653, 655 (12/11/1969).

何可能危害契約目的之事，因而債務人為確保其已允諾之給付應為該為之作為 (Leistungstreuepflicht) ❷。當事人應協助他方履行契約 (Mitwirkungspflicht) ❸。當事人應負告知他方重大事實之義務 (Auskunftspflicht)❸。

　　保險競合通知義務，非屬主給付義務，又依上所析，可歸為由誠信原則推演而出之附隨義務，顯未違反基於誠信原則之保險法第 54 條之 1，或視其為保險法第 36 條之重申，因此應承認其效力。

⒝比例分擔條款之有效性

　　「保險競合」，即是本文所稱之「真實複保險」，除詐欺外，無論係超額、足額或不足額，保險人責任依適用或類推適用保險法第 38 條原則上係採比例分擔制，前已說明。比例分擔原則，係立法者於立法當時，綜合比較衡量契約當事人所涉利益，所為之適當調整，而於法律條文展現之基本價值判斷，係一法律準則與模範❷。比例分擔條款僅僅是法律規定之重申，無疑，並未違反保險法第 54 條之 1，法院並無權推翻制定法上之規定，應肯定其效力。

⒞溢額條款之有效性

　　根據溢額條款，於保險競合 (亦即真實複保險)，保險人僅針對他保險人未負責之部分負擔之，係在限制保險人之責任範圍。保險法第 38 條之比例分擔原則規定，是否屬任意規定或強制規定？又若係強制規定，是否屬相對強制規定而得以作有利於被保險人之變更❷？

---

❷ BGZ, 54, 349 (24/1/1910).

❷ BGHZ, 14, 1, 2 (4/6/1954).

❷ RGZ 108, 7 (4/5/1923).

❷ 學者建議將比例分擔制更改為連帶責任制：見林勳發，保險法制之沿革與修正芻議 (上)，月旦法學，65 期，2000.10，頁 54–80 之頁 67。在未為修法前，比例分擔制，無疑，仍係法律準則與模範。

　　法律條文依當事人是否得依其意思或依其與相對人之合意而得拒絕法律規定之適用或修正其規定之內容，可區分為任意規定與強制規定。若是，則屬任意規定，反之則屬強制規定。在保險契約法領域，鑑於保險實務保險約款通常多係由保險人單方擬定之定型化約款，基於此常態性，立法者遂將原為針對定型化約款之內容控制原則（前揭之保險法三大概括性契約內容控制制度）於立法之初或歷次修法直接將此原則制定於保險法內，而一體適用於定型化約款與個別商議條款。其一便是保險法第 54 條第 1 項相對強制規定之建立，保險法之強制規定原則上當事人係不得變更，惟若其變更係對被保險人有利者，則在允許之列，稱相對強制規定，反之則係絕對強制規定。因此，保險法條文可以二分法或三分法區分。二分法： A.任意規定與強制規定，而其中強制規定又可再細予區分為相對強制規定與絕對強制規定。 B.相對強制規定與絕對強制規定。三分法：任意規定、相對強制規定與絕對強制規定。採行二分法之 A 方法者，係依保險法第 54 條第 1 項文義「保險法之強制規定」而為區分，若保險法條文含有「除另有約定外」者，則依此文義，即屬任意規定，而當然排除相對強制規定原則之適用，則相對強制規定制度之適用範圍極為有限。若採行二分法之 B 方法者，則保險法條文均不得作有利於保險人之變更。三分法者，就集合上觀察，實與二分法中之 A 方法無差，並無區分實益。保險契約乃屬私法上關係，尊重當事人自主，然而考量定型化約款於保險實務之普遍性，基於

---

❷❸❽ 保險法第 54 條第 1 項。德國學說將 VVG 強制規定條文可作有利要保人或被保險人之變更者稱為「相對強制規定」(relativ zwingende Vorschriften) 或「半強制規定」(halb zwingende Vorschriften)，而當事人均不得變更之強制規定稱「絕對強制規定」(asolut zwingende Vorschriften)； Hofman, Privatversicherungsrecht, 3ʳᵈ edn, 1991, p. 218. 我國保險法之相對強制規定條文之分類詳見：江朝國，保險法基礎理論，民國 84 年 9 月修訂版，瑞興圖書，頁 248–249；保險法修正條文評釋，萬國法律，第 95 期，1997 年 10 月，頁 45–75, 73。

保護消費者，特設相對強制規定制度，係對於被保險人最低程度之保障，防阻保險人藉由經濟上、專業上、談判上之優勢，披附契約自由原則之外皮，以其優勢直接或間接迫使相對人接受其單方制定之契約內容，侵害相對人之契約自由。換句言，相對強制規定就係保險人「最低強制責任」 ❷❸❾之規範，有其立法目的。惟將針對定型化約款之內容控制制度同等適用於個別商議約款，或於當事人雙方地位平等之情形如大型商業要保人或由大型專業保險經紀人代為訂定保險契約，若一昧僅能作有利被保險人之變更，則侵害保險人之權益，實亦有違法律追求公平正義之意旨，應將此等內容控制原則之適用限縮於消費性保險❷❹⓿或定型化約款❷❹❶。據此，則於消費性保險或定型化約款應採行二分法之 B 方法，其他情形以採行二分法之 A 方法為佳。同理，保險法第 54 條之 1 對於不公平條款之控制，也應僅適用於消費性保險❷❹❷或定型化約款❷❹❸。

　　據此，於消費性保險或採用定型化約款之情形，保險法第 38 條之複保險比例分擔原則應屬相對強制規定，僅得作有利於被保險人之變更如變更為先行給付責任，保險人先行補償被保險人損失，再對他保險人請求分擔，將他保險人無資力之風險與對他保險人請求給付之成本轉嫁予該保險人；若限制保險人責任範圍小於保險法應負比例——保險金額與保險價值之比例，則係不利於被保險人之變更，應屬無效，或依違反保險法第 54 條之 1 第 1 款或第 2 款，顯失公平而無效；若以溢額條款限制保險人責任範圍等於保險法應負比例——保險金額與保險價值之比例，則與前揭比例分擔條款具相同之效果，僅是法律原則規定之重申，不論其是否為消費性保險或

---

❷❸❾ 寓有相同之意旨者如：海商法第 61 條、民法第 649 條和第 659 條。

❷❹⓿ 消保法採之；見消保法第 1 條、第 2 條第 1 項和第 11～17 條。

❷❹❶ 民法第 247 條之 1 採之。

❷❹❷ 消保法採之；見消保法第 1 條、第 2 條第 1 項和第 11～17 條。

❷❹❸ 民法第 247 條之 1 採之。

採用定型化約款，均應肯定其效力。於其他情形如非消費性個別商議條款，若無違反民法內容控制之概括性規定❷❹❹，則仍應肯定其效力。

⑴禁止條款或免責條款之有效性

除詐欺或意圖不當得利❷❹❺，複保險係合法暨合理之危險分攤機制，並無理由禁止重複投保，同理，保險競合（真實複保險）亦如是。此外，針對防阻詐欺或意圖不當得利，保險法第37條和第64條分別對於成立在先之契約與欲締結之契約，訂有嚴屬法效，保險人具相當專業性，對此應知之甚詳。因此，在保險法已有妥善之規定藉以防堵詐欺或意圖不當得利之情形下，禁止條款或免責條款明顯多餘，除非僅係保險人用於逃脫責任之計謀，可見禁止條款或免責條款陷被保險人於不利之地步，亦與誠信原則有違，於消費性保險或定型化約款，無論依保險法第38條比例分攤規定之相對強制性或保險法第54條之1第1款或第2款，均屬無效。於其他情形如非消費性個別商議條款，其效力如何？雖如前揭，保險法第54條第1項和第54條之1應不適用之，惟保險契約係屬最大善意之契約，當事人雙方於契約成立前後均應遵循最大善意❷❹❻，而系爭條款僅係保險人藉以逃脫責任之計謀，違反最大善意，應否定其效力。

據上所析，學說所稱之保險競合，就其實質內容、定義、效果與保險

---

❷❹❹ 我國民法對制定契約自由之限制之概括規定有四，包括：一、民法第71條違反法律強制或禁止規定無效之限制。二、民法第72條背於公序良俗無效之規定。三、民法第148條依誠信原則對當事人間之權義重新分配。四、其他基於自由意志受侵害之救濟或虛偽意思表示之擬制；如民法第88條意思表示錯誤、民法第89條傳達錯誤、民法第92條被詐欺或被脅迫之意思表示得撤銷之規定，或如民法第86條單獨虛偽意思表示不因之無效、民法第87條通謀虛偽意思表示不得以其無效對抗善意第三人等規定。

❷❹❺ 保險法第37條。

❷❹❻ 詳參拙著：保險法最大善意原則之辨正，月旦法學雜誌，第89期，2002年10月，頁153-174。

實務處理之方式，與真實複保險無差，現行法已作規範何須他尋而棄之不用，因此並無區分之實益。

(五)綜上結論

1. 複保險定義與判斷時點

保險法第 35 條定義之複保險，在其法定構成與學說補充要件滿足時，僅構成被保險人具不當得利之潛在可能性，係「潛在複保險」，其判斷時點在於締約之時；然而，此等要件存在諸多例外，解決之道係以「真實複保險」以資區分，亦即是否真正不當得利，在於「是否損失係由超過一個保險契約所負擔」，判斷時點在於保險人依約應負責之時，應依個案各保險契約條款內容與各保險契約間之競合而定。保險法第 36 條和第 37 條適用於潛在複保險，而第 38 條適用於真實複保險。

2. 潛在複保險通知義務與違反效果

保險法第 36 條複保險通知義務適用範圍限於潛在複保險。第 37 條與第 57 條未為通知之效果未依可歸責程度，給予不同之評價與區分，欠缺公平性。第 37 條之故意不為通知，應限縮適用於具意圖不當得利之意圖。針對第 57 條，於其他可歸責之諸如過失而未複保險通知，應修正為賦予損害賠償請求權。此外，若潛在複保險未告知，依個案只要第 64 條據實說明義務違反之構成要件滿足，尚得主張違反該第 64 條。

3. 足額複保險和不足額複保險之效果

保險法未規範其效果。於足額潛在複保險和不足額潛在複保險，得類推適用保險法第 36 條科以要保人或被保險人通知義務，而其違反效果應類推適用上揭建議修正後或限縮適用之第 37 條和第 57 條。於足額真實複保險和不足額真實複保險，應類推適用第 38 條比例分擔制。據此，學說將保險法第 35 條與第 38 條區分為廣義複保險與狹義複保險並無實益。

4. 複保險規定適用範圍

複保險規定適用於損失補償保險,包括人身保險中屬損失補償保險者,

諸如「實支實付型醫療費用保險」、「損失補償型失能保險」等，此外亦應適用於人身保險而保險利益之價值有限，實質係損失補償保險者，如債務人對債權人、對生活費或教育費所仰給之人、對為本人管理財產或利益之人等之生命、身體與健康等。

5. 共同保險、保險競合與複保險區分之實益

德國法例之「共同保險」者，就其性質與效果即是相同於保險法可資區分之「足額複保險」和「不足額複保險」。就我國法言，並無區分共同保險與複保險之實益。學說所稱之「保險競合」，簡言之，就係「損失係由超過一個保險契約所負擔」，就其實質內容、定義、效果與保險實務處理之方式，與本文所稱之「真實複保險」無差，而其效果應與真實複保險具相同評價，適用或類推適用保險法之規定已足，實無區分之必要。

6. 保險法相對強制規定之區分方法與第 54 條第 1 項、第 54 條之 1 適用範圍

針對相對強制規定之適用，保險法條文可以二分法區分：A.任意規定與強制規定，再將強制規定區分為相對強制規定與絕對強制規定。B.相對強制規定與絕對強制規定。於消費性保險或定型化約款應採行 B 方法，其他情形則採行 A 方法。據此，保險法第 54 條第 1 項與第 54 條之 1 分別僅適用於消費性保險或定型化約款。

7. 相關實務約款之效力

(1)複保險或保險競合通知條款

不論係基於誠信原則，或基於其未違反保險法第 54 條之 1，或僅是保險法第 36 條之重申，亦不論於消費或非消費性保險，定型化或個別商議約款，均應有效。

(2)比例分擔條款

本條款僅是法律規定之重申，應肯定其效力。

(3)溢額條款

於消費性保險或採用定型化約款之情形，保險法第 38 條之複保險比例分擔原則應屬相對強制規定，若以溢額條款限制保險人責任範圍於小於保險法應負比例——保險金額與保險價值之比例，則係作不利於被保險人之變更，應屬無效，或依違反保險法第 54 條之 1 第 1 款或第 2 款而無效；若以溢額條款限制保險人責任範圍等於保險法應負比例——保險金額與保險價值之比例，則僅是法律原則規定之重申，不論其是否為消費性保險或採用定型化約款，均應肯定其效力。於其他情形如非消費性個別商議條款，若無違反民法內容控制之概括性規定，則仍應肯定其效力。

⑷禁止條款或免責條款

禁止條款或免責條款陷被保險人於不利之地步，亦與誠信原則有違，於消費性保險或定型化約款，無論依保險法第 38 條比例分擔規定之相對強制性或保險法第 54 條之 1 第 1 款或第 2 款，均屬無效。於其他情形如非消費性個別商議條款，雖保險法第 54 條第 1 項和第 54 條之 1 應不適用之，惟保險契約係屬最大善意之契約，而本條款應係保險人藉以逃脫責任之計謀，違反最大善意，應否定其效力。

㈥保險代位制度㉔

損失補償保險之被保險人，因第三人行為導致保險事故而受有損失，被保險人於向保險人請求給付前自該第三人收受賠償者，則保險金應扣除獲自第三人之賠償；如被保險人先行向其保險人請求保險金者，保險人具有某些減損其損失之權利。前者，涉及保險契約下損失之衡量，而後者涉及保險代位制度，於海洋法系稱 subrogation（代位），而於大陸法系稱 cession legis（權利繼受）。

保險代位制度之目的有三。第一、基於損失補償原則，防阻被保險人

㉔ 詳參：Juei-Cheng Jao, (2006. 03) A Quest for Subrogation in Insurance: To Formulate a Model Statute by Comparative Study Insurance Issues and Practices Vol. 5, No. 1, pp. 1–40。

自保險人和第三人獲得雙重補償而不當得利；第二、維持保險人依約對於被保險人之給付義務；第三維持加害第三人之民事賠償責任。第一點為保險代位制度之主要目的，後兩點僅為附隨於第一點之附隨目的。透過保險代位制度，調整被保險人、保險人及第三人各自基於不同之法律關係之權利與義務，至某種程度之和諧狀態。

就文義言，英文代位 (subrogation) 係指以一人替代另一人❷❹❽。海洋法系，代位適用於一些法律關係，例如保證 (suretyship)、匯票 (bills of exchange)、信託及保險。代位制度，係指如甲清償乙對丙之債務，而甲符合法律上之任何要件，則甲得以繼受丙之權利，以防阻乙因甲之成本支出而得利，或甲於補償契約下補償丙之損失，該損失是乙應負責者，而甲符合法律上之任何要件，則甲得以繼受丙之權利，以防阻丙獲得雙重補償而不當得利，於前者之顯例為保證，而於後者為保險。我國法言，代位制度，有民法賠償代位、清償代位、物上代位等，所表彰者是權利移轉。保險法第 53 條通稱保險代位，係基於保險關係而生之故，藉此與民法上之代位制度區別。

1. 保險代位本質與效果

保險代位係法定債權移轉，於取得要件符合後，被保險人對第三人之債權移轉予保險人，係實體代位。因此，產生權利主體之變更，保險人所行使之權利係自己之權利，保險人係以自己名義與計算行使之，其行使效果直接歸屬保險人，而於訴訟程序則保險人立於實體法上權利主體之地位進行訴訟程序，訴訟成本係保險人之成本與被保險人無關，而訴訟後效果則歸於保險人。保險法第 53 條取得要件符合後，溯及至保險事故發生之時起，對第三人之債權移轉予保險人。保險人基於繼受取得，而受原債權瑕疵之限制，第三人得以對抗被保險人之事由對抗保險人。因為是法定權利移轉，通常需對第三債務人通知，否則債務人不受拘束，實務通常藉由向

---

❷❹❽ The Concise Oxford Dictionary, 6th edn, 1995, p. 1388.

第三人出示「代位收據 (subrogation receipt)」，以代替通知。代位收據，通常於保險人支付被保險人保險金後由雙方簽訂之。

　　於海洋法系，保險人於給付保險金後，替代被保險人之位，因此溯自損失之時起，繼受被保險人對於保險標的之任何權利及救濟❷❹❾，此原則成文於 MIA 1906 第 79 條，係程序代位。保險代位制度之起源，有兩說，一為基於衡平❷❺⓿，另一為基於普通法，以默示條款形式存在於每一損失補償保險契約❷❺❶，目前尚未有定論❷❺❷。保險人替代被保險人之位，所以，如保險人對第三人加害人起訴，以減輕承保之損失，保險人必須使用被保險人名義行使，因為被保險人仍為合法而得以行使權利之債權人❷❺❸。如訴訟判決被保險人勝訴，實質效果為被保險人必須依不當得利返還之法則，返還獲利之部分予保險人，而具返還之義務。因此，保險人得選擇以被保險人名義向第三人求償或向被保險人求償其獲利之部分，以減輕保險人之承保損失。

---

❷❹❾ The MIA 1906, ss. 79(1) & 79(2).

❷❺⓿ E.g. Burnand v. Rodocanachi (1882) 7 App. Cas. 333, 339; Morris v. Ford Motor Co. [1973] Q.B. 792, 801, 807.

❷❺❶ Per Lord Diplock in Yorkshire Insurance Co. Ltd v. Nisbet Shipping Co. [1962] 2 Q.B. 330, 341, in Hobbs v. Marlowe [1978] A.C. 16, 39 and in Orakpo v. Manson Investments Ltd [1978] A.C. 95, 104.

❷❺❷ Napier and Ettrick v. Kershaw [1993] A.C. 713. Lords Templeman and Brown-Wilkinson were of the view in favour of the implied term proposition; Lord Goff, on the contrary, favoured the equity.

❷❺❸ In the situation where a third party, e.g. a surety discharged a debt for which the debtor is liable, the third party may pursue in his own name against the debtor, as the debt is discharged by the third party and the right against the debtor no longer vests in the creditor. However, to avoid the debtor's unjust enrichment, the right is revived by the courts for the third party's benefit alone vesting in the third party.

2. 保險代位與委付之差異

於海上保險，如有擬制全損之情形❷❺❹，被保險人得遞送委付通知予保險人，拋棄保險標的予保險人，而能請求如同真實全損之保險金❷❺❺。如保險人承諾接受委付而法律上之要件又均符合❷❺❻，則保險人有權利取得標的溯及至事故之時起之物權❷❺❼。如係以所有權之保險利益投保，保險人行使權利取得該標的所有權，任何權利❷❺❽，如運費❷❺❾及所有責任❷❻⓪，如救助報酬債務及各種形式之擔保物權，自事故之時起全數移轉予保險人。委付制度同等適用於不論海上或非海上損失補償保險之真實全損情形，其制度除無須委付通知外❷❻①，如同海上保險之擬制全損❷❻②。

保險代位與委付之主要差異，在於後者涉及保險標的物權自被保險人移轉予保險人，雖然移轉應視保險人是否行使權利取得該物權❷❻③。如保險人選擇取得物權，保險人得保留超過他已給付被保險人保險金之部分，就如同他是物權擁有者。顯然 MIA 1906 第 79 條第 1 項之起草人，將保險代

---

❷❺❹ 海商法第 143 條至第 145 條；MIA 1906, s. 60.

❷❺❺ The MIA 1906, s. 61.

❷❺❻ See the MIA 1906, s. 62.

❷❺❼ The MIA 1906, s. 63(1).

❷❺❽ The MIA 1906, s. 63(1).

❷❺❾ The MIA 1906, s. 63(2).

❷❻⓪ London Assurance Corporation v. Williams (1892) 9 T.L.R. 96, 257.

❷❻① The MIA 1906, s. 57(2).

❷❻② Per Brett LJ in Kaltenbach v. Mackenzie (1878) 3 C.P.D. 467, 471; Per Blackburn J in Rankin v. Potter (1873) L.R. 6 H.L. 83, 118.

❷❻③ The MIA 1906, s. 79(1); Allgemeine Versicherungs-Gesellschaft Helvetia v. German Property Adminstrator [1931] 1 K.B. 672, per Scrutton LJ at 688; Elgood v. Harris [1896] 2 Q.B. 491, per Collins J at 494; Boston Corpn v. Fenwick & Co. Ltd (1923) 129 L.T. 766, per Bailhache J at p. 769.

位與委付混淆，因為條文規定「保險人一旦給付對於保險標的全損之全額保險金或貨物可分部分之全損保險金，保險人得以取得被保險人存留保險標的之任何利益❷❻❹。」因此，保險代位係債權代位之債權移轉，有效之委付係物權代位之物權移轉。

3. 保險人權利義務

保險代位於我國法係法定債權移轉，而於海洋法系則複雜許多。保險代位之效果，保險人有權於訴訟程序使用被保險人名義向第三人行使權利，而且對於被保險人訴訟後結果所取得之賠償金具衡平財產權 (an equitable proprietary)，另方面，保險人應對被保險人履行「不得妨害被保險人利益之義務」。

(1)保險人取得權利範圍及確認範圍之方法

保險人代位之權利範圍很廣，只要是減輕承保損失者，不論是基於契約、侵權、衡平或制定法❷❻❺。MIA 1906 第 79 條亦規定同樣效果，保險人自事故之時起，代位被保險人對於保險標的之所有權利及救濟。惟保險人權利已有所限制。保險人對於基於非承保之損失所生之權利或救濟無代位權❷❻❻，例如營業之損失❷❻❼或是與保險標的無關者，例如對被保險人基於妨礙名譽之侵權損害賠償❷❻❽。於第三人依法無須賠償之情形，對被保險人仍

---

❷❻❹ "Where the insurer pays for a total loss, either of the whole, or in the case of goods of any apportionable part, of the subject-matter insured, he thereupon becomes entitled to take over the interest of the assured in whatever may remain of the subject-matter so paid for."

❷❻❺ Castellain v. Preston (1883) 11 Q.B.D. 380, 388.

❷❻❻ Law Fire Assurance Co. v. Oakley (1888) 4 T.L.R. 309; Horse, Carriage, General Insurance Co. v. Petch (1916) 33 T.L.R. 131.

❷❻❼ Sea Insurance Co. v. Hadden (1884) 13 Q.B.D. 706; Attorney General v. Glen Line (1930) 37 Ll.L.R. 55.

❷❻❽ Assicurazioni Generali di Trieste v. Empress Assurance Corporation Ltd [1907] 2 K.B.

賠償之，亦即贈與性質之賠償，保險人對該贈與是否有權取得？如贈與係基於減輕被保險人之承保損失，則為代位標的❷⓺⓽，否則即非❷⓻⓪。海洋法系之代位範圍限於實體權，而不應包括程序權，因為被保險人仍為訴權擁有者❷⓻⓵。綜上，MIA 1906 第 79 條有點誤導保險人得取得自被保險人權利之範圍，誠如所揭，重點在於所取得權利必須與保險標的或承保之損失有關者，因此，作者認為保險人得取得之權利範圍為：是否該權利減輕承保之損失，而得以適用於各種案情之所有案件。

⑵對係爭賠償金額之衡平財產權

我國法無此問題，因為保險人取得之權利得以自己名義行使之。

海洋法系保險人，除取得被保險人對第三人之實體債權外，保險人尚對於被保險人自第三人獲得之賠償金，以留置權形式具有衡平利益❷⓻⓶，而非以信託形式❷⓻⓷，因而保險人得以向法院申請禁制令（injunction，假處分），禁止第三人向被保險人支付賠償。進一步言，如自然人被保險人破產或法人被保險人進入清算程序，保險人得取得該賠償而不受其他債權人之求償之限制❷⓻⓸。是否對保險人有利之衡平留置權，延伸至被保險人所具之

814, 820.

❷⓺⓽ Stearns v. Village Main Reef Gold Mining Co. (1905) 10 Com. Cas. 89.

❷⓻⓪ Burnand v. Rodocanachi (1882) 7 App. Cas. 333.

❷⓻⓵ Mason v. Sainsbury (1782) 3 Doug K.B. 61; London Assurance Co. v. Sainsbury (1783) 3 Doug. 245.

❷⓻⓶ [1993] A.C. 713.

❷⓻⓷ It rests on the ground that the imposition of a trust would be burdensome on the person actually holding the money. A number of authorities indicate that the assured hold the money in trust for the insurer: e.g. Randal v. Cockran (1748) 1 Ves Sen 98; Blaauwpot v. Da Costa (1758) 1 Ed 130, 131; King v. Vicoria Insurance Co. Ltd [1896] A.C. 250, 255–256.

❷⓻⓸ White v. Dobinson (1844) 14 Sim, 273 (sub nom White v. Dobbinson) (1844) 116

訴權？如為肯定，則被保險人在未取得保險人同意下，不得對該第三人起訴，否則保險人有權取得法院准予禁制令，禁止被保險人這麼做。

(3)使用被保險人名稱之權利

我國法無此問題，因為保險人取得之權利得以自己名義行使之。係海洋法系獨有之議題。

A.原則與其缺失

保險人不得以自己名義起訴第三人❷，因為被保險人乃受第三人行為所致而實際受有損失之人，而仍是訴權擁有者。換句言，保險人對被保險人給付保險金，並非解除第三人之責任，因此，訴權未變動。簡言之，並無賦予保險人新的訴權，被保險人仍係對於第三人提起任何訴訟之訴權之主 (dominus litis)❷。為解決此問題，衡平介入而設計強迫被保險人必須出借其名稱之規則❷。如被保險人拒絕，保險人得將被保險人列為共同被告，而請求法院令被保險人出借其名稱，以供於程序上使用為名義上原告 (a nominal plaintiff)。

保險人為實質原告之事實於訴訟程序完全被忽略。被告第三人基於保險人是實質原告或被保險人是名義原告之抗辯主張，均無效。唯一之例外為應負責之第三人被告主張基於被保險人已被保險人補償，而應減免其賠償責任，在此情形下法院即使用「刺穿面紗原則」檢視訴訟之實質，以維持第三人之民事責任❷。

LTOS 233 and In re Miller, Gibb & Co. Ltd [1957] 1 W.L.R. 703 approved by the House of Lords.

❷ London Assurance Co. v. Sainsbury (1783) 3 Doug. 245.

❷ Commercial Union Assurance Co. v. Lister (1874) L.R. 9 Ch. App. 483.

❷ No matter the origin of subrogation is in equity or at common law, it is undisputed that it is by the assistance of equity that the assured is obliged to lend his name to the insurer: Per Lord Diplock in Hobbs v. Marlowe [1978] A.C. 16, 39 and Yorkshire Insurance Co. Ltd v. Nisbet Shipping Co. Ltd [1962] 2 Q.B. 330, 339–341.

應使用被保險人名義之規定，能導致不可預期之結果，如被保險人法人因清算而消滅而失去法人格❼，保險人因此當然被阻而無法對該第三人起訴，因為訴權無附麗之主體，或基於「一事不二理原則 (nemo pro eadem causa debit vexari❿)」，被保險人就其非承保損失對第三人之訴，居於對造單方停止❶或法院已下判決❷或當事人和解，保險人對第三人求償無門。

B.訴訟程序之控制與成本

保險人不得以自己名義起訴第三人，因為保險人未繼受被保險人之訴權，但是保險人有權使用被保險人名稱起訴第三人。因此，即使保險人已完全補償被保險人損失，亦即被保險人損失已完全透過保險由保險人填補，保險人不得阻礙被保險人為自己利益以自己名義對第三人起訴❸。惟保險人於此情形得取得訴訟之控制權代以承諾補償被保險人訴訟費用❹。如被保險人損失未完全自保險補償，於被保險人與保險人合意之下❺，被保險

---

❼ Bradburn v. Great Western Ry. (1874) L.R. 10 Ex. 1; Parry v. Cleaver [1970] A.C. 1.

❼ Smith (Plant Hire) Ltd v. Mainwaring (t/a Inshore) [1986] 2 Lloyd's Rep. 244.

❿ Brunsden v. Humphrey [1884] 14 Q.B.D. 1 Ld Raym 339; Taylor v. Wray & Co. Ltd [1971] 1 Lloyd's Rep. 497.

❶ The Millwall [1905] P. 155.

❷ Bunkland v. Palmer [1984] 3 All E.R. 554.

❸ Morley v. Moore [1936] 2 K.B.

❹ Netherlands Insurance Co. v. Karl Lijungberg & Co. [1986] 3 All E.R. 167, 770. This will not constitute maintenance and champerty, as the insurer has a legitimate interest in the action: Compania Colombiana de Seguros v. Pacific Steam Navigation Co. [1965] 1 Q.B. 101, 121. The offences of infringing the rules against maintenance and champerty have been abolished by virtue of the Criminal Law Act 1967, ss. 13–14, which however specifically provides that the abolition of criminal and civil liability for maintenance and champerty does not affect the rule which renders any contract in aid of these offences illegal and void.

❺ In practice, there is usually a term in the policy providing that the assured is bound to

---

人對第三人起訴請求保險人承保之損失及自己未獲保險人補償之損失，則訴訟費用應按獲賠金額比例分擔之**286**。

⑷不得妨礙被保險人利益之義務

我國法下保險人代位受讓權利後，係以自己名義行使自己之權利，故不應有此議題之爭。

海洋法系，如保險人以被保險人名義起訴第三人，而未將被保險人未投保之損失包括在內，被保險人權益即受影響，因為一事不二理，除非被保險人有其他訴權存在**287**。曾有論者認為**288**，保險人對於被保險人應擔負不得妨礙被保險人利益之義務，違反者，生損害賠償。本書作者認為，保險人應已違反最大善意之後契約義務，理由如下：一、於責任保險，如保險人決定介入被保險人對受害人之抗辯，保險人應善意而為**289**，同理，如保險人決定取得對第三人訴訟程序之控制權，保險人亦應善意而為。二、最大善意原則於後契約違反之效果，並非如先契約沉重，而以默示條款之方式**290**，違反者負損害賠償之責。積極性之作為義務，對保險人而言應屬多餘，因為訴權恆在被保險人身上。

---

ensure all rights against the third party are properly preserved and exercised, and the insurer will indemnify the assured for the cost for doing so: see, for example, Institute Cargo Clause (A), cl. 16.2. Even if there is no express wording as to the reimbursement of such expenses, the court will imply one: Netherlands Insurance Co. v. Karl Lijunbgerg & Co. [1986] 3 All E.R. 767.

286 Duus Brown v. Binning (1906) 11 Com. Cas. 190.

287 Taylor v. Wray & Co. Ltd [1971] 1 Lloyd's Rep. 497, 499.

288 Arnould's Volume 2, para. 1320; McGee's, para. 22.13; England v. Guardian Insurance Ltd. [2000] Lloyd's Rep. I.R. 404, 418.

289 K/S Merc-Skandia v. Certain Lloyd's Underwriters [2001] Lloyd's Rep. I.R. 802, per Longmore LJ.

290 The Star Sea [2001] 1 Lloyd's Rep. 389, 400 Per Lord Hobhouse.

4. 被保險人權利及義務

(1)訴權與訴訟控制權

我國法下保險人代位受讓權利後，係以自己名義行使自己之權利，故無此問題。

海洋法系不論被保險人以全部或部分自保險人獲償，除非透過債權讓與或於保險契約明示約定，被保險人得自由對第三人起訴，因為他係訴權擁有者，如上所揭。此外，被保險人對訴訟程序具有完全之控制權，直到已受保險人完全補償。

(2)請求返還保費

英國法對此議題並無判例❹。如保險人對第三人之訴獲得終局勝訴之判決，則保險人承保之損失已完全填平，則保險人似有不當得利，因為保險人收取保費，而承諾承擔保險標的損失之風險，兩者互為對價。

成功對第三人追償當然會減低被保險人之損失紀錄，因此，通常保險人於核保續保時，會將成功追償之金額考量在內以核定保費，但被保險人不一定向同一保險人投保，或者保險人於核定保費水準時，已將成功追償之金額考量在內，而核定較低之保費。因此作者認為，保費應成比例返還要保人，因為：一、保險人成功追償之金額代表保險標的可分之部分，而該部分應視為保險人未實際承擔之風險❹，或者為超額承保之部分❹。二、返還比例保費，將消除保險人成功追償致不當得利之疑慮，否則保險人未返還該部分保費將致不當得利，因為保險人收取之保費遠比承擔之風險為

---

❹ It is suggested by Brett LJ in Darrel v. Tibbits (1880) 5 Q.B.D. 560, 562 that if the insurer does pay the assured but recovers the entire amount by way of subrogation from a third party, the assured may not recover the premium on the ground that the insurer has provided consideration by having been on risk.

❹ The MIA 1906, s. 84(3)(b).

❹ The MIA 1906, s. 84(3)(e).

多。三、續保為訂定新契約，與原契約無關，於續保時，保險人無義務將追償之金額列入當然之考量，因此，應以法定為佳，作者具此建議應增訂於保險法第 53 條。

(3)不應妨礙保險人權利之義務

我國法下保險人代位受讓權利後，係以自己名義行使自己之權利，故無此問題。

海洋法系，不論被保險人已自保險人獲償與否，被保險人對保險人具不應妨礙保險人潛在或存在代位權之義務❷，因為訴權恆在被保險人。如被保險人與加害人不當和解或被保險人行使權利不當，被保險人應負損害賠償責任❷。惟只要被保險人善意而為❷，即未違反義務。

英國法下被保險人並無採取積極作為保護保險人權利之作為義務，例如再保險人尚未補償或給付被保險人保護時效利益。於保險實務，保險人通常於契約規劃明示條款達此積極義務效果❷，當然，如有疑義應不利擬約者保險人之解釋❷。

---

❷ Noble Resources Limited v. Greenwood, The Vasso [1993] 2 Lloyd's Rep. 309. It is submitted that the doctrine of utmost good faith would reach to the same effect; see the details in Chapter 2, "Utmost Good Faith."

❷ Defourcet & Co. v. Bishop (1886) 18 Q.B.D. 373; West of England Fire Insurance Co. v. Isaacs [1897] 1 Q.B. 226; Phoenix Assurance Co. v. Spooner [1905] 2 K.B. 753; Horse Carriage & General Insurance Co. v. Petch (1916) 33 T.L.R. 131; Boag v. Standard Marine Insurance Co. [1937] 2 K.B. 113.

❷ "There must also be implied a promise by the insured person that in exercising his rights of action against third parties he will act in good faith for the benefit of the insured person so far as he has borne the loss and for the benefit of the insurer so far as he has indemnified the insured person against the insured loss", per Lord Templeman in Napier and Ettrick v. Kershaw [1993] A.C. 713.

❷ E.g. Institute Cargo Clause (A), cl. 16.2.

一些權威著作曾建議❷，應有可能於損失補償保險默示被保險人應採取合理行為以維護保險人之代位權義務，例如 2003 年國際船舶保險條款第52 條第 1 項採取如是方法❸。本書作者認為，最大善意原則會達到相同效果，理由如下：一、被保險人於對第三人加害人之訴，透過最大善意原則，應考量保險人之利益，係包括積極作為義務❸。二、最大善意原則於後契約之適用，不限於消極不作為義務，作為或不作為而未考量保險人利益，均係違反最大善意原則。

5.保險人行使代位權之要件與限制

(1)保險人已給付保險金

A.完全給付或完全填補

保險代位之主要目的係防阻被保險人過度受償及不當得利。除非保險人已給付被保險人，否則被保險人無過度獲償之可能。因此，保險代位權除非且直到保險人已支付被保險人保險金或履行給付義務❸，保險人才得行使代位權❸。究竟被保險人依保險契約獲償已足或被保險人全部損失均受償，保險人才得行使❸？特別是於定值保險，約定價值小於實際價值之

---

❷ E.g. Institute Cargo Clause (A), cl. 16.2 is not constructed as a warranty, breach of which would only give rise to a cross-claim for damages or right of set-off in appropriate cases: Noble Resources Limited v. Greenwood, The Vasso [1993] 2 Lloyd's Rep. 309.

❷ MacGillivray's 10th edn, paras. 22–51; Colinvaux and Merkin's, p. C4.3–22.

❸ International Hull Clauses 2003, cl. 52.1.

❸ Napier and Ettrick v. Kershaw [1993] A.C. 713.

❸ Indemnification by way of purchasing the subject matter in the price in its undamaged condition would be enough: Brown v. Albany Construction Co. [1995] N.P.C. 100.

❸ The MIA 1906, s. 79; Page v. Scottish Insurance Corporation (1929) 98 L.J.K.B. 308; Edwards v. Commercial Union [1922] 2 K.B. 249.

❸ This was reserved for future consideration by Scrutton LJ in Page v. Scottish Insurance

情形，或是被保險人具未承保之損失、或自付額或保險金額之限制，致被保險人於收受保險金後，其損失未完全透過保險填補。

於海上保險，英國判例認為保險人依 MIA 1906 補償被保險人已足❸❺。此外，於最高法院案 Napier and Ettrick v. Kershaw❸❻，被保險人依保險契約獲償已足，因為法院認為保險人於給付被保險人保險金後，已對被保險人自第三人獲賠之金額有留置權利益之衡平利益，即使被保險人損失未完全填補。惟，上揭判例均是定值保險❸❼約定價值之案，且於 Napier and Ettrick v. Kershaw 案件之保險契約包括自負額及保險金額限制條款。因此，上揭是否為一般性原則或僅是特例，自有疑問，因為長期以來被保險人如依保險契約獲償而又向第三人請求賠償者，被保險人有權保留獲償之賠償金直到其損失已完全填補❸❽。因此，MIA 1906 及 Napier Ettrick v. Kershaw 案所持見解，僅是例外。作者認為，不論保險契約是否包含自負額條款或是定值保險，除非且直到被保險人損失完全被填補，保險人不得行使代位權，因為於此情形被保險人斷無可能獲得超額填補而侵害損失補償原則主要在於防阻被保險人獲得超額填補之立法目的，而保險人之保險代位權僅為附隨目的。保險人權益於此情形絕無被侵害之可能，因為被保險人對保

Corporation (1929) 98 L.J.K.B. 308, 311.

❸❺ North of England Insurance Association v. Armstrong [1870] L.R. 5 Q.B. 244; Thames and Mersey Marine Insurance Co. v. British and Chilian SS. Co. [1916] 1 K.B. 30; Goole & Hull Steam Towing Co. Ltd v. Ocean Marine Insurance Co. Ltd [1928] 1 K.B. 589.

❸❻ [1993] A.C. 713.

❸❼ The agreed value is conclusive between the assured and the insurer per the MIA 1906, s. 29(3).

❸❽ National Fire Insurance Co. v. MacLaren (1886) 12 O.R. 682; Scottish Union and National Insurance Co. v. Davis [1970] 1 Lloyd's Rep. 1; Commercial Union Assurance Co. v. Lister (1874) L.R. 9 Ch. App. 483.

險人具不妨礙保險人代位權之義務。

B.贈與性質之保險金給付 (Ex gratia payment)

如保險人依法或依約無須給付保險金，但選擇對被保險人給付，保險人是否取得代位？於 King v. Victoria Insurance Co. ❸案，保險人於可解除保險契約之情形未行使解除權解除保險契約，英國樞密院判決保險人取得代位權，基於論證方法：是否保險給付係誠實而為？如保險人具合理之理由信賴其給付責任成立，則係誠實之給付❸。顯然，法院見解並解決所有贈與性質之保險金給付。例如，保險人故意對於未承保之損失給付被保險人，或漠視契約是無效之事實，如於無保險利益之情形❸，保險人不應取得代位權。此外，契約當事人不許技術性調整，透過約定債權讓與，移轉被保險人權利予保險人，因為保險人單純贈與性質之保險金給付，違反「助訟與幫訟分利罪／包攬訴訟罪 (maintenance and champerty)❸」，因為保險人依法不需給付保險金，而不能謂保險人對於訴訟結果具有真正、實質利益❸。

更艱困之議題為：是否第三人於代位訴訟得主張保險人贈與性質之保險金給付違抗抗辯？如贈與性質之保險金給付不具正當性，則答案為肯定，而保險人無權取得代位，或者否定，第三人權利完全不受被保險人已獲得保險人補償之事實之影響❸，因為被保險人會基於保險人對該賠償金之留

---

❸ [1896] A.C. 250.

❸ [1896] A.C. 250, 255.

❸ John Edwards & Co. v. Motor Union Insurance Co. [1922] 2 K.B. 249.

❸ 英國刑法第 157 條包攬訴訟罪；「助訟與幫訟分利」，是指任何人提供金錢或其他形式，資助他人提出訴訟，並在勝訴後攤分利益，屬刑事罪行，但亦有國家容許索償公司合法經營。包攬訴訟不但可能令受害人因索償權利未被全面保障而招致損失，且間接鼓勵虛假訴訟以騙取賠償，危害司法公義。

❸ Trendtex Trading Corporation v. Credit Suisse [1982] A.C. 679; Compania Colombiana de Seguros v. Pacific Steam Navigation Co. [1965] 1 Q.B. 101.

置權利益而持有賠償金❸❺。作者認為，後者否定見解之論證係依前揭法則而為，應受支持而能防阻第三人跳脫對被保險人民事責任。因此，不論是否為贈與性質之保險給付於實務均不受影響。重點係於被保險人違反不妨礙保險人代位權之義務，而保險人對被保險人請求損害賠償之訴，被保險人得主張保險人無權對其請求。

⑵向第三人追償

　　保險代位制度主要在於防阻被保險人超額填補，而若被保險人無存在對第三人之債權，並無超額填補之可能。我國法下，保險人因繼受取得被保險人對第三人權利,因此第三人得以對抗原被保險人之事由對抗保險人。海洋法系因保險人步入被保險人之地位,保險人無較被保險人更優之地位,因此保險人僅能行使被保險人具有之權利。

A.被保險人、家屬

　　自己不可告自己，因此保險人代位後不能以被保險人名義起訴被保險人❸❻。換句言，保險人自不得以其左手向被保險人給付，又從右手向被保險人請求賠償，否則保險契約防阻被保險人損失之目的將無法達成。同理，如被保險人與加害人係同一所有人之姊妹公司，則保險人不得代位向其姊妹公司追償❸❼，因為被保險人與加害人實質屬於同一人，並無超額填補之可能，而保險代位制度無須啟動❸❽。如損失係被保險人未成年家屬所致，

---

❸❹ Bradburn v. Great Western Ry (1874) L.R. 10 Ex. 1.

❸❺ Napier and Ettrick v. Kershaw [1993] A.C. 713.

❸❻ Simpson v. Thomson (1877) 3 App. Cas. 279.

❸❼ Conversely, where the loss has been caused by the wilful misconduct of the assured's sister company, it is arguable that the insurer may reject the claim of the assured, if the company veil is allowed to be pierced. Cf.: Lord Blackburn in Simpson v. Thomson (1877) 3 App. Cas. 279, 294 opined that the company veil should not be lifted.

❸❽ Marine market practice takes the same approach whereby the insurer shall waive their rights of subrogation against the charterers, which are associated, subsidiary or

保險人亦不得行使，因為被保險人係監護人，由其代負民事責任。或為其他家屬成員所致，家屬彼此互負扶養義務，具利依同一之共同關係，保險人不得對其行使❸❶❾。

B.共同被保險人

於共同保險之情形，如以標的共有之部分為保險標的，保險人當然被阻止對任一共同被保險人行使代位權，因為共同被保險人享受共同之利益，為利益共同關係❸❷⓿，其權利上、下起伏應一致。

於組合保險 (composite insurance)，亦即數人於同一保險契約，對於同一保險標的投保其個別利益，例如寄託關係之寄託人和受託人。是否保險人得於給付其一共同被保險人後，得對其他可責致損失發生之共同被保險人行使代位權？基於循環訴訟❸❷❶或默示條款❸❷❷理論，解決保險人代位權與

---

affiliated companies of the assured, except when such charterer is covered under its liability policy for the loss or damage, per International Hull Clauses 2002, Cl. 28. The scope of the application of the Cl. 28 is confined to the case where there is a charter party relationship existing between the affiliated company and the assured. It is worth noting that the insurers do not waive their rights of subrogation against the affiliated companies of the assured in any other cases, for example, if the insured vessel collides with a vessel belonging to her affiliated companies.

❸❶❾ 保險法第 53 條第 2 項。

❸❷⓿ Samuel v. Dumas [1924] A.C. 431; Westport Coal Co. v. McPhail [1898] 2 Q.B. 130.

❸❷❶ The Yasin [1979] 2 Lloyd's Rep. 45; Petrofina (U.K.) Ltd v. Magnaload Ltd [1984] Q.B. 127.

❸❷❷ Stone Vickers Ltd v. Appledore Ferguson Shipbuilder Ltd [1991] 2 Lloyd's Rep. 288; National Oilwell (UK) Ltd v. Davy Offshore Ltd [1993] 2 Lloyd's Rep. 582; Co-operative Retail Services Ltd v. Taylor Young Partnership Ltd [2000] 2 All E.R. 865. A term would be implied in the contractual relationship between the principal assured and co-assured whereby the principal assured would not seek compensation from the co-assured for the loss caused by the co-assured.

其對共同被保險人給付責任間之矛盾，保險人不得行使之，亦即若兩者間有矛盾則後者（保險責任）應優先考量。保險人代位權應受其對共同被保險人之保險責任之限制。於上訴法院案 Co-operative Retail Services Ltd v. Taylor Young Partnership Ltd ❸，循環訴訟理論被廢棄，而採默示條款理論，基於共同被保險人不能期待其損失被填補兩次，因為保險人於給付第一位共同被保險人時，保險人契約責任已完全解除。上揭判例分析顯示，不論係基於循環訴訟或默示條款理論，共同被保險人免除保險代位之理由主要在於，是否可責之共同被保險人對於保險標的有保險利益並據以投保❸？

作者認為，在無故意行為之涉入情形下，共同被保險人對於保險標的有保險利益並據以投保者，保險人對之不得行使，理由如下：保險人代位權應受其對共同被保險人責任之限制，係已確定之法則。因此，應考量之重點係保險人與可責之共同被保險人間之保險契約關係，而非共同被保險人彼此間關係。換句言，保險人是否得對可責之共同被保險人行使代位權，主要應以保險人與共同被保險人間保險契約關係決定之。據此，保險人僅於可責之共同被保險人為故意行為之情形，得對其行使代位權，因為故意行為之共同被保險人於保險契約下無請求保險金之權利，被保險人故意行為係法律上不保之風險。進一步言，保險契約應有默示條款，保險人不得對共同被保險人行使代位權，除非歸因於其故意行為。我國保險法第 53 條則為法定，其理由如上。

C.受僱人

我國保險法第 53 條法定，保險人對被保險人之受僱人不得行使代位權。

---

❸ [2000] 2 All E.R. 865.

❸ Caution must be taken as the English court occasionally strains the concept of insurable interest while concluding the existence of the co-assured's insurable interest. The very example is Petrofina (U.K.) Ltd v. Magnaload Ltd [1984] Q.B. 127.

英國最高法院案 Lister v. Romford Ice and Cold Storage Co. ㉟，判決受僱人不得免除保險代位。惟若僱傭契約明示或默示僱用人應補償受僱人因執行職務所受第三人請求賠償之損失，或受僱人得以享受僱用人投保之保險契約之利益，則保險人對之不得行使。於上訴法院 Morris v. Ford Motor Co. ㊱案，基於衡平㊲或認為於保險契約默示排除對受僱人行使之條款㊳，法院拒絕保險人對受僱人之代位權㊴。原則上保險人得對受僱人行使代位權，只要僱用人對受僱人有求償權。但是，一旦發現僱傭契約明示或默示排除僱用人求償權或保險契約明示或默示受僱人得以享受僱用人所投保保險契約之利益，或於保險契約明示或默示排除行使代位權，或基於衡平而認為不公平，受僱人免除受保險代位之行使。

基於僱用人獲取受僱人於執行職務所致利益，而應同等對於受僱人執行職務致第三人損害負責，生「代負責任原則 (vicarious liability)」，而由僱

㉟ [1957] A.C. 555.

㊱ [1973] 2 All E.R. 1084. Although it involved a contract of indemnity, there is no doubt that its rule can be applied to the context of indemnity insurance, which is a contract of indemnity.

㊲ "It was not just and equitable to compel the defendants to lend their name to an action against their own servant", per Lord Denning MR [1973] 2 All E.R. 1084, 1090–1091.

㊳ "The terms of this indemnity in the context of this contract do not give rise to a right of subrogation in the third party. The terms do not give rise to that right because there is to be implied a term whereby it is excluded. The implied term springs from the nature and terms of the contract between these parties. Their agreement was operative in an industrial setting in which subrogation of the third party to the rights and remedies of the defendants against their employees would be unacceptable and unrealistic', per James LJ [1973] 2 All E.R. 1084, 1102.

㊴ By the equity approach, it is discretionary for the court to decide that the subrogation right against the employee of the assured is permissible or not.

用人負責，亦是我國民法第 188 條第 1 項及第 2 項僱用人侵權責任所寓含之立法意旨。第 188 條第 3 項明定，僱用人賠償損害時，對於為侵權行為之受僱人，有內部償權。僱用人對於受僱人之內部求償權，復依僱傭契約而定。依民法第 487 條之 1，如受僱人服勞務，因非可歸責於自己之事由，致受損害者，得向僱用人請求賠償，如可責於自己之事由所致，則由受僱人自負風險及損失，惟除受僱人之故意或重大過失行為外❸❸，僱用人仍得免除受僱人之責任，由僱用人代負對第三人之全部責任。

　　回到保險契約法，保險法第 31 條規定，保險人對於因要保人或被保險人之受僱人或所有之物或動物所致之損害，仍應負給付責任。受僱人執行職務致使保險事故發生，由僱用人代負責任，因而保險人仍應給付，亦寓含排除保險人對其受僱人之代位權。依保險法第 71 條火災保險之規定，就集合之物而總括為保險者，被保險人之受僱人之物，亦得為保險標的，就其損失享受給付，視同為受僱人之利益而訂立，則受僱人即為共同被保險人而係保險契約保護之主體，亦當然排除保險人對受僱人代位權之行使。就責任保險言，保險法第 92 條規定，保險契約係為被保險人所營事業之損失賠償責任而訂立者，被保險人之代理人、管理人或監督人所負之損失賠償責任，亦享受保險之利益，其契約視同並為第三人之利益而訂立。即是，如受僱人之履行輔助人於執行職務對第三人產生民事責任，亦為僱用人責任保險承保之範圍，受僱人即為共同被保險人，亦可請求保險金，為保險契約保護之主體，而當然排除保險人對受僱人行使代位權。

　　拉高層次觀察，憲法第 15 條規定，人民之生存權、工作權及財產權，應予保障。生存權係為人民生命之存續及人性尊嚴之保護，生命若無法存續，其他憲法所保障之人民基本權，僅為奢華之空洞權利，生存權因此為人民最根本之權利，亦為立憲國家對人民所負之至上義務。因此，生存權為具體之權利，而應為違憲審查之標的。受僱人執行職務，致使保險事故

❸❸ 民法第 222 條。

發生，如保險人於代位權取得要件符合後，得對之行使，則侵害人民生存權，蓋僱用人投保所營事業之標的風險，損失範圍往往超出受僱人清償能力許多，例如 T 高科技公司以晶片工廠為保險標的，以所有權之保險利益向 F 產險公司投保商業火險。於保險期間，晶片機器操作員操作不慎引致火災，致使廠房毀損或滅失，保險人給付譬如不論 2,000 萬抑或 100 億保險金後 ㉛，如允許保險人得對該受僱人行使代位權，假設受雇之勞工 30 歲，每月薪資 3 萬元，即使用盡餘命工作至我國男性平均餘命 78 歲死亡，付出其勞務來換取薪資報酬，完全清償之日遙遙無期，因執行職務之一時疏失而陷勞工個人及其家庭於萬劫不復之地步，淪為償債之奴隸，毀掉勞工個人及其家屬之基本生存權與人性尊嚴。是故，如允許保險人對受僱人行使代位權，亦違反憲法對人民生存權之保障。

據上所論，不論基於民法、保險法或至高層次之憲法，受僱人勞動生存權應受高規格之保障，係現代社會本於人類天性、良知與理性之基本價值觀念，是普遍認同的共同價值，而保險代位制度為不得不之妥協制度，調和加害人（債務人）、受害人（債權人、要保人）及保險人三者間各自基於不同之法律關係之權利與義務，至某種程度之和諧狀態。況且保險人收取保費，本應履行其危險承擔之主給付義務，而於保險事故發生後履行其從給付義務給付保險金。因此，國家於立法政策之採擇或判斷上，應遵循此一基本共同價值，「受僱人」自不應自保險法第 53 條第 2 項刪除。

D.被保險人免除第三人責任

如被保險人與加害人，明示㉜或默示㉝合意或基於法律㉞，排除、限

㉛ 1997 年 10 月初聯電旗下聯瑞晶圓廠因人為疏失導致大火，獲得理賠金額 101.43 億元，創下臺灣有史以來最大理賠案，也是全球排名前五大，請參工商時報／王仕琦／2008 年 7 月 29 日專題報導：科技廠兩場大火，蝴蝶效應驚人，聯瑞燬，催生聯電五合一。

㉜ Thomas v. Co. v. Brown (1891) 4 Com. Cas. 186.

制或拋棄對該加害人主張損害賠償之權利，保險人對加害人行使代位權也因此被限制，因為保險人較被保險人無較高地位之權利。但是，前揭明示條款應通過不公平條款控制規定之檢驗，否則保險人之代位權難受影響。

前揭免除合意，不論係成立於被保險人獲償前、後，均無影響，因為訴權恆在被保險人手上，而他是有權解決該法律糾紛之債權人。惟，保險人得以對被保險人尋求救濟。如該免除合意存在於保險契約訂定前，保險人可主張被保險人未揭露該等除外條款而違反先契約據實說明義務而解除契約。如免除合意存在於契約成立後，則可主張被保險人違反後契約不得妨礙保險人代位權之義務，而向被保險人請求損害賠償。

6.對第三人追償之賠償分配

⑴原則

除非且直到被保險人之損失已依保險契約被完全補償或其損失已獲完全賠償，保險人才得行使其代位權，已如上揭。被保險人不能因為保險人行使代位權而被剝奪受償之機會[335]。因此，自第三人成功求償之金額，不論係基於被保險人自己或由保險人之代位行為，應首先歸予被保險人以填補其損失，直至其損失完全被填平[336]，但被保險人有權保留最高等同保險人給付數額而為保險人利益[337]而存在衡平留置權之餘額[338]。如有超過保險人支付之數額，被保險人得保留之，因為保險人應無權追償超過其所支付之保險金[339]暨其利息[340]。

[333] Coupar Transort (London) Ltd v. Smith's (Alton) Ltd [1959] 1 Lloyd's Rep. 369; Mark Rowlands Ltd v. Berni Inns Ltd [1986] 1 Q.B. 211.

[334] Midland Insurance v. Smith [1881] 6 Q.B.D. 561.

[335] Castellain v. Preston (1883) 11 Q.B.D. 380, 386.

[336] Burnand v. Rodocanachi Sons & Co. (1882) 7 App. Cas. 333.

[337] Napier and Ettrick v. Kershaw [1993] A.C. 713.

[338] Darrel v. Tibbits (1880) 5 Q.B.D. 560.

[339] Yorkshire Insurance Co. v. Nisbet Shipping Co. (1962) 2 Q.B. 330.

(2)例外一： 定值保險及具分配條款之保險契約

於定值保險，約定價值於保險人和被保險人間係終局之拘束力❸❹❶，只要被保險人已依約定價值被補償，保險人即有權參與分配追償之金額，即使被保險人實際損失超過約定價值❸❹❷。

於不足額海上保險，被保險人就未承保之損失視為自己為保險人而承擔風險❸❹❸，而對於每一損失應由保險人與被保險人依比例分擔。同理，代位追償之金額應由保險人與被保險人依其各自承擔風險之比例分配之❸❹❹。雖然於非海上不足額保險並無同等之規則，如保險契約內含分擔之條款，則理應據已依比例分配追償金額。

(3)例外二： 多層次保險或含超額才給付 (excess) 條款之保險契約

於多層次保險或含自負額或保險金額限制之保險契約，可能產生爭議。英國最高法院於 Napier and Ettrick v. Kershaw❸❹❺案，曾經判決追償金額之分配應採「由上至下原則 (on a top-down basis)」，基於以下理由：一、最上層

---

❸❹❶ H Cousins & Co. Ltd v. D&C Carriers Ltd [1971] 2 Q.B. 230.

❸❹❶ The MIA 1906, s. 27(3).

❸❹❷ North of England Insurance Association v. Armstrong [1870] L.R. 5 Q.B. 244; Thames and Mersey Marine Insurance Co. v. British and Chilian SS. Co. [1916] 1 K.B. 30; Goole & Hull Steam Towing Co. Ltd v. Ocean Marine Insurance Co. Ltd [1928] 1 K.B. 589.

❸❹❸ The MIA 1906, s. 81.

❸❹❹ The Commonwealth [1907] P 216. According to marine market practice, before apportionment, the reasonable costs and expenses incurred in making the recovery from the third party will be deducted first and returned to the paying party, who is either the insurer or the assured; see International Hull Clauses 2002, cl. 52.2.

❸❹❺ Napier and Ettrick v. Kershaw [1993] A.C. 713, which impliedly overrules the recover-up rule applied in Boag v. Standard Marine Insurance Co. Ltd [1937] 2 K.B. 113, which was not mentioned at all by the House of Lords in Napier.

之保險人應優先代位，因為其僅同意當其他層次保險未給付時才給付之。

二、超額才給付應適用於最終之損失，亦即原損失減去追償金額❸，即是純損失 (net loss) 應依序由第一層保險負擔而後第二層保險等。目前海上船舶保險實務已於保單條款變更上揭判例見解，而規定超額以下之損失應視為未承保之損失，而追償之金額應依未承保之損失與承保損失之比例分配之❸。

最高法院於 Napier and Ettrick v. Kershaw 案之邏輯應係正確，但法院似乎忽視保險代位制度之精髓在於防阻被保險人不當得利，而保險人之代位權僅為附隨目的。只要被保險人之損失未獲完全填補，被保險人不可能獲取不當利益。因此，毫無疑問，如保險人與被保險人間對於追償金額有所衝突，保險人應該在各種情形下讓位給被保險人。作者因此認為，不論於定值保險或內含超額才給付或內含分擔之保險契約，保險人不得行使代位權，直至被保險人之損失完全獲得填平。

7. 保險代位制度適用範圍

保險法將人壽保險❸、健康保險❸、傷害保險❸、年金保險均除外❸，亦即將典型、有名之人身保險契約均除外而不適用保險代位制度。

保險代位制度係基於損失補償原則所衍生之具體下位制度，因此應適

---

❸ Per Lord Jauncey, "when an insured loss is diminished by a recovery from a third party, whether before or after any indemnification has been made, the ultimate loss is simply the initial loss minus the recovery and it is that sum to which the provisions of the policy of assurance apply including any provision as to an excess."

❸ See the International Hull Clauses 2003, cl. 52.2.2, replacing the rule decided in Napier and restated, for example, in the Institute Time Clause Hull 95, cl. 12.3.

❸ 保險法第 103 條。

❸ 保險法第 130 條。

❸ 保險法第 135 條。

❸ 保險法第 135 條之 4。

用於損失補償保險，包括人身保險中屬損失補償保險者，諸如「實支實付型醫療費用保險」、「損失補償型失能保險」等，此外亦應適用於人身保險而保險利益之價值有限，實質係損失補償保險者，如債務人對債權人、對生活費或教育費所仰給之人、對為本人管理財產或利益之人等之生命、身體與健康等。

<h2 style="text-align:center">第三節　海上保險之擔保[352]</h2>

一 擔保條款與特約條款、危險增加通知制度關係

我國保險法立法之初係繼受法國法、日本法、英國法及美國加州法[353]，而兼具大陸法系與海洋法系之特質，堪為我國保險法之特色，稱其為「混合法例」亦不為過。故而在保險法條文之解釋上必須特別注意此等特色。若忽略此等特質而一概遍以大陸法系之保險法、民法一般理論推演，若產生與立法真意扞格或甚而推演出與立法目的相反之結論亦不足奇。我國保險法契約法之部分並未使用於其他私法常見之立法技術如「本法未規定者，適用民法之規定」，可見立法者對保險契約法未規定事項是否得適用民法多所保留。蓋保險契約有其專屬之特性，不能一概適用或類推適用民法理論，立法者於起草當時對保險法之特性與混合法例之特質已瞭然於心。

我國保險法特約條款係援引自海洋法系之擔保制度，而其擔保制度於保險法制之發展，又最先運用於海上保險，爾後成文於 MIA 1906 第 33 條至第 41 條。保險法於法制史上之發展歷史悠久，各項保險契約法制度之建

---

[352] 詳參：饒瑞正，論保險契約之特約條款及其內容之控制，月旦法學雜誌，第 94 期，2003 年 3 月，頁 105–129。

[353] 法籍愛斯卡拉 (Jean Escarra) 於 1921–1929 年擔任蔣介石國民政府之法律顧問，參考法國法、日本法、英格蘭法、美國加州法草擬保險契約法草案以及 1930 年頒布的民法。詳參：何勤華，中國法學史，第三卷，法律出版社，2006 年。

立多有其獨特歷史背景。我國保險法具混合法例之特性，融合英美、歐陸兩大法系之特質，又何況兩大法系之保險契約法，於保險制度創建初始之海上保險時代本就一家，爾後之發展相互影響者亦所在多有。在保險法研究之議題上，雖幾乎無一未被翻過之石頭，如能將前述保險法兩大特質於保險法議題之研究方法上加以思量，當能發現新的契機。海上保險係最早之保險制度，諸多保險契約法上之一般性原則，多生於斯，因而在保險法一般性原則適用問題之論理，若能將此因素列入考量，當能有合乎邏輯之結論。

　　「特約條款」一語，於一般契約，可泛指當事人於定型化契約條款外個別商議而特別約定之條款。於保險契約法之領域，我國保險法於「第二章保險契約」下訂有「特約條款」一節，就特約條款之定義、內容、違反之效力專節規範之。保險法第 66 條明文規定，「特約條款，為當事人於保險契約基本條款外，承認履行特種義務之條款」。惟保險業卻經常將只要有別於基本條款者即冠名為特約條款❸❺❹，或將與當事人間特別約定為免責事由或附加承保危險之條款名之為特約條款❸❺❺，而混同誤用。而居於捍衛公平正義最後一道防線之法院，於判決實務上也經常逕依保險業混同誤用之名稱，未明辨個案所謂特約條款之真正本質，而逕依其表面名稱而適用保險法特約條款節之規定，進而定其違反之效力，影響當事人權益甚鉅❸❺❻。此等交錯混同誤用之情形，究其理由，主要在於我國保險法特約條款係援引自海洋法系之擔保制度，偶有與歐陸法系之民法一般理論有異，又各大保險法學家間對特約條款之立論歧異，進而致保險與法律從業人員因循錯誤。

---

❸❺❹ 如新光團體員工醫療保險特約條款。

❸❺❺ 諸如營建機具綜合保險特約條款、食物中毒特約條款、停車場特約條款。

❸❺❻ 如將當事人稱之為特約條款而實僅為免責事由、除外危險之約定，解為保險法上特約條款。如最高法院 89 年度臺上字第 2277 號、最高法院 84 年度臺上字第 1548 號、臺灣高等法院 84 年保險上更字第 1 號等判決。

海洋法系使用擔保條款，擔保過去、現在事實之真實性或擔保未來之保險期間應為某作為或不作為，即是擔保危險不增加，保險人藉以將風險控制在原先承保之範圍內，因為，保險人獲得對於保險標的或被保險人資訊所做的風險評估，係透過締約前要保人據實說明義務。大陸法系則科以要保人保險期間危險增加通知意義❸❼，控制保險期間危險增加之風險變動。兩大法系採取不同手段而達到同一效果——企圖控制危險在原先承保範圍內。

二 海上保險之擔保條款

保險契約之擔保條款源自並發達於海洋法系之海上保險，而擴展至其他險種。本法海上保險章，尚欠缺對於擔保義務之具體規定，因而以下僅就海洋法系討論說明之。

㈠一般契約條款類型

依一般契約法，契約條款可區分為與履行之內容有關 (conformity of performance) 之條款，及與履行之次序有關或僅為一事件者 (an event or order of performance)❸❺❽。前者為關係契約義務之條款，以其履行與否對確保契約目的達成之重要性與對當事人之影響，依其強弱順序概分為條件 (condition)、擔保 (warranty) 與無名條款 (innominate term❸❺❾)，而給予不同之評價。條件者，為契約重要性最強之主條款，居於對契約目的達成之重要性，違反條件者，原則上相對人得拒絕履約併同損害賠償；同理，次要者為擔保，違反擔保僅生損害賠償；至於無名條款，則由個案法院視其違

---

❸❼ 保險法第 59 條至第 63 條。

❸❺❽ 參見 G. H. Treitel, Conditions and Conditions Precedent, 106, The Law Quarterly Review, 1990, pp. 185–192, 186。

❸❺❾ 於 Hong Kong Fir Shipping Co Ltd v. Kawasaki Kisen Kaisha Ltd [1962] 2 QB 一案所創，本案法院判決海上備船運送契約之適航性義務條款，屬無名條款。

反對契約之影響之強弱定其違約效果，強者則如違反條件般賦予拒絕履約權併同損害賠償，弱者則賦予如違反擔保之效果，依此中間性質，遂又被稱之為中間條款 (intermediate term)。後者僅與契約履行之次序有關或僅為一事件，並未構成契約義務條款，可分為停止條件 (condition precedent)、解除條件 (condition subsequent)、同時條件 (concurrent condition)、單獨條件 (independent covenant)。停止條件者，契約之效力或當事人之責任，直至某特定事件之發生，始生效力或始負責任。特定事件之發生為使契約效力終止者，稱解除條件，相當我國民法第 99 條之停止條件與解除條件。當事人應同時履行者，稱同時條件，則一方未履行，相對方得主張同時履行之抗辯。反之，非當事人應同時履行者，為單獨條件。

與契約履行內容有關之契約義務條款，也同時得作為與契約履行之次序或事件。例如擔保條款，本身雖係義務條款，但同時可為停止條件。

(二)保險契約條款類型

於保險契約法，對於擔保與條件之評價與一般契約法恰好相反。擔保義務之強度更甚於條件。

1.擔保條款之起源及特質

海洋法系擔保制度源自 13 世紀封建時代封建諸侯 (feudal Lord) 對佃戶 (tenant) 之佃地擔保❸，擔保佃戶對佃地享有完整之占有權，係封建地主對佃戶之義務，以保護佃戶對佃地之占有權而得對抗任何人。其後於 14 世紀一般契約法，如運送契約運送人擔保船舶適航性❸；如物之買賣契約，出賣人擔保標的物無瑕疵或具一定之品質❸，以緩和「買受人留意」(caveat emptor) 原則之嚴厲後果❸。保險契約擔保制度創建於海上保險。

---

❸ 見 S. J. Bailey, Warranties of Land in the Thirteenth Century, 8 Cambridge Law Journal, 274 (1944); 9 Cambridge Law Journal, 82 (1947)。

❸ 見 Bukton v. Townesende (1348) B&M 358。

❸ 見 Aylesbury v. Wattes (1382) Y.B. 6 Ric. II。

第一件有紀錄之法院判決，可追溯至 17 世紀末，被保險人（本文於海洋法系下所稱之「被保險人」乃專指保險契約保險人之相對方當事人言，恐讀者與大陸法系之被保險人定義混淆，特此說明。以下同。）擔保被保險船舶於航程中有他船舶護航 (warranty of convoy) ❸❻❹。因而可據以推論，擔保於保險契約之運用應早於 17 世紀末。大法官曼斯菲爾 ❸❻❺（Lord Mansfield，爾後稱「曼氏」）於 18 世紀對保險契約擔保條款作深入之定義上與特質上之分析，而樹立奉行至今之現代保險契約擔保制度 ❸❻❻。

海上保險所建立之擔保制度，有其特殊歷史背景。於大法官曼氏是時之海上冒險時代，於保險契約締結前，因船舶流動之特性，保險人通常無適當之機會親臨檢視標的物，也無充足之資訊管道對標的物進行了解，以評估是否承擔危險、保費多寡以及保單條款之內容，保險人端賴被保險人正確資訊之提供。居此，大法官曼氏於 1766 年建立最大善意原則 ❸❻❼。此

---

❸❻❸ 普通法 (common law) 一向秉持當事人自主原則，如買賣契約之「買受人留意」(caveat emptor) 與「出賣人自顧」(caveat venditor) 原則。買受人應自己留意商品之品質，除於買賣契約明示擔保外，買受人對商品瑕疵自負其責。惟制定法已對普通法作修正，如 1979 年商品買賣法 (Sales of Goods Act 1979)，規定買賣契約之瑕疵擔保、符合商品描述等，以之為默示契約條款。

❸❻❹ Jeffries v. Legandra (1691) 91 Eng. Rep. 384.

❸❻❺ 曼斯菲爾大法官，1705–1793 年，為蘇格蘭人，姓名 William Murray，為曼斯菲爾首任伯爵 (Earl)。曾於 1756–1788 年擔任高等法院國王分部 (King's Bench Division of High Court) 之首席法官 (Lord Chief Justice)，於司法系統位階僅次於司法部長 (Lord Chancellor)。大法官曼斯菲爾，審理超過 1 百多個保險訴訟案，建立諸多保險契約法原則，如最大善意原則，影響英國保險法制之發展甚鉅，為英國保險法之父。此外，對其他商事法之領域亦頗多建樹，遂又被尊稱為英國商事法之父。參見 E. Heward, Lord Mansfield, 1979, Barry Rose。

❸❻❻ 見其主審判決 Pawson v. Watson (1778) 2 Cowp. 785; DeHahn v. Hartley (1786) 1 T.R. 343。

❸❻❼ 詳參拙著，保險法最大善意原則之辯正，月旦法學雜誌，第 89 期，2002 年 10 月，

外，於保險生效後之契約存續期間，因保險人與被保險人間或保險人與海上航行之承保船舶或貨物間之通訊方法極其有限，保險人無從得知承保標的之即時現況，致無能掌控其所承擔之危險是否位於原先估算之範圍內。保險人遂要求被保險人對保險標的過去、現在有關事實擔保其真實性，或擔保於契約存續期間履行特定義務，以為控制危險之手段，即是擔保制度之由來。基於締約前、後當事人間對保險標的資訊之嚴重失衡，保險人特別仰賴被保險人所為之承諾，故而大法官曼氏於分析擔保條款時，就擔保之性質、構成違反之要件、違反之效力等採取嚴屬之態度。

成文之 MIA 1906，除重申成文當時之海上保險法則外，尚反映當時一般保險契約法之現況❸❻❽。因而法院在對其他險種之判決常援引適用之，特別是同屬損失補償保險之險種。MIA 1906 第 33 條第 1 項定義擔保為❸❻❾：「本法所稱之擔保者，意謂具允諾性質之擔保，亦即藉由擔保被保險人承諾將為或不將為某特殊情事，或應履行某種條件，或其肯定或否定一特殊事實狀態之存在。」故而，擔保是被保險人對保險人之一種承諾或擔保，其內容可關乎締約當時或過去之事實之真實性之承諾，而不限於對未來特定事項義務之承擔。美國保險法學家 Vance 氏於 1911 年主張將確認某種事實存在者稱之為肯定擔保 (affirmative warranty)，而承諾未來事項應履行者才稱允諾擔保 (promissory warranty)❸❼⓿。惟爾後美國判例採類似英國法例之

頁 153–174。

❸❻❽ 英國最高法院不只一次強調此論點。見 Manifest Shipping & Co Ltd v. Uni-Polaris Shipping Co Ltd, The Star Sea[2001] 1 Lloyd's Rep. 389, HL。尚見上訴法院案 Lambert v. Co-operative Insurance Society Ltd [1975] 2 Lloyd's Rep. 485, CA。

❸❻❾ S 33(1), MIA 1906: "A warranty, in the following sections relating to warranties, means a promissory warranty, that is to say, a warranty by which the assured undertakes that some particular thing shall or shall not be done, or that some condition shall be fulfilled, or whereby he affirms or negatives the existence of a particular state of facts."

定義者亦所在多有❼。Vance 氏之分類，主要在於將確認某種事實存在之所謂肯定擔保給予相同於陳述 (representation)❼之評價，而以保險法陳述之法則處理所謂肯定擔保，以避免保險人之濫用。本文認為，擔保與陳述之確認，是契約條款之解釋問題，不宜將兩者混同，從而更加造成確認上之困難，尤其表面字義仍稱為擔保。實則，promissory 一語，並非表示其僅與未來事項有關，蓋無論關係現在、過去或未來事項之擔保，均為當事人所為之承諾 (promise) 或擔保。居此，Vance 氏之區分，並非十分妥當。

保險契約擔保條款如一般契約條款，可分為明示擔保 (express warranty) 與默示擔保 (implied warranty)。於海上保險，明示擔保必須載明於保險單或保單提示之其他書面文件❼，惟於非海上保險，口頭約定或甚至未於保單提示亦已充分❼。海上保險默示擔保義務有四：一、論程保險之船舶適航性 (seaworthiness) 擔保❼。二、包括港口危險之論程保險之船

---

❼ 見 William R. Vance, The History of the Development of Warranty in Insurance Law, 20 Yale Law Journal 523 (1911). 我國學者，採 Vance 氏之分類者如：施文森，論保險法上確定與控制危險之方法，保險法論文第一集，自版，77 年增訂新版，頁 115；袁著，頁 251；林勳發，保險法制之沿革與修正芻議（下），月旦法學雜誌，第 66 期，2000 年 11 月，頁 97–107 之頁 99。

❼ 例見：Mickle v. Dixie Sec. Life Ins. Co. 216 S.C. 168, 57 S.E. 2d 73 (1949); Coffey v. Indiana Lumberman's Mut. Ins. Co. 372 F. 2d 646 (6th Cir. 1967)。

❼ 被保險人所為之任一重要性之陳述，必須大體真實，若致保險人因此不實陳述而承諾承保，即違反最大善意原則下之先契約不作不實陳述義務，保險人得解除契約，一經行使則保險契約自始無效；見 S20(1), MIA 1906 與 Pan Atlantic Insurance Co Ltd and another v. Pine Top Insurance Co Ltd. [1994] 3 All ER 581。詳見拙著，保險法最大善意原則之辨正，月旦法學雜誌，第 89 期，2002 年 10 月，頁 153–174。

❼ S35(2), MIA 1906.

❼ Duckett v. Williams (1834) 2 C&M 348; Anglo-California Bank v. London v. Provincial Marine (1904) 10 Com. Cas 1.

❼ MIA 1906, s. 39(1)；詳見拙著，適航性於海上保險法之應用暨其可能之最新發展，

舶適港性擔保 (portworthiness warranty in "at and from" voyage policy)❸⓱。
三、貨物保險之船舶適載性 (cargoworthiness) 擔保❸⓳。四、各式海上保險
之合法性 (legality) 擔保❸⓴。其中並無我國學者所稱之不變更航程之擔
保❸⓻。不變更航程（不偏航）並非默示擔保，而係法定之強行性義務，原
則上係不得以約款排除❸⓿。前三者擔保，適用於航程開始時或之前，合法
性擔保適用全部保險期間。至於非海上保險則無制定法或法院擬制之上揭
默示擔保之適用或類推適用❸⓵。故於汽車保險，並無公路適航性
(roadworthiness) 擔保。又如於僅涉陸上危險之陸上貨物運輸保險也無合法
性擔保❸⓶。默示擔保，依契約法一般原則，係得以明示約款排除或變更。

2.違反擔保條款之構成要件

⑴2015 年保險法 (Insurance Act 2015) 施行前

基於上揭時空背景，不難理解大法官曼氏建立之現代保險契約擔保制
度，對於被保險人為何如此嚴厲。包括完全遵循原則 ❸⓷ (rule of exact
compliance) 及其衍生之下位概念：無歸責要件、無補正方法、無重要性要
件、無因果關係要件等。完全遵循原則之意義，在於當事人對保險契約之

保險專刊，第 57 輯，1999 年 9 月，頁 131–168。

❸⓱ Ss 25(1) and 39(2), MIA 1906.

❸⓳ S40(2), MIA 1906.

❸⓴ S41, MIA 1906.

❸⓻ 如桂裕，保險法論，增定三版，民國 58 年，頁 173–176，以下稱桂著；如施文
森，論保險法上確定與控制危險之方法，保險法論文第一集，自版，77 年增訂新
版，頁 97–124, 115；如袁著，頁 252；如梁著，頁 150。

❸⓿ MIA 1906, s. 46.

❸⓵ 袁宗蔚教授稱產品責任保險亦具默示擔保之規定。見袁著，頁 253 與 555。氏將
「買賣契約」之默示瑕疵擔保誤為「保險契約」具有者，立論顯係錯誤。

❸⓶ Euro-Diam Ltd v. Bathurst [1990] 1 QB 1.

❸⓷ Pawson v. Watson (1778) 2 Cowp. 785, 787–788; S. 33(3), MIA 1906.

擔保必須嚴守文義而確實遵循，不容一絲背離，過多過少均係不當 ❸❽❹。因此保險人無權要求被保險人履行超出擔保範圍之事項，而被保險人即使極小部分未履行，均係違約，而無如於一般契約法「微數不舉」原則 (de minimis rule) 之適用。因為完全遵循原則即在於排除諸如大致正確之疑慮 ❸❽❺。如擔保投保之一千罐罐頭全部標示製造日期，若僅千中之一個未標示，仍係違約。居此完全遵循原則，當事人之心態如有無故意、過失、不知情 ❸❽❻ 或不可歸責 ❸❽❼ —— 無歸責要件，或違反擔保並未增加危險 ❸❽❽ 或導致損害 —— 無重要性與因果關係要件，或違約已於損失發生前矯正 ❸❽❾ —— 無補正方法 ❸❾⓪，均係無效之抗辯。惟完全遵循原則之例外有二。一、基於情事變更，擔保已不適用原契約之情況，亦即「法理消滅，法亦消滅」(cessante ratione, cessat lex maxim) 法則之實踐 ❸❾①。二、因後法之施行而使擔保之履行成為不合法 ❸❾②。

　　基於擔保之特質，作者將擔保與源自最大善意原則之據實說明義務區分如下，以避免如美國學者 Vance 氏之混同：就履行期言，前者（擔保）為契約成立時或存續間之後契約義務，後者（據實說明義務）為先契約義

---

❸❽❹ Whitehead v. Price (1835) 2 Cr M&R 447; Maycll v. Mitford (1837) 6 Ad & El 670.

❸❽❺ De Hahn v. Hartley (1786) 1 TR 343.

❸❽❻ Trickett v. Queensland Insurance [1936] AC 159, 165 per Lord Alness; Lord Mackenzie in Hutchison v. National Loan Fund Life (1845) 7 D. (Court of Session) 467, 476.

❸❽❼ Worsley v. Wood (1776) 6 TR 710; Philips v. Baillie (1784) 3 Doug KB 374.

❸❽❽ Newcastle Fire v. Macmorran (1815) 3 Dow. 225.

❸❽❾ De Hahn v. Hartley (1786) 1 TR 343; Quebec Marine Insurance Co v. Commercial Bank of Canada (1870) LR 3 PC 234; S34(2), MIA 1906.

❸❾⓪ 例外者為保險人棄權 (waiver)；S34(3), MIA 1906.

❸❾① 相當大陸法系誠信原則下位之情事變更原則概念。

❸❾② Brewster v. Kitchin (1698) 1 Ld Raym 321; S34(1), MIA 1906.

務。就構成要件言，前者與重要性、因果關係無關，後者應具重要性且其違反與保險人之承諾承保需具因果關係❸。就遵循程度言，前者應完全遵循，不容一絲錯誤，後者僅需實質正確❸。

英國法例之完全遵循原則，為美國法院普遍接受之法則❸。惟美國學者 Vance 氏認為本原則過於嚴屬而不適用其所謂之「肯定擔保」❸，此亦是爾後美國某些法院與某些州修法緩和完全遵循原則嚴屬效果之主要原因之一。其緩和方法如下。就因果關係之緩和：如法院判決擔保之違反與損失間必須有主力近因關係 (proximate cause of the loss)❸ 或因果關係亦足❸，或如加州❸與麻州❹制定法規定僅有於違反擔保致使危險增加之情

---

❸ S20(1), MIA 1906 與 Pan Atlantic Insurance Co Ltd and another v. Pine Top Insurance Co Ltd. [1994] 3 All ER 581。

❸ S 20(4), MIA 1906.

❸ 例 Aetna Ins. Co v. Houston Oil & Transport 49 F. 2d 121 (5ᵗʰ Cir. 1931); Home Ins. Co. v. Ciconett 179 F. 2d. 892 (6ᵗʰ Cir. 1950); Canton Ins. v. Independent Transp. 217 F. 213 (9ᵗʰ Cir. 1914); Shamrock Towing Co v. American Ins. Co. 9F. 2d. 57 (2ⁿᵈ Cir. 1925); The Texas No. 1 Eggers v. Nation Union Fire Ins. Co. 112 F. 2d 541 (5ᵗʰ Cir. 1940); Levine v. Aetna Ins. Co. 139 F. 2d. 217 (2ⁿᵈ Cir 1943); Fidelity-Phoenix v. Chicago Title 12 F. 2d 573 (7ᵗʰ Cir. 1926); Rosenbauer v. Standard Ins. Co. 1949 AMC 716 (Fla. 1949); Buckwater v. Aetna Ins. Co. 143 A. 90, 6 N.J. Misc. 770 (N.J. 1928)。

❸ William R. Vance, The History of the Development of Warranty in Insurance Law, 20 Yale Law Journal 523 (1911), p. 532. 其立論尚獲得其他學者如 Patterson 氏 (Patterson, Essentials of Insurance Law, 1ˢᵗ edition, 1935, p. 339) 與 Keeton 氏 (Robert E. Keeton and Alan I. Widiss, Insurance Law, 3ʳᵈ edition, 1988, pp. 564–566) 之共鳴。

❸ Thanh Long Partnership v. Highlands Ins. Co. 32 F. 3d. 189, 1995 AMC 203 (5ᵗʰ Cir. 1994); Home Ins. Co. v. Ciconnett 179 F. 2d. 892 (6ᵗʰ Cir. 1950); Coffey v. Indiana Lumberman's Mut. Ins. Co. 372 F. 2d. 646 (6ᵗʰ Cir. 1967).

❸ Windward Traders v. Fred S. James of N.Y. , 855 F. 2d. 814 (11ᵗʰ Cir. 1988).

❸ Cal. Ins. Code §448.

況，保險人才得主張違反擔保之效果。就重要性之緩和：如法院判決擔保之事項應具重要性❹。惟仍有為數不少之法院判決堅守完全遵循原則❹。甚至於 Advani v. Lloyd's❹案，法院適用紐約州法❹而判決保險人對違反擔保前所發生之保險損失不需負責，採取較英國法例更嚴屬之態度。綜上揭，美國各州法例對此議題，乃各行其是，因而美國法對此並未具穩定之可預測性。

⑵ 2015 年保險法 (Insurance Act 2015) 施行後

海上風險環境之現況，已非早期法律形成背景。英國法制委員會於1980 年曾建議修法❹，惟懼於損及英國海上、航空與運輸保險之全球領導地位，其建議未及於海上、航空與運輸保險。鑑於堅強實力之各險種保險業之反對，修法建議失敗而改由英國保險業同業公會於 1986 年修訂 SGIP第 2(b)(iii) 條與 SLIP 第 3(b) 條，規定某種程度之因果關係與重要性要件。現行自律規章兩則，係於 1986 年修訂，一為：一般保險實務聲明(Statement of General Insurance Practice, SGIP)，另一為：長期保險實務聲明(Statement of Long-Term Insurance Practice, SLIP)。後者適用於長期性保險亦即人壽保險，餘適用前者。惟兩者均僅限適用居住於英國之保單持有人與個人名義投保之消費性保險。蓋保險人團體認消費被保險人較商業被保險人保險專業知識薄弱，處於較弱勢，較需保護，符合一般社會大眾之期待。我國要保人（被保險人）、保險公司於倫敦投保、再保險者，遂無適用

---

❹ Mass. Gen. Laws Ch. 175 §186 (1987).

❹ Saskatchewan Gov. Ins. Office v. Ciaramitaro 234 F. 2d. 491 (1st Cir. 1956); United States Fire Ins. Co v. Liberati 1989 AMC 1436 (N.D. Cal. 1989).

❹ 見 Home Ins. Co. v. Vernon Holdings 1995 AMC 369 (S.D. Fla. 1994).

❹ 962 F. Supp. 415, 1997 AMC 1851 (S.D.N.Y. 1997).

❹ N. Y. Ins. Law §3106(c).

❹ The Law Commission, Insurance Law: Non-disclosure and breach of warranty, Law Com. No. 104, October 1980.

該規章之餘地，對此應予注意。1980 年修法建議最後失敗，而遲至 30 年後基於維持英國保險業之歐洲、全球競爭力，2015 年才制定 2015 年保險法，其中針對擔保條款之違反構成要件，修正之，如被保險人證明未遵循擔保條款並未導致危險增加而促使保險事故或損失發生，保險人不得排除、限制或免除責任❹⓪⑥，加入重要性要件及因果關係要件。

3. 違反擔保條款之效力

(1) 2015 年保險法 (Insurance Act 2015) 施行前

違反擔保之效力，保險人自違約日起「自動免除」責任 (the insurer is automatically discharged from liability as from the date of the breach)，而無溯及之效力❹⓪⑦。根據一般契約法原則，例舉於一般契約違反條件之情形，受害之一方，應行使抉擇權，選擇確認契約之持續有效而僅請求損害賠償或拒絕履約併同請求損害賠償，而須將其選擇以意思表示告知違約方。惟於違反保險契約擔保義務之情形，則不待保險人意思表示，保險人責任自違約日起免除，故曰自動。自動原則，係偏離一般契約法原則之例外。違反擔保之效力通常及於契約整體。但若承保之危險係可分 (apportionable)，而擔保又係僅關係該可分部分之危險，則保險人僅免除該部分可分危險之責任❹⓪⑧。例如，於汽車「綜合」保險，被保險人於其中之竊盜損失保險條款，擔保於保險生效日前裝置汽車防盜器，如被保險人違約未如期裝設，則保險人僅可免除竊盜損失保險之責任，而不及於第三人責任險與車體損失險。依自動免除責任原則，若擔保係有關締約過去或現在之情事，則既然保險生效時起，擔保即未遵循，因而自保險生效時起，保險人即免除責任。亦即危險從未附著 (risk never attaches)，致對價完全失敗 (total failure of consideration)，除涉及詐欺或非法（如違反默示合法性擔保）之情形保費

---

❹⓪⑥ Insurance Act 2015, ss. 11(4), 11(2) and 11(3).

❹⓪⑦ MIA 1906, s. 33(3); The Good Luck [1991] 2 Lloyd's Rep. 191.

❹⓪⑧ Printpak v. AGF Insurance Ltd [1999] Lloyd's Rep. IR 542.

不予返還以示懲罰外，保險人應退還全數保費❹。若違反者係有關未來事項之擔保者，而於契約存續期間違約，保險人自違約時起免除責任。則危險既已附著❺，除危險或保費係可分而屬對價一部失敗 (partial failure of consideration)❻，可分之部分應返還外，原則上保費係毋庸返還。例如於長期性保險（如人壽保險），當事人約定保費定期給付（非分期給付❼），即屬保費可分之情況。被保險人擔保不酗酒，惟被保險人於保險持續期間才始酗酒，則保險人係不得請求未到期之保費。對違反擔保之效果與保費之返還問題，當事人係得以意定。

　　得阻卻擔保違反之事由，包括：基於情勢變更，原擔保內容不適用於該契約或者因後法之施行使該擔保不合法，或保險人放棄主張被保險人違反擔保❽。

　　美國各州法例對違反擔保之效果，主要可區分為二。一、保險人得行使解除權（實為終止權），契約自違約日起失其效力而無溯及之效果❾，也無「自動」之性質。二、違反擔保僅生承保之效力暫時失效之效果，待違約矯正後或違反之原因消失後，則承保效力又行恢復❿。除制定法有明示

---

❹ MIA 1906, s. 84.

❺ Tyrie v. Fletcher (1777) 2 Cowp. 666, 668.

❻ MIA 1906, s. 84(1) and s. 84(3)(a).

❼ 分期給付在於報酬係一次滿足，惟將報酬以分期給付之方式為之而已，應予區分。

❽ MIA 1906, ss. 34(1) and (3).

❾ 制定法者如加州 Cal. Ins. Code §448 與麻州 Mass. Gen. Laws Ch. 175 §186 (1987)。法院判決：佛羅理達州法：United States Fidelity v. Thompson 1990 AMC 444 (Fla. Dist. Ct. App. 1989); Thanh Long Partnership v. Highlands Ins. Co. 32 F. 3d. 189, 1995 AMC 203 (5th Cir. 1994)。密蘇理州法：Asso. s. v. Continental Ins. 983 F. 2d. 662, 1993 AMC 1201 (9th Cir. 1995)。路易斯安那州法：New York Marine & Gen. Ins. Co. v. Gulf Marine 1994 AMC 976 (E.D. La. 1993)。

❿ 奧瑞岡州法：First Interstate Bank of Oregon v. Allstate Ins. Co. 701 P. 2d. 791(Or. Ct.

規定外，前者，多適用於海上保險，而後者多適用於非海上保險，但也並非絕對。

　　保險契約之擔保條款，同時亦為關係契約履行次序之停止條件 (condition precedent)，係保險人責任之停止條件❹❶❻。亦即擔保之履行與否關係保險人之保險給付責任。

　　上揭英國法例擔保之法本質與其違反之效力，無論海上或非海上保險，除特別針對海上保險者如前揭四項默示擔保外，均一體適用於各類險種❹❶❼。

(2) 2015 年保險法 (Insurance Act 2015) 施行後

　　根據 2015 年保險法第 10 條第 7 項廢止 MIA 1906 第 33 條自違反之時起自動免除責任原則，保險人僅於被保險人違反擔保之持續期間，不負給付之責任❹❶❽。即是違反擔保係可以補正❹❶❾，於違反之情形不復存在時，保險人即回復至承擔危險狀態。雖廢止 MIA 1906 第 34 條❹❷⓪，修法前得阻卻擔保違反之事由仍保留之❹❷❶。

App. 1985)。佛羅理達州法：Ennia Schadeverzekering N. V. v. Mulberry Motor Parts Inc. 457 So. 2d. 1099 (Fla. Dist. Ct. App. 1984)。路易斯安那州法：Lineas Aereas Colombianas Expresas v. Travelers Fire Ins. Co. 257 F. 2d. 150 (5th Cir. 1958)。

❹❶❻ Newcastle Insurance Co v. Macmorran (1815) 3 Dow 255, 299; Thomson v. Weems (1884) 9 App. Cas 671, 684; Barnard v. Faber [1893] 1 QB 340; Hambrough v. Mutual Life Insurance Co of New York (1895) 72 LT 140; The Good Luck [1991] 2 Lloyd's Rep. 191.

❹❶❼ Hussain v. Brown [1996] 1 Lloyd's Rep. 627, 630; Kumar v. AGF Insurance Ltd [1999] Lloyd's Rep. IR 147; HIH Casualty v. New Hampshire Insurance [2001] Lloyd's Rep. IR 596; Printpak v. AGF Insurance Ltd [1999] Lloyd's Rep. IR 542

❹❶❽ Insurance Act 2015, s. 10(2).

❹❶❾ Insurance Act 2015, s. 10(4).

❹❷⓪ Insurance Act 2015, s. 10(7)(b).

❹❷❶ Insurance Act 2015, s. 10(3).

4.擔保與其他義務或非義務條款之區分

至於條件，在保險契約法之發展史上未如擔保般占有一席之地。成文之 MIA 1906 未對其定義。原則上條件也係當事人應履行之義務，惟其與擔保之承諾性質有別，且係強度小於擔保之義務。因而保險契約之義務條款，如無上揭擔保之特質，原則上法院均解為條件。除於海上論程保險，有所謂於合理期間開啟航程之默示條件 (implied condition as to commencement of risk)，違反者保險人得解除契約外[422]，於他種非海上保險，條件多用來於契約上重述法律或僅係被保險人應履行之與保險人責任成就與否無關之義務。違反者，保險人僅得請求損害賠償[423]。

其他既非契約義務條款，也非關履行次序之條款，而應與擔保區分者，包括「暫止條件」(suspensive condition) 與「除外條款」(exception clause; exemption clause; exclusion clause)。暫止條件有稱之為「描述危險擔保」(warranty descriptive of risk) 或「描述危險條款」(clause descriptive of risk)。雖被稱為擔保或條件，其實僅是限制承保危險之範圍，用來描述承保或不承保之危險而已，與除外條款具相當之功能。稱其為擔保或條件，實在非常不妥，有混淆誤用之虞，本文認稱其「描述危險條款」始符真義。未符「描述危險條款」者，承保之效力暫時停止，待未符合之原因消失後，效力恢復，相當前揭美國法下第二種違反擔保之效力。如被保險人將其所有甲乙兩輛計程車投保車體損失險，於要保書上答稱「每 24 小時僅輪班一次 (one shift per 24 hours)」。但某次甲車故障送修數天，因而乙車於該期間每天均使用兩班。則於使用兩班之期間，承保之效力失效，待其恢復正常描述之一天一班之使用時，保險契約之承保效力再度恢復[424]。除外條款，不

---

[422] MIA 1906, s. 42；因於論程保險，未於合理期間開啟航程，則保險即未發生效力，賦予契約解除權並非不妥。

[423] Re Bradley & Essex and Suffolk Accident [1912] 1 KB 415.

[424] 例 Farr v. Motor Trader Mutual [1960] 3 K.B. 669。

論其原文稱為 exception clause、exemption clause 或 exclusion clause❹，顧名思義，在於負面表列保險人免責事項、不予承保之危險或限制承保之危險。

基於保險實務條款濫用上揭義務條款，英國於制定 2015 年保險法時，一併檢討並規定如被保險人證明未遵循上揭義務條款，並未導致危險增加而促使保險事故或損失發生，保險人不得排除、限制或免除責任❹。

三　我國特約條款

㈠定義與性質

我國保險法第 66 條定義特約條款為，「當事人於保險契約基本條款外，承認履行特種義務之條款」。依條文字義，顯而易見，欲定義特約條款，首

❹ 美國學者有將除外條款與不包括條款予以分類，如：Patterson, Essentials of Insurance Law, 2nd edition, 1957, p. 267。我國學者予以分類者如：桂著，頁 178-181；梁著，頁 147-148 謂「除外條款者，係指將原屬包括保險法規定在內之危險，當事人於保險契約內加以明文排除之條款……。不包括條款者，係指原非保險法規定所包括在內之危險，而當事人於保險契約內以條款明文加以包括在內……除外條款之意義與不包括條款正好相反；前者本來包括之危險，因其條款之規定而將之除外，後者係當然不包括之危險，因其條款規定而視為包括。」美國學者之區分係在確認造成損失之事故是否係承保之事故，進而損失是否屬承保之損失，最終乃在確認保險人之賠償責任。本文認為，系爭議題主要涉及契約條款之解釋進而攸關當事人間之舉證責任及其舉證順序。因個案條款文字使用之不同而解釋之結果也當然有異。因而除需以保險契約條款之解釋原則因應外，尚應利用保險契約應適用之因果關係原則，確認損失原因。因而區分不包括條款與除外條款，並無實益，而實務條款通常也未予區分，進而交互使用。故而兩者間意義上絕非如梁著所稱之完全相反，而係如其表面字義係相似之概念。誠如桂裕教授所言「若於本非除外之危險，而用不包括之字樣者，其含義與除外相等」；見桂著，頁 178。

❹ Insurance Act 2015, s. 11.

待釐清之問題應係基本條款之定義。

我國學者對基本條款之見解，多認係「法律規定必須記載之事項」❷，或指「保險法第 55 條」❷，或將基本條款區分為保險法第 55 條之「共同基本條款」與各險種❷應記載之「種類基本條款」❸，或認為「保險公司事先準備或印就之保險單內包含之先定條款，皆可稱為基本條款」❸。以上學者見解，可歸納為二類：一、基本條款指法定應記載事項，如保險法第 55 條、第 87 條、第 108 條、第 129 條、第 132 條。二、基本條款指定型化契約條款。

本文認為保險法第 66 條所稱基本條款者，係指規範當事人履行基本義務之條款，而基本義務即是保險法契約法部分與海商法海上保險章等保險法規所明定加諸於當事人之法定義務。包括諸如保險法第 29 條至第 33 條保險人賠償義務、第 3 條要保人保險費交付義務、第 36 條複保險通知義務、第 56 條保險契約變更或恢復效力之通知義務、第 58 條保險事故發生之通知義務、第 59 條危險增加之通知義務、第 64 條據實說明義務、第 116 條第 1 項保險人對到期保險費未繳之通知義務、第 82 條、第 97 條保險人終止契約通知義務、海商法第 130 條之損害防阻義務❷、海商法第 131 條保險人危險承擔義務、海商法第 132 條裝船通知義務、海商法第 149

---

❷ 鄭玉波，保險法論，修訂 4 版 2 刷，民國 91 年 8 月，三民書局印行，頁 78，以下稱鄭著；袁宗蔚，保險學，增訂 34 版，三民書局印行，民國 87 年 8 月，頁 232，以下稱袁著；江朝國，保險法規彙編，初版，2002 年 1 月，元照出版，頁 1–112，以下稱江著。

❷ 梁宇賢，保險法新論，自版，民國 90 年 9 月四修初版，頁 137。以下稱梁著。

❷ 保險法 §87、108、129、132。

❸ 劉宗榮，保險法，初版二刷，1997 年 3 月，自版，頁 368。以下稱劉著。

❸ 江著，頁 1–112。

❷ 保險法第 98 條第 1 項規定之損害防阻義務，依其文義，係由當事人約定，而非法定義務。

條保險事故發生之通知義務、海商法第 151 條貨損之通知義務。理由於下：
一、立法者於保險法章節結構上雖已予以適當分類為第二章第二節基本條款與第三節特約條款，惟依保險法第 66 條文義，其稱之基本條款與特約條款均涉及規範當事人之義務，而非僅是一種具描述性質之條款，而當然排除保險法第二章基本條款節下之其他非義務條款。為免與第二章第二節之章節名稱混淆，保險法第 66 條應酌予修正為：「特約條款，為本法或相關保險法規所明示規定之義務外，當事人於保險契約約定履行特種義務之條款。」第二章第二節名之為基本條款也非妥當。二、依保險法第 66 條文義，基本條款與特約條款係相對之概念，相對於特種義務即是當事人為達成契約之目的不得欠缺而應履行之基本義務。法定義務即是立法者綜合比較衡量契約當事人所涉利益，所為權義之適當調整，而加諸於當事人之基本義務。非僅限於第二章保險契約第二節基本條款下所列之法定義務。又若僅限於第二章基本條款節下之法定義務，則他等法定義務即產生定位上之困難。

　　職是之故，特約條款即是當事人於保險法或相關保險法規之法定義務外，約定履行義務之條款。換句言，當事人於特約條款約定應予履行之義務，在義務類型上係約定之附隨義務。其他條款只要係非約定之附隨義務者，均非屬特約條款。例如汽車保險常見之保險事故發生後之報警義務條款，顯非主義務，也非法定之基本義務，而係當事人約定之特種義務（附隨義務），即屬特約條款，則違反之效力即應適用保險法違反特約條款之規定。故而，舉最高法院 84 年臺上字第 1627 號判決為例，其謂：「按保險人在承保危險事故發生時，依其承保之責任，負擔賠償之義務，為保險法第二條所明定。本件汽車保險單將被保險汽車出險時被保險人報警處理及通知之義務，同規定於保險基本條款第 21 條，並記明『被保險人未依上述規定辦理者，上訴人不負賠償責任』。但該兩者，同在防免保險人損害之擴大，初與危險責任之預估不生影響。要保人或被保險人違反通知義務者，

保險法第 63 條僅規定對保險人因此所受之損失應負賠償責任,而未規定保險人得免除責任。被保險人違反報警義務時,亦應類推適用該規定,認僅發生對保險人應否負賠償損失之問題,要不能因而免除其給付保險金之義務,如此解釋方與保險契約分散損失之旨相符。否則違反通知或報警之義務,即依定型化契約之約定而免除保險人之責任,將使保險之機能喪失殆盡,實非所宜。」本案最高法院,主要謬誤在於未能認清特約條款之定義與性質,致未能明辨報警義務條款即是特約條款,進而對制定法已規定事項棄之不用,而類推適用不當之法條。再者,報警義務其目的在減免損害之產生或擴大,係得依誠信原則推演而出之附隨義務[433]。因而報警義務,並非加重要保人或被保險人之義務[434],顯未違反誠信原則。惟此並未意謂報警義務條款得豁免司法上控制,法院對個案報警義務條款之實質內容,如履行之方式對被保險人有重大不利益而顯失公平者,仍得以宣告無效。

依本文對特約條款之定義之分析,顯而易見,學者所稱為特約條款之共保條款[435](Co-insurance clause)、擴張保險人責任範圍之倉庫至倉庫條款[436](warehouse to warehouse)、縮小責任範圍之兵險除外條款[437]等,均係免責事項、不保事項,屬危險之描述而已,無關附隨義務。而協會條款[438](Institute Clause)、附加條款[439]、補充條款[440]等,應以個案各單一條款之內容是否規範者係約定附隨義務而決之,不能一概而論。

---

[433] 詳參拙著,保險法最大善意原則之辨正,月旦法學雜誌,第 89 期,2002 年 10 月,頁 153–174。

[434] 保險法第 54 條之 1 第 3 款參照。

[435] 梁宇賢教授稱之,梁著,頁 149–151。

[436] 鄭玉波教授稱之,鄭著,頁 84。

[437] 同前註。

[438] 梁著,頁 149–151。

[439] 袁宗蔚教授稱之,袁著,頁 232。

[440] 梁著,頁 149–151。

因此，是否為基本條款，並非視該條款是否係保險公司事先準備或印就之保險單內包含之先定條款，此與基本條款之定義完全無關。故保險業實務預先擬定之定型化約款經常以「基本條款」稱之，易生誤解，應予改正。而特約條款也非僅是當事人特別約定之條款。誠如本文前言與說明所揭，雖於一般契約有將定型化約款，稱為基本條款，而個別商議條款稱為特約條款，惟於保險契約之領域並非作相同之解釋，而有其特定之意義，應審慎使用，莫讓我國法院判決之謬誤一再重演。如臺灣高等法院 84 年保險上更字第 1 號判決，將所爭執之海上貨物保險單除外條款：「不包括生銹、氧化、變色，除非係直接由所承保之海上危險所致」(excluding rust, oxidation, discoloration unless directly caused by perils of sea insured)，解為特約條款，又進而謂「其效力自優於基本條款」，顯係將當事人特別約定之除外條款與特約條款混淆。如最高法院 89 年度臺上字第 2277 號判決，認為「特約條款為保險契約當事人為增加或減少危險範圍，而特別訂定控制危險之條款，即是契約雙方當事人針對個案所特別訂定，與定型化契約之『單方預先擬定』之情形不符。」進而未明辨當事人所稱之為特約條款之條款：「本公司對於溝渠、管涵、溪道、河床、海床等水路及水池、埤塘淤積之土石、泥砂、雜物或積水、疏濬、挖方及抽排水費用不負賠償責任」，實為除外條款，顯將個別商議條款、除外條款與特約條款混同。又如最高法院 84 年度臺上字第 1548 號判決，未明辨當事人約定以被保險人犯罪行為為保險人除外責任原因之條款，並非如該保險單表面文義所稱之特約條款，而僅係除外責任條款。

至於特約條款之內容，保險法第 67 條定有明文：「與保險契約有關之一切事項，不問過去現在或將來，均得以特約條款定之。」解釋上係以締約之時為基準，無論締約前、後或締約時之一切事項，均得以為特約條款之內容。「一切事項」之文義寬廣。因而，原則上只要係與保險契約有關之事項，無論約定履行之附隨義務是否具重要性、是否影響危險而增加或減少

危險、是否成就保險事故，均在所不論。

既然特約條款係由當事人約定，且應記載於保險契約❹，故而所有之特約條款均係明示約款。換句言，我國保險法並未建立法定（默示）特種義務。

㈡違反構成要件及效果

1. 現行法應有之解釋

保險法第 68 條第 1 項明文規定特約條款違反之效果：「保險契約當事人之一方違背特約條款時，他方得解除契約。其危險發生後亦同。」

就其文義，保險法第 68 條第 1 項於賦予受侵害方解除權之同時，並未建立任何違約之構成要件。一旦當事人違約，不論當事人之心態如何，故意、過失、不知情或無可歸責，或其違約未增加危險或導致損失，或違約係發生於損失前或損失後，或違約是否已於損失產生前矯正，保險人均得解除契約，進而間接產生被保險人喪失保險給付請求權之效果。前揭特質，係與英國保險契約法擔保制度下之「完全遵循原則」相當，惟有過之而無不及。因為於英國法下，違反保險擔保條款，並未生溯及之效果。進一步言，當事人對約定之特種義務必須嚴守文義而確實遵循，不容一絲背離，因而保險人無權要求被保險人履行超出擔保範圍之承諾，而被保險人即使極小部分未遵循，均構成違約，而無前揭「微數不舉」原則之適用。故而，違反特約條款之當事人所負之責任類型係屬民法上分類之「無過失」類型。惟此嚴格遵循之規定，因情事變更所致之履行不能或不合法而舒緩。保險法第 69 條規定「關於未來事項之特約條款，於未屆履行期前危險已發生，或其履行為不可能，或在訂約地為不合法而未履行者，保險契約不因之而失效。」據此，則不生解除權之效力或免除相對人之解除權。具疑義者為「於未屆履行期前危險已發生」所指為何？此文義解應與第 68 條第 1 項但書「其危險發生後亦同」相容。既然「危險發生後亦同」，則不論違約係發

---

❹ 保險法第 55 條第 7 款。

生於損失前或損失後相對人均得行使解除權，而生溯及效果。則「於未屆履行期前危險已發生」，應專指特約之履行當事人間定有期日，而於未屆履行期日前發生保險事故而致保險標的完全滅失，進而致履行成為不能之情形。若標的僅部分損失，則仍有履行之機會，義務人仍應確實履行，除非相對人免除其義務或終止契約❹❹❷。

雖賦予相對人契約解除權，依私法自治原則，相對人仍得選擇不予行使或放棄違約之抗辯。解除權之行使應以意思表示為之，一經表示則不得撤銷❹❹❸。其違反效果依民法第 259 條解除權之規定，當事人即負回復原狀之義務，例如已交付之保費或已賠付之保險金均應全數返還，外加自受領時起之利息。雖契約解除權係唯一之補償，若有其他生損害賠償之請求權存在，相對人之損害賠償請求權並不受行使解除權之影響❹❹❹。解除權自有解除權人知有解除之原因後，經過 1 個月不行使而消滅，或契約訂立後經過 2 年，即有可以解除之原因，亦不得解除契約❹❹❺。或有解除權人，因可歸責於自己之事由，致其所受領之給付物有毀損滅失，或其他情形不能返還者，解除權消滅❹❹❻。

除違反之效果之差異外，如一為解除權之賦予，另一為保險人自違約日起自動免除責任❹❹❼，我國特約條款之定義、內容、特性（如無可歸責要件、無因果關係要件、無重要性要件、無補正方法）、違反之免除、整體結

---

❹❹❷ 保險法第 82 條。

❹❹❸ 民法第 258 條。

❹❹❹ 民法第 260 條。

❹❹❺ 保險法第 68 條第 2 項、第 64 條第 3 項。

❹❹❻ 民法第 262 條。

❹❹❼ 英國法例違反保險契約擔保之效果，於 1991 年最高法院判例 The Good Luck [1991] 2 Lloyd's Rep. 191 案之前，係保險人「得自違約日起解除契約」而無回溯效果（見 Lord Wright Provincial Ins. Co. Morgan [1933] AC 240, 255），The Good Luck 案後則係保險人「自違約日起自動免除責任」，見前揭。

構等，幾與英國保險法例 2015 年修法前之擔保條款相同。據此充分之理由，本文確信我國保險法之特約條款制度係立法者援用英國法例之擔保制度所建立。故而，特約條款即是英美保險契約法之擔保條款❹。保險法保險契約章特約條款節下法條之解釋，自可參酌英國法例，如有漏洞尚得以之填補❹，而非一概以大陸法系保險法、民法理論推演。

保險法第 68 條第 1 項援用英國法例而建立之嚴格無過失原則，係與民法一般責任體系之可歸責原則相異❺。惟無過失原則並非本法之特例，其他制定法亦有之，如消費者保護法❺、侵權行為法特殊侵權行為規定❺、公路法❺、民用航空法❺、民法運送❺等。

---

❹ 我國學者採相同見解者：桂著，頁 173–176；施文森，論保險法上確定與控制危險之方法，保險法論文第一集，自版，77 年增訂新版，頁 97–124, 114；林勳發，保險法制之沿革與修正芻議（下），月旦法學雜誌，第 66 期，2000 年 11 月，頁 97–107 之頁 99。鄭玉波教授認特約條款不以擔保條款為限，鄭著，頁 84。袁宗蔚教授認特約條款包括擔保條款與附加條款，袁著，頁 232。梁宇賢教授認特約條款包括協會條款、擔保條款、補充條款、共保條款，梁著，頁 150。惟協會條款、補充條款、共保條款、附加條款、除外條款等早經本文於前論特約條款之定義時，予以排除或限縮。

❹ 查最高法院 59 年臺上字第 1005 號判決，肯定外國立法例得視為民法第 1 條之法理而得適用，可以之填補國內法之法律漏洞。惟應注意者有二：一、外國立法例並無具優越本國法之地位，不得取代本國法已規定事項或逾越本國法律文義之範圍。二、外國立法例應斟酌我國法律全體精神及社會情況而定，不得違反公序良俗；王澤鑑，比較法與法律之解釋適用，民法學說與判例研究第二冊，臺大法學叢書 (16)，1992 年 9 月 11 版，頁 20。

❺ 見民法第 220 條。

❺ 消保法第 7 條。

❺ 民法第 190 條至第 191 條之 3。

❺ 公路法第 64 條。

❺ 民用航空法第 89 條。

依保險法第 54 條第 1 項相對強制規定制度，第 68 條第 1 項法定特約條款違反之效果，當事人得以作有利於被保險人之變更。

2.現行法之缺失與修正芻議

(1)就違反之效果

現行法違反特約之效果顯見其缺失有二。第一、對要保人、被保險人極不公正。本法特約條款之相關條文，雖其文義係適用於保險契約當事人雙方，惟觀乎整體結構，明顯係設計專供保險人之用，特別是發生承保損失後保險人仍得因要保人違反特約，解除契約，進而輕易逃脫責任。另方面，解除權之賦予對要保人並不妥當。因為要保人極不可能意欲解約，特別是發生保險事故之後。故而，應考慮其他補償方法如損害賠償請求權，否則對要保人而言並無實益。惟基於保險契約特約條款（擔保制度）之發展歷史，實務上特約條款多係片面加諸要保人義務，因而本缺失之改正，並無急迫性。第二、違反效果過於嚴苛。基本義務，係當事人履行保險契約義務中之重要者，而可以理解本法將此基本義務定為法定義務。另方面，特約條款雖是經當事人特別意定而應嚴格遵行之特種義務，因本法並無重要性之構成要件，遂其並非均表示該等特種義務對契約之履行過程均具重要性。據此邏輯，則違背特約條款並不一定如違反基本義務般對契約之履行與當事人權益產生重大之影響。故而，特約條款違反之效果絕不應如違反基本義務如先契約據實說明義務般嚴重，而給予相同之評價——解除權之賦予。事實上，尤有過之，如可歸責、重要性、因果關係等係據實說明義務違反之構成要件。

(2)就構成之要件

特約條款係援用英國法例擔保制度，而保險擔保制度之建立，有其特殊之歷史背景，前已說明。惟今日保險實務之現況，無論於海上保險或非海上保險，已非二、三百年前保險擔保制度建立時可資比擬。基於現代資

---

❺ 民法第 634 條採無過失責任之通常事變責任。

訊科技之高度發展與資訊取得管道之暢通，保險人於承保前、保險存續期間或發生保險事故後，隨時可取得保險標的之過去或現時情況，而得以評估危險，進而控制危險。既然保險契約當事人間對於保險標的之資訊嚴重失衡之因素，於現代已然消失或大為減低。現行保險法對違反特約條款之構成要件全無之規定，於現代社會亦也過於嚴苛，應予以適度檢討反映社會現況。如英國早於 1980 年代即建議修法，雖遲至 2015 年制定 2015 年保險法，修正擔保法制，已如前揭，但已向前跨越一大步。否則未成比例之嚴苛規定亦有違誠信原則維護當事人權義平衡之意旨。故而，我國保險法特約條款之規定，應考慮將重要性、因果關係、可歸責原則列入考量。如特約之事項應係與危險有關之重要事項，亦即增加危險或減少危險者；又如若保險事故之發生與特約條款之違反間無因果關係或要保人無可歸責，保險人不得主張違反特約之效果。尤其，重要性與因果關係之舉證責任應加諸保險人。

惟於相關條文未為修正前，仍應依前揭本文「現行法應有之解釋」詮釋之，並得參酌英國法例，以符立法意旨。

第四節　海上保險之適航性[456]

一　適航性對海上保險法之重要性

我國海商法對適航性 (seaworthiness) 之相關規定，見諸運送章第 62 條科以海上貨物運送人適航性義務，至於海上保險章，並未就海上論程

---

[456] 饒瑞正，海上保險之適航性（下）——以英國法為中心，萬國法律，第 118 期，2001 年 08 月，頁 109-117；饒瑞正，海上保險之適航性（上）——以英國法為中心，萬國法律，第 116 期，2001 年 04 月，頁 92-100；饒瑞正，適航性於海上保險法之應用暨其可能之最新發展，保險專刊，第 57 輯，1999 年 9 月，頁 131-168。

(voyage) 和論時保險契約 (time policy) 就相關適航性法理為特別規定,而付之闕如。

適航性在海上貨物運送與海上保險扮演極為重要的角色。適航性於海上運送契約為運送人損害賠償責任之基礎,相關探討已如本書第二章「海上運送法」所揭。於海上保險與適航性有關者於下:

(一)論程保險之船舶適航性擔保❹❺❼。

(二)包括港口危險之論程保險船舶適港性擔保 (portworthiness warranty in "at and from" voyage policy)❹❺❽。

(三)貨物保險之船舶適載性 (cargoworthiness) 擔保❹❺❾。

(四)論時保險無適航性擔保,但若被保險人知情船舶於不適航之狀態下派遣至海上,則保險人對於任何歸因於不適航之損失不予負責❹❻⓪。

英國訴訟實證顯示,保險人於海上保險訴訟之首要主張或抗辯,多以「不適航性」為主軸,可見適航性對海上保險之重要性。英國法院亦曾謂:「海上保險法中再也沒有比嚴格遵循適航性擔保對商業和人命安全之維護更為重要之事。」❹❻①

適航性為海上運送之古老概念,並延伸至海上保險之範疇。雖然隨著人類科學與技術之進步海上航行安全也相對提高,因為各類之航行不安全都是科學技術極欲挑戰之頑敵。MIA 1906 第 39 條第 4 項開放極大空間予影響適航性之因素,只要能影響船舶對抗海上風險之能力,即為不適航。

期望海商法於下次修正時,能就適航性議題於海上保險章,作一適當之原則性規範。

---

❹❺❼ MIA 1906, s. 39(1).

❹❺❽ MIA 1906, ss 25(1) and 39(2).

❹❺❾ MIA 1906, s. 40(2).

❹❻⓪ MIA 1906, s. 39(5).

❹❻① 誠如大法官 Eldon 於 Douglas v. Scougall (1816) 4 DOW, 276 所述。

二 論程保險：默示適航性擔保

海上保險被保險人承擔兩類允諾擔保：一為大量明列於保險單之明示擔保 (express warranty)；另一為法律擬制而無需明列於保險契約之默示擔保。為避免同一份保險契約明示與默示擔保之衝突，MIA 1906 第 35 條第 3 項規定：「除非不相容，明示擔保並未除外默示擔保。」因此，明示擔保具有排除默示條款先效力。於海上保險契約，最重要之擔保為默示適航性擔保，MIA 1906 第 39 條第 1 項規定：「於論程保險契約，船舶於航程之始應適航於該段承保航程之默示擔保。」

不論保險標的之性質如何，此適航性擔保適用於所有之論程保險契約，包括船體、貨物、運費及任何曝露於海上危險之財產。而於貨物或其他動產保險契約，承載船舶不僅必需適航且需適載。因 MIA 1906 第 39 條第 1 項適航性之默示擔保，僅提到船舶 (ship)，是否該擔保僅適用於船舶而不及於如接駁船 (barges) 等海上運送工具？於 Lane v. Nixon 案，判決默示

---

❷ MIA 1906 第 33(2) 條。

❸ MIA 1906 第 33(1) 條。

❹ 參考英國 MIA 1906 第 35 條。範例如 95 年協會定期船舶險條款 (Institute Time Clauses 1995) 之第 1.1、3、4.1 條。

❺ 如論程保險契約之適航性默示擔保、貨物論程保險契約之承載船舶適載性默示擔保和航行目的合法之默示擔保；請依序參考英國 MIA 1906 第 39(1)、40(2) 和 41 條。

❻ 另參考 Quebec Marine Insurance Co. v. Commercial Bank of Canada (1870) LR 3 PC 234。

❼ 誠如大法官 Eldon 於 Douglas v. Scougall (1816) 4 DOW, 276 所述「海上保險法中再也沒有比嚴格遵循適航性擔保對商業和人命安全之維護更為重要之事」。

❽ MIA 1906, s. 40(2).

❾ (1866) LR 1 CP 412.

適航性擔保並不適用於用來接駁貨物之接駁船，理由很簡單，因為適航性僅適用於該特定航程之始，除非該段接駁航程得視為另一段航程，而本案承審法官並不認為接駁航程可如是構成。至於協會貨物條款 (ICC 82) 之 (A)、(B) 和 (C) 格式第 5 條不適航除外條款之第 1 項將接駁船列入❹，是否應解釋為承認並擴大默示適航性擔保適用接駁船？英國權威著作持肯定見解❹。

　　惟作者認為默示適航性擔保仍不應適用於接駁船，理由於下：

㈠ ICC 之第 5 條第 2 項並未將接駁船列入「保險人放棄對被保險人違反默示適航性擔保之法律權利」項；

㈡ MIA 1906 第 91 條第 2 項明訂普通法持續適用於海上保險契約，因而 Lane v. Nixon 案之法理仍應適用，除非為上級法院所推翻；

㈢ ICC 之第 5 條第 1 項為特別解決因貨櫃化而生之多式運送 (multimodal transport) 變革，保險人為免除運送工具不適合性 (unfitness) 而致之貨物滅失或毀損之給付責任，因而將接駁船與包括陸運工具、貨櫃等列入，但又因適航性 ("sea" worthiness) 僅為專指海上運送之特有概念，與陸上

---

❹ ICC 第 5 條摘錄於下：

"5.—Unseaworthiness and Unfitness Exclusion Clause

5.1 In no case shall this insurance cover loss damage or expense arising from unseaworthiness of vessel or craft, unfitness of vessel craft conveyance container or liftvan for the safe carriage of the subject-matter insured, where the Assured or their servants are privy to such unseaworthiness or unfitness, at the time the subject-matter insured is loaded therein.

5.2 The Underwriters waive any breach of the implied warranties of seaworthiness of the ship and fitness of the ship to carry the subject-matter insured to destination, unless the Assured or their servants are privy to such unseaworthiness or unfitness."

❹ 法官 Templeman 於其名著：Templeman, Marine Insurance, It's Principles and Practice (1986, 6th edn) 第 49 頁持肯定看法。

運送無關（陸上運送之適航性係以 roadworthiness 表示），遂將接駁船與船舶同以不適航性形容而陸運工具、貨櫃等則以不適合性形容；

㈣ICC 之第 5 條第 1 項僅為除外責任條款 (exclusion) 並非科責條款 (imposition)，其目的係訂下規則，若被保險人或其知情 (privy) 當貨物裝上這些運送工具時其為不適合之事實，則被保險人不得請求因不適合性造成貨損之保險金給付。

若論程保險契約於船舶停泊港間即開始生效，亦即屬 "at and from policy"，則承保船舶必需於承保生效之始具適港性 (portworthiness)❹❼❷。

㈠違反適航性擔保之效果

根據 2015 年保險法第 10 條第 7 項廢止 MIA 1906 第 33 條自違反之時起自動免除責任原則，保險人僅於被保險人違反擔保之持續期間，不負給付之責任❹❼❸。即是違反擔保係可以補正❹❼❹，於違反之情形不復存在時，保險人即回復至承擔危險狀態。如被保險人證明未履行擔保條款並未導致危險增加而促使保險事故或損失發生，保險人不得排除、限制或免除責任❹❼❺。惟被保險人亦得主張阻卻擔保違反之事由，包括：居於情勢變更，原擔保內容不適用於該契約或者因後法之施行使該擔保不合法，或保險人放棄主張被保險人違反擔保❹❼❻。請詳參本書第四章第三節「適航性之擔保」所作之說明與討論。

㈡實務條款分析

除非契約當事人雙方於論程保險契約條款，已事先將默示適航性擔保除外，否則一旦被保險人違反默示適航性擔保，仍應承擔違反之效果。

---

❹❼❷ MIA 1906 第 39 條第 2 項。

❹❼❸ Insurance Act 2015, s. 10(2).

❹❼❹ Insurance Act 2015, s. 10(4).

❹❼❺ Insurance Act 2015, ss. 11(4), 11(2) and 11(3).

❹❼❻ Insurance Act 2015, s. 10(3).

1.默示適航性擔保除外條款

無論普通法或 MIA 1906 都不禁止適航性擔保除外條款之有效適用，保險人與被保險人可自由協議完全或有條件之除外條款❼。保險實務作業已發展數種除外條款如「允許適航性條款 (allowed to be seaworthy clause)」和「承認適航性條款 (seaworthiness admitted clause)」。

「允許適航性條款」之效力於 Phillips Another v. Nairne and Another❼案，法院判決認為「已解除船舶所有人（被保險人）履行默示適航性擔保之義務」。本條款已排除任何關於船舶適航性之義務，即不論船舶修理後之船況為何，承保船舶均視為適航。本條款為屬承認事實之假設，且因其禁止保險人以不適航為抗辯主張，而具禁反言 (estoppel) 之效果。

於 Parfitt v. Thompson❼案承審法官解釋此承認係「適用於任何目的，且等於適航性擔保之拋棄。」允許適航性條款之後為語意更直接之「承認適航性條款」所取代，惟兩者目前均不見於協會條款，但於貨物保險條款如 ICC (A)、(B) 和 (C) 之第 5 條「不 適 航 性 與 不 適 當 性 除 外 條 款 (unseaworthiness and unfitness exclusion clause)」具相當之除外效果。由上可見，具假設性質之「允許適航性條款」為預防保險人以不適航性之事實為抗辯主張，保險人已事先放棄任何有關適航性之抗辯權，等於放棄手中可掌握之重要武器，因而保險人理應審慎思量此條款於保險契約之附加。

因 MIA 1906 第 39 條第 1 項規定默示適航性擔保適用於包括貨物保險契約之一切論程保險契約，即使顯而易見，託運人（或貨物被保險人）對承運船舶之適航性並無任何控制權，或並不易於知悉船舶之船況和適航

---

❼ 英國樞密院 (Privy Council) 於 MIA 1906 成文前之知名判例 Quebec Marine Insurance Co v. Commercial Bank of Canada (1870) LR 3 PC 234 at p. 244 闡釋：「雙方於法律規定具默示條件 (condition) 之契約，藉由文字之尋常方法，用明示和適切的語言將此條件除外為屬適當。」

❼ (1847) 4 CB 343.

❼ (1844) 13 M&W 393, at p. 395.

與否（除非託運人本身即是船舶所有人或運送人），因而法律規定之默示適航性擔保於航程貨物保險契約之適用必須適度更改。於是貨物保險契約之「不適航性與不適當性除外條款」乃應運而生。ICC 第 5 條為現行標準之定型化不適航性與不適當性除外條款，而其中僅第 5 條第 2 項與默示適航性擔保有關，其效果為使 MIA 1906 第 39 條第 1 項和第 40 條第 2 項無效，而其第 5 條第 1 項並非與默示適航性擔保有關，僅為免除保險人對被保險人或其代理人知悉之不適航性造成損失之責任。應強調的是，第 5 條第 2 項保險人預先放棄者，係違反默示適航性擔保之違約效果而非放棄默示適航性擔保，因此第 5 條第 2 項為當第 5 條第 1 項先行發生作用時才得以產生其效力，亦即當被保險人或其代理人並不知悉所述之不適航性與不適當性時，保險人才放棄其得以主張之法律權利並持續擔負保險人應負之一切保險責任。從另一角度思考，MIA 1906 規範之論程保險契約默示適航性擔保必須完全遵循，為被保險人應履行之絕對承諾，並不因被保險人知悉船舶之適航性與否來決定保險人之責任，因而 ICC 第 5 條第 2 項已改變法定默示適航性擔保之本質與特性，此擔保不再具絕對性，亦即若被保險人（貨物所有人）或其代理人並不知曉承運船舶之不適航性，則被保險人對主力近因 (proximate cause) 係任何保險事故所致之損失，仍有保險給付請求權。ICC 第 5 條第 2 項已近似於 MIA 1906 第 39 條第 5 項規定之論時保險契約有關適航性知情 (privity) 之機制，容後詳述。

2.維持承保條款 (held covered clause)

「維持承保條款」也經常用來保護被保險人違反擔保條款之違約行為，其語句通常如下：「若違反擔保……而適度金額之 [額外]❽保費安排，則維持承保 (held covered in case of any breach of warranty...at a premium to be hereafter arranged.)。」Greenock Steamship Co. v. Maritime Insurance❽案之

---

❽ 符號 [ ] 為作者自加。

❽ [1903] 1 KB 367.

爭議為本條款之法律效力。原告因未補給其投保論程保險契約船舶足量之燃料即開航，係明顯違反默示適航性擔保。惟因原告於船舶滅失後才知情船舶之不適航性，原告被保險人因而並未與被告保險人安排支付額外保費事宜。承審法官解釋此條款為❷：

「一旦船舶所有人發現違反擔保，該條款賦予被保險船舶所有人有權要求保險人維持其被保險……。但若違約直到損失發生後才發現則情形如何？本庭認為即使如此，該條款仍為有效，而唯一之疑問應是：何為該等增加風險之保費？」

因此，不論被保險人於事故前或事故後才知悉船舶之不適航性，或不論事故前或事故後才通知保險人其違約之事實，只要被保險人願意支付因該增加危險之額外合理保費，此維持承保條款對保險人始終具有法律約束力。此條款之性質為，保險人已預先放棄行使 MIA 1906 第 34 條第 3 項賦予保險人得以選擇拋棄主張被保險人違反擔保之選擇權。是故保險人於草擬維持承保條款時，用字遣詞應極為慎重小心。

95 年協會航程船舶險條款 (Institute Voyage Clauses-Hulls 1995，簡稱 IVCH 95) 與維持承保有關之條款為第 3 條 ("3 BREACH OF WARRANTY: Held Covered in case of any breach of warranty as to cargo, trade, locality, towage, salvage services or date of sailing, provided notice be given to the Underwriters immediately after receipt of advices and any amended terms of cover and any additional premium required by them be agreed.")，依其語義，並不適用於違反默示適航性擔保之情形。因而被保險人船舶所有人若欲保護其自身因違反默示適航性擔保之法律後果，必須另行插入一含適當字句之維持承保條款，否則被保險人船舶所有人僅能依賴保險人依 Insurance Act 2015 第 10 條第 3 項第 3 款，放棄對被保險人違反適航性擔保之抗辯權。

---

❷ 同前 pp. 374–375。

三 論時保險：無適航性擔保

英國法對論時保險契約並不強制對被保險人課以適航性擔保之法律概念，最早源於 19 世紀中期最高法院於 Gobson v. Small ⑱ 案。理由非常簡單，因為保險契約雙方意定之保險契約生效日之時，承保船舶並不一定為停泊於港口或於各可分割航段之起始港，亦即有極大之機率為正航行於海上，而又因適航性之適用時間為於航程之始，所以適航性擔保並不適用於論時保險契約。而後此理論成文於 MIA 1906 第 39 條第 5 項，作者自譯：

「於論時保險契約，無船舶於航程之任何階段應適航之默示擔保，惟若被保險人知情船舶於不適航之狀態派遣至海上，則保險人對歸因於不適航性之損失不予負責。」

雖然論時保險契約無適航性擔保，但並非與適航性全然無關，而係視被保險人是否知情導致損失之不適航性而定。

㈠何謂被保險人之知情 (privity)

最高法院 The Eurysthenes ⑱ 案分析知情之義涵，認為知情不僅包括事實知情 (actual knowledge)，也包含推定 (constructive) 知情，而知情 (knowledge) 之定義為 ⑱：

「……不僅是正面之知情，尚包含睜一隻眼閉一隻眼 (turning a blind eye) 所表徵之知情。若對事實真相存疑而睜一隻眼閉一隻眼裝做沒看到，且迴避質疑，因此他的確不知道，則得推定知情該事實。此睜一隻眼閉一隻眼之行為較僅僅過失更應接受懲罰。過失而不知情事實並不等於知情事實。」

上訴法院結論：「知情」並非與「故意行為」(wilful misconduct) 或「本

---

⑱ (1853) 4 HL Cas 353.

⑱ [1977] 1 QB 49, CA.

⑱ [1977] 1 QB 49, CA, p. 66.

人故意或過失 (actual fault or privity)」相當，同時澄清知情並不帶有過失之義涵而過失並不等於知情。因而於 Compania Naviera Vazcogada v. British & Foreign Marine Insurance Co. Ltd. ❹案，法院判決被保險人過失而未採用預防可能發生不適航性之措施，並未致被保險人船舶所有人知情於可能因預防措施而揭露之不適航性。

另一相關問題為：被保險人應知情何事？最高法院 The Eurysthenes ❹案解釋 ❹：

「為撤除船舶所有人之權利，我認為他不僅必須知情構成不適航之因素，尚須知情造成該船舶不適航之事實，也就是船舶並非合理適合對抗海洋尋常危險。」

必須強調者，僅「被保險人」自身之知情為與本議題有關，因此知情必需是被保險人重要人士之知情，該等重要人士並不僅僅是受僱人 (servant) 或代理人 (agent)，而是該重要人士的行為即代表法人本身的非常行為，即該人等是法人組織如公司之高階管理階層亦即是 alter ego。該人等包括董事長 (chairman)、董事 (director) 或管理人 (managing owner) 等 ❹。

㈡歸因於不適航性之損失

需先注意者是 MIA 1906 第 39 條第 5 項與規定因被保險人故意行為而保險人免責之第 55 條第 2 項第 1 款 ❹採用相同之歸因於 (attributable to) 機制，而非一般之肇因於 (caused by) 或主力近因 (proximately caused by) 用

---

❹ (1934) 54 Ll.L. Rep. 35.

❹ [1977] 1 QB 49, CA.

❹ [1977] 1 QB 49, at p. 68.

❹ 參考 The Pacific Queen [1963] 2 Lloyd's Rep. 201。

❹ 原文 "55(2) In particular—(a) The insurer is not liable for any loss attributable to the wilful misconduct of the assured, but, unless the policy otherwise provides, he is liable for any loss proximately caused by a peril insured against, even though the loss would not have happened but for the misconduct or negligence of the master or crew."

法。再者，若不適航性為損失之唯一主力近因，保險人並不須倚靠第 39 條第 5 項以免除責任，因為於現行實務保險契約條款，不適航性並不是承保之保險事故，因而不論被保險人是否知情船舶之不適航性，被保險人之該等損失對保險人係無保險給付請求權可言。因而為使 MIA 1906 第 39 條第 5 項適用，首先被保險人必須確認損失為位於保險契約承保危險範圍之保險事故所致，亦即必須證明損失之主力近因為保險事故之一，而保險人之可能抗辯則為被保險人知情導致損失之不適航性。第 39 條第 5 項之規定，只要不適航性為損失之遠因或是主力近因之一，而即使主力近因之一為保險事故，則保險人即可免責。

惟 MIA 1906 第 39 條第 5 項並未釐清到底保險人免責的是歸因於任何船舶不適航性之損失或僅是歸因於被保險人知情之不適航性所致之損失。Thomas v. Tyne and Wear Steamship Freight Insurance Association Ltd❹⓽❶案釐清此灰色地帶。本案船舶於兩方面不適航：一為被保險人不知情之船體不適，另一為被保險人知情之船員不適任性。法院見解❹⓽❷：

「若船舶於兩方面不適航之情形下被派遣至海上，被保險人知情其中一面，保險人僅於若損失為歸因於被保險人知情之特殊不適航性時受保護。」

因本案被保險人並不知情該造成損失之船體不適，因而法院判決保險人對該損失應予負責。是故保險人僅於損失為歸因於被保險人知情之不適航性之情形時才得以免責。

㈢因果關係之影響

實務船舶保險條款並無任何有關適航性之條款，除非保險契約雙方協議另外加附如前揭「承認適航性條款」等，否則 MIA 1906 第 39 條第 5 項仍應主宰論時保險契約有關適航性之規定。值得深入研究者係，當不適航

---

❹⓽❶ [1917] KB 938.
❹⓽❷ 同前 p. 941。

性為損失原因時，包括不適航性為損失之唯一主力近因 (proximate cause)、主力近因之一或遠因 (remote cause) 時，被保險人是否得以獲償？ MIA 1906 之主力近因原則，見諸第 55 條❹。

1.不適航為損失之唯一主力近因

海上保險契約為補償被保險人因危險 (risks) 導致之損失，且僅有危險才得以為保險事故。不適航性，非協會條款承保之保險事故，因而除非特別安排承保，單由不適航性所致之損失並非協會船舶險條款保險人應負責之損失。所以不論被保險人是否知情承保船舶之不適航性，均係無法獲償。

⑴MIA 1906 成文前

於 Fawcus v. Sarsfield❹案，投保論時保險契約之系爭船舶於海上並未

---

❹ 摘錄於下：

"55. Included and excluded losses

(1) Subject to the provisions of this Act, and unless the policy otherwise provides, the insurer is liable for any loss proximately caused by a peril insured against, but, subject as aforesaid, he is not liable for any loss which is not proximately caused by a peril insured against.

(2) In particular—

(a) The insurer is not liable for any loss attributable to the wilful misconduct of the assured, but, unless the policy otherwise provides, he is liable for any loss proximately caused by a peril insured against, even though the loss would not have happened but for the misconduct or negligence of the master or crew;

(b) Unless the policy otherwise provides, the insurer on ship or goods is not liable for any loss proximately caused by delay, although the delay be caused by a peril insured against;

(c) Unless the policy otherwise provides, the insurer is not liable for ordinary wear and tear, ordinary leakage and breakage, inherent vice or nature of the subject-matter insured, or for any loss proximately caused by rats or vermin, or for any injury to machinery not proximately caused by maritime perils."

遭遇超乎尋常之危險，但因船舶於發航前已存在之缺陷而被迫於中途停靠港修理。本案審理法院判決「除非該損失起因於承保之風險，否則無法倚靠保險人。」本案原告被保險人雖然並不知情該缺陷之存在且無過失，但對不適航所致之修船費用仍無法獲償，只因該損失之唯一主力近因係非屬保險事故之不適航性，被保險人因而無保險給付請求權。

不適航性為損失之唯一主力近因而無法獲償之其他理由，於最高法院案 Samuel v. Dumas ❹❾❺ 提出，亦即此等損失原因非為危險 (risks)。法院認為：

「因其為論時保險契約之事實，若損失為由不適航性直接所致，不論天氣狀況或海況如何，無庸置疑，則該損失為必然。」

⑵ MIA 1906 成文後

MIA 1906 第 39 條第 5 項已改變 1906 年前存在的普通法，亦即根據第 39 條第 5 項，僅規範當被保險人知情造成損失之不適航性時，保險人得以免責，惟依反面解釋，若被保險人並不知情該不適航性，則被保險人於論時保險契約是否得以獲償？

與第 39 條第 5 項有關之英國判例有三，包括：Thomas and Son Shipping v. The London and Provincial Marine and General Insurance Ltd ❹❾❻，Thomas v. Tyne and Wear Steamship Freight Insurance Association ❹❾❼ 和 The Eurysthenes ❹❾❽。於前兩案，損失並非僅由不適航造成。於第三案，根據該案 P&I Club 之規章，即使貨損起因 (arising out of) 於承保船舶之不適航或不適合性 (unfitness)，該 P&I Club 同意補償會員船舶所有人，所以本案與

---

❹❾❹ (1856) 6 EL&BL 192 at p. 204.

❹❾❺ [1924] AC 431 at p. 468.

❹❾❻ (1914) TLR 595, CA，爾後簡稱 Thomas v. London 案。

❹❾❼ [1917] KB 938，爾後簡稱 Thomas v. Tyne 案。

❹❾❽ [1977] 1 QB 49, CA.

現階段之討論無關，因為造成損失之不適航為該 P&I Club 規章所特別承保。

　　雖然 1906 年後無任何與本項討論有關之英國判例，惟大英國協之愛爾蘭判例 Ashworth v. General Accident Fire and Life Assurance Corp. ❹和加拿大判例 The Brentwood❺均以被保險人之知情與否為重要考量，而判決若被保險人不知情不適航性，則即使不適航為損失之唯一主力近因，被保險人仍得以獲償。惟本書認為被保險人不應獲償，理由如下：

A. 除非保險人於保險契約另外同意將船舶之不適航或不適合性列為承保項目如 The Eurysthenes 案，否則即使被保險人並不知情，被保險人不應獲償，因為雙方當事人於意定保險契約時，雙方並未同意將不適航性列入承保項目，而保險人無以衡量危險或據以計算保費。

B. 1906 年前判例 Fawcus v. Sarsfield❻案之上述規則仍應適用於論時保險契約，因為 MIA 1906 第 91 條第 2 項清楚規定，「除非與本法明示規定不相容，普通法仍將持續適用於海上保險契約。」

C. MIA 1906 第 55 條第 1 項後半段明文規定保險人對非主力近因於承保風險之損失，不予負責。

D. 若 MIA 1906 之意為使不知情之被保險人得以獲償「主力近因」為不適航性之損失，則其應以正面語法清楚明訂。

2. 不適航為損失之主力近因之一

　　於 Thomas v. London 案，系爭船舶於兩方面不適航，其一為被保險人不知情之船體缺陷，其二為被保險人知情之船員缺額派遣。法院判決起因於船員缺額派遣之不適航為損失主力近因之一，因而被保險人無法獲償，但未論及其他主力近因為何。法院認為問題在於並非是否不適航為唯一肇

---

❹ [1955] IR 268.

❺ [1973] 2 Lloyd's Rep. 232.

❻ (1856) 6 EL&BL 192 at p. 204.

因，而為其是否為主力近因之一，清楚支持一個損失有超過兩個以上主力近因之可能性。若另一主力近因為屬保險事故之海洋危險 (perils of the sea)，則本案判決應屬有理。因該損失肇因於承保之海洋危險，即得推論被保險人得獲償,但被保險人知情另一主力近因為不適航之船員缺額派遣，則被保險人因其過失行為，即應被剝奪獲償之權利。

於 The Miss Jay Jay❺❷案，海洋危險與不適航性被判定為具相當效力之兩個主力近因，因為前者為承保之保險事故而後者並未被保險契約明示排除，因而被保險人於該論時保險契約得以獲償。根據判決書，若發現被保險人知情承保船舶之不適航性，該案法院於訴訟程序中隨時準備剝奪被保險人之獲償權。如此詮釋，不僅與規定主力近因規則之第 55 條第 1 項相容，且與第 55 條第 2 項第 1 款有關保險人以被保險人之故意行為 (wilful misconduct) 為抗辯之條文相容，畢竟第 39 條第 5 項係以被保險人之故意行為為抗辯之抗辯之一。

The Tyne v. Wear 案 ❺❸，法院指出 MIA 1906 施行前後於本議題之差異：

「證明損失為某些過失行為之結果長久以來即屬必要。現行法已規定過失行為的要求程度，如派遣被保險人知情之不適航船舶至海上。」

上訴法院案 The Star Sea ❺❹，爭論的議題為原告被保險人船舶所有人是否知情保險船舶因船長之不適任所致之不適航。系爭船舶 Star Sea 號投保論時保險契約。Star Sea 號於海上航行期間，引擎間失火而致全損，其額外加重的損失 ❺❺，主力近因為船舶於兩方面之不適航：一為船舶引擎間結

---

❺❷ [1987] 1 Lloyd's Rep. 32.

❺❸ [1917] KB 928 at p. 941.

❺❹ [1997] 1 Lloyd's Rep. 360.

❺❺ 火災為該船舶險保險契約承保風險之一，但因該船船長之不適任和引擎室之閘門缺陷，加重該船之損失，若非此情況則該船不至於全損，此加重的損失即為額外損失 (additional damage)。

構有瑕疵，即船舶不良的引擎室閘門於火災發生時無法關閉，以致火勢迅速蔓延，另一為該輪船長不能正確且適當指揮使用船上配置之 CO_2 滅火系統。值得注意的是該輪的兩艘姊妹船之前曾因類似的火災而全損。保險人以 MIA 1906 第 39 條第 5 項之規定為抗辯，即該船舶所有人知情歸因於該船長之不適任和該船有缺陷之引擎室閘門所造成之不適航，而主張拒絕理賠。上訴法院裁判原告被保險人必需知情前述兩方面之不適航（缺一不可），而被告保險人並未建立原告船舶所有人「懷疑或相信」該船長之不適任，即未適當證明原告船舶所有人知情船長之不適任，因而法院無須再探討原告是否知情該船之引擎間結構缺陷，法院因而判決被告保險人敗訴，而提起上訴，最高法院肯定上訴法院判決而駁回原告上訴。該船舶所有人是否知情船舶之引擎間結構缺陷？作者認應無庸置疑，因其姊妹船發生類似之火災事件，應早已「告知」該船舶所有人。

　　根據上述案例，應僅於損失之主力近因或主力近因之一為承保危險時，才得適用第 39 條第 5 項或該條文才生效力。依 The Star Sea 案判決，法院在審理的過程，於適用並解釋第 39 條第 5 項時，被保險人的知情與否為判決勝或敗訴之決定性關鍵。

3.不適航為損失之遠因 (remote cause)

　　至今英國並無任何判例決定考慮不適航作為損失之遠因時，MIA 1906 第 39 條第 5 項運作之情形。然值得深究是：保險人是否對主力近因為保險事故，但遠因為被保險人知情之不適航之損失，得以免責？原則上本問題極易駁斥，因主力近因之理論與遠因無關，主力近因理論之精髓與目的，在於決定損失原因時降低遠因之干擾，因而保險人應負保險責任。惟主力近因規則內含於 MIA 1906 第 55 條第 1 項，因其訂定「除本法條文另有規定 (subject to the provisions of the Act)」，而第 55 條第 2 項第 1 款有關保險人以被保險人之故意行為為抗辯之條文為第 55 條第 1 項之例外，又因第 39 條第 5 項之歸因於 (attributable to) 語法與第 55 條第 2 項第 1 款相同，故

有必要據此分析第 39 條第 5 項是否為第 55 條第 1 項之另一例外。Cohen, Sons and Co v. Standard Marine Insurance Co. Ltd ⑤⑥ 案給予較 Thomas v. London 案判決寬廣之解釋，亦即並無不適航需為主力近因之限制。其認為：

「若被保險人知情之不適航為損失原因或部分原因即已充足。我採用 Thomas 案之規則……即被保險人知情之不適航構成損失之部分原因即為充足。」

根據名著「Arnould 的海上保險法」⑤⑦，主力近因規則並不適用於因被保險人故意行為所致之損失，而第 39 條第 5 項被視為與第 55 條第 2 項第 1 款相似⑤⑧，因此並無理由不可謂主力近因之規則不適用於第 39 條第 5 項。

論時保險契約之保險人對於歸因於不適航性之損失之免責抗辯，並不須倚靠第 55 條第 2 項第 1 款，因為故意行為之舉證責任太沉重，保險人只要證明被保險人較輕程度之過失，亦即知情船舶之不適航，如此即足以剝奪被保險人於保險契約獲償之權利。

即使承保風險之一為損失之主力近因，一旦被保險人知情之不適航性被發現為損失之遠因或共同肇因，如同第 55 條第 2 項第 1 款之適用，保險人得以對損失免責，或至少依衡平法⑤⑨對該不適航性增加之額外損失免責，因為依衡平法，人無法因其自身錯誤行為而得利 (A man cannot take

---

⑤⑥ (1925) 21 Ll. L. Rep. 30.

⑤⑦ M. Mustill and J. Gilman, Arnould's Law of Marine Insurance and Average, 16th edn, Sweet & Maxwell, 1981, with 1986 Supplement.

⑤⑧ 如同法官 Atkin 於 Thomas v. Tyne [1917] KB 938 案所喻其為第 55 條第 2 項第 1 款之分枝 (off-shoot)。

⑤⑨ 在英國法中除 common law 系統外，另一系統為 equity，即衡平法，包括某些 common law 未認可的觀念如土地受益權與信託 (uses and trusts)。

advantage of his wrongful act)，而來到衡平法前之人必須無過失 (A man who comes before the equity must come with clean hands)。

四　不適航之舉證責任

大部分的訴訟案件除了就法律問題爭執外，另一為處理棘手的舉證責任問題。而訴訟案件之勝或敗訴，往往只因能否適時解除舉證責任。因不充分之證據使然，有些案件據以舉證責任而為判決，為唯一能採行之公平方法。

(一)海上保險舉證責任通則

舉證責任包含兩方面之義務：其一為提出證據之責任，其二為說服之責任❺❿。前者為藉由實務行為蒐集充足之證據，以供法官採信而能做出對舉證者有利之判決。而後者舉證責任義務人應說服承審法官做出對其有利之判決。前者於審判過程得以轉換至對手，而後者於訴訟過程則一直由原告負擔。

海上保險舉證責任原則，並無例外情形，亦即為主張之人必須負舉證之責❺⓫。至於被告，所必須做者僅是否認原告之主張，並不一定要提出抗辯❺⓬。

(二)保險人以不適航為抗辯

根據 Skandia Insurance Co Ltd v. Skoljarev❺⓭案法官所述，若保險人以船

---

❺❿ 參考 Northwestern Mutual Life Assurance Co. v. Linard [1973] 2 Lloyd's Rep. 275，美國判例。

❺⓫ 相當我國民事訴訟法第 277 條對舉證責任之分配原則。

❺⓬ 大法官 Brandon 於 The Popi M [1985] 2 Lloyd's Rep. 1, at p. 3 案清楚說明：「雖然保險人可隨意尋求證明其他船舶未承保之損失原因，但他們並無義務這麼做。尤其，若保險人選擇這樣做，即使為依據或然性平衡 (balance of probabilities) 原則，他們也並無義務證明其抗辯之損失原因之真實性。」

❺⓭ [1979] 26 ALR 1, at p. 13.

舶不適航為抗辯，則其應負舉證責任。但若是有不適航之推定 (presumption of unseaworthiness) 可資利用，則得以捨棄前述保險人應證明不適航之原則。於下列兩種情況，原告被保險人可能遭遇不適航推定之困境：

1.論程保險契約：違反默示適航性擔保之推定

在無任何外在理由可以解釋船舶損失之情況下，若船舶於開航不久即因其船況不適而不能繼續其原航程，則可推定船舶於不適航之狀況下開航，亦即推定被保險人違反默示適航性擔保❺❹。

不適航推定於 Pickup v. Thames Insurance Co 案成功地推導而出。投保論程保險契約之系爭船舶於開航 11 天後，因無法繼續其航程而返航。上訴法院法官於審理本案有關舉證責任爭議時表示：

「海上保險訴訟，主張不適航性之舉證責任在於被告 [保險人]❺❺，此責任永不轉移，永遠在被告。當事實真相以證據提出，但其實際係真相之臆測，即通常所說之所謂推定，則產生舉證責任之轉移。……例如船舶於駛離港口後不久沉沒，但無任何天候原因可解釋意外之發生，則船舶為於不適航之狀態開航之推定，應屬合理。」

本案承審法官認為系爭船舶於開航後 11 天返航之時間並不算短，故不足以推定該船舶於不適航之狀況出航。究竟出航多少天才得以推定不適航？本案法官並未清楚詮釋，而是依自由心證之運用來裁判。作者以為，The Pickup 案為發生於 19 世紀，然以現代海船航行速度而言，11 天之時間即足以橫越太平洋，從臺灣到日本也不過不到 1 天時程，因而本項違反默示適航性擔保推定之理論於現代海上保險之應用可能並不切實際，而保險人若欲運用此推定，則可能僅適用於船舶出航後極短時間內如數小時內返航或沉沒之情況。無論如何，該時程之長短要求最後仍為由法官運用其自由心證裁量之。

---

❺❹ 如 Pickup v. Thames Insurance Co (1878) 3 QBD 594, CA。

❺❺ 符號 [ ] 內為筆者自加。

另應注意 Ajum Goolam Hossen & Co v. Union Marine Insurance Co ❺⓰ 案判決。本案爭議有關貨物保險契約。承載船舶於駛離 Port Louis 港 24 小時後即翻覆而沉沒，但是卻無任何證據解釋損失原因，而原告被保險人（貨物所有權人）提出船舶為適航狀態下出航之證據。本案法院判決要旨如下：即使損失無法歸於任何特定保險事故所致，原告被保險人成功反證不適航性之推定，而就承保貨物之全損得獲償之。針對 Ajum Goolam Hossen & Co v. Union Marine Insurance Co 案判決，作者另需說明，英國法並無對被保險人有利之適航性推定，況且通常被保險人並不需證明承保船舶為適航。惟一旦不適航性之推定產生，若被保險人要有效反駁此推定，則被保險人必需舉證船舶於開航時為適航，而除非法院被說服船舶於發航時為適航，法院並不能臆測該損失為由被保險人倚靠之不可確定之海洋危險 (unascertained perils of the sea)❺⓱所致。

船舶於發航時為不適航之推定對論程保險契約之保險人而言，為被保險人違反默示適航性擔保之表面證據，而得以藉此作為對被保險人求償之抗辯，惟其僅為證據力有限之表面證據，被保險人仍得以提出反證以駁斥不適航推定。

2.論時保險契約：不適航性為損失原因之擬制

在無任何有關船況證據之情況下，若無明顯原因而船舶於平靜水域沉沒，則有不適航性為損失原因之「絕對」(irresistible) 推論❺⓲，即視不適航為損失原因。

於上揭 Anderson v. Morice 案，承審法官提出，在無任何有關船況證據之情況下，若無明顯原因而船舶於平靜水域沉沒，則有船舶不適航性之

---

❺⓰ [1901] AC 362, PC.

❺⓱ 參考法官 Mason 於 Skandia Insurance Co Ltd v. Skoljarev [1979] 142 CLR 375，第393頁所述。

❺⓲ 如於 Anderson v. Morice 案 (1874) LR 10 CP 58。

「絕對」(irresistible) 推論，亦即將不適航視為損失之主力近因。法院僅在船舶適航性得到證明後，才能阻止不適航性之擬制，而得以推定損失為由不可確定之海洋危險所導致。

雖然被保險人並無擔負適航性之舉證責任，惟當被保險人欠缺損失之事故原因之證據時，為獲理賠，被保險人不得不藉由提出船況證據來建立船舶之適航性，藉以尋求損失為由不可確定之海洋危險所致。但是不適航性通常並非被保險人必需唯一反駁者，為成功建立損失為由不可確定之海洋危險所致之推定，被保險人尚需排除其他任何非承保之可能事故，舉證責任相當沉重。

第五節　分損與全損

一　保險標的損失態樣之重要性

海上保險契約係損失補償保險。按損失補償原則，損失應於事故發生時衡量之，並以此作為損失補償之依據。除當事人另有約定或法律另有規定外[519]，對於每一事故保險人給付責任以該損失範圍為限，同時每一損失適用一個保險金額。又如有損害防阻費用，損害防阻費用也以保險金額為限[520]，保險人給付責任須外加該損害防阻費用。因此，保險標的損失之態樣，關係到保險人給付責任範圍。

此外，如於保險標的無從回復原狀或回復原狀不具經濟效益，則視為全損，保險人應給付全部保險金額，如被保險人之損失已透過保險人之給付填平之，依損失補償原則，對於保險標的殘骸物權之歸屬，也應一併處理，要保人理應拋棄之，否則即牴觸損失補償原則，而形成海上保險之委付制度。

---

[519] 保險法第 82 條第 4 項。
[520] 海商法第 130 條第 3 項。

二　損失之態樣

保險標的之損失，得以分為部分損失 (partial loss)，簡稱分損，與全部損失 (total loss)，簡稱全損。全損以外稱為分損❺㉑。

㈠分損

1.分損之態樣

分損包括以下：

⑴單獨海損 (particular average loss)❺㉒：保險標的發生分損而非共同海損者稱之，係相對於共同海損之概念。被保險人或為被保險人之計算，為保險標的安全或保全標的所生之費用，除共同海損與海難救助費用外，稱特別費用 (particular charges)，如損害防阻費用。特別費用係不包括在單獨海損之內，損害防阻費用即是外加性質。

⑵海難救助費用 (salvage charges)❺㉓：防阻保險事故所致損失之海難救助報酬，得視為保險事故所致之損失，保險人應負責之。海難救助報酬之構成要件，請參本書「第三章第三節船舶拖帶與海難救助」。

⑶共同海損 (general average loss)❺㉔：共同海損行為，係遠比海上保險更早之風險分擔制度。船舶所有人、貨物所有人、油料所有人❺㉕等組成危險共同團體而航行於海上。當海上事故發生對全體財產有所危害，基於船長具有高度航海專業技術與知識，而能採取故意及合理之處分，保全全體財產之安全，如船舶擱淺危害全體財產安全，為使重浮脫淺，船長將船上貨物、設備拋海以減輕船重，或請拖船拖帶，而成功脫淺保全危險

---

❺㉑ MIA 1906, s. 56(1).

❺㉒ MIA 1906, s. 64.

❺㉓ MIA 1906, s. 65.

❺㉔ 海商法第 110 條；MIA 1906, s. 66.

❺㉕ 如於論時傭船之情形，油料係由傭船人提供，傭船人為油料所有人。

共同團體之財產安全，所拋海犧牲之價值或產生之費用，由被保全財產所有人依其價值比例分攤，稱共同海損分攤 (general average contribution)。前者，稱共同海損犧牲 (general average sacrifice)，如基於保險事故所致，同一般分損，被保險人得以向保險人請求被犧牲之價值之保險金，保險人再依保險代位制度向應負民事責任第三人追償；後者稱共同海損費用 (general average expenditure)，被保險人得以向保險人請求其應比例分攤之費用損失。

2.分損之衡量❿

本法第 139 條船舶分損補償額之計算標準，係參照 MIA 1906 第 69 條規定，增訂船舶分損補償額之計算方法，使其補償方式有所依據；如船舶遭遇全損者，即按全損給付，自不得再請求部分損害未修復之補償額。第 139 條第 3 項有關未修理船舶分損遭遇全損者，不得再行請求未修復分損補償額之規定，修正理由說明雖未明示，依其文義，應係參照 MIA 1906 第 77 條第 2 項之「合併原則 (doctrine of merger)」。本法第 139 條第 2 項未修復損害「所估計之合理修復費用」和「減少之市價」之計算時間點為何？透過商業習慣之解釋或實務條款之補充❿，前者係指「未修復損害應已修復之時」，而「減少之市價」之計算時間點為「保險期間終止時」。

⑴補償額度之衡量

分損，雖然包括海難救助費用、共同海損、單獨海損，惟本法第 139 條之「船舶部分損害」，應專指「船舶實體損壞」之「單獨海損」而言，與其他分損無關。第 139 條「船舶部分損害」之用語，應有再斟酌之必要。

---

❿ 詳參：饒瑞正，海上保險船舶部分損失補償額之計算──藉英國法與我國法之比較研究評釋海商法第 139 條（下），萬國法律，第 113 期，2000 年 10 月，頁 97-102；饒瑞正，海上保險船舶部分損失補償額之計算──藉英國法與我國法之比較研究評釋海商法第 139 條（上），萬國法律，第 112 期，2000 年 08 月，頁 83-96。

❿ 例 IHC 2003, cl. 20; ITCH 83/95, cl. 18。

本法第 139 條船舶分損補償額之計算方法，分為兩大類，一為第 139 條第 1 項，船舶分損補償額之計算，原則上以合理修復費用為準，但每次事故以保險金額為限，亦即重申「損害補償原則」，以填補被保險人因保險事故所致之船體損壞而實際所支出或應支付之「修復費用」，惟該費用必需為合理，以避免不當得利，且不得超出保險人之責任限額「保險金額」。二為第 139 條第 2 項，當船舶因保險事故所致之損壞輕微或被保險人基於船舶營利之便利、船期之安排與調度等，在船舶之適航性並不受該損壞影響之下，被保險人於請求保險金前，得選擇不予修復該損壞，則損害補償額度為船舶因受損所減少之市價，但不得超過估計之合理修復費用，以因應實務需求。相關補償限額依其高低次序為保險金額 (Sum Insured)、合理之修復費用和減少之市價。雖然第 139 條條文並未明示「修復時間」為何，但作者認為，被保險人得以自由抉擇於保險事故發生後之保險期間內，或保險期間終了後，修復該損壞，而只要於「對保險人提出保險金之理賠請求時」，該損壞為「已修理」或「未修理」（爾後於保險期間未遭遇全損者），即應分別適用本法第 139 條第 1 項與第 2 項。

MIA 1906 第 69 條❷訂定之 3 項船舶分損補償計算標準分別關於：

一、全部已修理。

---

❷ MIA 1906 第 69 條筆者自譯如下：

「船舶遭受非屬全損之損壞時，除保險單另有其他明示規定外，補償額之計算如下：

(1)船舶係已修理，則被保險人有權求償合理的修復費用 (reasonable cost of repairs)，減去習慣上之扣除額 (less customary deductions)，但每一事故不得超過保險金額。

(2)船舶係僅部分已修理，則被保險人有權求償依上述計算之該合理的修復費用 (reasonable cost of "such" repairs)，以及因未修理之損壞而致之合理減損價值 (reasonable depreciation)，但不得超出依上述計算之全部損壞之修復費用。

(3)船舶係未修理且於保險期間未以損壞之情況出售，被保險人有權受償因未修理損壞而致之合理減損價值，但不得超出依上述計算該損壞之合理修復費用。」

二、部分已修理，部分未修理。

三、未修理且未於保險期間以損壞之船況出售。

除分類項目與賦予保險契約雙方自由協議補償額計算標準之規定外，實質上與本法第 139 條之標準大致相當，惟顯而易見，本法第 139 條如同 MIA 1906 第 69 條之疏忽，並未規範「船舶損壞未修理且已於保險期間以損壞之船況出售」之補償計算標準為何，自然易生爭議，作者將於以下討論之。除保險金額為由保險契約雙方意定並明示於保險契約外，其他二者如合理修理費用和船舶因受損所減少市價之衡量，均需仰賴相關技術人士如海事公證人和船舶買賣經紀人之專業甚深，而實務上也常以協議之折衷金額為之。無論 MIA 1906 或本法均未訂定船舶應修理之時間，因而只要船舶遭受保險事故受損後仍為適航，則被保險人為船期與營業之便利，有權選擇全部修復、部分修復或不予修復。當然，被保險人有權受償之分損應為主力近因 (proximate cause) 於承保風險之損失。

A.已修復損壞

已修復損壞之補償計算關鍵在於：合理的修復費用為何？其為事實問題 (a question of fact)❷⓿，需視個案船體損壞程度與修復港口之選擇而定，而修復地點之技術、工資、物價與進塢費用等往往影響修復費用支出之多寡。根據 MIA 1906，合理的修復費用尚需扣除習慣上的扣除額，惟每一事故以保險金額為限。

(A)合理的修復費用

通常，合理的修復費用包括一體兩面：一為修復方式合理，二為修復費用合理。但是僅有船舶實體 (physical) 損壞之修復費用才得以獲償。一般應用主力近因規則，以決定該修復費用是否合理，亦即該費用是否為主力近因於修復船舶所遭受之實體損壞？若答案為否定，無疑，此費用非屬合理。例如以攔油索或採取其他防阻油污擴散之方法所生之費用，並不構成

---

❷⓿ MIA 1906, s. 80.

修復費用而非由船舶保險人負擔。根據此「主力近因」規則與「實體損壞」概念，2003 年國際船舶保險條款，規定污染危險 (Pollution Hazard) 條款❺❸⓪，其要旨為，當保險事故導致船體損害（第一次損害），而港務當局依職權採行防阻或減輕因第一次損害而生之環境污染之措施，而此措施又導致船舶之其他毀損或滅失（第二次損害），則船舶保險人除對保險事故所致之第一次損害負補償責任外，尚需對此措施所致之第二次損害負責。

合理之修復費用雖為事實問題，需視個案案情而定，根據英國判例、實務條款、實務理算規則，整理、摘要「合理之修復費用」如下：

a.對判決之分析：

(a)進塢費用 (Expenses of docking)：包括引水費、拖船費和船塢費等，與保險人應負責之保險事故所致之損害而為執行修理之進、出塢費用相關，而被保險人得以利用進塢期間，施行自身利益之船舶檢測與維修保養等作業，但以不增加進塢時間或船塢費用為限，則此進塢費用得完全由保險人負擔。但需注意，上述僅適用於船舶必需進塢才得以修復保險事故所致之損壞之情形❺❸①。

(b)公證費與檢測費等：包括船籍協會和保險人指派或同意之公證人費用❺❸②。

---

❺❸⓪ IHC 2003, cl. 5；又如 95 年協會船體論時保險條款（爾後簡稱 ITCH 95）第 7 條。95 年協會論程保險條款（爾後簡稱 IVCH 95）第 5 條。

❺❸① Ruabon S S Co. v. London Assurance [1900] AC 6 (House of Lords)。「進塢費用」後，已說明「包括引水費、拖船費和船塢費等」與保險人應負責之保險事故所致之損害而為執行修理之進、出塢費用相關。AAA Rules D5 之要旨，即為筆者論文所言之「而被保險人得以利用進塢期間，執行自身利益之船舶檢測與維修保養等，但以不增加進塢時間或船塢費用為限，則此進塢費用得完全由保險人負擔。」本項單元，重點並非僅在論述 AAA Rules D5，而在「法律」，逐字譯釋恐非必要，讀者應可自行參考。請參考後述註 535 有關 AAA Rules of Practice 之位階。AAA Rules D5 僅為通則，實際上何為 "expenses of docking"，則為 a question of fact。

❺❸② The Medina Princess [1965] 1 Lloyd's Rep. 361 QBD.

(c)相關損壞 (Consequential Damage)：於知名判例 Field v. Burr 案❸❸，當法院判決為使修復作業得以順利執行而移除腐敗貨物所生之移除費用非可獲償時，討論到若該貨物為堅固附著於船體之水泥時，則認為該固化之水泥不僅造成船體損壞且阻礙修復工作之進行，因而認為移除與清理該固化水泥之費用，應可列入船體修理費以求償單獨海損，但對於終極處理費用如以廢棄物處理車或垃圾車搬運至掩埋場之搬運費與掩埋費等是否列入則存疑。因而，「相關損壞」，僅貨物妨礙修理工作執行之理由並不充分，更重要的是該貨物尚必需對船舶造成損壞。

b.依理算實務作業

　　如國際慣用之 1986 年英國理算師協會執業規章之第 D 條❸❹，其要旨如下：

(a)船舶為修理之移動費用。原則上，受損船舶因為保險事故發生地於海上或該地無船塢，或其鄰近船塢無法執行該特定修復作業或技術、成本不適執行，則被保險人移動受損船舶至修理船塢、碼頭所生包括回程之費

---

❸❸ [1899] 1 QB 571. 誠如標題為探討 MIA 1906 s. 69 之「船舶損壞」之合理「修復費用」，僅與船舶實體損壞相關，非關共同海損。除此之外，讀者需注意因緊急事故為修理之 "force discharge" 費用，雖得以為共同海損費用，然並非全由保險人獨自承擔，被保險人僅獲償需負擔之「共同海損分攤」(G. A. contribution) 之部分，該費用非可完全受償。

❸❹ Section D, Rules of Practice of the Association of Average Adjusters 1986, amended 1982, AAA. 英國法之適用法序為 1. 法條或若無成文，則為未成文之 common law 與 equity 等，2. Case law（判例法），而於海上保險法之範疇，其法序為 1. MIA 1906，2. common law（參考 s. 91(2), MIA 1906），3. 契約法，依其保險契約條款，如常用之協會條款，4. 判例。AAA Rules of Practice 僅為一理算協會之執業理算規則，尚不足以具法律效力，契約雙方若對理算有爭議時，仍應依法律以解紛爭，然雙方可於保險契約意定以其為保險理賠之理算規則，提昇其位階為契約條款，如協會條款之標題下標註之 "This insurance subject to English law and Practice."。

用，除得宣告共同海損之情形外，得以修復費用之名義向保險人求償。
此移動費用包括必要之暫時修理、船員之薪資與食物、引水費、拖船費、
額外保險費、港口費、燃料費等，惟需扣除往返修復港與保險事故發生
地被保險人賺得之運費或租傭船金。被保險人並得以利用此機會為船級
檢測或執行其自身利益之修理。但若非屬保險事故後之即行修理，而係
為保險人與被保險人雙方各自利益之日常修理而為移動保險船舶至修理
港，則移動費用包括進塢費用與港埠服務費等，則由保險人與被保險人
雙方依各自應負之修理費用比例分攤。(Rule D1, Expenses of removing a
vessel for repair)

(b)為修理損壞船舶而消耗之燃料與食物、衣物等備品之重置費用。包括為
協助修理或為船舶移動而運轉引擎和絞車 (winches) 之消耗，或於港區範
圍內停泊時之消耗等。(Rule D2)

(c)因日常使用之纜繩損壞，非可獲償，惟若因海上強風、擱淺、碰撞所致，
或因更換遭海洋危險所致之相關損壞索具如檣桅 (spars)、船舷支索板
(channels)、舷牆 (bulwarks)、船舷 (rails) 而為之作業，而導致纜繩損壞，
則保險人對纜繩重置費用應予負責。(Rule D3)

(d)船帆於揚帆時被風撕裂或飛失，原則上非可獲償，惟因擱淺、碰撞所致
或因此檣桅 (spars) 損壞所致，保險人應負補償責任。(Rule D4)

(e)進塢費用 (Dry dock expenses, Rule D5)。原則上，保險事故後之即行修理
或船舶為進塢修理而遭中斷營業之情形，進、出塢及船塢費用均得以全
額獲償，而被保險人得以利用此機會作船級檢驗或從事自身應負責之修
復作業，惟此作業應係無使船舶適航之立即需要者。但被保險人同時執
行自身應負責之修理作業,而該作業係為使船舶適航之迫切需要之情況，
或保險人應負責之修復作業延緩至例行之船舶進塢維修，而被保險人同
時執行自身應負責之損壞修復，不論其對適航性影響與否，則進、出塢
與船塢等相關費用由保險契約當事人雙方均分，若參與補償之保險人不

止一人之情形亦同，被保險人均應負擔一半。(Rule D5)

(f)油輪之船艙清洗與（或）油氣排除 (gasfreeing) 費用。原則上，保險事故後，事故船舶之船艙需要立即概略清洗 (rough clean) 及（或）油氣排除作業，或船舶為此作業而遭中斷營業之情形，則概略清洗 (rough clean)及（或）油氣排除之作業費用均得以全額獲償，而被保險人得以利用此機會作船級檢驗或從事自身應負責之修復作業，惟此自身利益作業應係無使船舶適航之立即需要者。但被保險人同時執行自身應負責之修理作業，而該作業係為使船舶適航之迫切需要之情況，或保險人應負責之船艙清洗、排氣作業延緩至例行之船舶進塢維修，而被保險人同時執行自身應負責之損壞修復而不論其影響適航性與否，則船艙清洗與（或）油氣排除費用由保險人與被保險人雙方均分，若參與補償之保險人不止一人之情形亦同，被保險人均應負擔一半。至於為特殊修理作業而需執行之細部清洗 (fine clean)，亦適用上述分攤原則。(Rule D6)

(g)船舶單獨海損之三分之一新換舊扣除額 (Rule D7)。因為業界多為所用之協會船舶險條款均利用 MIA 1906 第 69 條之「除保險單另有其他明示規定外」之規定，已將此扣除額法律規定除外如 ITCH 95 第 14 條或 IVCH 95 第 12 條，作者對此扣除額執業規則，應無必要作進一步討論。

(h)非與保險事故所致之損壞修理有關之船底表層刮除 (scraping)、噴砂 (gritblasting)、上漆 (painting) 等船底保養、處理、維修作業，係屬不得獲償，惟只要為保險事故所致之船底板損壞而執行之前述相關表層作業，則此維修費用係得獲償。(Rule D8)

c.依實務條款

下列費用非可獲償：

(a)非與承保之危險所致之損壞修理有關之船底表層維修 (bottom treatment)❸❺ 如 IHC 第 17 條、ITCH 95 第 15 條和 IVCH 95 第 13 條，該

---

❸❺ "Bottom Treatment"，有譯為「船底處理」者，惟 "Bottom Treatment"，僅侷限於

條款意旨同 AAA 之 Rule D8。

⒝非屬共同海損情形之船長與船員之薪資與糧食等生活必需品 (wages and maintenance)：但為修理之故而移轉港口以及修理後試航之航行期間之薪資與生活必需品不限，如 IHC 2003 第 18 條、ITCH 95 第 16 條和 IVCH 95 第 14 條。

雖已儘可能詳列目前實務上已認可之「合理修復費用」，然仍無法涵蓋全部，且實屬不可能，因為「合理修復費用」，除依判例、保險契約條款之明示規定外，尚得依個案事實以為判定，因而為應急之零配件之空運費、監修人員之費用等，於某些情形，也得以視為修復費用。

⒝習慣上之扣除額

習慣上之扣除額規則係於木造船時代所衍生，因為當毀損部分之船體以新的木料更新後，推定船舶所有人被保險人理應自該修理獲得某些程度之利益，如使用壽命之延長、船況或船舶價值之提昇等，因而為貫徹損失補償原則之精髓，則修復費用應扣除某種程度之自然損耗，一般大略為扣除三分之一欲以之置換之新材料費用，亦即被保險人需自負新材料費用之三分之一，而英國海損理算師協會更針對一些船體特定部位訂出詳細之扣除額標準，如前揭之 Rule D7。惟目前，前述扣除額規則已不再適用，因為業界多為所用之協會船舶險條款，已利用 MIA 1906 第 69 條之「除保險單另有其他明示規定外」之規定，已將此扣除額法律規定除外，如 ITCH 95 第 14 條和 IVCH 95 第 12 條。而本法第 139 條，也順應實務作業，未沿用 MIA 1906 第 69(1) 條不合時宜之習慣上扣除額規定。

⒞不超過保險金額

MIA 1906 第 69 條第 1 項對每一事故之已修復船舶損害，保險人之補

船底「表層」而與表層刮除 (scraping)、噴砂 (gritblasting)、上漆 (painting) 等船底保養、維修作業相關，況且除保險事故所致外，其絕對不可獲償之原因在於其乃屬 "wear and tear"，因而作者使用「船底表層維修」，以符真義。

償責任限額為「保險金額」(the sum insured) 之理論基礎，在於保險標的為「足額保險」(fully insured) 為前提之情形❺❸❻，亦即定值保險之保險金額與約定價值 (agreed value) 相等。被保險人對每一保險事故，得以充分利用保險金額之限度，以為求償單獨海損，而保險人對每一保險事故所致之已修復損壞之修理費用，其補償責任也僅限於保險金額。船舶保險係屬損失補償保險，其目的在填補損害，為避免不當得利，被保險人應於其損害程度內向保險人求償，於不包括「損害防阻」(sue and labour) 費用之情形，其對「單獨海損」之求償額度自然仍受保險人依保險契約應負之最高責任限額為保險金額之限制。

B.未修復損壞

根據 MIA 1906 第 69 條第 2 項和第 3 項，船舶未修理損壞之補償額為因該未修復損壞所致之合理減損價值，但不應超出合理的修復費用，而若為部分已修理且部分未修理之情形，則補償額之加總不應超出修復全部損壞之費用。理由相當簡單，因為被保險人無論如何都不應自該未修理損壞獲取額外之利益，補償理論再次發生作用。但 MIA 1906 並未說明「合理的減損價值」應如何以量化之方式計算，以及其計算之時間點為何。

本法第 139 條並未沿用合理之減損價值規則，而以「減少之市價」代替，雖然修正草案並未說明原因，起草人應是參照協會船舶險條款如 ITCH 83 或 95 之第 18.1 條，但是如同 MIA 1906，本法第 139 條並未規定船舶減損價值之衡量時間點。

類似之問題為：本法第 139 條第 2 項之「不得超過所估計之合理修復費用」，其修復費用之計算時間點為何？

(A)減損市價衡量之時間點

協會船舶保險條款，如 IHC 2003 第 20 條第 1 項、ITCH 95 第 18 條第 1 項和 IVCH 95 第 16 條第 1 項，遵循於 The Medina Princess 案之判決如

---

❺❸❻ MIA 1906, s. 67(1).

下，清楚明示船舶之市場減損價值以保險期間終止時之價值衡量之。

「無論是論時保險單 (time policy) 之保險期間期滿，或是論程保險單 (voyage policy) 之航程終了或放棄，或於定期或論程保險單船舶之出售或其他情形，保險人對未修復損壞之責任，一直到保險期間終了才得以決定。(...The underwriters' liability for unrepaired damage cannot be determined until the policy expires.)」

本法第 139 條市價衡量之時間點為保險事故發生時？抑或是如同 MIA 1906 為保險期間終了時？根據一般財產保險損失額度估定之所謂「市場價值估定法」，為專指「保險事故發生前」與「保險事故發生後」，市場上之買賣雙方就保險標的物願意達成交易之不同價格之差額作為損失補償數額。且依保險法第 73 條第 3 項「保險標的未經約定價值者，發生損失時，按保險事故發生時實際價值為標準，計算賠償……」。雖僅與不定值保險保險標的之價值衡量相關，但是保險標的價值之計算時間點為保險事故發生之時。然凡此種種，皆是建立在保險價值為保險標的物在保險事故發生時之價值之理論基礎上。「保險價值」(insurable value 亦即 value of the insured interest)，通說為保險標的在保險事故發生時之價值，保險價值依當事人訂立保險契約時，是否已就保險標的在保險事故發生時之價值預先定之，可分為「定值保險」與「不定值保險」，然「定值保險」不若「不定值保險」符合財產保險以填補被保險人真正損害為目的之宗旨。尤其，海上財產保險，保險事故發生當時多為於海上或沉沒海底，產生事後欲鑑定保險事故發生當時保險標的價值之困難，因而 MIA 1906 第 16 條以保險契約風險開始時之「保險價值」(insurable value)，為定值保險「約定價值」(agreed value) 之衡量基準，並非為「保險事故發生時保險標的之價值」，因此海上保險不能完全貫徹財產保險旨在填補損害之原則，海上保險當然為一例外。MIA 1906 第 16 條之「保險價值 (insurable value)」，並非位於「不定值保險單」之下，也並非僅適用於「不定值保險」，MIA 1906 第 16 條之要旨在於

清楚界定： 1.於「不定值保險」確立損害補償額之計算標準； 2.於「定值保險」提供適當之標準以確認保險標的之價值，而本法第 134 條應視為「保險價值」之任意規定。MIA 1906 第 27 條之 "agreed value" 表示雙方對保險標的之「約定價值」，此觀 MIA 1906 第 27 條第 3 項甚明。本法之船舶保險價值之計算時間點如同 MIA 1906 與一般財產保險不同，係以定值保險為前提，船舶保險價值為以保險責任開始或風險開始時之船舶價值衡量之。因此上述以「保險事故發生時間」為計算保險標的減損價值之「市場價值估定法」是否適用於船舶保險實有疑問。

　惟依 ITCH 95 第 1.5 條，若未修理損失係發生於船舶欲解體之航程，則保險人對該未修理損失之限額為「損害發生當時」之廢船市價 (market value of the Vessel as Scrape at the time when the loss or damage is sustained.)，應視為一例外，協會條款再度運用 MIA 1906 第 69 條「除保單另行明示規定」之規定。

　根據 The Medina Princess 案，藉由遵循普通法，MIA 1906 第 69 條第 2 項未修復損失之船舶減損價值之衡量時間點為保險期間終了時，因為保險人對未修理損失之責任，一直到保險單之風險結束時才產生❺❸❼，尤其若於保險期間接續發生全損，保險人對該未修理損害之責任從未產生。誠如本法第 139 條之修正說明係「參照 MIA Sec. 69 規定」，根據上述討論以及海上保險之國際共通特性，應可以「保險期間終止之時」為本法第 139 條第 2 項衡量船舶因受損所減少之市價，以計算未修復損失之補償額度。

(B)估計之合理修復費用之衡量時間點

　本法第 139 條第 2 項並未規定「不得超過所估計之合理修復費用」之估計修復費用之計算時間點為何？ MIA 1906 並無此問題，因為 MIA 1906 第 69 條第 2 項和第 3 項末段均有「依上述計算」之字句，即未修復損失之

---

❺❸❼ 參考 Foreign Insurance Co Ltd v. Wilson Shipping Co Ltd. [1921] 1 AC 188 (House of Lords), p. 202。

合理修復成本之計算時間點為與第 69 條第 1 項相同，亦即以未修復損失原應修復之時間為準以計算修復費用。

誠如前揭，合理的修復費用為一體兩面之合理，包括修復方式合理以及修復費用合理，至於未修復損失於何時間應已予以修理則為事實問題，需視船舶之損壞及周遭情形而定。本法第 139 條第 2 項末，雖未能如 MIA 1906 第 69 條第 2 項、第 3 項末加上「依上述計算」之字句，然其立法既係參照 MIA 1906 第 69 條，前述闡釋應值正面參考，是所謂他山之石可以攻錯。

(C) MIA 1906：合理的減損價值

正因為 MIA 1906 第 69 條並未定下合理減損價值之量化計算方法，相關判例並未解決此一問題，定下絕對之規則以資遵循，顯見其難度相當高。惟協會船舶險條款充分利用 MIA 1906 第 69 條之「除保險單另有其他明示規定外」之彈性空間，定下減損價值之計算方法如 IHC 2003 第 20 條第 1 項、ITCH 95 第 18 條第 1 項和 IVCH 95 第 16 條第 1 項。

第一且是唯一解釋❸ 第 69 條第 3 項之海上保險判例為 Irvin v. Hine 案。系爭船舶因擱淺而遭致單獨海損，而原告被保險人船舶所有人因無法證明其為擬制全損 (constructive total loss)，而試圖求償分損。因為系爭船舶於保險期間既未修復且未出售，原告因而主張 MIA 1906 第 69 條第 3 項之適用而請求未修復損失之補償。原告與第三人買方已同意系爭船舶之買賣價格為 £685，而該法庭調查之未損害船價為 £3,000，異於被告提出之 £2,000，因而運用其職權於其論理與判決捨被告主張之 £2,000 而採 £3,000。本案上訴法院必需考慮之相關數額如下：

約定價值：£9,000

未損害船況之船舶價值（保險期間終了時）：£3,000❸

---

❸ Irvin v. Hine 案確為英國海上保險法成文後，唯一解釋 MIA s. 69(3) 之引導判例，The Medina Princess 僅為「強調」Irvin v. Hine 案判決。

損害船況之船舶價值（保險期間終了時）：£685

估計修理費用（損害理應修復時）：£4,620

訴訟雙方各自主張以下三種船舶減損價值之計算方法，以為未修理損失之補償：

原告： a.保險價值減去損害船況之船舶價值，亦即 £9,000 − £685 = £8,315。

被告： b.未損害船況之船舶價值減去損害船況之船舶價值，亦即 £3,000 − £685 = £2,315，或 c. 減損價值應以減損之比率計算之，即減損比率乘以保險價值，亦即 (£3,000 − £685/£3,000) × £9,000 ≑ £6,945。

惟根據 MIA 1906 第 69 條第 3 項，補償額度不可逾越修理費用，此為最高限額。

法官 Devlin 旋即駁斥上述被告主張之第 b 種方法為完全無法接受，因為其違反 MIA 1906 第 27 條第 3 項，其明定保險人與被保險人雙方於保險單同意之保險價值，無論於全損或分損之情形，均為具決定性 (conclusive) 之保險標的價值，亦即全損與分損之補償額計算均應將保險價值或意定價值列入考量。法官 Devlin 並未決定到底是第 a 或 c 種方法，為第 69 條第 3 項之合理減損價值之計算方法，而本案之情形也並無需作出抉擇，因為無論以第 a 或 c 種方法計算出之補償額均超出本案之預估修理費用 £4,620，原告因此獲判 £4,620 為系爭未修理單獨海損之補償額。因為任何超出預估修復費用之補償額，都將置原告被保險人較其選擇修復損害於較利益之地位，損失補償原則必需嚴格堅持。但是法官 Devlin 在審理 Irvin v. Hine 案不久之前，另一非屬海上保險之火災保險訴訟案 Elock and Another v. Thomson㉜正在進行，而其並不知情。因火災保險同屬補償保險，合理減

㉜ 雖然 Elswick 至 1944 年才以 £685 售出，但雙方以其為「保險期間終了時」（1942年）之 "damaged value"，並無爭議，本案之爭議乃因被保險人之求償擬制全損而來。筆者於論文數次強調實務上船舶價格並不易確認，雙方往往協議折衷之道理在此。

損價值之理論仍為適用，本案法官 Morris 參照 MIA 1906 第 69 條第 3 項，而採用上述第 c 種計算方法以為判決。因為「合理減損價值之補償應……考慮任何已同意之價值（約定價值）。此同意之價值為減損價值因之產生之實質，而減損價值應參照此約定價值來衡量。」若法官 Devlin 於審理 Irvin v. Hine 案前，知情 Elock and Another v. Thomson 案之判決，應會參照而採用相同之方法，而定下海上保險未修理損害合理減損價值量化之計算標準，亦即減損價值應以減損之比率計算之，即減損比率乘以約定價值。

1954 年美國紐約地方法院 (District Court of New York) 法官 Rabin 於審理 Compania Maritima Astra S.A. v. Archdale ❺❹ 案而適用 MIA 1906 第 69 條第 3 項時，參考上述 Elock and Another v. Thomson 和 Irvin v. Hine 兩案，並解釋 Irvin v. Hine 案之判決為「已贊成」採用上述第 c 種計算方法，本案依上述第 c 種計算之合理減損價值大於預估合理修理成本，因而如 Irvin v. Hine 案般，以此預估修復成本為判決。

1965 年於 The Medina Princess 案，相同之爭議產生。系爭船舶約定價值為 £350,000，未損壞之船舶價值為 £65,000，而損害船況之船舶價值為零。如同 Irvin v. Hine 案，因為以上述第 a 和 c 種計算方法之補償額度均大於合理之修復價值，法院並未決定減損價值之計算方法，而是讓此爭議留待爾後法院必要抉擇之時。

根據以上判例，雖然英國法院並未對合理減損價值定下量化之計算方法，但可以確認的是，約定價值於計算合理減損價值之時，扮演不可或缺之重要角色，雖其正確之計算方法已侷限於上述第 a 和第 c 種方式，但似乎仍應以第 c 種較占優勢。實務上，未損害船況之船舶價值與損害船況之船舶價值，並不容易確認，由經驗豐富之船舶買賣經紀人鑑價後，仍需待保險人與被保險人雙方以折衷方式協議之。

---

❺❹ [1949] 2 All ER 381.

❺❹ 1954 AMC 1674; [1954] 2 Lloyd's Rep. 95.

⒟本法與協會船舶險條款：合理減少之市價 (reasonable depreciation in market value)

本法參照協會船舶險條款如 ITCH 95 第 18 條第 1 項使用「減少之市價」，以為計算未修理損壞之補償額，與保險價值完全無關，而與上述 Irvin v. Hine 案法官 Devlin 嚴正駁斥之第 b 種計算方式類似，ITCH 95 第 18 條第 1 項與 Irvin v. Hine 案作者所稱之第 b 種計算方法，不同點僅為以「市場價值 (market value)」取代「損害船況之船舶價值 (damaged value)」或「未損害船況之船舶價值 (undamaged value)」。ITCH 95 第 18 條第 1 項雖與 MIA 1906 第 27 條第 3 項衝突，惟 MIA 1906 第 69 條訂有「除保單另有其他明示規定外」之任意法規定，開放保險契約雙方依契約自由原則，商議船舶分損之計算標準與方法，因此 ITCH 95 第 18.1 條未修理損害之補償額計算方法仍為有效。

IHC 2003 第 20 條第 3 項、ITCH 95 或 ITCH 83 第 18 條第 3 項，雖明訂保險人對未修復損害之最高責任不得超過「保險期間終了時」之「約定價額」(The underwriters shall not be liable in respect of unrepaired damage for more than the "insured value"...)，初次觀之似與前述「保險人對單獨海損之補償責任為保險金額之限制」牴觸，惟此條款乃依據 MIA 1906 第 67 條第 1 項，如同第 69 條般，以足額保險為前提之情形，因而條款之原文 insured value 仍為「約定價值」，非論者所稱之「保險金額」或「投保金額」，應無疑義。何況第 18 條第 3 項得以利用 MIA 1906 第 69 條之「除保單另行明示規定外」之任意法規定，而得於保險契約條款變更之。本條款規定保險價值之衡量時間點為依「保險期間終了」之時，其與定值保險之保險價值為自始至終均為固定之情形，似有衝突，惟其應專為適用 ITCH 95 第 1 條第 5 項而來。依該條款意旨，若未修理損失發生於船舶欲解體之航程，則保險人對該未修理損失之限額為損害發生當時之「廢船市價」(market value of the Vessel as Scrape at the time when the loss or damage is sustained)，意謂保險契約當事人雙方意定之原始約定價值得以變動而減少，應視其為一例外。市場價格往往因市場之供需或其他經濟性因素而波動，並非固定值。

C.已於保險期間出售

如前所述，本法第 139 條延續 MIA 1906 第 69 條之疏失，並未規範船舶損壞於保險期間終了未予修理，但以損壞之船況出售之未修理損害補償額之計算標準。

Pitman v. The Universal Marine Insurance ❺❷ 案不僅為英國第一個闡釋「合理減損價值」之判例，且為本項議題之唯一判例。系爭船舶之各相關金額如下：

預估修理費用： £5,300

保險期間以損壞狀況出售之船價： £3,897

未損壞船價： £4,000

保險價值： £3,700

(A)出售之法律效果：被保險人固定其損失

上訴法院法官 Cotton 表示被保險人應受出售結果之拘束。他說明：

「如同本案，如係非擬制全損，有權出售船舶之被保險人並不一定要出售船舶，而受該損失之拘束。但當他選擇出售……，被保險人對自己而言為固定其損失 (fix his loss)，亦即他不能事後對保險人主張船舶的減損價值超過出售價格。」

被保險人事後無法辯稱若船舶未出售，就不致損失更多，而任何試圖增加實際損失之企圖或主張，都將因此無效，因為被保險人需對其出售之法律效果依衡平原則自我承擔。因而出售價格將絕對影響補償額之計算，被保險人之補償額因此出售之法律行為而確定，而被保險人應受出售所致之任何損失（或獲利）所拘束。簡言之，被保險人出售船舶之事實與結果，

---

❺❷ (1882) 9 QBD 192.

具類似禁反言 (estoppel) 之法律效果。

⒝補償額之計算

　　Pitman v. The Universal Marine Insurance 案之原告被保險人主張補償額應為估計之修復費用，而被告保險人自然爭議較小金額，即船舶出售價格和未損害船價之差額為補償額。初審法院判決被保險人因減損價值而遭受之損失，應為自其未損壞價值扣除損壞船況之價值，求得損失率，再以此損失率乘以約定價值。法院積極採用上述第 c 種方法，並以出售價格為損壞船況之價值，因而無需確認損壞船況之價值。於上訴法院，首先比較已修復和未修復損害船舶之區別如下❺❹❸：

　　「原則為若因承保風險而導致船舶分損，則被保險人有權獲償為施行必要修理之適當費用，或若未予以修理，則為必要修理之估計費用……。」

　　可見無論已修理或未修理損害，船舶之減損價值均僅與修復費用相關，並以之為計算基準。但是法院認為，若以估計修復費用 (£5,300) 為補償額，則被保險人最後將因此受償較實際損失 (£4,000 – £3,897 = £103) 為高之補償額，因此若以估計修復費用為補償額，則違反海上保險契約為損失補償契約之損失補償原則。雖然有些法官同意初審法院所採用之第 c 種比率法為實質正確，仍因此判決補償額為完好船況價值減去出售價格（£4,000 – £3,897 = £103，如上述之第 b 種方法）：

　　「最正確陳述被保險人如於本案之情況可以獲償之計算方法應為，估計修理費用，減去一般扣除額，不超過以售出價格確認之船舶減損價值。」此闡釋為日後 MIA 1906 第 69 條成文之基礎。

　　讀者可以回憶前文，法院對未修復損害之補償額計算，日後為 Devlin 於 Irvin v. Hine 案所強烈駁斥，但是對於本案於保險期間出售之特殊情形，毫無疑問法院視損壞船況出售之價格為損害船況之價值。惟需注意 The Pitman 案法院之見解，認為補償額無論如何僅為估計之修理費用，而任何

❺❹❸ (1882) 9 QBD 192, p. 215.

因船舶出售而生之損失（或獲利）均不在保險契約之範圍內，因此與保險人和被保險人間船舶分損之理賠毫無關係。

　　本法原第 181 條，規定受損害之船舶，如經變賣者，以變賣價額與約定價值之差為損害額，類似上述 Irvin v. Hine 案之第 a 種補償額計算方法，惟現行條文第 141 條已將其刪除，因為根據修正說明，其謂「現行海險實務已鮮有以受損後之船舶變賣所得之價值與保險價值之差額為保險人補償之基礎，爰將現行條文船舶部分刪除。」然而根據實務常用之英國船舶險協會條款，具至上性質之 ITCH 95 第 5 條第 2 項，一旦保險船舶所有權變更如出售之情形，除非保險人書面同意，保險契約應於該售出時間「自動」終止❺❹。該未修復損害即應根據 ITCH 95 第 18 條第 1 項，以保險期間終止時即船舶售出時之船舶市場減損價值計算補償額。根據保險法第 18 條，ITCH 95 第 5 條第 2 項於我國法之環境應屬可適用，並未違反保險法第 54 條之 1 而無效。

⑵接續損失 (successive losses)

　　一般於船舶保險❺❺，為保險人與被保險人雙方利益，對於保險期間或旅程中所遭受接續之承保損失，只要各次損失後該船舶仍具適航性，通常會安排便利的時間，對多次之接續損失一併修理，以節省進塢費用和維持船舶正常之營運等。

A.分損之後接續分損

❺❹ 本條款雖為契約法之 condition（條件），根據契約法，一旦一方違反 condition，對方得以選擇拒絕履行契約並要求損害賠償或請求兩者之一，惟受害之一方需提出其抉擇並告知違約方。ITCH 95 第 5 條，於加上自動 (automatically) 一語後，已改變其為 condition 之契約條款之性質，只要承保船舶於保險期間所有權變更，保險人無需作任何抉擇，且無須向被保險人為任何意思表示或通知，該保險契約即行終止。

❺❺ MIA 1906 雖未禁止接續損失法律於貨物保險之適用，然實務上貨物保險幾無相關爭議產生。

本法第 139 條僅規定未修復損失接續全損之情形，並未對接續分損訂下規則，因而本單元主述英國法，以為本法再修正之參考。

英國 MIA 1906 第 77 條第 1 項規定：

「除非保單另行規定，且需合於本法其他條文之規定，保險人應對接續損失負責，即使該等損失總額可能超過保險金額。」

雖然船舶保險人對船舶「已修理」和「部分修理」費用的計算和責任限制係根據 MIA 1906 第 69 條第 1 項與第 2 項，但是無論在論時或論程保險，被保險船舶可能在保險期間遭受數次保險事故，當這些接續損失「被依次修理後」，歷次求償保險金加總起來，可能超過保險契約之保險金額。惟於保險期間之延後修理，並不影響自負額 (deductibles) 於各次單獨海損之有效適用，亦即每次接續損失均應將自負額列入考量以計算補償額。IHC 2003 第 15 條第 2 項、ITCH 95 第 12 條第 2 項和 IVCH 95 第 10 條第 2 項，均規定例外之情形，即「兩個接續港間之單趟海上旅程中，因惡劣天候 (heavy weather) 所產生之損失求償，應被視為因單一事故而產生。」於此情形，則無接續損失之議題，而僅一個自負額需列入考量。惟 IHC 2003、ITCH 95 與 IVCH 95 並未定義何為惡劣天候，僅解釋惡劣天候包括與浮冰碰撞 (contact with floating ice)。何為惡劣天候？為事實問題，需視海象、氣象與船舶周遭環境而定，然不可否認，其為海洋危險 (perils of the seas) 係承保危險之一。應注意 IHC 2003 第 15 條第 2 項、ITCH 95 第 12 條第 2 項和 IVCH 95 第 10 條第 2 項僅侷限於惡劣天候，並不包括 IHC 2003 第 2 條、ITCH 95 第 6 條和 IVCH 95 第 4 條其他的保險事故如火災、海盜等於接續港口間單趟旅程之接續損失。

若這些接續損失未予以依次修理，則即使包括接續損失之所有未修理損失之總和超過保險金額，保險人是否仍然需依 MIA 1906 第 77 條第 1 項對所有未修復之損失負全額之責？或者被保險人得以求償擬制全損[546]，委

---

[546] 因擬制全損及實際全損並無自負額之規定，被保險人可獲全額，意即保險金額之

付船舶？對於後者，於 The Medina Princess❺案被法院質疑，並暗示可增訂協會條款以避免此一爭論。美國協會船舶險條款 (American Institute Clauses Hull) 的起草人率先增訂相關條款，而英國協會船舶險條款也隨後增訂「……只有關於起因於單一意外之費用或相同意外之損害應被列入考慮……」，如 ITCH 95 第 19 條第 2 項和 IVCH 95 第 17 條第 2 項，以為決定是否構成擬制全損。相關之本法第 143 條對此並未作適當規範。至於前者，雖然第 69 條第 3 項規定被保險人有權對未修理的分損求償合理的減損價值，但並未觸及接續損失的議題。此議題即為以下 The Catariba❺案主要之爭點。

⒜ The Catariba 案

　　原告被保險人為大型雙船身遊艇 Catariba 之船舶所有人，被告保險人隸屬勞依氏承保組合 (Lloyd's syndicate)。保險期間自 1994 年 8 月 14 日至 1995 年 8 月 14 日 0 時 1 分，原始約定價值 £907,500，自負額 £10,000，稍後約定價值減為 £625,000，並核退原告被保險人適當保費。保單附加 85 年協會遊艇條款（Institute Yacht Clause 85，以下簡稱 IYC）以及相關修正，其中與本文相關條款為：

第 16 條第 1 項：

「關於未修理損失之求償，其補償額之衡量，應為於保險期間終止時，因該未修理損失而導致之合理市場減損價值，但不應超過合理修復成本。」❺

第 16 條第 2 項：

「如該損害未予以修理，而於保險期間發生接續全損，則保險人對該未修理之損失絕對不予負責。」❺

給付。參考 ITCH 95 第 12.1 條和 IVCH 95 第 10.1 條。

❺ [1965] 1 Lloyd's Rep. 361, at pp. 514–515.

❺ Kusel v. Atkin , The Catariba [1997] 2 Lloyd's Rep. 749.

❺ 並請參考 MIA 1906 第 69(3) 條。

第 16 條第 3 項：

「保險期間終止時，保險人對於未修理損失超過約定價值的部分不予負責。」⑤⑤①

　　系爭船舶於保險到期日前，1995 年 8 月 10 日於英屬維京群島 (British Virgin Islands) 觸礁（以下簡稱第一次損失），該船隨即由代表保險人的海事公證人檢驗，並以拖船成功拖救至 Vixen Point 予以固定船橋甲板 (bridge deck)，而右舷船殼 (starboard hull) 則以浮板 (flotation banks) 支撐。那段期間，保險恰巧到期，但因 IYC 第 6 條而自動展延保期 (held covered)。於 1995 年 8 月 21 日，Catariba 被拖至 Sopers Hole 島故意擱淺，1995 年 9 月 6 日颶風吹襲該島，Catariba 遭受嚴重損害（以下簡稱第二次損失），於此遭受第二次損失時，第一次損失還尚未修復。於保險到期時，這兩次損失都未修復，且雙方對兩次損失之預估修理費總和超過約定價值均不表異議。

　　本案待決的主要爭點為：

1. 原告是否有權獲償這兩次預估修理費超過約定價值之接續損失或者是否此可獲償之保險金侷限於系爭船舶之約定價值？

2. 是否 IYC 第 16 條第 3 項適用於接續部分損失之求償，因而被告得以於保險期間終止時，侷限未修理損失之責任至系爭承保船舶之約定價值？

　　儘管第一次和第二次損失之預估修理費總和超出船舶約定價值，原告堅稱有權求償該總和，並尋求主張 MIA 1906 第 77 條第 1 項、第 2 項。被告則抗辯對這兩次於保險終止時仍未修理之部分損失補償額之衡量，除非保單另行規定，仍受 MIA 1906 第 69 條第 3 項之限制。被告進一步申辯，即使第 69 條第 3 項不適用，惟因第 69 條之「尚待任何明示保單條款 (subject to any express provision in the policy)」之條文規定，則 IYC 第 16 條

---

⑤⑤⓪ 並請參考 MIA 1906 第 77(2) 條。

⑤⑤① Cf：MIA 1906 第 77(1) 條。

應屬有效。

商業法庭最後判決原告被保險人敗訴，其主要理由為：

1. MIA 1906 第 69 條目的之一，係陳述對船舶部分損失補償之衡量方法，而對未修理分損之衡量方法，乃根據系爭船舶合理的減損價值；既然船舶價值經雙方意定並明示於保險契約，該減損價值理應根據約定價值計算，而非為完好船舶價值，乃因契約雙方同意以該約定價值為所有損失之計算標準。

2. MIA 1906 第 77 條第 1 項之效力並不逾越 (override) 第 69 條第 3 項，因而並未移除補償額之限制為約定價值之規定，此二條文並未相互衝突，因而第 77 條第 1 項僅於「接續已修復損失 (successive repaired losses)」時之情形，才得以與第 69 條第 3 項為相容解讀。

3. IYC 第 16 條並未採用與 MIA 1906 第 69 條第 3 項相異的方法來衡量未修理損失之給付金額，且在缺少保單明示條款規定該連續未修理損失之減損價值應予以分開計算之下，因而原告提出關於第 16 條連續未修理損失之減損價值應予以分開計算且各次單獨海損之減損價值之限制為該船舶之約定價值，應予駁回。

此外，作者認為海上保險之基本精神，在於其為損失補償保險契約，而非獲利之契約，任何船舶損失之補償額均不應逾越約定價值，若為不足額保險 (under insurance) 則不應超過保險金額。若未與 MIA 1906 其他條文共同詮釋，根據 MIA 1906 第 77 條第 1 項，即使多次接續損失之總額超過保險金額，原告被保險人應有權求償該兩次未修理之接續損失，這是當初 MIA 1906 起草人 Sir Charmers 所料未及的語句上疏忽。惟根據 The Catariba 案，MIA 1906 第 77 條第 1 項並不適用於「未修理的」接續損失，因而第 77 條第 1 項理應修正為：

「除非保單另行規定，且需合於本法其他條文規定，保險人應對『已修理的』接續損失負責，即使該等損失總額可能超過保險金額。」

但因第 77 條第 1 項具「除非保單另行規定」的字句，屬任意法，提供雙方對保單條款商議的彈性空間,且根據第 91 條第 2 項對普通法之適用保留條文，則仍可以判例法 (case law) 如 The Catariba 案判決，來補強 MIA 1906 第 77 條第 1 項之不足。

B.未修復分損之後接續全損

本法第 139 條第 3 項規定:

「保險期間內，船舶部分損害未修復前，即遭遇全損者，不得再行請求前項部分損害未修復之補償額。」

而英國 MIA 1906 第 77 條第 2 項規定:

「同一份保險契約下，如未修理或未回復原狀之部分損失之後，接續發生全損，則被保險人僅能求償該全損。」❺❺❷

但是 MIA 1906 保留保險人對被保險人因採取損害防阻作為而產生合理費用之補償責任。第 77 條但書規定:

「本條規定均不應影響保險人於損害防阻條款下之責任。」

因為根據第 78 條第 1 項,損害防阻條款被視為海上保險契約之補充契約 (deemed to be supplementary to the contract of insurance)，亦即視為另立於保險契約外之獨立契約。因而，雖然被保險人不得求償該未修理損失，但保險人對被保險人於保險事故發生當時或之後，為避免或減輕保險事故所致之損害而生之合理損害防阻費用，應予補償。目前協會船舶險條款均將此情形於 IHC 2003 第 9 條、ITCH 95 第 11 條第 6 項和 IVCH 95 第 9 條第 6 項規定得非常清楚，此理論也見於本法第 130 條第 2 項。

(A)合併原則 (doctrine of merger)

根據修正說明，「船舶遭遇全損者，即按全損賠償，自不得再行請求部分損害未修復之補償額」，按其語意，似乎該全損僅限保險事故導致之全

---

❺❷ 參考 Livie v. Janson (1810) 12 East 648 案及 ITCH 95 第 18.2 條和 IVCH 95 第 16.2 條。

損，若該全損非為保險事故所致，則被保險人是否得以請求依第 139 條第 2 項計算之未修復損害補償額？ 若船舶係因保險事故而遭致單獨海損，於同一保險契約有效期間，之後接續發生非保險事故所致之全損，若該單獨海損已予以修理，則根據損失補償原則，毫無疑問，該部分損失將得以獲得理賠。但若該部分損失未予以修理，則保險人的補償責任，一直到保險契約期間結束時才產生。若保險契約結束前發生全損之情況，則該部分損失為全損所吞蝕。於 British and Foreign Insurance Co Ltd v. Wilson Shipping Co. Ltd. 案法院闡釋❸：

「若肇因於海洋危險之損失已被修理，不論接續損失之議題，已支出之修復費用將得以依本保險獲償，若修理作業尚未施行，則保險人之責任直到本保險結束時才產生，而保險結束前發生全損之情況，則此分損為全損所吞蝕 (swallowed up)。」

該未修理之部分損失，已為全損所吸收，而屬不可獲償，因為對船舶所有人來說，該部分損失已成是可有可無之事❹，被保險人之權益並未受該未修復損失而受損，被保險人之地位正如同該未修復損失從未發生一般❺。因而即使該全損無法獲償，如因非承保事故所致，該未修理之單獨海損仍被此全損所吸攝，這些於 IHC 2003 第 20 條第 2 項、ITCH 95 第 18 條第 2 項和 IVCH 95 第 16 條第 2 項都規定得相當清楚，如 ITCH 95 第 18 條第 2 項文義規定「無論為本保險承保與否 (whether or not covered under this insurance)」。簡言之，不論接續全損是否得以獲償，該未修復損失已為全損所合併，屬絕對不可獲償。

(B)同一份保險契約

MIA 1906 第 77 條第 2 項之合併原則，僅於「同一份保險單」發生接

---

❸ [1921] 1 AC 188, HL.

❹ Livie v. Janson (1810) 12 East 648.

❺ Knight v. Faith (1805) 15 QB 649.

續全損之情況適用，而 IHC 2003 第 20 條第 2 項、ITCH 95 第 18 條第 2 項和 IVCH 95 第 16 條第 2 項均再次重申此論點之重要性而規定「……於『本保險』之承保或延長期間 (during the period covered by "this" insurance or any extension thereof)」，蓋因「合併原則」之前提要件即為「同一保險單期間」。本法第 139 條第 3 項則僅謂「保險期間內……」，並未釐清是否需為同一份保險契約之保險期間內。

於 Lidgett v. Secretan❺❺❻案，系爭船舶論程保險單之保險期間為自倫敦至印度加爾各答到達後 30 天，此為第一份保險單，而緊接第一份保險單之後包括回程為第二份保險單。於第一份保險單保險期間船舶擱淺，但藉由將海水汲出船艙而能安全抵達目的港加爾各答並卸下船貨。稍後船舶進塢修理，於修理期間 30 天到期，稍後船舶因失火而全損。因這兩次保險事故分別發生於兩份不同保險契約，所以並無接續全損合併損失之議題，法院因此判決除第二份保險契約之全損補償外，被告保險人尚需為第一份保險單之已修復和未修復損失負補償之責。被告同時為這兩份保險單保險人之事實於本例案情並不相關，重要為該全損是否為於同一份保險契約保險期間內接續發生。依本案判決，重要的時間點為保險事故發生之時間，而非損害產生之時間，即使保險期間到期前最後一秒發生如失火之保險事故，稍後火勢無法為船員所控制而一發不可收拾，導致船舶全損，雖然全損成就於保險期間外，而船長、海員也已善盡損害防阻義務，如無其他除外責任，保險人仍需對此全損負補償責任。「同一份保險單」，無疑應為接續全損合併原則適用之要件，雖然本法並未明定，理應依此詮釋。

(3)建議

根據以上論述，作者建議如下：

A.本法第 139 條應考慮增列「除保單另行規定」之任意法規定，以保留彈性之商業空間，則保險契約雙方得以依「契約自由」原則，根據雙方實

---

❺❺❻ (1871) LR 6 CP 616.

際需求約定船舶分損之補償計算方法。

B.本法第 139 條第 2 項應考慮釐清未修復損害「所估計之合理修復費用」之計算時間點為「未修復損害應已修復之時」,而「減少之市價」之計算時間點為「保險期間終止時」。

C.本法第 139 條應考慮規範船舶損失於保險期間終止未予修理,且「以損壞之船況出售」之未修理損失補償額之計算標準。可參照英國判例 Pitman v. The Universal Marine Insurance 案,以「出售價格」為損壞之船舶價值。

D.本法第 139 條應考慮規範「接續分損」之議題,可參照 MIA 1906 第 77 條第 1 項與英國判例 The Catariba 案,增訂「除非保單另行規定,且需合於本法條文規定,保險人應對『已修理』的接續損失負責,即使該等損失總額可能超過保險金額。」

E.本法第 139 條第 3 項接續全損之「合併原則」應考慮釐清僅適用於「同一份保險契約」,以落實「合併原則」。

㈡全損

全損者,包括真實全損 (actual total loss)、擬制全損 (constructive total loss)[557]及協議全損 (arranged total loss)。

1.真實全損

真實全損係指:

(1)標的全部滅失 (destroyed)[558]:保險標的毀壞成殘骸[559];如船板、設備毀壞而散落於海中[560];毀壞成一塊塊船板而無從回復原來船舶之情狀;如船舶失蹤,亦即一段合理期間未聽聞其蹤,則推定為真實全損[561]。

---

[557] 保險法第 74 條;MIA 1906, s. 56(2).

[558] 保險法第 74 條前段。

[559] Cambridge v. Anderton (1824) 2 B&C 691.

[560] Bell v. Nixon (1816) Holt NP 423.

(2)標的失去承保原物之性質 (so damaged as to cease to be a thing of the kind insured)：如貨物保險標的為供人類食用之馬鈴薯一批，於保險期間因受保險事故致使馬鈴薯全數發芽,經鑑定具有毒素反應而無法供人類食用，係失去原物之性質而無從回復其性質；又如貨物保險標的為蘇格蘭威士忌,因保險事故致酒瓶破裂,酒精與空氣中氧氣產生化學變化而成酒醋，失去原物之性質；又如水泥灰遇海水而結塊，失去原物之性質等。至於酒瓶上之標籤遇海水而抹消，致無從辨識其品牌，如有損失，則為分損而非真實全損❺❻❷。

(3)被保險人對標的之占有永久無可回復 (the assured is irretrievably deprived thereof)❺❻❸。如保險標的被偷、被盜、被侵占。如失而復得，則視為保險事故未發生。

　　如被保險人請求真實全損，而相關證據僅顯示構成分損，則被保險人得獲償分損❺❻❹。

2.擬制全損

　　擬制全損係指：

(1)因標的不能修復或其費用大於修復後之市價❺❻❺，而委付保險標的於保險人：前者為事實上不能，例如現有工藝或技術無法修復而回復標的原狀；後者為經濟上不能，沒有修理而回復原狀之經濟上效益。

(2)因真實全損無可避免而委付標的於保險人 ❺❻❻，而視其為真實全損。本法法定船舶保險、貨物保險及運費保險等委付事由存在諸多可以修正之空

---

❺❻❶ MIA 1906, s. 58.

❺❻❷ MIA 1906, s. 56(5).

❺❻❸ MIA 1906, s. 57.

❺❻❹ MIA 1906, s. 56(4).

❺❻❺ 保險法第 74 條後段。

❺❻❻ 海商法第 142～第 145 條；MIA 1906, s. 60(1).

間，以本法第 143 條船舶保險之委付事由為例，混淆真實全損與擬制全損之界線，如下：

A.船舶被捕獲：保險標的船舶被船籍國之交戰敵國所捕獲而判決沒入、拍賣，係要保人對標的之占有、控制永久無可回復，應係真實全損❺❻❼。於船舶被捕獲而判決沒入、拍賣前，才有因真實全損無可避免而委付標的於保險人之必要，而視為真實全損（擬制全損）。

B.不能為修繕或修繕費用超過保險價額：體系觀察，此保險價額所指應為第 134 條定值保險之「約定價值」❺❻❽。IHC 2003 採取和挪威實務條款 (Norwegian Plan of 1996, v. 2003) 及瑞典實務條款 (General Swedish Hull Insurance Conditions 2000, amended 2008) 相同作法，修繕費用超過 80% 承保價值 (insured value)，即是於定值保險下修繕費用超過 80% 約定價值 (agreed value) 為擬制全損，以提高便利性和經濟效益，而無須超過 100% 的約定價值。

C.船舶行蹤不明 (missing ship)：一段合理期間未聽聞船蹤，推定為真實全損，而非擬制全損，已如前揭。

D.船舶被刑事或行政扣押：如致沒入、拍賣，則要保人對標的之占有、控制永久無可回復，應屬真實全損❺❻❾，否則為擬制全損。

(3)委付效果

　　擬制全損，視為真實全損，被保險人得請求如同真實全損之保險金，但其殘餘物有一定價值，如被保險人繼續保有殘餘物上權利，則牴觸損失補償原則，因此衍生委付制度，被保險人應向保險人拋棄並移轉標的物權。

---

❺❻❼ MIA 1906, s. 57; Arnold's , 17th edition, 2008, p. 1326.

❺❻❽ 實務條款如 ITCH 83 and ITCH 95, cl. 19.1 將 MIA 1906, s. 60(2)(ii) 的 repaired value（修繕後價值）修改為 insured value（承保價值，即是約定價值 agreed value）。

❺❻❾ Arnold's, 17th edition, 2008, p. 1326; MIA 1906, s. 57.

如有擬制全損之情形❺⓻⓿，被保險人得遞送委付通知予保險人，拋棄保險標的予保險人，而能請求如同真實全損之保險金❺⓻❶。如保險人承諾接受委付而法律上之要件又均符合❺⓻❷，則保險人有權利取得標的溯及至事故之時起之物權❺⓻❸。如係以所有權之保險利益投保，保險人行使權利取得該標的所有權，任何權利❺⓻❹如運費❺⓻❺及所有責任❺⓻❻如救助報酬債務及各種形式之擔保物權，自事故之時起全數移轉予保險人。委付制度同等適用於不論海上或非海上損失補償保險之真實全損情形，如於標的失去原物之性質係真實全損，而仍存在殘餘物之情形，除無須委付通知外❺⓻❼，其委付如同海上保險之擬制全損❺⓻❽，以貫徹損失補償原則。

因此，委付制度係物權代位，其內容應視拋棄該物權被保險人對標的享有之物權內涵而定，如係以所有權利益投保，則如保險人承諾接受委付，溯及自事故之日起，保險人繼受所有權；但如抵押權人以抵押權而生之保險利益投保，則保險人繼受者為關於抵押權暨抵押權而生之利益。因此，本法第 142 條謂「一切權利」，而第 147 條第 1 項謂「標的物視為保險人所有」，指向所有權，應係有誤。

有效之委付，如保險人承諾或保險人不允諾而訴請法院裁判確認❺⓻❾，

---

❺⓻⓿ *海商法第 143 條至第 145 條*；MIA 1906, s. 60.

❺⓻❶ The MIA 1906, s. 61.

❺⓻❷ See the MIA 1906, s. 62.

❺⓻❸ The MIA 1906, s. 63(1).

❺⓻❹ The MIA 1906, s. 63(1).

❺⓻❺ The MIA 1906, s. 63(2).

❺⓻❻ London Assurance Corporation v. Williams (1892) 9 T.L.R. 96, 257.

❺⓻❼ The MIA 1906, s. 57(2).

❺⓻❽ Per Brett LJ in Kaltenbach v. Mackenzie (1878) 3 C.P.D. 467, 471; Per Blackburn J in Rankin v. Potter (1873) L.R. 6 H.L. 83, 118.

❺⓻❾ *海商法第 148 條。*

視為真實全損，無效或保險人不承諾，則以分損處理❺⑧⓪。

3.協議全損 (arranged total loss)

標的雖未達到真實或擬制全損之情形，當事人間同意以真實全損處理損失，或保險人不承諾委付受讓標的物權，又不願以分損處理，但同意以真實全損處理。如保險人接受被保險人委付，溯及事故之日受讓物權，如被保險人對保險標的之物權內涵係所有權，如以所有權保險利益投保之情形，則繼受所有權之效果，及於因物之所有權而生之責任，例如船舶發生事故而致海洋環境污染基於所有權人身分而應擔負之民事、刑事及行政責任，保險人衡量物權之利益及所生責任後，兩相權衡，若繼受則弊多於利，則拒絕承諾委付，而以協議全損代之。

英國 MIA 1906 第 63 條第 1 項則規定保險人「得取得標的」之物權而非如同我國法之當然繼受，顯然較符合委付需經保險人承諾之自主意思考量，於欠缺公共利益之因素，應無理由強制保險人繼受標的殘餘物權，應據以修法。

第六節　共同海損

一　共同海損制度起源及性質

共同海損制度遠至希臘羅得海法即已存在 (Digest of Justinian)，係古老的海事法制度，在海上保險制度未發明前，對於海上事故之處理成本，由所有受益之財產所有人如船舶、貨物、油料等所有權人及運費權利人等分擔。爾後，以商人法之商業習慣存在，直到 19 世紀末期開啟國際同化，1860 年 9 月英國社會科學倡議組織 (National Association for Promotion of Social Science) 於英國格拉斯哥召開國際會議而達成共同海損國際同化之共識。1864 年於約克 (York) 會議，作成 11 條共同海損規則，稱為約克規

---

❺⑧⓪ MIA 1906, s. 62(1).

則。於 1877 年於安特衛普，加入第 12 條規則，稱約克及安特衛普規則 (The York and Antwerp Rules)，於 1890 年於利物浦進一步修正，而為 1890 年約克安特衛普規則 (York-Antwerp Rules 1890)。近代則於第二次世界大戰後，由 CMI 接手修正，於 1950、1974、1990、1994、2004 及 2016 年經多次修正❺⑧❶。2016 年約安規則，內含字母規則 7 個條文，數字規則 23 個條文。現行海商法共同海損章於 1999 年修正時，係援參 1974 年約克安特衛普規則。

約克安特衛普規則 (約安規則)，不是國際公約，並無公約生效對締約國之法律拘束力，係共同海損利害關係人權利義務合理分配之模範，而以軟法性質存在之國際模範法，不具法律效力，有待國家援參為內國立修法，如歐陸法系之德國、日本、臺灣援參編入海商法，或於海洋法系，則交由當事人約定以之為共同海損理算之依據，常見於運送單據、傭船契約及海上保險契約。

共同海損行為 (general average act)，產生共同海損犧牲 (general average sacrifice) 或共同海損費用 (general average expenditure)，而由利害關係人分攤，稱共同海損分攤 (general average contribution)。於海上保險，共同海損犧牲，如基於保險事故所致，同一般分損，被保險人得以向保險人請求被犧牲價值之保險金，保險人再依保險代位制度向應負民事責任第三人追償。共同海損費用，被保險人得以向保險人請求其應比例分攤之費用損失。

二 共同海損制度之利弊及存廢

海上財產所有人當船舶航行海上，形成危險共同團體之夥伴關係，基於衡平原則，共同海損行為後，所產生之共同海損犧牲 (general average sacrifice) 或共同海損費用，由被保全財產所有人按其價值比例分攤。

❺⑧❶ Charles, Black and Grant, The Law of Admiralty, 2nd edition, 1975.

　　傳統雜貨船及貨櫃船件貨運送所涉貨方，往往上千百計算，特別是貨櫃船超大型化後，如裝載 18,000 個貨櫃，所涉貨方上萬計。因此，共同海損分擔之理算，係耗費相當時間及成本。國際實證統計顯示❷，共同海損理算之準備時間，包括自各方收集文件如運送單據、海事公證報告、財產價值或鑑定證明等，34% 案件費時 2 年以下，33% 費時 2 年至 7 年；可責於船舶所有人之過失者達 59%；貨方分擔比例占 55.3%，船方 44.5%；分擔之明細，理算報酬占 11.5%，佣金及利息占 11.3%，海難救助報酬占 40.3%。因此，共同海損制度之存廢，屢屢受到質疑與挑戰，特別是貨方❸，因為貨方分擔比例最多超過 55%，而導致共同海損行為之事故，又多達 59% 是可責於船舶所有人之過失，人事成本亦高達 22.8%。例如 2004 年約安規則，居於海難救助報酬所占比例最高，且係海上保險實務承保之費用風險而排除海難救助報酬為分擔費用，但是受到既得利益船方之抵制，又於 2016 年約安規則，將救助報酬調整後恢復其分擔。又例如 2016 年約安規則賦予理算師裁量權，對於小額或價值較低之貨物，如分擔成本大於其價值，則可不將其列入分擔。

　　共同海損犧牲或共同海損費用，係海上保險實務承保之費用風險，因此，產生共同海損及海上保險雙重成本，解決同一件海上事故。據上理由，共同海損制度係非常不具經濟效率之風險分擔制度，理算時間冗長，理算費用遠比保險制度的保費為高，可以完全由同屬風險分攤制度的保險所替代。因此，船舶保險實務亦發展出「共同海損吸收條款」(G. A. Absorption Clause) 或俗稱「小額共同海損條款」(Small G. A. Clause)，在約定一定金額範圍內的共同海損，完全由船舶保險人補償而不宣告共同海損的被保險人（船舶所有人），不向分擔義務人請求。共同海損制度，有其航海冒險之

---

❷ Matthew Marshall, General Average－the figures and their relation to the debate on reform, UMI Conference, Singapore, 12–16 September 2004.

❸ UNCTAD, General Average, A Preliminary Review, UN DOC 91–51506, 1991.

歷史背景，於歷次檢討共同海損制度之約安規則修正，最大受益之船舶所有人，顯然不願放棄歷史留存給予之既得利益。

從我國實證統計❺❽❹，海商事件中，共同海損案件僅占 1%，而不具法律應具之普遍性要件。因此在有限的立法、社會資源下，是否還需將共同海損制度成文於海商法典，或恢復其原有模範法本質而應如同海洋法系交由當事人於運送契約或保險契約約定之，實係有趣之議題。

三　共同海損行為定義與要件

現行法係援參 1974 年約安規則，因此其解釋與適用應與 1974 年版本同。如當事人約定為準據法之內國法或理算規則與約安規則牴觸，則約安規則具有排他而優先適用之效力。又除約安規則條文有明文或數字規則有規定外，應依字母規則理算❺❽❺，亦即數字規則為分則，字母規則為總則，分則數字規則應優先於總則字母規則。

共同海損制度最重要者，為共同海損成立之要件，如要件符合，則開啟或進入共同海損分擔程序，由共同海損理算師執行其業務，做成共同海損理算報告 (General Average Statement)，交由利害關係人分擔之。反之，如要件不符，即無後續之分擔。成立與否係法律人之施力點，而成立後之分擔，則係專門職業人員如英國、美國共同海損理算師或我國海事保險公證人之執業範圍。共同海損理算報告耗費數年時間與成本，涉入諸多專業人士協力之結果如驗船師、公證人、鑑價師、保險經紀人、船舶經紀人、理算師、律師等，法院在無明顯反證或確切反對理由之下，通常信賴專家之鑑定結果，因此訴訟實務，共同海損之爭，多係成立要件之爭❺❽❻。

依本法第 110 條，共同海損行為之成立要件，包括：

---

❺❽❹ 請參本書第一章第四節「海商判決實證量化統計分析」。

❺❽❺ Rule of Interpretation, York-Antwerp Rules 1974 and 2016.

❺❽❻ 如 79 年臺上字第 1658 號及 82 年臺上字第 73 號判決。

㈠全體財產陷於共同海上航程之危險：全體財產應陷於共同危險，如僅對
　貨物或船舶單方危險，則欠缺危險共同團體之夥伴利益或衡平利益。

㈡為共同安全為目的：共同海損行為後效果，係為保全全體財產之安全。
　事故之危險不以立即之危險為限，潛在之危險已足。危險是否係潛在危
　害全體財產之危險，發生事故時係由專業之船長依其專業判斷之，而決
　定是否施行共同海損行為。

㈢故意及合理之處分：共同海損行為當然係故意行為，惟其處分應具合理
　性。約安規則將其列名為至上規則 (Rule Paramount)，除非犧牲或費用具
　合理性，否則不予分擔，可見合理性要件之重要性。發生事故時由專業
　之船長依其專業判斷為潛在危險後，復又依其專業判斷是否要施行共同
　海損犧牲或產生共同海損費用，例如船舶擱淺危害全體財產安全，為使
　重浮脫淺，船長可考量將船上貨物、設備拋海以減輕船重，或請拖船拖
　帶或海難救助，所生之成本高低差異極大，而關係分擔義務人之分擔範
　圍，因此船長往往陷入事前選擇或事後被質疑之困境。

㈣額外犧牲或費用：共同海損行為所致之犧牲或費用，必須是具有額外性
　質 (extraordinary)，只要是船舶所有人、船長於航行或管理船舶之通常行
　為，不得認為共同海損行為❺❽❼。

㈤處分應有效果：處分行為應有船舶、貨物等財產被保全，否則即無分擔
　義務人，約安規則未有明文，係邏輯推演之必然結果。

四　共同海損分擔

　　共同海損分擔主要原則有二：「比例分擔原則」，以各被保存財產價值
與共同海損總額之比例，由各利害關係人分擔之。因共同海損行為所犧牲
而獲共同海損補償之財產，亦應參與分擔❺❽❽。「理算不論過失原則」，共同

---

❺❽❼ Kemp v. Halliday (1866) 6 B&S. 723.

❺❽❽ 海商法第 111 條。

海損因利害關係人之過失所致者，各關係人仍應分擔之。但不影響其他關係人對過失而應負責之人之賠償請求權[589]。

其他應注意者為：無分擔權，但負分擔義務之貨物，包括第 116 條至第 119 條第 1 項明文之貨物；貨物價值不實聲明分擔額、補償額之限制[590]；有分擔權，但無分擔義務之財產[591]。上揭分擔義務人，均具委棄財產予分擔權利人之權利，而能免除分擔義務[592]。分擔權利人如船舶所有人，其分擔債權受應分擔財產之擔保，而對之有留置權[593]。

五 起訴期間

因共同海損所生之債權，自計算確定之日起，即共同海損理算報告作成之日起算，經過一年不行使而債權消滅。如同本書前揭本法或各式公約所規定之「起訴期間」，性質相當程序法上法定期間，期間經過權利人失權，其性質請詳參本書前揭。

---

[589] 海商法第 115 條。

[590] 海商法第 119 條第 2 項。

[591] 海商法第 120 條。

[592] 海商法第 124 條。

[593] 海商法第 122 條。

1924 *INTERNATIONAL CONVENTION FOR THE UNIFICATION OF CERTAIN RULES OF LAW RELATING TO BILLS OF LADING AND PROTOCOL OF SIGNATURE*

Adopted in Brussels on 25 August 1924

The President of the German Republic, the President of the Argentine Republic, His Majesty the King of the Belgians, the President of the Republic of Chile, the President of the Republic of Cuba, His Majesty the King of Denmark and Iceland, His Majesty the King of Spain, the Head of the Estonian State, the President of the United States of America, the President of the Republic of Finland, the President of the French Republic, His Majesty the King of the United Kingdom of Great Britain and Ireland and of the British Dominions beyond the Seas, Emperor of India, His Most Supreme Highness the Governor of the Kingdom of Hungary, His Majesty the King of Italy, His Majesty the Emperor of Japan, the President of the Latvian Republic, the President of the Republic of Mexico, His Majesty the King of Norway, Her Majesty the Queen of the Netherlands, the President of the Republic of Peru, the President of the Polish Republic, the President of the Portuguese Republic, His Majesty the King of Romania, His Majesty the King of the Serbs, Croats and Slovenes, His Majesty the King of Sweden, and the President of the Republic of Uruguay,

HAVING RECOGNIZED the utility of fixing by agreement certain uniform rules of law relating to bills of lading,

HAVE DECIDED to conclude a convention with this object and have appointed the following Plenipotentiaries:

WHO, duly authorized thereto, have agreed as follows:

ARTICLE 1

In this Convention the following words are employed with the meanings set out below:

(a) "Carrier" includes the owner or the charterer who enters into a contract of carriage with a shipper.

(b) "Contract of carriage" applies only to contracts of carriage covered by a bill of lading or any similar document of title, in so far as such document relates to the carriage of goods by sea, including any bill of lading or any similar document as aforesaid issued under or pursuant to a charter party from the moment at which such bill of lading or similar document of title regulates the relations between a carrier and a holder of the same.

(c) "Goods" includes goods, wares, merchandise and articles of every kind whatsoever except live animals and cargo which by the contract of carriage in stated as being carried on deck and is so carried.

(d) "Ship" means any vessel used for the carriage of goods by sea.

(e) "Carriage of goods" covers the period from the time when the goods are loaded on to the time they are discharged from the ship.

ARTICLE 2

Subject to the provisions of Article 6, under every contract of carriage of goods by sea the carrier, in relation to the loading, handling, stowage, carriage, custody, care and discharge of such goods, shall be subject to the responsibilities and liabilities, and entitled to the rights and immunities hereinafter set forth.

ARTICLE 3

1. The carrier shall be bound before and at the beginning of the voyage to exercise due diligence to:

   (a) Make the ship seaworthy.

   (b) Properly man, equip and supply the ship.

   (c) Make the holds, refrigerating and cool chambers, and all other parts of the ship in which goods are carried, fit and safe for their reception, carriage and preservation.

2. Subject to the provisions of Article 4, the carrier shall properly and carefully load, handle, stow, carry, keep, care for, and discharge the goods carried.

3. After receiving the goods into his charge the carrier or the master or agent of the carrier shall, on demand of the shipper, issue to the shipper a bill of lading showing among other things:

(a) The leading marks necessary for identification of the goods as the same are furnished in writing by the shipper before the loading of such goods starts, provided such marks are stamped or otherwise shown clearly upon the goods if uncovered, or on the cases or coverings in which such goods are contained, in such a manner as should ordinarily remain legible until the end of the voyage.

(b) Either the number of packages or pieces, or the quantity, or weight, as the case may be, as furnished in writing by the shipper.

(c) The apparent order and condition of the goods.

Provided that no carrier, master or agent of the carrier shall be bound to state or show in the bill of lading any marks, number, quantity, or weight which he has reasonable ground for suspecting not accurately to represent the goods actually received, or which he has had no reasonable means of checking.

4. Such a bill of lading shall be prima facie evidence of the receipt by the carrier of the goods as therein described in accordance with paragraph 3(a), (b) and (c).

5. The shipper shall be deemed to have guaranteed to the carrier the accuracy at the time of shipment of the marks, number, quantity and weight, as furnished by him, and the shipper shall indemnity the carrier against all loss, damages and expenses arising or resulting from inaccuracies in such particulars. The right of the carrier to such indemnity shall in no way limit his responsibility and liability under the contract of carriage to any person other than the shipper.

6. Unless notice of loss or damage and the general nature of such loss or damage be given in writing to the carrier or his agent at the port of discharge before or at the time of the removal of the goods into the custody of the person entitled to delivery thereof under the contract of carriage, or, if the loss or damage be not

apparent, within three days, such removal shall be prima facie evidence of the delivery by the carrier of the goods as described in the bill of lading.

If the loss or damage is not apparent, the notice must be given within three days of the delivery of the goods.

The notice in writing need not be given if the state of the goods has, at the time of their receipt, been the subject of joint survey or inspection.

In any event the carrier and the ship shall be discharged from all liability in respect of loss or damage unless suit is brought within one year after delivery of the goods or the date when the goods should have been delivered.

In the case of any actual or apprehended loss or damage the carrier and the receiver shall give all reasonable facilities to each other for inspecting and tallying the goods.

7. After the goods are loaded the bill of lading to be issued by the carrier, master, or agent of the carrier, to the shipper shall, if the shipper so demands, be a "shipped" bill of lading, provided that if the shipper shall have previously taken up any document of title to such goods, he shall surrender the same as against the issue of the "shipped" bill of lading, but at the option of the carrier such document of title may be noted at the port of shipment by the carrier, master, or agent with the name or names of the ship or ships upon which the goods have been shipped and the date or dates of shipment, and when so noted, if it shows the particulars mentioned in paragraph 3 of Article 3, shall for the purpose of this Article be deemed to constitute a "shipped" bill of lading.

8. Any clause, covenant, or agreement in a contract of carriage relieving the carrier or the ship from liability for loss or damage to, or in connexion with, goods arising from negligence, fault, or failure in the duties and obligations provided in this Article or lessening such liability otherwise than as provided in this Convention, shall be null and void and of no effect. A benefit of insurance in favour of the carrier or similar clause shall be deemed to be a clause relieving the carrier from liability.

ARTICLE 4

1. Neither the carrier nor the ship shall be liable for loss or damage arising or resulting from unseaworthiness unless caused by want of due diligence on the part of the carrier to make the ship seaworthy and to secure that the ship is properly manned, equipped and supplied, and to make the holds, refrigerating and cool chambers and all other parts of the ship in which goods are carried fit and safe for their reception, carriage and preservation in accordance with the provisions of paragraph 1 of Article 3. Whenever loss or damage has resulted from unseaworthiness the burden of proving the exercise of due diligence shall be on the carrier or other person claiming exemption under this Article.

2. Neither the carrier nor the ship shall be responsible for loss or damage arising or resulting from:

   (a) Act, neglect, or default of the master, mariner, pilot, or the servants of the carrier in the navigation or in the management of the ship.

   (b) Fire, unless caused by the actual fault or privity of the carrier.

   (c) Perils, dangers and accidents of the sea or other navigable waters.

   (d) Act of God.

   (e) Act of war.

   (f) Act of public enemies.

   (g) Arrest or restraint or princes, rulers or people, or seizure under legal process.

   (h) Quarantine restrictions.

   (i) Act or omission of the shipper or owner of the goods, his agent or representative.

   (j) Strikes or lockouts or stoppage or restraint of labour from whatever cause, whether partial or general.

   (k) Riots and civil commotions.

   (l) Saving or attempting to save life or property at sea.

   (m) Wastage in bulk or weight or any other loss or damage arising from inherent defect, quality or vice of the goods.

(n) Insufficiency of packing.

(o) Insufficiency or inadequacy of marks.

(p) Latent defects not discoverable by due diligence.

(q) Any other cause arising without the actual fault or privity of the carrier, or without the actual fault or neglect of the agents or servants of the carrier, but the burden of proof shall be on the person claiming the benefit of this exception to show that neither the actual fault or privity of the carrier nor the fault or neglect of the agents or servants of the carrier contributed to the loss or damage.

3. The shipper shall not be responsible for loss or damage sustained by the carrier or the ship arising or resulting from any cause without the act, fault or neglect of the shipper, his agents or his servants.

4. Any deviation in saving or attempting to save life or property at sea or any reasonable deviation shall not be deemed to be an infringement or breach of this Convention or of the contract of carriage, and the carrier shall not be liable for any loss or damage resulting therefrom.

5. Neither the carrier nor the ship shall in any event be or become liable for any loss or damage to or in connexion with goods in an amount exceeding 100 pounds sterling per package or unit, or the equivalent of that sum in other currency unless the nature and value of such goods have been declared by the shipper before shipment and inserted in the bill of lading.

This declaration if embodied in the bill of lading shall be prima facie evidence, but shall not be binding or conclusive on the carrier.

By agreement between the carrier, master or agent of the carrier and the shipper another maximum amount than that mentioned in this paragraph may be fixed, provided that such maximum shall not be less than the figure above named.

Neither the carrier nor the ship shall be responsible in any event for loss or damage to, or in connexion with, goods if the nature or value thereof has been knowingly misstated by the shipper in the bill of lading.

6. Goods of an inflammable, explosive or dangerous nature to the shipment

whereof the carrier, master or agent of the carrier has not consented with knowledge of their nature and character, may at any time before discharge be landed at any place, or destroyed or rendered innocuous by the carrier without compensation and the shipper of such goods shall be liable for all damage and expenses directly or indirectly arising out of or resulting from such shipment. If any such goods shipped with such knowledge and consent shall become a danger to the ship or cargo, they may in like manner be landed at any place, or destroyed or rendered innocuous by the carrier without liability on the part of the carrier except to general average, if any.

ARTICLE 5

A carrier shall be at liberty to surrender in whole or in part all or any of his rights and immunities or to increase any of his responsibilities and obligations under this Convention, provided such surrender or increase shall be embodied in the bill of lading issued to the shipper.

The provisions of this Convention shall not be applicable to charter parties, but if bills of lading are issued in the case of a ship under a charter party they shall comply with the terms of this Convention. Nothing in these rules shall be held to prevent the insertion in a bill of lading of any lawful provision regarding general average.

ARTICLE 6

Notwithstanding the provisions of the preceding Articles, a carrier, master or agent of the carrier and a shipper shall in regard to any particular goods be at liberty to enter into any agreement in any terms as to the responsibility and liability of the carrier for such goods, and as to the rights and immunities of the carrier in respect of such goods, or his obligation as to seaworthiness, so far as this stipulation is not contrary to public policy, or the care or diligence of his servants or agents in regard to the loading, handling, stowage, carriage, custody, care and discharge of the goods carried by sea, provided that in this case no bill of lading has been or shall be issued and that the terms agreed shall be embodied in a receipt which shall be a non-negotiable document and shall be marked as such.

Any agreement so entered into shall have full legal effect.

Provided that this Article shall not apply to ordinary commercial shipments made in the ordinary course of trade, but only to other shipments where the character or condition of the property to be carried or the circumstances, terms and conditions under which the carriage is to be performed are such as reasonably to justify a special agreement.

ARTICLE 7

Nothing herein contained shall prevent a carrier or a shipper from entering into any agreement, stipulation, condition, reservation or exemption as to the responsibility and liability of the carrier or the ship for the loss or damage to, or in connexion with, the custody and care and handling of goods prior to the loading on, and subsequent to, the discharge from the ship on which the goods are carried by sea.

ARTICLE 8

The provisions of this Convention shall not affect the rights and obligations of the carrier under any statute for the time being in force relating to the limitation of the liability of owners of sea-going vessels.

ARTICLE 9

The monetary units mentioned in this Convention are to be taken to be gold value. Those contracting States in which the pound sterling is not a monetary unit reserve to themselves the right of translating the sums indicated in this Convention in terms of pound sterling into terms of their own monetary system in round figures.

The national laws may reserve to the debtor the right of discharging his debt in national currency according to the rate of exchange prevailing on the day of the arrival of the ship at the port of discharge of the goods concerned.

ARTICLE 10

The provisions of this Convention shall apply to all bills of lading issued in any of the contracting States.

ARTICLE 11

After an interval of not more than two years from the day on which the Convention is signed, the Belgian Government shall place itself in communication with the Governments of the High Contracting Parties which have declared themselves prepared to ratify the Convention, with a view to deciding whether it shall be put into force. The ratifications shall be deposited at Brussels at a date to be fixed by agreement among the said Governments. The first deposit of ratifications shall be recorded in a procès-verbal signed by the representatives of the Powers which take part therein and by the Belgian Minister of Foreign Affairs.

The subsequent deposit of ratifications shall be made by means of a written notification, addressed to the Belgian Government and accompanied by the instrument of ratification.

A duly certified copy of the procès-verbal relating to the first deposit of ratifications, of the notifications referred to in the previous paragraph, and also of the instruments of ratification accompanying them, shall be immediately sent by the Belgian Government through the diplomatic channel to the Powers who have signed this Convention or who have acceded to it. In the cases contemplated in the preceding paragraph, the said Government shall inform them at the same time of the date on which it received the notification.

ARTICLE 12

Non-signatory States may accede to the present Convention whether or not they have been represented at the International Conference at Brussels.

A State which desires to accede shall notify its intention in writing to the Belgian Government, forwarding to it the document of accession, which shall be deposited in the archives of the said Government.

The Belgian Government shall immediately forward to all the States which have signed or acceded to the Convention a duly certified copy of the notification and of the act of accession, mentioning the date on which it received the notification.

ARTICLE 13

The High Contracting Parties may at the time of signature, ratification or accession declare that their acceptance of the present Convention does not include any or all of the self-governing dominions, or of the colonies, overseas possessions, protectorates or territories under their sovereignty or authority, and they may subsequently accede separately on behalf of any self-governing dominion, colony, overseas possession, protectorate or territory excluded in their declaration. They may also denounce the Convention separately in accordance with its provisions in respect of any self-governing dominion, or any colony, overseas possession, protectorate or territory under their sovereignty or authority.

ARTICLE 14

The present Convention shall take effect, in the case of the States which have taken part in the first deposit of ratifications, one year after the date of the protocol recording such deposit. As respects the States which ratify subsequently or which accede, and also in cases in which the Convention is subsequently put into effect in accordance with Article 13, it shall take effect six months after the notifications specified in paragraph 2 of Article 11 and paragraph 2 of Article 12 have been received by the Belgian Government.

ARTICLE 15

In the event of one of the contracting States wishing to denounce the present Convention, the denunciation shall be notified in writing to the Belgian Government, which shall immediately communicate a duly certified copy of the notification to all the other States, informing them of the date on which it was received.

The denunciation shall only operate in respect of the State which made the notification, and on the expiry of one year after the notification has reached the Belgian Government.

ARTICLE 16

Any one of the contracting States shall have the right to call for a fresh conference with a view to considering possible amendments.

A State which would exercise this right should notify its intention to the other States through the Belgian Government, which would make arrangements for convening the Conference.

DONE AT Brussels, in a single copy, August 25th, 1924.

Hague-Visby Rules, 1924 Hague Rules as amended by 1968 and 1979 Protocols

Article I
Definitions

In these Rules the following expressions have the meanings hereby assigned to them respectively, that is to say,

(a) "carrier" includes the owner or the charterer who enters into a contract of carriage with a shipper;

(b) "contract of carriage" applies only to contracts of carriage covered by a bill of lading or any similar document of title, in so far as such document relates to the carriage of goods by water, including any bill of lading or any similar document as aforesaid issued under or pursuant to a charter-party from the moment at which such bill of lading or similar document of title regulates the relations between a carrier and a holder of the same;

(c) "goods" includes goods, wares, merchandise and articles of every kind whatsoever, except live animals and cargo which by the contract of carriage is stated as being carried on deck and is so carried;

(d) "ship" means any vessel used for the carriage of goods by water;

(e) "carriage of goods" covers the period from the time when the goods are loaded on to the time they are discharged from the ship.

Article II
Risks

Subject to the provisions of Article VI, under every contract of carriage of goods by water the carrier, in relation to the loading, handling, stowage, carriage, custody, care and discharge of such goods, shall be subject to the responsibilities and liabilities and entitled to the rights and immunities hereinafter set forth.

Article III

Responsibilities and Liabilities

1. The carrier shall be bound, before and at the beginning of the voyage, to exercise due diligence to

   (a) make the ship seaworthy;

   (b) properly man, equip and supply the ship;

   (c) make the holds, refrigerating and cool chambers, and all other parts of the ship in which goods are carried, fit and safe for their reception, carriage and preservation.

2. Subject to the provisions of Article IV, the carrier shall properly and carefully load, handle, stow, carry, keep, care for and discharge the goods carried.

3. After receiving the goods into his charge, the carrier, or the master or agent of the carrier, shall, on demand of the shipper, issue to the shipper a bill of lading showing among other things

   (a) the leading marks necessary for identification of the goods as the same are furnished in writing by the shipper before the loading of such goods starts, provided such marks are stamped or otherwise shown clearly upon the goods if uncovered, or on the cases or coverings in which such goods are contained, in such a manner as should ordinarily remain legible until the end of the voyage;

   (b) either the number of packages or pieces, or the quantity, or weight, as the case may be, as furnished in writing by the shipper;

   (c) the apparent order and condition of the goods:

Provided that no carrier, master or agent of the carrier shall be bound to state or show in the bill of lading any marks, number, quantity, or weight which he has reasonable ground for suspecting not accurately to represent the goods actually received or which he has had no reasonable means of checking.

4. Such a bill of lading shall be prima facie evidence of the receipt by the carrier of the goods as therein described in accordance with paragraphs 3(a), (b) and (c). However, proof to the contrary shall not be admissible when the bill of lading has been transferred to a third party acting in good faith.

5. The shipper shall be deemed to have guaranteed to the carrier the accuracy at the time of shipment of the marks, number, quantity and weight, as furnished by him, and the shipper shall indemnify the carrier against all loss, damages and expenses arising or resulting from inaccuracies in such particulars. The right of the carrier to such indemnity shall in no way limit his responsibility and liability under the contract of carriage to any person other than the shipper.

6. Unless notice of loss or damage and the general nature of such loss or damage be given in writing to the carrier or his agent at the port of discharge before or at the time of the removal of the goods into the custody of the person entitled to delivery thereof under the contract of carriage, or, if the loss or damage be not apparent, within three days, such removal shall be prima facie evidence of the delivery by the carrier of the goods as described in the bill of lading.

The notice in writing need not be given if the state of the goods has at the time of their receipt been the subject of joint survey or inspection.

Subject to paragraph 6bis the carrier and the ship shall in any event be discharged from all liability whatsoever in respect of the goods, unless suit is brought within one year of their delivery or of the date when they should have been delivered. This period may, however, be extended if the parties so agree after the cause of action has arisen. In the case of any actual or apprehended loss or damage the carrier and the receiver

shall give all reasonable facilities to each other for inspecting and tallying the goods. 6.bis An action for indemnity against a third person may be brought even after the expiration of the year provided for in the preceding paragraph if brought within the time allowed by the law of the Court seized of the case. However, the time allowed shall be not less than three months, commencing from the day when the person bringing such action for indemnity has settled the claim or has been served with process in the action against himself.

7. After the goods are loaded the bill of lading to be issued by the carrier, master or agent of the carrier, to the shipper shall, if the shipper so demands, be a "shipped" bill of lading, provided that if the shipper shall have previously taken

up any document of title to such goods, he shall surrender the same as against the issue of the "shipped" bill of lading, but at the option of the carrier such document of title may be noted at the port of shipment by the carrier, master, or agent with the name or names of the ship or ships upon which the goods have been shipped and the date or dates of shipment, and when so noted the same shall for the purpose of this Article be deemed to constitute a "shipped" bill of lading.

8. Any clause, covenant or agreement in a contract of carriage relieving the carrier or the ship from liability for loss or damage to or in connection with goods arising from negligence, fault or failure in the duties and obligations provided in this Article or lessening such liability otherwise than as provided in these Rules, shall be null and void and of no effect.

A benefit of insurance or similar clause shall be deemed to be a clause relieving the carrier from liability.

Article IV
Rights and Immunities

1. Neither the carrier nor the ship shall be liable for loss or damage arising or resulting from unseaworthiness unless caused by want of due diligence on the part of the carrier to make the ship seaworthy, and to secure that the ship is properly manned, equipped and supplied, and to make the holds, refrigerating and cool chambers and all other parts of the ship in which goods are carried fit and safe for their reception, carriage and preservation in accordance with the provisions of paragraph 1 of Article III. Whenever loss or damage has resulted from unseaworthiness, the burden of proving the exercise of due diligence shall be on the carrier or other person claiming exemption under this article.

2. Neither the carrier nor the ship shall be responsible for loss or damage arising or resulting from
   (a) act, neglect, or default of the master, mariner, pilot or the servants of the carrier in the navigation or in the management of the ship;

(b) fire, unless caused by the actual fault or privity of the carrier;

(c) perils, dangers and accidents of the sea or other navigable waters;

(d) act of God;

(e) act of war;

(f) act of public enemies;

(g) arrest or restraint of princes, rulers or people, or seizure under legal process;

(h) quarantine restrictions;

(i) act or omission of the shipper or owner of the goods, his agent or representative;

(j) strikes or lock-outs or stoppage or restraint of labour from whatever cause, whether partial or general;

(k) riots and civil commotions;

(l) saving or attempting to save life or property at sea;

(m) wastage in bulk or weight or any other loss or damage arising from inherent defect, quality or vice of the goods;

(n) insufficiency of packing;

(o) insufficiency or inadequacy of marks;

(p) latent defects not discoverable by due diligence;

(q) any other cause arising without the actual fault and privity of the carrier, or without the fault or neglect of the agents or servants of the carrier, but the burden of proof shall be on the person claiming the benefit of this exception to show that neither the actual fault or privity of the carrier nor the fault or neglect of the agents or servants of the carrier contributed to the loss or damage.

3. The shipper shall not be responsible for loss or damage sustained by the carrier or the ship arising or resulting from any cause without the act, fault or neglect of the shipper, his agents or his servants.

4. Any deviation in saving or attempting to save life or property at sea or any reasonable deviation shall not be deemed to be an infringement or breach of these Rules or of the contract of carriage, and the carrier shall not be liable for

any loss or damage resulting therefrom.

5. (a) Unless the nature and value of such goods have been declared by the shipper before shipment and inserted in the bill of lading, neither the carrier nor the ship shall in any event be or become liable for any loss or damage to or in connection with the goods in an amount exceeding 666.67 units of account per package or unit or 2 units of account per kilogramme of gross weight of the goods lost or damaged, whichever is the higher.

(b) The total amount recoverable shall be calculated by reference to the value of such goods at the place and time at which the goods are discharged from the ship in accordance with the contract or should have been so discharged. The value of the goods shall be fixed according to the commodity exchange price, or, if there be no such price, according to the current market price, or, if there be no commodity exchange price or current market price, by reference to the normal value of goods of the same kind and quality.

(c) Where a container, pallet or similar article of transport is used to consolidate goods, the number of packages or units enumerated in the bill of lading as packed in such article of transport shall be deemed the number of packages or units for the purpose of this paragraph as far as these packages or units are concerned. Except as aforesaid such article of transport shall be considered the package or unit.

(d) The unit of account mentioned in this Article is the Special Drawing Right as defined by the International Monetary Fund. The amounts mentioned in sub-paragraph (a) of this paragraph shall be converted into national currency on the basis of the value of that currency on the date to be determined by the law of the Court seized of the case. The value of the national currency, in terms of the Special Drawing Right, of a State which is a member of the International Monetary Fund, shall be calculated in accordance with the method of valuation applied by the International Monetary Fund in effect at the date in question for its operations and transactions. The value of the national currency, in terms of the Special Drawing Right, of a State which is not a member of the International Monetary Fund, shall be calculated in a manner determined by that State.

Nevertheless, a State which is not a member of the International Monetary Fund and whose law does not permit the application of the provisions of the preceding sentences may, at the time of ratification of the Protocol of 1979 or accession thereto or at any time thereafter, declare that the limits of liability provided for in this Convention to be applied in its territory shall be fixed as follows:

(i) in respect of the amount of 666.67 units of account mentioned in sub-paragraph (a) of paragraph 5 of this Article, 10,000 monetary units;

(ii) in respect of the amount of 2 units of account mentioned in sub-paragraph (a) of paragraph 5 of this Article, 30 monetary units.

The monetary unit referred to in the preceding sentence corresponds to 65.5 milligrammes of gold of millesimal fineness 900. The conversion of the amounts specified in that sentence into the national currency shall be made according to the law of the State concerned. The calculation and the conversion mentioned in the preceding sentences shall be made in such a manner as to express in the national currency of that State as far as possible the same real value for the amounts in sub-paragraph (a) of paragraph 5 of this Article as is expressed there in units of account.

States shall communicate to the depositary the manner of calculation or the result of the conversion as the case may be, when depositing an instrument of ratification of the Protocol of 1979 or of accession thereto and whenever there is a change in either.

(e) Neither the carrier nor the ship shall be entitled to the benefit of the limitation of liability provided for in this paragraph if it is proved that the damage resulted from an act or omission of the carrier done with intent to cause damage, or recklessly and with knowledge that damage would probably result.

(f) The declaration mentioned in sub-paragraph (a) of this paragraph, if embodied in the bill of lading, shall be prima facie evidence, but shall not be binding or conclusive on the carrier.

(g) By agreement between the carrier, master or agent of the carrier and the shipper other maximum amounts than those mentioned in sub-paragraph (a) of this paragraph may be fixed, provided that no maximum amount so fixed shall be less than the appropriate maximum mentioned in that sub-paragraph.

(h) Neither the carrier nor the ship shall be responsible in any event for loss or damage to, or in connection with, goods if the nature or value thereof has been knowingly mis-stated by the shipper in the bill of lading.

6. Goods of an inflammable, explosive or dangerous nature to the shipment whereof the carrier, master or agent of the carrier has not consented, with knowledge of their nature and character, may at any time before discharge be landed at any place or destroyed or rendered innocuous by the carrier without compensation, and the shipper of such goods shall be liable for all damages and expenses directly or indirectly arising out of or resulting from such shipment.

If any such goods shipped with such knowledge and consent shall become a danger to the ship or cargo, they may in like manner be landed at any place or destroyed or rendered innocuous by the carrier without liability on the part of the carrier except to general average, if any.

Article IVbis
Application of Defences and Limits of Liability

1. The defences and limits of liability provided for in these Rules shall apply in any action against the carrier in respect of loss or damage to goods covered by a contract of carriage whether the action be founded in contract or in tort.

2. If such an action is brought against a servant or agent of the carrier (such servant or agent not being an independent contractor), such servant or agent shall be entitled to avail himself of the defences and limits of liability which the

carrier is entitled to invoke under these Rules.

3. The aggregate of the amounts recoverable from the carrier, and such servants and agents, shall in no case exceed the limit provided for in these Rules.

4. Nevertheless, a servant or agent of the carrier shall not be entitled to avail himself of the provisions of this Article, if it is proved that the damage resulted from an act or omission of the servant or agent done with intent to cause damage or recklessly and with knowledge that damage would probably result.

Article V
Surrender of Rights and Immunities, and Increase of Responsibilities and Liabilities

A carrier shall be at liberty to surrender in whole or in part all or any of his rights and immunities or to increase any of his responsibilities and liabilities under the Rules contained in any of these Articles, provided such surrender or increase shall be embodied in the bill of lading issued to the shipper.

The provisions of these Rules shall not be applicable to charter-parties, but if bills of lading are issued in the case of a ship under a charter-party they shall comply with the terms of these Rules. Nothing in these Rules shall be held to prevent the insertion in a bill of lading of any lawful provision regarding general average.

Article VI
Special Conditions

Notwithstanding the provisions of the preceding Articles, a carrier, master or agent of the carrier and a shipper shall in regard to any particular goods be at liberty to enter into any agreement in any terms as to the responsibility and liability of the carrier for such goods, and as to the rights and immunities of the carrier in respect of such goods, or his obligation as to seaworthiness, so far as this stipulation is not contrary to public policy, or the care or diligence of his servants or agents in regard to the loading, handling, stowage, carriage, custody, care and discharge of the goods carried by water, provided that in this case no bill of lading has been or shall be issued and that the terms agreed shall be embodied in a receipt which shall be a non-negotiable document and shall be marked as such.

Any agreement so entered into shall have full legal effect.

Provided that this Article shall not apply to ordinary commercial shipments made in the ordinary course of trade, but only to other shipments where the character or condition of the property to be carried or the circumstances, terms and conditions under which the carriage is to be performed are such as reasonably to justify a special agreement.

Article VII
Limitations on the Application of the Rules

Nothing herein contained shall prevent a carrier or a shipper from entering into any agreement, stipulation, condition, reservation or exemption as to the responsibility and liability of the carrier or the ship for the loss or damage to, or in connection with the custody and care and handling of goods prior to the loading on and subsequent to the discharge from the ship on which the goods are carried by water.

Article VIII
Limitation of Liability

The provisions of these Rules shall not affect the rights and obligations of the carrier under any statute for the time being in force relating to the limitation of the liability of owners of vessels.

Article IX
Liability for Nuclear Damage

These Rules shall not affect the provisions of any international Convention or national law governing liability for nuclear damage.

Article X

Application

The provisions of these Rules shall apply to every bill of lading relating to the carriage of goods between ports in two different States if:

(a) the bill of lading is issued in a Contracting State, or

(b) the carriage is from a port in a Contracting State, or

(c) the contract contained in or evidenced by the bill of lading provides that these Rules or legislation of any State giving effect to them are to govern the contract, whatever may be the nationality of the ship, the carrier, the shipper, the consignee, or any other interested person.

(The last two paragraphs of this Article are not reproduced. They require contracting States to apply the Rules to bills of lading mentioned in the Article and authorise them to apply the Rules to other bills of lading.)

(Article 11 to 16 of the International Convention for the unification of certain rules of law relating to bills of lading signed at Brussels on August 25, 1974 are not reproduced. They deal with the coming into force of the Convention, procedure for ratification, accession and denunciation and the right to call for a fresh conference to consider amendments to the Rules contained in the Convention.)

UNITED NATIONS CONVENTION ON THE CARRIAGE OF GOODS BY SEA, 1978

Preamble

THE STATES PARTIES TO THIS CONVENTION,

HAVING RECOGNIZED the desirability of determining by agreement certain rules relating to the carriage of goods by sea,

HAVE DECIDED to conclude a Convention for this purpose and have thereto agreed as follows:

PART I—GENERAL PROVISIONS

Article 1—Definitions

In this Convention:

1. "Carrier" means any person by whom or in whose name a contract of carriage of goods by sea has been concluded with a shipper.

2. "Actual carrier" means any person to whom the performance of the carriage of the goods, or of part of the carriage, has been entrusted by the carrier, and includes any other person to whom such performance has been entrusted.

3. "Shipper" means any person by whom or in whose name or on whose behalf a contract of carriage of goods by sea has been concluded with a carrier, or any person by whom or in whose name or on whose behalf the goods are actually delivered to the carrier in relation to the contract of carriage by sea.

4. "Consignee" means the person entitled to take delivery of the goods.

5. "Goods" includes live animals; where the goods are consolidated in a container, pallet or similar article of transport or where they are packed, "goods" includes such article of transport or packaging if supplied by the shipper.

6. "Contract of carriage by sea" means any contract whereby the carrier undertakes against payment of freight to carry goods by sea from one port to another; however, a contract which involves carriage by sea and also carriage

by some other means is deemed to be a contract of carriage by sea for the purposes of this Convention only in so far as it relates to the carriage by sea.

7. "Bill of lading" means a document which evidences a contract of carriage by sea and the taking over or loading of the goods by the carrier, and by which the carrier undertakes to deliver the goods against surrender of the document. A provision in the document that the goods are to be delivered to the order of a named person, or to order, or to bearer, constitutes such an undertaking.

8. "Writing" includes, inter alia, telegram and telex.

Article 2—Scope of application

1. The provisions of this Convention are applicable to all contracts of carriage by sea between two different States, if:

   (a) the port of loading as provided for in the contract of carriage by sea is located in a Contracting State, or

   (b) the port of discharge as provided for in the contract of carriage by sea is located in a Contracting State, or

   (c) one of the optional ports of discharge provided for in the contract of carriage by sea is the actual port of discharge and such port is located in a Contracting State, or

   (d) the bill of lading or other document evidencing the contract of carriage by sea is issued in a Contracting State, or

   (e) the bill of lading or other document evidencing the contract of carriage by sea provides that the provisions of this Convention or the legislation of any State giving effect to them are to govern the contract.

2. The provisions of this Convention are applicable without regard to the nationality of the ship, the carrier, the actual carrier, the shipper, the consignee or any other interested person.

3. The provisions of this Convention are not applicable to charter-parties. However, where a bill of lading is issued pursuant to a charter-party, the provisions of the Convention apply to such a bill of lading if it governs the

relation between the carrier and the holder of the bill of lading, not being the charterer.

4. If a contract provides for future carriage of goods in a series of shipments during an agreed period, the provisions of this Convention apply to each shipment. However, where a shipment is made under a charter-party, the provisions of paragraph 3 of this article apply.

Article 3—Interpretation of the Convention

In the interpretation and application of the provisions of this Convention regard shall be had to its international character and to the need to promote uniformity.

PART II—LIABILITY OF THE CARRIER
Article 4—Period of responsibility

1. The responsibility of the carrier for the goods under this Convention covers the period during which the carrier is in charge of the goods at the port of loading, during the carriage and at the port of discharge.

2. For the purpose of paragraph 1 of this article, the carrier is deemed to be in charge of the goods

(a) from the time he has taken over the goods from:

(i) the shipper, or a person acting on his behalf; or

(ii) an authority or other third party to whom, pursuant to law or regulations applicable at the port of loading, the goods must be handed over for shipment;

(b) until the time he has delivered the goods:

(i) by handing over the goods to the consignee; or

(ii) in cases where the consignee does not receive the goods from the carrier, by placing them at the disposal of the consignee in accordance with the contract or with the law or with the usage of the particular trade, applicable at the port of discharge; or

(iii) by handing over the goods to an authority or other third party to whom, pursuant to law or regulations applicable at the port of discharge, the goods must be handed over.

3. In paragraphs 1 and 2 of this article, reference to the carrier or to the consignee means, in addition to the carrier or the consignee, the servants or agents, respectively of the carrier or the consignee.

Article 5—Basis of liability

1. The carrier is liable for loss resulting from loss of or damage to the goods, as well as from delay in delivery, if the occurrence which caused the loss, damage or delay took place while the goods were in his charge as defined in article 4, unless the carrier proves that he, his servants or agents took all measures that could reasonably be required to avoid the occurrence and its consequences.

2. Delay in delivery occurs when the goods have not been delivered at the port of discharge provided for in the contract of carriage by sea within the time expressly agreed upon or, in the absence of such agreement, within the time which it would be reasonable to require of a diligent carrier, having regard to the circumstances of the case.

3. The person entitled to make a claim for the loss of goods may treat the goods as lost if they have not been delivered as required by article 4 within 60 consecutive days following the expiry of the time for delivery according to paragraph 2 of this article.

4. (a) The carrier is liable

   (i) for loss of or damage to the goods or delay in delivery caused by fire, if the claimant proves that the fire arose from fault or neglect on the part of the carrier, his servants or agents;

   (ii) for such loss, damage or delay in delivery which is proved by the claimant to have resulted from the fault or neglect of the carrier, his servants or agents, in taking all measures that could reasonably be required to put out the fire and avoid or mitigate its consequences.

   (b) In case of fire on board the ship affecting the goods, if the claimant or the carrier so desires, a survey in accordance with shipping practices must be held into the cause and circumstances of the fire, and a copy of the surveyor's report shall be made available on demand to the carrier and the claimant.

5. With respect to live animals, the carrier is not liable for loss, damage or delay in delivery resulting from any special risks inherent in that kind of carriage. If the carrier proves that he has complied with any special instructions given to him by the shipper respecting the animals and that, in the circumstances of the case, the loss, damage or delay in delivery could be attributed to such risks, it is presumed that the loss, damage or delay in delivery was so caused, unless there is proof that all or a part of the loss, damage or delay in delivery resulted from fault or neglect on the part of the carrier, his servants or agents.

6. The carrier is not liable, except in general average, where loss, damage or delay in delivery resulted from measures to save life or from reasonable measures to save property at sea.

7. Where fault or neglect on the part of the carrier, his servants or agents combines with another cause to produce loss, damage or delay in delivery the carrier is liable only to the extent that the loss, damage or delay in delivery is attributable to such fault or neglect, provided that the carrier proves the amount of the loss, damage or delay in delivery not attributable thereto.

Article 6—Limits of liability

1. (a) The liability of the carrier for loss resulting from loss of or damage to goods according to the provisions of article 5 is limited to an amount equivalent to 835 units of account per package or other shipping unit or 2.5 units of account per kilogramme of gross weight of the goods lost or damaged, whichever is the higher.

   (b) The liability of the carrier for delay in delivery according to the provisions of article 5 is limited to an amount equivalent to two and a half times the freight payable for the goods delayed, but not exceeding the total freight payable under the contract of carriage of goods by sea.

(c) In no case shall the aggregate liability of the carrier, under both subparagraphs (a) and (b) of this paragraph, exceed the limitation which would be established under subparagraph (a) of this paragraph for total loss of the goods with respect to which such liability was incurred.

2. For the purpose of calculating which amount is the higher in accordance with paragraph 1(a) of this article, the following rules apply:

(a) Where a container, pallet or similar article of transport is used to consolidate goods, the package or other shipping units enumerated in the bill of lading, if issued, or otherwise in any other document evidencing the contract of carriage by sea, as packed in such article of transport are deemed packages or shipping units. Except as aforesaid the goods in such article of transport are deemed one shipping unit.

(b) In cases where the article of transport itself has been lost or damaged, that article of transport, if not owned or otherwise supplied by the carrier, is considered one separate shipping unit.

3. Unit of account means the unit of account mentioned in article 26.

4. By agreement between the carrier and the shipper, limits of liability exceeding those provided for in paragraph 1 may be fixed.

Article 7—Application to non-contractual claims

1. The defences and limits of liability provided for in this Convention apply in any action against the carrier in respect of loss or damage to the goods covered by the contract of carriage by sea, as well as of delay in delivery whether the action is founded in contract, in tort or otherwise.

2. If such an action is brought against a servant or agent of the carrier, such servant or agent, if he proves that he acted within the scope of his employment, is entitled to avail himself of the defences and limits of liability which the carrier is entitled to invoke under this Convention.

3. Except as provided in article 8, the aggregate of the amounts recoverable from

the carrier and from any persons referred to in paragraph 2 of this article shall not exceed the limits of liability provided for in this Convention.

Article 8—Loss of right to limit responsibility

1. The carrier is not entitled to the benefit of the limitation of liability provided for in article 6 if it is proved that the loss, damage or delay in delivery resulted from an act or omission of the carrier done with the intent to cause such loss, damage or delay, or recklessly and with knowledge that such loss, damage or delay would probably result.

2. Notwithstanding the provisions of paragraph 2 of article 7, a servant or agent of the carrier is not entitled to the benefit of the limitation of liability provided for in article 6 if it is proved that the loss, damage or delay in delivery resulted from an act or omission of such servant or agent, done with the intent to cause such loss, damage or delay, or recklessly and with knowledge that such loss, damage or delay would probably result.

Article 9—Deck cargo

1. The carrier is entitled to carry the goods on deck only if such carriage is in accordance with an agreement with the shipper or with the usage of the particular trade or is required by statutory rules or regulations.

2. If the carrier and the shipper have agreed that the goods shall or may be carried on deck, the carrier must insert in the bill of lading or other document evidencing the contract of carriage by sea a statement to that effect. In the absence of such a statement the carrier has the burden of proving that an agreement for carriage on deck has been entered into; however, the carrier is not entitled to invoke such an agreement against a third party, including a consignee, who has acquired the bill of lading in good faith.

3. Where the goods have been carried on deck contrary to the provisions of paragraph 1 of this article or where the carrier may not under paragraph 2 of this article invoke an agreement for carriage on deck, the carrier,

notwithstanding the provisions of paragraph 1 of article 5, is liable for loss of or damage to the goods, as well as for delay in delivery, resulting solely from the carriage on deck, and the extent of his liability is to be determined in accordance with the provisions of article 6 or article 8 of this Convention, as the case may be.

4. Carriage of goods on deck contrary to express agreement for carriage under deck is deemed to be an act or omission of the carrier within the meaning of article 8.

Article 10—Liability of the carrier and actual carrier

1. Where the performance of the carriage or part thereof has been entrusted to an actual carrier, whether or not in pursuance of a liberty under the contract of carriage by sea to do so, the carrier nevertheless remains responsible for the entire carriage according to the provisions of this Convention. The carrier is responsible, in relation to the carriage performed by the actual carrier, for the acts and omissions of the actual carrier and of his servants and agents acting within the scope of their employment.

2. All the provisions of this Convention governing the responsibility of the carrier also apply to the responsibility of the actual carrier for the carriage performed by him. The provisions of paragraphs 2 and 3 of article 7 and of paragraph 2 of article 8 apply if an action is brought against a servant or agent of the actual carrier.

3. Any special agreement under which the carrier assumes obligations not imposed by this Convention or waives rights conferred by this Convention affects the actual carrier only if agreed to by him expressly and in writing. Whether or not the actual carrier has so agreed, the carrier nevertheless remains bound by the obligations or waivers resulting from such special agreement.

4. Where and to the extent that both the carrier and the actual carrier are liable, their liability is joint and several.

5. The aggregate of the amounts recoverable from the carrier, the actual carrier and their servants and agents shall not exceed the limits of liability provided for in this Convention.

6. Nothing in this article shall prejudice any right of recourse as between the carrier and the actual carrier.

Article 11—Through carriage

1. Notwithstanding the provisions of paragraph 1 of article 10, where a contract of carriage by sea provides explicitly that a specified part of the carriage covered by the said contract is to be performed by a named person other than the carrier, the contract may also provide that the carrier is not liable for loss, damage or delay in delivery caused by an occurrence which takes place while the goods are in the charge of the actual carrier during such part of the carriage. Nevertheless, any stipulation limiting or excluding such liability is without effect if no judicial proceedings can be instituted against the actual carrier in a court competent under paragraph 1 or 2 of article 21. The burden of proving that any loss, damage or delay in delivery has been caused by such an occurrence rests upon the carrier.

2. The actual carrier is responsible in accordance with the provisions of paragraph 2 of article 10 for loss, damage or delay in delivery caused by an occurrence which takes place while the goods are in his charge.

PART III—LIABILITY OF THE SHIPPER
Article 12—General rule

The shipper is not liable for loss sustained by the carrier or the actual carrier, or for damage sustained by the ship, unless such loss or damage was caused by the fault or neglect of the shipper, his servants or agents. Nor is any servant or agent of the shipper liable for such loss or damage unless the loss or damage was caused by fault or neglect on his part.

Article 13—Special rules on dangerous goods

1. The shipper must mark or label in a suitable manner dangerous goods as dangerous.

2. Where the shipper hands over dangerous goods to the carrier or an actual carrier, as the case may be, the shipper must inform him of the dangerous character of the goods and, if necessary, of the precautions to be taken. If the shipper fails to do so and such carrier or actual carrier does not otherwise have knowledge of their dangerous character:

   (a) the shipper is liable to the carrier and any actual carrier for the loss resulting from the shipment of such goods, and

   (b) the goods may at any time be unloaded, destroyed or rendered innocuous, as the circumstances may require, without payment of compensation.

3. The provisions of paragraph 2 of this article may not be invoked by any person if during the carriage he has taken the goods in his charge with knowledge of their dangerous character.

4. If, in cases where the provisions of paragraph 2, subparagraph (b), of this article do not apply or may not be invoked, dangerous goods become an actual danger to life or property, they may be unloaded, destroyed or rendered innocuous, as the circumstances may require, without payment of compensation except where there is an obligation to contribute in general average or where the carrier is liable in accordance with the provisions of article 5.

PART IV—TRANSPORT DOCUMENTS
Article 14—Issue of bill of lading

1. When the carrier or the actual carrier takes the goods in his charge, the carrier must, on demand of the shipper, issue to the shipper a bill of lading.

2. The bill of lading may be signed by a person having authority from the carrier. A bill of lading signed by the master of the ship carrying the goods is deemed to have been signed on behalf of the carrier.

3. The signature on the bill of lading may be in handwriting, printed in facsimile, perforated, stamped, in symbols, or made by an other mechanical or electronic means, if not inconsistent with the law of the country where the bill of lading is issued.

Article 15—Contents of bill of lading

1. The bill of lading must include, inter alia, the following particulars:

   (a) the general nature of the goods, the leading marks necessary for identification of the goods, an express statement, if applicable, as to the dangerous character of the goods, the number of packages or pieces, and the weight of the goods or their quantity otherwise expressed, all such particulars as furnished by the shipper;

   (b) the apparent condition of the goods;

   (c) the name and principal place of business of the carrier;

   (d) the name of the shipper;

   (e) the consignee if named by the shipper;

   (f) the port of loading under the contract of carriage by sea and the date on which the goods were taken over by the carrier at the port of loading;

   (g) the port of discharge under the contract of carriage by sea;

   (h) the number of originals of the bill of lading, if more than one;

   (i) the place of issuance of the bill of lading;

   (j) the signature of the carrier or a person acting on his behalf;

   (k) the freight to the extent payable by the consignee or other indication that freight is payable by him;

   (l) the statement referred to in paragraph 3 of article 23;

   (m) the statement, if applicable, that the goods shall or may be carried on deck;

   (n) the date or the period of delivery of the goods at the port of discharge if expressly agreed upon between the parties; and

   (o) any increased limit or limits of liability where agreed in accordance with paragraph 4 of article 6.

2. After the goods have been loaded on board, if the shipper so demands, the carrier must issue to the shipper a "shipped" bill of lading which, in addition to the particulars required under paragraph 1 of this article, must state that the goods are on board a named ship or ships, and the date or dates of loading. If the carrier has previously issued to the shipper a bill of lading or other document of title with resect to any of such goods, on request of the carrier, the shipper must surrender such document in exchange for a "shipped" bill of lading. The carrier may amend any previously issued document in order to meet the shipper's demand for a "shipped" bill of lading if, as amended, such document includes all the information required to be contained in a "shipped" bill of lading.

3. The absence in the bill of lading of one or more particulars referred to in this article does not affect the legal character of the document as a bill of lading provided that it nevertheless meets the requirements set out in paragraph 7 of article 1.

Article 16—Bills of lading: reservations and evidentiary effect

1. If the bill of lading contains particulars concerning the general nature, leading marks, number of packages or pieces, weight or quantity of the goods which the carrier or other person issuing the bill of lading on his behalf knows or has reasonable grounds to suspect do not accurately represent the goods actually taken over or, where a "shipped" bill of lading is issued, loaded, or if he had no reasonable means of checking such particulars, the carrier or such other person must insert in the bill of lading a reservation specifying these inaccuracies, grounds of suspicion or the absence of reasonable means of checking.

2. If the carrier or other person issuing the bill of lading on his behalf fails to note on the bill of lading the apparent condition of the goods, he is deemed to have noted on the bill of lading that the goods were in apparent good condition.

3. Except for particulars in respect of which and to the extent to which a

reservation permitted under paragraph 1 of this article has been entered:

(a) the bill of lading is prima facie evidence of the taking over or, where a "shipped" bill of lading is issued, loading, by the carrier of the goods as described in the bill of lading; and

(b) proof to the contrary by the carrier is not admissible if the bill of lading has been transferred to a third party, including a consignee, who in good faith has acted in reliance on the description of the goods therein.

4. A bill of lading which does not, as provided in paragraph 1, subparagraph (k) of article 15, set forth the freight or otherwise indicate that freight is payable by the consignee or does not set forth demurrage incurred at the port of loading payable by the consignee, is prima facie evidence that no freight or such demurrage is payable by him. However, proof to the contrary by the carrier is not admissible when the bill of lading has been transferred to a third party, including a consignee, who in good faith has acted in reliance on the absence in the bill of lading of any such indication.

Article 17—Guarantees by the shipper

1. The shipper is deemed to have guaranteed to the carrier the accuracy of particulars relating to the general nature of the goods, their marks, number, weight and quantity as furnished by him for insertion in the bill of lading. The shipper must indemnify the carrier against the loss resulting from inaccuracies in such particulars. The shipper remains liable even if the bill of lading has been transferred by him. The right of the carrier to such indemnity in no way limits his liability under the contract of carriage by sea to any person other than the shipper.

2. Any letter of guarantee or agreement by which the shipper undertakes to indemnify the carrier against loss resulting from the issuance of the bill of lading by the carrier, or by a person acting on his behalf, without entering a reservation relating to particulars furnished by the shipper for insertion in the bill of lading, or to the apparent condition of the goods, is void and of no effect as

against any third party, including a consignee, to whom the bill of lading has been transferred.

3. Such letter of guarantee or agreement is valid as against the shipper unless the carrier or the person acting on his behalf, by omitting the reservation referred to in paragraph 2 of this article, intends to defraud a third party, including a consignee, who acts in reliance on the description of the goods in the bill of lading. In the latter case, if the reservation omitted relates to particulars furnished by the shipper for insertion in the bill of lading, the carrier has no right of indemnity from the shipper pursuant to paragraph 1 of this article.

4. In the case of intended fraud referred to in paragraph 3 of this article the carrier is liable, without the benefit of the limitation of liability provided for in this Convention, for the loss incurred by a third party, including a consignee, because he has acted in reliance on the description of the goods in the bill of lading.

Article 18—Documents other than bills of lading

Where a carrier issues a document other than a bill of lading to evidence the receipt of the goods to be carried, such a document is prima facie evidence of the conclusion of the contract of carriage by sea and the taking over by the carrier of the goods as therein described.

PART V—CLAIMS AND ACTIONS
Article 19—Notice of loss, damage or delay

1. Unless notice of loss or damage, specifying the general nature of such loss or damage, is given in writing by the consignee to the carrier not later than the working day after the day when the goods were handed over to the consignee, such handing over is prima facie evidence of the delivery by the carrier of the goods as described in the document of transport or, if no such document has been issued, in good condition.

2. Where the loss or damage is not apparent, the provisions of paragraph 1 of this

article apply correspondingly if notice in writing is not given within 15 consecutive days after the day when the goods were handed over to the consignee.

3. If the state of the goods at the time they were handed over to the consignee has been the subject of a joint survey or inspection by the parties, notice in writing need not be given of loss or damage ascertained during such survey or inspection.

4. In the case of any actual or apprehended loss or damage the carrier and the consignee must give all reasonable facilities to each other for inspecting and tallying the goods.

5. No compensation shall be payable for loss resulting from delay in delivery unless a notice has been given in writing to the carrier within 60 consecutive days after the day when the goods were handed over to the consignee.

6. If the goods have been delivered by an actual carrier, any notice given under this article to him shall have the same effect as if it had been given to the carrier, and any notice given to the carrier shall have effect as if given to such actual carrier.

7. Unless notice of loss or damage, specifying the general nature of the loss or damage, is given in writing by the carrier or actual carrier to the shipper not later than 90 consecutive days after the occurrence of such loss or damage or after the delivery of the goods in accordance with paragraph 2 of article 4, whichever is later, the failure to give such notice is prima facie evidence that the carrier or the actual carrier has sustained no loss or damage due to the fault or neglect of the shipper, his servants or agents.

8. For the purpose of this article, notice given to a person acting on the carrier's or the actual carrier's behalf, including the master or the officer in charge of the ship, or to a person acting on the shipper's behalf is deemed to have been given to the carrier, to the actual carrier or to the shipper, respectively.

Article 20—Limitation of actions

1. Any action relating to carriage of goods under this Convention is time-barred if judicial or arbitral proceedings have not been instituted within a period of two years.

2. The limitation period commences on the day on which the carrier has delivered the goods or part thereof or, in cases where no goods have been delivered, on the last day on which the goods should have been delivered.

3. The day on which the limitation period commences is not included in the period.

4. The person against whom a claim is made may at any time during the running of the limitation period extend that period by a declaration in writing to the claimant. This period may be further extended by another declaration or declarations.

5. An action for indemnity by a person held liable may be instituted even after the expiration of the limitation period provided for in the preceding paragraphs if instituted within the time allowed by the law of the State where proceedings are instituted. However, the time allowed shall not be less than 90 days commencing from the day when the person instituting such action for indemnity has settled the claim or has been served with process in the action against himself.

Article 21—Jurisdiction

1. In judicial proceedings relating to carriage of goods under this Convention the plaintiff, at his option, may institute an action in a court which, according to the law of the State where the court is situated, is competent and within the jurisdiction of which is situated one of the following places:

   (a) the principal place of business or, in the absence thereof, the habitual residence of the defendant; or

   (b) the place where the contract was made provided that the defendant has there a place of business, branch or agency through which the contract was made; or

   (c) the port of loading or the port of discharge; or

(d) any additional place designated for that purpose in the contract of carriage by sea.

2. (a) Notwithstanding the preceding provisions of this article, an action may be instituted in the courts of any port or place in a Contracting State at which the carrying vessel or any other vessel of the same ownership may have been arrested in accordance with applicable rules of the law of that State and of international law. However, in such a case, at the petition of the defendant, the claimant must remove the action, at his choice, to one of the jurisdictions referred to in paragraph 1 of this article for the determination of the claim, but before such removal the defendant must furnish security sufficient to ensure payment of any judgement that may subsequently be awarded to the claimant in the action.

(b) All questions relating to the sufficiency or otherwise of the security shall be determined by the court of the port or place of the arrest.

3. No judicial proceedings relating to carriage of goods under this Convention may be instituted in a place not specified in paragraph 1 or 2 of this article. The provisions of this paragraph do not constitute an obstacle to the jurisdiction of the Contracting States for provisional or protective measures.

4. (a) Where an action has been instituted in a court competent under paragraph 1 or 2 of this article or where judgement has been delivered by such a court, no new action may be started between the same parties on the same grounds unless the judgement of the court before which the first action was instituted is not enforceable in the country in which the new proceedings are instituted;

(b) for the purpose of this article the institution of measures with a view to obtaining enforcement of a judgement is not to be considered as the starting of a new action;

(c) for the purpose of this article, the removal of an action to a different court within the same country, or to a court in another country, in accordance with paragraph 2(a) of this article, is not to be considered as the starting of a new action.

5. Notwithstanding the provisions of the preceding paragraphs, an agreement made by the parties, after a claim under the contract of carriage by sea has arisen, which designates the place where the claimant may institute an action, is effective.

Article 22—Arbitration

1. Subject to the provisions of this article, parties may provide by agreement evidenced in writing that any dispute that may arise relating to carriage of goods under this Convention shall be referred to arbitration.

2. Where a charter-party contains a provision that disputes arising thereunder shall be referred to arbitration and a bill of lading issued pursuant to the charter-party does not contain a special annotation providing that such provision shall be binding upon the holder of the bill of lading, the carrier may not invoke such provision as against a holder having acquired the bill of lading in good faith.

3. The arbitration proceedings shall, at the option of the claimant, be instituted at one of the following places:

(a) a place in a State within whose territory is situated:

(i) the principal place of business of the defendant or, in the absence thereof, the habitual residence of the defendant; or

(ii) the place where the contract was made, provided that the defendant has there a place of business, branch or agency through which the contract was made; or

(iii) the port of loading or the port of discharge; or

(b) any place designated for that purpose in the arbitration clause or agreement.

4. The arbitrator or arbitration tribunal shall apply the rules of this Convention.

5. The provisions of paragraphs 3 and 4 of this article are deemed to be part of every arbitration clause or agreement, and any term of such clause or agreement which is inconsistent therewith is null and void.

6. Nothing in this article affects the validity of an agreement relating to arbitration made by the parties after the claim under the contract of carriage by sea has arisen.

PART VI—SUPPLEMENTARY PROVISIONS

Article 23—Contractual stipulations

1. Any stipulation in a contract of carriage by sea, in a bill of lading, or in any other document evidencing the contract of carriage by sea is null and void to the extent that it derogates, directly or indirectly, from the provisions of this Convention. The nullity of such a stipulation does not affect the validity of the other provisions of the contract or document of which it forms a part. A clause assigning benefit of insurance of the goods in favour of the carrier, or any similar clause, is null and void.

2. Notwithstanding the provisions of paragraph 1 of this article, a carrier may increase his responsibilities and obligations under this Convention.

3. Where a bill of lading or any other document evidencing the contract of carriage by sea is issued, it must contain a statement that the carriage is subject to the provisions of this Convention which nullify any stipulation derogating therefrom to the detriment of the shipper or the consignee.

4. Where the claimant in respect of the goods has incurred loss as a result of a stipulation which is null and void by virtue of the present article, or as a result of the omission of the statement referred to in paragraph 3 of this article, the carrier must pay compensation to the extent required in order to give the claimant compensation in accordance with the provisions of this Convention for any loss of or damage to the goods as well as for delay in delivery. The carrier must, in addition, pay compensation for costs incurred by the claimant for the purpose of exercising his right, provided that costs incurred in the action where the foregoing provision is invoked are to be determined in accordance with the law of the State where proceedings are instituted.

Article 24—General average

1. Nothing in this Convention shall prevent the application of provisions in the contract of carriage by sea or national law regarding the adjustment of general average.

2. With the exception of article 20, the provisions of this Convention relating to the liability of the carrier for loss of or damage to the goods also determine whether the consignee may refuse contribution in general average and the liability of the carrier to indemnify the consignee in respect of any such contribution made or any salvage paid.

Article 25—Other conventions

1. This Convention does not modify the rights or duties of the carrier, the actual carrier and their servants and agents, provided for in international conventions or national law relating to the limitation of liability of owners of seagoing ships.

2. The provisions of articles 21 and 22 of this Convention do not prevent the application of the mandatory provisions of any other multilateral convention already in force at the date of this Convention [March 31, 1978] relating to matters dealt with in the said articles, provided that the dispute arises exclusively between parties having their principal place of business in States members of such other convention. However, this paragraph does not affect the application of paragraph 4 of article 22 of this Convention.

3. No liability shall arise under the provisions of this Convention for damage caused by a nuclear incident if the operator of a nuclear installation is liable for such damage:

   (a) under either the Paris Convention of 29 July 1960 on Third Party Liability in the Field of Nuclear Energy as amended by the Additional Protocol of 28 January 1964 or the Vienna Convention of 21 May 1963 on Civil Liability for Nuclear Damage, or

   (b) by virtue of national law governing the liability for such damage, provided that such law is in all respects as favourable to persons who may suffer damage as either the Paris or Vienna Conventions.

4. No liability shall arise under the provisions of this Convention for any loss of or damage to or delay in delivery of luggage for which the carrier is responsible under any international convention or national law relating to the carriage of passengers and their luggage by sea.

5. Nothing contained in this Convention prevents a Contracting State from applying any other international convention which is already in force at the date of this Convention and which applies mandatorily to contracts of carriage of goods primarily by a mode of transport other than transport by sea. This provision also applies to any subsequent revision or amendment of such international convention.

Article 26—Unit of account

1. The unit of account referred to in article 6 of this Convention is the Special Drawing Right as defined by the International Monetary Fund. The amounts mentioned in article 6 are to be converted into the national currency of a State according to the value of such currency at the date of judgement or the date agreed upon by the parties. The value of a national currency, in terms of the Special Drawing Right, of a Contracting State which is a member of the International Monetary Fund is to be calculated in accordance with the method of valuation applied by the International Monetary Fund in effect at the date in question for its operations and transactions. The value of a national currency in terms of the Special Drawing Right of a Contracting State which is not a member of the International Monetary Fund is to be calculated in a manner determined by that State.

2. Nevertheless, those States which are not members of the International Monetary Fund and whose law does not permit the application of the provisions of paragraph 1 of this article may, at the time of signature, or at the time of ratification, acceptance, approval or accession or at any time thereafter, declare that the limits of liability provided for in this Convention to be applied in their

territories shall be fixed as: 12,500 monetary units per package or other shipping unit or 37.5 monetary units per kilogramme of gross weight of the goods.

3. The monetary unit referred to in paragraph 2 of this article corresponds to sixty-five and a half milligrammes of gold of millesimal fineness nine hundred. The conversion of the amounts referred to in paragraph 2 into the national currency is to be made according to the law of the State concerned.

4. The calculation mentioned in the last sentence of paragraph 1 and the conversion mentioned in paragraph 3 of this article is to be made in such a manner as to express in the national currency of the Contracting State as far as possible the same real value for the amounts in article 6 as is expressed there in units of account. Contracting States must communicate to the depositary the manner of calculation pursuant to paragraph 1 of this article, or the result of the conversion mentioned in paragraph 3 of this article, as the case may be, at the time of signature or when depositing their instruments of ratification, acceptance, approval or accession, or when availing themselves of the option provided for in paragraph 2 of this article and whenever there is a change in the manner of such calculation or in the result of such conversion.

PART VII—FINAL CLAUSES
Article 27—Depositary

The Secretary General of the United Nations is hereby designated as the depositary of this Convention.

Article 28—Signature, ratification, acceptance, approval, accession

1. This Convention is open for signature by all States until 30 April 1979 at the Headquarters of the United Nations, New York.

2. This Convention is subject to ratification, acceptance or approval by the signatory States.

3. After 30 April 1979, this Convention will be open for accession by all States

which are not signatory States.

4. Instruments of ratification, acceptance, approval and accession are to be deposited with the Secretary-General of the United Nations.

Article 29—Reservations

No reservations may be made to this Convention.

Article 30—Entry into force

1. This Convention enters into force on the first day of the month following the expiration of one year from the date of deposit of the 20th instrument of ratification, acceptance, approval or accession.

2. For each State which becomes a Contracting State to this Convention after the date of deposit of the 20th instrument of ratification, acceptance approval or accession, this Convention enters into force on the first day of the month following the expiration of one year after the deposit of the appropriate instrument on behalf of that State.

3. Each Contracting State shall apply the provisions of this Convention to contracts of carriage by sea concluded on or after the date of the entry into force of this Convention in respect of that State.

Article 31—Denunciation of other conventions

1. Upon becoming a Contracting State to this Convention, any State party to the International Convention for the Unification of Certain Rules relating to Bills of Lading signed at Brussels on 25 August 1924 (1924 Convention) must notify the Government of Belgium as the depositary of the 1924 Convention of its denunciation of the said Convention with a declaration that the denunciation is to take effect as from the date when this Convention enters into force in respect of that State.

2. Upon the entry into force of this Convention under paragraph 1 of article 30, the depositary of this Convention must notify the Government of Belgium as the

depository of the 1924 Convention of the date of such entry into force, and of the names of the Contracting States in respect of which the Convention has entered into force.

3. The provisions of paragraphs 1 and 2 of this article apply correspondingly in respect of States parties to the Protocol signed on 23 February 1968 to amend the International Convention for the Unification of Certain Rules relating to Bills of Lading signed at Brussels on 25 August 1924.

4. Notwithstanding article 2 of this Convention, for the purposes of paragraph 1 of this article, a Contracting State may, if it deems it desirable, defer the denunciation of the 1924 Convention and of the 1924 Convention as modified by the 1968 Protocol for a maximum period of five years from the entry into force of this Convention. It will then notify the Government of Belgium of its intention. During this transitory period, it must apply to the Contracting States this Convention to the exclusion of any other one.

Article 32—Revision and amendment

1. At the request of not less than one-third of the Contracting States to this Convention, the depositary shall convene a conference of the Contracting States for revising or amending it.

2. Any instrument of ratification, acceptance, approval or accession deposited after the entry into force of an amendment to this Convention, is deemed to apply to the Convention as amended.

Article 33—Revision of the limitation amounts and unit of account or monetary unit

1. Notwithstanding the provisions of article 32, a conference only for the purpose of altering the amount specified in article 6 and paragraph 2 of article 26, or of substituting either or both of the units defined in paragraphs 1 and 3 of article 26 by other units is to be convened by the depositary in accordance with paragraph 2 of this article. An alteration of the amounts shall be made only

because of a significant change in their real value.

2. A revision conference is to be convened by the depositary when not less than one-fourth of the Contracting States so request.

3. Any decision by the conference must be taken by a two-thirds majority of the participating States. The amendment is communicated by the depositary to all the Contracting States for acceptance and to all the States signatories of the Convention for information.

4. Any amendment adopted enters into force on the first day of the month following one year after its acceptance by two-thirds of the Contracting States. Acceptance is to be effected by the deposit of a formal instrument to that effect, with the depositary.

5. After entry into force of an amendment a Contracting State which has accepted the amendment is entitled to apply the Convention as amended in its relations with Contracting States which have not within six months after the adoption of the amendment notified the depositary that they are not bound by the amendment.

6. Any instrument of ratification, acceptance, approval or accession deposited after the entry into force of an amendment to this Convention, is deemed to apply to the Convention as amended.

Article 34—Denunciation

1. A Contracting State may denounce this Convention at any time by means of a notification in writing addressed to the depositary.

2. The denunciation takes effect on the first day of the month following the expiration of one year after the notification is received by the depositary. Where a longer period is specified in the notification, the denunciation takes effect upon the expiration of such longer period after the notification is received by the depositary.

[Post Provisions]

[Post Clauses (If any: Signed; Witnessed; Done; Authentic Texts; & Deposited Clauses)]

DONE at Hamburg, this thirty-first day of March one thousand nine hundred and seventy-eight, in a single original, of which the Arabic, Chinese, English, French, Russian and Spanish texts are equally authentic.

IN WITNESS WHEREOF the undersigned plenipotentiaries, being duly authorized by their respective Governments, have signed the present Convention.

COMMON UNDERSTANDING ADOPTED BY THE UNITED NATIONS CONFERENCE ON THE CARRIAGE OF GOODS BY SEA

It is the common understanding that the liability of the carrier under this Convention is based on the principle of presumed fault or neglect. This means that, as a rule, the burden of proof rests on the carrier but, with respect to certain cases, the provisions of the Convention modify this rule.

Resolution adopted by the United Nations Conference on the Carriage of Goods by Sea (A/CON.89/13, annex III)

The United Nations Conference on the Carriage of Goods by Sea,

Noting with appreciation the kind invitation of the Federal Republic of Germany to hold the Conference in Hamburg,

Being aware that the facilities placed at the disposal of the Conference and the generous hospitality bestowed on the participants by the Government of the Federal Republic of Germany and by the Free and Hanseatic City of Hamburg, have in no small measure contributed to the success of the Conference.

Expresses its gratitude to the Government and people of the Federal Republic of Germany, and

Having adopted the Convention on the Carriage of Goods by Sea on the basis of a draft Convention prepared by the United Nations Commission on International Trade Law at the request of the United Nations Conference on Trade and Development, Expresses its gratitude to the United Nations Commission on International Trade Law and to the United Nations Conference on Trade and Development for their outstanding contribution to the simplification and harmonisation of the law of the carriage of goods by sea, and

Decides to designate the Convention adopted by the Conference as the: "UNITED NATIONS CONVENTION ON THE CARRIAGE OF GOODS BY SEA, 1978", and

Recommends that the rules embodied therein be known as the "HAMBURG RULES".

United Nations Convention on Contracts for the International Carriage of Goods Wholly or Partly by Sea

The General Assembly,

Recalling its resolution 2205 (XXI) of 17 December 1966, by which it established the United Nations Commission on International Trade Law with a mandate to further the progressive harmonization and unification of the law of international trade and in that respect to bear in mind the interests of all peoples, in particular those of developing countries, in the extensive development of international trade,

Concerned that the current legal regime governing the international carriage of goods by sea lacks uniformity and fails to adequately take into account modern transport practices, including containerization, door-to-door transport contracts and the use of electronic transport documents,

Noting that the development of international trade on the basis of equality and mutual benefit is an important element in promoting friendly relations among States,

Convinced that the adoption of uniform rules to modernize and harmonize the rules that govern the international carriage of goods involving a sea leg would enhance legal certainty, improve efficiency and commercial predictability in the international carriage of goods and reduce legal obstacles to the flow of international trade among all States,

Believing that the adoption of uniform rules to govern international contracts of carriage wholly or partly by sea will promote legal certainty, improve the efficiency of international carriage of goods and facilitate new access opportunities for reviously remote parties and markets, thus playing a fundamental role in promoting trade and economic development, both domestically and internationally,

Noting that shippers and carriers do not have the benefit of a binding and balanced universal regime to support the operation of contracts of carriage involving various modes of transport,

Recalling that, at its thirty-fourth and thirty-fifth sessions, in 2001 and 2002, the

Commission decided to prepare an international legislative instrument governing door-to-door transport operations that involve a sea leg, ❶

Recognizing that all States and interested international organizations were invited to participate in the preparation of the draft Convention on Contracts for the International Carriage of Goods Wholly or Partly by Sea and in the forty-first session of the Commission, either as members or as observers, with a full opportunity to speak and make proposals,

Noting with satisfaction that the text of the draft Convention was circulated for comment to all States Members of the United Nations and intergovernmental organizations invited to attend the meetings of the Commission as observers, and that the comments received were before the Commission at its forty-first session, ❷

Taking note with satisfaction of the decision of the Commission at its forty-first session to submit the draft Convention to the General Assembly for its consideration, ❸

Taking note of the draft Convention approved by the Commission, ❹

Expressing its appreciation to the Government of the Netherlands for its offer to host a signing ceremony for the Convention in Rotterdam,

1. Commends the United Nations Commission on International Trade Law for preparing the draft Convention on Contracts for the International Carriage of Goods Wholly or Partly by Sea;

2. Adopts the United Nations Convention on Contracts for the International Carriage of Goods Wholly or Partly by Sea, contained in the annex to the

---

❶ Official Records of the General Assembly, Fifty-sixth Session, Supplement No. 17 and corrigendum (A/56/17 and Corr.3), paras. 319–345; and ibid., Fifty-seventh Session, Supplement No. 17 (A/57/17), paras. 210–224.

❷ A/CN.9/658 and Add.1–14 and Add.14/Corr. 1.

❸ Official Records of the General Assembly, Sixty-third Session, Supplement No. 17 and corrigendum (A/63/17 and Corr.1), para. 298.

❹ Ibid., annex I.

present resolution;

3. Authorizes a ceremony for the opening for signature to be held on 23 September 2009 in Rotterdam, the Netherlands, and recommends that the rules embodied in the Convention be known as the "Rotterdam Rules";

4. Calls upon all Governments to consider becoming party to the Convention.

67th plenary meeting

11 December 2008

Annex

United Nations Convention on Contracts for the International Carriage of Goods Wholly or Partly by Sea

The States Parties to this Convention,

Reaffirming their belief that international trade on the basis of equality and mutual benefit is an important element in promoting friendly relations among States,

Convinced that the progressive harmonization and unification of international trade law, in reducing or removing legal obstacles to the flow of international trade, significantly contributes to universal economic cooperation among all States on a basis of equality, equity and common interest, and to the well-being of all peoples,

Recognizing the significant contribution of the International Convention for the Unification of Certain Rules of Law relating to Bills of Lading, signed in Brussels on 25 August 1924, and its Protocols, and of the United Nations Convention on the Carriage of Goods by Sea, signed in Hamburg on 31 March 1978, to the harmonization of the law governing the carriage of goods by sea,

Mindful of the technological and commercial developments that have taken place since the adoption of those conventions and of the need to consolidate and modernize them,

Noting that shippers and carriers do not have the benefit of a binding universal regime to support the operation of contracts of maritime carriage involving other modes of transport,

Believing that the adoption of uniform rules to govern international contracts of carriage wholly or partly by sea will promote legal certainty, improve the efficiency of international carriage of goods and facilitate new access opportunities for previously remote parties and markets, thus playing a fundamental role in promoting trade and economic development, both domestically and internationally,

Have agreed as follows:

Chapter 1
General provisions
Article 1
Definitions

For the purposes of this Convention:

1. "Contract of carriage" means a contract in which a carrier, against the payment of freight, undertakes to carry goods from one place to another. The contract shall provide for carriage by sea and may provide for carriage by other modes of transport in addition to the sea carriage.

2. "Volume contract" means a contract of carriage that provides for the carriage of a specified quantity of goods in a series of shipments during an agreed period of time. The specification of the quantity may include a minimum, a maximum or a certain range.

3. "Liner transportation" means a transportation service that is offered to the public through publication or similar means and includes transportation by ships operating on a regular schedule between specified ports in accordance with publicly available timetables of sailing dates.

4. "Non-liner transportation" means any transportation that is not liner transportation.

5. "Carrier" means a person that enters into a contract of carriage with a shipper.

6. (a) "Performing party" means a person other than the carrier that performs or undertakes to perform any of the carrier's obligations under a contract of carriage with respect to the receipt, loading, handling, stowage, carriage, care, unloading or delivery of the goods, to the extent that such person acts, either directly or indirectly, at the carrier's request or under the carrier's

supervision or control.

(b) "Performing party" does not include any person that is retained, directly or indirectly, by a shipper, by a documentary shipper, by the controlling party or by the consignee instead of by the carrier.

7. "Maritime performing party" means a performing party to the extent that it performs or undertakes to perform any of the carrier's obligations during the period between the arrival of the goods at the port of loading of a ship and their departure from the port of discharge of a ship. An inland carrier is a maritime performing party only if it performs or undertakes to perform its services exclusively within a port area.

8. "Shipper" means a person that enters into a contract of carriage with a carrier.

9. "Documentary shipper" means a person, other than the shipper, that accepts to be named as "shipper" in the transport document or electronic transport record.

10. "Holder" means:

(a) A person that is in possession of a negotiable transport document; and (ⅰ) if the document is an order document, is identified in it as the shipper or the consignee, or is the person to which the document is duly endorsed; or (ⅱ) if the document is a blank endorsed order document or bearer document, is the bearer thereof; or

(b) The person to which a negotiable electronic transport record has been issued or transferred in accordance with the procedures referred to in article 9, paragraph 1.

11. "Consignee" means a person entitled to delivery of the goods under a contract of carriage or a transport document or electronic transport record.

12. "Right of control" of the goods means the right under the contract of carriage to give the carrier instructions in respect of the goods in accordance with chapter 10.

13. "Controlling party" means the person that pursuant to article 51 is entitled to exercise the right of control.

14. "Transport document" means a document issued under a contract of carriage

by the carrier that:

(a) Evidences the carrier's or a performing party's receipt of goods under a contract of carriage; and

(b) Evidences or contains a contract of carriage.

15. "Negotiable transport document" means a transport document that indicates, by wording such as "to order" or "negotiable" or other appropriate wording recognized as having the same effect by the law applicable to the document, that the goods have been consigned to the order of the shipper, to the order of the consignee, or to bearer, and is not explicitly stated as being "non-negotiable" or "not negotiable".

16. "Non-negotiable transport document" means a transport document that is not a negotiable transport document.

17. "Electronic communication" means information generated, sent, received or stored by electronic, optical, digital or similar means with the result that the information communicated is accessible so as to be usable for subsequent reference.

18. "Electronic transport record" means information in one or more messages issued by electronic communication under a contract of carriage by a carrier, including information logically associated with the electronic transport record by attachments or otherwise linked to the electronic transport record contemporaneously with or subsequent to its issue by the carrier, so as to become part of the electronic transport record, that:

(a) Evidences the carrier's or a performing party's receipt of goods under a contract of carriage; and

(b) Evidences or contains a contract of carriage.

19. "Negotiable electronic transport record" means an electronic transport record:

(a) That indicates, by wording such as "to order", or "negotiable", or other appropriate wording recognized as having the same effect by the law applicable to the record, that the goods have been consigned to the order of the shipper or to the order of the consignee, and is not explicitly stated as

605

being "non-negotiable" or "not negotiable" ; and

(b) The use of which meets the requirements of article 9, paragraph 1.

20. "Non-negotiable electronic transport record" means an electronic transport record that is not a negotiable electronic transport record.

21. The "issuance" of a negotiable electronic transport record means the issuance of the record in accordance with procedures that ensure that the record is subject to exclusive control from its creation until it ceases to have any effect or validity.

22. The "transfer" of a negotiable electronic transport record means the transfer of exclusive control over the record.

23. "Contract particulars" means any information relating to the contract of carriage or to the goods (including terms, notations, signatures and endorsements) that is in a transport document or an electronic transport record.

24. "Goods" means the wares, merchandise, and articles of every kind whatsoever that a carrier undertakes to carry under a contract of carriage and includes the packing and any equipment and container not supplied by or on behalf of the carrier.

25. "Ship" means any vessel used to carry goods by sea.

26. "Container" means any type of container, transportable tank or flat, swapbody, or any similar unit load used to consolidate goods, and any equipment ancillary to such unit load.

27. "Vehicle" means a road or railroad cargo vehicle.

28. "Freight" means the remuneration payable to the carrier for the carriage of goods under a contract of carriage.

29. "Domicile" means (a) a place where a company or other legal person or association of natural or legal persons has its (i) statutory seat or place of incorporation or central registered office, whichever is applicable, (ii) central administration or (iii) principal place of business, and (b) the habitual residence of a natural person.

30. "Competent court" means a court in a Contracting State that, according to the

rules on the internal allocation of jurisdiction among the courts of that State, may exercise jurisdiction over the dispute.

Article 2

Interpretation of this Convention

In the interpretation of this Convention, regard is to be had to its international character and to the need to promote uniformity in its application and the observance of good faith in international trade.

Article 3

Form requirements

The notices, confirmation, consent, agreement, declaration and other communications referred to in articles 19, paragraph 2; 23, paragraphs 1 to 4; 36, subparagraphs 1 (b), (c) and (d); 40, subparagraph 4 (b); 44; 48, paragraph 3; 51, subparagraph 1 (b); 59, paragraph 1; 63; 66; 67, paragraph 2; 75, paragraph 4; and 80, paragraphs 2 and 5, shall be in writing. Electronic communications may be used for these purposes, provided that the use of such means is with the consent of the person by which it is communicated and of the person to which it is communicated.

Article 4

Applicability of defences and limits of liability

1. Any provision of this Convention that may provide a defence for, or limit the liability of, the carrier applies in any judicial or arbitral proceeding, whether founded in contract, in tort, or otherwise, that is instituted in respect of loss of, damage to, or delay in delivery of goods covered by a contract of carriage or for the breach of any other obligation under this Convention against:

   (a) The carrier or a maritime performing party;

   (b) The master, crew or any other person that performs services on board the ship; or

(c) Employees of the carrier or a maritime performing party.

2. Any provision of this Convention that may provide a defence for the shipper or the documentary shipper applies in any judicial or arbitral proceeding, whether founded in contract, in tort, or otherwise, that is instituted against the shipper, the documentary shipper, or their subcontractors, agents or employees.

Chapter 2
Scope of application
Article 5
General scope of application

1. Subject to article 6, this Convention applies to contracts of carriage in which the place of receipt and the place of delivery are in different States, and the port of loading of a sea carriage and the port of discharge of the same sea carriage are in different States, if, according to the contract of carriage, any one of the following places is located in a Contracting State:

   (a) The place of receipt;

   (b) The port of loading;

   (c) The place of delivery; or

   (d) The port of discharge.

2. This Convention applies without regard to the nationality of the vessel, the carrier, the performing parties, the shipper, the consignee, or any other interested parties.

Article 6
Specific exclusions

1. This Convention does not apply to the following contracts in liner transportation:

   (a) Charter parties; and

   (b) Other contracts for the use of a ship or of any space thereon.

2. This Convention does not apply to contracts of carriage in non-liner transportation except when:

(a) There is no charter party or other contract between the parties for the use of a ship or of any space thereon; and

(b) A transport document or an electronic transport record is issued.

Article 7
Application to certain parties

Notwithstanding article 6, this Convention applies as between the carrier and the consignee, controlling party or holder that is not an original party to the charter party or other contract of carriage excluded from the application of this Convention. However, this Convention does not apply as between the original parties to a contract of carriage excluded pursuant to article 6.

Chapter 3
Electronic transport records
Article 8
Use and effect of electronic transport records

Subject to the requirements set out in this Convention:

(a) Anything that is to be in or on a transport document under this Convention may be recorded in an electronic transport record, provided the issuance and subsequent use of an electronic transport record is with the consent of the carrier and the shipper; and

(b) The issuance, exclusive control, or transfer of an electronic transport record has the same effect as the issuance, possession, or transfer of a transport document.

Article 9
Procedures for use of negotiable electronic transport records

1. The use of a negotiable electronic transport record shall be subject to procedures that provide for:

(a) The method for the issuance and the transfer of that record to an intended holder;

(b) An assurance that the negotiable electronic transport record retains its integrity;

(c) The manner in which the holder is able to demonstrate that it is the holder; and

(d) The manner of providing confirmation that delivery to the holder has been effected, or that, pursuant to articles 10, paragraph 2, or 47, subparagraphs 1 (a) (ii) and (c), the electronic transport record has ceased to have any effect or validity.

2. The procedures in paragraph 1 of this article shall be referred to in the contract particulars and be readily ascertainable.

Article 10
Replacement of negotiable transport document or negotiable electronic transport

record

1. If a negotiable transport document has been issued and the carrier and the holder agree to replace that document by a negotiable electronic transport record:

(a) The holder shall surrender the negotiable transport document, or all of them if more than one has been issued, to the carrier;

(b) The carrier shall issue to the holder a negotiable electronic transport record that includes a statement that it replaces the negotiable transport document; and

(c) The negotiable transport document ceases thereafter to have any effect or validity.

2. If a negotiable electronic transport record has been issued and the carrier and the holder agree to replace that electronic transport record by a negotiable transport document:

(a) The carrier shall issue to the holder, in place of the electronic transport record, a negotiable transport document that includes a statement that it replaces the negotiable electronic transport record; and

(b) The electronic transport record ceases thereafter to have any effect or validity.

Chapter 4
Obligations of the carrier
Article 11
Carriage and delivery of the goods

The carrier shall, subject to this Convention and in accordance with the terms of the contract of carriage, carry the goods to the place of destination and deliver them to the consignee.

Article 12
Period of responsibility of the carrier

1. The period of responsibility of the carrier for the goods under this Convention begins when the carrier or a performing party receives the goods for carriage and ends when the goods are delivered.

2. (a) If the law or regulations of the place of receipt require the goods to be handed over to an authority or other third party from which the carrier may collect them, the period of responsibility of the carrier begins when the carrier collects the goods from the authority or other third party.

   (b) If the law or regulations of the place of delivery require the carrier to hand over the goods to an authority or other third party from which the consignee may collect them, the period of responsibility of the carrier ends when the carrier hands the goods over to the authority or other third party.

3. For the purpose of determining the carrier's period of responsibility, the parties may agree on the time and location of receipt and delivery of the goods, but a provision in a contract of carriage is void to the extent that it provides that:

   (a) The time of receipt of the goods is subsequent to the beginning of their initial loading under the contract of carriage; or

(b) The time of delivery of the goods is prior to the completion of their final unloading under the contract of carriage.

Article 13

Specific obligations

1. The carrier shall during the period of its responsibility as defined in article 12, and subject to article 26, properly and carefully receive, load, handle, stow, carry, keep, care for, unload and deliver the goods.

2. Notwithstanding paragraph 1 of this article, and without prejudice to the other provisions in chapter 4 and to chapters 5 to 7, the carrier and the shipper may agree that the loading, handling, stowing or unloading of the goods is to be performed by the shipper, the documentary shipper or the consignee. Such an agreement shall be referred to in the contract particulars.

Article 14

Specific obligations applicable to the voyage by sea

The carrier is bound before, at the beginning of, and during the voyage by sea to exercise due diligence to:

(a) Make and keep the ship seaworthy;

(b) Properly crew, equip and supply the ship and keep the ship so crewed, equipped and supplied throughout the voyage; and

(c) Make and keep the holds and all other parts of the ship in which the goods are carried, and any containers supplied by the carrier in or upon which the goods are carried, fit and safe for their reception, carriage and preservation.

Article 15

Goods that may become a danger

Notwithstanding articles 11 and 13, the carrier or a performing party may decline to receive or to load, and may take such other measures as are reasonable, including unloading, destroying, or rendering goods harmless, if the goods are, or reasonably appear likely to become during the carrier's period of responsibility, an actual danger to persons, property or the environment.

Article 16
Sacrifice of the goods during the voyage by sea

Notwithstanding articles 11, 13, and 14, the carrier or a performing party may sacrifice goods at sea when the sacrifice is reasonably made for the common safety or for the purpose of preserving from peril human life or other property involved in the common adventure.

Chapter 5
Liability of the carrier for loss, damage or delay
Article 17
Basis of liability

1. The carrier is liable for loss of or damage to the goods, as well as for delay in delivery, if the claimant proves that the loss, damage, or delay, or the event or circumstance that caused or contributed to it took place during the period of the carrier's responsibility as defined in chapter 4.

2. The carrier is relieved of all or part of its liability pursuant to paragraph 1 of this article if it proves that the cause or one of the causes of the loss, damage, or delay is not attributable to its fault or to the fault of any person referred to in article 18.

3. The carrier is also relieved of all or part of its liability pursuant to paragraph 1 of this article if, alternatively to proving the absence of fault as provided in paragraph 2 of this article, it proves that one or more of the following events or circumstances caused or contributed to the loss, damage, or delay:

   (a) Act of God;

   (b) Perils, dangers, and accidents of the sea or other navigable waters;

   (c) War, hostilities, armed conflict, piracy, terrorism, riots, and civil commotions;

(d) Quarantine restrictions; interference by or impediments created by governments, public authorities, rulers, or people including detention, arrest, or seizure not attributable to the carrier or any person referred to in article 18;

(e) Strikes, lockouts, stoppages, or restraints of labour;

(f) Fire on the ship;

(g) Latent defects not discoverable by due diligence;

(h) Act or omission of the shipper, the documentary shipper, the controlling party, or any other person for whose acts the shipper or the documentary shipper is liable pursuant to article 33 or 34;

(i) Loading, handling, stowing, or unloading of the goods performed pursuant to an agreement in accordance with article 13, paragraph 2, unless the carrier or a performing party performs such activity on behalf of the shipper, the documentary shipper or the consignee;

(j) Wastage in bulk or weight or any other loss or damage arising from inherent defect, quality, or vice of the goods;

(k) Insufficiency or defective condition of packing or marking not performed by or on behalf of the carrier;

(l) Saving or attempting to save life at sea;

(m) Reasonable measures to save or attempt to save property at sea;

(n) Reasonable measures to avoid or attempt to avoid damage to the environment; or

(o) Acts of the carrier in pursuance of the powers conferred by articles 15 and 16.

4. Notwithstanding paragraph 3 of this article, the carrier is liable for all or part of the loss, damage, or delay:

(a) If the claimant proves that the fault of the carrier or of a person referred to in article 18 caused or contributed to the event or circumstance on which the carrier relies; or

(b) If the claimant proves that an event or circumstance not listed in paragraph 3 of this article contributed to the loss, damage, or delay, and the carrier cannot prove that this event or circumstance is not attributable to its fault or to the fault of any person referred to in article 18.

5. The carrier is also liable, notwithstanding paragraph 3 of this article, for all or part of the loss, damage, or delay if:

(a) The claimant proves that the loss, damage, or delay was or was probably caused by or contributed to by (i) the unseaworthiness of the ship; (ii) the improper crewing, equipping, and supplying of the ship; or (iii) the fact that the holds or other parts of the ship in which the goods are carried, or any containers supplied by the carrier in or upon which the goods are carried, were not fit and safe for reception, carriage, and preservation of the goods; and

(b) The carrier is unable to prove either that: (i) none of the events or circumstances referred to in subparagraph 5 (a) of this article caused the loss, damage, or delay; or (ii) it complied with its obligation to exercise due diligence pursuant to article 14.

6. When the carrier is relieved of part of its liability pursuant to this article, the carrier is liable only for that part of the loss, damage or delay that is attributable to the event or circumstance for which it is liable pursuant to this article.

Article 18
Liability of the carrier for other persons

The carrier is liable for the breach of its obligations under this Convention caused by the acts or omissions of:

(a) Any performing party;

(b) The master or crew of the ship;

(c) Employees of the carrier or a performing party; or

(d) Any other person that performs or undertakes to perform any of the carrier's obligations under the contract of carriage, to the extent that the person acts, either directly or indirectly, at the carrier's request or under the carrier's supervision or control.

Article 19
Liability of maritime performing parties

1. A maritime performing party is subject to the obligations and liabilities imposed on the carrier under this Convention and is entitled to the carrier's defences and limits of liability as provided for in this Convention if:

   (a) The maritime performing party received the goods for carriage in a Contracting State, or delivered them in a Contracting State, or performed its activities with respect to the goods in a port in a Contracting State; and

   (b) The occurrence that caused the loss, damage or delay took place: (i) during the period between the arrival of the goods at the port of loading of the ship and their departure from the port of discharge from the ship; (ii) while the maritime performing party had custody of the goods; or (iii) at any other time to the extent that it was participating in the performance of any of the activities contemplated by the contract of carriage.

2. If the carrier agrees to assume obligations other than those imposed on the carrier under this Convention, or agrees that the limits of its liability are higher than the limits specified under this Convention, a maritime performing party is not bound by this agreement unless it expressly agrees to accept such obligations or such higher limits.

3. A maritime performing party is liable for the breach of its obligations under this Convention caused by the acts or omissions of any person to which it has entrusted the performance of any of the carrier's obligations under the contract of carriage under the conditions set out in paragraph 1 of this article.

4. Nothing in this Convention imposes liability on the master or crew of the ship or on an employee of the carrier or of a maritime performing party.

Article 20
Joint and several liability

1. If the carrier and one or more maritime performing parties are liable for the loss of, damage to, or delay in delivery of the goods, their liability is joint and several but only up to the limits provided for under this Convention.
2. Without prejudice to article 61, the aggregate liability of all such persons shall not exceed the overall limits of liability under this Convention.

Article 21
Delay

Delay in delivery occurs when the goods are not delivered at the place of destination provided for in the contract of carriage within the time agreed.

Article 22
Calculation of compensation

1. Subject to article 59, the compensation payable by the carrier for loss of or damage to the goods is calculated by reference to the value of such goods at the place and time of delivery established in accordance with article 43.
2. The value of the goods is fixed according to the commodity exchange price or, if there is no such price, according to their market price or, if there is no commodity exchange price or market price, by reference to the normal value of the goods of the same kind and quality at the place of delivery.
3. In case of loss of or damage to the goods, the carrier is not liable for payment of any compensation beyond what is provided for in paragraphs 1 and 2 of this article except when the carrier and the shipper have agreed to calculate compensation in a different manner within the limits of chapter 16.

Article 23
Notice in case of loss, damage or delay

1. The carrier is presumed, in absence of proof to the contrary, to have delivered the goods according to their description in the contract particulars unless notice of loss of or damage to the goods, indicating the general nature of such loss or

damage, was given to the carrier or the performing party that delivered the goods before or at the time of the delivery, or, if the loss or damage is not apparent, within seven working days at the place of delivery after the delivery of the goods.

2. Failure to provide the notice referred to in this article to the carrier or the performing party shall not affect the right to claim compensation for loss of or damage to the goods under this Convention, nor shall it affect the allocation of the burden of proof set out in article 17.

3. The notice referred to in this article is not required in respect of loss or damage that is ascertained in a joint inspection of the goods by the person to which they have been delivered and the carrier or the maritime performing party against which liability is being asserted.

4. No compensation in respect of delay is payable unless notice of loss due to delay was given to the carrier within twenty-one consecutive days of delivery of the goods.

5. When the notice referred to in this article is given to the performing party that delivered the goods, it has the same effect as if that notice was given to the carrier, and notice given to the carrier has the same effect as a notice given to a maritime performing party.

6. In the case of any actual or apprehended loss or damage, the parties to the dispute shall give all reasonable facilities to each other for inspecting and tallying the goods and shall provide access to records and documents relevant to the carriage of the goods.

Chapter 6
Additional provisions relating to particular stages of carriage
Article 24
Deviation

When pursuant to applicable law a deviation constitutes a breach of the carrier's obligations, such deviation of itself shall not deprive the carrier or a maritime performing party of any defence or limitation of this Convention, except to the extent provided in article 61.

Article 25
Deck cargo on ships

1. Goods may be carried on the deck of a ship only if:
   (a) Such carriage is required by law;
   (b) They are carried in or on containers or vehicles that are fit for deck carriage, and the decks are specially fitted to carry such containers or vehicles; or
   (c) The carriage on deck is in accordance with the contract of carriage, or the customs, usages or practices of the trade in question.

2. The provisions of this Convention relating to the liability of the carrier apply to the loss of, damage to or delay in the delivery of goods carried on deck pursuant to paragraph 1 of this article, but the carrier is not liable for loss of or damage to such goods, or delay in their delivery, caused by the special risks involved in their carriage on deck when the goods are carried in accordance with subparagraphs 1 (a) or (c) of this article.

3. If the goods have been carried on deck in cases other than those permitted pursuant to paragraph 1 of this article, the carrier is liable for loss of or damage to the goods or delay in their delivery that is exclusively caused by their carriage on deck, and is not entitled to the defences provided for in article 17.

4. The carrier is not entitled to invoke subparagraph 1 (c) of this article against a third party that has acquired a negotiable transport document or a negotiable electronic transport record in good faith, unless the contract particulars state that the goods may be carried on deck.

5. If the carrier and shipper expressly agreed that the goods would be carried under deck, the carrier is not entitled to the benefit of the limitation of liability for any loss of, damage to or delay in the delivery of the goods to the extent that such loss, damage, or delay resulted from their carriage on deck.

Article 26

Carriage preceding or subsequent to sea carriage

When loss of or damage to goods, or an event or circumstance causing a delay in their delivery, occurs during the carrier's period of responsibility but solely before their loading onto the ship or solely after their discharge from the ship, the provisions of this Convention do not prevail over those provisions of another international instrument that, at the time of such loss, damage or event or circumstance causing delay:

(a) Pursuant to the provisions of such international instrument would have applied to all or any of the carrier's activities if the shipper had made a separate and direct contract with the carrier in respect of the particular stage of carriage where the loss of, or damage to goods, or an event or circumstance causing delay in their delivery occurred;

(b) Specifically provide for the carrier's liability, limitation of liability, or time for suit; and

(c) Cannot be departed from by contract either at all or to the detriment of the shipper under that instrument.

Chapter 7

Obligations of the shipper to the carrier

Article 27

Delivery for carriage

1. Unless otherwise agreed in the contract of carriage, the shipper shall deliver the goods ready for carriage. In any event, the shipper shall deliver the goods in such condition that they will withstand the intended carriage, including their loading, handling, stowing, lashing and securing, and unloading, and that they will not cause harm to persons or property.

2. The shipper shall properly and carefully perform any obligation assumed under an agreement made pursuant to article 13, paragraph 2.

3. When a container is packed or a vehicle is loaded by the shipper, the shipper

shall properly and carefully stow, lash and secure the contents in or on the container or vehicle, and in such a way that they will not cause harm to persons or property.

Article 28
Cooperation of the shipper and the carrier in providing information and instructions

The carrier and the shipper shall respond to requests from each other to provide information and instructions required for the proper handling and carriage of the goods if the information is in the requested party's possession or the instructions are within the requested party's reasonable ability to provide and they are not otherwise reasonably available to the requesting party.

Article 29
Shipper's obligation to provide information, instructions and documents

1. The shipper shall provide to the carrier in a timely manner such information, instructions and documents relating to the goods that are not otherwise reasonably available to the carrier, and that are reasonably necessary:
   (a) For the proper handling and carriage of the goods, including precautions to be taken by the carrier or a performing party; and
   (b) For the carrier to comply with law, regulations or other requirements of public authorities in connection with the intended carriage, provided that the carrier notifies the shipper in a timely manner of the information, instructions and documents it requires.
2. Nothing in this article affects any specific obligation to provide certain information, instructions and documents related to the goods pursuant to law, regulations or other requirements of public authorities in connection with the intended carriage.

Article 30
Basis of shipper's liability to the carrier

1. The shipper is liable for loss or damage sustained by the carrier if the carrier proves that such loss or damage was caused by a breach of the shipper's obligations under this Convention.

2. Except in respect of loss or damage caused by a breach by the shipper of its obligations pursuant to articles 31, paragraph 2, and 32, the shipper is relieved of all or part of its liability if the cause or one of the causes of the loss or damage is not attributable to its fault or to the fault of any person referred to in article 34.

3. When the shipper is relieved of part of its liability pursuant to this article, the shipper is liable only for that part of the loss or damage that is attributable to its fault or to the fault of any person referred to in article 34.

Article 31
Information for compilation of contract particulars

1. The shipper shall provide to the carrier, in a timely manner, accurate information required for the compilation of the contract particulars and the issuance of the transport documents or electronic transport records, including the particulars referred to in article 36, paragraph 1; the name of the party to be identified as the shipper in the contract particulars; the name of the consignee, if any; and the name of the person to whose order the transport document or electronic transport record is to be issued, if any.

2. The shipper is deemed to have guaranteed the accuracy at the time of receipt by the carrier of the information that is provided according to paragraph 1 of this article. The shipper shall indemnify the carrier against loss or damage resulting from the inaccuracy of such information.

Article 32
Special rules on dangerous goods

When goods by their nature or character are, or reasonably appear likely to become, a danger to persons, property or the environment:

(a) The shipper shall inform the carrier of the dangerous nature or character of the goods in a timely manner before they are delivered to the carrier or a performing party. If the shipper fails to do so and the carrier or performing party does not otherwise have knowledge of their dangerous nature or character, the shipper is liable to the carrier for loss or damage resulting from such failure to inform; and

(b) The shipper shall mark or label dangerous goods in accordance with any law, regulations or other requirements of public authorities that apply during any stage of the intended carriage of the goods. If the shipper fails to do so, it is liable to the carrier for loss or damage resulting from such failure.

Article 33
Assumption of shipper's rights and obligations by the documentary shipper

1. A documentary shipper is subject to the obligations and liabilities imposed on the shipper pursuant to this chapter and pursuant to article 55, and is entitled to the shipper's rights and defences provided by this chapter and by chapter 13.

2. Paragraph 1 of this article does not affect the obligations, liabilities, rights or defences of the shipper.

Article 34
Liability of the shipper for other persons

The shipper is liable for the breach of its obligations under this Convention caused by the acts or omissions of any person, including employees, agents and subcontractors, to which it has entrusted the performance of any of its obligations, but the shipper is not liable for acts or omissions of the carrier or a performing party acting on behalf of the carrier, to which the shipper has entrusted the performance of its obligations.

Chapter 8

Transport documents and electronic transport records

Article 35

Issuance of the transport document or the electronic transport record

Unless the shipper and the carrier have agreed not to use a transport document or an electronic transport record, or it is the custom, usage or practice of the trade not to use one, upon delivery of the goods for carriage to the carrier or performing party, the shipper or, if the shipper consents, the documentary shipper, is entitled to obtain from the carrier, at the shipper's option:

(a) A non-negotiable transport document or, subject to article 8, subparagraph (a), a non-negotiable electronic transport record; or

(b) An appropriate negotiable transport document or, subject to article 8, subparagraph (a), a negotiable electronic transport record, unless the shipper and the carrier have agreed not to use a negotiable transport document or negotiable electronic transport record, or it is the custom, usage or practice of the trade not to use one.

Article 36

Contract particulars

1. The contract particulars in the transport document or electronic transport record referred to in article 35 shall include the following information, as furnished by the shipper:

   (a) A description of the goods as appropriate for the transport;

   (b) The leading marks necessary for identification of the goods;

   (c) The number of packages or pieces, or the quantity of goods; and

   (d) The weight of the goods, if furnished by the shipper.

2. The contract particulars in the transport document or electronic transport record referred to in article 35 shall also include:

   (a) A statement of the apparent order and condition of the goods at the time the carrier or a performing party receives them for carriage;

(b) The name and address of the carrier;

(c) The date on which the carrier or a performing party received the goods, or on which the goods were loaded on board the ship, or on which the transport document or electronic transport record was issued; and

(d) If the transport document is negotiable, the number of originals of the negotiable transport document, when more than one original is issued.

3. The contract particulars in the transport document or electronic transport record referred to in article 35 shall further include:

(a) The name and address of the consignee, if named by the shipper;

(b) The name of a ship, if specified in the contract of carriage;

(c) The place of receipt and, if known to the carrier, the place of delivery; and

(d) The port of loading and the port of discharge, if specified in the contract of carriage.

4. For the purposes of this article, the phrase "apparent order and condition of the goods" in subparagraph 2 (a) of this article refers to the order and condition of the goods based on:

(a) A reasonable external inspection of the goods as packaged at the time the shipper delivers them to the carrier or a performing party; and

(b) Any additional inspection that the carrier or a performing party actually performs before issuing the transport document or electronic transport record.

Article 37
Identity of the carrier

1. If a carrier is identified by name in the contract particulars, any other information in the transport document or electronic transport record relating to the identity of the carrier shall have no effect to the extent that it is inconsistent with that identification.

2. If no person is identified in the contract particulars as the carrier as required

pursuant to article 36, subparagraph 2 (b), but the contract particulars indicate that the goods have been loaded on board a named ship, the registered owner of that ship is presumed to be the carrier, unless it proves that the ship was under a bareboat charter at the time of the carriage and it identifies this bareboat charterer and indicates its address, in which case this bareboat charterer is presumed to be the carrier. Alternatively, the registered owner may rebut the presumption of being the carrier by identifying the carrier and indicating its address. The bareboat charterer may rebut any presumption of being the carrier in the same manner.

3. Nothing in this article prevents the claimant from proving that any person other than a person identified in the contract particulars or pursuant to paragraph 2 of this article is the carrier.

Article 38
Signature

1. A transport document shall be signed by the carrier or a person acting on its behalf.

2. An electronic transport record shall include the electronic signature of the carrier or a person acting on its behalf. Such electronic signature shall identify the signatory in relation to the electronic transport record and indicate the carrier's authorization of the electronic transport record.

Article 39
Deficiencies in the contract particulars

1. The absence or inaccuracy of one or more of the contract particulars referred to in article 36, paragraphs 1, 2 or 3, does not of itself affect the legal character or validity of the transport document or of the electronic transport record.

2. If the contract particulars include the date but fail to indicate its significance, the date is deemed to be:

   (a) The date on which all of the goods indicated in the transport document or electronic transport record were loaded on board the ship, if the contract particulars indicate that the goods have been loaded on board a ship; or

(b) The date on which the carrier or a performing party received the goods, if the contract particulars do not indicate that the goods have been loaded on board a ship.

3. If the contract particulars fail to state the apparent order and condition of the goods at the time the carrier or a performing party receives them, the contract particulars are deemed to have stated that the goods were in apparent good order and condition at the time the carrier or a performing party received them.

Article 40
Qualifying the information relating to the goods in the contract particulars

1. The carrier shall qualify the information referred to in article 36, paragraph 1, to indicate that the carrier does not assume responsibility for the accuracy of the information furnished by the shipper if:

(a) The carrier has actual knowledge that any material statement in the transport document or electronic transport record is false or misleading; or

(b) The carrier has reasonable grounds to believe that a material statement in the transport document or electronic transport record is false or misleading.

2. Without prejudice to paragraph 1 of this article, the carrier may qualify the information referred to in article 36, paragraph 1, in the circumstances and in the manner set out in paragraphs 3 and 4 of this article to indicate that the carrier does not assume responsibility for the accuracy of the information furnished by the shipper.

3. When the goods are not delivered for carriage to the carrier or a performing party in a closed container or vehicle, or when they are delivered in a closed container or vehicle and the carrier or a performing party actually inspects them, the carrier may qualify the information referred to in article 36, paragraph 1, if:

(a) The carrier had no physically practicable or commercially reasonable means of checking the information furnished by the shipper, in which case it may indicate which information it was unable to check; or

(b) The carrier has reasonable grounds to believe the information furnished by the shipper to be inaccurate, in which case it may include a clause providing what it reasonably considers accurate information.

4. When the goods are delivered for carriage to the carrier or a performing party in a closed container or vehicle, the carrier may qualify the information referred to in:

(a) Article 36, subparagraphs 1 (a), (b), or (c), if:

(ⅰ) The goods inside the container or vehicle have not actually been inspected by the carrier or a performing party; and

(ⅱ) Neither the carrier nor a performing party otherwise has actual knowledge of its contents before issuing the transport document or the electronic transport record; and

(b) Article 36, subparagraph 1 (d), if:

(ⅰ) Neither the carrier nor a performing party weighed the container or vehicle, and the shipper and the carrier had not agreed prior to the shipment that the container or vehicle would be weighed and the weight would be included in the contract particulars; or

(ⅱ) There was no physically practicable or commercially reasonable means of checking the weight of the container or vehicle.

Article 41
Evidentiary effect of the contract particulars

Except to the extent that the contract particulars have been qualified in the circumstances and in the manner set out in article 40:

(a) A transport document or an electronic transport record is prima facie evidence of the carrier's receipt of the goods as stated in the contract particulars;

(b) Proof to the contrary by the carrier in respect of any contract particulars shall not be admissible, when such contract particulars are included in:

(i) A negotiable transport document or a negotiable electronic transport record that is transferred to a third party acting in good faith; or

(ii) A non-negotiable transport document that indicates that it must be surrendered in order to obtain delivery of the goods and is transferred to the consignee acting in good faith;

(c) Proof to the contrary by the carrier shall not be admissible against a consignee that in good faith has acted in reliance on any of the following contract particulars included in a non-negotiable transport document or a non-negotiable electronic transport record:

(i) The contract particulars referred to in article 36, paragraph 1, when such contract particulars are furnished by the carrier;

(ii) The number, type and identifying numbers of the containers, but not the identifying numbers of the container seals; and

(iii) The contract particulars referred to in article 36, paragraph 2.

Article 42
"Freight prepaid"

If the contract particulars contain the statement "freight prepaid" or a statement of a similar nature, the carrier cannot assert against the holder or the consignee the fact that the freight has not been paid. This article does not apply if the holder or the consignee is also the shipper.

Chapter 9
Delivery of the goods
Article 43
Obligation to accept delivery

When the goods have arrived at their destination, the consignee that demands delivery of the goods under the contract of carriage shall accept delivery of the goods at the time or within the time period and at the location agreed in the contract of carriage or, failing such agreement, at the time and location at which, having regard to the terms of the contract, the customs, usages or practices of the trade and the circumstances of the carriage, delivery could reasonably be expected.

Article 44
Obligation to acknowledge receipt

On request of the carrier or the performing party that delivers the goods, the consignee shall acknowledge receipt of the goods from the carrier or the performing party in the manner that is customary at the place of delivery. The carrier may refuse delivery if the consignee refuses to acknowledge such receipt.

Article 45
Delivery when no negotiable transport document or negotiable electronic transport record is issued

When neither a negotiable transport document nor a negotiable electronic transport record has been issued:

(a) The carrier shall deliver the goods to the consignee at the time and location referred to in article 43. The carrier may refuse delivery if the person claiming to be the consignee does not properly identify itself as the consignee on the request of the carrier;

(b) If the name and address of the consignee are not referred to in the contract particulars, the controlling party shall prior to or upon the arrival of the goods at the place of destination advise the carrier of such name and address;

(c) Without prejudice to article 48, paragraph 1, if the goods are not deliverable because (i) the consignee, after having received a notice of arrival, does not, at the time or within the time period referred to in article 43, claim delivery of the goods from the carrier after their arrival at the place of destination, (ii) the carrier refuses delivery because the person claiming to be the consignee does not properly identify itself as the consignee, or (iii) the carrier is, after reasonable effort, unable to locate the consignee in order to request delivery instructions, the carrier may so advise the controlling party and request instructions in respect of the delivery of the goods. If, after reasonable effort, the carrier is unable to locate the controlling party, the carrier may so advise the shipper and request instructions in respect of the delivery of the goods. If, after reasonable effort, the carrier is unable to locate the shipper, the carrier may so advise the documentary shipper and request instructions in respect of the delivery of the goods;

(d) The carrier that delivers the goods upon instruction of the controlling party, the shipper or the documentary shipper pursuant to subparagraph (c) of this article is discharged from its obligations to deliver the goods under the contract of carriage.

Article 46
Delivery when a non-negotiable transport document that requires surrender is issued

When a non-negotiable transport document has been issued that indicates that it shall be surrendered in order to obtain delivery of the goods:

(a) The carrier shall deliver the goods at the time and location referred to in article 43 to the consignee upon the consignee properly identifying itself on the request of the carrier and surrender of the non-negotiable document. The carrier may refuse delivery if the person claiming to be the consignee fails to properly identify itself on the request of the carrier, and shall refuse delivery if the non-negotiable document is not surrendered. If more than one original of the non-negotiable document has been issued, the surrender of one original will suffice and the other originals cease to have any effect or validity;

(b) Without prejudice to article 48, paragraph 1, if the goods are not deliverable because (i) the consignee, after having received a notice of arrival, does not, at the time or within the time period referred to in article 43, claim delivery of the goods from the carrier after their arrival at the place of destination, (ii) the carrier refuses delivery because the person claiming to be the consignee does not properly identify itself as the consignee or does not surrender the document, or (iii) the carrier is, after reasonable effort, unable to locate the consignee in order to request delivery instructions, the carrier may so advise the shipper and request instructions in respect of the delivery of the goods. If, after reasonable effort, the carrier is unable to locate the shipper, the carrier may so advise the documentary shipper and request instructions in respect of the delivery of the goods;

(c) The carrier that delivers the goods upon instruction of the shipper or the documentary shipper pursuant to subparagraph (b) of this article is discharged from its obligation to deliver the goods under the contract of carriage, irrespective of whether the non-negotiable transport document has been surrendered to it.

Article 47
Delivery when a negotiable transport document or negotiable electronic transport record is issued

1. When a negotiable transport document or a negotiable electronic transport record has been issued:

   (a) The holder of the negotiable transport document or negotiable electronic transport record is entitled to claim delivery of the goods from the carrier after they have arrived at the place of destination, in which event the carrier shall deliver the goods at the time and location referred to in article 43 to the holder:

   (i) Upon surrender of the negotiable transport document and, if the holder is one of the persons referred to in article 1, subparagraph 10 (a) (i), upon the holder properly identifying itself; or

   (ii) Upon demonstration by the holder, in accordance with the procedures referred to in article 9, paragraph 1, that it is the holder of the negotiable electronic transport record;

(b) The carrier shall refuse delivery if the requirements of subparagraph (a) (i) or (a) (ii) of this paragraph are not met;

(c) If more than one original of the negotiable transport document has been issued, and the number of originals is stated in that document, the surrender of one original will suffice and the other originals cease to have any effect or validity. When a negotiable electronic transport record has been used, such electronic transport record ceases to have any effect or validity upon delivery to the holder in accordance with the procedures required by article 9, paragraph 1.

2. Without prejudice to article 48, paragraph 1, if the negotiable transport document or the negotiable electronic transport record expressly states that the goods may be delivered without the surrender of the transport document or the electronic transport record, the following rules apply:

(a) If the goods are not deliverable because (i) the holder, after having received a notice of arrival, does not, at the time or within the time period referred to in article 43, claim delivery of the goods from the carrier after their arrival at the place of destination, (ii) the carrier refuses delivery because the person claiming to be a holder does not properly identify itself as one of the persons referred to in article 1, subparagraph 10 (a) (i), or (iii) the carrier is, after reasonable effort, unable to locate the holder in order to request delivery instructions, the carrier may so advise the shipper and request instructions in respect of the delivery of the goods. If, after reasonable effort, the carrier is unable to locate the shipper, the carrier may so advise the documentary shipper and request instructions in respect of the delivery of the goods;

(b) The carrier that delivers the goods upon instruction of the shipper or the documentary shipper in accordance with subparagraph 2 (a) of this article is discharged from its obligation to deliver the goods under the contract of carriage to the holder, irrespective of whether the negotiable transport document has been surrendered to it, or the person claiming delivery under a negotiable electronic transport record has demonstrated, in accordance with the procedures referred to in article 9, paragraph 1, that it is the holder;

(c) The person giving instructions under subparagraph 2 (a) of this article shall indemnify the carrier against loss arising from its being held liable to the holder under subparagraph 2 (e) of this article. The carrier may refuse to follow those instructions if the person fails to provide adequate security as the carrier may reasonably request;

(d) A person that becomes a holder of the negotiable transport document or the negotiable electronic transport record after the carrier has delivered the goods pursuant to subparagraph 2 (b) of this article, but pursuant to contractual or other arrangements made before such delivery acquires rights against the carrier under the contract of carriage, other than the right to claim delivery of the goods;

(e) Notwithstanding subparagraphs 2 (b) and 2 (d) of this article, a holder that becomes a holder after such delivery, and that did not have and could not reasonably have had knowledge of such delivery at the time it became a holder, acquires the rights incorporated in the negotiable transport document or negotiable electronic transport record. When the contract particulars state the expected time of arrival of the goods, or indicate how to obtain information as to whether the goods have been delivered, it is presumed that the holder at the time that it became a holder had or could reasonably have had knowledge of the delivery of the goods.

Article 48
Goods remaining undelivered

1. For the purposes of this article, goods shall be deemed to have remained undelivered only if, after their arrival at the place of destination:

(a) The consignee does not accept delivery of the goods pursuant to this chapter at the time and location referred to in article 43;

(b) The controlling party, the holder, the shipper or the documentary shipper cannot be found or does not give the carrier adequate instructions pursuant to articles 45, 46 and 47;

(c) The carrier is entitled or required to refuse delivery pursuant to articles 44, 45, 46 and 47;

(d) The carrier is not allowed to deliver the goods to the consignee pursuant to the law or regulations of the place at which delivery is requested; or

(e) The goods are otherwise undeliverable by the carrier.

2. Without prejudice to any other rights that the carrier may have against the shipper, controlling party or consignee, if the goods have remained undelivered, the carrier may, at the risk and expense of the person entitled to the goods, take such action in respect of the goods as circumstances may reasonably require, including:

(a) To store the goods at any suitable place;

(b) To unpack the goods if they are packed in containers or vehicles, or to act otherwise in respect of the goods, including by moving them; and

(c) To cause the goods to be sold or destroyed in accordance with the practices or pursuant to the law or regulations of the place where the goods are located at the time.

3. The carrier may exercise the rights under paragraph 2 of this article only after it has given reasonable notice of the intended action under paragraph 2 of this article to the person stated in the contract particulars as the person, if any, to be notified of the arrival of the goods at the place of destination, and to one of the following persons in the order indicated, if known to the carrier: the consignee, the controlling party or the shipper.

4. If the goods are sold pursuant to subparagraph 2 (c) of this article, the carrier shall hold the proceeds of the sale for the benefit of the person entitled to the goods, subject to the deduction of any costs incurred by the carrier and any other amounts that are due to the carrier in connection with the carriage of those goods.

5. The carrier shall not be liable for loss of or damage to goods that occurs during the time that they remain undelivered pursuant to this article unless the

claimant proves that such loss or damage resulted from the failure by the carrier to take steps that would have been reasonable in the circumstances to preserve the goods and that the carrier knew or ought to have known that the loss or damage to the goods would result from its failure to take such steps.

Article 49
Retention of goods
Nothing in this Convention affects a right of the carrier or a performing party that may exist pursuant to the contract of carriage or the applicable law to retain the goods to secure the payment of sums due.

Chapter 10
Rights of the controlling party
Article 50
Exercise and extent of right of control
1. The right of control may be exercised only by the controlling party and is limited to:
   (a) The right to give or modify instructions in respect of the goods that do not constitute a variation of the contract of carriage;
   (b) The right to obtain delivery of the goods at a scheduled port of call or, in respect of inland carriage, any place en route; and
   (c) The right to replace the consignee by any other person including the controlling party.
2. The right of control exists during the entire period of responsibility of the carrier, as provided in article 12, and ceases when that period expires.

Article 51
Identity of the controlling party and transfer of the right of control
1. Except in the cases referred to in paragraphs 2, 3 and 4 of this article:
   (a) The shipper is the controlling party unless the shipper, when the contract of

carriage is concluded, designates the consignee, the documentary shipper or another person as the controlling party;

(b) The controlling party is entitled to transfer the right of control to another person. The transfer becomes effective with respect to the carrier upon its notification of the transfer by the transferor, and the transferee becomes the controlling party; and

(c) The controlling party shall properly identify itself when it exercises the right of control.

2. When a non-negotiable transport document has been issued that indicates that it shall be surrendered in order to obtain delivery of the goods:

(a) The shipper is the controlling party and may transfer the right of control to the consignee named in the transport document by transferring the document to that person without endorsement. If more than one original of the document was issued, all originals shall be transferred in order to effect a transfer of the right of control; and

(b) In order to exercise its right of control, the controlling party shall produce the document and properly identify itself. If more than one original of the document was issued, all originals shall be produced, failing which the right of control cannot be exercised.

3. When a negotiable transport document is issued:

(a) The holder or, if more than one original of the negotiable transport document is issued, the holder of all originals is the controlling party;

(b) The holder may transfer the right of control by transferring the negotiable transport document to another person in accordance with article 57. If more than one original of that document was issued, all originals shall be transferred to that person in order to effect a transfer of the right of control; and

(c) In order to exercise the right of control, the holder shall produce the negotiable transport document to the carrier, and if the holder is one of the persons referred to in article 1, subparagraph 10 (a) (i), the holder shall properly identify itself. If more than one original of the document was issued, all originals shall be produced, failing which the right of control cannot be exercised.

4. When a negotiable electronic transport record is issued:

(a) The holder is the controlling party;

(b) The holder may transfer the right of control to another person by transferring the negotiable electronic transport record in accordance with the procedures referred to in article 9, paragraph 1; and

(c) In order to exercise the right of control, the holder shall demonstrate, in accordance with the procedures referred to in article 9, paragraph 1, that it is the holder.

Article 52
Carrier's execution of instructions

1. Subject to paragraphs 2 and 3 of this article, the carrier shall execute the instructions referred to in article 50 if:

(a) The person giving such instructions is entitled to exercise the right of control;

(b) The instructions can reasonably be executed according to their terms at the moment that they reach the carrier; and

(c) The instructions will not interfere with the normal operations of the carrier, including its delivery practices.

2. In any event, the controlling party shall reimburse the carrier for any reasonable additional expense that the carrier may incur and shall indemnify the carrier against loss or damage that the carrier may suffer as a result of diligently executing any instruction pursuant to this article, including compensation that the carrier may become liable to pay for loss of or damage to other goods being carried.

3. The carrier is entitled to obtain security from the controlling party for the amount of additional expense, loss or damage that the carrier reasonably expects will arise in connection with the execution of an instruction pursuant to this

article.The carrier may refuse to carry out the instructions if no such security is provided.

4. The carrier's liability for loss of or damage to the goods or for delay in delivery resulting from its failure to comply with the instructions of the controlling party in breach of its obligation pursuant to paragraph 1 of this article shall be subject to articles 17 to 23, and the amount of the compensation payable by the carrier shall be subject to articles 59 to 61.

Article 53
Deemed delivery

Goods that are delivered pursuant to an instruction in accordance with article 52, paragraph 1, are deemed to be delivered at the place of destination, and the provisions of chapter 9 relating to such delivery apply to such goods.

Article 54
Variations to the contract of carriage

1. The controlling party is the only person that may agree with the carrier to variations to the contract of carriage other than those referred to in article 50, subparagraphs 1 (b) and (c).

2. Variations to the contract of carriage, including those referred to in article 50, subparagraphs 1 (b) and (c), shall be stated in a negotiable transport document or in a non-negotiable transport document that requires surrender, or incorporated in a negotiable electronic transport record, or, upon the request of the controlling party, shall be stated in a non-negotiable transport document or incorporated in a non-negotiable electronic transport record. If so stated or incorporated, such variations shall be signed in accordance with article 38.

Article 55
Providing additional information, instructions or documents to carrier

1. The controlling party, on request of the carrier or a performing party, shall provide in a timely manner information, instructions or documents relating to the goods not yet provided by the shipper and not otherwise reasonably available to the carrier that the carrier may reasonably need to perform its obligations under the contract of carriage.

2. If the carrier, after reasonable effort, is unable to locate the controlling party or the controlling party is unable to provide adequate information, instructions or documents to the carrier, the shipper shall provide them. If the carrier, after reasonable effort, is unable to locate the shipper, the documentary shipper shall provide such information, instructions or documents.

Article 56
Variation by agreement

The parties to the contract of carriage may vary the effect of articles 50, subparagraphs 1 (b) and (c), 50, paragraph 2, and 52. The parties may also restrict or exclude the transferability of the right of control referred to in article 51, subparagraph 1 (b).

Chapter 11
Transfer of rights
Article 57
When a negotiable transport document or negotiable electronic transport record is issued

1. When a negotiable transport document is issued, the holder may transfer the rights incorporated in the document by transferring it to another person:

   (a) Duly endorsed either to such other person or in blank, if an order document; or

   (b) Without endorsement, if: (i) a bearer document or a blank endorsed document; or (ii) a document made out to the order of a named person and the transfer is between the first holder and the named person.

2. When a negotiable electronic transport record is issued, its holder may transfer the rights incorporated in it, whether it be made out to order or to the order of a named person, by transferring the electronic transport record in accordance with the procedures referred to in article 9, paragraph 1.

Article 58
Liability of holder

1. Without prejudice to article 55, a holder that is not the shipper and that does not exercise any right under the contract of carriage does not assume any liability under the contract of carriage solely by reason of being a holder.

2. A holder that is not the shipper and that exercises any right under the contract of carriage assumes any liabilities imposed on it under the contract of carriage to the extent that such liabilities are incorporated in or ascertainable from the negotiable transport document or the negotiable electronic transport record.

3. For the purposes of paragraphs 1 and 2 of this article, a holder that is not the shipper does not exercise any right under the contract of carriage solely because:

   (a) It agrees with the carrier, pursuant to article 10, to replace a negotiable transport document by a negotiable electronic transport record or to replace a negotiable electronic transport record by a negotiable transport document; or

   (b) It transfers its rights pursuant to article 57.

Chapter 12
Limits of liability
Article 59
Limits of liability

1. Subject to articles 60 and 61, paragraph 1, the carrier's liability for breaches of its obligations under this Convention is limited to 875 units of account per package or other shipping unit, or 3 units of account per kilogram of the gross

weight of the goods that are the subject of the claim or dispute, whichever amount is the higher, except when the value of the goods has been declared by the shipper and included in the contract particulars, or when a higher amount than the amount of limitation of liability set out in this article has been agreed upon between the carrier and the shipper.

2. When goods are carried in or on a container, pallet or similar article of transport used to consolidate goods, or in or on a vehicle, the packages or shipping units enumerated in the contract particulars as packed in or on such article of transport or vehicle are deemed packages or shipping units. If not so enumerated, the goods in or on such article of transport or vehicle are deemed one shipping unit.

3. The unit of account referred to in this article is the Special Drawing Right as defined by the International Monetary Fund. The amounts referred to in this article are to be converted into the national currency of a State according to the value of such currency at the date of judgement or award or the date agreed upon by the parties. The value of a national currency, in terms of the Special Drawing Right, of a Contracting State that is a member of the International Monetary Fund is to be calculated in accordance with the method of valuation applied by the International Monetary Fund in effect at the date in question for its operations and transactions. The value of a national currency, in terms of the Special Drawing Right, of a Contracting State that is not a member of the International Monetary Fund is to be calculated in a manner to be determined by that State.

Article 60
Limits of liability for loss caused by delay

Subject to article 61, paragraph 2, compensation for loss of or damage to the goods due to delay shall be calculated in accordance with article 22 and liability for economic loss due to delay is limited to an amount equivalent to two and one-half times the freight payable on the goods delayed. The total amount payable pursuant to this article and article 59, paragraph 1, may not exceed the limit that would be established pursuant to article 59, paragraph 1, in respect of the total loss of the goods concerned.

Article 61
Loss of the benefit of limitation of liability

1. Neither the carrier nor any of the persons referred to in article 18 is entitled to the benefit of the limitation of liability as provided in article 59, or as provided in the contract of carriage, if the claimant proves that the loss resulting from the breach of the carrier's obligation under this Convention was attributable to a personal act or omission of the person claiming a right to limit done with the intent to cause such loss or recklessly and with knowledge that such loss would probably result.

2. Neither the carrier nor any of the persons mentioned in article 18 is entitled to the benefit of the limitation of liability as provided in article 60 if the claimant proves that the delay in delivery resulted from a personal act or omission of the person claiming a right to limit done with the intent to cause the loss due to delay or recklessly and with knowledge that such loss would probably result.

Chapter 13
Time for suit
Article 62
Period of time for suit

1. No judicial or arbitral proceedings in respect of claims or disputes arising from a breach of an obligation under this Convention may be instituted after the expiration of a period of two years.

2. The period referred to in paragraph 1 of this article commences on the day on which the carrier has delivered the goods or, in cases in which no goods have been delivered or only part of the goods have been delivered, on the last day on which the goods should have been delivered. The day on which the period

commences is not included in the period.

3. Notwithstanding the expiration of the period set out in paragraph 1 of this article, one party may rely on its claim as a defence or for the purpose of set-off against a claim asserted by the other party.

Article 63
Extension of time for suit

The period provided in article 62 shall not be subject to suspension or interruption, but the person against which a claim is made may at any time during the running of the period extend that period by a declaration to the claimant. This period may be further extended by another declaration or declarations.

Article 64
Action for indemnity

An action for indemnity by a person held liable may be instituted after the expiration of the period provided in article 62 if the indemnity action is instituted within the later of:

(a) The time allowed by the applicable law in the jurisdiction where proceedings are instituted; or

(b) Ninety days commencing from the day when the person instituting the action for indemnity has either settled the claim or been served with process in the action against itself, whichever is earlier.

Article 65
Actions against the person identified as the carrier

An action against the bareboat charterer or the person identified as the carrier pursuant to article 37, paragraph 2, may be instituted after the expiration of the period provided in article 62 if the action is instituted within the later of:

(a) The time allowed by the applicable law in the jurisdiction where proceedings are instituted; or

(b) Ninety days commencing from the day when the carrier has been identified, or the registered owner or bareboat charterer has rebutted the presumption that it is the carrier, pursuant to article 37, paragraph 2.

Chapter 14
Jurisdiction
Article 66
Actions against the carrier

Unless the contract of carriage contains an exclusive choice of court agreement that complies with article 67 or 72, the plaintiff has the right to institute judicial proceedings under this Convention against the carrier:

(a) In a competent court within the jurisdiction of which is situated one of the following places:

(i) The domicile of the carrier;

(ii) The place of receipt agreed in the contract of carriage;

(iii) The place of delivery agreed in the contract of carriage; or

(iv) The port where the goods are initially loaded on a ship or the port where the goods are finally discharged from a ship; or

(b) In a competent court or courts designated by an agreement between the shipper and the carrier for the purpose of deciding claims against the carrier that may arise under this Convention.

Article 67
Choice of court agreements

1. The jurisdiction of a court chosen in accordance with article 66, subparagraph b) , is exclusive for disputes between the parties to the contract only if the parties so agree and the agreement conferring jurisdiction:

(a) Is contained in a volume contract that clearly states the names and addresses of the parties and either (i) is individually negotiated or (ii) contains a prominent statement that there is an exclusive choice of court agreement and specifies the sections of the volume contract containing that agreement; and

(b) Clearly designates the courts of one Contracting State or one or more specific courts of one Contracting State.

2. A person that is not a party to the volume contract is bound by an exclusive choice of court agreement concluded in accordance with paragraph 1 of this article only if:

(a) The court is in one of the places designated in article 66, subparagraph (a);

(b) That agreement is contained in the transport document or electronic transport record;

(c) That person is given timely and adequate notice of the court where the action shall be brought and that the jurisdiction of that court is exclusive; and

(d) The law of the court seized recognizes that that person may be bound by the exclusive choice of court agreement.

Article 68
Actions against the maritime performing party

The plaintiff has the right to institute judicial proceedings under this Convention against the maritime performing party in a competent court within the jurisdiction of which is situated one of the following places:

(a) The domicile of the maritime performing party; or

(b) The port where the goods are received by the maritime performing party, the port where the goods are delivered by the maritime performing party or the port in which the maritime performing party performs its activities with respect to the goods.

Article 69
No additional bases of jurisdiction

Subject to articles 71 and 72, no judicial proceedings under this Convention against the carrier or a maritime performing party may be instituted in a court not designated pursuant to article 66 or 68.

Article 70
Arrest and provisional or protective measures

Nothing in this Convention affects jurisdiction with regard to provisional or protective measures, including arrest. A court in a State in which a provisional or protective measure was taken does not have jurisdiction to determine the case upon its merits unless:

(a) The requirements of this chapter are fulfilled; or

(b) An international convention that applies in that State so provides.

Article 71
Consolidation and removal of actions

1. Except when there is an exclusive choice of court agreement that is binding pursuant to article 67 or 72, if a single action is brought against both the carrier and the maritime performing party arising out of a single occurrence, the action may be instituted only in a court designated pursuant to both article 66 and article 68. If there is no such court, such action may be instituted in a court designated pursuant to article 68, subparagraph (b) , if there is such a court.

2. Except when there is an exclusive choice of court agreement that is binding pursuant to article 67 or 72, a carrier or a maritime performing party that institutes an action seeking a declaration of non-liability or any other action that would deprive a person of its right to select the forum pursuant to article 66 or 68 shall, at the request of the defendant, withdraw that action once the defendant has chosen a court designated pursuant to article 66 or 68, whichever is applicable, where the action may be recommenced.

Article 72
Agreement after a dispute has arisen and jurisdiction when the defendant has

entered an appearance

1. After a dispute has arisen, the parties to the dispute may agree to resolve it in any competent court.

2. A competent court before which a defendant appears, without contesting jurisdiction in accordance with the rules of that court, has jurisdiction.

Article 73
Recognition and enforcement

1. A decision made in one Contracting State by a court having jurisdiction under this Convention shall be recognized and enforced in another Contracting State in accordance with the law of such latter Contracting State when both States have made a declaration in accordance with article 74.

2. A court may refuse recognition and enforcement based on the grounds for the refusal of recognition and enforcement available pursuant to its law.

3. This chapter shall not affect the application of the rules of a regional economic integration organization that is a party to this Convention, as concerns the recognition or enforcement of judgements as between member States of the regional economic integration organization, whether adopted before or after this Convention.

Article 74
Application of chapter 14

The provisions of this chapter shall bind only Contracting States that declare in accordance with article 91 that they will be bound by them.

Chapter 15
Arbitration
Article 75
Arbitration agreements

1. Subject to this chapter, parties may agree that any dispute that may arise

relating to the carriage of goods under this Convention shall be referred to arbitration.

2. The arbitration proceedings shall, at the option of the person asserting a claim against the carrier, take place at:

(a) Any place designated for that purpose in the arbitration agreement; or

(b) Any other place situated in a State where any of the following places is located:

(i) The domicile of the carrier;

(ii) The place of receipt agreed in the contract of carriage;

(iii) The place of delivery agreed in the contract of carriage; or

(iv) The port where the goods are initially loaded on a ship or the port where the goods are finally discharged from a ship.

3. The designation of the place of arbitration in the agreement is binding for disputes between the parties to the agreement if the agreement is contained in a volume contract that clearly states the names and addresses of the parties and either:

(a) Is individually negotiated; or

(b) Contains a prominent statement that there is an arbitration agreement and specifies the sections of the volume contract containing the arbitration agreement.

4. When an arbitration agreement has been concluded in accordance with paragraph 3 of this article, a person that is not a party to the volume contract is bound by the designation of the place of arbitration in that agreement only if:

(a) The place of arbitration designated in the agreement is situated in one of the places referred to in subparagraph 2 (b) of this article;

(b) The agreement is contained in the transport document or electronic transport record;

(c) The person to be bound is given timely and adequate notice of the place of arbitration; and

(d) Applicable law permits that person to be bound by the arbitration agreement.

5. The provisions of paragraphs 1, 2, 3 and 4 of this article are deemed to be part of every arbitration clause or agreement, and any term of such clause or agreement to the extent that it is inconsistent therewith is void.

Article 76
Arbitration agreement in non-liner transportation

1. Nothing in this Convention affects the enforceability of an arbitration agreement in a contract of carriage in non-liner transportation to which this Convention or the provisions of this Convention apply by reason of:

    (a) The application of article 7; or

    (b) The parties'voluntary incorporation of this Convention in a contract of carriage that would not otherwise be subject to this Convention.

2. Notwithstanding paragraph 1 of this article, an arbitration agreement in a transport document or electronic transport record to which this Convention applies by reason of the application of article 7 is subject to this chapter unless such a transport document or electronic transport record:

    (a) Identifies the parties to and the date of the charter party or other contract excluded from the application of this Convention by reason of the application of article 6; and

    (b) Incorporates by specific reference the clause in the charter party or other contract that contains the terms of the arbitration agreement.

Article 77
Agreement to arbitrate after a dispute has arisen

Notwithstanding the provisions of this chapter and chapter 14, after a dispute has arisen the parties to the dispute may agree to resolve it by arbitration in any place.

Article 78
Application of chapter 15

The provisions of this chapter shall bind only Contracting States that declare in accordance with article 91 that they will be bound by them.

Chapter 16
Validity of contractual terms
Article 79
General provisions

1. Unless otherwise provided in this Convention, any term in a contract of carriage is void to the extent that it:

   (a) Directly or indirectly excludes or limits the obligations of the carrier or a maritime performing party under this Convention;

   (b) Directly or indirectly excludes or limits the liability of the carrier or a maritime performing party for breach of an obligation under this Convention; or

   (c) Assigns a benefit of insurance of the goods in favour of the carrier or a person referred to in article 18.

2. Unless otherwise provided in this Convention, any term in a contract of carriage is void to the extent that it:

   (a) Directly or indirectly excludes, limits or increases the obligations under this Convention of the shipper, consignee, controlling party, holder or documentary shipper; or

   (b) Directly or indirectly excludes, limits or increases the liability of the shipper, consignee, controlling party, holder or documentary shipper for breach of any of its obligations under this Convention.

Article 80
Special rules for volume contracts

1. Notwithstanding article 79, as between the carrier and the shipper, a volume contract to which this Convention applies may provide for greater or lesser rights, obligations and liabilities than those imposed by this Convention.

2. A derogation pursuant to paragraph 1 of this article is binding only when:

   (a) The volume contract contains a prominent statement that it derogates from this Convention;

(b) The volume contract is (i) individually negotiated or (ii) prominently specifies the sections of the volume contract containing the derogations;

(c) The shipper is given an opportunity and notice of the opportunity to conclude a contract of carriage on terms and conditions that comply with this Convention without any derogation under this article; and

(d) The derogation is neither (i) incorporated by reference from another document nor (ii) included in a contract of adhesion that is not subject to negotiation.

3. A carrier's public schedule of prices and services, transport document, electronic transport record or similar document is not a volume contract pursuant to paragraph 1 of this article, but a volume contract may incorporate such documents by reference as terms of the contract.

4. Paragraph 1 of this article does not apply to rights and obligations provided in articles 14, subparagraphs (a) and (b), 29 and 32 or to liability arising from the breach thereof, nor does it apply to any liability arising from an act or omission referred to in article 61.

5. The terms of the volume contract that derogate from this Convention, if the volume contract satisfies the requirements of paragraph 2 of this article, apply between the carrier and any person other than the shipper provided that:

(a) Such person received information that prominently states that the volume contract derogates from this Convention and gave its express consent to be bound by such derogations; and

(b) Such consent is not solely set forth in a carrier's public schedule of prices and services, transport document or electronic transport record.

6. The party claiming the benefit of the derogation bears the burden of proof that the conditions for derogation have been fulfilled.

Article 81
Special rules for live animals and certain other goods

Notwithstanding article 79 and without prejudice to article 80, the contract of carriage may exclude or limit the obligations or the liability of both the carrier and a maritime performing party if:

(a) The goods are live animals, but any such exclusion or limitation will not be effective if the claimant proves that the loss of or damage to the goods, or delay in delivery, resulted from an act or omission of the carrier or of a person referred to in article 18, done with the intent to cause such loss of or damage to the goods or such loss due to delay or done recklessly and with knowledge that such loss or damage or such loss due to delay would probably result; or

(b) The character or condition of the goods or the circumstances and terms and conditions under which the carriage is to be performed are such as reasonably to justify a special agreement, provided that such contract of carriage is not related to ordinary commercial shipments made in the ordinary course of trade and that no negotiable transport document or negotiable electronic transport record is issued for the carriage of the goods.

Chapter 17
Matters not governed by this convention
Article 82
International conventions governing the carriage of goods by other modes of transport

Nothing in this Convention affects the application of any of the following international conventions in force at the time this Convention enters into force, including any future amendment to such conventions, that regulate the liability of the carrier for loss of or damage to the goods:

(a) Any convention governing the carriage of goods by air to the extent that such convention according to its provisions applies to any part of the contract of carriage;

(b) Any convention governing the carriage of goods by road to the extent that such convention according to its provisions applies to the carriage of goods that remain loaded on a road cargo vehicle carried on board a ship;

(c) Any convention governing the carriage of goods by rail to the extent that such convention according to its provisions applies to carriage of goods by sea as a supplement to the carriage by rail; or

(d) Any convention governing the carriage of goods by inland waterways to the extent that such convention according to its provisions applies to a carriage of goods without trans-shipment both by inland waterways and sea.

Article 83
Global limitation of liability

Nothing in this Convention affects the application of any international convention or national law regulating the global limitation of liability of vessel owners.

Article 84
General average

Nothing in this Convention affects the application of terms in the contract of carriage or provisions of national law regarding the adjustment of general average.

Article 85
Passengers and luggage

This Convention does not apply to a contract of carriage for passengers and their luggage.

Article 86
Damage caused by nuclear incident

No liability arises under this Convention for damage caused by a nuclear incident if the operator of a nuclear installation is liable for such damage:

(a) Under the Paris Convention on Third Party Liability in the Field of Nuclear Energy of 29 July 1960 as amended by the Additional Protocol of 28 January 1964 and by the Protocols of 16 November 1982 and 12 February 2004, the

Vienna Convention on Civil Liability for Nuclear Damage of 21 May 1963 as amended by the Joint Protocol Relating to the Application of the Vienna Convention and the Paris Convention of 21 September 1988 and as amended by the Protocol to Amend the 1963 Vienna Convention on Civil Liability for Nuclear Damage of 12 September 1997, or the Convention on Supplementary Compensation for Nuclear Damage of 12 September 1997, including any amendment to these conventions and any future convention in respect of the liability of the operator of a nuclear installation for damage caused by a nuclear incident; or

(b) Under national law applicable to the liability for such damage, provided that such law is in all respects as favourable to persons that may suffer damage as either the Paris or Vienna Conventions or the Convention on Supplementary Compensation for Nuclear Damage.

Chapter 18
Final clauses
Article 87
Depositary

The Secretary-General of the United Nations is hereby designated as the depositary of this Convention.

Article 88
Signature, ratification, acceptance, approval or accession

1. This Convention is open for signature by all States at Rotterdam, the Netherlands, on 23 September 2009, and thereafter at the Headquarters of the United Nations in New York.

2. This Convention is subject to ratification, acceptance or approval by the signatory States.

3. This Convention is open for accession by all States that are not signatory States as from the date it is open for signature.

4. Instruments of ratification, acceptance, approval and accession are to be deposited with the Secretary-General of the United Nations.

Article 89
Denunciation of other conventions

1. A State that ratifies, accepts, approves or accedes to this Convention and is a party to the International Convention for the Unification of certain Rules of Law relating to Bills of Lading signed at Brussels on 25 August 1924, to the Protocol to amend the International Convention for the Unification of certain Rules of Law relating to Bills of Lading, signed at Brussels on 23 February 1968, or to the Protocol to amend the International Convention for the Unification of certain Rules of Law relating to Bills of Lading as Modified by the Amending Protocol of 23 February 1968, signed at Brussels on 21 December 1979, shall at the same time denounce that Convention and the protocol or protocols thereto to which it is a party by notifying the Government of Belgium to that effect, with a declaration that the denunciation is to take effect as from the date when this Convention enters into force in respect of that State.

2. A State that ratifies, accepts, approves or accedes to this Convention and is a party to the United Nations Convention on the Carriage of Goods by Sea concluded at Hamburg on 31 March 1978 shall at the same time denounce that Convention by notifying the Secretary-General of the United Nations to that effect, with a declaration that the denunciation is to take effect as from the date when this Convention enters into force in respect of that State.

3. For the purposes of this article, ratifications, acceptances, approvals and accessions in respect of this Convention by States parties to the instruments listed in paragraphs 1 and 2 of this article that are notified to the depositary after this Convention has entered into force are not effective until such denunciations as may be required on the part of those States in respect of these instruments have become effective. The depositary of this Convention shall consult with the Government of Belgium, as the depositary of the

instruments referred to in paragraph 1 of this article, so as to ensure necessary coordination in this respect.

Article 90
Reservations

No reservation is permitted to this Convention.

Article 91
Procedure and effect of declarations

1. The declarations permitted by articles 74 and 78 may be made at any time. The initial declarations permitted by article 92, paragraph 1, and article 93, paragraph 2, shall be made at the time of signature, ratification, acceptance, approval or accession. No other declaration is permitted under this Convention.

2. Declarations made at the time of signature are subject to confirmation upon ratification, acceptance or approval.

3. Declarations and their confirmations are to be in writing and to be formally notified to the depositary.

4. A declaration takes effect simultaneously with the entry into force of this Convention in respect of the State concerned. However, a declaration of which the depositary receives formal notification after such entry into force takes effect on the first day of the month following the expiration of six months after the date of its receipt by the depositary.

5. Any State that makes a declaration under this Convention may withdraw it at any time by a formal notification in writing addressed to the depositary. The withdrawal of a declaration, or its modification where permitted by this Convention, takes effect on the first day of the month following the expiration of six months after the date of the receipt of the notification by the depositary.

Article 92
Effect in domestic territorial units

1. If a Contracting State has two or more territorial units in which different systems of law are applicable in relation to the matters dealt with in this Convention, it may, at the time of signature, ratification, acceptance, approval or accession, declare that this Convention is to extend to all its territorial units or only to one or more of them, and may amend its declaration by submitting another declaration at any time.

2. These declarations are to be notified to the depositary and are to state expressly the territorial units to which the Convention extends.

3. When a Contracting State has declared pursuant to this article that this Convention extends to one or more but not all of its territorial units, a place located in a territorial unit to which this Convention does not extend is not considered to be in a Contracting State for the purposes of this Convention.

4. If a Contracting State makes no declaration pursuant to paragraph 1 of this article, the Convention is to extend to all territorial units of that State.

Article 93
Participation by regional economic integration organizations

1. A regional economic integration organization that is constituted by sovereign States and has competence over certain matters governed by this Convention may similarly sign, ratify, accept, approve or accede to this Convention. The regional economic integration organization shall in that case have the rights and obligations of a Contracting State, to the extent that that organization has competence over matters governed by this Convention. When the number of Contracting States is relevant in this Convention, the regional economic integration organization does not count as a Contracting State in addition to its member States which are Contracting States.

2. The regional economic integration organization shall, at the time of signature, ratification, acceptance, approval or accession, make a declaration to the depositary specifying the matters governed by this Convention in respect of which competence has been transferred to that organization by its member

States. The regional economic integration organization shall promptly notify the depositary of any changes to the distribution of competence, including new transfers of competence, specified in the declaration pursuant to this paragraph.

3. Any reference to a "Contracting State" or "Contracting States" in this Convention applies equally to a regional economic integration organization when the context so requires.

Article 94
Entry into force

1. This Convention enters into force on the first day of the month following the expiration of one year after the date of deposit of the twentieth instrument of ratification, acceptance, approval or accession.

2. For each State that becomes a Contracting State to this Convention after the date of the deposit of the twentieth instrument of ratification, acceptance, approval or accession, this Convention enters into force on the first day of the month following the expiration of one year after the deposit of the appropriate instrument on behalf of that State.

3. Each Contracting State shall apply this Convention to contracts of carriage concluded on or after the date of the entry into force of this Convention in respect of that State.

Article 95
Revision and amendment

1. At the request of not less than one third of the Contracting States to this Convention, the Secretary-General of the United Nations shall convene a conference of the Contracting States for revising or amending it.

2. Any instrument of ratification, acceptance, approval or accession deposited after the entry into force of an amendment to this Convention is deemed to apply to the Convention as amended.

Article 96

Denunciation of this Convention

1. A Contracting State may denounce this Convention at any time by means of a notification in writing addressed to the depositary.

2. The denunciation takes effect on the first day of the month following the expiration of one year after the notification is received by the depositary. If a longer period is specified in the notification, the denunciation takes effect upon the expiration of such longer period after the notification is received by the depositary.

DONE at New York, this eleventh day of December two thousand and eight, in a single original, of which the Arabic, Chinese, English, French, Russian and Spanish texts are equally authentic.

IN WITNESS WHEREOF the undersigned plenipotentiaries, being duly authorized by their respective Governments, have signed this Convention.

▶ 代理關係

劉昭辰　著

　　本書企望能以十萬字的篇幅，透過生動活潑的講解方式及案例試舉，來呈現代理的法學理論。一方面希望可以讓學習者避免因抽象的學術寫法而怯於學習；二方面也希望避免本書成為僅是抽象文字的堆積，而變成令人難以親近的學術著作。此外，本書尚提供兩萬字的實例研習，希望學習者能在學習代理法律理論之外，尚且可以學習如何將法律理論適用於實際案例。

▶ 刑法構成要件解析

柯耀程　著

　　構成要件是學習刑法入門的功夫，也是刑法作為規範犯罪的判斷基準。本書的內容，分為九章，先從構成要件的形象，以及構成要件的指導觀念，作入門式的介紹，在理解基礎的形象概念及指導原則之後，先對構成要件所對應的具體行為事實作剖析，以便理解構成要件規範對象的結構，進而介紹構成要件在刑法體系中的定位，最後進入構成要件核心內容的分析，從其形成的結構，以及犯罪類型作介紹。本書在各章的開頭採取案例引導的詮釋方式，並在論述後，對於案例作一番檢討，使讀者能夠有一個較為完整概念。

▶ 未遂與犯罪參與

蕭宏宜　著

　　本書是三民「刑法法學啟蒙書系」的一部份，主要內容聚焦於不成功的未遂與一群人參與犯罪。簡單說，做壞事不一定會成功，萬一心想事不成，刑法要不要介入這個已經「殘念」的狀態，自然必須考量到失敗的原因，做出不同的反應；當然，做壞事更不一定什麼細節都得親自動手，也可以呼朋引伴、甚至控制、唆使、鼓勵別人去做。不論是未遂或犯罪參與的概念闡述與爭議問題，都會在這本小書中略做討論與說明，並嘗試提供學習者一個有限的框架與特定的角度，抱著多少知道點的前提，於群峰中標劃一條簡明線路。

▶ 保險法論

鄭玉波　著
劉宗榮　修訂

　　本書在維持原著《保險法論》的精神下，修正保險法總則、保險契約法的相關規定，並通盤改寫保險業法。本書的特色如下：

1. 囊括保險契約法與保險業法，內容最完備。
2. 依據最新公布的保險法條文修正補充，資料最新穎。
3. 依據大陸法系的體例撰寫，銜接民法，體系最嚴明。
4. 章節分明，文字淺顯易懂，自修考試兩相宜。

▶ 公司法論

梁宇賢　著

　　本書內容分為緒論與本論，本論共分九章，即公司總論、無限公司、有限公司、兩合公司、股份有限公司、關係企業、外國公司、公司之登記及認許、附則等。其中以公司總論、有限公司及股份有限公司所占篇幅最鉅，並增訂民國一○四年七月一日公布之閉鎖性股份有限公司專節。本書除對公司法之理論與內容加以闡述外，並多方援引司法院大法官會議之解釋、最高法院與行政法院之裁判、法院座談會之決議及法務部與經濟部之命令等。

▶ 商事法要論

梁宇賢　著

　　商事法是工商業的基本大法，規範商事法活動，攸關一般人之利益與工商企業的經營發展，並影響社會經濟甚鉅。本書共分為五編，除緒論述及商事法之意義、沿革，及與其他法律之關係外，其餘四編分別介紹公司法、票據法、海商法及保險法，均以詮釋法律條文為主，並徵引立法例、學說、判例等，間或參以管見，提綱挈領，力求理論與實際融會貫通，由簡入繁，以增進讀者之了解。

▶ 委任

王怡蘋　著

　　本書主要區分為契約定性、委任人之義務、受任人之義務與委任關係之結束等幾部分說明委任之相關條文，而於說明相關規定時，並輔以判決為例，以呈現當事人間之法律關係，希望藉此使讀者透過案例運用思考相關之法律規範。至於案例說明時，則先以請求權基礎呈現當事人間法律關係，藉此勾勒整體法律關係之輪廓，因此，此部分內容不以委任規定為限，藉此促使讀者在思考上連結委任以外之相關規定，於案例說明中再就與委任相關之規定詳加說明。

▶ 行政法基本原則

周佳宥　著

　　本書寫作目標是嘗試將艱澀的行政法一般原理原則，以較為簡易的方式敘說，期待讓非法律專業的學習者亦能窺知行政法一般原理原則之運用方式。由於行政法一般原理原則皆從憲法衍生，故寫作的過程中亦簡略說明若干憲法觀念，期待讀者能以更宏觀的視野理解行政法一般原理原則的基礎理論。除一般理論的說明之外，本書亦大量蒐集司法院釋字、最高行政法院判例與判決及高等行政法院判決等資料作為補充，說明理論與實務在理解與運用行政法一般原理原則過程中的異同。

▶ 無因管理

林易典　著

　　本書之主要內容為解析無因管理規範之內涵，並檢討學說與實務對於相關問題之爭議與解釋。本書共分十三章：第一章為無因管理於民法體系中之地位，第二章為無因管理之體系與類型，第三章為無因管理規範之排除適用與準用，第四章至第六章為無因管理債之關係的成立要件，第七章為無因管理規範下權利義務的特徵，第八章至第十章為管理人之義務，第十一章為管理人之權利，第十二章為管理事務之承認，第十三章為非真正無因管理。期能使讀者在學說討論及實務工作上，能更精確掌握相關條文之規範意旨及適用，以解決實際法律問題。

▶ 刑事訴訟法論

朱石炎　著

　　刑事訴訟法是追訴、處罰犯罪的程序法，其立法目的在於確保程序公正適法，並求發現真實，進而確定國家具體刑罰權。實施刑事訴訟程序的公務員，務須恪遵嚴守。近年來，刑事訴訟法曾經多次局部修正，本書是依截至民國一〇五年七月最新修正內容撰寫，循法典編章順序，以條文號次為邊碼，是章節論述與條文釋義的結合，盼能提供初學者參考之用。

▶ 法學概論

陳惠馨　著

　　本書分為二編共十八章，第一編主要由第一章到第十章組成；討論法學的基本概念，例如如何學習法律、法律與生活的關係、民主與法制的關係、法律的意義、法律的訂定、法律的制裁、法律的適用與解釋等議題。第二編由第十一章到十八章組成；主要介紹目前在臺灣重要的法律，例如憲法、民法、商事法、刑法與少年事件處理法、行政法、智慧財產權法、勞動法規範、家庭暴力防治法及教育法規等。希望讀者可以透過本書瞭解臺灣現行重要法律及重要法律理念。為確實反映社會現況並加強理論與實務的結合。